国家社科基金项目(13BYY113)

# 汉语介词语义的演变模式

马贝加 董静 著

商务印书馆
The Commercial Press
创于1897

**图书在版编目（CIP）数据**

汉语介词语义的演变模式 / 马贝加，董静著 . —北京：
商务印书馆，2023
　ISBN 978−7−100−22185−6

Ⅰ.①汉… Ⅱ.①马… ②董… Ⅲ.①汉语—介词—语
义分析 Ⅳ.① H146.2

中国国家版本馆 CIP 数据核字（2023）第 051260 号

汉语介词语义的演变模式
马贝加 董静 著

商 务 印 书 馆 出 版
（北京王府井大街36号 邮政编码100710）
商 务 印 书 馆 发 行
北京虎彩文化传播有限公司印刷
ISBN 978−7−100−22185−6

2023 年 6 月第 1 版　　　 开本 710×1000　 1/16
2023 年 6 月北京第 1 次印刷　　 印张 46
定价：198.00 元

# 温州大学中文学科建设丛书

## 总 序

孙良好

  温州大学中国语言文学学科的历史文脉可以追溯到晚清学术大师、教育家孙诒让先生于 1906 年创建的温州师范学堂。在百年的历史积淀中，一代词宗夏承焘、戏曲宗匠王季思、经史学家周予同、古文字学家戴家祥、著名作家王西彦、敦煌学专家蒋礼鸿、戏曲学家徐朔方、九叶诗人唐湜等先贤曾在此求学或执教，为本学科铸就了深厚的人文底蕴。

  斯文不坠，薪火相传。

  进入 21 世纪以来，本学科广纳天下英才，发展态势喜人。2003 年，文艺学、汉语言文字学两个二级学科及相关的民俗学获批硕士学位授权点。2010 年，获批一级学科硕士学位授权点。2016 年，成为浙江省"十三五"一流学科 A 类。2017 年，学科下属"浙江传统戏曲研究与传承中心"成为浙江省哲学社会科学重点研究 A 类基地。2019 年，与本学科紧密关联的汉语言文学专业成为首批国家级一流本科专业建设点。

  目前，本学科已形成中国古代文学、中国古典文献学、文艺学、中国现当代文学、汉语言文字学等 5 个优势学科方向，戏曲研究、域外汉文献研究、文艺美学研究、汉藏语言比较研究、鲁迅研究、温州文学与文化研究等在海内外学界颇具影响力。其中，以南戏研究为龙头的传统戏曲研究，有力地支持了浙南区域文化建设；域外汉文献和东亚俗文学的对接研究以及汉藏语言比较研究，可以为"一带一路"的文化交流提供重要支撑；以文艺学为基础的审美文化研究，注重理论与实践的结合，拓展出语言诗学、神话美学、地域文学、媒介传播等特色方向。

  回首来时路，瞻望未来梦。我们编纂本丛书，旨在集中推出一批高水平的学术成果，或继往开来，或引领潮流，或特色鲜明，打造温州大学中文学科品牌，续写新的历史篇章。

# 目 录

# 第一章

# 绪 论

## 1.1 语义演变的模式

语义演变研究是汉语历史演变研究的一个重要方面，是汉语历史语言学研究中的一个重要领域。介词语义演变是指动词向介词的演变过程中介词功能扩展过程中以及介词的"非范畴化"过程中各种语义变化。介词语义演变模式研究包含对语义来源、演变方式、演变方向、演变路径以及导致演变的因素等问题的研究，还涉及萌生介词的语义结构等问题。在语义演变研究的切入点方面，王士元（2002）提示我们："显而易见的趋势是语法化的趋势。"语法化是句法演变和语义演变交叉的具体表现形式，因此，从"动词——介词"的演变以及介词的继续语法化入手，不仅可以发现介词语义演变的规律，还有可能发现汉语语法系统中"动词——介词"演变以及介词功能扩展的规律。

## 1.1.1 首发模式和后随模式

从历时角度看，一组词义相同或相近的动词往往有相同的发展方向和演变结果，一组功能相同的介词也往往有相同的继续语法化的方向和演变结果。如"执持"义动词演变为处置介词和工具介词（如"以、持、捉、把、拿"等），交互介词继续语法化，演变为所为介词（如"和、共、同、跟"等），"随同"义动词向交互介词和并列连词发展（如"将、共、和、同、跟"等）等。我们把功能相同的、来自一组义同或义近的动词（或介词）的虚词看作演变模式相似的词。这样的一组源词词义相同或相近，演变的方向和结果相同或相似的动词或介词，致变因素肯定具有共性，演变模式也具有相同的特征。然而仔细分析每个成员的演变模式，彼此之间还是存在差异的。区分"首发模式"和"后随模式"的目的是解释相同演变趋势中的共性和个性，对导致演变的因素作出相对合理的解释。

"首发"和"后随"是就一组同义词或近义词的演变而言的。一组词义相同的动词往往具有相同的语法化方向、路径或演变结果。"同义词同向发展"的规律使得汉语中存在相当数量的功能相同的介词（包括其他的虚词）。"首发者"是指一组同一方向演变的词中的第一个，"首发模式"是对肇端性质的演变中的各种特征的概括。"后随者"是指在首发之后跟进的同一方向或同一路径的一个或几个演变，"后随模式"是对首发之后跟进的同一方向演变的各种特征的概括。"首发模式"和"后随模式"是相对而言的，两种演变模式之间肯定有相似的特征，主要体现在语义方面。"首发模式"和"后随模式"之间存在共性，但不是纯粹的"拷贝"关系。首发模式对后随模式有制导作用，但后随模式有种种不同于首发模式的特征。

### 1.1.1.1 "执持动词——处置介词"的演变模式

经历这一演变路径的一组同义词有"以、持、把"等。依据文献资料，我们将"以"看作此类演变的首发者，"以"的演变模式可以概括出三个特征：一是语义结构特征，"以"首先在"持某物授予某人"的语义结构中向处置介词发展；二是句法结构特征，"以"在多种结构式中（"$V_1+N_2+$以$+N_3$"式、"$V_1+$以$+N_2$"式或"以$+N_2+V_2$"式）向处置介词发展；三是与致变因素有关的语义特征，决定"执持动词——处置介词"演变的因素是充当"以"的宾语的 NP 的"可执持——不可执持"的变化（也可以说是"具体——抽象"的变化），换言之，表示"不可执持之物"的 NP 进入"以"的宾语位置是演变的决定因素。比较两例：

（1）a. 投我以桃，报之以李。（诗经·大雅·抑）

（1）b. 季子至而授之以国政。（公羊传·庄公三十二年）

前例"以"的宾语"桃""李"是可持于手中的物件，在历时分析中，"以"不能排除"执持"义动词的可能性；后例"以"的宾语是表示抽象事物的名词，"以"的"执持"义随着 $N_3$ 的语义类型变化而淡化，可以分析为处置介词（记为"以$_3$"）。

在对后随演变的影响中，第三个特征是最重要的。在"以"之后，"持"进入这一演变路径。"持"的演变与"以"有相同的特征。比较"持 +N$_2$+V$_2$"式的两个例句：

（1）c. 乃使使持衣与豫让。（史记·刺客列传）

（1）d. 须贾知之大怒，以为雎持魏国阴事告齐，故得此馈。（史记·范雎蔡泽列传）

前例"持"的宾语是"衣"，属于可持于手中之物，"持"还不能排除动词的可能性；后例"持"的宾语是"魏国阴事"，是表示抽象事物的 NP，"持"是萌芽状态的处置介词（记为"持$_3$"）。

"持"与"以"相比，相同的是第一、第三个特征，不同的是第二个特征——"持"的演变只发生在"持 +N$_2$+V$_2$"一种结构式中（这是因为汉代及汉代之后产生的对象介词一般位于谓语动词前）。由此可见，在演变特征中，与语义相关的特征起着重要的作用，具有影响力大、延续性强的特点。

如果将"把"看作后随演变中的第 N 个，与"以"相比，只有第三个特征相同，第一、第二个特征不同；与"持"相比，第一个特征不同，第二、第三个特征相同。比较两例：

（1）e. 牛生马，桃生李，天神入牛腹中为马，把李实提桃间乎。（论衡·自然）

（1）f. 引日月之针，五星之缕把天补。（卢仝：与马异结交诗）

前例的"把"的宾语是"李实"，属于"可执持之物"，"把"是动词，或不能排除动词的可能性。后例的"把"的宾语是"天"，属于"不可持于手中之物"，"把"是处置介词（记为"把$_3$"）。

比较上面两例可知：萌生"把$_3$"的语义结构与萌生"以$_3$、持$_3$"的不同，"把"在"将某物作某种处理"的语义结构中演变为处置介词。由此可见，演变中的次要的语义特征可以不同，主要语义特征一定会延续下来。对比"以、持、把"三者的演变，可以得知：第三个特征（即源动词的宾语的语义类型）的影响力和延续性是最强的。

如果将"拿"看作一系列演变中的最后一个，它的演变模式与"把"大致相同。比较两例：

（1）g. 又拿几样果子与贞儿吃。（禅真逸史·十七回）

（1）h. 因为克扣兵饷，被上头查了出来，拿他的差使撤去，……（官场现形

记·三十回）

前例"拿"的宾语"几样果子"属于可执于手中之物，"拿"是动词或不能排除动词的可能性。后例"拿"的宾语"他的差使"属于抽象事物，"拿"是处置介词（记为"拿$_3$"）。但"拿"的演变模式与"把"还是有所不同，主要在于"拿$_3$"有两个语义来源，除"执持"义之外，还有"捉拿（归案）"义。但是"拿"演变的决定性因素与"以、持、把"等基本相同，即充当"拿"的宾语的 NP 的"可执持之物——不可执持之物"变化或"具体——抽象"变化。

纵观"以、持、把、拿"的演变，可以说首发模式具有很强的影响力，但后随模式各有自己的演变特征。如果演变发生得距离首发者时间越长，相似的特征可能越少，而两个演变发生的时间比较接近，则可能有较多的一致性。然而，即使有种种不同，致变的最重要的因素是一脉相承的，即充当源动词的宾语的 NP 要有"可执持——不可执持"或"具体——抽象"的变化。首发模式的制导作用主要表现在充当源动词宾语的 NP 的语义类型方面。这是演变的决定性因素，也是演变模式的主要特征。

### 1.1.1.2 "运行动词——所在处介词"的演变模式

运行动词大多朝方所介词发展，演变成为终到处介词、沿途介词或方向介词，但也有向所在处介词发展的。有一组动词（如"于、就、去"）都有"运行动词——所在处介词"的演变路径，但演变模式有所不同。

"于"是"运行动词——方所介词"演变的首发者。据郭锡良（1997）、魏金光（2016）研究，介词"于"的源动词是"去往"义动词（记为"于$_0$"），首先在"$V_1$+于+$N_2$"式中发展出介引终到处的功能。"去往"义动词属于运行动词，向处所介词发展时，首先发展出终到处功能，这符合演变的规律。但是所在处功能（记为"于$_{12}$"）的来源是什么？是来自动词"于$_0$"，还是来自终到处功能的扩展？或者和两者都有关系？这个问题还值得探讨。我们认为"于$_{12}$"有两个来源：动词"于$_0$"和终到处介词"于"（记为"于$_{11}$"）。图示如下：

　　　／于$_{12}$（所在处）

于$_0$——于$_{11}$（终到处）——于$_{12}$（所在处）

上表显示了"于$_{12}$"产生的两条路径：一为"运行动词——所在处介

词"，一为"运行动词——终到处介词——所在处介词"。

在《诗经》的一些"于＋以＋$V_2$"式中，可以推出"去某处做某事"意义，也可能推出"在某处做某事"意义。例如：

（2）a1. 于以采蘩，于沼于沚。（诗经·国风·采蘩）

　　a2. 于以求之，于林之下。（诗经·国风·击鼓）

　　a3. 于以采藻，于彼行潦。（诗经·国风·采蘋）

2a 组的"于"和 $V_2$ 之间不能排除"时间先后"关系，句子也有可能推出"$N_1$（施事主语，可能省略或隐含）位移"的意义，以及"$N_1$ 和 $V_2$ 事件所在之处有一段距离"的意义，"于"不能排除运行动词的可能性。但如果作"$N_1$ 无位移"，"实施 $V_2$ 行为时 $N_1$ 已在 $N_2$ 处"的理解，则"于"是所在处介词。由 2a 组的两种理解可知：动词"于$_0$"有可能是"于$_{12}$"的直接来源，导致"运行动词——所在处介词"演变的因素是"时间先后"意义、"位移"意义和"距离"意义的消失。如果"于"和 $V_2$ 之间没有"时间先后"的关系，句中也不能推出"$N_1$ 位移"的意义或"$N_1$ 和 $V_2$ 事件所在之处没有一段距离"的意义，"于"可以分析为所在处介词。例如：

（2）b1. 于以盛之，维筐及筥。（诗经·国风·采蘋）

　　b2. 笃公刘，于京斯依。（诗经·大雅·公刘）

2a、2b 组显示："于$_{12}$"和"于$_0$"的联系发生在"于＋$N_2$＋$V_2$"式中（与终到处介词"于$_{11}$"萌生于"$V_1$＋于＋$N_2$"式不同）。致变因素是"时间先后""位移"或"距离"意义的变化。

"于$_{12}$"的另一个来源是终到处介词"于$_{11}$"。"于$_{12}$"和"于$_{11}$"的联系发生在"$V_1$＋于＋$N_2$"式中。由于"于"是运行动词，早期的"$V_1$＋于＋$N_2$"式中，$V_1$ 大多也是运行动词。例如：

（2）c. 驱马悠悠，言至于漕。（诗经·国风·载驰）

上例的"于"可以分析为终到处介词或者是趋近终到处介词。在一些 $V_1$ 是运行动词的结构式中，"于"的功能可作"到"或"在"两种理解。例如：

（2）d. 潜逃于渊。（诗经·小雅·四月）

演变主要发生在 $V_1$ 是原地动词的结构式中，如果 $V_1$ 是原地动词，"于"也有两种可能性：终到处介词或所在处介词。例如：

（2）e1. 交交黄鸟，止于桑。（诗经·国风·黄鸟）

　　e2. 载飞载下，集于苞栩。（诗经·小雅·四牡）

如果将 2e 组的 $V_1$ 的意义理解为具有运行的"终结／短暂"的特征，则可以推出"动作终止于某处"的意义，"于"是终到处介词；若理解为"无移动／持续"特征，则可以推出"动作发生在某处"意义，"于"是所在处介词。由 2e 组可知：在"$V_1$＋于 ＋$N_2$"式中，若 $V_1$ 为原地动词，"于"可能被理解为所在处介词——引发"终到处——所在处"演变的因素首先是 $V_1$ 的语义类型变化。

如果 $V_1$ 的意义只可作"无位移／持续"一种理解，则"于"是所在处介词。例如：

（2）f1. 鱼在于沼。（诗经·小雅·正月）

　　f2. 兄弟阋于墙。（诗经·小雅·常棣）

　　f3. 鹤鸣于九皋。（诗经·小雅·鹤鸣）

观察 2c——2f 组中"于"的功能变化，可以得知：$V_1$ 的语义类型变化，即"运行动词——原地动词"的变化有可能导致对介词"于$_1$"功能的重新分析，但最终确定所在处功能的因素是"无位移／持续"意义的出现。

在《诗经》的"$V_1$＋$N_2$＋ 于 ＋$N_3$"式中，$V_1$ 一般是原地动词，但这种结构式中的也可能推出"去 $N_3$ 处作某事"或"在 $N_3$ 处作某事"两种意义，"于"有动词、终到处介词或所在处介词三种可能性。例如：

（2）g. 素衣朱绣，从子于鹄。（诗经·国风·扬之水）

但有的句子只能推出"$V_1$ 行为发生时，$N_1$ 已在 $N_3$ 处"意义，"于"是所在处介词。例如：

（2）h1. 皇父孔圣，作都于向。（诗经·小雅·十月之交）

　　h2. 鼓钟于宫，声闻于外。（诗经·小雅·白华）

综上，"于$_{12}$"的萌生过程显示了三个特征：

1）有运行动词和终到处介词两个来源；

2）在谓语动词前，"于$_{12}$"和运行动词有直接的联系；在谓语动词后，"于$_{12}$"和终到处介词"于$_{11}$"有直接的联系；

3）动源的"于$_{12}$"功能确定的因素是"时间先后"、"位移"和"距离"等意义的消失；介源的"于$_{12}$"功能确定的因素是对句子推理意义的理解，如果只可作"无位移／持续"一种理解，"于"是所在处介词。

在"于"之后，走"运行动词——所在处介词"路径的是"就"。和"于$_{12}$"有两个来源不同，所在处介词"就"（记为"就$_{12}$"）只有动词一个来源；但"于"和"就"都是运行动词，虽然词义有所不同，但向所在处介词发展时，还是有相同的特征。第一，"运行动词——所在处介词"演变都发生在"就 +N$_2$+V$_2$"式中；第二，都有"时间先后"、"位移"和"距离"意义的变化。初期的"就 +N$_2$+V$_2$"式中，"就"还是动词（记为"就$_。$"）。例如：

（3）a1. 就其深矣，方之舟之。（诗经·国风·谷风）

　　　a2. 有就右师之位而与右师言者。（孟子·离娄下）

3a 组可以推出"V$_1$ 行为发生在 V$_2$ 行为之前"的意义，也可以推出"N$_1$ 位移"的意义（N$_1$ 是施事主语，可能省略或隐含），"N$_1$ 和 N$_2$ 之间有一段距离"的意义，"就"可理解为"走向，走近"义，或"去往"义等；但因为在语义结构中，N$_2$ 是 V$_2$ 事件的发生之处，句中潜藏着"就"发展成为所在处介词的可能性。

在汉代之前的少数用例中，"就"有运行动词和所在处介词两种可能性。例如：

（3）b. 王曰："夫子休，就舍待命。"（庄子·说剑）

由上例的两解可知，动词"就$_。$"有可能成为所在处介词的直接来源。汉代有两种分析结果的用例比较多。例如：

（3）c1. 而广行无部伍行阵，就善水草屯，舍止，人人自便。（史记·李将军列传）

　　　c2. 广行无部曲行阵，就善水草顿舍，人人自便。（汉书·李广传）

3c 组的"就"可理解为"走近"义动词或"在"义介词。又如：

（3）d1. 臣之事仲尼，譬如渴而操杯器就江海饮，满腹而去，又焉知看江海之深？（新论·卷七）

　　　d2. 见家用不足，乃辞况欲就边郡畜牧。（东观汉记·卷十二）

　　　d3. 皇帝既就东厢坐定，奏永安之乐。（前汉纪·孝惠皇帝纪）

3d 组的"就"可理解为"去，到"义或"往"义动词，也有可能理解为"在"义介词。再如：

（3）e1. 孝成班婕妤，……，居增成舍，再就馆有男，数月失之。（汉书·外戚列传下）

　　　e2. 后月余，复与孝成赵皇后俱废为庶人，就其园自杀。（汉书·外戚列传下）

　　　e3. 交拜礼毕，就馆更为援制答布单衣、交让冠。（东观汉记·卷十二）

3e 组的"就"仍不能排除动词的可能性，可理解为"走进，进入"义动词或"在"义介词。如果可以确定句中没有"时间先后"、"位移"或"距离"意义，"就"是确凿的介词。比较两例：

（3）f. 博出就车见自言者。（汉书·朱博传）

（3）g. 韩后与范同载，就车中裂二丈与范。（世说新语·德行）

前例可以推出 $V_1$ 和 $V_2$ 之间有"时间先后"的意义，"$N_1$ 位移"意义和"$N_1$ 和 $N_2$ 之间原先有一段距离"的意义，"就"是动词。后例没有这样的推理意义，"就"是所在处介词。

在相同的结构式中，如果只能作"$N_1$ 实施 $V_2$ 事件时已在 $N_2$ 处"理解，"就"是所在处介词，汉代已见用例：

（3）h. 后五年，就馆生男，拜为婕好。（汉书·外戚列传下）

上例可证，确凿的"就$_{12}$"汉代已萌生，但用例很少。

在另外一种结构式中也可以萌生"就$_{12}$"，在"$V_1+N_2+$ 就 $+N_3$"式中，如果 $V_1$ 和"就"没有"时间先后"关系，"就"也可分析为所在处介词。例如：

（3）j1. 鲁王好猎，相常从入苑中，王辄休相就馆舍。（史记·田叔列传）

　　 j2. 鲁王好猎，相常从入苑中，王辄休相就馆。（汉书·田叔传）

比较"就"和"于"的演变模式，不同在于："于$_{12}$"有动词和终到处介词两种来源，"就$_{12}$"只有动词一个来源。相同在于：在"$V_1+N_2+V_2$"式中，"于"和"就"的演变因素大致相同，都是"时间先后"、"距离"和"位移"意义的消失。

为什么说所在处介词"就$_{12}$"和终到处介词"就$_{11}$"没有来源关系呢？因为萌生的结构式不同，"就$_{12}$"只能萌生于"就 $+N_2+V_2$"式或"$V+N_2+$ 就 $+N_3$"式，不能萌生于"$V+$ 就 $+N_2$"式（终到处介词"就$_{11}$"萌生于这种结构式中）；而"于$_{12}$"是可以萌生于"$V+$ 于 $+N_2$"式的（参见 2f 组例句），在"$V+$ 于 $+N_2$"式中，先产生终到处介词"于$_{11}$"，然后扩展出"于$_{12}$"。

相隔一千多年，另一个运行动词也朝所在处介词发展。我们将"去"看作同类演变的另一个后随者。"去"和"就"的演变模式有相同之处：第一，所在处介词"去"（记为"去$_{12}$"）也只有动词一个来源；第二，演变也发生在"去 $+N_2+V_2$"式中；第三，都是因"时间先后"、"距离"和"位移"意义的消失而确定所在处功能。

在"去+N$_2$+V$_2$"式中，"去"原本是运行动词，句子可以推出 V$_1$ 和 V$_2$ 两个事件有"时间先后"的意义，也可以推出"N$_1$ 位移"的意义和"N$_1$ 和 N$_2$ 之间有一段距离"的意义。例如：

（4）a. 大家去那里向火？（祖堂集·卷九·逍遥和尚）

上例的"去"虽然与介词所在的位置相同，但由于上述推理意义的存在，"去"还是动词。然而，在语义结构中 N$_2$ 毕竟是 V$_2$ 事件发生之处，句中潜藏着"去"变为所在处介词的可能性。演变的关键是"去"和 V$_2$ 之间的"时间先后"、"位移"和"距离"意义的消失。

如果不能推出"施事位移"，而是施事使用的工具有"位移"意义，"去"呈现向所在处介词发展的趋势。例如：

（4）b1. 莫祝灵龟椿鹤，只消得，把笔轻轻，去十字上，添一撇。（辛弃疾：品令）

b2. 大尹看到第十来纸状，有状子上面也不依式论诉什么事，去那状纸上只写一只《西江月》曲儿。［宋四公大闹禁魂张·近代汉语语法资料汇编（以下再引用使用简称"近汉语资·宋代卷"）]

4b 组例句显示了运行动词变为所在处介词的可能性。若 N$_2$ 是表示抽象事物的名词或短语，则"去"的运行意义淡化，而且"去"和 V$_2$ 之间原先存在的"时间先后"、"距离"和"位移"等意义也淡化了。例如：

（4）c1. 须是去事务上求。（朱子语类·卷十二）

c2. 须是更去自己分上作功夫。（朱子语类·卷十三）

在存现句中，如果动词是"有"，由于"去"和"有"之间没有"时间先后"关系，"距离"和"位移"意义也随之消失，"去"是所在处介词。例如：

（4）d1. 去那后水巷里，有一个经纪人，姓任名迁，……（三遂平妖传·九回）

d2. 话说大元朝至正年间，去那北路曹州东平府管下东关里，有一客店。（清平山堂话本·卷四）

d3. 去那城中箭桥左侧，有个官人，姓刘名贵，……（今古奇观·卷三十七）

d4. 思量去那江岸上，有个开村酒店张太公家，……（警世通言·卷三十九）

存现句的 V 如果是"坐"等表示静止状态的动词，句中也没有"时间先后"、"距离"和"位移"意义，"去"是所在处介词。例如：

（4）e1. 去那峭壁顶上，一株大树底下，坐着一个一丈来长短骷髅，……（警世
　　　通言·卷十九）

　　e2. 话说大宋英宗治平年间，去那浙江路宁海军钱塘门外，南山净慈孝光禅
　　　寺，乃名山古刹。（喻世明言·卷三十）

　　分析"于、就、去"的"运行动词——所在处介词"演变，可以得知，导致演变的语义因素和结构式是相同的，都是在"$V_1+N_2+V_2$"式中，因"时间先后"、"位移"和"距离"意义的消失而确定结果。

### 1.1.1.3　小结

　　以上分析了"执持动词——处置介词"和"运行动词——所在处介词"演变的特征。由此可知，区分"首发模式"和"后随模式"，可以发现演变的共性和个性，并且可以发现导致演变的语义因素，由此可能解释演变模式的共同特征及其差异。除了上面提到的两种演变之外，其他功能的介词也多有本小类的首发者和后随者，探究"首发模式"和"后随模式"之间的异同，除了发现演变中的共性和个性之外，还可以对演变的决定性因素作出解释。

## 1.1.2　单源模式和多源模式

　　从历时角度看，绝大多数介词只有一个语义来源，我们称之为"单源模式"；少数介词具有多个语义来源，我们称之为"多源模式"。为什么要区分"单源模式"和"多源模式"呢？目的是更详尽地揭示语义演变的过程中的各种特征和导致演变的因素。

### 1.1.2.1　所在处介词"著11"的两个来源

　　通常认为所在处介词"著"（记为"著11"）的来源是"附着"义（记为"著01"），我们认为"著11"的来源固然可以溯及"附着"义，但与"著11"关系最为密切的是"存在"义（记为"著02"）和"放置"义（记为"著03"）。"著11"与"附着"义也有一定的联系，但不如"存在"义和"放置"义那么紧密。

　　"存在"义来自"附着"义，下面一组例句反映了两者之间的联系。

（5）a1. 著于上，见于下，谓之雨。（榖梁传·文公三年）

a2. 入乎耳，著乎心，布乎四体，形乎动静。（荀子·劝学）

5a 组的"著"可作"附着"或"存在"解，汉代仍可见到可作两种理解的用例：

（5）b1. 人民居土上，犹虱蚤著人身也。（论衡·解除）

（5）b2. 案甘露如饴蜜者，著于树木，不著五谷。（论衡·是应）

5b 组的"著"可理解为"附着"义，但也不妨理解为"存在"义。5a、5b 显示了"附着"义和"存在"义的联系，以及"附着——存在"演变的可能性。在汉代的一些句子中，"存在"义已十分明显。例如：

（5）c1. 邮亭著地，亦如星宿著天也。（论衡·说日）

c2. 胡人衣食之业不著于地。（汉书·晁错传）

"存在"义的"著$_{02}$"所在的句子中，虽有施事论元，但没有明显的"施事有实施某行为的主观意愿"之义，因此句义中没有主动地实施行为的人；其次，"著"后面带处所宾语或者处所补语。若动词"著"的宾语的语义论元为"受事"，句义中蕴含"施事主动实施行为"之义（施事不一定出现在句法层），"著"可理解为"放置"义。比较两组例句：

（5）d1. 兵之著于晋阳三年。（韩非子·十过）

d2. 宪令著于官府。（韩非子·定法）

（5）e1. 左苍龙，右白虎，上著金银日月，……（汉书·佞幸传）

e2. 手不能取他人之首著之于颈。（论衡·儒增）

5d 组的"著"可理解为"存在"义或"置放"义；5e 组的"著"只可理解为"置放"义。通过比较可以得出如下结论：

1）"置放"义与"存在"义有直接的联系；

2）"置放"义的"著$_{03}$"所在的语义结构中，行为有实施者（可能不出现于句法表层），且可以推出"施事有实施某行为的主观意愿"之义；

3）"存在——置放"演变的因素是"著"后面的成分的语义论元发生"方所——受事"的变化。

"存在动词——所在处介词"的首发者是"在"，"著"是紧随其后的演变，两者有相同的特征：第一，演变都发生在"V$_1$ + 著 + N$_2$"式中；第二，致变的决定性因素是"V$_1$ + 在 / 著 + N$_2$"式中语义关系的变化。比较两组例句：

（5）f1. 案味甘之露下著树木，察所著之树，不能茂于所不著之木。（论

衡·是应）

　　f2. 云气赤黄，四塞天下，终日夜下著地者，黄土尘也。（汉书·五行志上）

（5）g1. 今进不赦其命，退不彰其罪，闭著囹圄，使自引分，四方观国，或疑此

　　　　举也。（三国志·魏书·高柔传）

　　g2. 所请群官，悉闭著益州诸曹屋中。（三国志·魏书·钟会传）

　　5f组的"著"可理解为存在动词（有来自"附着"义的痕迹），也有可能被分析为所在处介词；由5f、5g组例句可知"著"可能有"存在动词——所在处介词"的演变路径。5f组的$N_2$是$N_1$（主语，可能省略或隐含）的所在之处，句中$V_1$"下"和"著"都与$N_1$有"行为——施事"的关系，"$V_1$+著"短语不能排除连动结构的可能性，"著"的介词性质也不能确定。5g组的$N_2$是受事（未出现在句法层）的所在之处，$V_1$是施事的行为，具有强[+自主性]，因为$N_2$是受事的所在之处，"著"只与受事有语义关系，"著"的[+自主性]消失。由于语义结构中施受关系不同，$V_1$和"著"不再被看作连动关系，"著"与$N_2$之间的句法关系变得紧密，"著+$N_2$"短语可分析介词短语。比较5f组和5g组"著"的不同功能，可以得出结论——相同结构式中语义关系（主要是施受关系）的变化推动并固定了"存在动词——所在处介词"的演变结果。

　　"置放动词——所在处介词"演变发生在"$V_1$+$N_2$+著+$N_3$"式中。致变的因素主要是"时间先后"意义的变化，其间还伴随着"距离"意义和"受事位移"意义的变化。比较两例：

（5）h. 太后……，乃遣傍侍御取玺绶著坐侧。（三国志·魏书·三少帝纪，裴注

　　　　引《魏略》）

（5）i. 初植……乃留其从官著关东。（三国志·魏书·任城陈萧王传，裴注引

　　　　《魏略》）

　　例5h可以推出"$V_1$和$V_2$之两个事件有时间先后"的意义，还有"$N_2$（受事）位移"意义和"$N_2$与$N_3$之间有一段距离"意义，"著"还可以理解为"置放"义动词；由于上述推理意义的存在，"$V_1$+$N_2$+著+$N_3$"式符合连动结构的语义条件，可以分析为连动结构，或不能排除连动结构的可能性。但是，$N_3$毕竟是$V_1$行为结束之后受事的所在之处，句义中也潜藏着"著"变为所在处介词的可能性。由例5h可知："置放"义动词"著"也有可能向所在处介词发展。例5i的$V_1$行为（即"留"）开始之时，$N_2$（受事）就已

在 $N_3$ 表示的处所，$V_1$ 和"著"之间没有"时间先后"关系，句中也没有"$N_2$ 位移"意义以及"$N_2$ 和 $N_3$ 之间有一段距离"意义，"著"可分析为所在处介词。比较上面两例不同的推理意义和"著"的不同功能，可以推知："时间先后"、"位移"和"距离"意义的消失是"$V_1+N_2+$ 著 $+N_3$"式中"著"发生"放置动词——所在处介词"演变的决定性因素。

由上面对"著"的演变过程的分析可知："著$_{11}$"萌生于两种结构式，在两种结构式中有不同的语义来源，致变因素也不相同。

### 1.1.2.2 处置介词"拿$_3$"的两个语义来源

动词"拿"的两个义项（"捉拿"义和"执持"义）都有可能向处置介词发展。但两个义项向处置介词发展时，致变因素是不同的。"拿"作"捉拿（归案）"解时，一般带表人的 NP 作宾语。若进入连动结构的 $V_1$ 位置，$V_2$ 部分可能有两个动词，其中一个是运行动词，另一个及物动词，第二个动词与 $N_2$ 有"动作——受事"的关系，句子蕴含处置意义。例如：

（6）a1. 我是去拿他要送官究治的。（补红楼梦·三十一回）

　　　a2. 即拿他回衙门审问明白。（狄青演义·五十七回）

若 $V_2$ 部分是及物动词，且在语义结构中以 $N_2$ 为受事，"拿"的"捉拿"也可能仍然存在。例如：

（6）b1. 触怒了制台，要拿他办罪。（痴人说梦记·十回）

　　　b2. 弟到州前叫公差来拿他处死，又何虑哉？（春柳莺·六回）

"捉拿动词——处置介词"演变的因素有二：第一是进入"非抓捕"语境，然而，有的句子中的"拿"可作"抓住"解，也可能作"将、把"解，"拿"有两种分析结果：动词或介词。例如：

（6）c1. 你再不走，船开了，你又没有铺盖，又没有盘缠，外国人拿你吊起来，我可不管。（二十年目睹之怪现状·一百零七回）

　　　c2. 死的我亦不去管他了，现在活活的要拿你大切八块，虽说皇上家的王法，该应如此，但……（官场现形记·二十三回）

如果可以确定是"非抓捕"语境，"拿"的"捉拿"义消退，可分析为处置介词。例如：

（6）d1. 下了几道严旨，拿他们切责一番。（痴人说梦记·十五回）

　　　d2. 他怎么拿你荐给我呢？（官场现形记·十六回）

d3. 上司说他办理不善，先拿他撤任，……（官场现形记·九回）

d4. 拿我老婆子卖了娶媳妇。（姑妄言·十九卷）

第二，是 $V_2$ 的语义类型变化，若 $V_2$ 为褒义词，则"捉拿"义完全消失，"拿"的介词性质十分明显。例如：

（6）e1. 朝廷亦就拿他着实嘉奖。（痴人说梦记·十五回）

e2. 署院着实拿他勉励了几句。（官场现形记·二十回）

e3. 姨太太一见之后，就着实拿他夸奖，说他有能耐，会办事。（官场现形记·三十回）

若 $V_2$ 为表示认识活动的动词，"拿"进入"认识"语义结构，"拿"的介词性质也十分明显。例如：

（6）f1. 都说怕我拿他们当俗人。（补红楼梦·二十回）

f2. 我那里还拿他当丫头么。（补红楼梦·十一回）

f3. 就拿他当一个小猫小狗。（大八义·四十一回）

"执持"义的"拿"可进入"$V_1+N_2+V_2$"式的 $V_1$ 位置，$N_2$ 为表示物件的名词或短语。例如：

（6）g1. 拿我的帐子挂起来。（负曝闲谈·二十四回）

g2. 要拿他那一份帖子也来烧了。（二十年目睹之怪现状·二十四回）

6g 组的语义结构中，$V_2$ 也以 $N_2$ 为受事，句中也蕴含"处置某物"意义，但由于 $N_2$ 是表示具体物件的名词或短语，"拿"还是不能排除动词的可能性。演变的决定性因素是 $N_2$ 的语义类型变化，若 $N_2$ 是表示"不可执持于手中"的事物的名词、代词或名词性短语，则"拿"是处置介词。例如：

（6）h1. 台湾一省地方，朝廷尚且拿他送给日本，……（二十年目睹之怪现状·八十五回）

h2. 倘使不相信，还要拿我的话去告诉文琴。（二十年目睹之怪现状·七十六回）

h3. 拿他的同知职衔也详革了。（二十年目睹之怪现状·六十五回）

"拿3"有"捉拿"义和"执持"义两个来源，虽然演变都发生在"拿 +$N_2+V_2$"式中，但演变的因素有所不同。第一，源结构中 $N_2$ 的语义类型不同，"捉拿"义所在的源结构的 $N_2$ 是表人的名词或名词性短语；"执持"义所在的源结构的 $N_2$ 是表物的名词或名词性短语。第二，"捉拿动词——处置介词"演变的决定性因素是进入"非抓捕"语境和 $V_2$ 的语义类型变化；

"执持动词——处置介词"演变的决定性因素是 $N_2$ 的语义类型变化，即 $N_2$ 的"可执持之物——不可执持之物"变化或"具体——抽象"变化。

### 1.1.2.3　小结

区分一个介词的单个或多个来源，可以更清晰地发现演变的路径和致变因素，也可以窥见汉民族的思维抽象化的特征。研究这种独特的演变路径和致变因素可以从历时角度总结汉语语义演变独有的类型特征。

## 1.1.3　单向模式和多向模式

动词向介词发展，介词继续语法化，这两种演变可能是单一方向的，也可能是多个方向的。这是就源词的某一个义项或某一项功能而言的。单一方向是指源词（动词或介词）朝一种功能发展，多个方向是指源词同时向多种功能发展。"动词——介词"的演变或介词的功能扩展，若为单一方向的，我们称之为"单向模式"；若同时朝多个方向发展，我们称之为"多向模式"。单向的演变可以看作"链接式"的演变，多向的演变可以看作"放射式"的演变。为什么要区分"单向模式"和"多向模式"呢？这是为了清晰地展现"动词——介词"演变或介词继续语法化过程中的复杂语义关系，揭示介词与源动词之间的联系以及介词的诸多功能之间的联系。

### 1.1.3.1　方所介词"从$_1$"的演变方向

动词"从"朝介词发展时，有两个主要方向：方所介词方向和对象介词方向。在方所介词方向上，前一阶段是链接式的，即走过"随行动词——经由处介词——始发处介词"的演变路径；但后一阶段却是放射式的，即由始发处功能扩展出"方向"和"所在处"两种功能。图示如下：

从$_{01}$（"随行"义）—从$_{11}$（经由处）—从$_{12}$（始发处）／从$_{14}$（方向）—从$_{13}$（所在处）

为什么"从"先产生"经由处"功能呢？为什么"经由处"功能不是直接向"始发处""所在处""方向"等功能发展，而要经过"始发处"阶段，再向其他两种功能发展呢？又为什么不走"经由处——始发处——方向——所在处"的路径，或者是"经由处——始发处——所在处——方向"的路径呢？这主要是由源动词的词义决定的。介词"从"的第一个功能（介引"经由处"）来自源动词的"随行"义（记为"$从_{01}$"），"$从_{01}$"的宾语一般是表人的 NP。例如：

（1）a. 从孙子仲，平陈与宋。（诗经·国风·击鼓）

上例可以推出"$N_1$（主语，可能省略或隐含）和 $N_2$ 一起行走并实施相同行为"的意义，还有"$N_2$ 是主导者，$N_1$ 是随从者"的意义；"从"明显还是"随行"义动词。如果进入"从 +$N_2$+ 运行动词"式，由于 $N_2$ 是表人的名词，"从"还是动词，但"行走"义由运行动词承载，"从"是"跟从"义。例如：

（1）b. 申叔跪从其父将适郢。（左传·成公二年）

如果 $V_2$ 是运行动词"出"，$N_2$ 是表方所的名词，"从"变为经由处介词。例如：

（1）c1. 析朱鉏宵从窦出，徒行从公。（左传·昭公二十年）

　　c2. 遂行，从近关出。（左传·襄公十四年）

"从 +$N_2$（人）+ 运行动词"式中可以推出"$N_1$ 和 $N_2$ 在实施 $V_2$ 行为时始终相随"义，"从 +$N_2$（处所）+ 出"式中，也有近似的推理意义；不同之处是 $N_1$ 由"与人始终相随"变为"与方所始终相随"。由于推理意义的关联和变化，"从"首先发展出介引"经由处"的功能。

以"经由处"功能为起点的功能扩展，可以从词汇系统和认知因素这两个方面去探寻。从词汇系统看，在介词"$从_1$"之前已存在方所介词"$于_1$"和"$自_1$"，这两个介词都有多种功能，"$于_1$"和"$自_1$"功能扩展的方向和路径影响到"$从_1$"的功能扩展。"$于_1$"的三种主要功能分别是"终到处"、"所在处"和"始发处"。例如：

（1）d. 送子涉淇，至于顿丘。（诗经·国风·氓）

（1）e. 鹤鸣于垤，妇叹于室。（诗经·东山）

（1）f. 有星出于婺女。（左传·昭公十年）

这三种功能是依次出现的。从源动词的词义看，"于"是"去往"义动词，运行动词向方所介词发展时，一般先产生"终到处"功能，"$于_0$"的"所在处"功能与动词"$于_0$"和"终到处"功能都有联系（参见 1.1.1.2）；"于"的"始发处"功能主要与"所在处"功能有联系。"于"有"所在处——始发处"的演变路径，"从"可能走反向的"始发处——所在处"路径。

"自₁"的三种主要功能分别是"始发处"、"经由处"和"方向"。例如：

（1）g. 自彼殷商，来嫁于周。（诗经·大雅·大明）

（1）h. 出自北门，忧心殷殷。（诗经·国风·北门）

（1）i. 豹自后击而杀之。（左传·襄公二十三年）

"自₁"有向所在处功能发展的倾向，下例的"自"可释义"从"或"在"。

（1）j. 其后弄儿壮大，不谨，自殿下与宫人戏，日磾适见之，恶其淫乱，遂杀弄儿。（汉书·金日磾传）

"自"的功能扩展是从"始发处"开始的，分别朝"经由处"、"方向"、"所在处"扩展。图示如下：

$$自_{11}（始发处）—自_{13}（方向）\begin{array}{l}↗自_{12}（经由处）\\ ↘自_{14}（所在处）\end{array}$$

由于"自₁"存在"始发处——经由处"的演变路径，依照同义词在发展中相互带动的规律，"从₁"可能走反向的"经由处——始发处"路径。

从"于₁"的演变路径看，在汉人的思维中，"始发处"与"所在处"有直接的联系，可以互相转化。从"自₁"的演变路径看，"始发处"与"经由处"、"方向"、"所在处"有联系。总之，介词"于₁、自₁"的诸多功能之间的关联影响到"从"的演变方向和路径。

从认知角度看，"经由处"和"始发处"可能在运行的同一方向、同一路径上，现实关系反映在语言中，就是一个介词兼有介引"经由处"和"始发处"两种功能，如英语介词"from"就有这样两种功能，汉语介词"自₁、从₁、由₁、打₁"等也有这样两种功能。

"始发处"与"所在处"都属于"方所"概念，两者之间有较为密切的联系。而"始发处"和"方向"有可能在同一运行路径上，因此两种功能之间也可以互相转化。

"于"的"所在处——始发处"演变发生在 $V_1$ 为原地动词的"V+于+$N_2$"式中，以说话人的位置为观察点，"始发处"也可能就是"所在处"。下面两例显示两种功能之间的联系。

（1）k. 有杕之杜，生于道左。（诗经·国风·有杕之杜）

上例的"于"可理解为所在处，也可理解为始发处。因为 V 是"生发"义动词，"于"的功能有"始发处"和"所在处"两种可能性。

"自"的"始发处"与"方向"的联系首先发生在 V 为"来"的"V+自 +$N_2$"式中。如果以说话人的位置为观察点,"始发处"和"方向"可能在同一路径、同一方向上,"始发处"一般是相对于说话人位置的运行的开始之处,"方向"表示一般运行朝向说话人位置而来。下例显示了"始发处"和"方向"的联系。

(1)1. 我来自东,零雨其蒙。(诗经·国风·东山)

上例的 $N_2$ "东"的语义论元既可理解为"始发处",又可理解为"方向"。由上面的解释可知:从认知角度分析,也可以解释"从$_1$"的演变路径和方向。分析介词"于$_1$、自$_1$、从$_1$"的演变方向和路径可以揭示词汇系统中各个介词的不同来源及其功能扩展的多种可能性。

### 1.1.3.2　对象介词"从$_3$"的演变方向

"从$_{02}$"的另一个主要方向是朝对象介词发展,"从$_3$"的主要来源是"跟从"义,但"随行"义对"从$_3$"的产生和发展也有影响。"跟从动词——对象介词"演变呈现多个方向的特征,即演变是"多向模式"的,主要是两个方向,即方所介词方向和对象介词方向。在对象介词方向上,也是发展出四种功能,也就是说"从"介引"求索者""师从者""言谈者""交互者"的四种功能都与动词"从$_{02}$"有直接的语义联系。图示如下:

$$/ 从_{31}(求索者)$$
$$从_{02}—从_{32}(师从者)$$
$$\backslash 从_{33}(言谈者)$$
$$\backslash 从_{34}(交互者)$$

依据文献资料,"于"是最早产生的求索介词,但"于"的"求索"功能来自对象介词"于$_3$"的功能扩展。就动词来源而言,"从"是第一个因动词语法化而产生的求索介词;故此,词汇系统中找不到"类推"因素。本节讨论认知因素,第一,就现实世界的位置关系看,跟从者一般走在引领者后面,而求乞者索要物资时很可能跟在施予者后面;第二,跟从者的身份一般低于引领者,而求乞者和施予者之间也往往有这种关系。这种心理图像方面的象似性,容易诱发词义或词性的演变。致变的因素是"从 +$N_2$+ 原地动词"式中 $V_2$ 的语义类型变化。如果 $V_2$ 为"乞、求"等"求取"义动词,则"从"向求索介词(记为"从$_{31}$")发展。比较三例:

（2）a. 蔡人、陈人从王伐郑。（左传·桓公五年）

（2）b. 饥而从野人乞食。（史记·晋世家）

（2）c. 常从王媪、武负贳酒。（史记·高祖本纪）

上三例都是"从 +N$_2$+ 原地动词"式，但语义关系有所不同，"从"的词性和功能也不一样。例 2a 中可以推出"N$_1$ 和 N$_2$ 都实施了 V$_2$ 行为，主导者是 N$_2$，随从者是 N$_1$"的意义；在语义结构中，N$_1$ 与 V$_1$"从"和 V$_2$"伐"都有"施事——行为"的关系，这种关系符合连动结构的"两个动词共载一个施事"的条件，"从 +N$_2$+V$_2$"式可看作连动结构（至少是特殊的连动结构），句子还可推理出"N$_1$ 跟着 N$_2$ 运行，并一起做相同的事情"的意义，"从"明显是动词。例 2b 的 V$_2$"乞"不是 N$_1$ 和 N$_2$ 共同实施的行为，实施"求乞"行为的是 N$_1$，N$_1$ 是 [+ 收获] 方，N$_2$ 是施予方，即 [- 收获] 方，由于语义关系不同，"从"呈现向求索介词发展的明显趋势，且靠近介词一端；句中已无"N$_2$ 身份高于 N$_1$"之义，但还有可能推出"N$_2$ 和 N$_1$ 位置有前后之分"的意义，即"N$_1$ 在 N$_2$ 后面"之义，"从"还不能排除"跟从"义动词的可能性。例 2c 的语义关系和例 2b 基本相同，但不能推出"N$_2$ 和 N$_1$ 的位置有前后之分"的意义和"N$_2$ 和 N$_1$ 的身份有高低之分"的意义，也不能推出"N$_2$ 是主导者，N$_1$ 是随从者"的意义，更不能推出"N$_1$ 跟着 N$_2$ 行走"的意义。由于 N$_1$ 只与 V$_2$ 有"施事——行为"的关系，与"从"没有这种关系，"从 +N$_2$+V$_2$"不能再被分析为连动结构，只能是状中结构，"从"是求索介词。

汉代还有一些类似例 2c 的用例：

（2）d1. 县官无钱，从民贳马。（史记·汲郑列传）

　　d2. 从昆弟假贷犹足为生，……（史记·司马相如列传）

比较例 2a——2d 组中不同的语义关系，可以得出如下结论：

1）在相同的结构式中，由于语义关系变化导致结构式发生"连动——状中"的变化，"从"的词性发生"动词——介词"的变化；

2）N$_1$ 和 N$_2$ 与 V$_2$ 之间的语义关系变化对"跟从动词——求索介词"的演变起着重要作用；

3）"从"的演变是由 V$_2$ 的语义类型变化引发的，但决定结构和功能不同的因素是对语义关系的理解。

接下来，分析"跟从动词——师从介词"的演变，这一演变也有认知因素。初期的"从$_{02}$"充当$V_1$的"从+$N_2$（人）+原地动词"式中，可以推出"$V_2$的施事是$N_1$和$N_2$"意义，也有"两个N有位置前后，身份高低之别"意义，还可以推出有"$N_2$是主导者，$N_1$是跟从者"的意义。例如：

（2）e. 献子从公立于寝庭。（左传·成公六年）

上述推理意义及语义关系与师从介词所在结构式的语义关系也有联想性联系。师从介词"从"（记为"从$_{32}$"）也在"从+$N_2$+原地动词"式中萌生。当$V_2$位置上的动词为"习得"义时，"从"呈现向师从介词发展的态势。例如：

（2）f. 乃从荀卿学帝王之术。（史记·李斯列传）

与例2e相比，例2f的"从"还可以看出来自"跟从"义的痕迹，但两例的语义关系有所不同，例2e的$N_1$与$V_1$"从"和$V_2$"立"都有"施事——动作"的关系，语义关系符合连动结构的条件。例2f的$N_1$只与$V_2$有"施事——行为"的联系；此外，例2e的$V_2$的施事是$N_1$和$N_2$，但例2f的$V_2$的施事只有$N_1$，$N_2$"荀卿"与$V_2$"学"没有"施事——行为"的关系，$N_2$是$N_1$从之获得知识的对象，是"授予知识的一方"。因为结构式中的语义关系已发生变化，整个结构式不符合连动结构的条件，可分析为状中结构，"从"是介引师从者的介词。

与求索介词"从$_{31}$"、师从介词"从$_{32}$"的产生具有认知因素一样，言谈介词"从"（记为"从$_{33}$"）的产生也有认知因素。在现实世界中，"跟从"行为发生时，"随从者"的地位一般低于"主导者"。这种关系反映在语言中，就是"$N_1$+从+$N_2$+$V_2$"式中，$N_1$所表示的人的身份或地位低于$N_2$（参见例2e）。

例2e的$V_2$是原地动词，句中已无"$N_1$跟着$N_2$行走"之义，但其他推理意义还存在，如$V_2$"立"有两个施事（$N_1$和$N_2$），$N_2$是$V_2$行为的"主导者"，$N_1$是"随从者"，$N_2$的身份高于$N_1$等。由于这些推理意义存在，"从+$N_2$+$V_2$"式只能分析为连动结构，"从"仍为"跟从"义动词。相同的结构式中，$V_2$为"言说"义动词的用例最早见于《左传》：

（2）g. 綦毋张丧车，从韩厥曰："请寓乘。"（左传·成公二年）

上例的$V_2$"曰"是$N_1$（綦毋张）的行为，但"从"和"曰"的施事都是"綦毋张"，"韩厥"和"綦毋张"之间还有"位置前后"关系；句子还不能排除"$N_1$跟在$N_2$后面"，"两人运行"意义，虽然"韩厥"是话语的接收者，但由于 $N_1$ 与 $V_1$ 和 $V_2$ 都有"施事——行为"的语义关系，"从 $+N_2+V_2$"式符合连动结构的语义条件，整个短语仍是连动结构，"从"仍是动词。如果 $V_2$ 是"言说"义动词，$N_1$ 的地位高于 $N_2$，"从"呈现靠近言谈介词的倾向。例如：

（2）h. 公下车从晏子曰："寡人有罪，……"（晏子春秋·谏上）

但上例的"从"和 $V_2$ 都是 $N_1$"公"发出的，"从 $+N_2+V_2$"式符合连动结构的语义条件；$N_2$ 和 $N_1$ 虽然没有"身份高低"的区分，但还有"位置前后"的关系，句中还不能排除"$N_1$ 跟着 $N_2$ 行走"的推理意义；因此，"从"还不能确定介词性质。汉代，在 $V_2$ 为"问"的结构式中，$V_2$ 的施事是 $N_1$，且两个 N 之间无"位置前后""身份高低"等关系，也没有"$N_1$ 跟着 $N_2$ 运行"的推理意义。例如：

（2）i. 上……乃从宽问一篇。（汉书·儒林列传）

上例的 $N_1$"上"地位高于 $N_2$"宽"，且两者之间没有"位置前后"关系，也没有"主导者"和"随从者"的关系；句中也不可能推出"$N_1$ 跟着 $N_2$ 行走"意。"从"可理解为"向"的同义词，可分析为介引言谈者的介词。由例 2g——例 2i 的"从"的不同功能可知："跟从"义的消失是由结构式中语义关系变化导致的。

最后讨论交互介词"从"（记为"从34"）。"从34"有动词和介词两种来源，本节仅讨论动词"从0"与"从34"的联系。在先秦至汉时期的"$N_1+$从 $+N_2+$ 原地动词"式中，大多可以推出"$N_1$ 和 $N_2$ 双方参与 $V_2$ 行为"的意义。例如：

（2）j1. 知伯从赵孟盟。（左传·定公十四年）

j2. 向令伍子胥从奢俱死，何异蝼蚁。（史记·伍子胥列传）

2j 组可以推出"$V_2$ 事件由 $N_1$ 和 $N_2$ 双方实施"意义，这种推理意义与交互介词所在的结构式的 $N_1$、$N_2$ 与 $V_2$ 的语义关系相同，语义结构中已潜藏着"从"变为交互介词的可能性。但是 2j 组可以推出"$N_2$ 和 $N_1$ 有身份高低之分"的意义，也可以推出"$N_2$ 和 $N_1$ 有主导者和随从者之分"的意义，这两种推理意义的存在，使得"从"的"跟从"义未能完全销蚀。若进入 $V_2$ 位置的动词蕴含"双方互动"意义，（如"离别"义动词），句义中两个 N 之间的"主导者"和"随从者"的关系消失，"从"的交互功能凸显。例如：

（2）k1. 时有葛仙公者，每饮酒醉，常入人家门前陂水中卧，竟日乃出。曾从吴

主别，到沩州，还遇大风，百官船多没，仙公船亦沉沦，吴主甚怅恨。（三国志·吴书·赵达传，裴注引《抱朴子》）

k2. 西阁从人别，人今亦故亭。（杜甫：不离西阁二首）

2k 组显示：决定"从$_{34}$"的词性和功能的因素是 $V_2$ 的语义类型，即 $V_2$ 为含有"双方互动"义素的动词。演变的第二个因素是 $N_2$ 的语义类型，在早期的"从 $+N_2+$ 原地动词"式中，$N_2$ 的身份地位大多高于 $N_1$（施事主语，可能省略或隐含）。如果 $N_2$ 的身份地位低于 $N_1$ 或者两者平等，"从"也有可能朝交互介词发展。汉代已见此类用例：

（2）11. 始吾闻夫人弟公子天下无双，今吾闻之，乃妄从博徒卖浆者游，公子妄人耳。（史记·魏公子列传）

12. 尝夜从一骑出，从人田间饮。（史记·李将军列传）

2l 组语义关系的出现，使得"跟从"义原先所在的句子的推理意义发生某些变化，助推了"从"的"跟从动词——交互介词"演变。

综上，对象介词"从$_3$"的四种功能都与动词"从$_{02}$"有直接的联系，这种多方向的演变类型可称为"放射式"。引发"跟从动词——对象介词"演变的直接因素是 $V_2$ 的语义类型变化，但决定性的因素是由 $V_2$ 的语义类型变化而带来的语义关系变化。

### 1.1.3.3　小结

通过讨论"从"的方所介词和对象介词两个方向的演变，可以较为清晰地展示"从"的"动词——介词"演变方向、路径和致变因素，以及介词"从"的功能扩展的方向和路径，由此可知：区分"单向模式"和"多向模式"可以更清晰地揭示源词与由其发展而来的多种介词功能之间的关系以及一个介词的多种功能之间的关系，而这种关系与语义演变模式有密切的联系，也体现了演变模式的特征。

## 1.2　语义演变的方式

对"动词——介词"的演变方式、介词继续语法化过程中的演变方式的探寻也属于语义演变模式的研究。不同语义来源的介词有不同的语义演变方式，动词向介词发展和介词继续语法化的决定性因素大多不是句法方面的，而是语义方面的。我们首先将源动词分为运行动词和原地动词两个大类，因为两类动词的语义演变方式有较大的差异。

## 1.2.1 运行动词的语义演变方式

运行动词向介词发展时大致有两种语义演变方式："运行概念剥离"和"运行概念消失"。"剥离"是指运行概念消失了，但与运行相关的概念还存在；"消失"是指运行概念和与运行相关的概念都消失了。

### 1.2.1.1 运行概念的剥离

本节以运行动词"到""向$_{02}$"为例讨论运行概念的剥离。"到"从"抵达"义动词变为终到处介词（记为"到$_{11}$"），"运行"概念消失了，但运行"抵达之处"的概念还存在。"向$_{02}$"从"走向"义动词变为方向介词（记为"向$_{11}$"），"运行"概念消失了，但运行"方向"概念还存在。

#### 1.2.1.1.1 运行动词朝终到处介词发展

受"于、至"演变模式的影响，"到"的"运行动词——终到处介词"演变也是率先发生在"$V_1+V_2+N_2$"式中，在 $V_2$ 位置上变为介词。导致演变的直接因素也是 $V_1$ 的语义类型变化而引发的语义关系变化。下面三组例句显示：不同语义类型的 $V_1$ 有可能引发语义关系变化，导致运行概念剥离。

（1）a1. 归到鲁东门外，适遇柳下季。（庄子·盗跖）

　　　a2. 乃持铁盾入到营。（史记·樊郦滕灌列传）

（1）b1. 单于遣使送到国，因请其罪。（汉书·匈奴传下）

　　　b2. 先主与吴军水陆并进，追到南郡。（三国志·蜀书·先主传）

（1）c1. 建武中，征到尚书。（后汉书·逸民列传）

　　　c2. 帝知湛为青、徐所信向，遣到平原。（后汉书·伏湛传）

1a 组的 $V_1$ 和"到"都是运行动词，两个动词共载一个施事，也共载一个处所（抵达之处）。$N_1$（施事主语，可能省略或隐含）与"到"有"施事——动作"关系，是具有 [+自主性] 的动词，"到"可分析为连动结构或双动词结构的第二个动词。但两个运行动词并列，在语义结构中词义有所重叠，后一个动词有可能虚化。在现代汉语中，这种结构式中的"到"可分析为介词，但从历时发展角度看，在演变初期，这种结构式中孕育着"到"变为终到处介词的可能性，"到"还不能排除动词的可能性。

1b组的"送、追"是特殊的运行动词，可以带受事论元（一般是宾语，虽然句法层未出现受事论元，但语义结构中存在）；与1a组不同，$N_2$不仅表示$N_1$的抵达之处，也表示受事（没有出现在句法层，但可以推出）的抵达之处。与1a组相比，由于语义结构中受事的存在，说话人和听话人可能关注"$V_1$的受事抵达$N_2$处"的意义，"到"的 [+ 自主性] 呈现消退趋势，相反$V_1$仍有强自主性，由于自主性的差异，1b组的"到"有可能先与$N_2$组合，构成介词短语，充当表示运行抵达之处的句法成分。但是，由于$N_1$与$V_1$和"到"不能排除"施事——动作"关系，整个结构式还可以说是符合连动结构或双动词结构的语义条件，"到"还是不能排除动词的可能性。

1c组的"征、遣、寄"是原地动词，句中不能推出"$N_1$位移"意义或"$N_1$抵达$N_2$处"意义，只能推出"受事位移或抵达$N_2$处"意义。在语义结构中，$V_1$和"到"不是共载一个施事，也不是共载一个抵达之处；这种语义关系不符合连动结构或双动词结构的语义条件，整个结构式发生"连动——述补"的变化。在这样的语义结构中，由于$V_1$是原地动词，$N_1$和"到"没有"施事——动作"关系，"到"的 [+ 自主性] 也淡化甚至消失了，"到"的动词性也呈现消退迹象；"到"向后面的$N_2$靠拢，组合成为介词短语，作为$V_1$的补充成分——"到"变为介词。

综上，在相同的语序列中，结构关系发生"述宾——述补"的变化，结构层次也随之发生变化；与之相伴随的是"到"的"运行动词——终到处介词"的变化。致变的直接因素是$V_1$的语义类型变化，由此带来的语义关系变化导致和动词"到"的运行概念剥离以及句法结构的变化。

#### 1.2.1.1.2　运行动词朝方向介词发展

方向介词"$向_{11}$"有原地动词和运行动词两个来源，本节仅讨论"运行动词——方向介词"的演变。初期的"$向_{02}$"（"进军，前进"义）充当$V_1$的"$N_2$+ 向 +$V_2$"式中，"向"含有"运行"和"运行方向"两种概念。例如：

（2）a. 魏数年东向攻尽陶、卫，……（韩非子·饰邪）

上例可推出"$N_1$（即"魏"）位移"意义，"向"还是运行动词，含有"运行"概念和"方向"概念。演变是由"向 +$N_2$+$V_2$"式中$V_2$的语义类型变化引发的，如果$V_2$是运行动词，在语义结构中承载了运行概念的表达，

"向"变为方向介词。例如：

（2）b. 鸟向檐上飞，云从窗里出。（吴均：山中杂诗三首）

比较例 2a 和例 2b 可知：虽然两例都有"$N_1$ 位移"意义，但前例的"位移"意义由"向"承载，后例的"位移"意义由"飞"承载。也可以说，由于 $V_2$ 的语义类型发生"原地动词——运行动词"的变化，从而导致"向"的"运行"概念剥离，只剩下"方向"概念。

综上，终到处介词"到$_{11}$"和方向介词"向$_{11}$"产生的语义因素都与结构式中另一个动词的语义类型变化有关，由此引发的语义关系变化或运行概念的承载单位的变化导致动词的运行概念剥离。

### 1.2.1.2 运行概念的消失

运行概念的消失是指不单是运行概念消失了，与运行有关的概念也一并消失了。这种变化一般发生在运行动词向对象介词、时间介词发展的过程中。

#### 1.2.1.2.1 运行动词朝对象介词发展

"走向，走近"义动词"就$_0$"大多带方所宾语，含有"运行"和"运行抵达某处"概念。"就$_0$"和"从$_0$"一样，向介词发展时也有两个主要的方向：方所介词方向和对象介词方向。在向对象介词发展时，运行概念和与运行有关的概念是逐步消的。对象介词"就$_3$"最先产生交互功能，下面三例可以显示交互介词"就"（记为"就$_{31}$"）产生过程中，运行概念消失的痕迹。

（3）a. 昏姻之故，言就尔宿。（诗经·小雅·我行其野）

（3）b. 婿暮至女家户外，自名跪拜，乞得就女宿，如是者再三，……（三国志·魏书·乌丸鲜卑东夷传）

（3）c. 愿言捧绣被，来就越人宿。（吴均：咏少年诗）

上三例的 $V_2$ 都是"宿"，$N_2$ 都是表人的代词或名词，句中都可以推出"$N_1$ 和 $N_2$ 双方实施 $V_2$ 行为"的意义，这种一致性，是"就$_{31}$"产生的语义基础。但三例中"就"的词性和功能还是有所不同。例 3a 的"就"虽可以换上"与、和"等交互介词；但句中可推出或不能排除"$N_1$ 位移"意义（即 $N_1$ 从别处来到 $N_2$ 所在之处）。这个"位移"意义的表达只能理解为由动词"就"承载，"就"的"走近，走向"义不能排除；因此，我们说语义结构中潜藏着"就"变为交互介词的可能性，但"就"还是动词。例 3b 的前小句有运行动词"至"，承载了"位移"概念的表达，后一小句的"就"的运行概念呈现消退迹象，"就"靠近介词一端，但因为本小句没有运行动词，"就"还不能确定介词性质。例 3c 的本小句的 $V_1$ 位置有可以承载运行概念的动词"来"，可以带处所宾语，"就"的"运行"和"运行抵达某处"概念都消失了，变为表示 $N_1$ 和 $N_2$ 的"交互"关系的介词。由上面的分析可知：当"就 $+N_2+V_2$"式的前面出现另一个运行动词时，"就"的"运行"概念和"运行抵达某处"的概念都消失了。

#### 1.2.1.2.2 运行动词朝临近点介词发展

运行动词"向$_{02}$"一般带方所宾语，如果"向$_{02}$"与时间词组合，"运行"概念和"运行抵达之处"概念都会消失，"向"变为时间介词。汉代已见演变的端倪。例如：

（4）a1. 向秋冬而阴来，向春夏而阴去。（春秋繁露·卷十六）

　　　a2. 夫水向冬则凝为冰。（淮南子·俶真训）

　　　a3. 昏夜平善，向晨，傅袴袜，欲起，……（汉书·外戚列传下）

至南北朝时期演变结果已确定。例如：

（4）b1. 清晨插步摇，向晚解罗衣。（沈满愿：戏萧娘诗）

　　　b2. 向夕秋风起，自悔何嗟及。（费昶：长门怨）

　　　b3. 离页向晨落，长风振条兴。（卢湛：咏冬诗）

4b 组的"向"的功能是介引"临近点"（记为"向$_{21}$"）。由"就"的"运行动词——交互介词"演变和"运行动词——临近点介词"演变可知：在运行动词向对象介词、时间介词发展的过程中，运行概念以及与运行有关的概念全部消失了。

### 1.2.1.3　小结

由上述演变中的差异可以推论：如果一个运行动词在向介词演变的过程中，运行概念被剥离，与运行有关的概念还有存留，那么演变的结果一般是方所介词；如果运行概念全部消失了，那么演变的结果一般是对象介词或时间介词（运行动词一般不能成为方式介词、范围介词的直接来源）。

## 1.2.2 原地动词的语义演变方式

原地动词的语义演变方式只有一种，即"动作性的消失"，"动作性消失"的程度有不同，导致动作性消失的因素也比较多，其中重要的一种是"语义关系变化"。

### 1.2.2.1 所为介词"为$_{31}$"的产生

本节以所为介词"为"（或称"获益介词"，记为"为$_{31}$"）为例，讨论"动词——介词"演变中的"动作性的消失"的问题。"为$_{31}$"的主要来源是"帮助"义动词（记为"为$_{02}$"），先秦时期常见"为$_{02}$"充当谓语动词的用例：

（5）a1. 赵孟曰："为其主也，何罪？"（左传·哀公二年）

a2 不狃曰："彼为君也，子何怨焉？"（左传·定公五年）

汉代沿用此义：

（5）b1. 魏王豹谒归视亲疾，至即绝河津，反为楚。（史记·高祖本纪）

b2. 为刘氏右袒，为吕氏左袒。（史记·吕太后本纪）

"帮助"义可能继续虚化，有的句子中，充当谓语动词的"为"可作"为了"解。例如：

（5）c1. 申包胥曰："吾为君也，非为身也。……"（左传·定公五年）

c2. 逆叔姬，为我也。（左传·成公九年）

c3. 且吴社稷是卜，岂为一人。（左传·昭公五年）

汉代仍存在"为了"义的用例：

（5）d. 将渠泣曰："臣非以自为，为王也。"（史记·燕召公世家）

上古时期的"为+N$_2$+V$_2$"式中，"为"虽然有可能被分析为所为介词，但也不能排除"帮助"义或"为了"义动词的可能性。例如：

（5）e1. 寡君使群臣为鲁卫请。（左传·成公二年）

e2. 吾为子请邑。（左传·成公十六年）

今人多将5e组中的"为"分析成所为介词，但从历时角度看，这些"为"不一定已是介词。这些句子中不能排除"N$_2$期盼实施V$_2$行为"、"N$_2$有可能自己也参与V$_2$行为"的意义，还蕴含"N$_1$使N$_2$获益"意义和"N$_1$可能借助帮助N$_2$而自己获益"意义；由于这些推理意义的存在，"为"还不能排除动词的可能性。若句义中可以推出"$N_2$不期盼$V_2$行为实施"、"$N_2$不可能自己实施$V_2$行为"意义以及"$N_1$使$N_2$获益而自身受损"意义,"为"是确凿的所为介词。例如:

（5）f1. 故君为社稷死,则死之;为社稷亡,则亡之。（左传·襄公二十五年）

f2. 子有父母耆老,而子为我死,……（国语·吴语）

f3. 北郭子为国故死,吾将为北郭子死也。（吕氏春秋·士节）

对比5e组和5f组,可知:相同的结构式中,动作性的消失是由$V_2$的语义类型变化而引发的,但最终决定演变结果的是语义关系中的"损益关系变化",这种语义关系变化导致了源动词的动作性消失。

### 1.2.2.2 所为介词"给$_{31}$"的产生

所为介词"给"（记为"给$_{31}$"）的直接来源是"给予"义动词"给",在"给 +$N_2$+$V_2$"式中,由于语义关系的变化,导致"给"的动作性消失。比较两组例句:

（6）a1. 这是闻达的首级,给你拿去玩罢!（古本水浒传·三十八回）

a2. 欲将照夜玉狮子给他乘坐。（古本水浒传·四十九回）

a3. 我买糕乾给他吃。（明清民歌时调·白雪遗音·卷二）

（6）b1. 你好好歇一歇,我且去给你弄点饭食来。（浪蝶偷香·二十一回）

b2. 要爷爷起倾国之兵,给他复仇。（三宝太监西洋记·六十七回）

b3. 女婿下了学,终日把我魔。给他预备了这个,他要那个。（明清民歌时调集·白雪遗音·卷二）

上面两组都是"给 +$N_2$+$V_2$"式,但"给"的词性和功能有所不同。6a组中,$V_2$行为是$N_2$发出的,"给 +$N_2$+$V_2$"式可分析为兼语结构,$N_1$和"给"有"施事——动作"关系,"给"不能排除"给予"义,也就是说"给"的动作性还存在。与6a组不同,6b组的$V_2$行为是$N_1$发出的,句中不可能推出"$N_2$实施$V_2$行为"的意义,$N_1$和"给"的"施事——动作"关系消失,"给 +$N_2$+$V_2$"式不可能被分析为兼语结构,只能被分析为状中结构。由于$N_1$只和$V_2$有"施事——行为"的关系,"给予"义就消失了,"给"变为所为介词。

### 1.2.2.3　小结

原地动词在向介词演变的过程中都有动作性消失的特征，这种演变大多因结构式中语义关系的变化而发生。

## 1.3　演变的语义因素

导致"动词——介词"演变以及介词继续语法化的因素主要是语义方面的，可分为语义关系变化、时间意义变化、句子推理意义变化等，而引发这些语义变化的直接因素大多是结构式中名词或动词的语义类型变化。此外，少数原地动词向介词发展的因素主要是句法结构的变化，但句法结构的变化也与语义变化有关联。

### 1.3.1　语义关系的变化

语义关系变化包括"施受关系""损益关系""凭恃关系""身份关系""位置或距离关系""目的地或观察点关系"等的变化。语义关系变化是"动词——介词"演变或介词继续语法化的决定性因素，无论源动词是运行动词还是原地动词。

#### 1.3.1.1　施受关系的变化

施事和受事的关系变化在"动词——介词"的演变中起着重要作用，可以说是确定演变结果的决定性因素。前面已举"到、给"等例说明施受关系变化是导致动词变为介词的重要因素。本节以"在""经""和"为例讨论"施受关系变化"在演变中的作用。

##### 1.3.1.1.1　所在处介词"在$_{11}$"的产生

依据文献资料，"在"是"原地动词——所在处介词"演变的首发者（我们把"于"看作"运行动词——终到处介词"的首发者，所在处介词"于$_{12}$"有运行动词和终到处介词两个来源）。和"于"一样，"在"也是在"V$_1$+V$_2$+N$_2$"式的 V$_2$ 位置上率先向方所介词发展的，致变因素是语义关系的变化。比较两组例句：

（1）a1. 陟降厥士，日监在兹。（诗经·周颂·敬之）

　　　a2. 卫褚师圃亡在中牟。（左传·定公九年）

（1）b1. 藏在周府，可覆视也。（左传·定公四年）

　　　b2. 载在盟府，大师职之。（左传·昭公二十六年）

1a 组的"在"，今人多分析为介词，但就历时演变角度看，可能还是处于演变中的成分。我们可以推理而知：1a 组的 $N_2$ 为施事所在之处，1b 组的 $N_2$ 为受事所在之处。两组的区别可以概括为三点。第一，1a 组的 $N_2$ 是施事的所在之处，$V_1$ 与 $V_2$ "在"共载一个施事，符合连动结构的"两个动词共载一个施事"的条件，"$V_1$ + 在"短语可分析为连动结构或双动词结构，"在"还是动词或不能排除动词的可能性。1b 组的 $N_2$ 是受事（未出现在句法层）所在之处，$V_1$ 的施事没有出现在句中，但可以确认 $V_1$ 和"在"不是共载一个施事，"$V_1$ + 在 +$N_2$"式不符合连动结构的条件。第二，相对 1a 组来说，1b 组的 $N_1$ 和"在"没有"施事——动作"的关系，"在"[+ 自主性] 消失，$V_1$ 和"在"不再被看作连动关系或双动词并列关系。第三，因为 1b 组谓语部分具有 [+ 自主性] 的动词是 $V_1$（"藏"或"载"），$N_2$ 是 $V_1$ 行为结束后，受事的所在之处，"在"的 [+ 自主性] 消失了，"在"和 $N_2$ 有可能先组合，被分析为介词短语。

比较上面两组不同语义关系可知：语义结构中施事和受事的关系变化推动并确定了"在"的"存在动词——所在处介词"演变结果。

### 1.3.1.1.2　经手介词"经₃"的产生

现代汉语中存在介引经手者的介词"经"（如"经领导批准"）。"经"原本是运行动词，一般带方所宾语。但在"经 +$N_2$（人）+$V_2$"式中，由于 $N_2$ 是表人（或与人有关的机构）的名词，"经"的运行义趋于消失。例如：

（2）a1. 遂经吏部尚书李冲让官于光伯。（魏书·崔亮传）

　　　a2. 述又经府诉云："送骡乃嫌脚跛，评田则云咸薄，铜器又嫌古废。"（北史·封懿传）

2a 组显示"经"有"经由动词——经手介词"的演变趋势。但南北朝至唐宋时期，在"经 +$N_2$（人）+$V_2$"式中，语义关系有两种类型，在第一种类型中，"经"还不能确定是介词。首先观察第一种类型，即语义结构中"经"和 $V_2$ 共载一个施事的类型。例如：

（2）b1. 遂经郡诉，称习氏各护寡女，不使归宁。（魏书·列女传）

　　b2. 其未经府寺陈诉，越览辞牒，条数甚多。（北齐书·唐邕传）

　　b3. 信即经王诉云："信与老母偏苦，……"（敦煌变文集新书·卷八）

　　2b 组的 $V_2$ 的施事是 $N_1$（主语，可能省略或隐含），"经 +$N_2$+$V_2$"式不能排除"两个动词共载一个施事"的可能性，整个结构式还不能排除连动结构的可能性，"经"也不能排除动词的可能性。

　　第二种类型是 $N_2$ 为 $V_2$ 的施事，$N_1$ 为 $V_2$ 受事。例如：

（2）c1. 崔光、崔亮皆经允接待，是以凉懊之际，光等每致拜焉。（北史·习雍传）

　　上例 $V_2$"接待"的施事是 $N_2$"允"，$N_1$"崔光、崔亮"是 $V_2$ 的受事，这种语义关系出现表明：萌芽状态的经手介词"经$_3$"已出现。不过，迄唐代，这种用例还是罕见的，宋代已有较多用例：

（2）d1. 薛监知而大怒，经宰相疏之。保逊因谪授澧州司马。（北梦琐言·卷三）

　　d2. 又经一判官按问，其事亦明。（通幽记·韦讽女奴，太平广记）

　　d3. 顺义军牒即云州错误文字，不经朝廷处分，待不使，今来圣旨，又言是错，何故错得许多！……（乙卯入国奏请，近汉语资·宋代卷）

　　d4. 露柳凝朝润，烟花敛暮寒，才经人赏便阑残。（仇远：南歌子）

　　2d 组 $V_2$ 的施事是 $N_2$，$N_1$（主语，可能省略或隐含）与"经"之间没有"施事——动作"关系，反而是"受事——动作"关系。比对 2b 组和 2d 组，可以得出如下结论：在"经"的"经由动词——经手介词"演变中，"($N_1$+）经 +$N_2$+$V_2$"式中两个 N 和 $V_2$ 之间发生施受关系的变化，这种语义关系变化导致"连动——状中"的结构变化，推动并固定了"经由动词——经手介词"演变的结果。

### 1.3.1.1.3　连带介词"和$_{31}$"的产生

　　在历时发展中，区分"($N_1$+）和 +$N_2$+$V_2$"式中的"和"是"伴随"义动词还是连带介词的重要条件是，$N_2$ 是施事还是受事。比较两组例句：

（3）a1. 为惜红芳今夜里，不知和月落谁家。（来鹄：惜花）

　　a2. 渡口和帆落，城边带角收。（陆龟蒙：夕阳）

（3）b1. 常时簪组累，此日和身忘。（白居易：朝回游城南）

　　b2. 回头瞥尔贼身露，和赃捉获世无俦。（五灯会元·卷十八·东山吉禅师）

　　3a 组 $N_1$ 与"和"、$V_2$ 都有"施事——动作"关系，$V_2$ 的施事是 $N_1$（未

出现在句法层）和 $N_2$，因为两个动词共载一个施事，"和 $+N_2+V_2$" 式符合连动结构的条件，"和"虽有可能被分析为连带介词，但不能排除动词的可能性。3b 组 $V_2$ 的施事是 $N_1$（未出现在句法层），$N_2$（"身""赃"）是 $V_2$（"忘""捉获"）的受事，由于施受关系不同，"和"的 [+ 自主性] 消失了，"和 $+N_2+V_2$" 式不可能再被分析为连动结构，可分析为状中结构，"和"是连带介词。

#### 1.3.1.1.4 小结

通过分析"在、经、和"的"动词——介词"演变，可以得知：结构式中的施受关系变化起着推动并固定演变结果的作用，是演变的决定性因素，也可以看作区分动词和介词的主要标准。

### 1.3.1.2 损益关系的变化

语义关系的变化也包括"损益关系"的变化，前文已涉及"为"的"帮助动词——所为介词"演变中"损益关系变化"的问题（参见 1.2.2.1）。下面以"凭借——原因""工具——凭借"的功能变化为例讨论"损益关系变化"。

#### 1.3.1.2.1 原因介词"凭₄₃"的产生

介词功能的"凭借——原因"演变，在汉语史上是反复出现的，"以、用、凭、冲"等都走过这一路径。从凭借介词到原因介词，功能扩展的因素是语义关系中的"损益关系"变化。以"凭"为例，讨论"损益关系"变化对介词功能扩展的作用。比较两组例句：

（4）a1. 我已给过他了，他凭什么来要？（醒世姻缘传·四十九回）

　　a2. 马玉龙看着心里生气，有心问问那人，凭什么非要这个座。（彭公案·一百三十四回）

（4）b1. 掌柜说："我凭什么给五吊钱？"（济公全传·九十七回）

　　b2. 雷鸣说："我们凭什么给呀？方才我们要的六样菜，都叫老道吃了，……"（济公全传·一百九十六回）

4a 组的"凭"是凭借介词（记为"凭₄₁"），句中可推出"$N_1$（施事主语，可能省略或隐含）是 $V_2$ 行为的实施者和获益者"，"$N_1$ 有优越感或自以为有某种优势"的意义，还有"$V_2$ 行为肯定使 $N_1$ 获利"意义。4b 组的"凭"是原因介词（记为"凭₄₃"），4b 组中没有上述推理意义，相反，可以推出"$N_1$

是 $V_2$ 行为的实施者和受损者","$N_1$ 没有优越感或自以为有某种优势"意义。由上面两组的比较可知：导致介词"凭"发生"凭借——原因"的功能变化的因素是语义关系的变化，主要是 $N_1$ 的"获益——受损"或"有利——无利"的变化。

### 1.3.1.2.2　原因介词"著$_{42}$"的产生

"工具——原因"的演变在汉语史上也是反复出现的。原因介词"著"（记为"著$_{42}$"）来自工具介词"著"（记为"著$_{41}$"）的功能扩展。上古汉语介词"以、用"兼有"工具"和"原因"两种功能，受两者的影响，"著"也有可能兼具两种功能。在唐代的个别用例中，"著"的功能可能有"用"（表工具）或"因"（表原因）两种理解。例如：

（5）a. 欲将闲送老，须著病辞官。（白居易：祭社宵兴……）

导致"工具——原因"演变的一个重要因素是 $V_2$ 表示对 $N_1$（施事主语，可能省略或隐含）没有利益的事件。例如：

（5）b1. 限到头来，不论贫富，著甚干忙日夜忧。（吕岩：沁园春）

b2. 师闻曰："这老汉著甚么死急。"（五灯会元·卷五·石霜庆诸禅师）

观察"著$_{42}$"所在结构式的 $V_2$ 部分，绝大多数表示"不好"或"不利于 $N_1$"的事件。诚然，原因介词"著$_{42}$"的产生还有其他因素，但损益关系变化无疑是演变的决定性因素。工具介词"著$_{41}$"所在的句子属于客观的陈述，$V_2$ 可以表示"好"或"不好"的事件，也可以是中性意义的，说话人对 $V_2$ 事件不持肯否态度；但原因介词"著$_{41}$"所在句子的 $V_2$ 部分绝大多数表示说话人认定为"不好"或"不利于 $N_1$"的事件。

### 1.3.1.3　凭恃关系的变化

上节已显示：介词"凭$_4$"的"凭借——原因"演变中有"损益关系"的变化，同时，也涉及"凭恃关系"的变化。在"工具——凭借"的演变中，"凭恃关系变化"十分明显。本节以"将"为例，讨论"凭恃关系"在"工具——凭借"演变中的作用。南北朝至唐时期已见到介词"将"的功能可作"工具"或"凭借"两种分析的用例：

（6）a1. 雁持一足倚，猿将两臂飞。（庾信：和宇文内史春日游山诗）

a2. 独将十指夸偏巧，不把双眉斗画长。（秦韬玉：贫女）

a3. 已把色丝要上第，又将彩笔冠群伦。（褚载：贺赵观文重试及第）

6a 组的 $N_2$ 可以分析为"工具"论元（"将"为"用"义），但也不妨分析为"凭借"论元（"将"为"凭"义）。如果 $N_2$（一般由谓词充当）表示施事引以为傲的品性、能力等，"将"有向凭借介词发展的明显趋势。例如：

（6）b1. 休指宦游论巧拙，只将愚直祷神祇。（杜牧：题桐叶）

　　　b2. 不识人间巧路岐，只将端拙泥神祇。（李山甫：下第献所知三首）

6b 组的"将"已呈现向凭借介词发展的倾向，但还不能排除工具介词的可能性。宋代已见凭借介词"将"（记为"将42"）的用例。例如：

（6）c1. 众口喑喑血噀牙，独将忠謇敌奸邪。（石介：阳城谏议）

　　　c2. 早将忠义立殊勋，鄂渚登临气压云。（王十朋：登压云亭赠赵都统）

6c 组可以推出"$N_2$ 是 $N_1$（主语，$V_2$ 的施事，可能省略或隐含）引以为傲的优秀品质"之义，还有"$N_1$ 实施 $V_2$ 行为时，心理上具有优越感"之义，即"有所凭恃"意义。"将"符合凭借介词所在结构式的语义条件，可以分析为凭借介词。

通过分析"在、经、和"的"动词——介词"演变以及介词"凭"的"凭借——原因"演变、介词"著"的"工具——原因"演变、介词"将"的"工具——凭借"演变，可以推知：施受、损益关系以及凭恃关系的变化对于"动词——介词"的演变以及介词的功能扩展来说，都是决定性的因素。

#### 1.3.1.4　身份关系的变化

身份关系的变化在对象介词的产生过程中也起着重要作用，前文在讨论"从"的"跟从动词——对象介词"演变时，已涉及"身份高低"的问题。本节以交互介词"同"（记为"同31"）为例，讨论"身份关系"变化在演变中所起的作用。"同"走过"'共享'义动词——'偕同'义动词——交互介词"的演变路径。先秦时期，"（$N_1$+）与 +$N_2$+ 同 +$N_3$"式的"同"可分析为"共享、共有"义动词。例如：

（7）a. 岂曰无衣，与子同袍。（诗经·秦风·无衣）

由此义引申出"偕同"义。例如：

（7）b1. 晦以湘州刺史张邵必不同己，欲遣千人袭之。（宋书·何承天传）

　　　b2. 又执朝臣不同己者数十人及诸外戚，无少长害之。（隋书·宇文化及传）

当"同 +$N_2$+$V_2$"式出现时，如果句子可以推出"$V_2$ 行为由 $N_1$ 和 $N_2$ 共同实施"的意义，"同"可以分析为交互介词，但还不能排除"偕同"义动词的可能性。例如：

（7）c1. 君明于上，臣忠于下，岂复有人方更同公作贼？（南史·沈约传）

c2. 诸君皆忠烈之士，亦当同孤徇斯举也。（晋书·姚兴载记）

7c 组可以推出"$N_2$ 身份高于 $N_1$"、"$N_2$ 是主导者，$N_1$ 是偕同者"的意义，"同"不能排除"偕同"义动词的可能性。如果 $V_2$ 是表示"双方互动"意义的动词，如"争竞"、"相会"义的动词，则"主导者"和"偕同者"的区分消失，"同"是交互介词。例如：

（7）d1. 若同人世长相对，争作夫妻得到头。（罗虬：比红儿诗）

d2. 虽同故山会，草草如路歧。（李涉：杪春再游庐山）

7d 组显示：确定"同"为交互介词的因素是 $V_2$ 的语义类型变化，含有"双方互动"意义的动词进入 $V_2$ 位置，就可能带来的语义关系中的"主导者"和"偕同者"的关系的消失，这种变化导致交互介词的性质确定并明显化。

### 1.3.1.5  位置或距离关系的变化

位置或距离意义变化也是"动词——介词"演变、介词功能扩展的重要因素。本节以"向、冲"为例讨论位置或距离关系的变化在演变中的作用。

#### 1.3.1.5.1  所在处介词"$向_{14}$"的产生

所在处介词"向"（记为"$向_{14}$"）有多个来源，本节仅讨论与"位置"和"距离"意义有关的两个来源：运行动词"$向_{02}$"和方向介词"$向_{11}$"。唐代史籍记录的南北朝人物的对话中，"向"有"去往"义用例：

（8）a1. 且向西市东壁门南第三店，为我买鱼作脍，当得马矣。（北史·艺术列传上）

在南北朝至唐时期的"向 +$N_2$+$V_2$"式中，"向"是运行动词或不能排除运行动词可能性的用例还很多。如：

（8）b1. 试起登南楼，还向华池游。（萧纲：伤离新体诗）

b2. 欲向天池饮，还绕上林飞。（苏子卿：朱鹭）

b3. 恒将盐向天竺兴贩。（北史·西域列传）

8b 组的"向"虽然处于与介词相同的位置，但因为句子可以推出"$N_1$（施事主语，可能省略或隐含）位移"意义，"$N_1$ 和 $N_2$ 之间有一段距离"的意义，$V_1$"向"和 $V_2$ 事件有时间先后的意义，"向"还是运行动词或不能排除运行动词的可能性。这种用法的"向"的发展方向有可能是所在处介词，这是因为在句子的推理意义中，$N_2$ 是 $V_2$ 事件的发生之处。唐代的一些句子中，"向"可理解为"向$_{02}$"，也可以理解为"向$_{14}$"。例如：

（8）c1. 妊身已七月矣，向井上汲水，忽闻胎声，故卜。（北史·艺术列传上）

c2. 朝从滩上饭，暮向芦中宿。（岑参：渔父）

c3 不知辞罢虚皇日，更向人间住几时。（刘商：谢自然却还旧居）

8c 组的 $N_2$ 是 $V_2$ 行为发生的处所，与 8b 组相比，"向"被理解为"在"义的可能性增大。比对 8b 组和 8c 组可知："向$_{14}$"与动词"向$_{02}$"有直接的来源关系。区分两种功能的关键是：在推理意义中是否存在"$V_1$ 和 $V_2$ 有时间先后"意义，$N_1$ 是否有"位移"意义，$N_1$ 和 $N_2$ 之间是否存在"距离"意义。若"时间先后"、"距离"和"位移"意义都消失了，"向"变为所在处介词。例如：

（8）d1. 妒令潜配上阳宫，一生遂向空房宿。（白居易：上阳白发人）

d2. 城头日，长向城头住。（李贺：后园凿井歌）

d3. 忽听向下有人语及鸡声，甚喧闹。（酉阳杂组·卷十五）

比对 8c 和 8d 组中"向"的不同功能，可以得知：在相同的结构式中，导致演变的因素主要是"时间先后"意义的消失，此外，还有"位移"和"距离"意义的消失。

"向$_{14}$"的另一个来源是方向介词"向$_{11}$"。"方向——所在处"的功能扩展也与"距离"意义的消失有关。两种功能的联系首先发生在 $V_2$ 为"看视"义动词的"向 $+N_2+V_2$"式中。南北朝时期已见"$N_2+$ 向 $+$ 视 $+N_3$"式：

（8）e1. 北向视玄冥，秦川荡然平。（化胡歌七首）

e2. 我昔上九天，下向视玄冥。（化胡歌七首）

8e 组的"向"可以分析为原地动词"向$_{01}$"（"面对着"义）或方向介词"向$_{11}$"，在方向介词"向$_{11}$"所在的"（$N_1+$）向 $+N_2+V_2$"式中，往往可以推出"$N_1$ 和 $N_2$ 之间有一段距离"的意义。在类似于 8e 组的结构式中，说话人往往不关注 $N_1$ 所在之处或 $V_2$ 行为发生之处，而是关注 $N_1$ 视线的方向，但句中可以推出"$N_1$ 和 $N_2$ 之间存在一段距离"的意义；所在处介词"向$_{14}$"所在的"（$N_1+$）向 $+N_2+V_2$"式中，说话人往往关注 $N_1$ 所在的位置，句中不可能推出"$N_1$ 和 $N_2$ 之间存在一段距离"的意义。如果分不清 $N_2$ 是表示视线的方向，还是 $N_1$ 所在的位置时，"向"的功能可作"方向"或"所在处"两种分析。例如：

（8）f1. 不向云间见，还应梦里逢。（于鹄：题柏台山僧）

　　　f2. 若向云中见鸡犬，可能浑忘姓刘人。（刘筠：寄灵仙观……）

　　　f3. 莫向灞陵桥上望，白云流水旧山川。（徐积：一生多恨……）

　　8f组的 $N_2$ 和 $N_1$（主语，$V_2$ 的施事，可能省略或隐含）之间可能存在一段距离，也可能不存在，介词"向1"的功能有"方向"（"朝"义）或"所在处"（"在"义）两种分析结果。演变的决定性因素是"距离"意义的消失，如果可以推出"$N_1$ 实施 $V_2$ 行为时，已处于 $N_2$ 位置"之义，"向"是所在处介词。例如：

（8）g1. 今朝忽向君家见，犹忆当年醉眼中。（文同：和子山种花）

　　　g2. 今朝忽向街头见，万萼千跗俗却春。（陆游：道上见梅花）

　　　g3. 曾向芜城见，还惊著水来。（张侃：芍药）

　　如果 $V_2$ 是"逢遇"义动词，句子大多可以推出"在 $V_2$ 行为发生时，$N_1$ 已在 $N_2$ 处"之义。"向"是所在处介词。例如：

（8）h1. 采果汲水却回来，忽向道中逢猛兽。（敦煌变文集新书·卷二）

　　　h2. 若向险途逢八难，只劳心念讽持名。（释契适：观音诗）

　　　h3. 时向道傍逢故老，但能垂泪不能言。（王遂：宁考神御……）

　　综上，动词"向02"和方向介词"向11"朝所在处介词"向14"发展时，句中都有"位置"或"距离"意义的变化。

### 1.3.1.5.2　所在处介词"从13"的产生

　　就介词功能扩展而言，"从1"的"始发处——所在处"演变也显示了"位置"和"距离"意义消失的特征。从历时角度看，"从"有介引所在处的功能。例如：

（9）a1. 座主从那个寺里住？（祖堂集·卷五·华亭和尚）

　　　a2. 久从吴土居，气候非所袭。（梅尧臣：秋日卧疾……）

　　　a3. 仓卒只从山半住，颓垣上有白云遮。（文天祥：至扬州……）

　　"从"的"所在处"功能的直接来源不是动词，而是始发处介词。起初，"从"介引始发处时，句子一般可以推出"施事和受事之间有一段距离"的意义。例如：

（9）b1. 从台上弹人而观其辟丸也。（左传·宣公二年）

　　　b2. 从山下望木者，十仞之木若箸。（荀子·解蔽）

　　　b3. 即墨人从城上望见，皆涕泣。（史记·高祖本纪）

9b 组以施事 $N_1$ 所在的"台上""山下""城上"为参照点,施事在 $N_2$ 处,受事(可能不出现在句法层,但语义结构中存在)不在 $N_2$ 处;但句子可以推出"施事和受事之间有一段较远的距离"意义。虽然 $N_2$ 是弹丸、视线等的始发处,但因为句子不能推出"$N_1$ 位移"意义,$N_2$ 也不妨理解为施事的所在之处。由 9b 组可知"始发处——所在处"的演变是有可能的。

汉代出现施事和受事距离相对接近的用例:

(9)c1. 宦者辄从辒辌车中可诸奏事。(史记·李斯列传)

    c2. 夫从坐上语侵之。(史记·魏其武安侯列传)

汉代还出现施事和受事在同一处所的用例:

(9)d1. 窋既洗沐归,闲侍,自从其所谏参。(史记·曹相国世家)

    d2. 虎圈啬夫从旁代尉对上所问禽兽簿甚悉。(史记·张释之冯唐列传)

9d 组可以推出"施事就在受事身边"的意义,由于施事和受事距离非常近,可以推出"$N_2$ 是施事所在之处,也是受事所在之处"之义,也可以推出"施事在实施 $V_2$ 行为时已在 $N_2$ 处"之义。9d 组的"从"已可换上"在",但句子还有"话语从说话人之口转移到听话人之耳"的推理意义,"距离"意义还没有完全消失。"从"还不能排除始发处介词的可能性。

唐代出现施事和受事在同一处所,两者之间"零距离"的用例:

(9)e1. 朝从滩上饭,暮向芦中宿。(岑参:渔父)

    e2. 衣从星渚浣,丹就日宫烧。(郑畋:题缑山王子晋庙)

通常,在推理活动中,可以推出"吃饭人和饭食在同一处所""洗衣人和衣服在同一处所"的意义,因为施事和受事的距离为零,句中不能推出"抛射物、视线或话语的位置变化或施事和受事距离变化"意义,9e 组的"从"只可作"在"解。观察"从"的"始发处——所在处"演变,可知致变的语义因素是施事和受事之间的"位置"或"距离"关系的变化。

### 1.3.1.6  目的地或观察点的变化

在方所介词的功能扩展中,目的地或观察点(或参照点)的变化也是致变因素。举一个方向介词"从"的例子。"从"的功能扩展的路径之一是"经由处——始发处——方向"。如果运行是以说话人位置为"目的地"或"观察点","始发处"和"方向"可能在同一路径的相同方向上。如果 $V_2$ 是运行动词或"起始"义动词,$N_2$ 为方位名词"东、西、南、北"等,$N_2$ 的论元有可能被看作"始发处"，也有可能被看作"方向"。例如：

（10）a1. 持羽檄从东方来。（史记·淮南衡山列传）

　　　 a2. 浮海从东方往。（史记·东越列传）

10a 组显示：$N_2$ 的语义论元可能存在模糊性，这显示认知因素的作用：人们可能将"始发处"和"方向"看作在运行的同一路径、同一方向上。反映在语言中，就是"始发处"论元和"方向"论元使用同一标记。如果"从 +$N_2$+V"式的 $N_2$ 为方位名词"前、后、左、右、上、下"等，V 为原地动词，则"从"有可能变为方向介词。例如：

（10）b1. 从前视之，盎盎乎似有王者；从后视之，高肩弱脊，此惟不及四圣者也。（韩诗外传·卷九）

　　　 b2. 王生醉，从后呼曰……（汉书·循吏列传）

　　　 b3. 壮士二人从后刺杀之。（汉书·西域列传上）

　　　 b4. 从上观之，谁知其非源泉也。（大戴礼记·劝学）

比对 10a 组和 10b 组可知："从"的"始发处——方向"演变，汉代已经开始。致变因素有二：一是 $N_2$ 的语义类型变化；二是 V 的语义类型变化（V 为原地动词）。

汉代的一些 V 为原地动词，$N_2$ 为含有方位义的名词的结构式中，"从"也有可能被看作方向介词。例如：

（10）c1. 诸妇女从后车呼更始，……（东观汉记·卷八）

　　　 c2. 上从席前伏御床，……（东观汉记·卷三）

　　　 c3. 虏从上风纵火。（汉书·李广传）

　　　 c4. 从左方渡至踝，从右方渡至膝。（说苑·卷十八）

　　　 c5. 或从四方来集于坛。（汉书·宣帝纪）

比较上面三组例句可知："始发处——方向"演变的关键是"从 +$N_2$+V"式中 $N_2$ 或 V 的语义类型变化。

始发处和方向也可能在同一观察点的相反方向上，如果"始发处"和"方向"都是以说话人位置为观察点，演变的因素是 $V_2$ 的语义类型变化而带来的"目的地"意义的变化。比较两例：

（10）d. 匹马西从天外归，扬鞭只共鸟争飞。（岑参：送崔子还京）

（10）e. 之子楫从天外去，故人书自日边来。（韦庄：章江作）

上两例的 $N_2$ 都是"天外"，前例的 $N_2$ 是"始发处"；后例的 $N_2$ 是"方向"（或"终到处"）；两例的参照点都是说话人的位置，但运行目的地不同；$V_2$ 为"归"时，以 $N_2$ 为运行的"始发处"，以说话人所在之处为"观察点"或"目的地"，"从"是介引始发处的介词；$V_2$ 为"去"时，以说话人所在之处为"观察点"或"始发处"，以 $N_2$ 为"方向"或"目的地"，"从"是介引方向的介词。考察上两例中"从"的功能不同可以得知：如果运行在相反方向上，介词"从"有可能发生"始发处——方向"的演变，致变因素是由结构式中 V 的语义类型变化而引发的"目的地"或"观察点"意义的变化。

下面一组例句的 $V_2$ 为"去"，以说话人位置为"观察点"，$N_2$ 是方向或目的地，"从"可分析为方向介词。

（10）f1. 中使押从天上去，外人知自日边来。（韩偓：锡宴日作）

　　　f2. 将从天上去，人自日边来。（李琪：奉试诏用……）

　　　f3. 文路子当从那里去，自家也从那里去。（朱子语类·卷六）

综上，语义推理中"目的地"或"观察点"意义的变化也与介词的继续语法化有关系。

## 1.3.2　时间意义的变化

句中时间意义变化也属于语义变化，这是"动词——介词"演变或介词功能扩展的一个重要因素。在连动结构中，$V_1$ 和 $V_2$ 之间往往有"时间先后"关系，如果这种关系意义消失，则有可能发生"连动——状中"的结构变化，"$V_1+N_2+V_2$"式的 $V_1$ 或"$V_1+N_2+V_2+N_3$"式的 $V_2$ 变为介词。本节讨论"$V_1+N_2+V_2$"式中因时间关系变化而引发的"动词——介词"演变。

### 1.3.2.1　"时间先后"意义的变化

本节以所在处介词"搁"（记为"搁$_{11}$"）为例，讨论"时间先后"意义的变化。清代已见"搁 $+N_2+V_2$"式：

（1）a1. 就是肉拿刀一切，搁锅里一炒，就是那个。（济公全传·一百二十七回）

上例的"搁"已处于和所在处介词相同的位置，但由于"搁"和 $V_2$"炒"的施事相同，且句子可以推出"搁"和"炒"两个动作之间有"时间先后"的意义，整个结构式还是连动结构，"搁"是动词。如果 $V_2$ 事件发生时，$N_1$ 已在 $N_2$ 处，句子不能推出"$V_1$ 和 $V_2$ 有时间先后"意义，"搁"的动作性消失，变为所在处介词。例如：

（1）b1. 你搁那儿和中学生唠嗑是不是？

　　　b2. 你搁门口和小王说啥了？

比较上面例 1a 和 1b 组可知：在"原地动词——所在处介词"演变中，"时间先后"变化也起着重要作用。

### 1.3.2.2 "时间紧迫"意义的变化

本节以终止点介词"赶"（记为"赶$_{22}$"）为例讨论"时间紧迫"意义的变化。介词"赶"有介引"时机"和"终止点"（记为"赶$_{22}$"）两种功能。"赶$_{22}$"的直接来源是"追赶"义动词"赶"。"赶"用于"赶 +N$_2$（时间）+V$_2$"式时，不一定已是介词。起初，在一些句子中还带有明显的"追赶"义痕迹。比较"赶"带时间词作宾语的两个例句：

（2）a. 孟良问："汝要入城否？"渔父道："赶明日献鱼，如何不入城？"（杨家将·二十四回）

（2）b. 道台又道："赶明天见了再说罢。"（二十年目睹之怪现状·九十三回）

前例蕴含"必须在 N$_2$ 标示的时间之前完成某事"意义，也蕴含"时间紧迫"义，因此，"赶"的"追赶"义还没有完全消失。后例没有上述两种推理意义，"赶"是"到"义介词。从出现时间看，前例出现在明代小说中，后例出现在清代小说中，可以推知："赶"走过"追逐动词——终止点介词"的路径。清代，仍存在有上述两种推理意义的用例：

（2）c1. 都要赶明后日运完才好。（红楼复梦·四十二回）

　　　c2. 我们也不敢领饭，倒是早些起身好，赶明早厅里投文。（醒世姻缘传·十二回）

2c 组中蕴含"必须在某一时间之前完成某事"意义，也蕴含"时间紧迫"义，因此，"赶"的动词意义还没有完全消失。如果没有这两种推理意义，"赶"是终止点介词。但在一部分句子中，上述两种推理意义可能有，也可能无，"赶"的终止点介词性质还不能完全确定。例如：

（2）d1. 狄婆子道："我来时合你爹约下明日赶后晌押解着你到家，明日不到，你爹不放心。……"（醒世姻缘传·四十回）

　　　d2. 我见过老太太，这就家去，赶明日下半晚儿开船。（红楼复梦·九十八回）

d3. 二爷帮了林姑娘同送林姑老爷的灵到苏州，大约赶年底回来。（红楼梦·十四回）

如果可以确定没有"必须在某一时间之前完成某事"和"时间紧迫"意义，"赶"就是确凿的终止点介词。例如：

（2）e1. 太太就只给了这灰鼠的，还有一件银鼠的，说赶年下再给大毛的，还没有得呢。（红楼梦·五十一回）

e2. 我道："从先有过一笔交易，赶后来结账的时候，有一点儿找零没弄清楚，……"（二十年目睹之怪现状·八十二回）

综上，确定"赶"为终止点介词的因素是句中关于时间的推理意义的变化，即"时间紧迫"和"必须在某个时间之前完成事件"意义的消失。"赶$_{22}$"用于句中，只能表示"至某个时点，某事发生"意义，不能表示"事件延续至某个时点"意义，这是源动词的所在句子的推理意义决定的。

### 1.3.2.3 "短暂"和"持续"意义的变化

本节就介词的功能扩展问题讨论时间意义变化的作用。所在处介词"向$_{14}$"有多种来源（前面已提到运行动词"向$_{02}$"和方向介词"向$_{11}$"两个来源，参见 1.3.1.5.1），其中之一是终到处功能。和所在处介词"于$_{12}$"一样，"向$_{14}$"也有终到处功能的来源，也在"V+ 向 +N$_2$"式中产生。引发功能扩展的因素是结构式中 V 的语义类型变化。终到处介词的所在的"V+P+N$_2$"式中，V 大多式运行动词或手作动词，当 V 为"埋、闭、锁"等表示"藏埋"、"闭锁"义的原地动词时，句中 V 的时体意义可能有两种理解，若理解为"受事从某处移动到 N$_2$ 处，再埋藏或锁闭在 N$_2$ 处"，则为"动态 / 短暂"意义，"向"可作"到"解，是终到处介词；若理解为"受事一直埋藏或锁闭在 N$_2$ 处"，则为"静态 / 持续"意义，"向"可作"在"解，是所在处介词。唐代已见可作两种理解的用例：

（3）a1. 埋向黄泉下，妻嫁别人用。（王梵志：得钱自吃用）

a2. 如何闭向深笼里，一种摧颓触四隅。（白居易：禽虫十二章）

宋代的"V$_1$+ 向 +N$_2$+V$_2$"式中，V$_1$ 可理解为"静态 / 持续"意义，"向"的所在处功能确定。例如：

（3）b1. 始知锁向金笼听，不及林间自在啼。（欧阳修：画眉鸟）

b2. 安知巧舌为身累，锁向雕笼不得飞。（韦骧：杂咏五首）

3b 组中，由于结构的复杂化（"$V_1$+ 向 +$N_2$"式后面出现一个 $V_2$），使得听话人在关注 $V_1$ 的受事的同时也关注 $V_2$ 的施事或受事，作出"$N_1$（主语，$V_1$ 的受事，可能省略或隐含）一直在 $N_2$ 处"的推理，"向$_{14}$"的功能得以确定。总之，与"终到处"功能有关联的"向$_{14}$"产生的一个重要因素是对动词的时体意义的理解发生变化。

### 1.3.2.4　小结

在动词演变为介词或介词功能扩展的过程中，大多伴随时间意义的变化，除了"时间先后"、"时间紧迫"或"短暂——持续"几种类型之外，还可能有其他类型。这个问题还值得深入研究。

## 1.3.3　句子推理意义的变化

导致"动词——介词"演变以及介词功能扩展的因素还有句义的制约，也可以说是句子推理意义的变化，前文所举的例子大多已涉及句子推理意义的变化，本节以"打、冲"为例，讨论句子推理意义的变化对介词产生的作用。

### 1.3.3.1　关于运行路线的推理意义的变化

介词的产生大多与句子的推理意义变化有关系，其中经由处介词"打"（记为"打$_{11}$"）的产生与句子的推理意义联系尤为密切，可以说"打$_{11}$"的产生主要是句子推理意义变化的结果。本节以"打"为例讨论句子推理意义变化在"冲击／拍击义动词——经由处介词"演变中的作用。从源动词"打"的意义看，似乎与"从、由"义的经由处介词功能的联系不是十分密切，很难找到词义引申的痕迹。"打"的演变是由句子的语义关系和推理意义变化导致的。作为"拍击，冲击"义动词，"打"在唐代已进入"打 +$N_2$+$V_2$"式：

（1）a. 山围故国周遭在，潮打空城寂寞回。（刘禹锡：金陵五题）

"打"若为"敲击，拍击"或"冲击"义，一般理解为原地动词，但上例的主语不是由表人的名词充当，而是由表水流的"潮"充当，"打"有可能被分析为运行动词，或被看作含有"运行"义素的动词。就语义关系而言，$N_1$"潮"与 $V_1$"打"、$V_2$"回"都有"施事——动作"的关系，"打 +$N_2$+$V_2$"

式可分析为连动结构，"打"是"冲击"或"拍击"义动词。然而，因为 $V_2$ 是"回"，句中可以推出"潮水有'前进'和'后退'两段路线"的意义，$N_2$"空城"是潮水冲击的对象，但也有可能被理解为潮水经由之处，即"往"段的"终点"，"返"段的"起点"。由例 1a 的推理意义可知："打 +$N_2$+ 回"式中潜藏着"打"变为经由处介词的可能性。

如果 $V_2$ 是"过"，$N_1$ 仍是表示自然现象的名词，"打"还是动词，但 $N_2$ 被看作"经由处"的可能性增大。例如：

（1）b. 急雨打窗过，飞泉落涧声。（戴栩：宿山寺）

与例 1a 相比，例 1b 的"打"相对接近介词范畴。这是因为伴随 $V_2$ 的变换，句子的推理意义发生了变化——在"回"充当 $V_2$ 的句子中，可推出"水流有往返两段运行路程"的意义，$N_2$ 虽有可能被看作经由之处，但由于路程是折返形式的，"经由处"的意义不是十分明显；在"过"充当 $V_2$ 的句子中，只能推出一段运行路程，$N_2$ 相对容易被理解为运行路线上的一个点。例 1b 显示了 $V_2$ 的意义在演变中的作用——$V_2$ 为"过"时，运行路线可以被理解为直线型，$N_2$ 更有可能被理解为运行过程中的一个点，即经由之处。但由于 $N_1$"急雨"是表示自然现象的名词，$N_1$ 与 $V_1$"打"、$V_2$"过"有"施事——动作"的关系，"打 +$N_2$+ 过"式还是连动结构，"打"还是动词。如果 $N_1$ 不是表示自然现象（如"潮、风、雨、雪"等）的名词，而是表示交通工具的名词，$N_1$ 和"打"的"施事——动作"关系消失了。语义关系的变化和句子的推理意义决定了"打"不再有"冲击"或"拍击"义，可分析为经由处介词。例如：

（1）c. 叶舟自打窗前过，只有杨花度小桥。（释居简：立夏）

比较例 1b 和例 1c，可以得知：在"$N_1$+ 打 +$N_2$+ 过"式中，由于充当 $N_1$ 的名词的语义类型变化，导致句子的语义关系和推理意义发生变化，首先是 $N_1$ 和"打"之间的"施事——动作"的关系的消失，其次是 $N_2$ 的语义论元发生"受事（拍击对象）——经由处"的变化；这两个变化导致"打 +$N_2$+ 过"式发生"连动——状中"的结构变化，也使得"打"失去"拍击，冲击"义。

### 1.3.3.2　关于运行方向的推理意义的变化

方向介词"冲"（记为"冲₁"）有两个语义来源，主要来源是"冲击"

义（记为"冲$_{01}$"）。在唐代的"冲 +N$_2$+ 运行动词"式中，因为蕴含"正对着……运行"意义，句中潜藏着"冲$_{01}$"变为方向介词的可能性。例如：

（2）a1. 江冲巫峡出，樯过洛宫收。（李频：黔中罢职……）

　　　a2. 潮冲虚阁上，山入暮窗沉。（崔涂：读方干诗因怀别业）

演变首先是由 N$_1$（主语）的语义类型变化引发的，如果 N$_1$ 不是"江、潮"一类含"位置移动"义素的名词，而是"峰、路"一类含"位置不能移动"义素的名词，由于句义的制约，"冲"变为"朝向"义（记为"冲$_{03}$"）。例如：

（2）b1. 群峰峨峨冲北极，一水如帘泻层碧。（周绪：水帘泉）

　　　b2. 路冲南北山冈断，被拂能来万里风。（虞集：客中即事四首）

如果 N$_1$ 是表示"位置不可移动"的事物的名词，"冲$_{03}$"进入"V$_1$+N$_2$+V$_2$"式的 V$_1$ 位置，V$_2$ 仍是运行动词，则"冲"呈现向介词范畴发展的趋势，似乎已靠近介词一端。例如：

（2）c1. 远山冲岸出，钓艇背人行。（杨万里：自音声岩……）

　　　c2. 荷冲崩岸出，草入废泉生。（周弼：题逸人壁）

由 2c 组可知：宋代已出现萌芽状态的方向介词"冲$_1$"，"运行动词——方向介词"演变的主要因素是 N$_1$ 的语义类型变化，由于 N$_1$ 具有"位置不可移动"的语义特征，"冲击"义呈现消失的迹象。

然而，直至明时期，在 N$_1$ 为表人的名词，V$_2$ 为运行动词的"冲 +N$_2$+V$_2$"式中，"冲"的动词性质还是十分明显。例如：

（2）d. 张丰欲冲北出。（东汉十二帝通俗演义·四十四回）

上例的 V$_2$ 虽然是运行动词，但由于 N$_1$ 是表人的名词，句中还可以推出"N$_1$ 位移"意义以及"运行力量大、速度快"意义，"冲"还不能排除动词的可能性。在 N$_1$ 为表人的名词的结构式中，导致介词"冲$_1$"定性的因素是 V$_2$ 的语义类型变化，如果 V$_2$ 为原地动词，则"施事位移""运行力量大""速度快"等义素消失，"冲"变为方向介词。这一步变化发生在清代。例如：

（2）e1. 你拿着宝剑，站在湖沿上，冲着湖念我这个咒，湖水就上不来。（济公全传·一百三十三回）

　　　e2. 姑娘在后面追赶。他冲着太湖石嚷喝说："欧，救兵何在，救兵何在？"

　　　（小五义·六十三回）

由 2e 组可知：确定"冲"为方向介词的决定性因素是句子推理意义的

变化，如果不能推出"$N_1$位移"意义和"运行力量大"、"速度快"意义，"冲"变为方向介词。

## 1.4 导致语义变化的因素

句中语义关系变化、句子推理意义的变化与结构式中的名词或动词的语义类型变化密切相关，可以说，在大多数演变中，致变因素都是由结构式中的某个名词或动词的语义类型变化引发的，但决定演变结果的因素是语义关系的变化。

### 1.4.1 名词的语义类型变化

名词的语义类型变化可能引发结构式中语义关系变化或句子推理意义的变化，由此导致"动词——介词"的变化或介词功能的扩展。名词的语义类型变化有多种类型，如"具体——抽象"的变化，"人——事物"或"事物——人"的变化，"人——处所"或"处所——人"的变化等。此外在通常名词出现的位置上（如宾语），也可能出现谓词或谓词性短语，这种变化也属于名词的语义类型变化。

#### 1.4.1.1 经由处介词"从$_{11}$"的产生

"从 +$N_2$+$V_2$"式中 $N_2$ 的语义类型变化（即"人——处所"的变化）决定了"从"的词义、词性不同。经由处介词"从$_{11}$"萌生于 $V_2$ 为运行动词的"从 +$N_2$+$V_2$"式，但如果 $N_2$ 是表人的名词，"从"是"跟从"义动词。例如：

（1）a1. 厚从州吁如陈。（左传·隐公四年）

　　　a2. 申叔跪从其父将适郢。（左传·成公二年）

1a 组"从"的施事是 $N_1$，$V_2$ 是运行动词"如"、"适"，"从"和"如"、"适"的施事都是 $N_1$ 和 $N_2$，由于 $N_1$ 与 $V_1$ 和 $V_2$ 有"施事——行为"的语义关系，"从 +$N_2$+$V_2$"式可分析为连动结构。若"从"的宾语是表示处所的名词，"从"的"跟随某人行走"意义消失，经由处介词性质得到确定。例如：

（1）b1. 析朱鉏宵从窦出，徒行从公。（左传·昭公二十年）

b2. 遂行，从近关出。（左传·襄公十四年）

对比 1a 组和 1b 组，可以看出主要是由于 $N_2$ 的语义类型发生"人——处所"的变化，导致"跟从"义消失。结构式中的语义关系也因 $N_2$ 的语义类型变化而发生变化，如果 $N_2$ 是人，则 $N_1$ 与 $V_2$ 之间有"施事——动作"关系；$N_2$ 与 $V_2$ 之间也有"施事——动作"关系，$N_1$ 与 $N_2$ 之间还有"跟从者"和"引领者"的关系。如果 $N_2$ 是处所，则"跟从"和"引领"关系消失，$N_2$ 与 $V_2$ 之间的"施事——动作"关系消失，且 $N_1$ 与 $V_1$"从"之间的"施事——动作"关系也消失了，$N_1$ 只与 $V_2$ 有"施事——动作"关系。于是，"从 $+N_2+V_2$"式不可能被分析为连动结构，只能被分析为状中结构，"从"的"跟从"义也同时消失了，只能被分析为经由处介词。

### 1.4.2.1　原因介词"坐"的产生

名词语义类型的变化还包括宾语位置上出现谓词性短语。原因介词"坐"的源动词是"犯某种罪错（而受惩罚）"义的动词"坐"。汉至魏晋时期，已见"坐 $+N_2+V_2$"式中 $N_2$ 由动词性短语充当的用例，这个动词性短语不表示一般意义上的罪行或错误，而是表示 $V_2$ 施事（没有出现在句法层，语义结构中存在）认定的罪错。例如：

（2）a1. 白马令李云坐直谏诛。（东观汉记·卷三）

a2. 诞麾下数百人，坐不降见斩，皆曰："为诸葛公死，不恨。"（三国志·魏书·诸葛诞传）

2a 组的"坐"已呈现向原因介词发展的趋势，但 $V_2$ 仍然表示不幸的结果，"坐"虽然已靠近介词范畴，但介词性质还不能确定。如果这个动词性短语不表示"罪错"，"$V_1+$ 坐 $+N_2$"式的 $V_1$ 又是表示一般的事件的动词（包括动词性短语），而不是表示受惩罚事件的动词，"坐"的介词性质确定。例如：

（2）b1. 幽闺多怨思，停织坐娇春。（王筠：春日诗）

b2. 停车坐爱枫林晚，霜叶红于二月花。（杜牧：山行）

同样，"坐 $+N_2+V_2$"式的 $N_2$ 不表示某人的罪错，$V_2$ 不是表示受惩罚事件的动词，"坐"也是介词。例如：

（2）c1. 人谁乐离别，坐贫至于此。（陆游：送子龙赴吉州掾）

c2. 我生饱识田家趣，只坐无田归计迟。（赵蕃：晚行田间……）

比对上面三组例句的 $N_2$ 或 V 部分，可以看出：动词"坐"所在结构式的"受惩罚"或"不幸"意义在演变过程中有逐步减弱趋势，"坐"的介词性质随之确定并明显化；这种变化与结构式中 $N_2$（可能由谓词或谓词性短语充当）的语义类型变化，即"有罪错——无罪错"变化有着密切的联系。

## 1.4.2　动词的语义类型变化

动词（包括形容词）的语义类型变化在"动词——介词"的演变和介词的继续语法化过程中都起着重要作用。动词的语义类型变化可分为"原地——运行"或"运行——原地"等类型，形容词的语义类型变化可分析"性状——时间"等类型。

### 1.4.2.1　经由处介词"经₁"的产生

导致"经"发生"行经动词——经由处介词"演变的主要因素是"经 $+N_2+V_2$"式中 $V_2$ 的语义类型变化（即"原地——运行"的变化）。若 $V_2$ 为原地动词，"经"虽然处于与介词相同的位置，但由于承载了运行意义的表达，动词性质不可能改变。例如：

（3）a1. 出塞岂成歌，经川未遑汲。（萧纲：陇西行三首）

运行动词进入 $V_2$ 位置，"经"开始"动词——介词"的演变。例如：

（3）b1. 从阴平由邪径经汉德亭趋涪。（三国志·魏书·邓艾传）

b2. 郡有旧道，经旄牛中至成都。（三国志·蜀书·张嶷传）

但是 3b 组的"经"还不是介词，因为"经"和 $V_2$ 各自带不同的处所宾语。若 $V_2$ 为动词"过"，"经"变为介词。例如：

（3）c. 桓温行，经王敦墓边过，望之云："可儿！可儿！"（世说新语·赏誉）

上例的动词"过"在句法层没有处所宾语，在语义结构中，"过"的经由之处，与"经"相同。两个动词共载一个处所宾语，前一个动词的"经过"义淡化，变为介词。由此可知：词义相对接近的运行动词进入 $V_2$ 位置，由于语义赘余，$V_1$ 位置的"经"的运行义素消失，只表示运行的经由之处。

### 1.4.2.2　差比介词"似$_{32}$"的产生

差比介词"似"（记为"似$_{32}$"）定型于宋代，在唐代的"A+似+N$_2$"式中，的"似"绝大多数是表示等比的，A多为形容词。例如：

（4）a1. 白似琼瑶滑似苔，随梳伴镜拂尘埃。（罗隐：白角篦）

　　　a2. 高似从龙处，低如触石频。（陆畅：山出云）

4组的"似"还是"相似"义动词，句子表示等比意义。宋代，"早、迟、晚"等表示时间的形容词进入A的位置，而N$_2$是比较对象而不是比喻对象，"似"很可能被分析为差比介词。例如：

（4）b1. 早似机云入帝乡，晚如广受出咸阳。（周必大：二老堂会……）

　　　b2. 问津早似武陵溪，屋上鹅峰有遁肥。（陈文蔚：题赵守飞霞亭）

　　　b3. 知非早似蘧伯玉，将贵谁欺朱买臣。（王迈：除夜宿江下……）

　　　b4. 还家早似千年鹤，乖世元无六月蟾。（黎庭瑞：归来）

将4b组与4a组作一比较，可以推知：表示时间"迟早"意义的形容词进入A位置，对"似"的功能演变起着重要作用。但4b组的比较对象是人或物，"似"还不能排除作"相似"义理解的可能性。若N$_2$是表示时间的词语，"似"的介词性质相对明显。例如：

（4）c. 试令一问津头柳，早似山中寒食时。（赵蕃：人日寄成父）

如果"似+时间词"短语后面再出现补语，"似"的差比介词性质十分明显。例如：

（4）d. 春寒偏勒牡丹迟，晚似常年半月期。（杨万里：己未春日山居……）

观察上面四组中的"似"的词性和功能，可以得知：由于N$_2$发生"喻体——非喻体——时间词"的变化以及结构的复杂化，使得"似"的差比介词性质凸显并确定。这是因为A是"迟/早"义形容词的结构式中，除了可以推出"两者程度不等"意义之外，还有"比较对象是同一事物"的推理意义以及"同一事物在不同时间段内某种程度不相等"的推理意义，这些意义制约着"似"不可能再起到表示"两种事物具有相似性"的作用。

## 1.5　语义演变的方向性

王士元（2002）曾谈道，"特别困扰语言进化研究的一贯因素是语义变化。语音学知识告诉我们哪个音会变成哪个音。至于哪个意义会变成哪个意义，我们还没有这方面的语义学知识。无疑，发音声道和耳朵这些器官为我们的研究提供了条件，所以，我们对语音的理解当然应该更好。相比之下，理解语义变化是非常困难的，因为它不仅涉及语言使用的社会文化环境，还涉及人类整个认知系统"。王先生（2002）还指出"语义变化和语音变化一样，一定也具有普遍趋势"。对于介词语义演变的方向性的探索，有助于发现动词语法化或介词继续语法化的演变模式，也有助于归纳介词功能演变的规律。

### 1.5.1　介词产生过程中语义演变的方向性

一组词义相同或相近的动词可能会有相同的演变方向和结果，演变的模式可能相同也可能不同。举一个相同的例子，东汉之后萌生被动介词主要有三个语义来源，其中之一是"承受"义动词，如"被、吃、著、遭、挨"等。"承受动词——被动介词"演变的模式呈现三个特征：第一，进入"$V_1+N_2+V_2$"式的 $V_1$ 位置，结构式发生"述宾——状中"的变化；第二，结构式中的 $V_2$ 多为表示"非企盼"事件的动词；第三，致变的主要因素都是句法结构的复杂化。

再举一个演变模式有差异的例子，如"给予"义动词"与"和"给"的演变方向和结果大致相同，都有引进交互者、所为者、言谈者、所对者、接受者、施事者、处置者、比较者八种功能，也都有"致使"义。前述九种功能与"给予"义的关系如何？彼此关系如何？演变模式是否相同？我们认为演变的方向和结果相同，但演变的模式有所不同。"与"在上古前期已有引进交互者的功能，上古后期产生所为者、言谈者、所对者的功能和表示致使的功能，唐代产生引进接受者、施事者的功能，宋代产生表示处置的功能。而"给"是先产生介引"所为者"和"接受者"的功能，后产生其他功能。

分列"与"和"给"的演变方向和路径如下：

/ 与$_{38}$（等比）

/ 与$_{36}$（被动）

/ 与$_{34}$（所对）

/ 与$_{31}$（交互）—与$_{33}$（言谈）　　　　/ 与$_{36}$（被动）

与$_{01}$—与$_{03}$（"帮助"义）—与$_{32}$（所为）—与$_{37}$（处置）

\ 与$_{35}$（接受）

\ 与$_{36}$（被动）

\ 与$_{02}$（"致使"义）—与$_{36}$（被动）

\ 与$_{32}$（所为）


/ 给$_{36}$（被动）

/ 给$_{02}$（"致使"义）—给$_{36}$（被动）

给$_{01}$—给$_{32}$（接受）

\ 给$_{31}$（所为）—给$_{34}$（所对）—给$_{35}$（交互）—给$_{38}$（等比）

\ 给$_{33}$（言谈）—给$_{35}$（交互）—给$_{38}$（等比）

\ 给$_{35}$（交互）

\ 给$_{37}$（处置）

由上面的比较可知："与"和"给"向介词发展时，演变的结果大致相同，但在演变的路径和方向方面有较大差异，可以概括为以下八点。

（1）"与"最先产生的是"交互"功能，"给"最先产生的是"所为"功能。介词"与"的功能扩展主要以交互介词"与$_{31}$"为源头，介词"给"的功能扩展主要以所为介词"给$_{31}$"为源头。

（2）交互介词"与$_{31}$"和动词"与"有直接的联系；交互介词"给$_{35}$"和动词没有直接的联系，主要来自言谈介词"给$_{33}$"的功能扩展，此外，和所对介词"给$_{34}$"、所为介词"给$_{31}$"也有关系。

（3）被动介词"与$_{36}$"有动词和介词两种来源，除和"给予"义、"致使"义有来源关系之外，还和交互介词"与$_{31}$"有来源关系，和所为介词"与$_{32}$"也可能有关系；而被动介词"给$_{36}$"只有动词一种来源（"给予"义和"致使"义）。

（4）所为介词"与$_{32}$"来源是"给予"义和"帮助"义，所为介词"给$_{31}$"

只有"给予"义一个来源。

（5）言谈介词"与$_{33}$"的直接来源是交互介词"与$_{31}$"，而言谈介词"给$_{33}$"的直接来源是所为介词"给$_{31}$"，而"给$_{31}$"反倒是交互介词"给$_{35}$"的来源。

（6）"与"和"给"的"致使"义都有动词和介词两种来源，致使动词"与$_{02}$"、"给$_{02}$"都和"给予"义有联系，但"与$_{02}$"的另一个来源是交互介词"与$_{31}$"，而"给$_{02}$"的另一个来源是所为介词"给$_{31}$"。

（7）所对介词"与$_{34}$"来自交互介词"与$_{31}$"的功能扩展，所对介词"给$_{34}$"来自所为介词"给$_{31}$"的功能扩展。

（8）在第一层级上，"与$_{01}$"朝六个方向演变：交互介词、接受介词、所为介词、被动介词、"致使"义动词、"帮助"义动词；而"给$_{01}$"只有四个方向，少了交互介词和"帮助"义动词两个方向。

但演变也有相同之处，表现在以下三个方面：

（1）动词"与"和"给"在第一层级上有四个方向是相同的，即所为介词、接受介词、被动介词和"致使"义动词；

（2）所为介词"与$_{32}$"、"给$_{31}$"都处于语法化的前端，直接来源都是动词（"与"和"给予"义和"帮助"义有直接的联系，"给"与"给予"义有直接的联系）；并且所为介词"与$_{32}$"和"给$_{31}$"都向处置介词发展；

（3）交互介词"与$_{31}$"和交互介词"给$_{35}$"都向等比介词发展。

除了演变路径、方向的不同之外，在各个演变阶段上，致变因素也有所不同，因此，"与"和"给"的演变模式有较大的差异。

演变模式的不同，主要是由源动词的意义决定的。据《说文》的解释，"与"的本义是"赐也"。赐予他人物件，含有与他人分享之意，所以"与"向介词发展时，最先产生的功能是表示"交互"。"给"的本义是"供给"，含有"使他人得到满足"之义，所以最先产生的是"所为"功能。

## 1.5.2　介词功能扩展过程中语义演变的方向

一组同义的介词往往有相同的功能扩展方向，因此，可以总结出演变的路径。例如在对象介词中，以所为介词为起点，可以总结出"所为——交互"、"所为——处置"、"所为——所对"等路径。在方式介词中，以工具介词为起点，可以总结出"工具——凭借"、"工具——原因"等路径。一组同义的介词不仅演变方向相同，导致演变的因素也大致相同。以"以、用、将、把、著"的"工具——原因"演变为例。

在"何 + 以 +V$_2$"式中"以"的宾语为疑问代词，指代有时可能清晰，有时可能不是十分清晰。指代比较模糊时，"何"所指代的事物可以分析为工具、凭借或原因等。观察三组例句：

（1）a1. 何以舟之？维玉及瑶。（诗经·大雅·公刘）

　　　a2. 无衣无褐，何以卒岁？（诗经·国风·七月）

（1）b1. 谁谓雀无角，何以穿我屋？（诗经·国风·行露）

　　　b2. 谁谓雀无牙，何以穿我墉？（诗经·国风·行露）

（1）c1. 天何以刺，何神不富？（诗经·大雅·瞻卬）

　　　c2. 夫人自有兮美子，荪何以兮愁苦？（楚辞·九歌·少司命）

1a 组的"何"指代具体的事物，"以"是工具介词。1b 组的 N$_2$ 指代抽象事物，句义中都可以推出"受损者"，但也可以推出主语或 V$_2$ 行为的实施者具有心理上的"优势"、"优越感"或事实上的"有利条件"的意义，因此，1b 组的"以"介于凭借介词和原因介词之间。1c 组的 V$_2$ 表示"不好"的事件，句义中存在"受损者"，也不能推出主语或施事有"优势"或"有利条件"的意义，"以"是原因介词。比较三组例句可知：介词"以"走过"工具——凭借 / 原因"的路径，演变首先在疑问句中展开。导致演变的主要因素是语义关系的变化。

在历时演变中，判定"以"为原因介词的依据有三：一是 N$_2$ 表示抽象事物；二是语义结构中 V$_2$ 行为的实施者心理上没有优势、优越感或自以为有利的条件；三是 V$_2$ 一般表示"不好"或"不利于施事"的事件。"以"的演变模式影响到"用"，如果符合上述三个条件，"用"也是原因介词。例如：

（2）a1. 国即卒斩，何用不监。（诗经·小雅·节南山）

　　　a2. 谋夫孔多，是用不集。（诗经·小雅·小旻）

　　　a3. 如匪行迈谋，是用不得于道。（诗经·小雅·小旻）

　　　a4. 如蛮如髦，我是用忧。（诗经·小雅·角弓）

"以、用"的演变条件影响到"将、把"的演变。唐代的一些"将 +N$_2$+V$_2$"式中，N$_2$ 的论元可作"工具"、"凭借"或"原因"三种理解。例如：

（2）b1. 莫将芸阁轻科第，须作人间第一人。（赵嘏：赠李秘书）

b2. 能以忠贞酬重任，不将富贵碍高情。（张泌：题华严寺木塔）

b3. 珍重彩衣归正好，莫将闲事系升沈。（罗隐：送进士臧渍……）

若符合"以"的演变的三个条件，"将"字句的 $V_2$ 与 $N_2$（可能由谓词或谓词性短语充当）构成"动作——原因"关系，"将"是原因介词。但"将"大多在劝诫句（否定性祈使句）中发生演变。例如：

（3）a1. 休将铸错悔当年，事契天心或不然。（王奕：和叠山隆兴阻风）

a2. 莫将未遇添惆怅，自有明公为赏音。（杨公远：闷书）

a3. 休将世路悲尘事，莫指云山认故乡。（张泌：题华严寺木塔）

"把"的"工具——原因"演变的条件与"将"大致相同。晚唐至宋时期，已见到 $N_2$ 的论元可作"工具"（或"凭借"）或"原因"两种分析的用例：

（4）a1. 莫把一名专懊恼，放教双眼绝冤仇。（杜荀鹤：献钱塘县罗著作判官）

a2. 休把虚名挠怀抱，九原丘陇尽侯王。（刘兼：春夕遣怀）

a3. 莫把山林笑朝市，老夫手里有乌藤。（苏轼：碣石庵赠湛庵主）

a4. 真教花事从头尽，却把东风满室开。（潘牥：牡丹）

如果 $V_2$ 是表示"不如意"事件的动词或短语，$N_2$ 又不是表示具体事物的名词，也不是表示 $N_1$ 具有优越感的词语，"把"是原因介词。例如：

（4）b1. 莫把存亡悲六客，已将地狱等天官。（苏轼：次韵答元素）

b2. 四时递运春复冬，莫把穷愁蹙两峰。（李吕：和感怀韵）

b3. 莫把摧颓嫌暮景，且将闲散替劳生。（范成大：阴寒终日兀坐）

走"工具——原因"演变路径的还有一个"著"，唐代已见"著"的功能可作有"工具"或"原因"两种理解的用例：

（5）a1. 欲将闲送老，须著病辞官。（白居易：祭社宵兴……）

如果符合"以"演变的三个条件，"著"也是原因介词。例如：

（5）b1. 限到头来，不论贫富，著甚干忙日夜忧。（吕岩：沁园春）

b2. 朝求暮乞不成贪，有日无夜著甚眠。（敦煌变文集新书·卷四）

b3. 师闻曰："这老汉著甚么死急。"（五灯会元·卷五·石霜庆诸禅师）

b4. 蜗角名，蝇头利，著甚来由顾。（王仲甫：蓦山溪）

"著"和"以"一样，也是在疑问句中演变的，也要求 $N_2$ 指代抽象事物，$V_2$ 表示"不如意"的事件。由"以、用、将、把、著"的"工具——原因"演变可知：一组功能相同的介词朝相同方向发展时，演变模式很可能有相同的语义特征。

## 1.6 关于介词的语义来源的研究

这方面的已有研究大多是针对单个介词进行的，主要研究某个介词的来源，语义演变线索等。但目前阶段，涉及某类介词来源的研究已成为一个热门的课题。

### 1.6.1 关于单个介词的语义来源的研究

此类研究往往与介词所在的结构式的溯源及其所在结构的发展的研究联系在一起，如在探究"被动式""处置式"的来源时，同时研究介词"被""把"的来源等等。此类探索已涉及介词的语义来源和萌生介词的结构式，但不是对演变模式的系统研究。本书的研究囊括了大多数小类的单音介词的语义来源，分为与动词有直接联系和与介词的功能有直接联系两大类型。

### 1.6.2 关于介词的某个小类的语义来源的研究

还有一种研究是针对介词的一个小类的探源，如曹茜蕾（2006）对于处置介词的多个来源的分析，认为可以溯及"执持""给予""帮助""随同"等义类，这种研究工作已涉及介词的语义演变模式，但还不是针对性、系统性的研究。江蓝生（2012）对于汉语"连－介词"（兼有交互介词和并列连词两种功能的虚词）的来源的研究与对介词的语义演变模式的研究有密切的联系。就汉语介词的某一个小类看，很少只有一个语义来源的，江先生指出汉语"连－介词"至少有五个语义来源。探究虚词的一个小类的来源，有助于归纳出虚词语义演变的模式；但江先生的研究的侧重点不是演变模式，而是语义来源的分析。但是，这种系统性的对来源的探究是很有意义的。

探寻介词的某一个小类的语义来源有可能发现介词语义演变的模式，如中古以来产生的被动介词的语义来源可以分为三个义类:"承受"义、"致使"义和"给予"义。又如处置介词的来源,至少目前已有来自"执持"义动词、使役动词或与事介词、所为介词等等说法。其他次类的介词也有多个语义来源,这方面的研究还有很大的空间。

### 1.6.3 关于演变路径的研究

在演变路径方面,已有专家指出的"执持动词——处置介词"的路径(曹广顺、李明);"致使动词——被动介词"的路径(蒋绍愚);"帮助动词——所为介词——交互介词"的路径(刘丹青)。在介词继续语法化的研究方面,有"被动——原因"的路径(江蓝生);"所为介词——处置介词"的路径(马贝加、王倩)。以上研究关注处置介词、被动介词、交互介词的来源以及"动词——介词"、"介词——介词"、"介词——连词"演变的历程。介词的产生、发展还有许多路径,只是未被关注或揭示,我们需要系统地梳理各种演变路径。

### 1.6.4 关于介词的类型学研究

在类型学研究方面,桥本万太郎(1987)曾提出汉语南北方言被动句中不同的介词;吴福祥(2003)提出汉语特有的"伴随动词——伴随介词——并列连词"的演变路径。黄晓雪(2017)结合南北方言不同来源的所为介词试图对所为介词的来源作类型学的阐释。本书研究主要是通过追溯汉语介词的语义来源来研究演变的语义模式,可能对类型学研究有参考价值。

## 1.7 本书内容梗概

本书的研究是历时性的追溯,从后往前推,追溯汉语历史上一批曾出现的介词的语义演变模式,目的是描述并解释汉语介词产生、发展中的共性和差异。我们试图从多个角度研究介词的语义演变模式。首先区分了"首发模式"和"后随模式"(第二章),其次是"单源模式"和"多源模式"(第三章），第三是"单向模式"和"多向模式"（第四章），第五章是关于演变路径的探讨。在这四章中，都区分了两种层级的演变，即"动词——介词"的演变、"介词——介词"的演变（指介词的功能扩展）。第六章是对语法化的语义因素的讨论。第七章专门就"介词——非介词"的演变展开讨论。

# 首发模式和后随模式

## 2.1 概述

　　"首发"和"后随"是就一组同义词的演变而言的。一组词义相同的动词或功能相同的介词往往具有相同的语法化方向、路径或演变结果，致变因素也可能相同。"同义词同向发展"的规律使汉语中存在相当数量的功能相同的介词。本章的"首发者"是指在历时演变中，一组朝同一方向发展的介词中的第一个，"首发模式"是对肇端性质的演变中的各种特征的概括。"后随者"是指在首发之后跟进的同一方向或同一路径的演变。"后随模式"是对"首发"之后跟进的演变的各种特征的概括。

　　"后随模式"与"首发模式"是相对而言的，两种演变模式之间有大致相似的特征，但不是完全相同的；首发模式和后随模式之间存在共性，但不是纯粹的"拷贝"关系。首发模式中的语义因素对后随模式有制导作用，但后随模式中有种种不同于首发模式的特征。

　　吴福祥（2007）在《历史句法学的跨语言视角》（Alica C.Harris & Lyle Campbell 著）的"导读"中说"重新分析可以给一个语言带来全新的结构，也可以保持或更新现存的结构，因此，可以区分'创造性重新分析'与'保持性重新分析'"。首发模式可以说是创造性的重新分析，而后随模式可以看作保持性的重新分析，首发模式固然起着制导作用，但是后随模式也有自己的特征。探究"首发模式"和"后随模式"之间的相似点和相异点，可以更好地阐释语义演变的共性和个性，探究语义演变的规律。

　　我们将与介词有关的演变模式区分为两种不同的类型，第一种是"动词——介词"的演变模式，第二种是介词的功能扩展的模式。演变类型不同，演变模式也是不同的。

## 2.2 "动词——介词"的演变

动词向介词演变时，一组同义词中第一个演变可以看作"首发演变"，首发演变的特征可以概括为"首发模式"。首发之后出现的演变都可以称为"后随演变"，后随演变的特征可概括为"后随模式"。首发演变一般是单个动词的演变，后随演变可能不止一个动词，往往包括一组同义词的演变。一般来说，后随演变的时间距离首发演变越远，演变模式的差别越大。

在"动词——介词"的演变中，我们是根据语义来源和发展结果来分类的。在本节中，分别论述方所、时间、对象、方式、范围五个小类的首发模式和后随模式。

### 2.2.1 方所介词的演变模式

方所介词内部可以分为七个小类，即终到处、所在处、始发处、经由处、方向、沿途和临近处。本节只探讨"终到处"、"所在处"和"沿途"三种功能的介词的首发模式和后随模式。为什么不讨论"始发处"、"临近处"、"方向"、"经由处"四种介词的首发模式呢？因为"始发处"功能绝大多数来自"经由处"功能的扩展（只有"自"的第一个功能可能是介引始发处），我们没有把"自"归入"同义词同向发展"的类型。我们将关于"始发处"的演变放在"介词功能扩展的首发模式和后随模式"章节中讨论；而临近处介词只有一个"临"，没有后随演变；动源的方向介词、经由处介词的语义来源呈现多样化的特征，罕见一组同义词同向发展的例证，因此不作"首发"和"后随"的讨论。

#### 2.2.1.1 终到处介词的演变模式

汉语的终到处介词数量较多，直接来源可分为动词和介词两种。若直接来源是动词，则都是与运行动词有直接的语义联系，通常是"去往"义或

"抵达"义动词，如"于、至、到、就、抵、及、去"等。下面讨论首发模式和后随模式的特征。

##### 2.2.1.1.1　终到处介词的首发模式

汉语最早向终到处介词发展的是运行动词"于"（郭锡良 1997、魏金光 2016）。演变首先发生在"$V_1$+ 于 +$N_2$"式中，早期的"$V_1$+ 于 +$N_2$"式中，如果 $N_2$ 是施事抵达之处，"于"可以看作"运行动词——终到处介词"演变中的成分；如果 $N_2$ 是受事的抵达之处，"于"可以确定是终到处介词（参见1.1.1.2）。

##### 2.2.1.1.2　终到处介词的后随模式

继"于"之后，跟进的演变有"至、就、到、去"等。前三者的演变模式与"于"大致相同，"到"与"于"有所不同，唐代之前"于、至、就"都是在"$V_1$+$V_2$+$N_2$"式的 $V_2$ 位置演变，致变因素主要是 $V_1$ 的语义类型发生"运行——原地"的变化，从而引发的施受关系的变化。"到"起先的演变结构式与"于、至、就"相同，致变因素也相同；但唐代开始，"到"可以在"$V_1$+$N_2$+$V_2$"式的 $V_1$ 位置演变，致变因素主要是 $V_2$ 的语义类型发生"原地——运行"的变化，$V_2$ 承载了运行概念的表达，"到"变化介词。"去"的演变只发生在"$V_1$+$N_2$+$V_2$"式的 $V_1$ 位置，致变因素主要是 $N_2$ 的语义类型变化，由此引发两个 V 之间的"时间先后"意义消失。

A. 终到处介词"至$_1$"的产生

就演变的位置而言，受终到处介词"于$_{11}$"的演变模式影响，终到处介词"至"（记为"至$_1$"）也是在"$V_1$+$V_2$+$N_2$"式的 $V_2$ 位置变为介词。就演变因素而言，介词"至"的产生也与结构式中语义关系的变化有关。上古前期，"至"一般充当谓语动词，"至 +$N_2$+$V_2$"式是罕见的，即使有出现，这种结构式中的"至"的动词性也是很难销蚀的。例如：

（1）a. 公如晋，至河乃复。（左传·昭公十二年）

上例的"至"与"复"之间有"时间先后"关系，且两个动词之间有"乃"，"至"还是动词。从古至今，"至 +$N_2$+$V_2$"式中的"至"可以是表示时间的"终止点"的介词，但未见介引"终到处"的功能。在"$V_1$+ 至 +$N_2$"式中，容易确认介词性质，因为 $V_1$ 是运行动词，由于词义的赘余，"至"的动词性有可能消失。但先秦至汉，"运行动词 + 至 +$N_2$"式中，"至"还难以确定介词性质。例如：

（1）b1. 反至五湖。（国语·越语下）

b2. 使者行至齐。（吕氏春秋·行论）

b3. 归至家，妻不为饪。（战国策·秦策）

b4. 东流至海。（战国策·赵策）

b5. 燕兵独追北，入至临淄。（战国策·燕策）

b6. 臣来至境，入都邑。（战国策·中山策）

1b组中，例1b5、例1b6的 $V_2$ 是"入"、"来"，是否可以断定"至"是终到处介词呢？我们认为"入"、"来"和"至"的施事是相同的，"$V_1$＋至"短语还不能排除双动词结构或连动结构的可能性，"至"也不能排除动词的可能性。但这种结构式出现，显示"至"有虚化的趋势。相对来说，$V_1$ 表示具体的运行方式，"至"的运行意义相对淡化，且起着标示"终到处"的作用，有可能向终到处介词发展。然而，"$V_1$＋未＋至＋$N_2$"式的存在，使我们不能确定"至"的介词性质。例如：

（1）c1. 行未至陈，楚王信果郊迎道中。（史记·陈丞相世家）

c2. 归未至彭城，疽发背而死。（史记·陈丞相世家）

1c组可以作为旁证，证明汉代的"$V_1$＋至＋$N_2$"式中，"至"不一定已是介词。导致演变的因素是 $V_1$ 的语义类型变化，首先是特殊的运行动词进入 $V_1$ 位置，即"追"、"送"等可带受事宾语的运行动词进入 $V_2$ 位置。例如：

（1）d1. 复击破绾军沮阳，追至长城。（史记·绛侯周勃世家）

d2. 击章邯军，陷陈，追至濮阳。（汉书·曹参传）

d3. 群臣居守，皆送至灞上。（史记·留侯世家）

d4. 廉颇送至境。（史记·廉颇蔺相如列传）

与1b组的 $V_1$"反、行"等不同，"追、送"是特殊的运行动词，与之搭配的语义论元除处所之外，还可以是受事论元。虽然1d组的句法层未出现受事，但语义结构中是存在的；而且在语义结构中，"追、送"与"至"的宾语的语义论元是不同的，前者可以带受事宾语，后者只能带处所宾语。如果句中没有"至"，终到处论元便不可能表达。由于"追、送"本身含有运行意义，"至"的表运行的功能便弱化了，而且，由于语义关系的变化（$V_1$"追、送"的施事是 $N_1$，"至"的施事是 $N_1$ 和 $N_2$），"$V_1$＋至＋$N_2$"式已不是典型的连动结构或双动词结构，"至"已靠近介词一端。可以说，汉代是"至$_1$"的萌生时期。然而，这一时期，"追至"后面还可能有介词"于"。例如：

（1）e1. 汉大破之，追至于离石。（史记·韩信卢绾列传）

e2. 汉兵大破之，追至于离石，复破之。（汉书·韩王信传）

1e 组显示：汉代之人还没有把"至"用为典型的介词，也可以说"至"的介词性质尚未确定。若原地动词进入"$V_1$+ 至 +$N_2$"式的 $V_1$ 位置，"至"的介词性质相对明确。例如：

（1）f1. 数召至前谈语，人主未尝不说也。（史记·滑稽列传）

f2. 征至长安，既葬，当袭爵，以病狂不应召。（汉书·韦贤传）

1f 组的 $V_1$"召、证"在语义结构中有受事论元（未在句法层出现），"至"后面是处所宾语，由于语义结构中"召、征"的施事无"位移"意义，而受事有"位移"意义。在这种语义结构中，$V_1$ 是施事的行为，[+ 自主性]是明显的，处于 $V_2$ 位置的"至"的 [+ 自主性] 弱化，运行结果和终到处意义凸显，这种"至"可以确定是终到处介词。1f 组结构式中，"未"不可以出现在"至"前面，我们未曾看到"征 / 召 + 未 + 至 +$N_2$"式。这表明：如果 $V_1$ 是原地动词，处于 $V_2$ 位置的"至"不能受否定词的限定，已失去动词的一个句法特征，或者说不再拥有动词的全部特征。比较 1b 组和 1f 组，我们看到：$V_1$ 的语义类型变化对演变起着作用，但确定介词性质的因素是语义关系的变化——在相同的结构式中，施受关系的变化对演变起着决定性的作用。汉代，在原地动词充当 $V_1$ 的"（$N_1$+） $V_1$+ 至 +$N_2$"式中，$N_1$（主语，包括省略或隐含的）可以是 $V_1$ 的受事。例如：

（1）g1. 乃使人征赵相，赵相征至长安。（史记·吕太后本纪）

g2. 太后征赵相，相征至长安。（汉书·外戚列传上）

g3. 汲郡韩福以德行征至京师。（汉书·龚胜传）

g4. 事连亚夫，召至廷尉。（前汉纪·孝景皇帝纪）

1g 组中，$V_1$"征、召"和"至"的施事不同，自主性也不同（$V_1$ 具强 [自主性]，"至"具有弱 [自主性]）。由于"至"处于第二个动词的位置上，$N_1$（可能省略或隐含）又是受事，人们的理解重点往往落在"征召"行为和"抵达"结果上，虽然可以推出"$N_1$ 有位移"意义，但由于 $N_1$ 是 $V_1$ 的受事，没有"位移"行为的强自主性，"至"变为介引终到处的介词。

综上，"于"和"至"都是在"$V_1$+$V_2$+$N_2$"式的 $V_2$ 位置上变为终到处介词，致变的语义因素都与 $V_1$ 的语义类型变化有关，但致变的决定性因素是结构式中语义关系的变化，即当结构式中的 $N_2$ 表示受事抵达之处时，介词性质最终确定。

B. 终到处介词"就$_{11}$"的产生

和"于、至"的演变模式一样，终到处介词"就$_{11}$"也是萌生于"$V_1+V_2+N_2$"式的 $V_2$ 位置。"就"的"运行动词——终到处介词"演变也与 $V_1$ 的语义类型有关，但决定性的因素也是语义关系的变化。"$V_1+$ 就 $+N_2$"式见于先秦时期，起初，结构式中的"就"是运行动词。例如：

（2）a1. 禹趋就下风，立而问焉……（庄子·天地）

　　　a2. 王乃步就王孙洛曰……（国语·吴语）

　　　a3. 吴王许诺，乃退就幕而会。（国语·吴语）

2a 组句义中蕴含"$N_2$ 是运行的抵达之处"意义，由于"就"前面有运行动词 $V_1$，可以承载运行意义的表达，动词"就"有可能向终到处介词发展。

B1.$V_1$ 的语义类型

受"于、至"演变模式影响，"就"的"运行动词——终到处介词"演变的条件之一是 $V_1$ 的语义类型变化。首先，区分目的地相同和目的地不同两种类型。在运行动词后面，若 $V_1$ 和"就"的运行目的地相同，"就"呈现向终到处介词发展的明显态势；若目的地不同，"就"可分析为处于演变中的成分。

1）与"出"组合

在"出 + 就 +$N_2$"式中，"就"与"出"的逻辑宾语不同，"出"后面没有出现处所宾语，但语义结构中存在。由于语义结构中"出"和"就"各自带处所论元，"就"还是动词。例如：

（2）b1. 少帝曰："欲将我安之乎？"滕公曰："出就舍。"（史记·吕太后本纪）

　　　b2. 古者年八岁而出就外舍。（大戴礼记·保傅）

与运行动词"出"相配合的是"经由处"、"始发处"等论元；不可能是"终到处"论元。2b 组的 $N_2$"舍"、"外舍"表示不同于"出"的处所——语义结构中，"出"后面还有一个处所论元（未在句法层出现）。2b 组的"$V_1+$ 就 $+N_2$"式涉及两个处所论元：一为出来之处，一为抵达之处。"就"承载了"位移"意义的表达，不能看作介词。

2）与"亡"组合

相对于"出"来说，在"亡"后面，"就"离介词近了一步。例如：

（2）c. 市惧，乃亡就国。（史记·田儋列传）

与运行动词"亡"相关的是"始发处""方向""终到处"等论元（不一定都出现在句法层），上例的"亡"和"就"都是运行动词，运行的抵达之处是一致的。两个运行动词并列，且运行目的地相同，其中一个有可能虚化，正如现代汉语的"逃到山中"的"到"。

3）与"入"组合

动词"入"在句法层可带宾语，语义论元多为"经由处"和"终到处"，"入 + 就 +N₂"式中N₂是V₁"入"的目的地，由于运行的目的地相同，"就"可以看作连动结构或双动词结构的V₂，也可以看作终到处介词。例如：

（2）d1. 今宗庙异处，昭穆不序，宜入就太祖庙而序昭穆如礼。（汉书·韦贤传）

4）与"却""退""归"组合

这三个动词在语义结构中可带终到处论元，相比于"出、亡、入"，"就"在这三个动词后面，更容易被看作介词。例如：

（2）e1. 是时汉使大农张成、故山州侯齿将屯，弗敢击，却就便处，皆坐畏懦诛。（史记·东越列传）

e2. 哀帝崩，王莽白太皇后下诏曰："……今令孝哀皇后退就桂官。"（汉书·外戚传）

e3. 太后乃解说，即使梁王归就国。（史记·梁孝王世家）

2e组的语义结构中，V₁和"就"有相同的运行目的地，"就"有可能被分析为终到处介词。观察上面数组例句可知：由于结构式中V₁的语义类型变化，使得V₁和"就"在语义结构中有相同的抵达之处，"就"有可能被分析为终到处介词。

B2. 语义关系的变化

虽然2c——2e组的"就"已显现向终到处介词发展的态势，但决定演变结果的是结构式中语义关系的变化。在"V₁+ 就 +N₂"式中，起初V₁多为运行动词，在发展过程中，原地动词也进入V₁位置；V₁在语义结构中有自己的受事（未出现在句法层），N₂是受事的抵达之处。比较两组例句：

（2）f1. 忠臣之义，一抒愚意，退就农亩，死无所恨。（汉书·楚元王传）

f2. 其上大司空印绶，罢归就国。（汉书·何武传）

（2）g1. 发觉孙宠、息夫躬过恶，免官遣就国，众庶翕然，莫不悦喜。（汉书·鲍宣传）

g2. 宜徙就正阳大阴之处。（汉书·郊祀志下）

2f组 $V_1$"退、归"和"就"的施事相同、运行的目的地也相同,"就"有可能被分析为终到处介词,但整个结构式不能排除连动结构或双动词结构的可能性,"就"的介词性质也不能确定;2g组的"遣、徙"的受事虽未出现在句法层,但可以确定在语义结构中是存在的,且 $N_2$ 不是"遣、徙"的施事抵达之处,只是 $V_1$ 的受事(没有出现在句法层)的抵达之处。此类语义结构中,$V_1$ 是主要动词,有强[自主性],"就"只有弱[自主性],这造成词义中的运行义素淡化或消失,"就"变为介词。"就"的演变模式与"于、至"有较多的相似特征,这显示了先发生的演变具有较强的制导作用。

C.终到处介词"到$_{11}$"的产生

与"于、至、就"的"运行动词——终到处介词"演变一样,"到"的演变也发生在"$V_1$+ 到 +$N_2$"式中,导致演变的因素也是因 $V_1$ 的语义类型变化而带来的语义关系变化。不同的是,在"到 +$N_2$+$V_2$"式中也可以发生演变,但这种演变发生得较迟,唐代才开始。

1)"$V_1$+ 到 +$N_2$"式中的演变

受"于、至、就"的演变模式影响,在这种结构式中,同样是因 $V_1$ 的语义类型变化而引发了语义关系的变化。比较三组例句:

(3)a1.归到鲁东门外,适遇柳下季。(庄子·盗跖)

　　a2.介子从大宛还到龟兹,……(汉书·傅介子传)

(3)b1.单于遣使送到国,因请其罪。(汉书·匈奴传下)

　　b2.先主与吴军水陆并进,追到南郡。(三国志·蜀书·先主传)

(3)c1.建武中,征到尚书。(后汉书·逸民列传)

　　c2.帝知湛为青、徐所信向,遣到平原。(后汉书·伏湛传)

3a组的 $V_1$ 和 $V_2$"到"共载一个施事,两个运行动词排列在一起,"到"可以看作连动结构或双动词结构的后一个动词。3b组的"送、追"是特殊的运行动词,可以带受事宾语,虽然结构中未出现受事,但语义结构中是存在的;$N_2$ 为施事、受事的抵达之处,与3a组相比,"到"相对靠近介词。3c组的"征、遣"是原地动词,语义结构中只有受事抵达目的,"到"可以看作终到处介词。

纵观"到"的演变,结构式与"于、至、就"相同,致变的语义因素也是一样的,都是因语义关系中的施受关系变化而确定演变结果。南北朝至唐时期,结构式中 $V_1$ 继续扩展,$N_2$ 表示受事抵达之处的用例增多"到"的介词性质得以确定。例如：

（3）d1. 臣前遣使赍杂物行广州货易，天竺道人释那伽仙于广州因附臣舶欲来扶
　　　　 南，海中风漂到林邑，国王夺臣货易，并那伽仙私财。（南齐书·东南
　　　　 夷列传）

　　　d2. 勔遣到城下，详呼城中人，语以勔辞。（梁书·夏侯详传）

　　　d3. 争知司马夫人妒，移到庭前便不开。（白居易：戏问山石榴）

　　　d4. 唯向诗中得珠玉，时时寄到帝乡来。（白居易：广府胡尚书……）

　　由 3c、3d 组可知："$V_1$＋到＋$N_2$"式中，伴随 $V_1$ 的意义类型变化（"运行——原地"的变化），引发了施受关系变化，这种变化使"到"的介词性质逐步明显；"到"表示受事的抵达之处时，终到处介词的性质确定。在介词性质确定之后，即使 $V_1$ 是运行动词，"到"也是介词，如"走到车站"。

　　2）"到＋$N_2$＋$V_2$"式中的演变

　　在这种结构式中，演变发生得相对要迟一些，唐代才开始演变。比较两组例句：

（3）e1. 自度比至皆亡之，到丰西泽中止饮。（史记·高祖本纪）

　　　e2. 到府宴饮。（风俗通义·过誉）

　　　e3. 太祖昔自到阳平攻张鲁。（三国志·魏书·陈群传）

（3）f1. 今春有客洛阳回，曾到尚书墓上来。（白居易：燕子楼三首）

　　　f2. 犹堪与世为祥瑞，曾到蓬山顶上来。（赵嘏：赠张濆榜头……）

　　　f3. 宝车辗驻彩云开，误到蓬莱顶上来。（何光远：与何光远赠答诗）

　　3e 组的 $V_2$ 是原地动词，句中可以推出"$V_1$ 和 $V_2$ 有时间先后"意义和"$N_1$ 位移"意义；"到"还是动词。3f 组的 $V_2$ 是"来"，属运行动词，可以承载"位移"意义的表达，伴随运行概念承载单位的转移，"到"和"来"之间的"时间先后"意义也消失了，"到"变为介词。通过比较上面两组例句可知："到＋$N_2$＋$V_2$"式中，"到"的动词性较难磨损，但若 $V_2$ 为运行动词"来"，"到"变为介词；"到＋$N_2$＋$V_2$"式中，与"运行动词——终到处介词"演变相伴随的是"到"和 $V_2$"来"之间的"时间先后"意义消失；"到＋$N_2$＋$V_2$"式的演变迟于"$V_1$＋到＋$N_2$"式。

　　D. 终到处介词"去$_{11}$"的产生

　　终到处介词"去"（记为"去$_{11}$"）萌生于"$V_1$＋$N_2$＋$V_2$"式的 $V_1$ 位置，这一点与"于、至、就"等不同，与"到"也有所不同（"到"在两种结构式中

发生演变）。这是因为从唐代开始，"$V_1+N_2+V_2$"式中已可以萌生终到处介词（如"到$_{11}$"），而且表示方所的介词短语的位置移到动词的前面（大多出现在动词前面），所以，"去"只能在"去$+N_2+V$"式中演变。因为"去"的演变发生在与"于、至、就"以及"到"等不同的结构式中，致变因素也有所不同，导致"去"发生"运行动词——终到处介词"演变的因素首先是 $N_2$ 的语义类型变化，其次是 $V_2$ 的语义类型变化。

D1. 动词"去"的词义变化

"去"是近代汉语中产生的处所介词（保留在今方言中）。南北朝之前，"去"多用为"离去"义。在"去$+N_2$"短语中，"去"确定为"去往"义的用例，中晚唐时期已见：

（4）a1. 求官去东洛，犯雪过西华。（韩愈：县斋有怀）

　　　a2. 谪官去南裔，清湘绕灵岳。（柳宗元：自衡阳移桂……）

　　　a3. 落魄三月罢，寻花去东家。（李贺：铜驼悲）

"去"的演变模式与"于、至、就、到"等的不同表现在两个方面：第一，它只有动词前一个位置，即在"$V_1+N_2+V_2$"式的 $V_1$ 位置演变；第二，它的致变因素式是句中关于时间的推理意义的变化，这种变化主要是由 $N_2$ 的语义类型变化引发的。

为什么"去"的演变模式与"于、至、就、到"等不同呢？这是因为：第一，"去"的语法化发生时间较迟，其时，介词短语在谓语动词前面几乎已是固定格式；第二，谓语动词前的演变模式与谓语动词后的演变模式有较大的差异。在"去$+N_2+V_2$"式中，"去"原本是运行动词，$V_2$ 部分表示运行的目的。例如：

（4）b1. 子曰："某甲祖公在南岳，欲得去那里礼觐，只是未受戒，不敢去。"（祖堂集·卷五）

　　　b2. 师却去东廊下挂锡，具威仪，便上礼谢，默然击目而出，便去僧堂参众，却上来辞。（祖堂集·卷三）

4b 组中可以推出"$V_1$ 和 $V_2$ 两个事件有时间先后"的意义，"$N_1$ 位移"的意义以及"$N_1$ 和 $N_2$ 之间有一段距离"的意义；"去"还是动词。演变的直接因素是 $N_2$ 的语义类型变化，若 $N_2$ 是表示抽象事物的名词或名词性短语，则"去"的"运行"概念趋于消失；而且"去"和 $V_2$ 之间原先存在的"先抵达某处，然后在某处做某事"的意义也消失了。例如：

（4）c1. 今要去一字两字上讨意思。（朱子语类·卷八十三）

　　c2. 却便去不睹不闻处做，可知是做不成，下梢一齐担阁。（朱子语类·卷十三）

比对 4c 组和 4b 组可知："去"的演变模式和"于、至、就"等不同，与"到"在"$V_1+N_2+V_2$"式中的演变也有所不同，"到"主要是因 $V_2$ 的语义类型变化引发的；不过，"去"和"到"的演变特征也有相同之处，即都是因 $V_1$ 和 $V_2$ 之间的"时间先后"意义消失而变为终到处介词。

C. 小结

"于、至、就"的"运行动词——终到处介词"演变模式基本相同，都是因 $V_1$ 的语义类型变化而引发语义关系变化。这表明：首发模式对后随模式有很大的制导作用。但演变还受整个语法系统的影响，在介词短语的位置发生变化（由谓语动词后移至谓语动词前）且变化结果固定之后，"于"影响力就降低了，如"到"可以在两种结构式中演变，两种结构式中致变的因素是不同的，在"$V_1+$ 到 $+N_2$"式中，与"于"等一样，都是因 $V_1$ 的语义类型变化而引发两个 N 和 $V_1$ 的语义关系变化；在"到 $+N_2+V_2$"式中，因 $V_2$ 的语义类型变化而使"到"失去运行意义，使两个动词之间的"时间先后"意义消失。"去"只在"$V_1+N_2+V_2$"式中演变，虽然"去"主要是因为 $N_2$ 的语义类型变化而变为介词，但"去"的演变模式与"到"有相同点，即在"$V_1+N_2+V_2$"式的 $V_1$ 位置发生演变，都有"时间先后"意义消失的特征。

### 2.2.1.2　所在处介词的演变模式

与动词有来源关系的所在处介词可分为两种类型：一种是只有动词一个来源（如"在"），另一种是有动词和介词两种来源（如"于"）。若属于第一种类型，源动词大多是原地动词（如"著、是、搁"等），少数是运行动词，如"就、去"；若属于第二种类型，源动词都是运行动词。

#### 2.2.1.2.1　原地动词的首发模式

可以溯及原地动词的所在处介词只有动词一种来源。虽然从历时角度看，所在处介词"于"（记为"于$_{12}$"）产生最早，但它的来源可以溯及运行动词"于$_0$"，且"于$_{12}$"有动词和终到处介词两个来源。我们将"在"看作"原地动词——所在处介词"演变的首发者。所在处介词"在$_{11}$"首先萌生于"$V_1+$ 在 $+N_2$"式，这是因为上古时期，方所介词大多萌生于谓语动词后面，也使用于谓语动词后面。就词汇系统而言，也是受所在处介词"于$_1$"的影响（终到处介词"于$_{11}$"萌生于动词后面，所在处介词"于$_{12}$"萌生于动词前和动词后两个位置）。导致演变的因素也是语义关系的变化，当$N_2$表示事件结束时受事的位置时，动词"在"的［＋自主性］消失，变为介词。

《诗经》的"在"多用为动词，一般用"$N_1$＋在＋$N_2$"、"$V_1$＋在＋$N_2$"、"在＋$N_2$＋$V_2$"三种结构式，$N_2$都是表示方所的词语，绝大多数表示施事的所在处。"$N_1$＋在＋$N_2$"式通常表示人或物的所在处，"在"具有［＋自主性］。例如：

（1）a1. 文王在上，於昭于天。（诗经·大雅·文王）

　　　a2. 脊令在原，兄弟急难。（诗经·小雅·常棣）

若表示无生命事物的所在处，"在"的自主性弱化。例如：

（1）b1. 敝笱在梁，其鱼鲂鳏。（诗经·国风·敝笱）

　　　b2. 四牡孔阜，六辔在手。（诗经·小戎）

"$V_1$＋在＋$N_2$"式的$V_1$表示施事的行为，$N_2$表示施事的所在之处或抵达之处。例如：

（1）c1. 对越在天，骏奔走在庙。（诗经·周颂·清庙）

　　　c2. 陟则在巘，复降在原。（诗经·大雅·公刘）

"在＋$N_2$＋$V_2$"式多用于叙事，$V_2$表示施事的行为，$N_2$也表示施事所在处。例如：

（1）d1. 夙夜在公，在公饮酒。（诗经·鲁颂·有駜）

　　　d2. 矫矫虎臣，在泮献馘。（诗经·泮水）

1c、1d两组的"在"处于与介词相同的位置，但从历时角度看，不一定就已是介词，我们将这两组的"在"看作处于演变中的成分。1c组中，$V_1$和$V_2$"在"共载一个施事（主语），$N_2$是施事的所在之处，"$V_1$＋在"短语还是不能排除双动词结构或连动结构的可能性。若$N_2$为受事的所在处，$V_1$和"在"的句法关系可能发生变化。原因如下：第一，由于$V_1$和$V_2$"在"不是共载一个施事，"$V_1$＋在"短语不可能被看作连动结构或双动词结构；第二，因为$N_2$是受事（未出现在句法层）在$V_1$行为结束之后的所在之处，谓语部分具有［＋自主性］的动词是$V_1$，"在"的［＋自主性］消失，有可能与后面的$N_2$先组合（构成介词短语），充当$V_1$的补语。例如：

（1）e1. 藏在周府，可覆视也。（左传·定公四年）

e2. 载在盟府，大师职之。（左传·昭公二十六年）

e3. 吴，周之胄裔也，而弃在海滨。（左传·昭公三十年）

1d组中，"在"和$V_2$共载一个施事，"在$+N_2+V_2$"式可以看作连动结构，1d组的"在"被今人看作介词，但从历时角度观察，上古前期的这种结构式中，"在"的介词性质还不能确定。也就是说，"在$+N_2+V_2$"式不是最初的演变发生的结构式，在上古前期不一定能确定介词性质。后来，这种结构式的"在"也被看作介词，原因有二：一是"$V_1+$在$+N_2$"式中的"在"已发生"动词——介词"的演变，介词"在$_{11}$"的使用范围扩大，可以用于"$P+N_2+V_2$"式；二是所在处介词"于$_{12}$"有动词前、后两种位置，"于$_{12}$"的位置影响到"在$_{11}$"的使用位置的扩展。

"在$+N_2+V_2$"式的"在"首先在表示判定的句子中变为介词。$V_2$部分若表示对人的身份的判定，或者是对事件发展结果的判断；"在"呈现进入介词范畴的态势。例如：

（1）f1. 在夏为御龙氏，在商为豕韦氏，在周为唐杜氏。（左传·襄公二十四年）

f2. 猛在此必败。（左传·成公八年）

f3. 在国必败，在家必亡。（左传·文公四年）

1f组与1d组相比，因为$V_2$部分表示判定，不是$N_1$的行为，"在"相对靠近介词范畴。这是因为相比于陈述事件的句子，在表示说话人的认识或判断的句子中，"在"的[+自主性]减弱。"在$+N_2+V_2$"式中，如果$N_1$和$V_2$是"受事——行为"关系，"在"也是介词。例如：

（1）g. 女在其国称女，在涂称妇，入国称夫人。（公羊传·隐公二年）

#### 2.2.1.2.2 原地动词的后随模式

原地动词中，"存在"义、"放置"义动词以及系词可以向所在处介词发展。"原地动词——所在处介词"演变的后随者有"著、搁、是"等。

A. 所在处介词"著$_{11}$"的产生

继"在"之后，走"原地动词——所在处介词"路径的是"著"。"著"的演变模式与"在"有所不同。这是因为源动词意义不同，"在$_{11}$"的语义来源是"存在"义，"著$_{11}$"的语义来源至少有两个："存在"义和"放置"义；"在"和"著"演变的结构式也不同，"在$_{11}$"早期萌生的结构式只有一种，即"$V_1+V_2+N_2$"式，"著$_{11}$"几乎同时萌生于两种结构式，即"$V_1+$著$+N_2$"式和"$V_1+N_2+$著$+N_3$"式。虽然演变模式有差异，但在"$V_1+$著$+N_2$"式中，

"存在"义的"著"和"在"的演变模式有基本相同的特征，即都是因名词和方所动词的语义类型变化引发演变，也都是因语义关系变化而确定介词性质。

1）"$V_1$+ 著 +$N_2$"式中的演变

这种结构式是"著$_{11}$"萌生的主要句法形式，这是因为先秦至汉时期，方所介词大多在"$V_1$+$V_2$+$N_2$"式的 $V_2$ 位置萌生。汉代的这种结构式中，"著"还不能确定介词性质。例如：

（2）a.案味甘之露下著树木，察所著之树，不能茂于所不著之木。（论衡·是应）

上例的"著"虽然处于介词的位置，但因为在语义结构中，$V_1$"下"和 $V_2$"著"的施事相同，$N_2$ 是施事（即"味甘之露"）行为结束之后的所在之处，"下 + 著"短语还不能排除双动词结构或连动结构的可能性，"著"也不能排除动词的可能性。不过，这种结构式的出现为"著$_{11}$"的产生提供了句法基础。在这种结构式中，演变的因素和"在"一样，也是语义关系变化。若 $N_2$ 是受事的所在处，"著"可分析为所在处介词。例如：

（2）b1.今进不赦其命，退不彰其罪，闭著囹圄，使自引分，四方观国，或疑此举也。（三国志·魏书·高柔传）

b2.布……，以绵缠女身，缚著马上，夜自送女出与术。（三国志·吕布传，裴注引《献帝春秋》）

2b组的 $V_1$"闭"、"缚"是施事的行为，具有很强的 [自主性]，如果将"著"看作"存在"义动词，"$V_1$+ 著"短语由于两个动词的施事不同，不能被看作连动结构或双动词结构。又由于 $N_2$ 是受事（没有出现在句法层，但语义结构中存在）在施事行为结束之后的所在之处，"著"的自主性消退，有可能先与 $N_2$ 组合而成为介词短语。2b组蕴含"事件已有结果，受事位于 $N_2$ 处"意义，在这种语义结构中萌生了所在处介词"著$_{11}$"，它的直接来源是"存在"义。"$V_1$+ 著 +$N_2$"式的"著"表示施事位置的用例出现相对较迟，而且数量很少，$V_1$ 限于身姿动词。例如：

（2）c1.其身坐著殿上。（六度集经·卷二）

c2.立著庭中。（陆机：与弟云书）

c3.病困卧著床，悭心犹不改。（王梵志：受报人中生）

依据使用频率和出现时间可以断定，"著"是先在 $N_2$ 表示受事所在之处的语义结构中产生的。由此反推"在"的演变模式，应该与"著"大致相同。

2）"$V_1+N_2+$ 著 $+N_3$"式中的演变

"$V_1+N_2+$ 著 $+N_3$"式初见于汉代。例如：

（2）d. 尊于是出坐廷上，取不孝子悬磔著树，使骑吏五人张弓射杀之，吏民惊骇。（汉书·王尊传）

上例的 $N_3$ 是受事在施事行为结束之后的所在之处，"著"有可能被理解为"于"义介词，但还带有"置放"义动词的痕迹。直至南北朝时期，这种结构式仍有可能被看作连动结构；"著"还是不能排除"置放"义动词的可能性。例如：

（2）e1. 俊嘉其才质，即赎象著家，聘娶立屋。（三国志·魏书·杨俊传）

e2. 太后意折，乃遣傍侍御取玺绶著坐侧。（三国志·三少帝纪，裴注引《魏略》）

e3. 若不见亮，使刳心著地，正与数斤肉相似。（三国志·杜畿传，裴注引《杜氏新书》）

2e 组虽然也可以推出"$N_2$ 是施事行为结束之后，受事的所在之处"的意义，但还有一些推理意义与 2b 组不同。第一，2e 组中存在明显的"$V_1$ 和 $V_2$ 有时间先后"意义，2b 组不能推出这种意义；第二，2e 组中有明显的"受事位移"意义，2b 组中没有这种意义。由 2e 组可以推知：在"$V_1+N_2+$ 著 $+N_3$"式中，"著$_{11}$"的直接来源是"置放"义。在这种结构式中"著"变为介词的语义条件是：两个动词所表示的事件无"时间先后"关系，句中无"受事位移"意义。例如：

（2）f1. 初植……乃留其从官著关东。（三国志·魏书·任城陈萧王传，裴注引《魏略》）

f2. 留家著寿春。（三国志·吴书·孙策传，裴注引《江表传》）

2e 组可以推出"在'赎、取、刳'等行为开始时，受事不在 $N_3$ 处"的意义，"受事先到某人手中或某人之处，然后再被安放于 $N_3$ 处"的意义，还有"$V_1$ 和 $V_2$ 有时间先后"的意义以及"受事位移"意义；因此，"著"的"放置"义还不能排除。2f 组可以推出"在'留'的行为开始时，受事已在 $N_3$ 处"的意义，因此，句子没有"从某处移动人或物件而置于 $N_3$ 处"的推理意义，$V_1$ 和 $V_2$ "著"之间也没有"时间先后"的关系；"著"可以说已是介词。总之，在 a 式中的演变和在 b 式中的演变有着不同的语义来源和致变因素。

3）"著 +N$_2$+V$_2$"式中演变的可能性

这种结构式多表施事的所在处，但演变不是在这种结构式中发生的。这种结构式的出现表明"著$_{11}$"的功能已经固定，使用的位置有所扩展。五代、宋时期已见"著 +N$_2$+V$_2$"式：

（2）g1. 著街衢见端正之人，便言前境修来。（敦煌变文集新书·卷六）

g2. 师曰："道士著黄瓮里坐。"（五灯会元·卷十五·洞山守初禅师）

g3. 花不向沉香亭上看，树不著唐昌官里玩。（陈亮：最高楼）

g4. 欲著床头澣濯衣，汗流成雨垢成泥。（曾几：病起始浴二首）

2g 组结构式出现较迟，在宋代之前，是罕见的。2g 组表明："著$_{11}$"产生之后，受所在处介词"于$_{12}$"、"在$_{11}$"的影响，使用位置有所扩展。

综上，"在"和"著"的演变模式有相同之处，都是萌生于"V$_1$+V$_2$+N$_2$"式的 V$_2$ 位置，也都是因语义关系的变化而确定演变结果。不同在于："在$_{11}$"只有一个语义来源，"著$_{11}$"有两个语义来源；"在$_{11}$"率先萌生于一种结构式，"著$_{11}$"几乎同时在两种结构式中萌生。

B．所在处介词"是"的产生

所在处介词"是"（记为"是$_1$"）有两个来源，一是系词"是"（记为"是$_{01}$"），一是存在动词"是"（记为"是$_{02}$"）。"是"的"动词——所在处介词"演变始于宋代，演变结果保留在今方言中。与"在、著"相比，"是"的演变模式又有所不同。第一，语义来源不同，"在"只有"存在"义一个来源，"著"有"存在"义和"置放"义两个来源，"是"有"存在"义和系词两个来源；第二，演变的结构式不同，"在"是在"V$_1$+V$_2$+N$_2$"式中首先发生演变的，"著"在"V$_1$+V$_2$+N$_2$"式和"V$_1$+N$_2$+V$_2$+N$_3$"式中发生演变，"是"的演变发生在多种句法形式，与"在$_{11}$"、"著$_{11}$"都不同；第三，致变因素不同，"在、著"都是因语义关系变化（"著"在 b 式中有"时间先后"、"受事位移"等意义的变化）而确定介词性质，"是"的致变因素除语义关系的变化之外，还有名词的语义类型变化。

B1. 与系词"是$_{01}$"的联系

"是$_1$"与系词"是$_{01}$"的联系发生在陈述句中，"是 + 宾"短语充当谓语时，如果宾语是表示方所的 NP，"是"的意义泛化，有可能作"在"解。例如：

（3）a1. 长安在何许，疑是青天上。（贺铸：长安在何许二首）

　　　a2. 环佩不知何处去，醉眠应是小卿家。（华岳：寄仟判院）

　　　a3. 何郎本是风尘外，平日仍同般若因。（李之仪：余入院二十日……）

　　在"是+$N_2$+$V_2$"式中：如果$N_2$是处所词语，"是"可能仍是系词，但也有可能被看作"在"义介词。例如：

（3）b1. 未如蜀国城边望，疑是秋江渡口逢。（陈嵘：种木芙蓉）

　　　b2. 嫩红轻紫仙姿贵，合是山中寂寞开。（刘敞：杜鹃花）

　　　b3. 疑是落星湾上见，更须题作小金山。（方信孺：灵洲）

　　　b4. 本是山中向腊开，如何亦入帝城来。（韩淲：戏问梅花）

　　如果$N_2$是表示抽象意义的名词或名词短语（如"梦中"），"是"向介词靠拢的趋势明显化。例如：

（3）c1. 觉来生羽翼，疑是梦中还。（何执中：巾山广轩）

　　　c2. 我是梦中曾到此，故将香火记他年。（于爽：石桥）

　　　c3. 风物尽为愁里景，山川疑是梦中来。（张耒：自海至楚……）

　　　c4. 何须更秉烛，端是梦中别。（孙觌：别象州陈守容德）

　　如果是句首有受事主语$N_1$（可能省略或隐含），"是"靠近介词。例如：

（3）d1. 圣君再命拥朱轮，合是南方受赐频。（孙元方：送何水部……）

　　　d1. 拜笏竟从花外见，仙歌疑是梦中听。（陆佃：兴龙节口号）

　　　d2. 家在严陵滩上住，风烟不是梦中看。（明不亏：题画山水扇）

　　　d3. 平昔所游今在眼，凄凉疑是梦中看。（孔武仲：次韵和邓慎思……）

　　比较3c组和3d组可知："是"的致变因素和"在、著"大致相同，都是语义关系的变化——$N_2$表示受事的所在之处。

　　B2. 与存在动词"是$_{02}$"的联系

　　"是$_1$"与存在动词"是$_{02}$"的联系发生在疑问句中，即"$N_1$+何处+是"式或"$N_1$+是+何处"式中。"是$_{02}$"引申自系词"是$_{01}$"。宋代的一些疑问句中，"是"可作"在"解，尤其是在"$N_1$+何处+是"式中。例如：

（3）e1. 投身淤泥中，佛法何处是？（苏辙：悟老庄慧林）

　　　e2. 此身何处是？展转听朝春。（程俱：癸巳岁除夜……）

　　　e3. 梦魂何处是？应绕帝王边。（黄泳：题昼寝宫人图应制）

　　　e4. 毕竟此生何处是？江河万里有孤舟。（陆游：雨夕枕上作）

　　3e组的$N_1$不是处所词语，说话人问的是事物的所在，而不是某个地点的所在，"是"作"在"解比较合适，"是"可分析为存在动词。另一种为"$N_1$ + 是 + 何处"式。例如：

（3）f1. 一点空明是何处？老人真欲往仇池。（苏轼：双石）

　　f2. 当年孤鹤是何处？遥想天风坠羽翰。（范宗尹：游大有空明洞）

　　f3. 偶然问儿辈，卒爵是何处？（杨万里：寒食对酒）

　　f4. 遥想贝阙珠宫，琼林玉树，不知还是何处？（仇远：八范玉交枝）

　　因为 $N_1$（主语，可能省略或隐含）不是处所词语，这种句式的语用目的是询问"某物的所在之处"，3f 组的"是"也很可能被理解为"在"义。由于"在、著"已开启"存在动词——所在处介词"的演变路径，两者的演变完全有可能带动存在动词"是$_{02}$"向所在处介词转化。可以说，"是"的"存在动词——所在处介词"演变是类推的结果。

　　C. 所在处介词"搁$_{11}$"的产生

　　在当代北方方言中，所在处介词"搁$_{11}$"是常见的。"搁"的演变是在"著"的带动下展开的，虽然时隔一千多年，但某种语义演变的路径一旦存在，它的影响力是久远的。然而"搁"与"著"的演变模式还是有较大差异。第一，语义来源不是完全相同，"著"有"置放"义和"存在"义两个语义来源，"搁"只有"置放"义一个语义来源；第二，演变的位置不同，"著"在谓语动词后（"$V_1$ + 著 + $N_2$"式和"$V_1$ + $N_2$ + 著 + $N_3$"式）变为所在处介词，"搁"在谓语动词前（"搁 + $N_2$ + $V_2$"式）变为所在处介词；第三，"著"所在的结构发生"连动——述补"的变化，"搁"所在的结构发生"连动——状中"的变化。第四，致变语义因素虽然大致相同（都是因所在结构式的语义关系的变化而产生），但还有有所不同，在"置放"义动词"著"所在的"$V_1$ + $N_2$ + 著 + $N_3$"式中，"著$_{11}$"因"时间先后"意义和"受事位移"意义消失而确定介词性质；"搁$_{11}$"的产生除此之外，还有其他诸多因素。可以说"搁"的"放置动词——所在处介词"演变模式与"著"有所不同，这主要是因为在"搁"是在谓语动词前产生的；萌生于 $V_1$ 位置的所在处介词，其演变特征与萌生于 $V_2$ 位置的有很大的不同，正如终到处介词"去"的演变模式与"于、至、就、到"等有所不同。

　　首先，"搁$_{11}$"的产生与语义结构中的"空范畴"有关。这个"空范畴"也可以称为"影子论元"，这是指语义结构中存在的 NP，这个 NP 指称出现于 $N_2$ 位置的事物。在句法层，这个 NP 一般不出现，但"放置"义动词

"搁"一般关涉到施事、受事、处所三个论元，其中，受事论元虽然多不出现在本小句的句法层，但可以借助上下文而推理得知。在语义结构中，处于 $N_2$ 位置的往往是"放置物"，句义中是否有受事论元（即"放置物"），"放置物"是具体的事物还是抽象的，影响到对"搁"的意义和词性的认识。又，处于 $N_2$ 位置的是"物"还是"人"，与 $V_2$ 是"受事——动作"关系，还是"施事——动作"关系，也影响到对"搁"的认识。

在清代的"搁 $+N_2+V_2$"式中，"搁"是动词。例如：

（4）a. 就是肉拿刀一切，搁锅里一炒，就是那个。（济公全传·一百二十七回）

上例可以推出一个"影子论元"，即"搁"的受事论元（被放在 $N_2$ 位置的"肉"）。这个"放置物"是具体的事物；从语义关系看，这个"影子论元"不仅与"搁"有"受事——动作"关系，与 $V_2$ 也是"受事——动作"关系。虽然上例的"搁"已处于和介词相同的位置，但由于"搁"和 $V_2$"炒"的施事相同，而且两个动词之间有"时间先后"关系，"搁 $+N_2+V_2$"式还是连动结构，"搁"还是动词。此外，因为在放在 $N_2$ 处的是具体的物件，句子可推出"$N_2$ 处有放置物"的意义，还可以推出"人实施放置行为"的意义——"搁"只能被看作动词。

演变首先与 $N_2$ 位置有无"放置物"有关，也与在 $N_2$ 位置的是"物"还是"人"有关。下面一组例句的句义中可以推出 $N_2$ 位置上有"放置物"意义，"搁"也不能排除动词的可能性。

（4）b1. 搁秤上吊一吊分量，差不了多少。（白鹿原）

　　　 b2. 有人连同苞谷棒子的嫩芯一起搁石碾上碾碎下锅，……（白鹿原）

4b 组显示：在现代汉语平面上，"搁 $+N_2+V_2$"式的"搁"不一定都是介词，因为句义中还可以推出"放置物"意义和"时间先后"意义。如果语义结构中，在 $N_2$ 处的是"人"，则"搁"呈现向介词发展的趋势。例如：

（4）c. 那时候杜善人也在，他从旁边插嘴："快抬出去，搁屋里咽气，秽气都留在家里，家口好闹病。"（暴风骤雨）

上例的"搁"还是不能排除动词的可能性，虽然在语义结构中，处于 $N_2$ 位置的是"人"（可以看作放置物），但从上下文看，是垂危之人，可以任由他人搬动或移位，因此，"搁"还不能排除动词的可能性。

如果语义结构中处于 $N_2$ 位置的是人，且句义中没有"位置移动"意义，"搁"趋近介词。例如：

（4）d1. 那么整齐的一身肉．搁联合国也拿得出手。当过少爷吧？那眼睛，多有
　　　　神！（无人喝彩）

　　　　d2. 可不，搁咱们国家这叫寿星，搁港台齐大妈就是人瑞了。(你不是一个
　　　　俗人）

　　4d组中，在 $N_2$ 位置的是人，动词"搁"原先所在的语义结构中的"放
置物"意义淡化，这导致"搁"的动作性淡化。比较 4b 和 4d 两组例句可知：
在"搁"的演变中，语义结构中有"影子论元"（即不在句法层出现，可以推
理而知的"放置物"，也可以说是受事论元）。若"影子论元"发生"物——
人"的变化，或者是"可放置之物——不可放置之物"的变化，对演变起着
重要的作用。

　　其次，演变还与"放置物"是具体的还是抽象的有关。与动词"搁"有
关联的受事论元一般是表示具体事物的 NP。例如：

（4）e. 荔枝看着又红又大的，那是搁福尔马林水里泡的，没味儿。（双面胶）

　　上例的句义中可以推出"搁"的受事，即具体的"放置物"，这个受事
N（即"荔枝"）与"搁"是"受事——动作"关系，"搁"只能理解为"放
置"义动词。如果在 $N_2$ 位置的事物是抽象意义的，"搁"的动作性淡化，功
能趋近介词。如：

（4）f1. 他这话乍听平常，可搁心里一咂味儿就觉得饱含哲理。

　　　　f2. 我找乡政府，不下八回，总说忙，抽不出时间解决这号鸡毛蒜皮的
　　　　事。我知道这事搁政府里是小事，是鸡毛也是蒜皮，可搁我家里，就是
　　　　大事。

　　4f组虽然仍有"放置物"意义，但不是具体的物件，如例 4f1 的"他这
话"、例 4f2 的"这事"都不是"可持于手中"的具体事物，"放置"义因"放
置物"意义的抽象化而呈现消失的迹象。如果"放置物"意义（包括"时间
先后"意义）彻底消失，"搁"就是纯粹的介词。例如：

（4）g1. 你搁那儿和中学生唠嗑是不是？

　　　　g2. 他俩搁门口聊天。

　　比较 4g 组和例 4e 可知：在"搁"的"动词——所在处介词"演变中，
"放置物"可能发生"有——无"的变化，"放置物"的消失，即受事论元的
消失是"搁"变为介词的重要因素之一。

　　第三，演变还跟"影子论元"与 $V_2$ 的施事、受事关系变化有关。通常，

动词"搁"所在的语义结构中,"搁"的受事也是 $V_2$ 的受事(参见 4b 组),若影子论元与 $V_2$ 是"施事——动作"的关系,$V_1$ 和"搁"之间的"时间先后"意义消失,"著"是介词。例如:

(4)h1. 哎呀!妈,自己媳妇儿,怕啥?整天搁一张床上滚来滚去,亲都亲了,还嫌口水?(双面胶)

　　h2. 小时候上俺瓜地偷香瓜,吃完了上俺那儿玩儿,搁那儿睡觉把炕都给尿了。(相亲)

观察上面数组例句中语义关系的变化可以看出:"搁"的演变模式和"著"有很大的差异,但有一点是相同的,即都有语义关系变化或"时间先后"意义以及"位移"意义消失的因素。

### 2.2.1.2.3　运行动词的演变模式

可以溯及运行动词的所在处介词分为三种类型:一是只有运行动词一个来源(如"去"),二是有运行动词和终到处介词两个来源(如"于"),三是只有终到处介词一个来源(如"到")。

A. 有两种来源的所在处介词的首发模式

运行动词通常先产生终到处功能,然后再产生所在处功能。这样,与运行动词有联系的所在处介词可能有两条演变路径,一是"运行动词——所在处介词,一是"运行动词——终到处介词——所在处介词"。此类演变的首发者是"于"。所在处介词"于$_{12}$"有两个来源:运行动词"于$_0$"和终到处介词"于$_{11}$"(参见 1.1.1.2)。

B. 有两种来源的所在处介词的后随模式

继"于"之后向所在处介词发展的运行动词有"向"等,它们一般也有运行动词和终到处介词两个来源。运行动词"向$_{02}$"向介词发展时,最先产生的是"方向"功能,所在处介词"向"(记为"向$_{14}$")的来源比较复杂,前面已提到"向$_{14}$"与运行动词"向$_{02}$"和方向介词"向$_{11}$"的联系(参见 1.3.1.5.1),本节仅讨论"向$_{14}$"与终到处介词"向$_{12}$"的联系。"向$_{14}$"也萌生于两个位置:谓语动词前("向 $+N_2+V_2$"式中)和谓语动词后("$V_1+$ 向 $+N_2$"式中),在前式中,"向$_{14}$"来自运行动词"向$_{02}$"(和"于"的演变一样)和方向介词"向$_{11}$";在后式中,"向$_{14}$"来自终到处介词"向$_{12}$"的功能扩展。

和来自终到处介词的"于$_{12}$"一样,"向$_{14}$"也在"$V+P+N_2$"式的 P 位置萌生。引发功能扩展的因素也是结构式中 V 的语义类型变化。当 V 为"埋、闭、锁"等表示"藏埋"、"闭锁"义的原地动词时，句中 V 的意义可能有两种理解，若理解为"受事从某处移动到 $N_2$ 处，在埋藏或锁闭在 $N_2$ 处"，即"动态 / 短暂"意义，"向"可作"到"解；若理解为"受事一直在 $N_2$ 处"，即"静态 / 持续"意义，"向"可作"在"解。唐代已见可作两种理解的用例：

（5）a1. 埋向黄泉下，妻嫁别人用。（王梵志：得钱自吃用）

　　a2. 如何闭向深笼里，一种摧颓触四隅。（白居易：禽虫十二章）

　　a3. 不须长结风波愿，锁向金笼始两全。（李商隐：鸳鸯）

宋代的一些用例中，"向"可作"在"解，但不能排除"到"义的可能性。例如：

（5）b1. 从今闭向深宫里，莫学江湖自在开。（吕本中：邵伯路中途……）

　　b2. 直饶埋向尘泥里，争奈灵光透匣何。（勇禅师：神剑颂）

　　b3. 愁看一片玉，埋向九重泉。（赵鼎臣：唐康功挽诗二首）

　　b4. 绝胜锁向金笼里，整整牙签饱蠹鱼。（陆游：冬夜读书……）

　　b5. 重重金殿里，锁向帝王家。（刘克庄：子真子常饷……）

宋代的"$V_1$＋向＋$N_2$＋$V_2$"式中，"向"的所在处功能确定。例如：

（5）c1. 始知锁向金笼听，不及林间自在啼。（欧阳修：画眉鸟）

　　c2. 安知巧舌为身累，锁向雕笼不得飞。（韦骧：杂咏五首）

综上，所在处介词"$向_{14}$"至宋时期定型，它的来源比较复杂，其中之一是终到处介词"$向_{12}$"。虽然与所在处介词"$于_{12}$"产生的模式不是完全相同，但有三点是相同的。第一，都有运行动词和终到处介词两个来源。第二，如果在"V＋P＋$N_2$"式中发生"终到处——所在处"的演变，致变因素是 V 的时体意义发生"动态 / 短暂——静态 / 持续"的变化；第三，如果在"P＋$N_2$＋V"式中发生演变，来源都是运行动词（"$向_{14}$"还与方向介词有关联），致变因素都是"时间先后""位移""距离"等意义的消失。

C. 只有运行动词一个来源的所在处介词

只有运行动词一个来源的所在处介词有"就、去"等。为什么这么说它们只有动词来源而没有终到处介词来源呢？因为"就、去"等是在"$V_1$＋$N_2$＋$V_2$"式的 $V_1$ 位置上变为所在处介词的，在这个位置上，所在处介词只能来自动词，不能来自终到处介词的功能扩展。而在"$V_1$＋就 / 去＋$N_2$"

式中，"就、去"不能向所在处介词发展。以"就"为例，即使 $V_1$ 是原地动词，$N_2$ 是受事（没有出现在句法层）的所在之处，"$V_1+$ 就 $+N_2$"式中也蕴含"受事位移"意义。例如：

（6）a1. 若为交暂折，擎就掌中看。（张文成：游仙窟诗）

a2. 李大怒，擒就厅前，……（酉阳杂俎·卷八）

6a 组的 $V_1$ 是原地动词，但由于可以推出"受事位移"意义，"就"不能排除终到处介词的可能性。据此，我们断定所在处介词"就$_{12}$、去$_{12}$"只能萌生于"$V_1+N_2+V_2$"式的 $V_1$ 位置。"就$_{12}$"还可以萌生于"$V_1+N_2+$ 就 $+N_3$"式，也只有动词一个来源（参见 1.1.1.2）。

### 2.2.1.2.4 小结

动源的所在处介词的产生过程呈现多样化的特征。如果只有动词一个来源，绝大多数来自原地动词，少数来自运行动词（如"就、去"）；演变发生在"$V_1+N_2+V_2$"式的 $V_1$ 位置，致变因素是"时间先后"、"距离"或"位移"意义的消失。如果有运行动词和介词两个来源，则一般有如下演变特征：在谓语动词前（"$V_1+N_2+V_2$"式中），一般发生"运行动词——所在处介词"的演变，演变因素是"时间先后"、"距离"或"位移"意义的消失；在谓语动词后（"$V+P+N_2$"式中），一般发生介词功能的"终到处——所在处"扩展，致变因素是因 V 为原地动词，并且动词的时体意义发生"动态／短暂——静态／持续"的变化。

### 2.2.1.3 沿途介词的演变模式

沿途介词都与运行动词有直接的来源关系，大多来自"沿行"义动词，如"遵、循、沿"等。上古时期，汉语与运行方向、途径等有关的方位概念，大多不能独立成词，"方位"概念与"运行"概念一起，构成一个义位。与英语"along"同义的介词"遵、循、沿"等从春秋战国时期开始，陆续萌生，至南北朝时期基本定型。汉语沿途介词的产生也呈现"运行概念剥离"的特征。

### 2.2.1.3.1 沿途介词的首发模式

沿途介词的主要来源是"沿行"义动词，汉语的"沿行"义动词原本包含"运行"和"运行路线"两种概念，在"沿行动词——沿途介词"的演变发生之后，失去了"运行"概念，只剩下"路线"概念。我们将"遵"作为这一路径的演变的首发者。《说文》云："遵，循也。从辵尊声。"据"遵"字的形符，应该属于运行动词，本身包含"运行"和"运行路线"两种义素。例如：

（1）a1. 遵彼微行，爰求柔桑。（诗经·国风·七月）

　　a2. 遵彼汝坟，伐其条枚。（诗经·国风·汝坟）

　　a3. 遵大路兮，掺执子之手兮。（诗经·国风·遵大路）

　　a4. 昔燕攻齐，遵雒路，渡济桥，……（说苑·卷十二）

沿途介词一般萌生于谓语动词前，即"$V_1+N_2+V_2$"式的 $V_1$ 位置。《诗经》中的"遵"绝大多数是动词，但在"运行动词 + 遵 + $N_2$"式中，由于 $V_1$ 位置已有一个运行动词，"遵"自身的运行义素有可能淡化。例如：

（1）b. 鸿飞遵陆，公无归所。（诗经·豳风·九罭）

上例的"遵"虽然"运行"概念淡化，但这种结构式不是沿途介词萌生的句法形式，沿途介词一般在"$V_1+N_2+V_2$"式的 $V_1$ 位置上产生。在"遵 + $N_2+V_2$"式中，若 $V_2$ 是运行动词，"遵"所承载的运行概念也可能淡化。比较两例：

（1）c. 遵汶伐博，簦笠相望于艾陵。（国语·吴语）

（1）d. 遵海而南，放于琅琊。（孟子·梁惠王下）

前例的 $V_2$ "伐"不是运行动词，句中的"位移"意义由"遵"来承载，也就是说，"遵"自身还带有"运行"义素；后例的 $V_2$ 位置上是用为运行动词的方位名词"南"；由于 $V_2$ 位置出现表示运行意义的动词，可以承载"位移"意义的表达，"遵"的"运行"义素淡化，呈现向介词发展的趋势。

"遵"的演变模式呈现"运行概念剥离"的特征，致变因素是进入"$V_1+N_2+V_2$（运行）"式的 $V_1$ 位置。但战国至汉时期，"遵 + $N_2$"短语与 $V_2$ 之间有"而 / 以"等虚词。例如：

（1）e1. 遵赤水而容与。（楚辞·离骚）

　　e2. 遵江夏以流亡。（楚辞·哀郢）

　　e3. 遵路而驰，应方而动。（申鉴·杂言下）

由 1e 组可知：战国至汉时期，"遵"已有向沿途介词发展的明显趋势，但尚未定型。南北朝时期出现较多的"遵 + $N_2$ + 运行动词"式，"遵"的介词性质可以确定。例如：

（1）f1. 遵途远蹈，腾轨高骋。（陆机：赠冯文熊迁斥丘令诗）

f2. 总驾命宾仆，遵路起旋归。（江淹：效阮公诗十五首）

f3. 孤鸿散江屿，连翩遵渚飞。（鲍照：绍古辞七首）

f4. 遵渚攀蒙密，随山上岖嵌。（范晔：乐游应诏诗）

有时V₂不是典型的运行动词，但句中隐含"受事位移"意义，"遵"的介词性质十分明显。例如：

（1）g.遵渚泛兰舫，乘漪弄清曲。（王融：渌水曲）

如果结构式的V₂位置有两个动词，其中之一是运行动词，"遵"也是介词。例如：

（1）h.遵渚号迫，临波望哭。（沈休文：齐故安陆昭王碑文）

综上，"遵"的演变的方式是"运行概念剥离"，致变因素是运行动词出现在"遵+N₂+V₂"式的V₂位置，由此导致运行概念由后一个动词承载，且两个动词之间没有"时间先后"关系。至唐宋时期，"遵₁"已定型，用例颇多：

（1）i1.遵途还盛府，行舫绕长津。（韦应物：送陆侍御还越）

i2. 近店东有路向南，可遵此行十余里。（广异记）

i3. 晨遵大堤去，寒日在马鬣。（韩维：同胜之明叔游东郊）

i4. 倚墙玩轻鸥，遵渚踏寒莎。（华镇：铜陵阻风）

i5. 度崦得幽胜，遵峪步横斜。（王庭秀：五峰寺）

### 2.2.1.3.2　沿途介词的后随模式

相对于"遵"来说，"循、沿、缘、随"等是"沿行动词——沿途介词"演变的后随者。"循"等的演变模式大致相同。第一，演变的位置相同，都是在"V₁+N₂+V₂"式的V₁位置；第二，致变因素都是在V₂位置上出现运行动词，从而导致运行概念的剥离。

A. 沿途介词"循₁"的产生

作为运行动词，"遵"和"循"是同义词，先秦至汉时期已见"循+N₂+而+运行动词"式：

（2）a1.循墙而走，亦莫余敢侮。（左传·昭公六年）

a2. 循海而归，其可也。（左传·僖公四年）

a3. 欲循道而平驱兮。（楚辞·九辩）

a4. 循江而下，至郢三千余里。（战国策·楚策一）

a5. 臣愿得五万人，别循江淮而上，……（史记·吴王濞列传）

2a 组中，$V_2$ 是运行动词，"循"的运行义素淡化，已呈现明显的向沿途介词发展的趋势。"循 +$N_2$+ 运行动词"式见于汉代，"循"已是确凿的沿途介词。例如：

（2）b1. 使将军庄蹻循江上，略巴、黔中以西。（史记·西南夷列传）

b2. 循故龙城道行。（汉书·李广传）

魏晋南北朝时期沿袭沿途介词的用法。例如：

（2）c1. 帝遂以舟师自谯循涡入淮。（三国志·魏书·文帝纪）

c2. 循间径去，遂至长安致命。（三国志·田畴传）

C. 沿途介词"沿"的产生（参见 6.2.1.1.1）

### 2.2.1.3.3　小结

"运行动词——沿途介词"演变的方式属于"运行概念剥离"。沿途介词都萌生于"$V_1$+$N_2$+$V_2$"式 $V_1$ 位置，致变因素主要是在 $V_2$ 位置上出现运行动词，由此导致承载运行概念的单位的转移。

## 2.2.2　时间介词的演变模式

时间介词内部可分为七个小类，其中五个小类的成员大多与动词有直接的来源关系，即介引"终止点""时机""时点""当时""临近点"等论元的介词。上面五类中，时点介词虽然有些成员直接来自动词，但大多来自介词功能的扩展，且来自动词的时点介词一般不属于同一个义类，因此没有放在"首发模式"中讨论。在五类之外，还有"起始点"和"时段"两个小类，起始点介词绝大多数来自"始发处"功能的扩展，时段介词只有一个"经"。因此，本章只讨论终止点、时机、当时、临近点等四类介词的首发模式。

### 2.2.2.1　终止点介词的演变模式

终止点介词大多与动词有直接的来源关系，源动词主要是"抵达"、"完结"和"追逐"三个义类。其中来自"抵达"义的终止点介词大都兼有介引"终到处"的功能，如"于、至、到、抵"等，这是源动词朝"方所"和"时间"两个方向发展的结果。来自"完结"义的终止点介词只有介引时间的功能，没有介引方所的功能（如"迄、竟、终"等）。可以溯及"追逐"义的终止点介词是"及、赶"等，这类动词一般朝"终止点"和"时机"两个方向发展。因为"追逐"义动词所在的句子中可能隐含"追逐行为抵达某处而结束"的意义，此类动词也有可能发展出表示"终到处"功能。又因为"追逐"义动词所在的句子蕴含"时间紧迫"意义，此类动词也有可能发展出"时机"功能。

就时间意义而言，终止点介词所表示的事件（包括性状）可以分为三类意义："延续"义、"开始"义或"结束"义。"延续"义是指事件延续至某一时点，可能结束，也可能继续；就"开始"义而言，可以表示事件在某个时间点之前尚未开始，或至某一时点方才开始；就"结束"义而言，可以表示事件延续至某一时点方才结束；也可以表示事件至某一时点尚未结束。下面列举三种意义。

1)"延续"义

表示"延续"义时，有"V+P+$N_2$"或"P+$N_2$+V"两种结构式，谓语动词要求是延续性的。例如：

（1）a1. 婴与夫人益市牛酒，夜洒扫张具至旦。（汉书·灌夫传）

　　　a2. 猿啼山馆寒无梦，灯背风帘滴到明。（田锡：水霖）

　　　a3. 抵暮但昏眠，不成歌慷慨。（韩愈：朝归）

　　　a4. 劳歌无和坐达明，晓鼓咚咚堕残月。（张耒：惜别赠子……）

2)"开始"义

"开始"义只有"P+$N_2$+$V_2$"一种结构式，分为两种语义类型：一种是表示事件自某个时间点开始或发生（蕴含在某个时间点之前事件未发生之义），另一种是表示事件至某个时间点仍未发生。

2a)"事件自某个时点开始或发生"意义

（1）b1. 群臣朔望朝谒，罕有见者，或至暮方出，临朝辄怒，惟行杀戮。（晋书·苻生载记）

　　　b2. 橡经雪重香方满，菊到秋深色自浓。（赵令畤：鹧鸪天）

　　　b3. 莺通宵无寐，抵晓方眠。（向滈：西江月）

　　　b4. 忽一夜，震雷风裂，达曙乃晴。（玉笥山录·玉梁观，太平广记）

2b)"事件至某个时点尚未发生"意义

（1）c1. 彻其环瑱，至老不嫁。（战国策·齐策二）

　　　c2. 移灯面空壁，到晓曾不寐。（文同：宿东山村舍）

　　　c3. 达曙不眠灯耿耿，寺钟遥听在西楼。（田锡：茱萸堰泊）

3)"结束"义

"结束"义也只有"P+N₂+V"一种结构式，也可分为两种语义类型：一种是事件延续至某个时间点才结束或有所变化；另一种是事件或状态延续至某个时间点犹未结束。

3a）事件延续至某个时点才结束或有所变化

（1）d1. 昨日视朝，至午方罢。（金史·高汝砺传）

　　d2. 听九衢，三市行歌，到晓钟才罢。（杨泽民：解语花）

　　d3. 忽又大蜂数个，螫其面，痛楚叫呼。守者驱而复来，抵暮方绝。（徼戒录·何马子，太平广记）

　　d4. 夜声一何喧，达旦乃渐微。（洪刍：学韩退之体……）

3b）事件或状态延续至某个时点犹未结束

（1）e1. 其夕上与湛之屏人语，至晓犹未灭烛。（南史·徐羡之传）

　　e2. 城乌偏可恨，到晓不休啼。（刘效：新月）

　　e3. 俄有雨降，抵暮不息。（南楚新闻，张毅伶人，太平广记）

　　e4. 问尔苦何事，达晓啼不歇。（文同：秋兴二首）

以上"延续""开始""结束"三种意义在历时发展中是逐步扩展的，多走"延续——开始——结束"的路径，但也不同的。

### 2.2.2.1.1 "抵达"义动词的首发模式

"抵达"义动词向介词发展时，一般有两个方向：表示方所的"终到处"和表示时间的"终止点"。这是动词朝两个方向发展的结果。两种功能中，时间功能通常是先产生的，这是因为当"抵达"义动词与时间词组合时，运行义容易销蚀。"于"是最早产生的终止点介词，但"于"的演变路径难以追寻，我们姑且以"至"为"抵达动词——终止点介词"演变的首发者。

在演变初期，当"至"与时间词"今"组合时，表示"持续"意义，即事件持续至说话时间。例如：

（1）a1. 谁生厉阶，至今为梗。（诗经·大雅·桑柔）

　　a2. 楚罢于奔命，至今为患。（左传·襄公二十六年）

　　a3. 齐有仲孙之难，而获桓公，至今赖之。（左传·昭公四年）

1a组中"至"由于与时间词"今"组合，句中没有"N₁位移"的意义，也没有"V₁和V₂有时间先后"的意义，"至"可以看作时间介词。由1a组可知：导致"至"发生"抵达动词——终止点介词"演变的因素是进入

"$V_1+N_2+V_2$"式的$V_1$位置，且$N_2$为时间名词。比较终止点介词"至"（记为"$至_2$"）与终到处介词"$至_1$"产生的因素，可以得知：不仅萌生的结构式不同，致变因素也是不同的。据此，可以说"至"表示时间和处所的两种功能是分别发展的。

$N_2$扩展至其他时间词。例如：

（1）b1. 追越师，至冥，不及，乃还。（左传·哀公十九年）

在"延续"义之后，产生了"开始"义，即"到某时某事方发生"之义。例如：

（1）c1. 九折臂而成医兮，吾至今而知其信然。（楚辞·惜诵）

c2. 王至朝日，宜召田单而揖之于庭，口劳之。（战国策·齐策）

c3. 至夜半，文帝前席。（史记·屈原贾生列传）

c4. 至春秋时，陈公子完奔齐。（汉书·礼乐志）

或者是"到某时某事还未发生"之义。例如：

（1）d1. 故人至暮不来。（韩非子·外储说左上）

d2. 桓公食之而饱，至旦不觉。（战国策·魏策）

"结束"义产生相对较迟。首先产生的是"到某时某事尚未结束"之义。例如：

（1）e1. 子孙享之，至今不绝。（列子·卷七）

e2. 故人于其亲也，至死不穷。（礼记·三年问）

然后才产生"到某时某事结束"意义。例如：

（1）f1. 飞矢中弇股，以佩刀截之，左右无知者，至暮罢。（后汉书·耿弇列传）

f2. 至旦食乃罢。（后汉书·坚镡传）

介词"$至_2$"定性之后，宾语范围进一步扩展，可带谓词性宾语。例如：

（1）g1. 怨之至死不忘。（战国策·魏策）

g2. 至其衰也，骀马先之。（战国策·燕策）

g3. 至韩之取郑也，果从成皋始。（战国策·韩策）

综上，"$至_2$"萌生于表示"延续"义的语义结构，其语义发展，走过"延续——发生——结束"的路径。

### 2.2.2.1.2 "抵达"义动词的后随模式

继"至"之后，跟进的是"到、抵、达"等。与"至"一样，后随产生的终止点介词的也是早于终到处介词出现，而且萌生的结构式和致变因素也相同。

A. 终止点介词"到$_2$"的产生

终止点介词"到"（记为"到$_2$"）率先孕育于"$V_1+N_2+V_2$"式的 $V_1$ 位置，但"到"萌生于表示"开始"义的语义结构，即"到某时某事发生"的语义结构。

A1. 动词前的演变

起初，在表示"延续"义的语义结构中，终止点介词是"于"，"到"还是动词。例如：

（2）a1. 民到于今称之。（论语·季氏）

　　　a2. 民到于今受其赐。（论语·宪问）

　　　a3. 到于建国五年，已五载矣。（汉书·王莽传中）

由 2a 组可知：在"到 + 于 +$N_2$"式中"到"还不是介词，这种句式可以看作萌生终止点介词"到$_2$"的语义结构，但"到$_2$"不是孕育于表示"延续"的语义结构。秦汉时期，已见"到 +$N_2$+ 而 +V"式或"到 +$N_2$，……"式，大多表示"开始"义，即"到某时某事发生"之义。例如：

（2）b1. 到七月而纵之。（睡虎地秦墓竹简·秦律十八种）

　　　b2. 到五凤四年，作为妖言大逆罪，腰斩，国除。（史记·建元以来侯者年表）

　　　b3. 到正月朔旦，奉皮荐璧玉贺正月，……（史记·梁孝王世家）

　　　b4. 到后七年之明岁，必有五年之余蓄，……（汉书·翼奉传）

2b 组可证："到$_2$"萌生于表"开始"的语义结构。"到$_2$"也可以表示"结束"义，但用例较少，而且 $V_2$ 前有"而"。例如：

（2）c. 以昏时夜祀，到明而终。（史记·乐书）

2b 组和例 2c"到"是萌芽状态的介词。秦汉之际"到 +$N_2$+$V_2$"式已存在，在这种结构式中，"到"的介词性质得以确定，这种结构式也是大多表示"开始"义。例如：

（2）d1. 到十月牒书数，上内史。（睡虎地秦墓竹简·秦律十八种）

　　　d2. 到今名之曰黍谷。（论衡·定贤）

"到 +$N_2$"短语可以用于主语前，有"到 +$N_2$+ 主谓短语"和"到 +$N_2$，主谓短语"两种结构式，也是大多表示"开始"义。例如：

（2）e1. 到秋马肥，变必起矣。（汉书·赵充国传）

e2. 到其四月，昌邑王贺行淫辟，……（汉书·天文志）

e3. 到其四年正月、二月、三月，民相惊动，喧哗奔走。（汉书·天文志）

e4. 到景帝时，濞与七国通谋反汉，……（论衡·实知）

"到₂"可带谓词性宾语。例如：

（2）f1. 到汉之立，而长吏以为十二渠桥行驰道，相比近，不可。（史记·滑稽列传）

f2. 乃到汉兴，禁网疏阔，未之匡改也。（汉书·朱家传）

由 2b、2d、2e、2f 数组例句可知："到₂"在表示"开始"义的语义结构中确定性质。汉代也有"延续"义的用例，可以表示"某事延续至说话时间"之义，但用例较少。例如：

（2）g. 先师古语，到今具存。（论衡·定贤）

"到₂"也可以表示"某事至说话时间尚未发生"或"某事到说话时间尚未结束"之义，但用例也不多。例如：

（2）h1. 转祸为福之言，到今不实。（论衡·异虚）

h2. 到今尚不缺灭。（论衡·正说）

h3. 故世常修灵星之祀，到今不绝。（论衡·祭术）

A2. 动词后的演变

汉代，偶见"到₂"位于动词后表示"延续"的用例：

（2）i. 惠王用张仪之计，……功施到今。（史记·李斯列传）

至唐代，已有较多用例：

（2）j1. 一夜青蛙鸣到晓，恰如房口钓鱼时。（韩愈：盆地五首）

j2. 蜡烛有心还惜别，替人垂泪到天明。（杜牧：赠别）

依据汉代的使用频率，可以断定："到₂"不是在动词后面萌生的，"V+到 +N₂"式的出现表明："到₂"的性质已确定，使用位置有所扩展。

比较动词前和动词后两个位置的演变可知："到₂"的直接来源是运行动词"到"，先萌生于"V₁+N₂+V₂"式的 V₁ 位置，这是受到"至"的演变模式的影响。"到₂"的性质确定是在表示"开始"义的语义结构，这一点与"至₂"不同。

B. 终止点介词"抵₂"的产生

汉代，"抵"产生"到达"义。例如：

（3）a. 抵蜀从故道，故道多阪，回远。（汉书·沟洫志）

"抵"的演变模式与"到"相似，也是在"$V_1+N_2+V_2$"式的 $V_1$ 位置上开始演变的，也是萌生于表示"开始"的语义结构。例如：

（3）b. 草木零落，抵冬降霜。（汉书·礼乐志）

至宋代，"抵$_2$"有较多用例，但能与"抵$_2$"搭配的时间名词不多，一般是表示时间的"夜、晓、暮"等，大多表示"开始"义。例如：

（3）c1. 召申诣衙，赐以酒食，抵夜送还店。（北梦琐言·逸文·卷一）

c2. 莺通宵无寐，抵晓方眠。（向滴：西江月）

c3. 又清凉寺，抵暮回。（清波杂志·卷四）

c4. 遂留荆公置酒公饭，抵暮乃散。（老学庵笔记·卷七）

其次是表示"结束"义，多为"至某时某事结束"义。例如：

（3）d1. 忽又大蜂数个，螫其面，痛楚叫呼。守者驱而复来，抵暮方绝。如此经
旬乃死。（微戒录·何马子，太平广记）

d2. 剧谈豪饮，抵暮乃罢。（南楚新闻·张毅伶人，太平广记）

"到$_2$"也可以表示"至某时某事未结束"意义，但用例较少。例如：

（3）e. 俄有雨降，抵暮不息。（南楚新闻·张濆伶人，太平广记）

"抵$_2$"表"延续"义是罕见的，宋代有少数用例：

（3）f1. 诸观今日长安道，抵暮行人犹往来。（邵雍：天津感事……）

f2. 雾依玄豹终朝隐，冰薄猜狐抵夜听。（李廌：和郑十三……）

"抵$_2$"用于"$V+P+N_2$"式是罕见的，与"到$_2$"一样，用于这种结构式时，只能表示"延续"义。例如：

（3）g. 力战抵暮，援兵不至。（宋史·周美传）

"抵"和"到"的演变模式大致相同，所在的语义结构，也经历了"开始——结束——延续"的演变；如果用于动词后面，一般表示"延续"意义。

C. 终止点介词"达$_2$"的产生

"抵达"义动词"达"见于先秦时期。例如：

（4）a1. 浮于汶，达于济。（尚书·禹贡）

a2. 苟我寡君之命，达于君所。（左传·哀公十五年）

"达"在两种结构式中（"达 +$N_2$+$V_2$"式和"$V_2$+ 达 +$N_2$"式）向介词发展，初见于汉代，表示"某状态延续至某一时点"意义。例如：

（4）b. 昼诵书传，夜观星宿，或不寐达旦。（汉书·刘向传）

"达$_2$"表示"延续"义，南北朝也有用例：

（4）c1. 夜观星宿，或室空常达旦，所思终不归。（裴让之：有所思）

　　　c2. 室空常达旦，所思终不归。（裴让之：有所思）

　　南北朝至唐宋时期，"达$_2$"表示"某事件／状态延续至某时点"之义已有较多用例，可用于"达+N$_2$+V$_2$"和"V$_2$+达+N$_2$"两种结构式。例如：

（4）d1. 每闻人饥，或达旦不寐。（后汉书·皇后纪上）

　　　d2. 空岩阴风豪，达旦号古木。（张耒：宿峻极下院）

（4）e1. 宿被召当入，危坐达旦。（梁书·昭明太子传）

　　　e2. 朝拥坐至暮，夜覆眠达晨。（白居易：新制布裘）

　　　e3. 听政涉中昃，观书达夜分。（司马光：神宗皇帝挽词五首）

　　也可以表示"开始"义，即"某事件至某时点方才开始"义。例如：

（4）f1. 万户千门达曙开，管弦啁哳沸楼台。（俞德邻：癸未游杭……）

　　　f2. 达曙乃晴。（玉笥山录·玉梁观，太平广记）

　　　f3. 达曙方去。（木土阳编·韩志和，太平广记）

　　唐宋时期，仍有表示"某事件至某时点还未开始"的用例：

（4）g1. 夜中巡察，或达旦不睡。（北齐书·莫多娄贷文传）

　　　g2. 半夜起醉歌，达旦不肯寐。（方回：戏简杨华父）

　　　g3. 达曙不眠灯耿耿，寺钟遥听在西楼。（董嗣杲：茱萸堰泊）

　　也可以表示"某事件至某时点还未结束"义，一般用于"达+N$_2$+V$_2$"式。例如：

（4）h1. 潇潇晚雨急，达旦声不停。（张耒：苦雨）

　　　h2. 有时达旦不灭灯，急雪打窗闻簌簌。（陆游：读书）

　　　h3. 暮歌宛如笑，达旦不肯休。（李垄：六月十八日作）

　　表示"某事件／状态延续至某一时点"之义时，"达+N$_2$"短语可用于主语前。例如：

（4）i1. 达晓寝衣冷，开门霜露凝。（刘商：古意）

　　　i2. 冬夜岂不长，达旦灯烛然。（韩愈：示爽）

　　综上，"达"和演变模式和"至"大致相似，其所在的语义结构循着"延续——开始——结束"的路径变化。

　　D. 小结

　　"抵达动词——终止点介词"的演变一般发生在"V$_1$+N$_2$+V$_2$"式的 V$_1$ 位置，在这种结构式中，一旦与时间词组合，"抵达"义动词就变为时间介词。来自"抵达"义动词的终止点介词多数先用于表示"延续"的语义结构，沿着"延续——开始——结束"的路线发展，如"至、达"等；但也有先用于"开始"义结构的，沿着"开始——结束/延续"的路线发展，如"到、抵"等。

### 2.2.2.1.3 "追逐"义动词的首发模式

可以追溯至"追逐"义的终止点介词是"及、赶"等。"及"是"追逐动词——终止点介词"演变的首发者。终止点介词"及"（记为"及$_{21}$"）与动词"及"的"追赶上"义有联系，但"及$_{21}$"的直接来源是"抵达"义（记为"及$_{02}$"）。汉语史上，终到处介词"及$_1$"的用例很少，终止点介词"及$_{21}$"有较多用例。我们认为表示方所的"终到处"和表示时间的"终止点"两种功能是源动词朝两个方向发展的结果，两者萌生于不同的结构式，致变因素也不同。

先秦时期，"及$_{21}$"后面大多带动词或动词性短语作宾语，首先萌生于表示"开始"义的语义结构，句中蕴含"到某个事件发生时，另一事件发生"义。例如：

（5）a1. 及食大夫黿，召子公而弗与也。（左传·宣公四年）

　　 a2. 及卫州吁立，将修先君之怨于郑。（左传·隐公四年）

　　 a3. 及败，宋桓公逆诸河。（左传·闵公二年）

5a 组是表示"开始"义的，"及"后面如果是"其 +VP"短语，则可以分析为主谓短语或定中短语，也是充当"及$_{21}$"的宾语。例如：

（5）b1. 及其入也，诸侯皆贺。（左传·庄公十年）

　　 b2. 及其乱也，诸侯贪冒。（左传·成公十二年）

5a、5b 组可证："及$_{21}$"首先萌生于表示"开始"义的语义结构，它的直接来源是"抵达"义动词"及$_{02}$"。"追逐"行为被认为是"有终止之处"的行为，因此"及"可以由"追逐"义引申出"抵达"义。动词"及$_{02}$"分别向"终止点"和"终到处"两种功能发展，"及"与介词"至、到"一样，首先获得介引时间的功能。

与终止点介词"至$_2$、到$_2$"等不同，"及$_{21}$"一般不表示"延续"义，只表示"开始"义，而且大多带谓词性宾语。例如：

（5）c1. 及行，饮以酒。（左传·桓公十六年）

　　 c2. 及文王即位，与巴人伐申。（左传·庄公十八年）

c3. 及庄公即位，为之请制。(左传·隐公元年)

"及21"萌生之初，宾语多为动词或动词性短语，但也有名词。例如：

(5) d1. 及秋，有疾。(左传·庄公十九年)

d2. 及昏，楚师军于邲。(左传·宣公十二年)

d3. 及夕，子产闻其未张也，使速往。(左传·昭公十三年)

d4. 及飨日，帷诸门左。(左传·昭公二十七年)

若"及"的宾语是时段词语，也表示行为或状态"至某一时点方才开始"之义。例如：

(5) e1. 及三年，又诵之曰：……(左传·襄公三十年)

e2. 及三年大比。(周礼·秋官司寇)

e3. 及五日必审之，过五日，道将不行。(国语·吴语)

"及21"一般表示"开始"义，这是由源动词词义决定的，"追逐"义动词所在句子隐含"追逐有结果之时，事件会发生变化"意义，这种推理意义决定"及21"萌生于表"开始"的语义结构，并且一般不表示"结束"和"延续"义。如果表示"延续"义，则限于"事件在某个时间段内未发生"之义，可用"时间词 + 及 + 时间词"式或"自 + 时间词 + 及 + 时间词"格式。例如：

(5) f1. 旦及日中，不出。(左传·昭公元年)

f2. 自古及今，未尝不有此也。(墨子·天志上)

f3. 自古及今，未尝有也。(商君书·画策)

5f 组可证："及21"表示延续是有条件的，一是动词部分有否定词，二是一般表示"事件在某个时间段内未发生"意义，这种意义与"开始"义相通。

### 2.2.2.1.4 "追逐"义动词的后随模式

相隔两千多年，"追逐"义动词"赶"也向终止点介词（记为"赶22"）发展。"及21"的直接来源是"抵达"义，"赶22"的直接来源是"追逐"义，但两者都是在"V₁+N₂+V₂"式的 V₁ 位置上变为时间介词，虽然两者的致变因素有所不同，但都是在表示"开始"义的语义结构中朝介词发展的。在初期的 N₂ 是时间词的"赶 +N₂+V₂"式中，"赶"不一定已是介词，有的句子中还带有明显的"追赶"义痕迹。例如：

(6) a1. 渔父道："赶明日献鱼，如何不入城？"(杨家将·二十四回)

a2. 都要赶明后日运完才好。(红楼复梦·四十二回)

a3. 我们也不敢领饭，倒是早些起身好，赶明早厅里投文。（醒世姻缘传·十二回）

a4. 我这份儿须赶今晚送去方能见效。（李公案·二十三回）

a5. 你且持我名帖，赶今晚到皇华镇上，明早同何恺到这汤家。（武则天四大奇案·二十三回）

6a 组中蕴含"必须在某一时间之前完成某事"意义，也蕴含"时间紧迫"义，因此，"赶"的动词意义还没有完全消失。6a 组可证："赶<sub>22</sub>"萌生于表示"开始"义的语义结构，与"追逐"义有直接的来源关系。

如果没有上述两种推理意义，"赶"是"到"义介词。但在一部分句子中，上述两种推理意义可能有，也可能无，"赶"的终止点介词性质还不能完全确定。例如：

（6）b1. 狄婆子道："我来时合你爹约下明日赶后晌押解着你到家，明日不到，你爹不放心。……"（醒世姻缘传·四十回）

b2. 我见过老太太，这就家去，赶明日下半晚儿开船。（红楼复梦·九十八回）

b3. 我听见咱们家的晓亭大奶奶说，四姑娘赶冬至月要出嫁呢。（红楼复梦·六十一回）

b4. 下次的奴才也催过他们了，赶明年麦秋准交。（儿女英雄传·四十八回）

b5. 既然托咐，我有一锭赤金交与林之孝，叫他就去，赶明日造成一尊金佛，咱们送到寺中去供养。（孽海花·三回）

b6. 外头所有的账，一概赶今年年底收了进来。（红楼梦·七十二回）

如果可以确定没有"必须在某一时间之前完成某事"和"时间紧迫"意义，"赶"就是确凿的终止点介词。例如：

（6）c1. 今儿个太晚了，倘或冷不防他回来，倒不好。赶明天早一点来，我准不哄你。（孽海花·三十一回）

c2. 已遣人去了，赶晚就有回信的。（红楼梦·七十七回）

c3. 你四妹妹那里暖和，我们到那里瞧瞧他的画儿，赶年可就有了。（红楼梦·五十回）

c4. 太太就只给了这灰鼠的，还有一件银鼠的，说赶年下再给大毛的，还没有得呢。（红楼梦·五十一回）

c5. 前儿蝌儿有信回来，说赶年底总可到家。（红楼梦补·四十三回）

c6. 好的，我这承差，当泄了底咧，竟挟起死孩子，赶明日我就要置买个扛，抬一抬咧！（刘墉传奇·二十七回）

"赶$_{22}$"大多跟时间词作宾语，即使宾语部分复杂化，也大多是表示时间的短语，如"……时候"形式。例如：

（6）d1. 我道："从先有过一笔交易，赶后来结账的时候，有一点儿找零没弄清楚，……"（二十年目睹之怪现状·八十二回）

d2. 只要挨过夏天，赶秋凉时候放心胆子，由水路上慢慢的会南，到得家中也就罢了。（红楼复梦·十一回）

"赶$_{22}$"跟动词性宾语的用例，清代还是少见的。例如：

（6）e. 赶他知道了，我又动身了。（二十年目睹之怪现状·四十一回）

相隔两千多年，"追逐"义动词"及""赶"都向终止点介词发展，都是萌生于表示"开始"的语义结构（绝大多数只能用于表示"开始"义的语义结构，一般不能用于表示"结束"或"延续"的语义结构），这一特征是由源动词的词义决定的。不过，两者的演变模式还是有较大差异。第一，语义来源不同，虽然都可以溯及"追逐"义，但"及$_{21}$"虽然可以溯源至"追逐"义，但直接来源是"抵达"义，而"赶$_{22}$"的直接来源是"追逐"义；第二，源动词的宾语不同，在开始演变的时候，"及$_{21}$"的宾语绝大多数是谓词性的，而"赶$_{22}$"的宾语绝大多数是名词性的；第三，致变因素不同，"及$_{21}$"所在的句子不需要消除句义中的"必须在某时之前完成某事"和"时间紧迫"意义，只是表示"至某一事件发生之时，另一事件也发生了"意义，而"赶$_{22}$"所在的句子中必须消除上述两种意义。

### 2.2.2.1.5 "完结"义动词的首发模式

"完结"义动词中，"终、迄、竟"都向终止点介词发展，我们以"终"为首发者。先秦时期，动词"终"有"终结"义。例如：

（7）a1. 靡不有初，鲜克有终。（诗经·大雅·荡）

a2. 骄淫矜侉，将由恶终。（尚书·毕命）

"终 + 时间词 +V"式见于先秦时期，多表"延续"义，即"事件在某一时段内自始至终延续"意义。例如：

（7）b1. 仪既成矣，终日射侯。（诗经·国风·猗嗟）

b2. 终朝采绿，不盈一匊。（诗经·小雅·采绿）

b3. 宵济，亦终夜有声。（左传·宣公十二年）

至宋时期，"终"仍然只能表示"延续"义。例如：

（7）c1.掩关苔满地，终日坐腾腾。（孟贯：夏日寄史处士）

　　c2.千古畜深意，终朝悬座隅。（梅尧臣：咏王又丞所画……）

　　c3.四时无日影，终夜有猿声。（寇准：书山馆壁）

"终"的"完结动词——终止点介词"演变有如下特征：第一，介词"终"萌生于表示"延续"的语义结构，也只能用于这种语义结构；第二，介词"终"只能与时间词组合。以上两点与来自运行动词（"抵达"义、"追逐"义）的终止点介词的演变模式不同。

### 2.2.2.1.6 "完结"义动词的后随模式

继"终"之后，"完结"义动词"迄、竟"也向终止点介词发展。但演变模式有所不同。终止点介词"终"表示"事件在某一时段内自始至终延续"之义，终止点介词"迄"可表示"事件延续至说话时间"之义，也可以表示"事件在某一时段内延续"之义。

A. 终止点介词"迄"的产生

先秦时期，动词"迄（讫）"有"终结"义。例如：

（8）a.朔南暨声教，讫于四海。（尚书·禹贡）

"迄"也是在表示"延续"的语义结构中开始表示时间意义，"迄于今"短语表示"事件延续至说话时间"。例如：

（8）b.庶无罪悔，以迄于今。（诗经·大雅·生民）

至汉代，用"迄+时间词"短语多表示"事件至说话时间还未有变化"或"某一时段内事件保持某种状态"之义。例如：

（8）c1.迄十三年，百姓充实，四夷宾服。（汉书·霍光传）

　　c2.迄孝武世，书缺简脱，礼坏乐崩。（汉书·艺文志）

　　c3.迄昭帝世，国家少事，百姓稍益充实。（汉书·车千秋传）

　　c1.迄今海内未厌其敝。（汉书·王莽传中）

　　c2.迄今不改。（汉书·成帝纪）

8c组显示："迄"是在表"延续"的意义结构中产生的。汉代的"迄+N"短语后面，也可表"某一时段内有某种数量"之义，句子未脱离"延续"义范畴。例如：

（8）d1.迄二世，凡二百七十年。（史记·六国年表）

　　d2.迄十二年，侯者百四十有三人。（汉书·高惠高后文功臣表）

**d3.** 讫王莽世，凡十八人。（汉书·段会宗传）

B. 终止点介词"竟"的产生

汉代之前，"竟"用为"境"义，可理解为"国界，边界"义，蕴含"疆域的终止处"义，由此可引申出"终止，完结"义。下例显示两种意义之间的联系：

（9）a. 管仲曰："君与地，以汶为竟。"桓公许诺，以汶为竟而归。（管子·匡君大匡）

下面一组的"竟"可理解为"完结"或"终止"义：

（9）b1. 可立而待也，可炊而竟也。（荀子·仲尼）

b2. 岁竟，此两家常折券弃责。（史记·高祖本纪）

动词"竟"可带名词性或动词性宾语。例如：

（9）c1. 虽三代征伐未能竟其义。（史记·司马穰苴列传）

c2. 籍大喜，略知其意，又不肯竟学。（史记·项羽本纪）

动词"竟"还有"横亘"义（记为"竟$_{02}$"），其所在句子蕴含处所的"自始至终"义。例如：

（9）d. 彗星现，竟天。（史记·六国年表）

"竟"若用于表示时间，可解释为"在整个……时期内"义（记为"竟$_{03}$"），也蕴含"自始至终"意义。例如：

（9）e. 为其环城千里内占，则其为天下占，竟正月。（史记·天官书）

终止点介词"竟"有两种意义，一是"至、到"义（记为"竟$_{21}$"），一是"在……时期内"义（记为"竟$_{22}$"）。"竟$_{21}$"与"完结"义的联系比较密切，"竟+宾"短语可表示一个已经完结的事件。例如：

（9）f. 专以射为戏，竟死。（史记·李将军列传）

"竟$_{21}$"多带动词性宾语，表示"延续"义，即"至某一事件（一般是表示"死亡"的事件）发生时，某种状态一直延续着"之义。例如：

（9）g1. 念为廉吏，奉法守职，竟死不敢为非。（史记·滑稽列传）

g2. 竟顷公卒，百姓附，诸侯不犯。（史记·齐太公世家）

g3. 竟郅都死不近雁门。（史记·酷吏列传）

g4. 婴……，竟高祖崩，以太仆事孝惠。（史记·樊郦滕灌列传）

"竟$_{22}$"多与时间词组合，表示"事件在某一时段内自始至终保持某种状态"之义。"竟"的这种用法与介词"终"相似。例如：

（9）h1. 夫人诚以此时拔以为適，夫人则竟世有宠于秦矣。（史记·吕不韦列传）

　　h2. 竟朝置酒，无敢喧哗失礼者。（史记·刘敬叔孙通列传）

　　h3. 时盛暑热，竟日不雨，遂杀虞。（三国志·魏书·公孙瓒传，裴注引《典略》）

如果"竟"的宾语是表帝王的名词，句子蕴含"某个朝代自始至终"义，"竟"也可以看作介词，这种用法与介词"迄"相似。例如：

（9）i1. 吴楚已破，竟景帝不言兵，天下富实。（史记·酷吏列传）

　　i2. 婴自上初起沛，常为太仆，竟高祖以太仆事惠帝。（汉书·夏侯婴传）

"竟$_{22}$＋时间词"短语也可以用于谓语动词后面，表示"延续"义。例如：

（9）j1. 臣闻越王朝书不绝，晦诵竟夜。（吴越春秋·勾践阴谋外传）

　　j2. 或狗吠竟夕，民不得安。（后汉书·循吏列传）

至唐宋时期，介词"竟$_{22}$"仍在使用中，一般与单音时间名词组合，形成固定短语。例如：

（9）k1. 每旬遗我诗，竟岁无差池。（韩愈：寄崔二十六立之）

　　k2. 竟夕不能寐，同年知此情。（刘禹锡：酬乐天小亭寒夜有怀）

　　k3. 携筇闲步望山行，竟日逍遥任野情。（释延寿：山居诗）

　　k4. 竟夜闻落木，雨歇窗如斯。（陈与义：早起）

"竟$_{22}$"的这种用法与介词"终"大致相同。总之，来自"完结"义的终止点介词"终、迄、竟"等都萌生于"延续"义的语义结构，也多用于表示"延续"义。

### 2.2.2.1.7　小结

不同语义来源的终止点介词可能表示不同的意义，致变因素也不相同。来自"追逐"义的终止点介词（如"及、赶"等）萌生于表示"开始"义的语义结构，来自"完结"义的终止点介词（如"终、迄"等）萌生于表"延续"义的语义结构，来自"抵达"义的终止点介词可以萌生于"延续"义或"开始"义的语义结构。不同义类的动词向终止点介词发展时，致变因素也有所不同。"追逐"义动词的致变因素有两种，一种是进入表示"至某一事件发生时"，另一事件发生了的语义结构（如"及"），另一种是需要消除"事件必须在某一时间之前完成"和"事件紧迫"意义（如"赶"）。"完结"义、"抵达"义动词的致变因素是时间词语进入宾语位置，"V$_1$＋时间词"短语用于 V$_2$ 前面。

### 2.2.2.2 时机介词的演变模式

汉语中典型的时机介词是"趁",从历时角度看,还有"逮(迨)、及、乘、因、赶、闻、逗(斗)"等。时机介词有两个主要的语义来源:"追逐"义和"利用"义。

#### 2.2.2.2.1 "追逐"义动词的首发模式

《诗经》已见时机介词"迨",但用例不是很多,难觅演变踪迹,我们将"迨、逮、及"看作来自端母的一组同源词,把"及"看作"追逐动词——时机介词"演变的首发者。追溯时机介词"及"(记为"及$_{22}$")的语义来源,应该是"追逐"义动词"及$_{01}$",但"及"的另一演变路径("抵达动词——终止点介词")也助推"及$_{22}$"的产生和发展。"追逐"行为的目标通常是人或动物,句中一般可以推出"有被追逐的标的物"意义;而某种机会也可能被看作标的物,若表示时机的小句出现在"及$_{01}$"后面,可能导致"及"的词义或功能的变化。"及"向时间介词发展时,都是带谓词性宾语的。如果这个谓词性短语表示有利于施事的机会,"及"可看作时机介词。这是就"追逐"与"利用时机"的联想关系而言的。就直接来源而言,已存在的终止点介词"及$_{21}$"除了为"及$_{22}$"的产生提供句法基础之外,也提供了语义基础。在"及$_{21}$"所在的句子中,可能蕴含"施事利用有利于自己的机会"之义。例如:

(1) a1. 及其败戎师也,齐侯又请妻之。(左传·桓公六年)

a2. 及其乱也,公侯贪冒,侵欲不忌,争寻常以尽其民。(左传·成公十二年)

a3. 及晏子如晋,公更其宅,反则成矣。(左传·昭公三年)

a4. 初,州县栾豹之邑也。及栾氏亡,范宣子、赵文子、韩宣子皆欲之。(左传·昭公三年)

a5. 及吴师至,拘者道之,以伐武城,克之。(左传·哀公八年)

1a组的"及"是终止点介词("至、到"义),句子表示"至某事件发生之时,另一事件发生了"之义,只是句中蕴含"施事企图抓住有利于自己的时机"的意义。如果这种蕴含义明显化,句子表示"我方应抓住有利时机"的意义,且"及+宾"短语和后面的 V$_2$ 的施事是同一关系,则"及"是介引时机的介词。例如:

（1）b1. 彼众我寡，及其未既济也，请击之。（左传·僖公二十二年）

　　b2. 及其饮酒也，先伐诸？（左传·昭公十年）

　　b3. 盍及其劳且未定也伐诸？（左传·昭公二十一年）

　　b4. 及荣华之未落兮，相下女之可诒。（楚辞·离骚）

与 1a 组相比，1b 组的 $V_2$ 部分所表示的事件如果发生，是说话时间之后的；而 1a 组的 $V_2$ 部分是说话时间之前已发生的事件。从语用目的看，1a 组是陈述已然事件，1b 组是提出可行的建议，希冀有利于己方的事件实现。比照 1a 组和 1b 组亦可推知：时机介词"及$_{22}$"除了与"追逐"义有联系之外，与终止点介词"及$_{21}$"之间也有句法、语义的联系。

### 2.2.2.2.2 "追逐"义动词的后随模式

继"及"之后，"追逐"义动词"趁、赶"也向时机介词发展。"趁、赶"的演变模式有相似之处，但两者与"及"的演变模式有所不同。第一，时机介词"及$_{22}$"虽然来自"追逐"义动词"及$_{01}$"，但终止点介词"及$_{21}$"的存在助推"及$_{22}$"的产生；时机介词"趁、赶"都只有"追逐"义动词一个来源，没有分支方向的演变。第二，时机介词"及$_{22}$"的宾语大多是谓词性单位，初期的时机介词"趁、赶"的宾语多是名词性或形容词性单位。但是"及、趁、赶"三者的演变模式还是有相同之处，即致变因素是源动词的宾语是表示"有利于施事的时间"的词语。

A. 时机介词"趁"的产生

南北朝时期已见到"追逐"义动词"趁"的用例：

（2）a1. 将突骑趁击，斩异等，贼遂颠灭。（后汉书·杜诗传）

　　a2. 务遣深细，不得趁多。（齐民要术·杂说）

　　a3. 歌儿流唱声欲清，舞女趁节体自轻。（张率：白纻歌九首）

唐代，动词"趁"的词义开始泛化。比较四组例句：

（2）b1. 花妥莺捎蝶，溪喧獭趁鱼。（杜甫：重过何氏五首）

　　b2. 突围金甲破，趁贼铁枪飞。（贯休：古塞下曲七首）

　　b3. 倩人开废井，趁犊入新园。（王建：原上新居十三首）

（2）c1. 方舟趁朝谒，观者盈路衢。（韦应物：送雷监赴阙庭）

　　c2. 御史定来休直宿，尚书依旧趁参衙。（刘禹锡：和仆射牛相公……）

　　c3. 青箬裹盐归峒客，绿荷包饭趁墟人。（柳宗元：柳州峒氓）

（2）d1. 趁静野禽曾到后，休吟邻叟始安眠。（贾岛：处州李使官……）

d2. 吹榻好风终日有，趁凉闲客片时无。（齐己：移居）

　　d3. 殷勤排弱羽，飞翥趁和风。（徐夤：东风解冻省试）

（2）e1. 洛阳归客明朝去，容趁城东花发时。（刘禹锡：罢郡归洛……）

　　e2. 惆怅清江上，区区趁试期。（陈季卿：别兄弟）

　　e3. 剪取红云剩写诗，年年高会趁花时。（司空图：携仙录九首）

　　2b 组追逐行为的标的物是具体的人或事物，是典型的"追逐"义动词；2c 组是追逐某个事件，句义中蕴含"必须赶上某一事件发生的时间"之义；2d 组是追逐有利的自然条件，句义中蕴含"抓住有利条件"的意义；2e 组是追逐某个时间点，句义中也蕴含"抓住有利时机实施某事"意义。由于 2d、2e 两组的蕴含义，"趁"有可能向时机介词发展。

　　"趁"是运行动词，如果 $N_2$ 是表示人或具体事物或事件的名词，即使 $V_2$ 是运行动词（如"去""来"等），"趁"的"追逐"义不容易销蚀。例如：

（2）f1. 莫趁新莲去，拔得无心蒲。（张祜：拔蒲歌）

　　f2. 出檐趁云去，忘戴白接䍦。（皮日休：鹿门夏日）

　　f3. 风霜趁朝去，泥雪拜陵回。（白居易：酬卢秘书二十韵）

　　f4. 好花随处发，流水趁人来。（王瓚：冬日与群公泛舟焦山）

　　$V_2$ 是运行动词，$N_2$ 如果不是表示"有利于施事的时间点"意义，虽然句中有"抓住有利时机"的蕴含义，"趁"的"追逐"义也还不能排除。例如：

（2）g1. 早知留酒待，悔不趁花归。（白居易：答韦八）

　　g2. 何处惊鸿起，孤舟趁月行。（齐己：夜次湘阴）

　　g3. 亲芳簪组送，欲趁莺花还。（王维：留别丘为）

　　g4. 鸟趁竹风穿静户，鱼吹烟浪喷晴轩。（徐夤：不把鱼竿）

　　g5. 昼寝不知山雪积，春游应趁夜潮归。（方干：寄台州孙从事百篇）

　　如果 $N_2$ 表示具体事物的名词，$V_2$ 是原地动词，虽然句中也有"抓住有利机会"的蕴含义，但"趁"还是动词。例如：

（2）h1. 趁风开静户，带叶卷残书。（周贺：酬吴之问见赠）

　　h2. 趁泉浇竹急，候雨种莲忙。（皮日休：临顿为吴中偏胜……）

　　"运行动词——时机介词"演变的关键是 $N_2$ 的语义类型变化，如果 $N_2$ 是表示"有利于施事的时间点或自然条件"的名词或形容词，$V_2$ 是原地动词，"趁"是时机介词。例如：

（2）i1. 不关破贼须归奏，自趁新年贺太平。（韩愈：同李二十八员外……）

i2. 花枝千万趁春开，三月阑珊即自回。（王周：春答）

i3. 簿籍谁能问，风寒趁早眠。（姚合：武功县中作三十首）

i4. 迎春犁瘦地，趁晚喂羸牛。（白居易：不如来饮酒七首）

i5. 尽趁晴明修网架，每和烟雨掉缲车。（陆龟蒙：奉和夏初袭美……）

如果 $N_2$ 是表示"有利于施事的自然条件"的形容词，$V_2$ 是运行动词，"趁"的"运行"概念消失，变为时机介词。例如：

（2）j1. 月乘残夜出，人趁早凉行。（白居易：早发楚城驿）

j2. 趁凉行绕竹，引睡卧看书。（白居易：晚亭逐凉）

B. 时机介词"赶$_{21}$"的产生

和"及"一样，"赶"也有"时机"和"终止点"两种功能。但与"及"的"终止点"功能可以助推"时机"功能不同，"赶$_{21}$"的产生没有助推因素。"赶"在向介词发展时，先产生"时机"功能，后产生"终止点"功能。"赶 $+N_2+V_2$"式中，若 $N_2$ 位置上出现表示有利时机的形容词，句子蕴含"抓住有利机会"意义，"赶"可看作时机介词。例如：

（3）a1. 头巾顶攒就宜新裹，整子饼热时赶热翻。（董君瑞：套数·哨遍·硬谒）

a2. 仆童赶早行一程儿，早寻个宿处。（王实甫：崔莺莺待月西厢记·第三折）

a3. 孩儿，你不可久停久住，便索赶早出城，回三关去。（无名氏：谢金吾诈拆清风府·第一折）

3a 组显示："赶"的"追逐动词——时机介词"演变与"趁"有相同之处，都要求句子蕴含"抓住有利时间点或自然条件做某事"意义。不同在于："赶"是在 $N_2$ 为"早、热"等形容词的结构式中开始演变的，"趁"在演变初期，$N_2$ 可以是时间名词，也可以是表示自然条件的形容词。与 3a 组相似的结构式，明清时期出现较多。例如：

（3）b1. 我们赶早进城干事。（西游记·三十八回）

b2. 我们且来叙了坐次，吃顿早斋，赶早儿往西天走路。（西游记·十九回）

b3. 恶和尚……，知道是脑子的所在，一劈出了，恰好脑浆迸出，赶热好吃。（儒林外史·三十九回）

b4. 咱们今日就咱们三个赶晚凉喝一会儿，只是尽着醉。（后红楼梦·十一回）

明代，出现动词性短语充当 $N_2$ 的结构式，但用例很少。例如：

（3）c. 今日赶娘不在家，要与你会会儿。（绣像金瓶梅词话·二十二回）

清代出现 $N_2$ 为时间词或表示时间的短语的用例：

（3）d1. 我替老太太帮你本钱，赶新年做些生理。（红楼复梦·九十六回）

　　d2. 原要赶太太晚饭上送过来的。（红楼梦·四十六回）

由上面四组例句可知：时机介词"赶$_{21}$"萌芽于元代，至明清时期已定型。"赶"和"趁"的致变因素有相同之处，都要求源动词的宾语是表示有利于施事的时间点或自然条件的词语，句子都蕴含"施事抓住有利时机做某事"意义。

### 2.2.2.2.3 "利用"义动词的首发模式

来自"利用"义的时机介词是"因、乘"。利用事物的行为也可以看作"借助有利条件或态势"的行为，因此"利用动词——时机介词"的演变有可能性发生。

A. 时机介词"因$_2$"的产生

时机介词"因"（记为"因$_2$"）有两个来源：一是"利用"义动词"因$_{02}$"，一是凭借介词"因$_{41}$"。图示如下：

$$/\ 因_2（时机）$$

因$_{02}$（利用）—因$_{41}$（凭借）—因$_2$（时机）

A1. 与"利用"义动词"因$_{02}$"的联系

"因$_{02}$"的宾语一般表示有利于施事的态势或条件，也可以表示有利于施事的时间点。"因$_{02}$"后面可以是指示代词，指代有利时机。例如：

（4）a1. 楚自昭王即位，无岁不有吴师。蔡侯因之，以其子乾与其大夫子为质于吴。（左传·定公四年）

　　a2. 崔子因是，又以其间伐晋也。（左传·襄公二十五年）

"因$_{02}$"后面也可以出现表示有利于施事的条件或态势的 NP。例如：

（4）b1. 齐因其病，取讙与阐。（左传·哀公十五年）

　　b2. 智者之举事必因时。（吕氏春秋·不广）

　　b3. 归而用大乱之余，犹能以霸。（吕氏春秋·不苟）

4b 组的"因"可解释为"利用"义（或"乘着"义），是动词，若用于"因 +$N_2$+ 以 / 而 +$V_2$"式，则"因"呈现明显的向时机介词发展的态势。例如：

（4）c1. 因乱以入，殆。（国语·晋语）

c2. 郑子阳之难，猲狗溃之；齐高国之难，失牛溃之；众因之以杀子阳、高国。（吕氏春秋·首时）

c3. 齐因孤国之乱，而袭破燕。（战国策·燕策）

如果结构式中没有"以"，"因"是时机介词。例如：

（4）d1. 秦侮我孤，因丧破我滑。（史记·秦本纪）

d2. 齐宣王因燕丧伐我。（史记·燕召公世家）

由上面四组例句可知：时机介词"因$_2$"的宾语大多表示"不好"的事件，但句义中蕴含"施事抓住时机做有利于己方的事件"的意义。

A2. 与凭借介词"因$_{41}$"的联系

先秦时期，在"因 +N$_2$+ 以 / 而 +V$_2$"式中，凭借介词"因$_{41}$"处于萌生过程中，若凭借的是有利于施事的时间点或外部条件，"因"可以分析为萌芽状态的凭借介词，也可以分析为萌芽状态的时机介词。例如：

（4）e1. 若因祸以毙之，则闻命矣。（左传·昭公十二年）

e2. 吴子欲因楚丧而伐之。（左传·昭公二十七年）

e3. 因其凶也而攻之。（左传·僖公二十八年）

在省略宾语的结构式中，"因"的功能也有可能作"凭借"或"时机"两种分析。例如：

（4）f1. 厨人进斟羹，因反斗而击之。（战国策·燕策）

f2. 叔孙有病，竖牛因独养之而去其左右，不内人。（韩非子·内储说上）

f3. 臣请为吴王相剑，拔而示之，因为君刺之。（韩非子·说林上）

若结构式中无"以 / 而"，"因"的宾语又是表示"有利于施事的外部条件"，"因"可看作时机介词，但带有凭借介词的明显痕迹。例如：

（4）g1. 齐宣王因燕丧攻之。（战国策·燕策）

g2. 乃欲因其仇伐之。（史记·晋世家）

g3. 欲因赵弊攻之。（史记·燕召公世家）

4e——4g 三组显示了凭借介词与时机介词的联系。若 N$_2$ 为表示有利于施事的时间点的词语，且句子有"抓住难得的机会"的蕴含义，"因"是确凿的时机介词。例如：

（4）h1. 今上出，不因此时案郡县守尉有罪者诛之，……（史记·秦始皇本纪）

h2. 而魏往年大破于齐，诸侯畔之，可因此时伐魏。（史记·商君列传）

h3. 公子亦欲因此时定南而王。（史记·魏公子列传）

h4. 臣窃不胜犬马心，昧死愿陛下诏有司，因盛夏吉时定皇子位。（史记·三王世家）

h5. 因春播种者，人为之也。（论衡·自然）

"因₂"的宾语也可以是谓词性短语。例如：

（4）i1. 王夫人知帝望栗姬，因怒未解，阴使人趣大臣立栗姬为皇后。（史记·外戚世家）

i2. 不如因其解击之。（史记·留侯世家）

i3. 乃欲因其饥伐之。（史记·晋世家）

至宋时期，N₂是表示有利时机的名词的用例增多，且 V 可以表示"好的"事件。例如：

（4）j1. 愿因今日诣真际，古松白日常萧疏。（秦观：陪李公择……）

j2. 愿因稽古日，拜手颂明哉。（宋祁：皇帝迩英阁讲毕五经）

j3. 尝因鸡抱时，托以鸡窠暖。（梅尧臣：鸭雏）

j4. 请因问安际，订我言是非。（李流谦：送李仲信）

j5. 故陛下不因臣等奏事之时，特召赐见，又宣明命，告以出自宸衷。（欧阳修集·卷九十）

#### 2.2.2.2.4 "利用"义动词的后随模式

"利用"义动词"乘"原本以表示具体事物的 NP 为宾语，一旦宾语扩展到表示有利于施事的条件或态势，"乘"有可能表示"利用有利时机"之义。例如：

（5）a1. 乘乱不祥，吴乘我丧，我乘其乱。（左传·昭公二十七年）

a2. 秋，周甘歜败戎……，乘其饮酒也。（左传·文公十七年）

a3. 故诸侯挠其弱，乘其衰。（商君书·农战）

a4. 楚乘吾敝，国必危矣。（战国策·秦策二）

先秦时期，"利用"义动词"乘"已可进入"乘 +N₂+ 而 / 以 +V₂"式表示"抓住有利于己方的时机"之义。例如：

（5）b1. 不正乘败人之绩而深为利。（穀梁传·成公四年）

b2. 此谓乘天灾而求民邻财之道也。（管子·轻重丁）

秦汉之际，类似用例增多。例如：

（5）c1. 乘醉饱之时而求其所欲。（韩非子·八奸）

c2. 乘宋之敝而与王争得者，楚、魏也。（战国策·魏策）

c3. 今秦破赵军于长平，不遂以时乘其震恐而灭之，……（战国策·中山策）

5c 组的"乘"是萌芽状态的时机介词，秦汉之际，在"乘 +N₂，……"式，中"乘"也是萌芽状态的时机介词。例如：

（5）d1. 乘民之不给，百倍其本。（管子·国蓄）

　　d2. 乘民之缓急，正其号令，而御其大准。（管子·国蓄）

　　d3. 黯务少事，乘上闲，常言与胡和亲，无起兵。（史记·汲郑列传）

　　d4. 乘上之急，所卖必倍。（汉书·食货志）

　　d5. 乘便利时，夺取其国。（汉书·元后传）

汉时期，"乘 +N₂+V₂"式出现，"乘"的时机介词性质得以确定。例如：

（5）e1. 乘利席卷，威振天下。（史记·淮阴侯列传）

　　e2. 莽群兄弟皆将军五侯子，乘时侈靡，以舆马声色佚游为高。（汉书·王莽传上）

　　e3. 乘间入而言之。（汉书·邹阳传）

至南北朝时期，时间名词进入 N₂ 位置，"乘"的时机介词性质得以确定。例如：

（5）f1. 乘夜放火。（后汉书·马援列传）

　　f2. 秋风乘夕起，明月照高树。（何邵：杂诗）

　　f3. 乘春行故里，徐步采芳荪。（江总：南还寻草市宅诗）

### 2.2.2.2.5　小结

"追逐"义、"利用"义动词都是在"V₁+N₂+V₂"式的 V₁ 位置上变为时机介词，致变因素都是 N₂ 表示"有利于施事的时间点或自然条件"，句义中蕴含"某人抓住有利时机做对自己有利之事"意义。

### 2.2.2.3　当时介词的演变模式

"当时"是指正当某个时间点的意思。汉语单音的当时介词有"会、方、值、当"等，单音的当时介词大多以动词为直接来源，其中来自"遇见"义的有"会、值"两个。我们以"会"为首发者，"值"为后随者。

### 2.2.2.3.1　当时介词的首发模式

上古时期的动词"会"多用为"会合"义。例如：

（1）a1. 殷商之旅，其会如林。（诗经·大雅·大明）

a2. 公会齐侯于防。（左传·隐公九年）

因为"会合"义用于句中，有"双方或多方参与"的推理意义，而"会合"之事可能是偶然的，"会"引申出"恰遇"义，句中蕴含"某事件发生时，恰好另一事件也发生了"意义。下例的"会"介于"会合"和"恰遇"两种意义之间。

（1）b. 诞寘之平林，会伐平林。（诗经·大雅·生民）

由于"两个事件恰好同时发生"的推理意义，"会"虽不能排除作"会合"义解的可能性，但句子的蕴含义可能导致"会"向"恰遇"义发展。《史记》中，用于同一语境的"会"为"恰遇"义：

（1）c. 徙寘之林中，会山林多人。（史记·周本纪）

比较 1a 组和例 1b、1c 可知："会合"义有可能变为"恰遇"义。"会合"义的"会"所在句子的时间可能与另一事件的时间相关，可以理解为双方会合所做的事件与紧随其后发生的事件在时间上衔接紧密。例如：

（1）d1. 十有二月，癸丑，公会诸侯盟于薄，释宋公。（左传·僖公二十一年）

d2. 夏，会晋伐秦，晋人获秦谍，杀诸绛市。（左传·宣公八年）

d3. 会晋伐齐，卫人不行使于楚。（左传·成公二年）

d4. 会晋侯伐秦，成子受脤于社，不敬。（左传·成公十三年）

例 1d1 的"会诸侯盟于薄"与"释宋公"两个事件的时间虽不一定是同时发生的，但两个事件是紧密相随的，句子也可能推出"释宋公"事件发生在"会诸侯"期间。余三例也可作相同的分析。1d 组显示：对动词"会"所在的句子的事件的时间意义的认识，可能导致"会合——恰遇"的词义变化。

有的句子中，"会合"之时也是另一事件的发生之时。例如：

（1）e. 公送晋侯，晋侯以公宴于河上，问公年。季武子对曰："会于沙随之岁，寡君以生。"晋侯曰："十二年矣，是谓一终。一星终也。……"（左传·襄公九年）

例 1e 中，"会合"时间和"出生"时间重叠，在这种语义结构中"会"虽然还不能排除"会合"义，但作"恰遇"义理解也是可以的。"恰遇"义的"会"所在的句子中，"会"的宾语（包括逻辑宾语）一般是"人"；若"会"的宾语不是表人的 NP，而是谓词性单位，句子的推理意义是：某事正准备进行时或正在进行时，另一事件发生了。例如：

（1）f1. 魏文侯与虞人期猎，明日，会天疾风，左右止，文侯不听，曰："不可。以风疾之故而失信，吾不为也。"（韩非子·外储说左上）

f2. 天子致伯，之后毕贺，为后世开业甚光美，会往者厉、躁、简公、出子之不宁，国家内忧，未遑外事，……（史记·秦本纪）

f3. 先帝为咸阳朝廷小，故营阿房宫。为堂室未就，会上崩，罢其作者，复土骊山。（史记·秦始皇本纪）

1f组"会"还是"恰遇"义动词或不能排除"恰遇"义动词的可能性，但因为"会"的宾语是表事件的谓词性短语，句子蕴含"某一事件进行之时，恰好发生另一事件（包括自然现象）"之义。对于实施某一事件的人来说，"会"后面的事件具有"非自主性"。"恰遇"义的"会"所在的句子中，往往蕴含"想做某事或正在做某事时，恰遇某种事件发生"之义（参见1f组例句）。事件的实施者没有主观上特地选定某一时间的意图，因此，具有"非人力"因素。如果实施者选定在某一自然现象发生之时做某事，则"会"的"恰遇"义呈消退的迹象。例如：

（1）g. 特会朝雨祛步堂下，谓其侍者曰："我何若?"侍者曰："公姣且丽。"（吕氏春秋·达郁）

继续发展，"恰遇某事"的意义愈加淡化，"会"只是表示"遇到（某一事件或状况）"之义。例如：

（1）h1. 文帝时，会天下新去汤火，人民乐业，因其欲然，能不扰乱，故百姓遂安。（史记·律书）

h2. 会项伯欲活张良，夜王见羽，因以文谕项羽，项羽乃止。（史记·高祖本纪）

h3. 莱人，夷也，会纣之乱而周初定，未能集远方，是以与太公争国。（史记·齐太公世家）

h4. 自汉兴至孝文二十余年，会天下初定，将相公卿皆军吏。（史记·张丞相列传）

"遇到"义的"会"带表示某种自然条件的宾语，变为当时介词。例如：

（1）i1. 会天寒，士卒堕指者什二三，遂至平城。（史记·高祖本纪）

i2. 会冬大寒，士卒堕指者十二三，于是冒顿详败走，诱汉兵。（史记·匈奴列传）

i3. 会日暮，吏士皆无人色，而广意气自如。（史记·李将军列传）

i4. 会天寒，士卒饥渴，饮酒醇，西南陬卒皆卧。（史记·袁盎晁错列传）

i5. 会暑，上辒车臭，乃诏从官令载一石鲍鱼，以乱其臭。（史记·秦始皇本纪）

i6. 陈胜、吴广皆次当行，为屯长。会天大雨，道不通，度已失期。失期，法当斩。（史记·陈涉世家）

1h 组的"会"还带有"恰遇"义的痕迹。"恰遇动词——当时介词"演变的主要因素是句中蕴含"两个事件同时发生"之义。

#### 2.2.2.3.2 当时介词的后随模式

来自"恰遇"义的另一个当时介词是"值"。先秦至汉时期，动词"值"可作"遇"解。例如：

（2）a1. 无冬无夏，值其鹭羽。（诗经·国风·宛丘）

a2. 而适值大将军军出塞千余里，……（史记·卫将军骠骑列传）

"值（直）+N$_2$"短语用于前小句或后小句，表示某一事件发生时，另一事件也正在发生。"值（直）"可以分析为动词或介词。例如：

（2）b1. 后为渭城令，治甚有声，值昭帝幼，皇后父上官将军安与帝姊盖主私夫丁外人相善，……（汉书·胡建传）

b2. 尝有部刺史奏事，过遵，值其方饮，刺史大穷，……（汉书·游侠列传）

b3. 值汉初定，与民无禁，……（汉书·叙传上）

如果为"值（直）……时／之时／之际"短语，"值（直）"可看作介词。例如：

（2）c1. 直上计时，会稽史方相与群饮，……（汉书·朱买臣传）

c2. 值世俗隆奢丽之时，蒙两宫厚骨肉之宠，……（汉书·王莽列传上）

c3. 值废立之际，则忠义奋发，单骑出奔，……（三国志·魏书·袁绍传）

比较 2b 组和 2c 组，可以断定：导致"值"的介词性质确定的直接因素是"值"的宾语的名词化，但句子蕴含的"某一事件发生在某一时刻"的意义是致变的决定因素。

宋代，当时介词"值"仍有用例：

（2）d1. 帝临宣室方前席，民值唐年耻画冠。（杨亿：京府狱空……）

d2. 值雨不遍历，但取山泉尝。（梅尧臣：紫微亭）

### 2.2.2.4　临近点介词的演变模式

临近点介词大多与运行动词有直接的来源关系，主要是"走近，靠近"义动词，如"向、薄、临"等。我们以"向"为首发者。

#### 2.2.2.4.1　临近点介词的首发模式

汉语中最早产生的临近点介词是"向$_{21}$"，它的直接来源是运行动词"向$_{02}$"（参见 1.2.1.2.2）。其他临近点介词，如"垂、薄、临"等也都是来自运行动词，"运行动词——临近点"介词演变的因素是时间词进入"$V_1+N_2+V_2$"式的 $N_2$ 位置。

#### 2.2.2.4.2　临近点介词的后随模式

继"向$_{02}$"之后，动词"垂、薄"也向临近点介词发展，临近点介词"垂、薄"的直接来源是"临近，靠近"义。

A. 临近点介词"垂$_2$"的产生

动词"垂"有"临近（方所）"义。例如：

（2）a. 夫越王勾践，东垂海滨，夷狄文身。（越绝书·卷一）

再由"临近（方所）"义引申出"临近（事件）"义。例如：

（2）b1. 张禹不吐直言，佞于垂死，亦可痛哉。（前汉纪·孝成皇帝纪）

b2. 苏秦垂死，谓齐王曰……（刘向：新序）

b3. 敢以垂死之年，陈不讳之言。（后汉纪·孝桓皇帝纪）

b4. 羽翮垂欲成，化作鹦鹉子。（东魏童谣）

"临近（事件）"义的"垂"用于"垂＋宾，……"式或"垂＋宾＋乃＋$V_2$"式 $V_1$ 位置，"垂"有明显的朝介词发展的趋势，也可以看作萌芽状态的临近点介词。例如：

（2）c1. 垂发，事觉，然治戮泰。（三国志·吴书·朱然传）

c2. 垂成，唯少一破。（世说新语·排调）

c3. 太祖尝怒之，倒悬井中，垂死乃出。（魏书·道武七王列传）

如用于"垂＋宾＋$V_2$"式，"垂"是临近点介词（记为"垂$_{21}$"）。例如：

（2）d1. 垂死病中惊坐起，暗风吹雨入寒窗。（元稹：闻乐天授江州司马）

d2. 垂行三入命，遽逼九原期。（王禹偁：司空相公挽歌）

d3. 垂成忽破坏，中断俄连接。（王安石：用前韵戏赠……）

由 2c、2d 组可知：临近点介词"垂"带动词性宾语。

B. 临近点介词"薄₂₁"的产生

"薄"由形容词"薄薄的"义引申出"(距离)接近"义,可解释为"迫近,临近"义。例如:

(3) a1. 州十有二师,外薄四海。(尚书·益稷)

a2. 将遁,薄诸河。(左传·文公十二年)

a3. 进齐、宋之兵至首坦,远薄梁郭,所以不及魏者,……(战国策·韩策)

3a组的"薄"带处所宾语或处所补语,如果N₂是时间词,如"薄暮","薄"变为临近点介词(记为"薄₂₁")。例如:

(3) b1. 薄暮,单于遂乘六贏,……(史记·卫将军骠骑列传)

b2. 城中薄暮尘起,剽劫行者,死伤横道。(汉书·酷吏列传)

b3. 额上黑,微汗出,手足中热,薄暮即发。(金匮要略·黄疸病脉证并治)

"薄+N₂"短语也可以出现于谓语动词后面汉代偶有用例:

(3) c. 子为王,母为虏,终日舂薄暮。(汉书·外戚列传上)

### 2.2.2.3　小结

时间介词的首发模式有两种类型,一种是运行动词与时间词组合,且位于连动结构的V₁位置,由于运行动词与时间词组合时,动词性容易消失;如果一个介词兼有"处所"和"时间"两类功能,大多是"时间"功能先产生。"V₁+N₂(时间)+V₂"式一旦出现,V₁位置上的动词就会变为时间介词,如"至₂₁、竟₂₂、向₂₁"等。时间介词产生的另一模式是动词带谓词性宾语,"动+宾"短语出现在连动结构的VP₁位置,这个VP₁表示一个与VP₂相关的事件,兼表VP₂发生的时间,因为"动+宾"短语表示一个标示时间的事件,位于V₁位置的动词容易虚化为时间介词,如"及、会、值"等。

## 2.2.3　对象介词的演变模式

对象介词内部可分为十六个小类,就其来源而言,被动介词绝大多数成员来自动词,个别成员与介词功能扩展有关系;处置介词、所为介词、交互介词的多数成员来自动词,少数来自介词功能的扩展;差比介词也大多来自动词,但各有语义来源,罕见一组同义词同向发展的现象。其他十一个小类的成员大多来自介词功能的扩展。因此，本节只讨论被动介词、处置介词、交互介词和所为介词四个次类的首发模式和后随模式。

### 2.2.3.1 被动介词的演变模式

汉语的被动介词除"于"来自介词功能扩展之外，其他的都是来自动词的语法化。东汉以来产生的被动介词都是以动词为直接来源的，源动词大致可分三种语义类型："承受"义、"致使"义和"给予"义。这三个义类的动词向被动介词发展时，演变模式的共同特征在于：第一，$V_2$ 部分都是表示"非企盼"事件的；第二，都有句法结构复杂化的因素；第三，都是在"非连动结构"（述宾结构或兼语结构）中演变。不同之处是：第一，"承受"义动词确定为被动介词的因素是句法结构的复杂化（和表意的复杂化有关），"致使"义、"给予"义动词的决定性因素是 $V_2$ 或句子的"非企盼"意义；第二，"承受"义动词所在的结构式发生"述宾——状中"的变化，"致使"义、"给予"义动词所在的结构式发生"兼语——状中"的变化。

#### 2.2.3.1.1 "承受"义动词的首发模式

"承受动词——被动介词"演变的首发者是"被"，后随者有"吃、著、遭、挨"等。这一组动词在向被动介词发展时呈现如下特征：第一，都有过"述宾——状中"的结构变化；第二，致变的句法因素都是句法结构的复杂化；第三，$V_2$ 部分都呈现"非企盼"的语义特征。"被 +$N_2$+$V_2$"式见于史籍所记载的汉末人物的话语中。例如：

（1）a1. 今月十三日，臣被尚书召。（蔡邕·日蚀上书）

　　a2. 公曰："吾被皇太后征，未知所为！"（三国志·魏书·三少帝纪）

　　a3. 贤栗惶恐，谓其耆老曰："……，今攻鹿茤，辄被天诛，中国其有圣帝乎？"（后汉书·哀牢夷传）

　　a4. 顷闻拜爵过多，每被尚书劾，非众所归。（后汉纪·孝灵皇帝纪）

观察 1a 组的 $V_2$ 的意义可以得知："被"进入"被 +$N_2$+$V_2$"式时，$V_2$ 大多是表示"非企盼"事件的。若对 1a 组作结构分析，有两种结果：一是述宾结构（"被"是动词，带主谓短语作宾语），二是状中结构（"被 +$N_2$"短语充当状语）。迄唐代，这种结构式中的"被"还不能排除动词的可能性，"$N_2$+$V_2$"短语仍有可能被分析为主谓结构（充当动词"被"的宾语）。"承受动词——被动介词"演变的一个主要条件是"被 +$N_2$+$V_2$"式的结构复杂化，

首先是 $V_2$ 带宾语。晋、南北朝时期，已见"被 $+N_2+V_2+N_3$"式，其时，$N_3$ 为 $N_2$ 的领属物或职务。例如：

（1）b1. 时焉被天火烧城，车具荡尽……（三国志·蜀书·刘二牧传）

b2. 玚、桢各被太祖辟为丞相掾属。（三国志·魏书·王粲传）

b3. 祢衡被魏武谪为鼓吏。（世说新语·言语）

南北朝至唐时期，$N_3$ 可以是表示领属物、职务、处所、工具、话语内容等的名词或短语（马贝加2014）。这种 $V_2$ 带宾语的结构式的出现，使 $V_2$ 被分析为谓语中心动词的可能性增强，但还是不能排除"被"是谓语部分中心动词的可能性。其次是 $V_2$ 带补语，"被 $+V_2+$ 补"式南北朝已见，"被"还是谓语部分的中心动词。例如：

（1）c1. 美辞多被删落。（三国志·魏书·王粲传，裴注引《魏略》）

c2. 江陵被围历月。（三国志·刘放传，裴注引《资别传》）

c3. 虎牢被围二百日。（宋书·索虏列传）

c4. 为诸葛亮门下书佐，被挞百下。（魏书·毛修之传）

1c组的"被"还是动词，但这种带补语的结构式的出现可以助推"被"的语法化。"被 $+N_2+V_2+$ 补"式见于唐代。例如：

（1）d1. 有如林中竹，忽被风吹折。（白居易：妇人苦）

d2. 欲明篱被风吹倒，过午门因客到开。（韩偓：欲明）

d3. 昨被我捉得，恶骂恣情掣。（寒山：诗三百三首）

d4. 去秋共数登高会，又被今年减一场。（白居易：九日寄微之）

d5. 三千里外情人别，更被子规啼数声。（陆畅：成都赠别席夔）

1d组的 $V_2$ 有被分析为谓语部分中心动词的可能性，但也还不能排除"被"是谓语部分中心动词的可能性。

"被 $+N_2+$ 所 $+V_2$"式初见于南北朝时期。例如：

（1）e1. 因被匈奴所破，西逾葱岭。（魏书·西域传）

e2. 为诸暨令，被王敬则所杀。（南齐书·卞彬传）

1e组形式的出现是表被动的"为 $+N_2+$ 所 $+V_2$"式的带动的结果，然而，"被"在这种结构式中也还不能被确认为介词，因为"$N_2+$ 所 $+V_2$"短语仍不能排除宾语的能性。然而，1a组——1e组显示：萌生被动介词"被"（记为"被$_3$"）的语义结构、句法结构已经存在。

导致"被$_3$"的介词性质确定的因素是句法结构的复杂化（关于唐宋至

明清时期"被"字句的结构形式变化，参见马贝加 2014）。结构的复杂化也意味着表义的复杂化，$V_2$ 后面出现宾语、补语，$V_2$ 前面出现状语，使语义中心落在 $V_2$ 上，也使得 $V_2$ 成为谓语部分中心动词。在体助词产生之后，"了"等助词出现在 $V_2$ 后面而不是"被"后面，这使得"被"的介词性质凸显并固定。例如：

（1）f1. 彦冲被此辈教坏了。（大慧普觉禅师书，近汉语资·宋代卷）

f2. 既是相会，被月在下面遮了日。（朱子语类·卷二）

然而，直至二十世纪前期"被 +V"短语的"被"还有可能是动词，"被"后面还可以加"了"。例如：

（1）g1. 咱们几人被了嫌疑，朝晚是个死。（清朝秘史·一百三十八回）

g2. 身体又被了枪伤。（明代官闱史·五十六回）

1g 组表明：二十世纪前期，"承受"义动词"被"还在使用，但"被 +$N_2$+$V_2$"式的"被"后面出现"了"却是罕见的，清代小说中仅检得少数用例：

（1）h1. 这日幼青，竟被了一个客人强骗了去。（海上尘天影·四十九回）

h2. 谁知被了一位救星听见此事。（天豹图·三回）

1h 组显示：虽然"承受动词——被动介词"的演变至宋代已有结果，但直至清代的"被 +$N_2$+$V_2$"式中，"被"还有可能带着动词特征。但是，从宋代开始，绝大多数"被 +$N_2$+$V_2$"式中，体助词"了"是出现在 $V_2$ 后面的，据此，我们认为宋时期，介词"被$_3$"已定型（马贝加 2014）。

### 2.2.3.1.2 "承受"义动词的后随模式

"承受"义动词是被动介词的一个主要的语义来源，继"被"之后，进入演变序列的有"吃、著、遭、挨"，本节以"吃、遭、挨"为例讨论"承受"义动词的后随演变。

A. 被动介词"吃$_3$"的产生

"吃（喫）"原本是"口吃"义，汉代萌生"食"义。例如：

（2）a. 越王指穷，至乎喫山草，饮脯水……（新书·卷七）

南北朝至唐时期沿用：

（2）b1. 羊羊吃野草，不吃野草远我道。（北齐书·杨愔列传）

b2. 长史含笑判，清河生吃人。（北齐书·娄昭传）

"吃"的演变模式与"被"大致相同。五代至宋时期，"承受"义动词

"吃"的可带"非食用品"意义的宾语。例如：

（2）c1. 解事速说情由，不说眼看吃杖。（敦煌变文集新书·卷六）

c2. 师云："合吃棒，不合吃棒？"（祖堂集·卷十三·报慈和尚）

c3. 彼云："决不得，吃剑则得。"（青箱杂记·卷十）

c4. 若把薑根来比并，薑根自合吃藤条。（紫衣郎：蒸豚）

c5. 烦恼少因知事少，吃拳多为打人多。（王洋：中春二十四日……）

同一时期，"吃"带动词或形容词宾语的用例也比较多。例如：

（2）d1. 并亦火急离我门前，少时终须吃搳。（敦煌变文集新书·卷七）

d2. 且从待他疏狂心性，足变堆垛，更吃萦持。（晁端礼·吴音子）

d3. 徐行方轨，动辄吃蹶。（苏轼：数日前人梦……）

d4. 那吒头上吃一掣，金刚脚下流出血。（释慧空：送鉴雄那弼）

2d 组已显现"吃"向"遭受"义发展的趋势，由于谓词性单位进入"吃"的宾语位置，"吃"的"遭受"义得以固定。一旦"吃"成为"承受"义类的成员，它就有可能和"被"一样，在一定语境中发展为被动介词。关于"被"和"吃"的词义来源，江蓝生（1989）指出，"被"的"遭受"义是从它的本义引申出来的，符合词义引申的一般规律；而"吃"的"遭受"义是从"吃杖"、"吃棒"之类的比喻义产生的。"吃 +N$_2$+V$_2$"式的出现时，"N$_2$+V$_2$"部分仍可看作"吃"的宾语。例如：

（2）e1. 恐天下人称你云撩得李日知嗔，吃李日知杖。（朝野金载·卷五）

e2. 黄羊野马捻枪拨，虎鹿从头吃箭川（穿）。（敦煌变文集新书·卷五）

e3. 蔡卞只是扶他以证其邪说，故吃人议论。（朱子语类·卷八十七）

e4. 花心偏向蜂儿有，莺共燕，吃他拖逗。（柳永：红窗迥）

e5. 愚意尝一稍在人下执事，吃人打骂差遣，乃所以成就之。（贤奕编·卷一）

e6. 水潦和尚不合吃马师一踏。（释道璨：偈颂二十五首）

"吃 +N$_2$+V$_2$"式出现为重新分析提供了句法基础，"吃"后出现施事，可视为进入语法化历程。2e 组的"吃 +N$_2$+V$_2$"式可分析状中结构，但不能排除述宾结构的可能性，"吃"的介词性质可能还未确定。冯春田（2000）认为"吃"字被动句产生的时代，正是汉语被动式相当成熟的时期。因此"吃"字被动句出现不久，也就赶上了被动式结构复杂化、严密化的潮流。谓语部分结构复杂化的特点，很快也在"吃"字句上得到了反映。总之，被动介词"吃₃"的产生，还需要句法结构复杂化等因素。

A1. 宾语的出现

"被+$N_2$+$V_2$+$N_3$"式出现时，$N_3$部分比较简短，"$N_2$+$V_2$+$N_3$"部分有可能仍被分析为"被"的宾语。但"吃+$N_2$+$V_2$+$N_3$"结构式出现时，$V_2$和$N_3$之间往往有助词"了"，这使得$V_2$的谓语中心动词的地位十分明显。例如：

（2）f1. 若还真个吃他觅了这般细软，好吃人笑，不如早睡。（宋四公大闹禁魂张，近汉语资·宋代卷）

f2. 这番又吃他觅了包儿。（宋四公大闹禁魂张，近汉语资·宋代卷）

f3. 几乎教我吃这大汉坏了性命。（万秀娘仇报山亭儿，近汉语资·宋代卷）

f4. 又吃我打了他两个牙。（无名氏：刘千病打独角牛·第二折）

2f组显示：$V_2$带宾语和$V_2$后面"了"的出现，使得$V_2$部分表义复杂化，说、听双方的关注点投放在$V_2$部分，而不是"吃"，$V_2$在句法结构中被认定为谓语部分中心动词的可能性提升。

A2. 状语和补语的出现

$V_2$前面出现状语也使得$V_2$被看作谓语部分主要动词。例如：

（2）g1. 又怕吃赵正后来如何。（宋四公大闹禁魂张，近汉语资·宋代卷）

g2. 知县吃他三回五次来裹，遮掩不住。（水浒传·二十二回）

g3. 今日天可怜见，吃我千方百计去说化他。（琵琶记·三出）

$V_2$后面出现补语，尤其是带补语标记"得"的补语，使得$V_2$被看作谓语部分主要动词的可能性增大。例如：

（2）h1. 那女儿吃郡王捉进后花园里去。（崔待诏生死冤家·近汉语资·宋代卷）

h2. 郭排军吃他相问得无言可答。（崔待诏生死冤家·近汉语资·宋代卷）

h3. 昨日吃那摩利支杀得我大败亏输。（无名氏：摩利支飞刀对剑·第四折）

$V_2$后面出现"了"和补语，或者$V_2$带宾语和补语，也使得$V_2$被看作谓语部分中心动词的可能性增大。例如：

（2）i1. 我倒吃他抢白了这一场。（石君宝：鲁大夫秋胡戏妻·第二折）

i2. 我吃他打了几下。（无名氏：鲁智深喜赏黄花峪·第一折）

A3. $V_2$部分为连动结构或复句形式

连动短语，甚至是复句形式出现在$V_2$位置，也使得整个$V_2$很可能被看作谓语部分的主要动词。例如：

（2）j1. 是吃我盘到你房门前，揭起学书纸，把小锯儿锯将两条窗栅下来。（宋四公大闹禁魂张，近汉语资·宋代卷）

j2. 阮小二……怕吃他拿去受辱。（水浒传·一百十六回）

A4. 体助词"了"出现

若"了"出现在 述补结构后面，可以凸显并固化"吃"的演变结果。宋代已见用例。例如：

（2）j1. 我因为你，吃郡王打死了。（崔待诏生死冤家，近汉语资·宋代卷）

j2. 莫是吃那门前客长摆番了？（宋四公大闹禁魂张，近汉语资·宋代卷）

j3. 我若无手眼，不吃这厮打倒了？（无名氏：刘千病打独角牛·第二折）

若述补结构后面有"了"和宾语，"吃"的介词性质也十分明显。例如：

（2）k1. 倒一觉好睡也，吃你打搅醒了我。（无名氏：争报恩三虎下山·楔子）

与"被"演变模式相似，由于 $V_2$ 部分结构的复杂化，使得 $V_2$ 上升为谓语部分中心动词，"吃 $+N_2$"短语变为结合紧密的结构（介词短语），"吃 $+N_2+V_2$"式变为状中结构。

B. 被动介词"遭"的产生

在宁夏固原话中有一个被动介词"遭"。例如：

（3）a1. 两个队遭雨打了。

a2. 他遭老师批评了一顿。

马贝加（2003、2014）曾述及"遭"的演变历程，认为"遭"从东汉开始具有与"被"大致相同的发展趋势。"遭"的"承受动词——被动介词"演变的结果保留在方言中。东汉时期已见"遭 $+N_2+V_2$"式（参见马贝加2014），唐代有较多用例：

（3）b1. 醉则骑马归，颇遭官长骂。（杜甫：戏简郑广文……）

b2. 屡见枯杨荑，常遭青女杀。（寒山：诗三百三首）

宋代沿袭唐代的用法：

（3）c1. 暮地趁朝归，便遭官长骂。（王洙：戏改杜……）

c2. 林中仆妇归，苦遭拙妇骂。（黄庭坚：寄陈适用）

c3. 官事痴可了，未遭官长责。（张耒：晚归寄无咎二首）

3b、3c组的"遭 $+N_2+V_2$"式也还有两种分析结果：述宾结构（动词带主谓短语作宾语）的或状中结构（"遭"和 $N_2$ 先组合成为介词短语，充当状语）；"遭"有两种分析结果：承受动词或被动介词。虽然介词性质尚不能确定，但语义结构、句法结构中已孕育着"遭"向被动介词发展的可能性。导致"遭"演变的因素与"被"大致相同，首先是进入"$V_1+N_2+V_2$"式的$V_1$位置，但唐宋时期，绝大多数"遭 $+N_2+V_2$"式的"遭"还不能排除动词的可能性。这种结构式中的被动介词"遭"也是因句法结构的复杂化而产生。这一致变因素与"被、吃"相同，但发展速度比较慢。

B1. 状语的出现

$V_2$ 前面出现状语，$V_2$ 被看作谓语中心动词的可能性增大。唐代偶见 $V_2$ 前有工具状语的用例：

（3）d. 曾遭宁戚鞭敲角，又被田单火烧身。（李家明：咏卧牛）

宋代出现 $V_2$ 前有状态或时间状语的用例：

（3）e1. 应怜坐客竟无毡，更遭官长颇讥谤。（黄庭坚：便枭王丞……）

e2. 苦遭年少强迫陪，病眼看花更覆杯。（陈师道：和三日）

e3. 谁念龙钟湖海畔，苦遭风雨日流连。（晁说之：旅怀）

e4. ……，苦遭暗中窥。（释元肇：二虫诗）

e5. 他日汝亦遭人如此夷灭也。（南烬纪闻录）

至清时期，状语部分的结构还在扩展中。例如：

（3）f1. 突遭余德以左道之幻术暗毒害于生灵。（封神演义·八十一回）

f2. 又遭柳玄清暗地查访，几乎性命难逃。（续济公传·四十三回）

B2. 宾语的出现

$V_2$ 带宾语，有助于固定谓语中心动词是 $V_2$ 而不是"遭"的认识。唐宋时期已有少数用例：

（3）g1. 已遭江映柳，更被雪藏梅。（李商隐：江亭散席……）

g2. 已被儿童苦攀折，更遭风雨损馨香。（李群玉：人日梅花……）

g3. 长遭客子流连我，未快穿云涉水心。（王安石：同熊伯通……）

g4. 管葛诸人端解事，也曾遭我笑渠来。（杨万里：晚兴）

B3. 补语的出现

宋代已见 $V_2$ 带补语的用例：

（3）h1. 不愿君为孟浩然，却遭明主放还山。（苏轼：梅圣俞集……）

h2. 青山原与我有约，俗驾苦遭神勒还。（周紫芝：群不逞乘时纵火……）

h3. 偶被东屯唤出，却遭浮白呼回。（项安世：用韵送夔帅）

B4. $V_2$ 后面出现动词性短语

宋代出现 $V_2$ 后面带动词性短语的用例：

（3）i1. 苦遭猿鹤促还山，回首相望惊百舍。（释道潜：过都监赵思正……）

　　　i2. 苦遭好月唤登楼，脚力虽慵不自由。（杨万里：登清心阁）

除了结构的复杂化之外，对举格式也是演变的助推因素。唐代已见"遭"与"被"对举的用例。例如：

（3）j1. 药栏遭鹿践，洞户被猿开。（李端：得山中道友书……）

　　　j2. 多中更被愁牵引，少处兼遭病折磨。（白居易：春晚咏怀……）

　　　j3. 时遭人指点，数被鬼揶揄。（白居易：东南行一百韵……）

　　　j4. 一被浮名误，旋遭白发侵。（刘得仁：陈情上李景让大夫）

　　　j5. 免遭拽盏郎君谑，还被簪花录事憎。（黄滔：断酒）

　　　j6. 真珠每被尘泥陷，病鹤多遭蝼蚁侵。（李旭：及第后……）

　　　j7. 缘遭他辈贵，剩被自妻疏。（寒山：诗三百三首）

　　　j8. 书架想遭苔藓裹，石窗应被薜萝缠。（若虚：怀庐山旧隐）

3j 组显示，"遭"与"被"有相同的发展趋势，但唐代的"被 +$N_2$+$V_2$"式中，"被"的介词性质还未确定，与"被"对举的"遭"的介词性质也不能确定。承袭唐代用法，宋代的"遭"也可与"被"对举。例如：

（3）k1. 苦遭浮蚁催来熟，忽被幽禽唤得醒。（强至：昼眠）

　　　k2. 苦遭谏疏说夷羿，又被词客嘲浮奢。（苏轼：司竹监……）

但宋代"遭"与动词对举的用例也很多。例如：

（3）l1. 仲尼未免遭儒戏，杨子何烦解客嘲。（王禹偁：送郑南……）

　　　l2. 扬雄免遭甄丰戮，朱建终罹辟阳祸。（释智圆：陋巷歌……）

　　　l3. 苦遭大敌压，便甘等缧绁。（韩维：答江邻几）

　　　l4. 舟楫误逢蛟鳄横，岁月苦遭霜露催。（吕本中：寄京师亲旧）

　　　l5. 远日苦遭层嶂隔，归心欲逐大江流。（张崏：会览亭三首）

　　　l6. 可但不遭官长骂，只应独愧小人乘。（李流谦：寄送张雅州二首）

　　　l7. 苦遭柔条翻，故压坚竹破。（项安世：次东坡雪诗……）

　　　l8. 已遭人点检，休弄鬼精魂。（释绍昙：题圆泽图）

3l 组显示：宋代，"遭"时常与动词对举，这表明：宋人很可能将"遭"用为动词。至明清时期，"遭 +$N_2$+$V_2$"式的 $V_2$ 在语义上涉及受事的用例很多。然而，其时的"遭"绝大多数还是动词。理由如下：第一，$N_2$ 和 $V_2$ 之间时常有结构助词"之"或"的"，这表明："$N_2$+ 之 / 的 +$V_2$"短语是定中结

构或主谓结构,可分析为"遭"的宾语。例如:

(3)m1.吾子侄已遭审配之害。(三国演义·三十回)

　　m2.必遭蔡瑁之害矣。(三国演义·三十四)

　　m3.这遭恶党之羞谪,受室人之交谪,……(歧路灯·八十九回)

　　m4.三千粉黛,一日遭胡狗之凌;……(岳王传·六十五回)

　　m5.几乎无一事不遭总署及户部的驳斥。(孽海花·二十七回)

　　m6.还是与他同谋,抑是遭他的骗惑?(武则天四大奇案·四十九回)

　　m7.反性遭清廷的监视,……(明代官闱史·一百十八回)

　　第二,"遭+N₂+V₂"式的"遭"后面有体助词"了",这表明"遭"是还带有动词的特征。例如:

(3)n1.归期却遭了别人的暗算。(七侠五义·一百零八回)

　　n2.白遭了多少人的怨骂。(红楼复梦·四十八回)

　　n3.遭了土匪的害。(官场现形记·十五回)

　　n4.奴遭了人家的骗了。(最近官场秘密史·卷二十一)

　　即使V₂带补语或状语,"遭"后面也还可以有"了"。例如:

(3)o1.人家遭了强盗抢去。(红楼梦·一百十五回)

　　o2.无故遭了程公使一顿抢白。(海外缤纷录·十九回)

　　"遭"后面可以出现唯补词"到"。例如:

(3)p1.我们与中原通商,屡次遭到清兵驱赶。(彭公案·二百零七回)

　　p2.由于我不小心,遭到船主暗算。(古今情海·芙蓉屏)

　　3m——3p组显示:直至清代,"遭"还未完全脱离动词范畴。然而,明清时期,"承受动词——被动介词"的演变还在继续,表现为以下三点。

　　第一,出现"遭+N₂+所+V₂"式。与"被"等进入"X+N₂+所+V₂"式的X位置一样,"遭"也可以进入相同位置。之前,宋代偶见用例:

(3)q1.蚌蛤不吞钩,亦遭人所嗜。(释怀深:拟寒山寺……)

　　q2.道遭党羌所房。(传奇·赵合,太平广记)

　　q3.庄宗大怒,以为遭县令所辱,遂叱退,……(五代史补·卷一)

　　明清时期有很多这样的用例:

(3)r1.不能为国家出力,反遭尔等所擒。(禅真逸史·二十八回)

　　r2.已遭番兵所屠。(杨家将·十六回)

　　r3.因何遭乱箭所射?(杨家将·十九回)

r4. 汝往何遭贼所擒？（东汉秘史·三十七回）

r5. 反遭你这匹夫所害。（封神演义·九十五回）

r6. 也不至于遭你这美人计所赚。（施公案·一百二十五回）

r7. 知道姐姐身替罗太太之死，遭沈贼所害。（粉妆楼·五十八回）

r8. 必遭他们的戚友所讥笑。（御香缥缈录·三回）

3r 组的"遭"虽然还可以分析为谓语部分中心动词，但也显示了"遭"向被动介词发展的趋势。

第二，V₂ 部分继续复杂化，出现了状中、述补、述宾、连谓等结构。

1）V₂ 部分为状中结构

（3）s1. 遭恶宦阴谋架陷，父母相继沦亡。（海公小红袍传·一回）

s2. 以后遭严嵩百般陷害，俱蒙皇天庇佑，……（海公小红袍传·四十二回）

s3. 遭旁观人当面斥骂，本是自取。（歧路灯·四十九回）

s4. 又遭柳玄清暗地查察，几乎性命难逃。（续济公传·四十三回）

s5. 今番女佳人必遭妖道飞刀伤害也。（赵太祖三下南唐·十九回）

2）V₂ 部分为述补结构

（3）t1. 今遭此妖术慑去。（初刻拍案惊奇·卷二十四）

t2. 今日必遭你打死。（包龙图判百家公案·卷一）

t3. 遭他陷害不过，竟自去了。（隋唐演义·四十五回）

t4. 又遭你毒打一顿。（西游记·二十二回）

t5. 谁料又遭人弄去。（合锦回文传·十四回）

t6. 反遭败兵冲得四分五裂。（女仙外史·十九回）

3）V₂ 部分为述宾结构

（3）u1. 故此要遭万马踏为肉泥。（三宝太监西洋记·八十九回）

u2. 恐遭二房下毒手。（歧路灯·六十七回）

u3. 又遭满释奴的铁弹子打折了左手指骨。（女仙外史·三十回）

u4. 现在又遭贼盗偷去银两。（三门街前后传·十一回）

u5. 即不遭周虎之棍击脑破，亦必遭雷斧打出脑浆矣。（雨花香·第六种）

4）V₂ 部分为连动结构

（3）v1. 不料无意中忽遭群奸结党陷害，几至丧命。（好逑传·十二回）

v2. 又遭媒婆前来引诱，几乎性命难逃。（薛刚反唐·八十七回）

v3. 甘遭庸人驱制驾驭，必为奇优名倡。（胭脂斋重评石头记·二回）

5）V₂部分为复句形式

（3）w1.又遭曹操这奸雄逆贼，挟天子以令诸侯，杀贵妃，勒伏后，幽囚献帝。
（禅真逸史·三十二回）

w2.却遭张孟谈从韩、魏二家追逐智军，自引一队，伏于龙山之后，凑巧相遇。（东周列国志·八十四回）

w3.忽遭奸徒串同党羽，假传圣旨，将侄女抢劫而去。（好逑传·六回）

w4.未及一月，忽遭海寇结连山贼，提兵数万，围困城池，声言借粮，所往焚劫。（风流泪·四回）

w5.不上半月，即遭那伙贼寇到村焚劫，把屋宇家私都化作灰烬了。（赛花铃·三回）

w6.自与郎君别后，为遭兽兄不仁，强夺妾志，将妾许配何家。（赛花铃·十二回）

w7.又遭谷贼假公济私，将弟举荐，剿荡湖寇。（赛花铃·十五回）

w8.四更时分，突遭大盗一伙，三四十人，青红其面，明火执仗，杀入内室。（醒名花·七回）

至二十世纪初，这种用法仍有出现。例如：

（3）x1.原来也是好人家的女儿，遭洪总督手下的士兵抢进衙门，逼着做一个侍妾。（清代宫廷艳史·二十五回）

x2.各地旗人又遭民兵杀戮，报复进关的仇恨。（清代宫廷艳史·九十九回）

"被"曾有过V₂部分结构复杂化的演变历程，3v、3w组显示："遭"和"被"的演变特征在这一点上是相同的。因为V₂部分的结构复杂化，使得V₂在句法结构中位置提升，被分析为谓语部分中心动词，又使得N₂向前靠拢，有可能与"遭"先组合成为介词短语。

第三，出现体助词在V₂后的用例。例如：

（3）y1.幸亏问人，不然，还要遭他擒了。（施公案·一百九十七回）

y2."富贵"二字，不料遭我荼毒了。（红楼梦·七回）

y3.香菱该遭大嫂子折磨死了。（红楼梦补·四十二回）

y4.她丈夫遭乱兵杀了。（脂粉斗浪·正法品·三回）

y5.哪晓得倒遭她打了一个嘴巴。（留东外史·二十五回）

y6.几次遭建成太子侮辱了以后，心中也恍恍惚惚。（唐代宫廷演义·二十六回）

二十世纪初，也仍有这种用法，体助词除"了"外，还有"过"、"起来"等。例如：

（3）z1. 还有因遭他污辱过的人斥责他说……（古今情海·胡么四）

z2. 是不是遭你软禁起来了？（雍正剑侠图·三十六回）

3q——3z 组可证：从十七世纪至二十世纪初，"遭"向被动介词的演变一直没有停止。今方言中，"遭"被用作被动介词是汉语历时发展的结果，虽然方言有自身的演变方向和路径，但受到汉语语法系统的演变大趋势的制约或影响。

C. 被动介词"挨"的产生

江西宿迁话有被动介词"挨"。例如：

（4）a. 饭都挨他吃光了。

"挨"原本是"靠近"义，唐代有例：

（4）b1. 好鸟挨花落，清风出院迟。（贯休：览姚合极玄集）

由"靠近"义引申出"挤"义。例如：

（4）c1. 孝杰将四十万众，被贼诱退，逼就悬崖，渐渐挨排，一一落间。（朝野金载·卷六）

c2. 师隐身挨入石中得免。（六祖坛经·机缘品）

通常，"挤"被看作"不好受"的状态，因此"挨"发展出"忍受"义。例如：

（4）d1. 戴花折柳心情，怎挨得元宵放灯。（吴琚：柳梢青）

d2. 只得如此挨过日子而已。（朱子语类·卷一百零八）

"忍受"义的"挨"词义泛化后，可作"承受，遭受"解。例如：

（4）e1. 恰才我脊梁上挨了棍棒。（李行甫：包待制智赚灰栏记·第一折）

e2. 痛杀杀怎挨那三推六问！（孔文卿：地藏王证东窗事犯·第四折）

"承受"义的"挨"有可能向被动介词发展，演变首先是进入"挨 $+N_2+V_2$"式，明代已见个别用例：

（4）f. 天师道："挨了诸神朝见，这就通得。"（三宝太监西洋记·九十七回）

上例的"挨"后面有"了"，"挨 $+N_2+V_2$"式还是述宾结构，"挨"是谓语部分中心动词，"诸神朝见"是主谓短语充当宾语。清代出现较多的"挨 $+N_2+V_2$"式，但结构助词"的"可出现于 $N_2$ 和 $V_2$ 之间。例如：

（4）g1. 还是宝二爷挨了老爷的打。（红楼梦补·十七回）

**g2.** 先前蟠儿挨过他的打。（续红楼梦·九回）

**g3.** 怎么会这个东洋人挨他们的詈辱呢？（冷眼观·十回）

**g4.** 不能这么胡说乱道的去挨人家的申斥。（留东外史续集·二十一章）

**g5.** 著书的若再糊糊涂涂的过去，怕不挨看官的笑骂。（如此京华·下卷·十一回）

4g 组显示：迄至十九世纪末二十世纪初，"挨"为谓语部分中心动词的用例还是挺多的。然而，$V_2$ 毕竟以主语或句中某个隐含的 NP 为受事，"挨"还是有可能向被动介词发展的。从十八世纪至今，演变仍在继续，表现为 $V_2$ 部分的结构逐渐复杂化，以及"了"等出现在 $V_2$ 后面。

1）$V_2$ 前有状语

$V_2$ 前的状语多为数量短语。例如：

（4）**h1.** 那年二哥哥挨了老爷一顿打，就为的是他。（红楼真梦·四回）

**h2.** 可怜卢大挨了马二一顿打。（官场现形记·五十四回）

**h3.** 二爷挨了老爷一顿板子，就是为他呢。（红楼梦补·十四回）

**h4.** 江彬挨了皇帝一句骂。（武宗逸史·十二章）

状语也可以是"多少"。例如：

（4）**i1.** 我们跟着挨了老祖宗多少骂！（红楼梦影·二十一回）

4h 组和例 4i 的"挨"后面大多有体助词"了"，"挨"还带有动词特征，但没有"了"的用例也出现了。例如：

（4）**j1.** 还要挨他一顿臭骂。（人海潮·三十五回）

**j2.** 也不知挨我多少骂，受我多少委屈。（留东外史·六十五章）

4j 组的"挨"后面虽然没有"了"，但其后的部分还是可以看作"挨"的宾语，"挨"还是不能排除动词的可能性。

2）$V_2$ 后面带补语

$V_2$ 后面的补语也大多是数量短语。例如：

（4）**j.** 此人方才错了一笔交易，约有四五两银子，挨小号执事呼斥了几句。（狄公案·十七回）

上例的"了"用于 $V_2$ 后面，句末还有补语，而 $V_2$ 在语义结构中以 $N_1$（主语，可能省略）为受事，这种用例的出现可证："挨"已靠近介词，或者说已是被动介词。

3）$V_2$ 部分有状语和宾语

（4）k. 你一天不挨他两句硬话村你，你再过不去。（红楼梦·六十三回）

上例显示：V₂ 前有状语，后有宾语时，V₂ 容易被看作谓语部分中心动词，而 N₂ 因后面部分的结构复杂化而向前靠拢，有可能与"挨"先组合，成为介词短语。

4）V₂ 部分为复句形式

（4）l. 你们整天地玩，园中没人照管，不要挨个贼骨头进来，偷去蟠桃。（八仙得道·六十五回）

上例的 V₂ 部分是复句形式，虽然第一个动词（即"进来"）是不及物动词，但第二个动词"偷"是及物动词，而且句子蕴含"非企盼"意义，"挨"也有向被动介词发展的趋势，同时，上例也显示了"被动介词——致使动词"演变的可能性。总之，"挨"朝被动介词发展的趋势迄至清代已十分明显，今方言中有被动介词"挨"，也是汉语历时发展的结果。

"承受动词——被动介词"演变的主要因素是句法结构的复杂化，V₂ 后面出现宾语、补语或"了"，V₂ 前面出现状语，使得表义重点落在 V₂ 上，V₂ 变为谓语部分的主要动词。虽然"承受动词 +N₂+V₂"式中，V₂ 绝大多数是"非企盼"意义的动词，但这是由 V₁ 是"承受"义决定的，不是引发演变的因素。然而，承受动词所在结构式的 V₂ 的语义特征影响到"致使""给予"义动词的演变。

### 2.2.3.1.3 "致使"义动词的首发模式

"致使动词——被动介词"演变迟于"承受动词——被动介词"演变，唐代方才出现，"教"是这一演变的首发者。"教"的演变方向虽然与"被、遭"等相同，但演变模式不同。第一，"被"所在结构发生"述宾——状中"的变化，"教"所在结构发生"兼语——状中"的变化。第二，"被"演变的主要因素是结构的复杂化带来的表义复杂化，从而使 V₂ 变为谓语部分中心动词，"教"演变的主要因素是 V₂ 的"非企盼"意义，从而使 N₁ 与 V₁ 的"施事——行为"关系消失。第三，演变的句式不同，"被"是在陈述句中开始演变的，而"教"在劝诫句中开始演变。

唐代之前的"教 +N₂+V₂"式中，"教"还不是致使动词。例如：

（5）a. 大怒曰："帐中何不教我拜，而辱我于大众？"（魏书·节义列传）

上例为史籍所记的南北朝时期人物的话语，唐代的劝诫句多用"莫 +教 +N₂+V₂"式，"教"是致使动词，V₂ 可带受事宾语，V₂ 部分表示说话人企望避免出现的事件。例如：

（5）b1. 来岁公田多种黍，莫教黄菊笑杨朱。（刘商：重阳日……）

b2. 到日初寻石桥路，莫教云雨湿袈裟。（李郢：送僧之台州）

5b组的"莫＋教……"式的结构，有两种可能性："莫教"若作"不要被"解，可分析为状中结构或述宾结构；"莫教"作"别让"解，可分析为兼语结构。句中的"教"还不能确定介词性质，这是因为 $V_2$ 部分表示的事件虽然是说话人不希望发生的，但还不属于"不幸"事件，即说话人或承受者不能承受的、非常厌恶的事件。"莫教"句可归入否定性祈使句，句中的"教"之所以有可能被看作被动介词，是因为句中蕴含着"非企盼"义，即 $V_2$ 部分所表示的事件是说话人不希望发生的，企图避免的。唐宋时期，在一些"莫教……"句中，还有"被 $+N_2+V_2$"短语出现。例如：

（5）c1. 莫教烛被风吹灭，六道轮回难怨天。（吕岩：寄白龙洞刘道人）

c2. 莫教却被阿兰笑，此个老翁犹相生。（邹浩：闻愈清老游天台）

c3. 学到先须要省缘，莫教到被世情牵。（释怀深：省缘）

c4. 归去好寻休歇处，莫教再被八风吹。（何梦佳：石室和尚……）

5c组表明：唐宋时人还没有普遍地把"莫教……"句中的"教"用为被动介词。然而，在"莫教……"句中潜藏着"致使动词——被动介词"演变的可能性，唐宋时期的一些"莫教"句中，"教"已靠近介词一端，甚至可以说已经是介词了。例如：

（5）d1. 五月贩鲜鱼，莫教人笑汝。（寒山：诗三百三首）

d2. 莫教尘裹汗，坏却箧中衣。（李觏：早归）

d3. 此后莫教尘点染，他年长照岁寒姿。（青萝帐女赠穆郎）

d4. 欢意莫教时节挫，穷愁应须岁寒禁。（黄庶：次韵居正……）

d5. 背地里，莫教人咒骂。（晁端礼：鹤桥仙）

5d组的 $V_2$ 有的带受事宾语（如例5c1），有的不带受事宾语（如5c3），句中的"教"之所以可以被分析为被动介词，是因为 $V_2$ 部分相对于5b组来说，"非企盼"义更浓。于是，"被"向介词发展的趋势也更加明显，或者说相对靠近介词一端。在"教"的"致使动词——被动介词"演变中，起决定作用的是 $V_2$ 部分的意义。若 $V_2$ 部分表示承受者所遭遇的不幸事件或令人厌恶的事件，即使不是劝诫句，"教"也可作"被"解。例如：

（5）e1. 虽教小事相催逼，未到青云拟白头。（罗隐：感怀）

e2. 总得苔遮犹慰意，若教泥污更伤心。（韩偓：惜花）

e3. 大儿三十心力到，租税免教官吏逼。（汪莘：访吴安抚……）

e4. 斋阁祈晴应有应，免教雪虐更风饕。（王遘：南剑倅赵用甫……）

e5. 尽教人贬驳，唤作岭南诗。（刘克庄：乍归九首）

5e 组可证：虽然在"莫教……"组中开始演变，但导致"教"变为介词的决定性因素是 $V_2$ 部分的意义。与"承受"义动词一样，"教"的演变过程中，也有结构的复杂化的作用，$V_2$ 后面有宾语，唐代已有用例（例 5d1、5d2），宋代有较多的用例：

（5）f1. 时论已兼言责重，莫教天下笑虚名。（杨蟠：喜闻中丞……）

f2. 已觉烟霞亲几杖，不教尘土污簪裾。（傅察：赠毛彦谟二首）

f3. 辛苦三农营一饱，莫教牟贼坏丰年。（洪适：答景庐和篇）

f4. 冲雨涉溪君会否，免教尘土涴青鞋。（陆游：梅花绝句四首）

f5. 只恐分阴闲过了，更教人诮牧猪奴。（朱熹：观洪遵双陆谱）

f6. 兵贵先人斯夺人，莫教间谍漏真情。（华岳：兵）

$V_2$ 的宾语还可以是谓词性短语。例如：

（5）g1. 分咐着身先引去，免教人道贩私茶。（张商英：句）

g2. 先生笑渠不行乐，莫教人笑先生错。（杨万里：行路难五首）

g3. 病起带围浑减尽，免教人诮腹如壶。（刘克庄：和徐常丞……）

与 5d、5e 组相比较，5f、5g 组的"教 + $N_2$ + $V_2$"式更容易被看作状中结构，这是因为 $V_2$ 后面带宾语，使 $V_2$ 的谓语部分中心动词的地位更加明显。$V_2$ 前面有状语的结构式，宋代已见：

（5）h1. 若是东风与为主，肯教风雨尽摧残。（赵抃：雨中见花……）

h2. 半归仓廪半输官，免教县吏相催逼。（张耒：仓前村民输麦行）

h3. 竹径松扉留作伴，莫教风伯肆狂吹。（刘学箕：和林处士……）

h4. 可惜繁华劳剪刻，莫教风雨便残摧。（李纲：寓宁国县……）

h5. 且与幽人充近侍，莫教风雨苦相催。（朱淑真：移花）

h6. 休教风雨等闲欺。（赵缩手：浪淘沙）

宋代还出现少数 $V_2$ 部分有补语的结构式：

（5）i1. 留与越人共夏祭，莫教恶雨打成空。（苏洞：杨梅）

i2. 一任海风吹面黑，莫教人谤何郎。（刘克庄：湘中口占四首）

状语和补语的出现，也使得 $V_2$ 部分在句法结构中位置提升，容易被看作谓语部分的中心动词，从而使"被+N₂"短语结构紧密，被分析为状语。

综上，从历时角度看，导致"教+N₂+V₂"式发生"兼语——状中"结构变化的因素为以下三点：

1）句义中有 V₂ 行为的承受者，可能出现在句法层，也可能隐含；若出现，可能在主语位置，也可能在宾语位置。

2）V₂ 部分表示说话人或承受者不愿意或企图阻止的事件，即 V₂ 有明显的"非企盼"的语义特征。

3）在"莫教"类劝诫句中，"教"开始"致使——被动"的演变，因为句式意义和"非企盼"意义相匹配。

虽然源动词"被"和"教"属于不同的义类，但致变因素还是有相同之处，一是结构的复杂化，二是 V₂ 部分的"非企盼"意义。就 V₂ 部分的意义而言，"教"向被动介词发展时，决定性的因素是 V₂ 的"非企盼"意义，而"被"演变的决定性因素是句法结构的复杂化。之所以演变因素不同，是因为源动词的义类不同，"被"属于"承受"类，从历时角度看，在"被+N₂+V₂"式出现之前，充当谓语的"被+V₂"式中，V₂ 绝大多数是表示"非企盼"意义的，所以当"被+N₂+V₂"式出现时，V₂ 也绝大多数是表示"非企盼"意义的；可以说，由于 V₂ 的意义，"承受"义动词相对于"致使"义动词，更容易向被动介词转化。而"教"属于"致使"义，大多进入兼语式，V₂ 原本不是表示"非企盼"意义的，反而是大多符合说话人或 N₁ 意愿的；进入劝诫句（"莫+教+N₂+V₂"式），V₂ 的"非企盼"意义才能逐步加重，因此，V₂ 的"非企盼"意义对于"教"的演变来说更为重要。

### 2.2.3.1.4 "致使"义动词的后随模式

我们把"让"看作"致使——被动"演变的后随者。"让"的演变发端于十九世纪，至二十世纪初已定型。在今北方方言中，被动介词"让"已为常见。"让"与"教"的致变因素大致相同，但作为源动词，"让"有不同于"教"的义项，因此，"让"的演变带有自身的一些特征。"教"的致变因素主要是 V₂ 部分的"非企盼"意义；而"让"的致变因素除了 V₂ 的"非企盼"意义之外，还有句子蕴含的"非企盼"意义。

A. 萌生被动介词"让"的语义结构

明清时期的四种语义结构中孕育了被动介词"让"。第一种是，句首有受事主语（可能承前省略），V₂ 表示"不幸"或"不如意"事件，但说话人或承受者愿意或不反对 $V_2$ 事件发生。例如：

（6）a1. 怪物闻言，连声喏喏，收了宝杖，让木叉揪了去，见观音纳头下拜。

（西游记·八回）

a2. 杨戬，你将照妖鉴上前来照，那远远照，恐不明白。大丈夫当明白做事，不可暗地里行藏。我让你照！（封神演义·七十回）

a3. 如有比胜英走得远者，也放在原处，我胜英甘拜下风，我师徒自备其缚，让众位寨主杀害，岂不美哉？（三侠剑·一回）

a4. 你还敢来要马！如若要马时，须要还俺满树的鸟儿，让俺打的尽了，那时方还你的马。（七侠五义·五十九回）

6a 组的 $V_2$ 所表示的事件对于说话人或承受者来说，是"不幸"或"不如意"的事件，但这是说话人或承受者愿意或容许发生的事件，"让"还是致使动词。

第二种是 $V_2$ 所表示的事件可能是说话人或承受者不愿意发生的，但"让"的"谦让"意义仍未销蚀尽。例如：

（6）b1. 太守笑道："天下义事，岂可让公一人做尽了？我也当出二十万钱为助。"（二刻拍案惊奇·卷七）

b2. 只有祖遗的一所房子，与杨尚书家对门，前面三间铺面，后面两进住房，客厅书舍，件件都全。薛教授极是欢喜，只是杨家的对过，外人怎么插得进去？只得让杨尚书的孙子买了。（醒世姻缘传·二十五回）

b3. 李纨看了，先笑道："绛珠口吻却又不同，若是一起评定，又要让他夺魁了。"（红楼真梦·三十二回）

第三种是 $V_2$ 表示违背承受者或说话人意愿的事件，但"让"的"礼让"或"谦让"义还未销蚀尽。例如：

（6）c1. 春闱若许裙钗入，肯让仙郎占月宫？（今古奇观·卷七十八）

c2. 附着宜笑姐的耳朵说道："不如耐过了今夜，明日我每先下些功夫，弄到了房里，不怕他不让我每受用！"（二刻拍案惊奇·卷三十四）

c3. 这妻妾是他金钱换来的，如何肯让你受用？（歇浦潮·二十回）

c4. 云阳生道："你又来了！你若空身，尽可去得，若带了棺木，倘有人查问起来，你是让他们捉住，还是撇了棺材而去？"（七剑十三侠·三十回）

c5. 若己国不发兵到来，让日本平了韩乱，岂不是后来交涉更为棘手？（宦

海升沉录·四回）

即使 $V_2$ 明显地表示承受者或说话人"受损"意义，只要"礼让，谦让"义未完全消失，"让"还是不能排除致使动词的可能性。例如：

（6）d1.他一个流来之子，得与我们认做兄弟，孰轻孰重，凭你论情论理，也该奉承我们三分，怎倒先戒我们欺他？终不成倒让他来欺负我们！（今古奇观·卷十二）

　　d2.若必恃官势欺压，听信他阴阳人诱哄，要在这地葬埋，我杨幺决不肯让人占去。（后水浒传·十回）

　　d3.大人若是现在出去厮杀，岂不是把脑袋伸出去让人家砍吗？（彭公案·二百十回）

　　d4.他们科举出身的，看着八股文章是门市买卖，怎么肯让外人抢了去呢？（红楼真梦·四十九回）

第四种是 $V_2$ 表示的事件是违背承受者或说话人意愿的，但"让"不能排除"零致使"义动词（即"听凭"义动词，如"由、随"等）的可能性，整个构式仍可分析为兼语结构。例如：

（6）e1.唐僧埋怨行者道："你这个猴头……你偷吃了他的果子，就受他些气儿，让他骂几句便也罢了。……"（西游记·二十五回）

　　e2.众人说："玉姐，骂得够了。"鸨子说："让你骂许多时，如今该回去了。"（警世通言·卷二十四）

　　e3.可说我让你骂了好几句了，你再骂，我不依了！（醒世姻缘传·六十回）

　　e4.妇人将杜伏威衣襟扭定，大头撞来。众人喊叫："男不与女敌，郎君不可动手！杜伏威让妇人撞了几下。"（禅真逸史·二十一回）

6a——6e 组显示：明清时期的"让 $+N_2+V_2$"式中已存在"致使动词——被动介词"演变的可能性，但直至清代，即使 $V_2$ 在语义上涉及句首的受事，很多"让 $+N_2+V_2$"式中的"让"仍不能确定被动介词性质。

B. 致变因素分析

蒋绍愚（1994）提出，汉语"给／教"字句"使役——被动"演变的语义条件是：句子表达的是违反主语（或说话者）的意愿的事。在导致演变的因素中，这是起决定作用的条件。与"教"不同，"让"向被动介词演变时，$V_2$ 部分是否具有"非企盼"意义不是决定因素，决定因素是说话人或承受者的态度，如果说话人或承受者不希望并企图阻止事件发生，$V_2$ 所表示的事件，对承受者或说话人来说是"非企盼"的，"让"可能发生"致使——被动"的演变。比较两例：

（6）f. 掌柜的摆上饭，让他两个吃。（醒世姻缘传·二十三回）

（6）g. 大哥，我们就此开刀，先将他那个贱货剥下，究竟看他什么形像，就如此淫贱。然后挖出他心来，就挂在这树上，让乌鹊吃了罢。（狄公案·四十三回）

上两例的 $V_2$ 都是"吃"，$V_2$ 同样涉及前文提到受事，前例的 $V_2$ 表示符合承受者意愿的事件，"让 +$N_2$+ 吃"式为兼语结构，"让"是致使动词。后例的"吃"违背承受者的心愿，但 $V_2$ 事件却符合说话人意愿——"让"的"致使"义还在，"让"仍可分析为致使动词，但句中潜藏着"让"向被动介词发展的可能性。

有时，$V_2$ 部分本身不具有"非企盼"意义，但句义中可推出"说话人不愿意 $V_2$ 事件发生"的意义，"让"向被动介词发展的趋势十分明显。例如：

（6）h1. 这事万万不能让他弄稳了的。（续济公传·一百十二回）

h2. 别说你两只镖枪，就是三只金镖，也不能让你打着我。你要打不着我，再要反悔，我可就有了理啦。（三侠剑·三回）

h3. 只见小和尚在眼前一晃，说："和尚老爷焉能让你杂毛老道拿住？"（济公全传·一百九十回）

6h 组的 $V_2$ 所表示的事件本身不具有"非企盼"意义；但就说话人（也是承受者）而言，是"不愿意发生"的。如第一例，承受事件结果的人（即说话人）不希望并企图阻止事件发生；"让"就具有明显的向被动介词发展的趋势。第二例，"我"（承受者，也是说话人）出现在 $V_2$ 的宾语位置，$V_2$ 所表示的事件结果是承受者不容许发生的，"让"也呈现明显的向被动介词发展的趋势，甚至可以说已是被动介词。第三例的句法层有受事主语（是承受者，也是说话人），$V_2$ 所表示的事件是说话人拒绝实现的，"让"也可以说是被动介词。由 5h 组可知：$V_2$ 的受事可以出现，也可以不出现；可以出现在主语位置，也可以出现在宾语位置；引发"让"的"致使动词——被动介词"演变的因素可以是说话人或承受者的"非企盼"态度而不一定是动词的"非企盼"义。

6h 组后两例可证：最迟在十九世纪，"让"已趋近介词一端，或者说介词"让"已萌生。随后，语义结构继续发展，$V_2$ 部分可以表示符合说话人心愿的事件。例如：

（6）i. 我听说你添了个大小子，二爷也让你给管好了，这真是"红萝卜加辣子，
　　　看不出来的"。（红楼真梦·三十回）

上例的 $V_2$ "管好"表示符合说话人心愿的事件，至于承受者"二爷"是否愿意受管束，不在说话人表述范围之内。

太田辰夫（1958）已论及"教"字被动句产生过程中的"与禁止相配"的意义。杨月蓉（2007）提出的"否定性使令句"，也涉及"禁止意义"的问题。两位学者一从语义角度，一从句式角度，都已指出"禁止意义"在演变中具有重要作用。我们观察到的例子亦可证明："教"在劝诫句中容易被分析为介词。同样，"让"进入劝诫句，"非企盼"的语义特征凸显，容易被看作被动介词。例如：

（6）j1. 这回应举的很多知名之士，大家阅卷倒要格外用心点儿，一来不负朝廷
　　　委托，二来休让石农独霸，夸张他的江南名榜。（孽海花·十三回）

　　j2. 你先去到园中看一看，喜童可在书房吗？切不可让外人知道。（二度
　　　梅·十五回）

　　j3. 不知临行时孙振嘱咐千遍，不可让别人知道上本。（五虎平南·九回）

　　j4. 这事可怪！别让那秃老头儿他知道，可不好，恐他讹我。（康熙侠义
　　　传·一百零九回）

　　j5. 临行之时，对妇人说道："两截褂我有几件，我带两件走，其余的
　　　那两件，你把洗一洗，搭在杆上晾着，千万别让日光晒着。"（三侠
　　　剑·二回）

　　j6. 这是天赐你一间暖房，快先去占据罢，别让他人捷足先得。（人海
　　　潮·十五回）

劝诫句表达说话人不希望某种事件的发生，符合被动句中 $V_2$ 表示"非企盼"事件的语义条件。在"让"的"致使——被动"演变中，句子的"非企盼"意义起着十分重要的作用，而句式也起着作用，之所以句式能起作用，是因为劝诫句的句式意义符合"非企盼"的语义条件。如果不是劝诫句，句子表达承受者或说话人的"非企盼"意义，"让"也是被动介词。例如：

（6）k1. 老爷虽不怕他，到底让人家笑话。（蜃楼志全传·十六回）

　　k2. 我老实是个没字碑，尽你卖弄吧，不要让这受信人笑就是了。（最近官

场秘密史·卷二十七）

随着介词性质的明确，"让"进入与复杂的被动式相似的结构，如带补语或宾语，与处置式结合，与被动助词"给"配合使用等。可以说，结构的复杂化也助推"让"继续语法化并固定了"让"的演变结果。

1）补语的出现

$V_2$ 后面有补语，使得 $V_2$ 成为谓语部分中心动词，也凸显"让"的介词性质。例如：

（6）11. 这点子你还想不上来，岂不要让人家笑死吗？（最近官场秘密史·卷二十三）

12. 从前你国兴兵犯上，让本帅杀得人亡马倒，难道不知大兵厉害？（五虎平西·九十一回）

由于 $V_2$ 受到各类补语的意义补足，使得 $V_2$ 部分"非企盼"意义愈益明显；且因为补语的出现，使 $V_2$ 句法地位提升，被看作谓语部分的主要动词的可能性增大，这也导致的"让"的介词性凸显。

2）宾语的出现

$V_2$ 表示不符合承受者或说话人意愿的事件，$V_2$ 又带宾语，"让"的被动介词性质凸显。例如：

（6）m1. 可平白无故地让人勒诈百多两银子，就是孩子也不能甘心！（蓝公案·二十四则）

m2. 嚼雪不嫌冰似水，吞毡肯让人污身？（双凤奇缘·六十五回）

3）体助词的出现

现代汉语被动句的 $V_2$ 通常不可以是光杆动词，至少也要带体助词，而体助词的出现，多与事件的"现实性"有联系。如果 $V_2$ 表示不符合承受者或说话人意愿的事件，后面还有体助词，"让"的介词性质凸显。例如：

（6）o1. 但是两首诗并列，让人看了不大合适。（泣血亭·十五回）

o2. 我到这儿，满心的要见识见识这件巨物。找了多回，没有找到，岂知让人家哄了。（商界现形记·七回）

6o 组中体助词"了"的语义都指向 $V_2$，而非句中的"让"，这也突出了结构式中 $V_2$ 的主要动词地位。如果句中有体助词又有补语，"让"的被动介词性质愈加明显。例如：

（6）p1. 杜林呀，我们弟兄算栽啦，我们八门的人，没让人捆上过。（大八

义·三十四回）

p2. 他只走到前门车站，就让日本人抓了回来，下了牢。（四世同堂）

P3. 留心不要让人瞧见了，仔细打断你的狗腿。（最近官场秘密史·卷二十四）

4）$V_2$ 为双音动词

如果句中无补语或体助词，$V_2$ 是含有结果意义的双音动词，句子表达"非企盼"意义，"让"也趋近介词。例如：

（6）q1. 眼见老母这般高年，还不免吃这等苦头，心中宛如刀刺，便在廊下暗暗痛泣，还不敢让老母知道，怕她老人家伤心。（八仙得道·七十九回）

q2. 本来那位亲家太太，就是这么一个女儿，要让她知道，怪对不过她的。（春阿氏谋夫案·一回）

q3. 幸亏未看见我，若让他看见，虽不怎样，又费手脚。（绿牡丹·二十六回）

q4. 要他相命的一般个个说到，我生怕他朝着我说什么，只躲在人背后不让他瞧见。（水石缘·三十段）

5）与处置式配合使用

介词"被"、"教"可以与处置式配合使用，"让"字被动句也有相同的构式。但一部分的"让……把/将……"式的"让"有两种可能性：致使动词或被动介词。例如：

（6）r1. 你们家又有上夜的，又有保家的，怎么就让强盗把赃物送到家中屋子里还不知道？（老残游记·五回）

r2. 现今既到山下，若让你将人救去，随后那许多大事，何能去做？（施公案·三百八十七回）

6r 组显示："让……把/将……"式的"让"也有被动介词的可能性。清代小说中，绝大多数"让……把/将……"式的"让"是被动介词。例如：

（6）s1. 夜内不留神，让你把玉马盗去，今天你又来了，我家大爷要翻脸，可就把你拿住。（彭公案·一百二十回）

s2. 没灌成人家，倒让马玉龙把他灌了。（彭公案·一百五十回）

6s 组的"让"与"把/将"字处置式配合使用，"把/将"引出 $V_2$ 的受事 N（也是处置对象）；而此类构式中出现的补语或体助词，对 $V_2$ 动作发生后产生的结果作补充说明，其语义也指向 $V_2$。

6）与助词"给"配合使用

"给"用于中心动词前面，对 $V_2$ 意义起强调作用，突出 $V_2$ 事件的"非企盼"意义以及 $V_2$ 对受事的作用。被动助词"给"的出现，凸显了被动句的句式意义——$V_2$ 是针对承受者发生的。例如：

（6）t1. 鸳鸯，你替我看着点，别让他们给赚了。（红楼真梦·二十三回）

t2. 我们这些人好多让他给打坏了，刘三头儿的指头让他给咬下两半截来。（雍正剑侠图·二十九回）

t3. 这时大家让傻小子于恒给崩的四下逃窜，有好些流血的。（雍正剑侠图·二十八回）

t4. 我们老东家有个孙子，让他给领了走啦。（大八义·二十七回）

t5. 分明是自己做熟了的饭，却让别人给吃了。（案中冤案·十三章）

综上，"让"的致变因素主要是 $V_2$ 的"非企盼"意义，但也可以是句子的"非企盼"意义，而不一定是 $V_2$ 的"非企盼"意义。"让"的演变也有结构复杂化的因素，但与"非企盼"意义相比，是处于第二位的因素。

### 2.2.3.1.5 "给予"义动词的首发模式

在汉语方言中存在较多的源自"给予"义的被动介词。"致使——被动"的演变与"给予——被动"的演变模式有相同之处：第一，致变因素都是 $V_2$ 或句子的"非企盼"意义；第二，源动词所在结构式都有过"兼语——状中"的变化。不同在于，源自"致使"义的被动介词只有"致使——被动"一条演变路径；而可溯及"给予"义的被动介词一般有两个语义来源，即"给予"义和"致使"义；有两条演变路径，即"给予——被动"的路径和"给予——致使——被动"的路径。

A. 语义联系分析

来自"给予"义动词的被动介词中，"与"是最早产生的。唐代已见少数被动介词"与$_{36}$"的用例：

（7）a1. 安知鸾凤巢，不与枭鸢倾。（孟郊：饥雪吟）

a2. 有巅从日上，无叶与秋欺。（陆龟蒙：奉和袭美……）

a3. 晚学更求来世达，正怀非与百邪侵。（张蠙：赠郑司业）

a4. 世间一等流，诚堪与人笑。（寒山：诗三百三首）

虽然用例不多，但可以说，至迟在中晚唐时期，被动介词"与$_{36}$"已萌生。确定"与$_{36}$"的主要标准是"与 $+N_2+V_2$"式中 $V_2$ 的意义，若 $V_2$ 表示说话人或承受者"非企盼"的事件，则"与"是被动介词。就致变因素而言，

"与"的演变条件与"教"有更多的相似之处，即 $V_2$ 部分表示"非企盼"事件。这是因为给予动词充当 $V_1$ 的"$(N_1+)$ $V_1+N_2+V_2$"式中，一般蕴含"$N_1$ 愿意让 $V_2$ 事件发生"意义，$V_2$ 大多表示"使 $N_2$ 获益"的事件，如果 $V_2$ 的语义类型不发生变化，$N_1$ 和 $V_1$ 之间的"施事——行为"关系不可能断裂，$V_1$ 的词性和功能很难发生变化。

与被动介词"教、让"不同，"$与_{36}$"有动词和介词两种来源。就动词来源而言，与"给予"义（记为"$与_{01}$"）和"致使"义（记为"$与_{02}$"）都有联系；就介词来源而言，"$与_{36}$"和先之产生的交互介词"$与_{31}$"有联系，甚至可能与所为介词"$与_{32}$"也有联系。

A1. 和动词"$与_{01}$"、"$与_{02}$"的联系

"给予"义动词进入双宾语结构，句法结构中存在间接宾语 $N_2$（多由表人的 NP 充当）和直接宾语 $N_3$（多由表物的 NP 充当），$N_3$ 一般是可供传递的事物。在"与+$N_2+V_2$"式中，虽然语义结构中大多有"授予物"论元，但句法层没有出现；由于句法层没有"授予物"论元，源动词的控制力就会减弱甚至消失，给予动词有可能向被动介词发展。南北朝至唐代的"$(N_1)$+与+$N_2+V_2$"式中，绝大多数"与"还是"给予"义动词，但句子蕴含"说话人或 $N_1$ 愿意让 $N_2$ 实施 $V_2$ 行为"意义，也可以推出"$N_1$（可能省略或隐含）承受 $V_2$ 行为"意义。例如：

（7）b1. 男儿不惜死，破胆与君尝。（吴均：胡无人行）

b2. 汝当可得，芝草与汝食。（杨羲：右英吟）

b3. 荷君剪拂与君用，一日千里如旋风。（高适：画马篇）

例 7b1、7b2 的授予物"胆"、"芝草"出现在"与"前面，在语义结构中是 $V_2$ 的受事；例 7b3 的授予物没有出现在句法层，但语义结构中存在。7b 组的句义中都蕴含"说话人愿意 $V_2$ 事件发生，$V_2$ 行为使 $N_2$ 获益"意义；"与"被理解为"给予"义动词，"与+$N_2+V_2$"式分析为兼语结构。但是，7b 组的语义结构中也蕴含说话人或"$N_1$（可能省略或隐含）承受 $V_2$ 行为的结果"的意义，因此，我们说 7b 组的语义关系显示：动词"$与_{01}$"有可能直接向被动介词发展，而不一定必须经过致使动词阶段。

7b 组的"授予物"是具体的事物（如"胆、芝草、马"等），若"授予物"是抽象的事物，则"给予"义淡化。例如：

（7）c1. 凉风怀袖里，兹意与谁传。（李巕：林园秋夜作）

c2. 阀阅便因今日贵，德音兼与后人传。（翁承赞：蒙闽王……）

c3. 事因周史得，言与汉王传。（苏颋：奉和圣制……）

7c组的"授予物"是抽象事物，"给予"义淡化，"致使"义明显化，而且"与"朝被动介词发展的趋势相对明显；但"与"还是不能排除"给予"义的可能性。总之，在有"授予物"的语义结构中，"与"不能排除"给予"义动词的可能性，而"给予"义的"与$_{01}$"有可能直接向被动介词转化。致使动词"与$_{02}$"的大量使用是在唐代之后，在"与"的"给予——被动"演变启端之后，"致使——被动"演变也出现了，而且变为演变的主线；但在给予动词阶段，已显示向被动介词发展的可能性。

A2. 和介词"与$_{31}$""与$_{32}$"的联系

交互介词"与$_{31}$"的产生远早于被动介词"与$_{36}$"，"与$_{31}$"和"与$_{36}$"所处的句法位置相同，"与$_{31}$"的存在对"与$_{36}$"的产生有一定的助推作用。唐宋时期的一些用例中，"与"可作"和"或"被"两种理解。例如：

（7）d1. 广张三千六百钓，风期暗与文王亲。（李白：梁甫吟）

d2. 远怀不我同，孤兴与谁悉。（张九龄：登郡城南楼）

d3. 惜哉边地隔，不与故人窥。（张九龄：南还以诗代书……）

d4. 长天不可望，鸟与浮云没。（刘长卿：初至洞庭……）

d5. 不与死生变，岂为忧患渝。（秦观：无题二首）

第一例如理解为"太公与文王相亲"之义，则"与"为交互介词，若理解为"太公为文王所亲"之义，则"与"为被动介词。同理，后四例的"与"也有可能作两种理解。7d组显示：交互介词"与$_{31}$"也有可能与被动介词"与$_{36}$"有关联。我们分析V$_2$为"疏离""掺杂""阻隔""忘记"等义类的动词时，"与"的两种可能性。"疏离"义动词进入V$_2$位置，V$_2$的施事可能是N$_1$和N$_2$双方，也可能是N$_1$单方或N$_2$单方。例如：

（7）e1. 杜门不欲出，久与世情疏。（张子容：送孟八浩然……）

e2. 晚知清净理，日与人群疏。（王维：饭覆釜山僧）

e3. 常知罢官意，果与世人疏。（韩翃：赠张五諲……）

e4. 古来贤哲皆如此，应是才高与众疏。（张籍：赠令狐博士）

e5. 逍遥向云水，莫与宦情疏。（张乔：题湖上友人居）

7e组的"疏"如理解为"N$_1$疏离N$_2$，N$_2$也疏离N$_1$"意义，即"双方实施"意义，则"与"是交互介词；但也有可能被理解为"N$_1$疏离N$_2$"即

"$N_1$ 单方实施"意义，则"与"是所对介词；如为理解为"$N_2$ 疏离 $N_1$"意义，则是"$N_1$ 为 $N_2$ 所疏"的意思，即"$N_2$ 单方实施"意义，"与"有可能被理解为被动介词。

就"掺杂"行为而言，$N_1$ 可能是主动的，也可能是被动的，而 $N_2$ 也有可能被理解为主动的，因而，$V_2$ 为"掺杂"义动词的句子中，"与"的功能有"交互"或"被动"两种理解。例如：

（7）f1. 约好饮酒，夷淡不与世杂。（南史·蔡廓列传）

　　　f2. 不与红者杂，色类自区分。（白居易：感白莲花）

　　　f3. 清声不与众乐杂，所以屈受尘埃欺。（赵抟：琴歌）

第一例的"与"通常被分析为交互介词，但不能排除被分析为被动介词的可能性。这要看对"杂"的理解，对于"约"来说，可以是不杂于"世"，也可能不为"世"所杂。同理，后两例的"与"也有两解。若 $V_2$ 是"忘记"义动词，"与"也有两解。例如：

（7）g. 先生一向事虚皇，天市坛西与世忘。（皮日休：怀华阳润卿……）

上例的"与"通常被分析为交互介词，即"先生"和"世人"两相忘的意思；但"忘"也可能是"$N_2$ 单方实施"意义，句子也有可能被理解为"先生为世人所忘"之义，则"与"为被动介词。"阻隔"义动词进入 $V_2$ 位置，"与"也有两种理解。例如：

（7）h1. 久与乡关阻，风尘损旧衣。（孟贯：寄故园兄弟）

　　　h2. 尘愁老来颜，久与江山隔。（李群玉：洞庭遇秋）

7j 组的"与"通常被理解为交互介词，但也有被理解作"为 $N_2$ 所阻／隔"的可能性，则此为被动介词。通过观察 7d——7h 组的两解现象，可得出如下结论："与 +$N_2$+$V_2$"式中，$V_2$ 的施事有作"双方"或"单方"理解的两种可能性，不同的理解可能引发"交互——被动"的演变。这种演变是在"给予／致使——被动"的演变发生的同时，随之出现的支流。除交互介词外，"与$_{36}$"还有可能和所为介词"与$_{32}$"有联系。唐宋时期的一些"与 +$N_2$+$V_2$"式中，"与"的功能可能有"所为"或"被动"两种理解。例如：

（7）i1. 谁知颂德山头石，却与他人戒后车。（张继：读峄山碑）

　　　i2. 莫唱杨柳枝，无肠与君断。（白居易：山游失小妓女）

　　　i3. 本来云外寄闲身，遂与溪云作主人。（陆龟蒙：自遣诗三十首）

7i 组的"与"如理解为"替、为"义，则是所为介词；但"与+N_2+V_2"式如理解为"被他人用作箴诫"、"被君断"或"被云溪认作主人"，则是被动介词。又如：

（7）j1. 艳光落日改，明月与人留。（梅尧臣：依韵和王中臣）

　　j2. 未将所学酬知己，先与他人作忌图。（释居简：泣钱长官竹岩）

7j 组的"与"也有可能作类似 7i 组的两种理解。总之，表示"交互"、"所为"的介词"与"，也有可能和被动介词"与_{36}"有关联。我们认为在"给予/致使动词——被动介词"演变发生的同时，也可能出现另外一些属于支流性质的演变路径。

B. 致变因素分析

"与_{36}"的主要来源是致使动词"与_{02}"，但演变初期，给予动词"与_{01}"也可能向"与_{36}"发展，萌生"与_{36}"的"与+N_2+V_2"式原本可看作兼语结构，导致"兼语——状中"结构变化的因素主要是框式结构、对举格式和 V_2 的语义类型变化。三个因素中，V_2 的语义类型起着决定性的作用。

B1. 动词的意义

从语义因素看，"与_{36}"从萌芽至定型，是由"(N_1+) 与+N_2+V_2"式中 V_2 的"非企盼"意义决定的。这是演变的语义因素，也是决定性的因素。若 V_2 表示不幸、不如意的事件，N_1（施事主语，可能省略或隐含）和"与"之间原本存在的"施事——动作"关系消失了，V_2 被认定为谓语部分主要动词，"与"变为被动介词。例如：

（7）k1. 莫把蛾眉与人妒，但疏梅、淡月深深院。（赵以夫：贺新郎）

　　k2. 一囚坐法诛，三覆与众弃。（王存：覆验余姚道中）

　　k3. 壁下茶铛久不黔，更无白眼与人嫌。（沈辽：春日二绝）

　　k4. 今年都城游，日与贱事逼。（刘敞：和邻几八月……）

宋代，一部分句子的 V_2 部分也可以表示符合承受者心愿的事件。例如：

（7）l1. 一与尊前赏，重生塞上春。（韩琦：再谢真定……）

　　l2. 爱民若副贤侯意，共入诗声与众夸。（朱光庭：题福昌寺……）

　　l3. 凭君命句天然景，流落人间与众夸。（孔武仲：和介之……）

为什么早期的被动介词"被"所在的句子很少见到 V_2 表示"好"的事件的用例，而被动介词"与_{36}"所在的句子比较多见呢？这是因为"与_{36}"可追溯至"给予"义，而"给予"义动词充当 V_1 的"V_1+N_2+V_2"式中绝大多数蕴含"$V_2$事件符合 $N_1$ 意愿，且使 $N_2$ 获益"意义；由于"词义滞留"的影响，"与$_{36}$"所在结构式的 $V_2$ 有可能表示"好的"事件。

宋代，$N_2$ 部分也继续扩展，谓词性单位进入 $N_2$ 位置。例如：

（7）m1. 贱生罹凶丧，日与死亡逼。（苏舜卿：送施秀才）

m2. 时俗反称少壮贤，丈夫动与饥寒逼。（刘敞：积雪示张翁）

相对来说，被动介词"教"的宾语罕见谓词性的，这是因为"教诲"、"教唆"义动词"教"充当 $V_1$ 的"$V_1$+$N_2$+$V_2$"式中，$N_2$ 一般是表人的名词，致使动词"教"充当 $V_1$ 的"$V_1$+$N_2$+$V_2$"式受源动词"教"的意义影响，$N_2$ 也大多是表人的名词，而不是谓词性的。

B2. 对举格式、框式结构的作用

在一个对偶句中，和介词对举的"与"有可能被分析为被动介词。例如：

（7）n1. 兴因膏泽洒，情与惠风吹。（张九龄：酬通事舍人……）

n2. 雨从箕山来，倏与飘风度。（宋之问：雨从箕山来）

n3. 笑为妻子累，甘与岁时迁。（杜甫：寄岳州贾司马……）

n4. 三阳不与寒威尽，一气还从暖律回。（度正：送博寺丞）

7n 组的"与"一般被理解为交互介词或所为介词，但也很有可能被理解为被动介词；这是主要因为对举格式的作用。在排比格式中，一个"与"是被动介词，另一个"与"也可以被分析为被动介词。例如：

（7）o. 此音宁与人知，此身不与人欺。（陈德武：清平乐）

上例的前一个"与"可能是致使动词，但后一个"与"通常被理解为被动介词，由于排比格式的影响，前一个"与"也很有可能被分析为被动介词。

在"与……所……"式中，"与"也呈现向被动介词发展的态势。例如：

（7）p. 和尚是高人，莫与他所使。（祖堂集·卷二·慧可禅师）

例 7o、例 7p 可证：框式结构在演变中也起着一定的作用。

C. 小结

被动介词"与$_{36}$"的产生与被动介词"教"有相似之处：结构式的 $V_2$ 都是表示"非企盼"意义的，也都有结构复杂化的作用。不同在于：被动介词"与$_{36}$"与动词的两个义项有来源关系，还与交互介词、所为介词有关联，被动介词"教"只有致使动词一个来源。

### 2.2.3.1.6 "给予"义动词的后随模式

自"与"首启"给予——被动"的演变之后，这种演变路径在近、现代汉语中不止一次出现。在共时平面上，南北方言中都出现了可以溯及"给予"义的被动介词，但演变模式不一定和"与"完全相同。以"给"为例，阐述此类演变。"与$_{36}$"有动词和介词两种来源，但被动介词"给"（记为"给$_{36}$"）只有动词一种来源，"给$_{36}$"与先之产生的介词功能没有来源关系。

A. 相关研究评述

关于"给 +N$_2$+V$_2$"式中介引施事的介词"给$_{36}$"的来源，已有多种论述，可归纳为四种观点。一是来自使役动词，走"给予——使役——被动"的演变路径，持这一观点的有蒋绍愚（2002）等学者；另一种观点是直接来自给予动词，走"给予——被动"的演变路径，持这一观点的有石毓智（2004）等学者。第三种是木村英树（2005）提出的，他提出汉语南北方言演变路径不同的观点，认为粤语型的路径为"给予——使动——被动"，北京话是"给予——受益——被动"。第四种是李宇明、陈前瑞（2005）提出的，认为被动介词"给$_{36}$"受助词"给"（记为"给$_{83}$"）的诱导而产生。

我们认为"给$_{36}$"来自动词"给$_0$"的语法化，"给予——被动"的演变发生在先；"致使——被动"的演变路径是在前一路径的演变开始之后才出现的，但后来占据主流地位。

表示被动的"给 +V$_2$"式和"叫 / 让 / 被……给 +V$_2$"式中助词"给"的存在，对"给$_{36}$"的产生也有助推作用。我们将助词"给"的存在看作一种助推因素，而不看作被动介词"给$_{36}$"的来源。至于"受益——被动"的演变，对于"给"来说，恐怕是不存在的。

B. "给予——被动"的演变

在蕴含"授予物"或"物件转移"意义的"（N$_1$+）给 +N$_2$+V$_2$"式中，"给$_{36}$"如果萌生，直接来源是"给予"义的"给"（记为"给$_{01}$"）。"给予——被动"演变除了和 V$_2$ 的意义有关系之外，还和"授予物""物件转移"意义的变化有关系。

B1. 语义联系

句中若可推出有"授予物"和"物件转移"意义，"给"一般是"给予"义动词。例如：

（7）a. 这东西俺也收藏得多，你要，便给你拿去。（水浒传·三十四回）

上例"给 $+N_2+V_2$"式的句法层面没有出现"授予物",但语义结构中存在。在可以推出"授予物"或"物件转移"意义的句子中,"给"不见得不能向被动介词转化。初期的"$(N_1+)$ 给 $+N_2+V_2$"式中,"给"若为"给予"义,则 $N_1$(施事主语,大多是给予者,可能省略或隐含)和 $N_2$(接受者)一般是表人的名词或代词,$V_2$ 部分通常表示符合"给予者"或"接受者"意愿的事件。"给"首先在类似例 7a 的结构式中向被动介词发展。"给你拿去"蕴含"让你拿去(某个物件)"之义,也蕴含"(某个物件)被你拿去"之义。"$给_{01}$"所在"给 $+N_2+V_2$"式大多有上述两种蕴含义,"$给_{01}$"有可能向两个方向发展:一是"让"义动词,一是"被"义介词。

然而,其时"$给_{01}$"所在句子还是有一些语义、句法特征与被动式的句义不相匹配。

1)句义中存在"可传递"或"可授予"的事物,有"物件转移"意义,这使得"给予"义十分明显,并且很难排除,也使得 $N_1$ 和"给"之间的"施事——行为"关系很难排除。

2)由于"给予"行为通常被理解为"使他方获益"的行为,$N_1$ 在实施"给予"行为时,一般有主动性,心理上有"施惠"的优越感;$N_2$ 实施 $V_2$ 行为时,心理上有"获益"感,而听者或读者也往往有上述认识。这与萌生初期的被动句的 $V_2$ 部分多表"不如意"、"非企盼"事件的语义特征不相谐。

3)$V_2$ 部分所表示的行为以 $N_1$(主语,可能省略或隐含)实施 $V_1$(即"给予"行为)行为为前提,在时间意义上,"给予"行为的发生早于 $V_2$ 事件,即"给"和 $V_2$ 之间有"时间先后"关系;就"自主性"而言,"给"的自主性是很强的。

被动介词"$给_{36}$"的产生,在语义上必须消除以上三点。但是,在语法化过程中,源动词对介词的影响力很难磨蚀,因此,在演变过程中,"授予物"意义,尤其是"物件转移"意义很难消退,有一个逐步淡化乃至消失的过程。

B2. 致变因素分析

导致"$给_{01}$"发生"给予——被动"演变的因素主要是说话人或承受者的"非企盼"态度,其次是动词的"非企盼"意义。

B21. 说话人的态度

蒋绍愚(2002)提出,"使役动词——被动介词"演变的一个重要的因素，即说话人"不情愿"的态度。有些"给 +N₂+V₂"式的 V₂ 是中性意义的，句中可推出"有授予物（物资或钱财）"意义和"物件转移"意义，但 V₂ 部分表示说话人"不情愿"、"不认可"的事情，"给"呈现向被动介词发展的趋势。例如：

（8）b1. 十八两银子，他没留下一分，都给爷使了。（醒世姻缘传·三十回）

b2. 只这一位荀老爹，三十晚里还送了五十斤油与你。白白给你炒菜吃，全不敬佛！（儒林外史·二回）

8b 组的"给"是"给予"义动词，但由于说话人的"不情愿"态度，句义中蕴含着"给"向致使动词或被动介词发展的可能性。然而，句中可以推出"授予物"意义和"物件转移"意义，"给"不能排除给予动词的可能性。7b 组显示了 V₂ 为中性意义的"给 +N₂+V₂"式中，"给₀₁"有向被动介词发展的可能性。也就是说，"给予"义有可能直接向被动介词发展，而不一定经由"致使"义阶段。8b 组有"授予物"和"物件转移"意义，且 N₂ 是获益者，"给"虽有作"让"解，甚至是"被"解的可能性，但也不能排除"给予"义的可能性。8b 组可以推出说话人"不情愿"、"不认可"的意义，这显现了说话人对 V₂ 事件所持的态度在演变中起着作用。例 8b2 的 V₂ 前面有状语"白白（的）"，表达"事与愿违"的意义，与"给予"义动词所在句子的"N₁ 愿意让 N₂ 获益"语义不匹配。此外，句义中蕴含的"N₁ 失去钱财或物资"意义，与汉语被动句萌生时期多表"不幸"、"不如意"事件的语义特征具有相似性，可以说与初期的被动句句义基本匹配。8b 组显示："给₀₁"有朝被动介词发展的可能性；在有"授予物"、"物件转移"意义，且 N₂ 为"获益者"的句子中，"给"不能排除"给予"义的可能性，但这不妨碍它继续演变，成为被动介词。

在一些有"授予物"和"物件转移"意义的句子中"给"可作"给予"或"让"解，也可作"被"解。比较三例：

（8）c1. 差我送上五十匹好马，给宝总领使用。（红楼复梦·九十三回）

（8）c2. 银子留下给别人用，罪孽自己带来消受。（老残游记·续七回）

（8）c3. 若是几千几百的，白白的给人用，这产业卖了也可惜。（儒林外史·三十二回）

第一例 V₂ 所表示的事件，是说话人情愿的，"给"虽可作"让"解，但不能排除"给予"义的可能性，因为句义中有明显的"授予物"、"物件转移"意义；第二例的说话人持客观陈述态度，"给"可作"让"解，也蕴含作"被"解的可能性，但因为句义中有"授予物"或"物件转移"意义，"给"不能排除"给予"义的可能性；第三例与第二例动词相同，但因为有状语"白白的"，说话人"不情愿"或"不认可"的态度相对明晰，"给"作"被"解的可能性相对较大，但不能确定。观察上面三例，可以看出：由于说话人或承受者的态度不同，"给$_{01}$"有朝"给$_{36}$"发展的可能性。

有的句子中，具体的"物件"可能没有发生"转移"，但"给"有"给予"、"让"或"被"三种理解。例如：

（8）d1. 紫鹃说他姑娘嘱咐来人，别给外人瞧。（红楼梦补·十七回）

d2. 我们女人有些东西不好给你们男人看的，我得收拾收拾。（官场现形记·十三回）

8d 组的"给"可作"让"解，但不能排除"给予"义的可能性；又因为说话人持"不情愿"态度，也不能排除"给"作"被"解的可能性。7d 组可以作为"给予动词——被动介词"演变的佐证。

有的句子中，有"物件转移"意义，受事出现在句首，"给"有"给予"义、"让"义或"被"义三种可能性。例如：

（8）e1. 娘姨笑答道："奶奶剩的鸭子，都给我们吃完了。"（歇浦潮·九十三回）

e2. 如若再依了他，那不是我们的饭都给他们吃了。（广陵潮·九十三）

总之，8b——8e 组中存在"给"被分析为被动介词的可能性，但不能作为"给$_{36}$"只有"给$_{02}$"一个来源的证据，因为句中的"给"若看作被动介词，不能排除来自"给予"义的可能性。

若 V$_2$ 为"抢、卖、骗、拐"等动词，句中也有"物件转移"意义和"N$_2$ 获益"意义，但承受 V$_2$ 行为的人是"受损者"，"给"可以分析为被动介词。例如：

（8）f1. 谁耐烦拿来，都给孟大妈们抢去了。（红楼复梦·七十一回）

f2. ……唐六如的"竹深留客处，荷净纳凉时"的横幅……后来给张莲叔抢去了。（文明小史·六十回）

f3. 我把彩云托给你，你给我好好收管住了，别给那些贼人拐了去。（孽海花·二十四回）

f4. 只为给人卖了，平空的到了火坑里头。（补红楼梦·十四回）

f5. 但是，他几十岁的一个老太婆，拿了这一笔钱，难保不给歹人骗去。

（二十年目睹之怪现状·六十五回）

    f6. 一心只愁两年多与童佐阃狼狈为奸所积聚的一注大钱，万一给他查抄了去，以后便难于得此机会了。（二十年目睹之怪现状·九十五回）

    f7. 就是他告起来，官府来抄，也没得给他抄去。（二十年目睹之怪现状·一百零二回）

8f 组显示：在有"物件转移"意义的句子中，"给$_{36}$"不一定来自"给$_{02}$"，"给予——被动"的演变也有可能发生。

在有"物件转移"意义的句子中，即使 $V_2$ 是中性动词，只要句义中有承受者，而承受者对 $V_2$ 事件持"不情愿"态度，"给"也是被动介词。例如：

（8）g1. 积得这些家私，如今给人搬运一空。（花月痕·四十二回）

    g2. 荣府的零碎东西，尽给人拿了个干净。（红楼复梦·四十八回）

演变的决定因素是 $V_2$ 的意义，而 $V_2$ 的意义又与说话人或承受者的态度有关联。8f、8g 组的 $V_2$ 通常被认定为"不好"的行为，说话人或承受者对 $V_2$ 事件持"不情愿"或"不认可"的态度，于是，$N_1$（施事主语，可能省略或隐含）和"给"之间原本存在的语义联系，即"施事——行为"关系消失，"给"变为介词。总之，在有"物件转移"意义的句子中，"给予——被动"的演变有可能发生。

B22. "授予物"意义的淡化

在 $V_2$ 表示说话人一方"有所失"意义的句子中，也有"物件转移"意义，但这个"物件"可能是抽象事物，但"给"也可作"被"理解。例如：

（8）h1. 这会子，倒给你弄了这个巧宗儿去了。（补红楼梦·二十二回）

    h2. 是《孟子》、《论语》的，只怕全给他射去了。（二十年目睹之怪现状·七十五回）

8h 组的"给"被分析为被动介词的可能性比较大，这是因为说话人的"不情愿"态度，导致对"给"的功能认识的变化。其次是 $N_2$ 有很强的实施 $V_2$ 行为的主动性，$V_2$ 不以"给予"行为的实施为前提。第三，句义中没有"施惠者"，$N_2$ 虽有"获益"的语义特征，但句中没有"受惠"意义。第四，"给"和 $V_2$ 之间没有"时间先后"关系。8f——8h 组的"给$_{36}$"与其说来自"致使"义，不如说来自"给予"义，因为句义中还有"物件转移"意义。

B23. $N_2$ 实施 $V_2$ 行为的"主动性"增强

一般情况下，"P+$N_2$+$V_2$"式被动句的 $V_2$ 具有很强的 [自主性]，在有

"物件转移"意义的句子中，如果"给"与 $V_2$ 的"主动性"强弱发生变化，$N_2$ 有很强的实施 $V_2$ 行为的"主动性"，"给"的"被"义十分清晰。例如：

（8）i1. 大爷道："幸亏六哥不进场。若是六哥要进场，生生的就要给怨鬼拉了去！"（儒林外史·四十二回）

i2. 巧姐道："我若没有姨妈，早给人抢去做小了。"（红楼圆梦·八回）

i3. 借来的钱，一总都给你花消罄尽。（广陵潮·七十九回）

i4. 运同却不住的唠叨，一边走，一边骂咸时不能办事，怪不道家私都给别人挥霍干净了。（歇浦潮·四十一回）

8i 组显示：若句子可推出"承受者有所失，$N_2$ 有所得"意义，则 $V_2$ 行为有很强的自主性，而"给"的自主性消失。8i 组的 $V_2$ 的［＋自主性］凸显，"给"可作"被"理解。8i 组例句中，说话人对 $V_2$ 行为是持反对或不认可态度的，由此可知：说话人的态度是演变的决定因素之一。

分析 8f——8i 组的语义特征，可知：在有"物件转移"意义的句子中，"给$_{36}$"不一定来自"给$_{02}$"，"给$_{01}$"有可能直接向"给$_{36}$"发展，或者说，不能排除"给$_{36}$"来自"给$_{01}$"的可能性。

"给$_{01}$"变为"给$_{36}$"的第一个条件是说话人或承受者对 $V_2$ 行为"不情愿"、"不认可"或"反对"态度，可以归纳为"非企盼"态度；这表明"主观性"在演变中起着作用。第二个条件是 $V_2$ 部分表示"不好"、"不如意"的行为（至少是说话人"不情愿"、"不认可"的行为），由于"不好"、"不如意"的行为往往给承受者带来"损失"，$N_1$ 和 $N_2$ 实施行为的"主动性"发生变化，$N_1$ 失去行为的"自主性"，而 $N_2$ 则"自主性"增强；在这个变化过程中 $N_1$（施事主语，可能省略或隐含）和"给"之间的"施事——行为"关系消失，"给"和 $V_2$ 之间原先存在的"时间先后"意义也消失了。

C. 动词"给$_{02}$"的来源

"给$_{02}$"有两个来源：给予动词"给$_{01}$"或所为介词"给$_{31}$"。在"给予动词——致使动词"的演变中也必须消除"授予物"、"物件转移"意义，还必须消除"$N_1$ 施惠，$N_2$ 受益"意义，$N_2$ 必须经过"受益者——受损者"变化。

C1. "给予——致使"的演变

当句中没有"物件转移"意义时，"给"是"让"义动词。例如：

（8）j. 他既决心奉母隐居，岂肯仍在二仙山山庄安顿？定然改姓易名，迁居幽

僻之所，再不给人知道，寻找也难。（古本水浒传·四十九回）

如果句中没有"物件转移"意义，$N_2$又是"受损者"，"给"也是"让"义动词。例如：

（8）k. 贾母道："要果然是孙绍祖这个混账东西到这里来了，也要给他受受罪才好呢！"贾珠道："我对他们说去，俱大家留心，不要给他错过了。"（补红楼梦·三十二回）

C2. "所为介词——致使动词"的演变

在此类演变中，$V_2$部分可能保留"$N_2$获益"意义；但在语义结构中，$V_2$的施事变为$N_2$，而不是$N_1$。首先看$V_2$难以确定施事的例句：

（8）l. 你两个再一个人给我们抱上两个孙孙。（儿女英雄传·二十八回）

上例$V_2$"抱"的施事如理解为"你两个"，"给"是所为介词；如理解为"我们"，"给"是"让"义动词。确凿的$V_2$以$N_2$为施事的结构式，清代也已出现。例如：

（8）m. 拨转马头，馘安禄山之首，悬之太白，也还博得个"失之东隅，收之桑榆"，给天下儿女子吐一口气。（儿女英雄传·缘起首回）

比对例8l和例8m，可以看出："给02"也有可能来自"给31"。总之，"给02"有两个来源。在"给予——致使"的演变中，除了"授予物"、"物件转移"意义消失之外，$N_2$发生了"受益——受损"的变化；在"所为介词——致使动词"的演变中，"$N_2$获益"意义保留，但$V_2$的施事发生"$N_1$——$N_2$"的变化；经由后一演变路径而来的"给02"所在的结构式中，$V_2$部分大多保留"使$N_2$获益"意义，这是所为介词所在结构式"为$N_2$提供服务、便利或使之获益"的推理意义的滞留。总之，"给02"有两个来源，它所在句子的$V_2$部分因来源不同，可表示"使……受损"或"使……受益"意义，但在演变初期，首先是"物件转移"意义的消失。

D. "致使动词——被动介词"演变的因素

在"给02"产生之后，出现了"致使——被动"的演变路径，致变因素也是说话人的态度和$V_2$部分的意义，此外，还有承受者的态度。

D1. $V_2$的意义

"给02"所在"给+$N_2$+$V_2$"式中，一般无"物件转移"意义，但句子有可能推出"$N_1$受损"意义。演变条件之一是$V_2$表示对$N_1$（受事主语，可能省略）来说是"不幸"或"不如意"的事件。例如：

（9）a1. 为头的叫做双枪将董平，好不了得，扈先锋给他一枪刺死，俺腿上吃着几下枪刀，……（古本水浒传·八回）

　　a2. 劳老爷给人家搂了一顿。（文明小史·五十回）

　　a3. 陆升给他打破了头，王三打伤了臂。（海上尘天影·二十八回）

　　a4. 献之给他逼得紧，只得在地下踱来踱去。（海上尘天影·二十六回）

　　a5. 德国的公使，日本的书记生都给他们杀了。（新茶花·十回）

　　a6. 一霎时，那九头牛都给他结果了性命。（清宫十三朝演义·四回）

　　a7. 这头狼给她们逼得无路可走了。（清宫十三朝演义·十八回）

　　a8. 逃不了，就给人拿住，他便战战兢兢去求。（海上尘天影·十五回）

　　9a 组的说话人不是 $V_2$ 事件的承受者，只是对 $V_2$ 事件作客观的陈述（句义中有 $V_2$ 事件的承受者），但因为 $V_2$ 表示"不幸"或"不如意"事件，使得语义结构中的 $V_2$ 行为的承受者（多为 $N_1$，受事主语，可能省略或隐含）没有接受 $V_1$ 行为的意愿，而 $V_2$ 的施事 $N_2$ 有实施行为的强烈意愿，$V_2$ 的 [+自主性] 增强，而"致使"行为的"主动性"降低至零；与此同时"给"和 $V_2$ 之间"时间先后"意义也消失了。

　　如果 $V_2$ 表示"不幸"、"不如意"事件，说话人和承受者为"同一"关系或"领属"关系，说话人持"不情愿"态度，"给"的"被"义凸显。例如：

（9）b1. 奴的一个亲生叔叔，给你一下手就坑陷了。（古本水浒传·三回）

　　b2. 你好狠心啊，人家活活儿的给你坑死了呢！（补红楼梦·十四回）

　　b3. 金钱事小，信用事大，本局的信用给他弄糟了。（人海潮·四十五回）

　　b4. 我的肚子都给你骗饱了。（人海潮·二十五回）

　　b5. 我给他逼不过，穷思极想，想出个打劫方法来。（人海潮·十一回）

　　b6. 我给他缠得没法，只得和他同去。（二十年目睹之怪现状·七十五回）

　　b7. 我给他闹得没了主意了。（二十年目睹之怪现状·八十三回）

　　b8. 不好了！我的女人给人杀死了！（二十年目睹之怪现状·五十六回）

　　b9. 我今年第一次发利市，就给他触了霉头。（歇浦潮·五十九回）

　　b10. 你这人也太可恶，我给你害死了。（海上尘天影·五十七回）

　　观察 9a、9b 组的 $V_2$ 可以看出：在"致使——被动"演变中，$V_2$ 的语义类型起着重要作用。$V_2$ 的"使……受损"意义导致了 $N_1$ 实施 $V_1$ 行为的意愿发生"有——无"的变化，$N_2$ 实施 $V_2$ 行为的自主性发生"弱——强"的变化。当然，句子的"使……受损"意义往往与说话人（与承受者有"同一"

或"非同一"的关系）的"不情愿"态度也有关系，因此我们认为说话人的态度也是导致演变的重要因素之一，但这种态度和 $V_2$ 的"非企盼"意义又密切的关联。

D2. 说话人的态度

在 $V_2$ 为中性意义的句子中，"给"也有可能发生"致使——被动"的演变。一部分"给$_{02}$"所在句子中，可以推出"说话人愿意 $V_2$ 事件发生"的意义；而在"$P+N_2+V_2$"式被动句萌生初期，句中 $V_2$ 部分所表示的事件通常是说话人或承受者不希望出现的。因此，"致使——被动"的演变与说话人的态度变化有十分密切的关系。下面分析 $V_2$ 为中性意义的句子中说话人的态度变化对"给"的演变的作用。

1）感知动词

感知动词是中性意义的动词，在 $V_2$ 为感知动词的句子中，"给"因说话人的态度不同而发生变化。比较四组例句：

（9）c1. 可惜祖老太太没见，要是今儿给他老人家看见了，也不知乐的怎么样呢？（补红楼梦·三十四回）

c2. 只求太太们早晚照应照应，给外头的人知道了，也不敢欺负，这就沾恩不尽了。（补红楼梦·四十六回）

c3. 张永又道："咱家究竟是人是鬼，请诸位英雄告知明白，好给咱家得知。"（七剑十三侠·七十一回）

（9）d1. 这正是大家的规矩，连我们家也没这些杂话给孩子们听见。（红楼梦·五十四回）

d2. 本来想吓你一下的，于今可给你看见了。（文明小史·五十七回）

d3. 他在南京讨两个钓鱼巷的货，住在外头，后来给先母知道了，找得去打了个不亦乐乎。（二十年目睹之怪现状·一百零四回）

（9）e1. 赶天亮就有才好，千万别给老太太、太太知道。（红楼梦·五十二回）

e2. 但要做得机密，不可给他们看出。（红楼圆梦·二十七回）

e3. 就挪嘴儿望着舱里道："别给妈见了。"（孽海花·七回）

（9）f1. 若给别人知道了，我们怎么见人呢？（补红楼梦·十四回）

f2. 若早去，恐行官里未曾睡静，给他们看出来，反为不美。（七剑十三侠·一百六十五回）

f3. 恩兄何出此言？倘给别人听见，不大稳便。（说唐·二十四回）

9c 组的 $V_2$ 事件是说话人愿意或期盼发生的，"给"只能理解为致使动词。9d 组的说话人对 $V_2$ 事件作客观的陈述，没有反对 $V_2$ 事件发生的意思，"给"可作"让"或"被"两种理解。9e 组 $V_2$ 所表示的事件是说话人不希望出现的，但不是极力反对的，"给"仍有"让"或"被"两种理解，或者说不能排除致使动词的可能性。9f 组的说话人对 $V_2$ 事件持反对的态度，"给"是被动介词。

对比上面四组例句可知：如果 $V_2$ 是中性意义的，说话人的态度在演变中起着重要作用。如果说话人持坚决反对的态度，"给"是被动介词。例如：

（9）g1. 切不可给两个奸王看破，若被他看破，只恐别生事端。（说唐·六十回）

g2. 可不要给他识破了才好，不然，不但大事不成，连性命都难保。（七剑十三侠·九十六回）

2）行为动词

在 $V_2$ 为行为动词的"（$N_1$+）给 +$N_2$+$V_2$"式中，$V_2$ 是"非企盼"义的，但可能含有"$N_2$ 获益，$N_1$ 受损"意义。如果说话人和 $N_1$（承受者）是"同一"关系，而 $V_2$ 事件又是说话人愿意发生的，"给"仍是"让"义动词，或不能排除"让"义动词的可能性。例如：

（9）h1. 姐姐，你别动恼，我给你打两下出出气。（红楼复梦·八十七回）

h2. 你要有情，就送给我戴。你要不肯，我给你弄一下算了罢。（姑妄言·卷十）

h3. 他都是穷汉，我给他弄了，再破着我的私房恩养着他，……（姑妄言·卷十七）

h4. 他拔出刀来吓我，我就伸着脖子给他杀。（姑妄言·卷二十二）

如果说话人和 $N_1$ 是"非同一"关系，句义中有"$N_2$ 获益，$N_1$ 受损"意义，但说话人对 $V_2$ 行为持"愿意"态度，"给"还是致使动词。例如：

（9）i1. 你这糊涂官不称职，给我先打五个嘴巴！（续济公传·二十七回）

i2. 等我传旨的时候，挟住他把千佛衣穿了，弄得他头齐脚不齐，给大众笑笑。（续济公传·九十五回）

i3. 凭你怎么赖，给我打一下才罢。（姑妄言·卷一）

i4. 就是叫老爹奶奶我也不怕，凭你怎么的，给我弄弄才罢。（姑妄言·卷十四）

i5. 他正同你弄着，我撞到跟前，就不怕他不给我弄了。（姑妄言·卷十）

i6. 你快把脑袋伸过来，给我杀了。（济公全传·五十七回）

9i 组 $V_2$ 所表示的事件是说话人企盼发生的，但承受者是不情愿的，"给"是致使动词。如果说话人是持客观态度陈述他人之事，对 $V_2$ 行为的不是持坚决反对的态度，"给"的致使动词性质仍不能排除。例如：

（9）j1. 他那家庭之中，总有许多难言之隐的；若要问其所以然之故，却是给妇人女子弄出来的。（二十年目睹之怪现状·七十七回）

　　j2. 你倒做了官，他还打你么？你就给他打！（兰花梦·十回）

　　j3. 这一夜，张秋谷自然不回去的了，连着金观察和金部郎两个，都给小洪宝宝同金兰挽留不放。（九尾龟·一百五十八回）

　　j4. 他给余观察传去陪酒了。（花月痕·三十四回）

9j 组因为说话人持客观陈述态度，"给"不能排除致使动词的可能性。如果说话人对 $V_2$ 行为持"认可"的态度，"给"虽可作"被"解，但作致使动词理解似乎更为合适。例如：

（9）k1. 佩服，佩服，连诗题都给你猜中。（人海潮·四十六回）

　　k2. 这话又给你猜到了。（八仙得道·五十一回）

如果说话人对 $V_2$ 行为持"不认可"态度，但难以确定 $N_1$（承受者）对 $V_2$ 行为的态度，"给"有致使动词和被动介词两种分析，但偏向后者。例如：

（9）l1. 遇见有权势的人，他王八给人家踹在脚底下，还要昂起头来叫两声，说我唱个曲子您听罢。（老残游记·续二回）

　　l2. 我不像你这等怕死贪生，甘心卑污苟贱，给那恶僧支使。（儿女英雄传·七回）

　　l3. 这也是他们做道、府大员的，才够得上给他吐唾沫。像我们这样小官，想他吐唾沫还想不到哩。（官场现形记·六十回）

　　l4. 平常人真讨她不起咧，阿金娘当她一件宝贝，人家转她念头的不知有多少，都给阿金娘吓退了。（人海潮·三十七回）

　　l5. 幼青不知是计，给他用迷药灌醉了。（海上尘天影·四十九回）

9l 组显示：承受者的态度在"致使——被动"演变中也起着作用。如果承受者的态度不是十分明朗，$V_2$ 虽然表示"使……受损"意义，"给"不能排除致使动词的可能性。如果说话人和 $N_1$ 是"同一"关系，而且持"不情愿"态度。"给"是被动介词。例如：

（9）m1. 我们给你围住啦，还是你去拿吧。（三侠剑·三回）

m2. 正是，大人猜着了也！做晚的倒很很儿给他埋怨一顿。（二十年目睹之怪现状·八十九回）

m3. 不过作了弊，万一给人家攻击起来，撤了这个差使……（二十年目睹之怪现状·六十三回）

m4. 昨晚在阳台之上，我和你都给他瞒过，你想它本领大不大？（人海潮·二十九回）

m5. 只听得那人口里抱怨道："白白给他打了一顿，却是没有伤，喊不得冤。"（儒林外史·十三回）

9m组显示：说话人和承受者是同一关系时，说话人的态度在演变中起着重要作用。如果$N_1$和说话人之间有"所有物"和"所有者"关系，$N_1$的所有者对$V_2$事件持"不认可"或"反对"的态度，"给"也是被动介词。例如：

（9）m1. 我们僧人的面子，都给他丢完了。（八仙得道·八十四回）

m2. 好哥哥，我的魂都给他们看跑掉了。（广陵潮·五十七回）

如果说话人和$N_1$是"非同一"关系，说话人对$V_2$所表示的行为持"不情愿"态度。"给"也是被动介词。例如：

（9）n1. 这一个二百余年无人敢敌的大国，居然又给他打败了。（狮子吼·一回）

n2. 报纸上广告登得比你大，牛皮比你吹得足，你就给他打倒。（人海潮·四十四回）

n3. 公公好好的功名，全是给你干掉了。（二十年目睹之怪现状·八十九回）

n4. 只是他们姊妹两个……现在给你破了身。（十尾龟·十五回）

n5. 蓝府上有你这等媳妇，门风都给你扫完了。（八仙得道·五十九回）

n6. 傅氏门中，那里有监生姑爷，面皮都给你削完了！（孽海花·十四回）

n7. 你自己的面皮休说，连我辈朋友面上给你扫光了！（歇浦潮·七十五回）

D3. 承受者的态度

承受者的态度在演变中也起着作用。说话人和承受者"同一"的句子中，因说话人的"不情愿"、"不认可"态度，"给"可能发生"致使——被动"的演变。如果"说话人"和"承受者"是"非同一"关系，有可能因承受者的"不情愿"态度而发生演变。下面区分说话人客观陈述和说话人愿意两种情况。在$V_2$为中性意义，说话人客观陈述的情况下，如果句义中蕴含承受者"不情愿"意义，"给"也可作"被"解。例如：

（9）o1. 就是天也给气运使唤着，定数所关，天也无从为力。（儿女英雄
传·三回）

o2. 原来这个徐老二，……，后来给人家叫浑了，叫成个徐二化子。（二十
年目睹之怪现状·九十二回）

o3. 宝钗道："怪道昨儿有人说那边大老太太家王善宝家的，在都城隍庙中
给鬼打了一顿，……"（补红楼梦·三十九回）

o4. 这五人全不是正贼，要是点穴之法给他解了，到外面与赵斌议论，怎么
下落？（续济公传·二十二回）

o5. 你不杀他，你的辫子，怎么给他死揪着。（二十年目睹之怪现
状·五十六回）

9o 组显示：承受者的"非企盼"态度在演变中也起着重要作用。有的句
子的 $V_2$ 行为符合说话人愿意，而且说话人有很强的实施 $V_2$ 行为的主动性，
但承受者不愿意接受 $V_2$ 事件，"给"也是"被"义。例如：

（9）p1. 柳五儿吃了酒，笑道："夏金花如今也给我收拾够了。"（红楼圆
梦·三十回）

p2. 蟠大爷……还说："什么好货？前因宝玉给他老子打了，就歪派我说了
他坏话，……"（红楼圆梦·五回）

9p 组显示：$V_2$ 对说话人来说不一定是不可接受的事件，但对承受者来
说是不愿意接受的事件，"给"就是被动介词。

E. 关于"受益——被动"的演变

在"给 $+N_2+V_2$"式中，$V_2$ 表示"使……受损"意义，"给"可能有三
种分析结果：所为介词（即通常说的"受益介词"）、处置介词或被动介词。
例如：

（9）q. 老爷待要不接，又怕给他掉在地下，惹出事来，心里一阵忙乱。（儿女英
雄传·三十八回）

上例的"他"有被理解为"人"或"物"的可能性。若理解为"人"，有
两种所指意义，一是指代"老爷"，则"给"为被动介词；二是指代上文的
"小媳妇儿"，则"给"是所为介词。"他"若理解为物，则指代上文出现的
"花儿"，"给"是处置介词。笔者以为，语境中虽有指代模糊的可能性，但不
影响对句义的理解——无论"他"理解为何种意义，"给"理解为何种功能，
语义结构中"人"与"人"，"人"与"物"的关系是清晰的。不过，仔细体

味例 9q 的上下文的意思，"给"理解为处置介词比较合适。

有的"给 +N₂+V₂"式的"给"可作两种分析：所为介词或被动介词。例如：

（9）r. 恼怒了这位豪富的英雄，城里关厢给他作了五条命案。（三侠剑·三回）

上例的"他"若理解为人（即"英雄"），"给"是"被"义；若理解为物（即"城里关厢"），"给"是"为、替"义。上例也显示了"给 + 他 +V₂"式中"他"指代模糊的可能性以及指代模糊可能引发的变化，但指代模糊并未影响对句义的理解。

有时句子的施事不是十分清晰，"给"有可能被理解为所为介词或被动介词。例如：

（9）s. 这便是英雄笼络人心的作用，别给威毅伯瞒了。（孽海花·十四回）

上例 V₂ 的施事，如理解为"你们"，则"威毅伯"是所为者，"给"是所为介词；如理解为"威毅伯"，则"给"是被动介词。

有的句子中，"他"的指代对象不是十分清晰，"给"可作处置介词或被动介词两种理解。例如：

（9）t. 老天爷也实在糊涂，越是好人，他越给他磨折得利害！（二十年目睹之怪现状·八十九回）

上例的第一个"他"若理解为"老天爷"，则"给"是"把"义；若理解为"好人"，则"给"是"被"义。

总之，语境中确实有因指代模糊或施事不清晰而出现"给"的功能作"所为"、"被动"或"处置"多理的现象，但不影响句义的表达。这种现象的出现具有偶然性，不能用以证明"给₃₆"来自所为介词"给₃₁"的功能扩展。

F. 关于和助词"给₈₃"的联系

李宇明、陈前瑞（2005）观察到清中叶以来，表示被动的"给 +V"式和"叫 / 让 +N₂+ 给 +V"式比表被动的"给 +N₂+V"式要多得多的现象，笔者认为这是实际情况。两位先生还提出"北京话中的介词'给'是在助词'给'的诱导下逐步发展出被动用法的"的观点，笔者认为这个观点具有合理内核。清代小说中，一些"给 +V"式的"给"可理解为处置助词（"把"义）或被动助词（"被"义）。例如：

（9）u1. 是他把我女儿卖了，倒是有之；不然，就是给要了命了。（小五义·九十回）

u2. 我这鼻子是遇见一个削鼻子的祖宗给削了去了。（小五义·一百八十八回）

u3. 只因安老爷生恐这里话没定规，亲家太太来了再闹上一阵不防头的怯话儿，给弄糟了。（儿女英雄传·二十一回）

u4. 呛的一声，连日月金箍带这些发髻都给砍下来了。（小五义·九十二回）

u5. ……赶过去一棍，正打在天灵盖，给打下来了。（济公全传·二百二十六回）

一些"给+V"式的"给"，从历时角度看，可理解为所为助词或被动助词。例如：

（9）w1. 瞧瞧，我昨儿早起才换上的，这是什么工夫给弄上的？。（儿女英雄传·三十八回）

w2. 人家新新儿的靴子，给踹了个泥脚印子，这是怎么说呢！（儿女英雄传）

w3. 瞧我这袖子，也给弄上了一块。（儿女英雄传·三十八回）

w4. 那宝蟾又好摆弄，别给摆弄坏了。（红楼真梦·四十三回）

w5. 晴雯道："这还是我们偷着请的，可别给漏了馅。"（红楼真梦·四十六回）

w6. 崭崭新的衣服全给油了。（小五义·六十五回）

w7. 不料给当面抖搂亮了。（儿女英雄传·五回）

有些今人理解为"被"义的助词"给"，从历时角度看，不能排除处置助词或所为助词的可能性。例如：

（9）x1. 好端端的一个学生，给弄傻啦。（三侠剑·二回）

x2. 三大爷人缘真不好，和尚、老道都给得罪啦。（三侠剑·三回）

x3. 此绳是我之命，若给割断，我命休矣。（三侠剑·三回）

x4. 那二十余名喽卒……，齐声喊道："我们寨主刀砍斧剁不惧，三掌就给打倒在地。"（三侠剑·一回）

但是，确凿的"被"义助词"给83"也存在。例如：

（9）y1. 恶人给拴在马上，只得破口大骂。（施公案·八十五回）

y2. 二道山口报事的也给打死啦。（三侠剑·三回）

y3. 因此，双手带就给崩飞了。（三侠剑·一回）

y4. 我这膀子不就给卸下来啦。（三侠剑·一回）

y5. 要是平常之人，这一下子就给灌死啦。（三侠剑·二回）

y6. 若平常人，这一看就许给吓坏了。（三侠剑·一回）

y7. 傻小子纪逢春一瞧就急了，说："好呀！我们的人全给拿了去。"（三侠剑·二回）

y8. 众位姨奶奶是怎么一段事，全都给吓死过去？（济公全传·二百三十九回）

y9. 好小辈！我两个朋友又给治住了，我来合你分过上下。（续济公传·三十二回）

在"给+V"式中，助词"给$_8$"存在多种理解的可能性，而所为助词"给"（记为"给$_{81}$"）是最早产生的，以此为源头，有可能发生助词的"所为——处置"、"所为——被动"或"处置——被动"的演变。因此，我们认为被动助词"给$_{83}$"不是来自被动介词"给$_{36}$"，而是来自助词"给$_{81}$"或"给$_{82}$"的功能扩展。"给$_{83}$"出现于"给+V"式和"叫/让/被……给+V"式，它萌生和存在的时间与被动介词"给$_{36}$"几乎同时，但这是不同路径的演变。虽然在同一时期，助词"给$_{83}$"的用例要多于介词"给$_{36}$"（因为从历时角度考察，助词"给$_{83}$"有多个来源，不一定来自"给$_{36}$"的宾语省略），但助词"给$_{83}$"不能看作"给$_{36}$"的来源，只能看作一种助推因素。

综上，"给"的"给予——被动"的演变模式有如下特征：

1）"给+$N_2$+$V_2$"式的$V_2$表示"不好"或"不如意"的事件；

2）说话人或承受者对$V_2$事件持"不情愿"、"不认可"或"反对"的态度。

#### 2.2.3.1.7 小结

汉末以来，被动介词有"承受"、"致使"和"给予"三个语义来源，总的来说，汉语的被动介词萌生于"某人承受某种事件结果"的语义结构，致变因素也有相当程度的一致性。主要有三个因素：第一，$V_2$部分表示"不好"或"不幸"的事件，即表示"非企盼"意义；第二是说话人或承受者的"不情愿"或"反对"的态度；第三是句法结构的复杂化。相对来说，"承受"义动词演变的因素主要是第二、三个因素，而"致使"义、"给予"义动词演变的主要因素是第一、二个因素。

### 2.2.3.2 处置介词的演变模式

从历时角度看，处置介词有动词和介词两种来源。动源的处置介词主要来自"执持"义（如"以、持、把、捉、拿"等），其他还有"引领"义（如

"将")和"使用"义（如"用"）；但"将"和"用"都是动词"以"的同义词，因此，这两个动词向介词发展也有"执持"义的因素。

### 2.2.3.2.1　处置介词的首发模式

从文献资料看，"以"是"执持动词——处置介词"演变的首发者，"以"的致变因素对后随的演变有很大的影响；然而，这一组同义词的演变模式不是完全相同的。动词"以"等向介词发展时，有两个主要的方向，即处置介词方向和工具介词方向，在这两个方向上分别衍生出多种虚词功能。动词"以"由"携持"义（记为"以$_{01}$"）引申出"执持"义（记为"以$_{02}$"）和"引领"义（记为"以$_{03}$"），再由"执持"义引申出"使用"义（记为"以$_{04}$"）和"依据"义（记为"以$_{05}$"）。处置介词"以$_3$"来自"执持"义，工具介词"以"（记为"以$_{41}$"）来自"使用"义和"执持"义。图示如下：

$$/ \text{以}_3（处置）$$
$$\text{以}_{01}—\text{以}_{02}（"执持"义）—\text{以}_{04}（"使用"义）—\text{以}_{41}（工具）$$
$$\backslash \text{以}_{41}（工具）$$

上表显示：处置介词"以$_3$"和工具介词"以$_{41}$"的语义来源不是完全相同。

A. 语义联系

"携持"义的"以$_{01}$"可以充当谓语动词。例如：

（1）a1. 韩侯入觐，以其介圭。（诗经·大雅·韩奕）

"以$_{02}$"进入合适的结构式，具备合适的演变条件，有可能发展成为处置介词。"以"字处置式可以分为五种语义结构：

a. 将某物授予某人（简称"授予"结构）；

b. 视某人/物为某类人/物（简称"认定"结构）；

c. 将某人/物作某种处理（简称"处理"结构）；

d. 让某人担任某职或具备某种身份（简称"任职"结构）；

e. 将某物/某人置于某处所（简称"放置"结构）。

以上五种语义结构是依次出现的，"以$_3$"首先萌生于 a 类语义结构。然后相继出现的是 b、c、d 类结构，e 类语义结构出现最晚（汉代出现）。

"引领"义的"以$_{03}$"所在的"以+$N_2$+$V_2$"式中蕴含"带领他人抵达某处"之义，广义地理解，也推出"致使他人有某种结果"意义，在这种语义结构中也有可能孕育处置介词，但最终未能发展出"处置"功能。《诗经》

中有"以$_{03}$"充当谓语动词的用例：

（1）b. 曾孙来止，以其妇子。（诗经·小雅·甫田）

《左传》一些"N$_1$+ 以 +N$_2$+V$_2$"式中，"以"有多种理解。例如：

（1）c1. 昔臧文仲以楚师伐齐取谷。（左传·哀公二年）

　　c2. 越子以甲楯五千保于会稽。（左传·哀公元年）

1c 组的 V$_2$ 是"攻伐"、"保卫"义动词，"以"有三种理解：一是"引领"义动词，二是"使用"义动词，三是工具介词。若 V$_2$ 为运行动词，则"以"只能理解为"引领"义。例如：

（1）d1. 宋公入曹，以曹伯阳归。（左传·哀公八年）

　　d2. 以蹶由归。（左传·昭公五年）

　　d3. 小邾射以句绎来奔。（左传·哀公十四年）

　　d4. 遂杀之，而以王如高府。（左传·哀公十六年）

1d 组句义中蕴含"将某人引领到某处"之义，从广义角度看，可以属于"将某人作某种处理"的语义结构。但这种语义结构中，V$_2$ 是运行动词，属于不及物动词，V$_2$ 不可能具有"对 N$_2$ 实施处置"的意义；且 V$_2$ 在语义结构中与 N$_1$（主语，可能省略或隐含）和 N$_2$ 有"动作——施事"的语义关系，可以说是具有"双方参与"意义，即 V$_2$ 的施事是 N$_1$ 和 N$_2$。由于语义关系的制约，"引领"义的"以$_{03}$"最终未能向介词发展。由 1d 组可知：虽然"以$_{03}$"所在的句子可能蕴含某种程度的"对 N$_2$ 实施某种处置"意义，但在先秦时期，由于句法结构、语义结构的制约，"以$_{03}$"最终未能发展成为介词。

B. 萌生"以$_3$"语义结构

由于演变发生较早，我们只能采取推论的方法来探寻导致"执持"义的"以$_{02}$"发生演变的因素。先秦时期，"以$_{02}$"大多用于带"接受者"和"授予物"的语义结构中。例如：

（1）e1. 投我以木瓜，报之以琼琚。（诗经·国风·木瓜）

　　e2. 投我以桃，报之以李。（诗经·大雅·抑）

　　e3. 伊其相谑，赠之以勺药。（诗经·溱洧）

1e 组的"以"可以看作"执持"义动词，也可以看作处置介词。1e 组显示：在演变初期，"以$_3$"很可能萌生于"持某物授予某人"的语义结构。

C. 萌生"以$_3$"的句法结构

我们把萌生"以<sub>3</sub>"的结构式分为"以"后面有宾语和无宾语两类，在有宾语的一类中，又分为"以+宾"短语在谓语动词前和在谓语动词后两类。在各种结构式中，致变的主要因素都是"以"的宾语（包括逻辑宾语）的语义类型变化，即"以"的宾语所表示的事物发生"可执持之物——不可执持之物"的变化，或者说是"具体——抽象"的变化。

C1. 动词后的演变

这种演变是指出现于 $V_2$ 位置的"以"的功能变化。"以<sub>02</sub>"的宾语所表示的事物原本是"可执持"类，如果是表示"不可执持"类的事物的名词，"以<sub>3</sub>"便产生了。

1）"$V_1+N_2+$ 以 $+N_3$"式中的演变

演变率先发生在这种结构式中。起初，$N_2$ 是表人的代词，$V_1$ 为"给予"义动词，$N_3$ 为表具体物件的名词。例如：

（1）f1. 投我以桃，报之以李。（诗经·大雅·抑）

f2. 伊其相谑，赠之以勺药。（诗经·溱洧）

f3. 授之以策。（左传·昭公三年）

f4. 奉之以玉帛。（左传·庄公二十二年）

1f 组的语义结构中的"授予物"是指主体给予客体的物件，1f 组表达"持某物授予某人"之义，"以"可理解为"执持"义动词，也可以理解为处置介词。1f 组显示了"以<sub>02</sub>"具有向"以<sub>3</sub>"演变的可能性。若 $N_3$ 为表示"不可执持"的事物的名词或短语，"以"靠近介词范畴。例如：

（1）g1. 虞思于是妻之以二姚。（左传·哀公元年）

g2. 宋襄公赠之以马二十乘。（左传·僖公二十三年）

g3. 卫人赏之以邑。（左传·成公二年）

g4. 宣子逆诸阶，执其手，赂之以曲沃。（左传·襄公二十三年）

g5. 益之以共滕之民。（左传·闵公二年）

若 $N_3$ 是表示抽象事物的名词或短语，"以"的介词性质确定且明显化。例如：

（1）h1. 季子至而授之以国政。（左传·庄公三十二年）

h2. 君必报之以爵禄。（礼记·燕义）

h3. 锡之以大礼。（公羊传·昭二十五年）

h4. 报之以德。（管子·幼官图）

继续发展，谓词或谓词性短语进入 $N_3$ 位置。例如：

（1）i1. 赐之以死。（公羊传·昭公二十五年）

    i2. 报生以死，报赐以德。（国语·晋语一）

    i3. 然后人报我以爱利吾亲也。（墨子·卷四）

    i4. 故赐之以重祭。（礼记·祭统）

    i5. 赏之以列爵之尊、田地之厚。（管子·君臣）

1i 组也属于"持某物授予某人"的语义结构，将 1i 组与 1f 组作一比较，可以得知：由于 $N_3$ 的语义类型发生"可执持之物——不可执持之物"的变化或者"具体——抽象"变化，使得"以"表示具体动作的意义淡化直至消失，推动并固化了"执持动词——处置介词"的演变结果。

2）"$V_1$+ 以 +$N_2$"式中的演变

在这种"接受者"不出现的结构式中，若"以"的宾语是表示具体物件的名词，"以"同样有两种分析结果："执持"义动词或处置介词。例如：

（1）j1. 享以骍牺，是飨是宜。（诗经·鲁颂·閟官）

    j2. 陈侯使司马桓子赂以宗器。（左传·襄公二十五年）

1j 组的"以"也有可能发生"执持动词——处置介词"的演变。如果 $N_2$ 表示"不可执持"的事物的名词，"以"呈现明显的向处置介词发展的趋势。例如：

（1）k1. 命周公亶父赐以岐邑。（今本竹书纪年）

    k2. 赠以马二十乘。（国语·晋语四）

若 $N_2$ 为表示抽象事物的名词或短语，"以"的介词性质确定。例如：

（1）l1. 绥我眉寿，介以繁祉。（诗经·周颂·雝）

    l2. 报以介福，万寿攸酢。（诗经·小雅·楚茨）

    l3. 报以介福，万寿无疆。（诗经·信南山）

    l4. 绥以多福，俾缉熙于纯嘏。（诗经·载见）

    l5. 皇天哀禹。赐以彭寿。（逸周书）

C2. 动词前的演变

这种演变是指"以 +$N_2$+$V_2$"式的"以$_{02}$"的功能变化，这种结构式中的 $V_2$ 也是"给予"义动词，同样是在"持某物授予某人"的语义结构中，因"以"的宾语的语义类型变化而产生处置介词"以$_3$"。

1）"何 + 以 +$V_2$（+$N_3$）"式中的演变

这种结构式中，"接受者"位于句末，若代词"何"指代具体的物件，"以"可以看作"执持"义动词或处置介词。例如：

（1）m1. 彼姝子者，何以畀之。（诗经·国风·干旄）

　　　m2. 彼姝子者，何以予之。（诗经·国风·干旄）

　　　m3. 何以赠之，琼瑰玉佩。（诗经·国风·渭阳）

若"何"指代"不可执持"的事物，则"以"可以确定处置介词性质。例如：

（1）n1. 彼姝子者，何以告之。（诗经·国风·干旄）

　　　n2. 竿旄何以告之，取其忠也。（左传·定公九年）

2）"以 +N₂+V₂"式中的演变

《诗经》中用这种结构式表示处置意义的例证是罕见的，这也可以反推：介词"以₃"最早不是萌生于这种结构式。《诗经》中这种结构式的 N₂ 都是表示"可执持"事物的名词，V₂ 在语义结构中虽然以 N₂ 为受事，但"以"不能排除"执持"（或"携持"）义动词的可能性。例如：

（1）o. 以尔车来，以我贿迁。（诗经·国风·氓）

如果 N₂ 是表示"不可执持"的事物的名词，则"以"靠近处置介词。例如：

（1）p. 余得请于帝矣，将以晋畀秦。（左传·僖公十年）

如果 N₂ 是表示抽象事物的名词或是表示事件的谓词性短语，则"以"是处置介词。例如：

（1）q1. 晋人来治杞田，季孙将以成与之。（左传·昭公七年）

　　　q2. 桓非受命之伯也，将以事授之者也。（穀梁传·庄公十三年）

　　　q3. 亦以王卒告。（左传·成公十六年）

C3. 在省略宾语的结构式中演变的可能性

省略宾语的结构式有两种："V₁+N₂+ 以 +V₂"式和"……，以 +V₂"式。在前式中，"以"的发展方向是目的连词和构词成分；在后式中，"以"有可能向处置介词发展。

1）"V₁+N₂+ 以 +V₂"式中的演变

这种结构式的"以"后面没有宾语，在句法层作为 V₁ 的宾语的 N₂ 可以分析为"以"的逻辑宾语，这种结构式的 V₂ 也多为"给予"义动词。例如：

（1）r1. 知子之来之，杂佩以赠之。（诗经·国风·鸡鸣）

r2. 知子之好之，杂佩以报之。（诗经·国风·鸡鸣）

　　r3. 将裂田以与蛮子而城之。（左传·哀公四年）

　　r4. 为具太牢以馈之。（庄子·达生）

　　r5. 我分曹、卫之地以赐宋人。（国语·晋语）

　　这种结构式虽然有"持某物授予某人"的推理意义，但"以"的发展方向是目的连词。这种结构式也可以承载"视某人／物为某类人／物"和"将某人／物作某种处理"的语义结构，在这两种语义结构中，"以"有可能向构词成分发展。例如：

　　（1）s1. 敛怨以为德。（诗经·大雅·荡）

　　s2. 大叔又收贰以为己邑。（左传·隐公元年）

　　2）"……，以 +$V_2$"式中的演变

　　"授予物"如果不出现在本小句，可能出现在前小句的主语或宾语位置，也可能以小句形式出现在前面，或者隐含在句义中，如果 $V_2$ 是"给予"义动词；"以"可以分析为"执持"义动词或省略宾语的处置介词。例如：

　　（1）t1. 以享以祀，以介景福。（诗经·大雅·旱麓）

　　t2. 黑牡秬黍，以享司寒。（左传·昭公四年）

　　t3. 有不腆先君之器，请以馈乎从者。（公羊传·昭公二十五年）

　　t4. 宦三年矣，未知母之存否。今近焉，请以遗之。（左传·宣公二年）

　　t5. 从者病矣，请以食之。（左传·昭公二十九年）

　　在这类结构式中，若"授予物"是表示抽象意义的，"以"可以看作省略宾语的处置介词。例如：

　　（1）u1. 其诗孔硕，其风肆好，以赠申伯。（诗经·大雅·崧高）

　　u2. 我闻有命，不敢以告人。（诗经·国风·扬之水）

　　u3. 南氏生男，则以告于君。（左传·哀公三年）

　　观察上古时期"$以_{02}$"所在结构式的 $V_1$ 或 $V_2$，可以推知：动词"$以_{02}$"在"给予"义动词充当谓语动词的结构式中，在表达"持某物授予某人"意义的语义结构中率先向处置介词发展；致变因素是"授予物"意义的"可执持之物——不可执持之物"的变化，或者说是"具体——抽象"变化。"$以_3$"可以萌生于多种结构式，但语义结构只有一种，即"持某物授予某人"意义。在发展中，"以"的宾语（包括逻辑宾语）的语义类型变化是演变关键。表示抽象事物的名词进入"以"的宾语的位置，导致"$以_{02}$"的"执持"义

淡化乃至消失。由此可知：语义因素是演变的决定性因素。"以"的"执持动词——处置介词"演变的模式可以概括出三个特征：第一，首先在"持某物授予某人"的语义结构中向处置介词发展；第二，演变发生在多种结构式中；第三，致变的因素是充当源动词宾语的 NP，即表示"授予物"的 NP 的"可执持之物——不可执持之物"变化或"具体——抽象"变化。在对后随演变的影响中，第三个特征是最重要的。

### 2.2.3.2.2　处置介词的后随模式

在"以"之后，还产生了"持、将、捉、把、拿"等处置介词。从历时角度看，"执持动词——处置介词"是反复出现的演变路径，在后随者中，我们选择"持"、"把"，分析两者与"以"的演变模式的同异之处。

A. 处置介词"持$_3$"的产生

继"以"之后，走"执持动词——处置介词"路径的是"持"。与"以"的演变模式相比，相同的特征是第一点和第三点，即都在"持某物授予某人"的语义结构中开始演变，致变因素都是充当源动词的宾语的 NP 的语义类型变化。不同之处是"以"的演变在多种结构式中展开，而"持"的演变只发生在"持 +N$_2$+V$_2$"式中。

A1. 语义结构的变化

汉代已出现萌生处置介词"持$_3$"的语义结构，即 N$_2$ 可以分析为 V$_2$ 的受事（即"授予物"）的语义结构。这种语义结构的产生，是由"持 +N$_2$+V$_2$"式中 V$_2$ 的语义类型变化导致的。我们将汉代的"持 +N$_2$+V$_2$"式的语义结构分为三类，分类依据是 V$_2$ 的语义类型。排列如下：

（2）a1. 天子使使者持大将军印即军中。（史记·卫将军骠骑列传）

　　a2. 乃持铁盾入到营。（史记·樊郦滕灌列传）

　　a3. 持羽檄从东方来。（史记·淮南衡山列传）

（2）b1. 立持酒肴谒丞相史。（汉书·翟方进列传）

　　b2. 汉遣中郎将张遵持医药治狂王。（汉书·西域列传下）

　　b3. 乃遣中郎将平宪等多持金币诱塞外羌。（汉书·王莽列传上）

（2）c1. 乃先设验，持鹿献于二世。（史记·秦始皇本纪）

　　c2. 于是汉王求人类张耳者斩之，持其头遗陈余。（史记·张耳陈余列传）

　　c3. 间岁遣使者持帷帐锦绣给遗焉。（汉书·西域列传下）

2a 组的 V$_2$ 是运行动词，运行动词在语义结构中一般只涉及施事和处所论元，不可能带受事论元，$N_2$ 不可能被理解为 $V_2$ 的受事，依据例 2a 组的语义关系，"持 $+N_2+V_2$" 式只能分析为连动结构。2b 组的"持 $+N_2$"短语与 $V_2$ 之间有"动作——目的"关系，也可以归入连动结构，在这种语义结构中有可能产生工具介词"持$_{41}$"。2c 组的 $V_2$ 属于"给予"义类，$N_2$ 在语义结构中可以理解为 $V_2$"献"等的受事（即"授予物"），虽然 2c 组的"持 $+N_2+V_2$"式还不能排除连动结构的可能性，但从这种"持某物授予某人"的语义结构中有可能萌生"持$_3$"。由萌生"持$_3$"的语义结构反观"以"的"执持动词——处置介词"演变，两者都是在 $V_2$ 为"给予"义的结构式中开始演变的，也就是说，都萌生于"持某物授予某人"的语义结构。

再比较 $V_2$ 不同的两组例句：

（2）d1. 里中持牛酒贺两家。（史记·韩信卢绾列传）

　　d2. 其家多持金钱赂王左右。（史记·越王勾践世家）

　　d3. 赵王使谒者持牛酒、黄金三十斤劳博，博不受。（汉书·淮阳宪王刘钦传）

（2）e1. 乃使使持衣与豫让。（史记·刺客列传）

　　e2. 卜式持钱二十万予河南守，以给徙民。（史记·平准书）

　　e3. 丹使吏持其印绶符节付匡曰："小儿可走，吾不可！"（汉书·王莽传下）

2d、2e 两组同为"（$N_1+$）持 $+N_2+V_2+N_3$"式，差异在于语义结构。2d 组句子也蕴含"持某物授予某人"意义，但 $V_2$ 不属于"给予"义类，虽然 $N_2$ 有可能被理解为 $N_3$ 的"获取物"或 $N_1$ 的"授予物"，但在句法层面，"贺、赂、劳"等动词一般带"接受者"宾语，不能带"授予物"宾语；$V_2$ 不可能以 $N_2$ 为直接宾语，一般没有"贺牛酒"、"赂金钱"、"劳黄金"等说法。相对来说，2d 组的连动结构性质比较明显，"持"有可能向处置介词发展，但不确定，也有可能向工具介词发展，还有可能就一直是动词。2e 组的 $V_2$"与、予、付"是"给予"义动词，$V_2$ 在语义结构中有"接受者"和"授予物"两类论元；在句法层面，$V_2$ 有可能以 $N_2$ 为直接宾语，可转换为"与衣"、"予钱"等形式。在语义结构中，$V_1$"持"和 $V_2$"与、予、付"等都是以 $N_2$ 为受事，2e 组的"持"已初具向处置介词发展的趋势。

汉至南北朝时期，类似 2e 组的语义结构是常见的。例如：

（2）f1. 持璧与客曰："为我遗镐池君。"（汉书·五行志中之上）

　　f2. 客持诏记与武。（汉书·外戚传下）

f3. 奏入，客复持诏记予武……（汉书·外戚传下）

f4. 后诏使严持绿囊书予许美人。（汉书·外戚传下）

f5. 汝持我此诏授太尉也。（三国志·魏书·明帝纪，裴注引《魏略》）

汉代还出现"持"和 $V_2$ 的受事所指相同，宾语"之"回指 $N_2$ 的结构式。例如：

（2）g1. 持十二牛将卖之周。（史记·秦本纪）

g2. 邯郸人梁蚡持女欲献之易王。（汉书·景十三王列传）

这种结构式的存在也助推"持$_3$"的产生。汉代的结构式中，如果 $V_2$ 不是给予动词，即使句子蕴含一定程度的"处置"意义，"持"也不能向处置介词发展。如 $V_2$ 为"视"的句子，表示"拿某物让某人看"的意思（"视"可看作"使动"用法）。例如：

（2）h1. 乃持项王头视鲁。（史记·项羽本纪）

h2. 乃先使皇后父孔乡侯傅晏持诏书视丞相御史。（汉书·王嘉传）

动词"视"一般不带"授予物"宾语。因此，我们认为这种语义结构中不可能萌生处置介词，但这种语义结构的存在能助推"持$_3$"的产生。

汉代的"持 +$N_2$+$V_2$（运行）+$V_3$"式往往表示"携某物至某处并作某种处理"意义，$V_3$ 可能以 $N_2$ 为受事。例如：

（2）i1. 使妇人持其尸出弃之。（史记·晋世家）

i2. 尽持先王宝器入献天子以自媚。（史记·南越列传）

2i 组也蕴含"持某物并对某物作出某种处理"意义，但这种结构式的 $V_2$ 部分有两个动词，前一个是运行动词，"持$_3$"不可能在这种结构式中产生。然而，这种语义结构的存在，可以助推"持$_3$"的产生。

总之，由 2a——2i 组可知：汉代，"持"为 $V_1$ 的连动结构已容含多种语义关系，动词"持"应该是首先在 $V_2$ 为给予动词，表示"持某物授予某人"的语义结构中向处置介词发展，这一点与"以"的演变特征相同。

A2. 动词"持"的词义泛化

导致"持$_3$"产生的因素主要是结构式中 $N_2$ 的"可执持之物——不可执持之物"变化，或者是"具体——抽象"变化。但在 $V_2$ 的语义类型变化之前，"持"的意义已开始泛化。先秦至汉时期，"持"的宾语绝大多数是表示具体物件的 NP，但表示抽象事物的 NP 也有用例：

（2）j1. 持其志，无暴其气。（孟子·公孙丑上）

j2. 持社稷宗庙者，不让事，不广闲。（管子·匡君大匡）

j3. 夫不定内不可以持天下。（管子·事语）

j4. 其来持两端，故迟。（史记·郑世家）

j5. 天下畏罪持禄，莫敢尽忠。（史记·秦始皇本纪）

j6. 获持其微过，增加成罪。（汉书·王嘉传）

j7. 后宾死，莫能持其说。（汉书·儒林列传）

2j 组显示：由于充当"持"的宾语的 NP 的范围扩展，动词"持"本身的词义也有泛化的趋势。汉代"持 +$N_2$+$V_2$"式中，$N_2$ 也可以是表示抽象事物的名词、代词或名词性短语。例如：

（2）k1. 足下欲持是安归乎？（史记·淮阴侯列传）

k2. 且持此道归，尧舜君出，为陈说之。（汉书·朱博传）

k3. 今尚书持我事来，当于此决。（汉书·翟方进传）

或者是表示人的名词、代词。例如：

（2）l1. 以故多持女远逃亡。（史记·滑稽列传）

l2. 少帝曰："欲持我安之乎？"（汉书·周勃传）

2k、2l 组的 $V_2$ 不属于"给予"义类（多为运行动词），"持 +$N_2$+$V_2$"式还是连动结构。如果"持"的宾语是表示抽象事物的名词或名词性短语，$V_2$是"给予"义动词，这个 $N_2$ 又可看作 $V_2$ 的受事，则"持"可以分析为萌芽状态的处置介词。例如：

（2）m1. 以为雎持魏国阴事告齐。（史记·范雎蔡泽列传）

上例显示：汉代已出现萌芽状态的处置介词"持$_3$"；不过，类似的用例还是罕见的。唐代，结构式中的 $N_2$ 表示抽象事物的用例增多。例如：

（2）n1. 将新变故易，持故为新难。（孟郊：古妾薄命）

n2. 愿持此意永相贻，只虑君情中反覆。（崔萱：叙别）

$N_2$ 位置上的代词也可以指代抽象事物。例如：

（2）o1. 送君无可赠，持此代瑶华。（钱起：赋得浦口望斜月……）

o2. 持此一为赠，送君翔杳冥。（孟郊：和薛先辈……）

唐代，在"持$_3$"的性质明确之后，$N_2$ 位置上不论是表示"可执持"还是"不可执持"事物的名词，"持"都可以看作处置介词。例如：

（2）p1. 莫道春花不可树，会持仙实荐君王。（贺知章：望人家桃李花）

p2. 风尘苦未息，持汝奉明王。（杜甫：蕃剑）

p3. 纤纤折杨柳，持此寄情人。（张九龄：折杨柳）

p4. 持之纳于官，私室无仓箱。（皮日休：正乐府十篇）

由 2o、2p 组可知：至唐时期，"持₃"所在的"持 +N₂+V₂"式的 V₂ 位置上出现较多的"给予"义动词，"持"也是在"持某物授予某人"的语义结构中变为处置介词。南北朝时期至唐时期，"将某物当作某事物"的"持"字处置式也有出现，但用例极少。例如：

（2）q1 庭草何聊赖，也持秋当春。（何楫：班婕妤怨）

q2. 持此心为镜，应堪月夜看。（皎然：送关小师还金陵）

A3. 小结

"持"的演变受到"以"的影响，演变的语义特征与之几乎相同，即源动词的宾语为"非执持"类，V₂ 为"给予"义，首先在"持某物授予某人"的语义结构中演变。与"以"不同的是，"以"在动词前和动词后都有可能发生演变，"持"的演变只有动词前的位置。

B. 处置介词"把₃"的产生

汉代之前已见"执持"义的"把"。例如：

（3）a1. 怀玉英兮把兰若，待天明兮立踯躅。（楚辞·九思）

a2. 瑶席兮玉瑱，盍将把兮琼芳。（楚辞·东皇太一）

"把"和"以、持"一样，有两个主要的演变方向：处置介词和工具介词。处置介词"把"（记为"把₃"）和工具介词"把"（记为"把₄₁"）萌生于不同的语义结构，但致变因素都是充当"把"的宾语的 NP 的语义类型的"可执持之物——不可执持之物"变化或"具体——抽象"变化。

B1. 语义结构的变化

秦汉至南北朝时期"把 +N₂+（以 / 而 +）V₂"式已有用例，这里区分三种语义类型。比较三组例句：

（3）b1. 试使一人把大火炬夜行于道。（论衡·谈天）

b2. 若见鬼把椎锁绳纆立守其旁。（论衡·订鬼）

b3. 子胥把剑仰天叹曰……（吴越春秋·夫差内传）

（3）c1. 禹亲把天之瑞令以征有苗。（墨子·非攻下）

c2. 汤自把钺以伐昆吾。（史记·殷本纪）

c3. 武王把钺讨纣。（论衡·齐世）

（3）d1. 把李实提桃间乎。（论衡·自然）

d2. 甲把其衣钱匿臧（藏）乙室。（睡虎地秦墓竹简）

　　d3. 把其本小者而X绝之。（马王堆汉墓帛书·病方·牡痔）

　　3b组的V$_2$与V$_1$"把"之间虽有"动作——方式"关系，且两种行为发生于同一时间，但由于V$_2$是运行动词、身姿动词或口作动词，V$_2$在语义结构中不可能以N$_2$为受事，这种语义结构的"把"只能是动词。3c组的"把"和V$_2$各带自己的宾语，V$_2$与"把+N$_2$"短语之间有"行为——目的"关系，V$_2$事件发生时间在"把"之后或同时，在这种语义结构中，有可能萌生工具介词"把$_{41}$"。3d组"把"和V$_2$的受事相同，虽然V$_2$行为有可能发生在V$_1$行为之后，但说话人并未强调时间先后，"把"有可能发展成为处置介词。

　　通过比较三组例句可知："把$_3$"萌生于"V$_1$+N$_2$+V$_2$"式的V$_1$位置，这一点与"持"相同。虽然"把+N$_2$+V$_2$"式的语义关系变化在汉代已经开始。但是，唐代的一些"把+N$_2$+V$_2$"式中，"把"还是动词。例如：

　　（3）e1. 两鬓愁应白，何劳把镜看。（李频：黔中罢职……）

　　　　e1. 诗书无人识，应须把剑看。（姚合：送杜观罢举东游）

　　3e组的V$_2$"看"的受事不是N$_2$，而是"两鬓"或"诗书"，由于V$_2$不是以N$_2$为受事，"把+N$_2$+V$_2$"式还是连动结构。与3e组相比较，下面一组例句的"把"相对靠近介词范畴。

　　（3）f1. 犹恐犬戎临虏塞，柳营时把阵图看。（施肩吾：赠边将）

　　　　f2. 纵把书看未省勤，一生生计只长贫。（贾岛：咏怀）

　　虽然3e、3f组的V$_2$都是"看"，但3f组的"把"更靠近介词范畴。因为3f组的V$_2$以N$_2$为受事。但是，仅符合"两个动词有相同的受事"的语义条件是不够的，3f组的N$_2$属于表示"可执持之物"的名词，"把"还不是确凿的介词。从历时角度看，唐代的一些V$_2$是"看"的结构式（今人可能分析为处置式）还是连动结构。例如：

　　（3）g1. 明年此会知谁健，醉把茱萸子细看。（杜甫：九日蓝田……）

　　　　g2. 珠铅滴尽无心语，强把花枝冷笑看。（张祜：长门怨）

　　　　g3. 莫愁寒族无人荐，但愿春官把卷看。（杜荀鹤：入关因别舍弟）

　　3g组表明：若N$_2$属于表示"可执持之物"的名词，"把"的"执持"义很难磨蚀。

　　B2. 动词"把"的词义泛化

　　唐代之前，"把+N"短语中的N一般由表示"可执持类"的事物的名词充当，但也有"不可执持类"的。例如：

（3）h1. 公曰："然则，后世孰将把齐国？"（晏子·谏下）

　　h2. 欲知把齐国者，则其利之者邪？（晏子·谏下）

　　h3. 晏子辞，不得命，受相退，把政，改月而君病悛。（晏子·谏上）

　　h4. 择郡中豪敢任吏十余人，以为爪牙，皆把其阴重罪，而纵使督盗贼。

　　（史记·酷吏列传）

　　h5. 敞皆召见责问……，把其宿负，令致诸偷以自赎。（汉书·张敞传）

"把"作为语素构成的双音动词，也可带"非执持类"名词或短语作宾语。例如：

（3）i1. 伯，把也，把持家政也。（释名·释亲属）

　　i2. 或曰："霸者，把也，驳也，言把持天子政令，纠率同盟也。"（风俗通义·皇霸）

　　i3. 自古至今，安有四五人，把持刑柄，而不离刺，转相蹄齿者也！（三国志·吴书·诸葛瑾传）

3h、3i 组显示：由于充当动词"把"或"把持"的宾语的 NP 的范围扩大，"把"的词义呈现泛化的迹象，这对于"把"的"执持动词——处置介词"演变也有助推作用。

B3. 致变因素分析

"把"的致变因素与"以、持"一样，都是结构式中 $N_2$ 的语义类型变化。唐代之前，"把 +N"短语中，N 可以是表示抽象事物的名词（参见 3h 组），但"把 +$N_2$+$V_2$"式中，罕见 $N_2$ 表示"不可执持"事物的例证，仅见到个别用例：

（3）j. 大象虽寥廓，我把天地衣。（葛洪：法婴玄灵之曲二首）

唐代，表示天地、江山、人物等的名词进入"把 +$N_2$+$V_2$"式的 $N_2$ 位置，名词的语义类型变化导致"把"的"执持"义消失，又因为 $V_2$ 以 $N_2$ 为受事，"把 +$N_2$+$V_2$"式可分析为处置语义结构，"把"变为处置介词。例如：

（3）k1. 引日月之针，五星之缕把天补。（卢仝：与马异结交诗）

　　k2. 莫言鲁国书生懦，莫把杭州刺史欺。（白居易：戏醉客）

　　k3. 尊前但相眄，似把白丁辱。（皮日休：吴中苦雨……）

　　k4. 欲把江山鼎足分，邢真衔册到江南。（孙元晏：吴）

3k 组显示：中晚唐时期，"把 +$N_2$+$V_2$"式中 $N_2$ 的范围已得到充分的扩展，较多的表示"不可执持"事物的名词进入 $N_2$ 位置，这导致"把$_3$"的性质明确。

"把"属于手作动词，两个手作动词出现在连动结构中，相对来说比较容易引发"把"的演变，但 $N_2$ 也要符合"不可执持之物"的条件。例如：

（3）11. 惜无载酒人，徒把凉泉掬。（宋之问：温泉庄卧病……）

    12. 应是天仙狂醉，乱把白云揉碎。（李白：清平乐）

    13. 悠然放吾兴，欲把青天摸。（皮日休：初夏游楞伽精舍）

    14. 不堪星斗柄，犹把岁寒量。（高蟾：秋思）

若 $V_2$ 是表示认识的动词，如"比、喻"义动词，"把"进入"将某物看作某类事物"的语义结构。例如：

（3）m1. 不把丹心比玄石，惟将浊水况清尘。（骆宾王：代女道士……）

    m2. 更把浮荣喻生灭，世间无事不虚空。（顾况：赠僧二首）

### 2.2.3.2.3　小结

"以、持、把"的"执持动词——处置介词"演变都要求源动词宾语是表示"不可执持之物"或抽象事物的名词或短语，这是演变的决定因素。"把"与"持"相同之处是都在"$V_1$+$N_2$+$V_2$"式的 $V_1$ 位置上发生变化，但"把"与"以、持"的演变还有一点不同，"以、持"在"持某物授予某人"的语义结构中变为处置介词，演变要求 $V_2$ 是"给予"类动词；"把"在"将某物作某种处理"的语义结构中变为处置介词，演变只要求 $V_2$ 以 $N_2$ 为受事。但是"持某物授予某人"从广义角度看，也属于"将某物作某种处理"的语义结构，由"把"和"以、持"的对比可以得知：致变的语义结构也有扩展的可能性。

纵观"以、持、把"的演变特征，首发模式与后随模式不是完全相同的，而第二个后随者又与第一个后随者有所不同，由此可知：虽然演变方向、路径和结果相同，但致变因素不是完全相同的，而且时间越后，与首发者的差异越大。然而，即使有差异，"以、持、把"还是可以归纳为同一模式，因为演变的决定性因素都是充当源动词的宾语的 NP 的语义的抽象化。

### 2.2.3.3　交互介词的演变模式

从历时角度看，交互介词（或称"伴随介词"）有两种来源：动词和介词。动源的交互介词大多来自"随同"义，可分为两个义类："伴随"义（如

"将、和、同、共"等)、"跟从"义(如"从、跟"等)。动源的交互介词还可能来自"给予"义(如"与")、"兼及"义(如"及")、"走向"义(如"就")等。由于直接来源是"给予"、"兼及"、"走向"义动词的交互介词数量较少,未能形成一组同义词同向发展的态势,本节仅讨论"随同"义动词的演变模式。

### 2.2.3.3.1 "伴随"义动词的首发模式

魏晋以来,"伴随"义动词成为交互介词的一个重要来源,在"伴随动词——交互介词"的演变链中,"将"是最早开始的,我们把"将"看作这一路径演变的首发者。

南北朝时期,动词"将"由"引领"义(记为"将$_{01}$")引申出"伴随"义(记为"将$_{02}$"),导致"引领——伴随"演变的因素是"($N_1$+)将 +$N_2$+$V_2$"式中语义关系的变化,主要是 $N_1$ 和 $N_2$ 之间的关系的变化。在"引领"义的"将"所在的结构式中,$N_1$(施事主语,可能省略)是 $V_2$ 事件的主导者,$N_2$ 是随从者(即"被引领者")。例如:

(1)a. 戎羯逼我今为室家,将我行兮向天涯。(蔡琰:胡笳十八拍)

"伴随"义的"将$_{02}$"所在的"($N_1$+)将 +$N_2$+$V_2$"式中,$N_1$ 和 $N_2$ 往往是同等地位的或者是以 $N_2$ 为主导者。在汉至南北朝时期的一些用例中,不能确定"$N_1$(可能省略或隐含)可能是主导者"的意义。例如:

(1)b1. 揽辔为我御,将我上天游。(古乐府辞·陇西行)

b2. 昔将尔同去,今将尔同归。(曹丕:代刘勋妻王氏杂诗)

b3. 离鹄将云散,飞花似雪回。(祖孙登:宫殿名登高台诗)

1b组的"将"可作"引领"义或"伴随"两种理解,由于可以推出"$V_2$行为由 $N_1$ 和 $N_2$ 双方参与"的意义,句子潜藏着"将"演变为交互介词的可能性(甚至有可能被看作交互介词)。在同一时期,有些"$N_1$+ 将 +$N_2$"短语可以独立成为一个小句,两个 N 之间可以看作"伴随"关系而非"引领"关系。例如:

(1)c1. 鱼山将鹤岭,清梵两边来。(庾信:奉和阐弘二教应诏诗)

c2. 偃松将古墓,年代理当深。(阴铿:行经古墓诗)

c3. 仙姬将夜月,度影自浮沈。(陈叔宝:巫山高)

c4. 寒笳将夜鹊,相乱晚声哀。(阮卓:关山月)

c5. 寸心将夜鹊,相逐向南飞。(何妥:门有车马客行)

1c 组的"将"可以看作"伴随"义动词，也有可能被看作并列连词，这表明：1c 组是萌生并列连词"将"（记为"将$_6$"）的结构式之一，句中的"将"是并列连词"将$_6$"的源头；只有在类似 1b 组的结构式中，"将"才有可能向交互介词发展。导致"伴随动词——交互介词"演变的因素有三：结构的复杂化、名词的语义类型变化或动词的语义类型变化。其中，起决定作用的是动词的语义类型变化。

A. 结构的复杂化与名词的语义类型变化

结构的复杂化是指结构式中出现表示"双方参与"意义的副词，如"共、同、俱"等。在一些"将 +N$_2$+ 副 +V$_2$"式中，"将"可以分析为"引领"义或"伴随"义动词，也有可能被理解为交互介词。例如：

（1）d. 若将君共赏，何处减城隅。（刘狄：秋朝望野诗）

有的句子中，"将"可以分析为"伴随"义动词或交互介词。例如：

（1）e. 无奈人心皆有忆，今暝将渠俱不眠。（庾信：秋夜望单飞雁诗）

例 1d 和例 1e 显示了"伴随动词——交互介词"演变的可能性。若 N$_1$、N$_2$ 具有"非人"的语义特征，"将"的"引领"义消失，被分析为"伴随"义动词或交互介词的可能性增大。例如：

（1）f1. 属与松风动，时将薜影垂。（刘删：赋松上轻萝诗）

　　f2. 带叶俱吟树，将花共舞空。（刘狄：咏风诗）

若为"N$_1$+ 将 +N$_2$+ 共 +V$_2$"式，"将"可能有三种分析结果："伴随"义动词、交互介词或并列连词。例如：

（1）g1. 眉含黛俱敛，啼将粉共流。（沈烔：秋闺怨诗）

　　g2. 可患身为患，生将忧共生。（释氏：五苦诗）

B. 动词的语义类型

动词的语义类型决定演变的结果，若"将 +N$_2$+V$_2$"式中的 V$_2$ 为含有"双方互动"意义的动词，如"离别"义动词，"将"是确凿的交互介词。例如：

（1）h1. 游子河梁上，应将苏武别。（庾信：咏怀）

　　h2. 朝将云鬓别，夜与蛾眉连。（许瑶之：咏柟榴枕诗）

1h 组的"将"已不能理解为"伴随"义动词，是确凿的交互介词。若 V$_2$ 是"同、俱"等形容词，"将"也是交互介词，并呈现向等比介词发展的趋势。例如：

（1）i1. 花中烛，似将人意同。（许瑶之：和湘东王古意咏烛诗）

　　i2. 琼醴和金液，还将天地俱。（谢朓：方诸曲）

由1h、1i组可知：南北朝时期交互介词"将"（记为"将$_{32}$"）已经萌生。"将"变为交互介词的决定性因素是"（N$_1$+）将 +N$_2$+V$_2$"式中V$_2$的语义类型变化，即V$_2$为含有"双方互动"意义的动词，这是演变的决定性因素，这一演变特征对"共、同、和、跟"的演变有着重大影响。

C. 对举格式

若和"与"对举，且结构式中有副词"共"或"俱"，"将"可以分析为"伴随"义动词或交互介词，甚至是并列连词。例如：

（1）j1. 雁与云俱阵，沙将蓬共惊。（庾肩吾：经陈思王墓诗）

　　j2. 风将夜共静，空与月俱明。（朱超：岁晚沉疴诗）

　　j3. 人将蓬共转，水与啼俱咽。（江总：陇头水二首）

　　j4. 发与年俱暮，愁将罪共深。（庾肩吾：被执作诗一首）

1j组显示：对举格式的出现可以助推语法化的进程，但演变的决定性因素语义因素，即V$_2$的语义类型。

### 2.2.3.3.2 "伴随"义动词的后随模式

继"将"之后，走"伴随——交互"路径的有"共、同、和"等。受"将"的影响，导致演变的决定性因素都是"V$_1$+N$_2$+V$_2$"式中V$_2$的语义类型扩展。

A. 交互介词"共$_{31}$"的产生

"共"有"共享、共有"等义（记为"共$_{01}$"），由此义引申出"伴随"义（记为"共$_{02}$"），"共$_{02}$"是交互介词"共"（记为"共$_{31}$"）的直接来源。先秦时期，"共$_{01}$"已存在。例如：

（2）a. 愿车马、衣轻裘，与朋友共，敝之而无憾。（论语·公冶长）

汉代，"与 +N$_1$+ 共 +N$_2$"式是常见的，"共$_{01}$"可释义为"共有"或"共享"义。例如：

（2）b1. 赵氏之先，与秦共祖。（史记·赵世家）

　　b2. 子楚乃顿首曰："必如君策，请得分秦国与君共之。"（史记·吕不韦列传）

　　b3. 广廉，得赏赐辄分其麾下，饮食与士共之。（史记·李将军列传）

南北朝时期，出现"共 +N$_2$（人）+V$_2$"式，据刘坚（1989）研究，在

《后汉书》等典籍中已见用例。下面是一组南北朝时期的用例：

（2）c1. 弟贤，其夕梦雄告之曰："却后六日，当共父同出。"（后汉书·列女传）

　　　c2. 乌桓大人于秩居等与连休有宿怨，共郡兵奔击，大破之。（后汉书·乌桓鲜卑列传）

　　　c3. 明年当共卿等取之。（魏书·韩茂传）

　　　c4. 江潭望如此，衔厄共君倾。（何逊：至大雷联句）

　　　c4. 邯郸九枝朝始成，金卮玉碗共君倾。（萧绎：乌栖曲四首）

　　如果 $N_2$ 不是表人的名词，"伴随"义稍稍淡化。例如：

（2）d1. 花月分窗进，苔草共阶生。（阴铿：班婕好怨）

　　　d2. 还将出塞曲，仍共胡笳悲。（陈叔宝：折杨柳二首）

　　2c、2d 组的"共"可以看作"伴随"义动词，也可以看作交互介词。"共"的两解表明：南北朝时期，"共$_{31}$"已处于萌芽状态。若结构式中的 $V_2$ 是"争竞"、"离别"义动词，则"共"是确凿的交互介词。南北朝时期已见此类用例：

（2）e1. 每常心共口敌，性与情竞。（颜氏家训·序致）

　　　e2. 共君临水别，劳此送将归。（萧诠：赋得往往孤山映诗）

　　2e 组可证：交互介词"共$_{31}$"确定性质的主要因素是 $V_2$ 的语义类型扩展，含有"双方互动"义素的动词进入 $V_1$ 位置，这是"伴随动词——交互介词"演变的主要特征。

　　B. 交互介词"同$_{31}$"的产生

　　"同"的演变路径与"共"大致相同，也走过"共有/共享——伴随——交互"的演变路径。先秦时期，"与 $+N_2+$ 同 $+N_2$"式的"同"可分析为"共享"、"共有"义动词。例如：

（3）a1. 岂曰无衣，与子同袍。（诗经·秦风·无衣）

　　　a2. 与我同壤，而世为仇雠。（左传·哀公元年）

　　由此义引申出"偕同"义。例如：

（3）b1. 晦以湘州刺史张邵必不同己，欲遣千人袭之。（宋书·何承天传）

　　"同 $+N_2$（人）$+V_2$"式出现稍迟于"共 $+N_2+V_2$"式，$N_2$ 是主导者。例如：

（3）c1. 诸君皆忠烈之士，岂复有人方更同公作贼？（晋书·姚兴载记）

　　　c2. 诸君皆忠烈之士，亦当同孤殉斯举也。（南史·沈约传）

c3. 张畅故是奇才，同义宣作贼，亦能无咎，非才何以致此？（南史·张邵传）

c4. 边公何为同人作贼，不早来？（南史·沈庆之传）

3c 组可以推出"$V_2$ 事件由 $N_1$ 和 $N_2$ 双方参与"的意义，但"同"有两种分析结果："偕同"义动词或交互介词。若 $V_2$ 是表示"双方互动"意义动词，如"争竞"、"相会"义的动词，则"同"的交互介词性质确定。例如：

（3）d1. 若同人世长相对，争作夫妻得到头。（罗虬：比红儿诗）

d2. 虽同故山会，草草如路歧。（李涉：抄春再游庐山）

3d 组显示：导致交互介词"同$_{31}$"性质确定的因素和"共"是相同的，都是 $V_2$ 由含有"双方互动"意义的动词充当。

C. 交互介词"和$_{31}$"的产生

动词"和"由"拌和"义（记为"和$_{01}$"）引申出"连带"义（记为"和$_{02}$"）和"伴随"义（记为"和$_{03}$"）。由"和$_{02}$"发展出连带介词"和$_{51}$"，由"和$_{03}$"发展出交互介词"和$_{31}$"。图示演变路径如下：

和$_{01}$—和$_{02}$（"连带"义）—和$_{51}$（连带）

\ 和$_{03}$（"伴随"义）—和$_{31}$（交互）

在唐代的"和$_{03}$"所在的"（$N_1$）+ 和 +$N_2$+$V_2$"式中，"和"表示动作行为的另一实施者，$V_2$ 是 $N_1$ 和 $N_2$ 共同实施的，因此 $V_2$ 含有"双方参与"意义。例如：

（4）a. 鹤和云影宿高木，人带月光登古坛。（伍乔：宿灂山）

宋时期，"和$_{03}$"仍存在。例如：

（4）b. 满地芦花和我老，旧家燕子伴谁飞。（文天祥：金陵驿）

上两例中，$N_1$ 和 $N_2$ 是 $V_2$ 的施事或 A 的特征所有者。"和$_{31}$"首先是在类似例 4a、4b 的语义结构中产生，即 $V_2$ 或 A 是"双方实施或具有"意义的。若结构式中的 $V_2$ 含有"双方互动"意义，则"和"有可能向交互介词发展，唐代已见演变端倪：

（4）c. 画角引风吹断梦，垂杨和雨结成愁。（杜荀鹤：旅寓）

上例的 $V_2$ 为"结"，"和"有可能被分析为交互介词，但还不能排除"伴随"义动词的可能性。若"和 +$N_2$+$V_2$"式中的 $V_2$ 是"离别"、"争斗"等意义的动词，或者是含有"双方互动"意义的动词，则"和"是确凿的交互介词。例如：

（4）d1. 悲泣呼醒虞姬，和伊死别，雪刃飞花髓。（黎廷瑞：大江东去）

d2. 从此和君不唧溜，至今同饭五华峰。（释慧空：和钝庵见留）

d3. 更和天堑失，回首惨啼鹃。（文天祥：过梁门）

由4d组可知：宋代，"和$_{31}$"已定型；导致"和$_{31}$"产生的因素与"共、同"大致相同，都是$V_2$的语义类型变化。宋代的用例中，$V_2$若是"双方互动"意义的动词，"和"的交互介词性质十分明显。例如：

（4）e1. 那捉笊篱的哥哥吃打了，又不敢和他争……（宋四公大闹禁魂张，近汉语资·宋代卷）

e2. 店二哥抬头看时，便是和宋四公相识的官人。（宋四公大闹禁魂张，近汉语资·宋代卷）

e3. 我乃使棒部署，你敢和我使一合棒？（杨温拦路虎传，近汉语资·宋代卷）

e4. 我既和你做了夫妻，凭你行。（崔待诏生死冤家，近汉语资·宋代卷）

### 2.2.3.3.3 "跟从"义动词的首发模式

在"跟从动词——交互介词"的演变链上，"从"是首发者，"跟"是后随者。两者在演变中的共同特征也是$V_2$表示"双方互动"意义。交互介词"从$_{34}$"的来源比较复杂，与"跟从"义动词"从$_{02}$"和言谈介词"从$_{31}$"都有联系。

A. 与动词"从$_0$"的联系

动词"从"由"随行"义引申出"跟从"义，"从$_{34}$"与动词"跟从"义动词"从$_{02}$"有直接的联系，在"($N_1$+）从+$N_2$+$V_2$"式中，$V_2$有可能被理解为"$N_1$和$N_2$双方参与"意义。例如：

（5）a1. 国佐从诸侯围郑。（左传·成公十七年）

a2. 夏，屈建从陈侯围陈。（左传·襄公二十三年）

a3. 秋，蔡人、卫人、陈人从王伐郑。（左传·桓公五年）

5a组显示："随行"义的"从$_{01}$"所在的"从+$N_2$+$V_2$"式中，$V_2$通常是"双方参与"意义的，这是演变的语义基础。如果句子不蕴含"$N_1$和$N_2$一起行走"意义，"从"是"跟从"义，但有可能被理解为"与、和"义介词。例如：

（5）b1. 群蛮从楚子盟。（左传·文公十六年）

b2. 知伯从赵孟盟。（左传·定公十四年）

b3. 子驷从楚子盟于武城。（左传·成公十六年）

5b 组的 $N_2$ 是主导者，"从"的"跟从"义尚未消失。汉代沿袭先秦时期的用法，一些"$从_{02}$"所在的"从 $+N_2+V_2$"式中，$V_2$ 也是"$N_1$ 和 $N_2$ 双方参与"意义的。例如：

（5）c1. 向令伍子胥从奢俱死，何异蝼蚁。（史记·伍子胥列传）

c2. 子楚从不韦饮，见而悦之。（史记·吕不韦列传）

5a——5c 组中，可以推出"$V_2$ 事件的实施者是 $N_1$ 和 $N_2$"的意义，由于 $V_2$ 部分蕴含"双方参与"意义，语义结构中已潜藏着"从"变为交互介词的可能性。但是 5c 组的 $N_2$ 和 $N_1$ 有身份高低之分，在句子的推理意义中有"主导者"和"随从者"之分，这使得"从"的"跟从"义难以消蚀。5c 组的"从"固然可以换上"与、和"等，但我们不能断定这些"从"已是交互介词。

若"从"进入的结构式的 $V_2$ 是"双方互动"意义的，如为"计谋"、"商议"义动词，句义中两个 $N_2$ 和 $N_1$ 之间的"主从"关系稍稍淡化，"从"向交互介词发展的趋势相对明显。例如：

（5）d1. 越衍侯吴阳以其邑七百人反，攻越军于汉阳，从建成侯敖，与其率，从繇王居股谋曰："余善首恶，……"（史记·东越列传）

d2. 可使臣从丞相御史计之。（新书·卷三）

d3. 常岁再三私入洛阳，从绍计议，为诸穷窘之士解释祸患。（三国志·魏书·荀攸传，裴注引张璠《汉纪》）

如果 $V_2$ 是"离别"义动词，"从"的交互介词性质确定。例如：

（5）e1. 时有葛仙公者，每饮酒醉，常入人家门前陂水中卧，竟日乃出。曾从吴主别，到浏州，还遇大风，百官船多没，仙公船亦沉沦，吴主甚怅恨。（三国志·吴书·赵达传，裴注引《抱朴子》）

e2. 久从园庐别，遂与朋知辞。（岑参：宿华阴东郭客舍忆阎防）

e3. 西阁从人别，人今亦故亭。（杜甫：不离西阁二首）

5e 组后两例显示：最迟在唐代，"$从_{34}$"的性质已确定；导致"从"变为交互介词的因素与"将、共、同、和"等基本相同，主要是 $V_2$ 的语义类型变化，如果 $V_2$ 是"双方互动"意义的动词，则处于 $V_1$ 位置的"随同"义动词变为交互介词。

宋代，"$从_{34}$"仍有用例：

（5）f1.且向忙中作茧，敢从作者论诗。（李之仪：次韵赠答洪觉范五首）

f2.俱卢日午，瞻部夜央，声前一句从尔商量。（释子淳：丹霞第四代勋禅师）

f3.更欲从君细商略，不道挥斥愁鼻端。（孙应时：和陈及之）

f4.西风未用轻分手，尚欲从君细切磋。（洪咨夔：送高才卿守永康）

B.与言谈介词"从$_{33}$"的联系

交互介词"从$_{34}$"产生之前，已存在介引求索者、师从者和言谈者的介词"从$_{31}$"、"从$_{32}$"和"从$_{33}$"。就与先之产生的介词功能的联系而言，与"交互"功能关系最密切的是"言谈"功能。汉代已见少数"从$_{33}$"的用例：

（5）g1.上曰："吾始以《尚书》为朴学，弗好，及闻宽说，可观。"乃从宽问一篇。（汉书·儒林列传）

g2.……又从夏侯胜问《论语》、《礼服》。（汉书·萧望之列传）

"从$_{33}$"可以看作"从$_{34}$"的来源之一。言谈介词所在的"P+N$_2$+V$_2$"式的V$_2$是"N$_1$单方实施"意义的，而交互介词所在结构式的V$_2$是"N$_1$和N$_2$双方实施"意义的。导致V$_2$的施事发生"单方——双方"变化的因素是结构式中V$_2$的语义类型变化，若V$_2$是"谈论"义动词，可作"双方参与"理解，"从"有可能被分析为交互介词。例如：

（5）h1.烦君临问我何堪，剩欲从君十日谈。（陈师道：答颜生）

h2.从君细意幽恨，准拟应须到落花。（周紫芝：奉酬韦深道见寄诗）

h3.恨不从君语终夕，空斋愁坐独伤神。（韩元吉：闻吴端朝作真率集）

h4.多闻政欲从君语，造请宁能遣我忙。（赵蕃：过在伯于学中）

h5.常欲从君一夜谭，自惭风骨带尘凡。（陈宓：陪刘学录……）

综上，"从$_{34}$"有"跟从"义动词和言谈介词两种来源，这是"从"演变模式的特殊性。但"从"有"随行"义、"跟从"义，与"伴随"义有相通之处，因此"从"的"跟从动词——交互介词"演变模式与"伴随动词——交互介词"的演变模式具有相似性，即都是由"双方互动"意义的动词进入V$_2$位置而确定演变结果。

#### 2.2.3.3.4 "跟从"义动词的后随模式

"跟"和"从"的演变相差一千多年，与"从"相比较，交互介词"跟"（记为"跟$_{32}$"）只有动词一个来源，但致变因素大致相同。

A.语义联系

宋元时期，已见"（N$_1$）＋跟＋N$_2$+V$_2$"式"。例如：

（6）a1. 这个女儿不受福德，却跟着一个碾玉的待诏逃走了。（崔待诏生死冤家，

 近汉语资·宋代卷）

 a2. 自从跟了舍人来此间呵。（白朴：裴少俊墙头马上·三折）

 a3. 跟你回去，你听我说。（白朴：唐明皇秋夜梧桐雨·三折）

6a 组显示：早期的"（$N_1$+）跟+$N_2$+$V_2$"式中，$V_2$ 多为运行动词，可以承载运行意义的表达。从语义关系看，$N_1$ 和 $N_2$ 是 $V_2$ 事件的共同实施者（$N_2$ 是主导者，$N_1$ 是随从者），$V_2$ 所表示的动作行为是两者共同进行的；语义结构中 $V_2$ 已蕴含"双方参与"意义，这是演变的语义基础。"跟从动词——交互介词"演变的因素主要是结构式中 $V_2$ 的语义类型变化。这一点，与"从"的演变模式相似。若 $V_2$ 不是运行动词，"跟"开始向交互介词发展。例如：

（6）b1. 怎生便着我跟你出家？（范康：陈季卿误上竹叶舟·第三折）

 b2. 街前休喝道，跟我探亲知。（郑廷玉：崔府君断冤家债主·第一折）

6b 组的两个 N 之间还有"主导者"和"随从者"之分，"跟"还是"跟从"义动词。这种 $V_2$ 为原地动词，蕴含"双方参与"意义的结构式中，"跟"的动词意义尚未完全消退。明清时期，这样的用例相当多。例如：

（6）c1. 你跟着他睡，走了你岂不知？（绣像金瓶梅词话·九十回）

 c2. 宝玉乍到郊外，那里肯回去，只要跟凤姐住着。（红楼梦·十五回）

 c3. 贾母又叫把喜鸾四姐儿二人也叫来，跟他二人吃毕，洗了手，点上

 香，……（红楼梦·七十一回）

6c 组的"跟"也呈现向交互介词发展的明显趋势，但动词性质还不能排除。

 B. 致变因素分析

 与"从"的演变一样，"跟"致变因素也是 $V_2$ 的语义类型扩展，如果 $V_2$ 部分是连动结构，一个是运行动词，另一个是含有"双方互动"意义的行为动词，"跟"呈现明显的向交互介词发展的态势。例如：

（6）d. 奉老爷的命，使我跟他两个到一个小酒务儿里饯别。（关汉卿：钱大尹智宠谢天香·二折）

 若 $V_2$ 是表示"敌对／争竞"义的动词，"跟"就是确凿的交互介词。例如：

（6）e. 跟我为仇，不肯借扇。（西游记·五十九回）

上例的 $N_1$（没有出现在句法层）和 $N_2$ 已没有身份的主从之分，双方也没有位置前后关系，"跟"是纯粹的交互介词。明代还有少数交互介词用例：

（6）f1. 你终日跟那些人做一处，必做不出好事来。（明珠缘·七回）

　　f2. 待寻个空儿跟他着实弄一回罢。（浪蝶偷香·十九回）

6f组显示：只要语义结构中可以推出"双方互动"意义，即使 $V_2$ 本身不是表示"双方互动"意义的动词，"跟"也是交互介词。

### 2.2.3.3.5　小结

"随同动词——交互介词"的演变的决定性因素都是"$V_1+N_2+V_2$"式中 $V_2$ 的语义类型变化，即要求 $V_2$ 可作"双方互动"理解。源结构中 $V_2$ 的"双方参与"意义是演变的语义基础，从随同动词到交互介词，$V_2$ 部分的"双方参与"意义仍然存在。"随同——交互"的演变是符合认知因素的。在"$X+N_2+V_2$"式中，无论 X 被分析为随同动词还是交互介词，$V_2$ 的实施者是 $N_1$ 和 $N_2$ 双方。人们认识事物的过程中，很容易将伴随的事物与主要的事物放到一起来处理，认为他们会共同发生作用。而这种认识转化是完成随同动词到交互介词的演变的心理条件。

## 2.2.3.4　所为介词的演变模式

从历时角度看，所为介词也有动词和介词两个来源。动源的所为介词主要有三个语义来源："帮助"义、"给予"义或"替代"义。由于语义来源不同，动源的所为介词的演变模式也有差异，但演变中也存在共同的特征，即"$N_2$ 参与 $V_2$ 事件的可能性消失"。

### 2.2.3.4.1　"帮助"义动词的首发模式

以"帮助"义为直接来源的所为介词有"为、帮"等，我们将"为"看作"帮助动词——所为介词"演变的首发者。上古时期，动词"为"有多个义项，其中与介词有联系的是"做为"义（记为"为$_{01}$"）和"帮助"义（记为"为$_{02}$"）。"做为"义是原因介词"为$_{41}$"的主要来源，"帮助"义是所为介词"为$_{31}$"的主要来源。

在认识活动中，"帮助别人"和"使别人获益"之间有联想关系。这与所为介词所在的语义结构中的"$N_1$ 使 $N_2$ 获益"的推理意义相匹配，因此，"为$_{02}$"可以发展出介引"所为者"的功能。在心理图像中，为别人做事，也是使别人受益的行为，因此，"做为"义也有可能成为"为$_{31}$"的来源。图示动词"为"的演变路径如下。

$$\diagup \text{为}_{31}(\text{所为})$$

为$_{01}$（"做为"义）——为$_{02}$（"帮助"义）——为$_{31}$

A. 与"做为"义的联系

先秦时期的一些"为 +N$_2$+V$_2$"式可分析为双宾语结构或述宾结构（"N$_2$+V$_2$"短语充当"为"的宾语），"为"可以理解为"做为"义动词。但一部分句子中，由于句中蕴含"使 N$_2$获益"意义，句中潜藏着"为"变为所为介词的可能性。例如：

（1）a1. 伯也执殳，为王前驱。（诗经·国风·伯兮）

a1. 天下有道，则公侯能为民干城。（左传·成公十三年）

a2. 季孙问於荣驾鹅曰："吾欲为君谥，使子孙知之。"（左传·定公元年）

如果 V$_2$部分结构复杂化，则"为"是所为介词。例如：

（1）b1. 为民兴利除害。（管子·君臣下）

b2. 余来为民诛之。（韩非子·外储说左上）

b3. 命有司为民祈祀山川百源。（礼记·月令）

b4. 国为君守之，君曷为不入？（公羊传·僖公二十一年）

"为 + 之 +V$_2$"式可以分析为双宾语结构，句中也存在"做为动词——所为介词"演变的可能性。下面一组例句显示两者的联系。

（1）c1. 将裂田以与蛮子而城之，且将为之卜。蛮子听卜，遂执之。（左传·哀公四年）

c2. 孟孙知其衅，以为必适晋，故强为之请，以取入焉。（左传·定公六年）

c3. 桓公尝有存亡继绝之功，故君子为之讳也。（榖梁传·僖公十七年）

c4. 秋，七月，齐王姬卒，为之主者，卒之也。（榖梁传·庄公二年）

1c 组的"为 + 之 +V$_2$"式若分析为双宾语结构，"为"是"做为"义动词；若分析为状中结构，"为"是所为介词。1c 组的"为"之所以有可能被分析为所为介词，是因为句子可以推出"V$_2$是有利于 N$_2$的事件"之义。若 V$_2$部分为述宾短语或结构较为复杂的短语，"为"可以确定是所为介词。例如：

（1）d1. 七日，秦哀公为之赋无衣。（左传·定公四年）

d2. 阖庐曰……将为之兴师而复雠于楚。（公羊传·定公四年）

d3. 鱼石走之楚，楚为之伐宋取彭城。（公羊传·襄公元年）

d4. 于是负孝公之周诉天子，天子为之诛颜而立叔术。（公羊传·昭公三十一年）

d5. 卫宣公烝于夷姜，生急子，属诸右公子，为之娶于齐而美，公取之。（公羊传·桓公十六年）

d6. 阖庐曰："士之甚，勇之甚。"将为之兴师而复酬于楚。（公羊传·定公四年）

比较 1c 组和 1d 组，可以得知：所为介词"为$_{31}$"与"做为"义有来源关系。这是因为一部分"做为"义充当 $V_1$ 的"$V_1+N_2+V_2$"式中蕴含"$N_1$ 实施 $V_2$ 行为而使 $N_2$ 获益"意义。

B. 与"帮助"义的联系

"帮助"义来自"做为"义，下例显示两种意义之间的联系。

（1）e1. 为韩姞相攸，莫如韩乐。（诗经·大雅·韩奕）

"为$_{02}$"是所为介词"为$_{31}$"的主要来源，"为$_{02}$"见于先秦时期。例如：

（1）f1. 赵孟曰："为其主也，何罪？"（左传·哀公二年）

f2. 不狃曰："彼为君也，子何怨焉？"（左传·定公五年）

汉代沿用此义：

（1）g1. 魏王豹谒归视亲疾，至即绝河津，反为楚。（史记·高祖本纪）

g2. 方与反为魏，击之。（史记·曹相国世家）

g3. 为刘氏右袒，为吕氏左袒。（史记·吕太后本纪）

这种用法的"为$_{02}$"读上声。例如：

（1）h. 故为大王计，莫如为秦。（史记·张仪列传）

《史记》注"于伪反"。遵循语义演变的规律，"为$_{02}$"有可能向所为介词发展。而"浊上变去"的语音演变规律也可证明"帮助"义与所为介词有直接的联系。"帮助"义的"为$_{02}$"的词义可能继续虚化，有的句子中，充当谓语动词的"为"可作"为了"解。例如：

（1）i1. 申包胥曰："吾为君也，非为身也。……"（左传·定公五年）

i2. 逆叔姬，为我也。（左传·成公九年）

i3. 且吴社稷是卜，岂为一人。（左传·昭公五年）

i4. 不狃曰："彼为君也，子何怨焉？"（左传·定公五年）

"为$_{03}$"汉代仍见：

（1）j. 将渠泣曰："臣非以自为，为王也。"（史记·燕召公世家）

上古时期，有的"为+$N_2$+$V_2$"式中，"为"可理解为"帮助"义或"为了"义，也可以理解为所为介词。例如：

（1）k1. 寡君使群臣为鲁卫请。（左传·成公二年）

k2. 吾为子请邑。（左传·成公十六年）

k3. 陈侯为卫请成于晋。（左传·桓公二年）

1k组的"为"有可能被分析为所为介词。由于句中蕴含"$N_2$有实施$V_2$行为的意愿，$N_2$也有可能实施$V_2$行为"的意义，以及"$N_1$实施$V_2$行为时，自身不一定受损，还可能获益"意义，"为"还不能排除"帮助"义动词的可能性。若句义中可以推出"$N_2$不可能实施$V_2$行为"，"$N_1$实施$V_2$行为，使$N_2$获益而自己受损"意义，"为"是确凿的所为介词。例如：

（1）l1. 故君为社稷死，则死之；为社稷亡，则亡之。（左传·襄公二十五年）

l2. 子有父母耆老，而子为我死，……（国语·吴语）

比对1k组与1l组可知：虽然动词"为$_{02}$"（包括"为$_{03}$"）进入"$V_1$+$N_2$+$V_2$"式的$V_1$位置有可能变为所为介词，但所为介词的性质确定与"$N_2$是否有实施$V_2$行为的可能性"以及$N_1$和$N_2$的"损益关系"变化有关。

比较上面两组例句可知：导致"为$_{31}$"产生的因素是语义关系的变化。在演变初期，所为介词所在的句子中，都蕴含"$N_2$不可能实施$V_2$行为"之义，但对$N_1$的"受损"意义要求淡化，只要句义中有"$N_1$使$N_2$获益"意义，"为"就是所为介词。例如：

（1）m1. 卫侯为夫人南子召宋朝，会于洮。（左传·定公十四年）

m2. 为其母筑官。（穀梁传·隐公五年）

m3. 父为子隐，子为父隐。（论语·子路）

### 2.2.3.4.2 "帮助"义动词的后随模式

继"为"之后，"帮"也走"帮助动词——所为介词"的路径，"帮"的演变模式与"为"有所不同。第一，所为介词"为$_{31}$"有两个语义来源，所为介词"帮"（记为"帮$_{31}$"）只有"帮助"义一个来源。第二，"为$_{31}$"确定性质有两个因素：一是句子可以推出"$N_2$不可能实施$V_2$事件"的意义，二是$V_2$表示不利于$N_1$的事件；"帮$_{31}$"确定性质的关键是"$N_2$不可能实施$V_2$事件，$N_1$单方实施$V_2$事件"意义的确定。在"（$N_1$+）帮+$N_2$+$V_2$"式中，"帮"原本是动词。例如：

（2）a1. 你也回心，俺们也回心，如今帮你做人家哩。（秦简夫：东堂老劝破家

子弟·第四折）

a2. 邻人多是平日与他相好的，……，问道："贼在那里？我们帮你拿去。"
（初刻拍案惊奇·卷十九）

a3. 我们也肯舍力帮你磨麦，只是师父的堂规严厉得紧。（韩湘子全
传·二十七回）

a4. 明日叫四员副将帮你出阵，才是个万全之策。（三宝太监西洋记·八十回）

a5. 智深道："我来帮你厮打。"（水浒·七回）

a6. 郓哥道："且不要慌。等我一发吃了，却说与你。你却不要气苦！我自
帮你打捉。"（水浒·二十五回）

a7. 你家可是闹贼么？现在已被我们捉住，速来帮我捆他。（狄公
案·二十五回）

2a 组可以推出"$N_1$ 和 $N_2$ 都实施 $V_2$ 行为"意义，还有"$N_2$ 是 $V_2$ 行为
的主导者，$N_1$ 是协助者"意义。如果可以确定 $V_2$ 是 $N_1$ 单方实施的，$N_2$ 不
可能参与 $V_2$ 事件，则"帮"是所为介词。在演变过程中，有的句子不能确
定 $V_2$ 的施事是"$N_1$ 单方"还是"$N_1$ 和 $N_2$ 双方"，则"帮"可能是所为介
词，也可能仍是"帮助"义动词。例如：

（2）b1. 若说不过时，你可努嘴儿，我帮你说。（李行甫：包待制智赚灰栏
记·第四折）

b2. 这几位伯伯，帮你去讨生身父母的家业，你只依着做去便了。（二刻拍
案惊奇·卷二十五）

b3. 这桩事须不是你一个妇人家做的，一定有奸夫帮你谋财害命，你却从实
说来。（二刻拍案惊奇·卷三十七）

b4. 朱玉在家中做饭与他吃，帮他晾晒衣服。（型世言·二十五回）

b5. 求妈妈开恩，如能帮我出脱此劫，奴才定永世不忘。（浪蝶偷香·二十一回）

有些句子的 $V_2$ 行为虽然是 $N_1$ 实施的，句子可以推出"$N_2$ 自己也能够
实施 $V_2$ 行为"的意义，"帮"还不能排除动词的可能性。例如：

（2）c1. 这奶子便去帮他戴冠儿，插花儿，撺掇出门。（型世言·三十六回）

c2. 大师兄，没奈何，你帮我去取了来。（续西游记·五十三回）

c3. 不如你舍着嫂子与我往来，我公道使些钱钞，帮你买煤买米。（二刻拍
案惊奇·卷十四）

c4. 前一向兰儿蕙儿都在城里头，他们抽着空帮我都理了。（红楼真梦·六十回）

但如果能够确定"N$_2$不可能实施V$_2$事件"之义，则"帮"是所为介词，明代偶见用例：

（2）d. 饮酒作乐，何所妨碍？况如此大郡，岂无事宾？愿得召来帮我们鼓一鼓兴，可以尽欢。（初刻拍案惊奇·卷三十）

清代已有较多用例：

（2）e1. 我若帮你出头，向他要东西，他岂不疑心你我二人串通一气？（歧浦潮·四十回）

e2. 做生员的，一年帮人写到头，倒是自己的要去寻别人？（儒林外史·四十五回）

e3. 杨明说："倒不是帮他瞒着，恐其朋友错想。"（济公全传·七十五回）

e4. 还有那班绅士，无不帮他求情。（大清三杰·七十四回）

e5. 我嫁到你家替你烧茶煮饭，洗衣刮裳，铺床扫地，捣米舂粮，一日到晚手忙脚乱，略空闲些，还帮你上两只鞋儿。（野叟曝言·二十六回）

至二十世纪初，用例更多，而且"N$_2$不可能实施V$_2$事件，N$_1$单方实施V$_2$事件"的意义愈加明显。例如：

（2）f1. 这时，有一位黄头郎帮他推上天。（古今情海）

f2. 环春，你帮我捶腿么？我可不敢当！（民国艳史·八回）

f3. 我恐怕她对你害羞，特来帮你撮合。（民国艳史·八十六章）

f4. 我起初不相信，极力帮他辩护，连朋友都得罪了。（留东外史续集·二十八章）

f5. 你放心便了，我还可以帮你捧捧场。（留东外史续集·六十四章）

f6. 你能不能给我切点生姜，沏一碗红糖水，帮我赶赶寒气。（雍正剑侠图·五十九章）

"帮助动词——所为介词"演变的特征是"（N$_1$+）V$_1$+N$_2$+V$_2$"式中，N$_2$实施V$_2$事件的可能性消失，V$_2$所表示的事件由N$_1$单方实施。但首发模式与后随模式还是有所不同，首发模式的语义特征除了上述两点之外，还要求V$_2$部分是不利于N$_1$的事件，后随模式没有这个条件。

### 2.2.3.4.3 "替代"义动词的首发模式

从"替代"义动词到所为介词，演变是有认知基础的。代替他人做事，通常有帮助他人的目的，而帮助他人的行为蕴含使他人"获益"的意义，因此"替代"义动词有可能向所为介词发展。在"替代"义动词中，"替"是最早向所为介词（记为"替₃₁"）发展的，我们将"替"看作"替代动词——所为介词"演变的首发者。唐代已见到"（N₁+）替 +N₂+V₂"式中，"替"可作"替代"义动词或所为介词两种分析的用例：

（3）a1. 花正浓时人正愁，逢花却欲替花羞。（卢纶：春日登楼……）

  a2. 暮替云愁远，秋惊月占空。（李咸用：九江何人赠陈生）

  a3. 春尽忆家归不得，低红如解替君愁。（白居易：酬和元九东川路……）

  a4. 蜡烛有心还惜别，替人垂泪到天明。（杜牧：赠别二首）

3a 组的"替"之所以不能排除动词的可能性，是因为推理意义中不能排除"N₁在施事 V₂行为时，N₂也在实施 V₂行为"的可能性。如果可以确定 N₂不可能实施 V₂行为，V₂的施事只是 N₁，则"替"是所为介词。唐代的一些用例中，"替"已是确凿的所为介词。例如：

（3）b1. 京兆人高丽家贫，于御史台替勋官递送文牒。（朝野金载）

  b2. 更替林鸦恨，惊频去不休。（李商隐：即目）

  b3. 为他作保见，替他说道理。（拾得：世上）

宋代沿用

（3）c1. 孑然南越去，替尔畏前程。（孟贯：送人游南越）

  c2. 莫把华灯照人泪，只堪掩面替民愁。（李石：彭州上元二首）

  c3. 道是疏花不解语，伴人醒醉替人狂。（杨万里：克信弟……）

  c4. 卧沙老木强雕镂，正自旁人替子羞。（周孚：赠相者）

  c5. 折花替我簪纱帽，看竹须渠问主人。（陈造：题济胜七物）

综上，"替"发生"替代动词——交互介词"演变的决定性因素是结构式中语义关系的变化，即"N₂有实施 V₂行为的可能性"的推理意义的消失。与"为、帮"相比，虽然源动词所属的义类不同，但致变的决定性因素基本相同。

### 2.2.3.4.4 "替代"义动词的后随模式

在汉语方言中有所为介词"代"（记为"代₃₁"），如温州话介词"代"有表示所为、交互、言谈、处置等功能（马贝加、陈伊娜 2006）。汉代已见"代 +N₂+V"式。例如：

（4）a. 虎圈啬夫从旁代尉对上所问禽兽甚悉。（史记·张释之冯唐列传）

在明代之前的"（N₁+）代 +N₂+V₂"式中，都可以推出"V₂是 N₂原本应该做的事情，现由 N₁代替实施"之义，"代"还是"替代"义动词。例如：

（4）b1. 为老夫年高，奏过官里，教孩儿少俊承宣驰驿，代某前去。（白朴：裴少军墙头马上·第一折）

b2. 小官范雎是也，入秦以来，改名张禄，代他穰侯为相。（高文秀：须贾大夫诨范叔·第二折）

b3. 论文呵，行周公礼法；论武呵，代太子征伐。（乔吉：玉箫女两世姻缘·第三折）

如果不能区分是 $N_2$ 是否原本可以或者愿意实施 $V_2$ 行为，$V_2$ 的施事是"$N_1$ 单方"还是"$N_1$ 和 $N_2$ 双方"，"代"有动词或所为介词两种可能性。例如：

（4）c1.（张秉彝云）我代你送出去。（正末云）怎敢劳动员外。（无名氏：包龙图智赚合同文字·第一折）

c2. 你与俺将盆罐赵的家私尽数抄没，将来均分做两处，一半赏给张撇古，见义当为，能代人鸣冤雪枉；一半给杨国用的父亲，作为养赡之资。（无名氏：玎玎珰珰盆儿鬼·第四折）

c3. 那买儿不但代他出房钱，且长偷钱偷米与他。（梼杌闲评·二回）

c4. 他家也没有什么人，只有一个孩子，是太太的兄弟，年纪尚小，田产都被人占了去了。这几年都是我家代他管理，才恢复过些来。（梼杌闲评·二十二回）

c5. 不若我们为他纠合些银，代他完赃，……（梼杌闲评·三十五回）

如果不能推出"$N_2$ 有实施 $V_2$ 行为的意愿或可能性"之义，只可以推出"$V_2$ 行为只能由 $N_1$ 实施"之义，则"代"是所为介词。例如：

（4）d1. 临死时叫把这件汗衫儿寄与你，代他报仇。（梼杌闲评·二十八回）

d2. 印月道："头都蓬了。"伸手去代他理好了。（梼杌闲评·二十三回）

d3. 向手上解下一个小小金牌子来，代他扣在指头上。（梼杌闲评·七回）

d4. 发出遗体，家人代他沐浴更衣，……（梼杌闲评·三十六回）

d5. 他当日进学，也亏咱代他维持。（梼杌闲评·三十四回）

d6. 玄朗……，扶他起来，取水来代他冲净身上，……（梼杌闲评·十八回）

d7. 永贞买下些绸绢代他做冬衣。（梼杌闲评·十七回）

由 4d 组可知：明代，所为介词"代31"已定型，导致"代31"性质确定的因素与"替31"大致相同，都是"$N_2$ 不可能实施 $V_2$ 行为"意义的确定。

#### 2.2.3.4.5 "给予"义动词的首发模式

"给予动词——所为介词"演变的首发者是"与",但所为介词"与$_{32}$"来源比较复杂,有动词和介词两种来源,在动词来源中,又和"给予"义、"帮助"义都有联系,我们将在 3.3.2.3.1 讨论这个问题。

#### 2.2.3.4.6 "给予"义动词的后随模式

相隔两千多年,另一个"给予"义动词"给"也向所为介词发展,所为介词"给"(记为"给$_{31}$")只有"给予"义动词一个来源。明时期,可用于"$V_1$+$N_2$(人)+$V_2$"式的 $V_1$ 位置的"给"大多是"给予"义动词。例如:

(5)a1. 这是闻达的首级,给你拿去玩罢!(古本水浒传·三十八回)

a2. 这东西俺收藏得多,你要,便给你拿去。(古本水浒传·三十四回)

a3. 欲将照夜玉狮子给他乘坐。(古本水浒传·四十九回)

a4. 公公休怪,这一点不算什么礼物,只给公公买些东西吃。(古本水浒传·二十九回)

5a 组的 $N_2$ 是表人的代词或名词,$V_2$ 表示"使 $N_2$ 获益"的事件,但可以推出"$V_2$ 行为的实施者是 $N_2$"之义,也就是说,在语义结构中,$V_2$ 行为的施事是 $N_2$,"给 +$N_2$+$V_2$"式可分析为兼语结构,"给"是动词。导致演变发生的因素是"给 +$N_2$+$V_2$"式中语义关系的变化,若可以推出"$V_2$ 行为是 $N_1$ 发出的,$N_2$ 不可能发出 $V_2$ 行为"的意义,则"给"是所为介词。例如:

(5)b1. 你好好歇一歇,我且去给你弄点饭食来。(浪蝶偷香·二十一回)

b2. 要爷爷起倾国之兵,给他复仇。(三宝太监西洋记·六十七回)

类似 4b 组的用例,明时期不多见,但 4b 组可以证明:"给$_{31}$"明代已萌芽,它与"给予"义有直接的联系;"给予动词——所为介词"演变的因素是语义结构中 $V_2$ 的施事的变化,即 $V_2$ 的施事发生"$N_2$——$N_1$"的变化。清代,"给$_{31}$"已有较多用例:

(5)c1. 正没人给他们立个字,这胡和尚来得正好。(醒世姻缘传·二十二回)

c2. 这年下正愁没甚么给人送秋风礼哩,……(醒世姻缘传·八十八回)

c3. 给他打点那路上应穿的衣服随手所用的什物。(儿女英雄传·三回)

#### 2.2.3.4.7 小结

"帮助"义、"替代"义和"给予"义动词都向所为介词发展,演变中的相同特征是"$V_2$ 只能由 $N_1$ 单方实施"意义的确定。不同在于"帮助"义动词演变的特征是"$N_2$ 是 $V_2$ 行为的主要实施者"的意义消失;"替代"义动词演变的特征是推理意义中"N₂ 原本应该是 V₂ 行为的实施者"的意义的消失；而"给予"义动词所在的"（N₁+）V₁+N₂+V₂"式的 V₂ 的施事发生"N₂——N₁"的变化。

## 2.2.4 方式介词的演变模式

方式介词可分为"工具""凭借""原因""依据""身份""顺应"六个小类。其中工具介词、凭借介词、依据介词、原因介词与动词有直接的联系的比较多，本节仅讨论这四种介词的首发模式。

### 2.2.4.1 工具介词的演变模式

工具介词处于语法化链的前端，直接来源都是动词。主要与两个义类有来源关系："使用"义和"执持"义。从文献资料看，最早产生的工具介词是"以"（记为"以₄₁"），其后，"用、持、将、捉、把、拿"等动词也向工具介词发展。本节将"以"作为"执持/使用动词——工具介词"的首发者。

#### 2.2.4.1.1 工具介词的首发模式

在"处置介词的首发模式"一节中已谈到"执持"义的"以₀₂"和"使用"义的"以₀₄"的来源。"以₀₂"与工具介词"以₄₁"也有联系，"以₀₄"的两个演变方向是工具介词"以₄₁"和凭借介词"以₄₂"。图示"以"的演变路径如下：

$$\begin{array}{c} \nearrow \text{以}_{41}（工具）\\ \text{以}_{02}（执持）—\text{以}_{04}（使用）—\text{以}_{41}（工具）\\ \searrow \text{以}_{42}（凭借） \end{array}$$

A1."使用"义的产生

在"V₁+ 以 +N₂"式、"V₁+N₂+ 以 +N₃"式或"以 +N₂+V₂"式中，N₂若是表示器具的名词，"以"可以理解为"使用"义或"执持"义的动词，也有可能被看作工具介词。例如：

（1）a. 酌以大斗，以祈黄耈。（诗经·大雅·行苇）

（1）b. 大子救之以戈。（左传·哀公二年）

（1）c. 以戈杀之。（左传·成公十七年）

上面三例显示了"执持"义与"使用"义的联系，以及这两种意义与工具介词"以₄₁"的联系。若 N₂ 是表示肢体的名词，在"V₁+ 以 +N₂"或

"以 +N₂+V₂"式中，"以"如果还是看作动词，则不可理解为"执持"义，只能是"使用"义。当然，"以"也有被分析为工具介词的可能性。例如：

（1）d1. 麾之以肱，毕来既升。（诗经·小雅·无羊）

  d2. 以肱击之，伤而匿之。（左传·成公二年）

  d3. 嫂溺则援之以手乎？（孟子·离娄上）

比较前三例和后三例可知："以"的宾语的语义类型变化导致"使用"义的固定，"使用"义也是工具介词"以₄₁"的来源。

A2. 演变的语义结构

虽然处置介词"以₃"和工具介词"以₄₁"萌生的结构式大致相同，但"以₃"萌生于"持某物授予某人"的语义结构，"以₄₁"萌生于"持某物做某事"的语义结构。区分两组例句：

（1）e1. 投我以木瓜，报之以琼琚。（诗经·国风·木瓜）

  e2. 投我以桃，报之以李。（诗经·大雅·抑）

（1）f1. 招虞人以弓。（左传·昭公二十年）

  f2. 大子救之以戈。（左传·哀公二年）

1e 组表示"持某物给予某人"意义，是萌生处置介词的语义结构；1f 组表示"持某物做某事"意义，是萌生工具介词的语义结构。由上面两组的比较可知：处置介词"以₃"和工具介词"以₄₁"萌生于不同的语义结构，两种功能的介词是动词"以₀"朝两个方向发展的结果，"处置"和"工具"两种功能之间没有功能扩展关系。

A3. 致变因素分析

导致"执持／使用动词——工具介词"演变的因素也是充当"以"的宾语的 NP 的语义类型变化，即"具体——抽象"的变化。这一特征和"以"的"执持动词——处置介词"演变因素大致相同。

与处置介词"以₃"一样，工具介词"以₄₁"也在多种结构式中萌生。上古前期，在表达"执持／使用某物做某事"的语义结构中，"以 +N₂"短语可出现在谓语动词的前面或后面，在多种结构式中可以萌生工具介词"以₄₁"。此外，在"以"的宾语不出现在本小句，而逻辑宾语出现在前小句的结构形式中，"以"也有可能向工具介词发展。

1）"V₁+N₂+ 以 +N₃"式中的演变

虽然"以₄₁"可以萌生于多种结构式，但与"以₃"一样，首先是在

"$V_1+N_2+$以$+N_3$"式中产生；因此，就萌生的结构式而言，与处置介词"以₃"大致相同。起初，这种结构式的$N_2$多为人称代词，$N_3$若是表具体器物的名词，"以"可以理解为"使用"义或"执持"义动词，也可以理解为工具介词。例如：

（1）g1. 及冲，击之以戈。（左传·昭公元年）

g2. 临之以兵，惧而从之。（左传·庄公十九年）

g3. 招我以弓。（左传·庄公二十二年）

g4. 爟之以薪，宰夫和之。（左传·昭公二十年）

若$N_3$为表示不可执持的事物或抽象事物的名词，则"以"是工具介词。例如：

（1）h1. 胡宁瘨我以旱。（诗经·大雅·云汉）

h2. 亲之以德。（左传·文公七年）

h3. 而照之以天光。（左传·庄公二十二年）

h4. 是故闲之以义，纠之以政，行之以礼，守之以信，奉之以仁。（左传·昭公六年）

h5. 御奸以德，御轨以刑。（左传·成公十七年）

h6. 其谓君抚小民以信。（左传·桓公十三年）

h7. 博我以文，约我以礼。（论语·子罕）

$N_3$也可以由谓词充当，这种用法出现，表明"以"的工具介词性质已经十分明确。例如：

（1）i1. 若惮之以威，惧之以怒，民疾而叛。（左传·昭公十三年）

i2. 慢则纠之以猛。（左传·昭公二十年）

i3. 残则施之以宽。（左传·昭公二十年）

i4. 莅之以强，断之以刚。（左传·昭公六年）

将1h、1i三组与1g组作一比较，可以看出："执持"义和"使用"义是工具介词"以₄₁"的来源，演变首先发生在"$V_1+N_2+$以$+N_3$"式中，"以₄₁"萌生于"执持或使用某物做某事"的语义结构，致变因素是充当"以"的宾语的NP的语义类型的"具体——抽象"变化。

2）"$V_1+$以$+N_2$"式中的演变

先秦时期，在这种结构式中也可以发生"使用／执持动词——工具介词"的演变。若$N_2$是表示器物的名词，"以"还是不能排除"使用"义或

"执持"义动词的可能性。例如：

（1）j1. 既醉以酒。（诗经·大雅·既醉）

j2. 祭以清酒，从以骍牡。（诗经·小雅·信南山）

j3. 子闾不可，遂劫以兵。（左传·哀公十六年）

当 $N_2$ 是表示抽象事物的名词或谓词时，"以"的工具介词性质确定。例如：

（1）k1. 既醉以酒，既饱以德。（诗经·大雅·既醉）

k2. 忧之以德，勿惧以罪。（管子·小问）

k3. 守以敦笃，奉以忠信。（国语·周语上）

k4. 照以三光，牧以刑德。（鹖冠子·泰鸿）

3）"以 +$N_2$+$V_2$"式中的演变

"以 +$N_2$+$V_2$"式也可以表示"执持或使用某物做某事"意义，"以"可以看作"执持"义或"使用"义动词，也可以看作工具介词。例如：

（1）n1. 将以戈击之。（左传·昭公二十五年）

n2. 以弓梏华弱于朝。（左传·襄公六年）

n3. 以火继之。（左传·庄公二十二年）

1n 组显示了"执持"义或"使用"义动词向工具介词发展的可能性。若 $N_2$ 位置上出现表示抽象事物的名词，"以"可以确定是工具介词。例如：

（1）o1. 以德绥戎。（左传·襄公四年）

o2. 以礼防民，犹或逾之。（左传·哀公十五年）

o3. 阳虎以周易筮之。（左传·哀公九年）

o4. 昔者吾以力事君，不可以弗终。（左传·哀公十六年）

o5. 公以晋语诟之。（左传·定公八年）

o6. 若以二文之法取之，盗有所在矣。（左传·昭公七年）

o7. 臣闻以德和民，不闻以乱（左传·隐公四年）

o8. 里克弑二君，则曷为不以晋讨贼之辞言之？（公羊传·僖公十年）

$N_2$ 也可以是谓词。例如：

（1）p1. 其济，君之灵也；不济，则以死继之。（左传·僖公九年）

p2. 夫以信召人，而以僭济之，必莫之与也。（左传·襄公二十七年）

p3. 以敬事神，可以得祥。（左传·哀公十六年）

p4. 何也？不正其以恶报恶也。（左传·僖公二十三年）

p5. 以乱平乱，何治之有？（左传·宣公四年）

p6. 以静待哗，此治心者也。（孙子·军争）

4）"N₂＋以＋V₂"式中的演变

纵观汉语史，未见处置介词"以₃"萌生于这种结构式的例证。这是工具介词"以₄₁"萌生的结构式。在此式中，若 N₂ 是表示具体器物的名词，"以"有两种可能性：动词（"使用"义或"执持"义）或工具介词。例如：

（1）q1. 墓门有棘，斧以斯之。（诗经·国风·墓门）

q2. 朱幩镳镳，翟茀以朝。（诗经·国风·硕人）

若 N₂ 是表示不可执持事物或抽象事物的名词，"以"可分析为工具介词，但还带有"使用"义的痕迹。例如：

（1）r1. 雷以动之，风以散之，……（周易·说卦）

r2. 夫也不良，歌以讯之。（诗经·国风·墓门）

r3. 故心以制之，玉帛以奉之，言以结之，……（左传·哀公十二年）

r4. 诗以道之，歌以咏之。（国语·周语）

观察 1q 组与 1r 组中的"以"，可以得出结论：充当"以"的宾语的 NP 的语义类型不同，导致"以₄₁"的性质明确并固定。

5）"V₁＋N₂＋以＋V₂"式中的演变

这种结构式中，N₂ 若为表示具体物件的名词，"以"可分析为省略了宾语的工具介词，也可分析为目的连词。例如：

（1）s1. 取萧祭脂，取羝以軷。（诗经·大雅·生民）

s2. 缩版以载，作庙翼翼。（诗经·大雅·绵）

1s 组显示："以"后面虽然可以推出逻辑宾语，但这种结构式的"以"向连词发展的可能性更大。

6）"……，以＋V₂"式中的演变

"以＋V₂"式的前一小句可能是一个名词性短语（表器物），也可能是一个述宾短语（宾语表器物），"以"可以看作"使用"义或"执持"义动词，也可以看作工具介词。在这种结构式中，致变因素也是充当"以"的逻辑宾语的名词的语义类型变化。前小句可能是一个名词性短语，这个 NP 是"以"的逻辑宾语，"以"可分析为"执持"义或"使用"义动词，也可分析为省略宾语的工具介词。例如：

（1）t1. 它山之石，可以攻玉。（诗经·小雅·鹤鸣）

t2. 籊籊竹竿，以钓于淇。（诗经·国风·竹竿）

若前小句表示人的肢体，"以"可看作"使用"义动词或工具介词。例如：

（1）u. 掺掺女手，可以缝裳。（诗经·国风·葛屦）

与"以"有语义联系的 NP 也可能在前小句中充当宾语，若这个 NP 与 $V_2$ 有"工具——行为"的语义关系，"以"可分析为"使用"义动词或工具介词。例如：

（1）v1. 取彼斧戕，以伐远扬。（诗经·国风·七月）

v2. 维南有箕，不可以簸扬。（诗经·小雅·大东）

v3. 维北有斗，不可以挹酒浆。（诗经·小雅·大东）

若 $N_2$ 是表示"不可执持"的事物的名词或短语，"以"的工具介词性质确定。例如：

（1）w1. 美城其赐邑，将以叛也。（左传·僖公五年）

w2. 又用诸淫昏之鬼，将以求霸。（左传·僖公十六年）

w3. 吴子使其弟蹶由犒师，楚人执之，将以衅鼓。（左传·昭公五年）

1w 组显示：在句法层没有出现宾语的结构式中，也是因为逻辑宾语的"具体——抽象"变化而导致工具介词"以$_{41}$"产生。

A4. 小结

虽然动词"以"在多种结构式中向工具介词发展，但演变的决定性因素都是充当"以"的宾语（包括逻辑宾语）的 NP 的语义类型的变化；若"以"的宾语是表示抽象事物的 NP，"以"的工具介词性质可以确定。

### 2.2.4.1.2　工具介词的后随模式

继"以"之后，走"执持动词——工具介词"或"使用动词——工具介词"路径的有"用、持、将、把、捉、著、拿"等。演变模式有两个特征：一是在"执持／使用某物做某事"的语义结构中演变；二是致变因素都是充当源动词的宾语（包括逻辑宾语）的 NP 的语义类型发生"具体——抽象"的变化。

A. 工具介词"用$_{41}$"的产生

继"以"之后，动词"用"也向工具介词发展。致变因素与"以"大致相同。但是，"用"的演变与"以"的不同在于："以$_{41}$"有"执持"义和"使用"义两个来源，"用$_{41}$"只有"使用"义一个来源。

A1.动词"用"的词义变化

先秦时期,"用"充当谓语中心的"用+N"短语中,N 可以是表人(可能用形容词、代词表示)词语,"用"可理解为"使用"、"任用"或"利用"义。例如:

(2)a1. 殷不用旧。(诗经·大雅·荡)

a2. 四国无政,不用其良。(诗经·小雅·十月之交)

a3. 遂霸西戎,用孟明也。(左传·文公三年)

a4. 阖庐惟能用其民,以败我于柏举。(左传·哀公元年)

a5. 夫文王犹用其众,况吾侪乎?(左传·成公三年)

N 也可以是表示抽象事物的词语(可能是谓词性的)。例如:

(2)b1. 听用我谋。(诗经·大雅·荡)

b2. 职竞用力。(诗经·大雅·桑柔)

b3. 故用其道而不弃其人。(左传·定公九年)

b4. 舞夏自天子至诸侯,皆用八佾。(穀梁传·隐公五年)

b5. 春新延厩,以其用民力为已悉矣。(穀梁传·庄公二十八年)

b6. 君若用臣之谋,则今日取郭,而明日取虞尔。(公羊传·僖公二年)

b7. 吾不用子之言,以至于此。(国语·越语下)

2a、2b 组显示:动词"用"的宾语的语义类型扩展,导致"用"的词义泛化,这种演变可以助推"用"的语法化。

A2. 致变因素分析

与"以"一样,"用"的致变因素也是充当源动词的宾语的 NP 的语义类型发生"具体——抽象"变化。"用+N"短语可以位于谓语动词的前面或后面,"用"在两种位置上向介词演变。此外,在无宾语的结构式中,"用"也有可能向工具介词演变。

1)"$V_1+N_2+$用$+N_3$"式中的演变

与工具介词"以$_{41}$"一样,工具介词"用$_{41}$"也是首先萌生于这种结构式中。先秦时期已见"$V_1+N_2+$用$+N_3$"式,$N_3$ 多由表示具体事物的名词充当。例如:

(2)c1. 执豕于牢,酌之用匏。(诗经·大雅·公刘)

c2. 藉之用茅。(周易·系辞上)

c3. 纳吉用雁。(仪礼·士昏礼)

c4. 缩酌用茅，明酌也。（礼记·郊特牲）

我们将 2c 组的"用"看作处于向工具介词发展的过程中的成分。若 $N_2$ 是表示抽象事物的名词，"用"的工具介词性质确定。例如：

（2）d1. 戒之用休，董之用威。（尚书·大禹谟）

d2. 天惟式教我用休。（尚书·多方）

2）"用 +$N_2$+$V_2$"式中的演变

在"使用某物做某事"的语义结构中，"用"可理解为"使用"义动词或工具介词。例如：

（2）e. 鞅用剑以帅卒。（左传·襄公二十三年）

上例的两个动词之间有"以"，如果没有"以"，$N_2$ 是表示具体器物或人的器官的名词或名词性短语，"用"还是可以作动词或介词两种分析。例如：

（2）f1. 齐氏用戈击公孟。（左传·昭公二十年）

f2. 是直用管窥天，用锥指地也。（庄子·秋水）

f3. 其为恶也甚矣，安用目观？（国语·吴语）

但若 $N_2$ 是表示抽象事物的名词或谓词，则"用"是确凿的工具介词。例如：

（2）g1. 天亦惟用勤毖我民。（尚书·大诰）

g2. 今用义为政于国家，人民必众，……（墨子·耕柱）

g3. 用德彰其善。（尚书·盘庚）

g4. 群臣不用礼义教训则不祥。（管子·任法）

由 2g 组可知：先秦时期，"用$_{41}$"已萌芽。至汉代，可出现于"利用某种计策做某事"语义结构中。例如：

（2）h. 用陈平秘计得出。（汉书·高帝纪）

3）在无宾语的结构式中的演变

在"……，用 +$V_2$"式中，由于前小句表示一个事件，"用"也可能向工具介词发展。例如：

（2）i1. 尔尚明时朕言，用敬保元子钊。（尚书·顾命）

i2. 皇建其有极，用敷锡厥庶民。（尚书·洪范）

综上，导致"用"演变的因素也是充当"用"的宾语（或逻辑宾语）的名词的语义类型变化。在早期的结构式中，$N_2$ 多为表示具体事物的名词，至秦汉时期，已见到较多的表示抽象事物的用例：

（2）j1. 群臣不用礼义教训则不祥。（管子·任法）

　　j2. 虚其国以事大国，而用其威求诱其君。（韩非子·八奸）

　　j3. 曩者参得罪于大人，大人用力教参，……（说苑·卷三）

　　j4. 若用仁义治吾国，是灭亡之道。（列子·说符）

　　j5. 涉患犯难则使勇，用智图国则使贤。（吴越春秋·夫差内传）

　　总之，"以"和"用"的演变模式大致相同，只是"用"演变的结构式不如"以"多。

　　B. 工具介词"持₄₁"的产生

　　在"以、用"之后，走"执持动词——工具介词"路径的是"持"。"持"的演变模式与"以、用"大致相同，但演变只发生在一种结构式中，即"持 +N₂+V₂"式。

　　B1. 动词"持"的词义发展

　　汉代，"持 +N"短语中，N 可以是表示抽象事物的名词或短语，"持"可理解为"把持""抓住""怀有""坚持"等义。例如：

（3）a1. 侯八岁为将相，持国秉，贵重矣。（史记·绛侯周勃世家）

　　a2. 有人不短不长，出自燕之乡，持天下之政，时有婴儿主，却行车。（史记·三代世表）

　　a3. 灌夫亦持丞相阴事，为奸利，受淮南王金与语言。（史记·魏其武安侯列传）

　　a4. 为任侠，持吏长短，出从数十骑。（史记·酷吏列传）

　　a5. 无以老妾故持二心。（史记·陈丞相世家）

　　a6. 夫亦持蚡阴事，为奸利，受淮南王金与语言。（汉书·灌夫传）

　　a7. 或持其微过，增加成罪。（汉书·王嘉传）

　　a8. 今则不然，用法或持巧心，析律贰端，深浅不平。（汉书·宣帝纪）

　　a9. 与丞相孔光、大司空师丹共持正议。（汉书·朱博传）

　　3a 组的"持"可带表示抽象事物的名词或短语作宾语，且词义仍可作"执持"解，或者与"执持"义距离较近，这些搭配功能的扩展，可以看作词义泛化的表现，而动词"持"的词义泛化可以助推工具介词"持₄₁"的产生。

　　B2. 致变因素分析

　　导致演变的因素主要是"持 +N₂+V₂"式中 N₂ 的语义类型变化，但与

"持 +$N_2$+$V_2$"式中语义关系变化也有关系，这种变化是由 $V_2$ 和 $N_2$ 的语义类型变化引发的。

B21. 语义关系的变化

汉至魏晋时期的"持 +$N_2$+$V_2$"式大多可分析为连动结构。例如：

（3）b1. 四人持剑盾步走。（史记·项羽本纪）

b2. 梁乃出，诫籍持剑居外待。（史记·项羽本纪）

有的结构式中蕴含 $N_2$ 为"使用的工具或凭借物"意义，"持"有可能向工具介词发展；但后面的 $V_2$ 部分也可以看作执持行为的目的，则两个 VP 之间存在"动作——目的"关系，整个句子或短语也可分析为连动结构。例如：

（3）c1. 信持其首谒于陈。（汉书·韩信传）

c2. 乃遣中郎将平宪等多持金币诱塞外羌。（汉书·王莽传上）

c3. 延年后复劾大司农田延年持兵干属车。（汉书·严延年传）

c4. 后陵、律持牛酒劳汉使。（汉书·李广传）

c5. 汉遣中郎将张遵持医药治狂王。（汉书·西域列传下）

c6. 使仲舒弟子吕步舒持斧钺治淮南狱。（汉书·五行志上）

在"持 +$N_2$+ 以 +$V_2$"式中，$N_2$ 和 $V_2$ 之间可能是"工具——行为"关系，也可能是"行为——目的"关系。例如：

（3）d1. 武王持大白旗以麾诸侯。（史记·周本纪）

d2. 使壮士车令等持千金及金马以请宛王贰师城善马。（史记·大宛列传）

d3. 乃援镜持刀以割其鼻。（列女传·卷四）

在"持 +$N_2$+$V_2$（运行）+$V_3$"式中，$N_2$ 和后 $V_3$ 之间可能是"工具——行为"关系，也可能是"行为——目的"关系。例如：

（3）e1. 持马畜皮布来赎之。（汉书·匈奴列传下）

e2. 乌桓见略者亲属二千余人持财畜往赎。（汉书·匈奴列传下）

e3. 奴客持刀兵入市斗变。（汉书·尹翁归传）

3c——3e 组显示：汉代，萌生"持$_{41}$"的语义结构处于发展中。若 $N_2$ 为表示器具的名词或短语，$V_2$ 为"获取"、"保卫"义动词，$N_2$ 有可能被分析为实施 $V_2$ 行为时所使用或凭借的工具。例如：

（3）f1. 上欲自持兵救贾姬。（史记·酷吏列传）

f2. 吾以布衣，持三尺剑取天下。（史记·高祖本纪）

f3. 有谒者十人持戟卫端门……（史记·吕太后本纪）

3f组表明：汉代已出现萌生工具介词"持$_{41}$"的语义结构。

B22.V$_2$的语义类型变化

"持$_{41}$"所在的"持 +N$_2$+V$_2$"式中，N$_2$与V$_2$有"工具——动作"的关系，"持"的行为和V$_2$行为是同时的，且V$_2$表示使用N$_2$实施的事件。若N$_2$为表示武器的名词，V$_2$为"战斗"、"厮杀"、"逮捕"、"击打"义动词，"持"向工具介词发展的趋势十分明显。例如：

（3）g1. 乃自被甲持戟挑战。（史记·项羽本纪）

g2. 黄门持剑共格杀之。（汉书·王莽传下）

g3. 牧者持火照求羊。（汉书·刘向传）

g4. 令诸姬各持烧铁共灼望卿。（汉书·景十三王列传）

g5. 绣衣御史暴胜之使持斧逐捕盗贼。（汉书·王䜣传）

g6. 天使神持锥笔墨刻其身乎？（论衡·自然）

g7. 则谓鬼持捶杖殴击之。（论衡·订鬼）

4g组"持"和V$_2$行为没有明显的"时间先后"的关系，且V$_2$若无N$_2$便不能实施，"持"有明显的向工具介词发展的趋势。

B23.N$_2$的语义类型变化

导致演变的决定性因素是N$_2$的语义类型变化。汉代，"持 +N$_2$+以 +V$_2$"式中的N$_2$多为表示具体的器具的名词（参见 3d、3g组），但表示抽象事物的名词或短语也偶有见之：

（3）h1. 持诡辩以中人。（史记·五宗世家）

h2. 持诡辩以中伤人。（汉书·佞幸列传）

由于连词"以"的存在，这种结构式的"持"还不是确凿的工具介词，但N$_2$的语义类型变化是"持"的"执持动词——工具介词"演变的决定性因素。汉至南北朝时期，表抽象事物的名词或短语进入"持 +N$_2$+V$_2$"式的N$_2$位置，凸显并固化了"持"的工具介词性质。例如：

（3）i1. 今萧何未尝有汗马之劳，徒持文墨议论，不战，顾居臣等上，何也？（史记·萧相国世家）

i2. 今萧何未有汗马之劳，徒持文墨议论，不战，顾居臣等上，何也？（汉书·萧何传）

i3. 萧何无有汗马之劳，徒持文物议论而已，今居臣等上，何也？（前汉

纪·高祖皇帝纪）

i4. 夫持帝王之论说霸者直主，虽精见距。（论衡·逢遇）

3i 组显示：工具介词"持$_{41}$"汉代已萌芽。

晋南北朝时期有例：

（3）j1. 不持歌作乐，为持解愁思。（采莲童曲）

j2. 堁持言自解，姑以命相询。（欢闻歌）

j3. 本持躯命答，幸遇身名完。（沈约：白马篇）

j4. 谁持命要宠，宁知敌可杀。（萧子云：赠吴均诗）

由 3j 组可知：南北朝时期，工具介词"持$_{41}$"已定型，导致演变的决定性因素是结构式中 $N_2$ 的语义类型变化。

唐代的结构式中，$N_2$ 有所扩展。例如：

（3）k1. 更说务农将罢战，敢持歌颂庆晨昏。（卢纶：送李尚书……）

k2. 与医收海藻，持咒取龙鱼。（张籍：赠海东僧）

C. 工具介词"将$_{41}$"的产生

战国至汉时期，动词"将"有"执持"义。例如：

（4）a1. 瑶席兮玉瑱，何将把兮琼芳。（楚辞·九歌·东皇太一）

a2. 赵襄子最怨智伯，而将其头以为饮器。（战国策·赵策一）

在"持某物做某事"的语义结构中，"将"呈现向工具介词发展的趋势。例如：

（4）b1. 以为伏虎，将弓射之。（论衡·儒增）

b2. 左右皆将戟欲交。（后汉纪·孝献皇帝纪）

b3. 文宣……谓曰："尔事常山不得反，事长广得反，反时，将此角吓汉。"

（北齐书·平秦王归彦传）

如果 $N_2$ 是表示抽象事物的名词，或者是谓词，"将"是工具介词。唐代已见用例：

（4）c1. 秦中豪宠争出群，巧将言智宽明君。（李涉：咏古）

c2. 只应待相见，还将笑解眉。（王台卿：南浦别佳人）

c3. 但将忠报主，何惧点青蝇。（林氏：送男左贬诗）

c4. 谁道恃才轻绛灌，却将惆怅吊湘川。（吴仁璧：贾谊）

综上，工具介词"将$_{41}$"定型于唐代，"将"的演变模式与"持、用"等大致相同。都是因表示抽象事物的名词或谓词进入结构式的 $N_2$ 位置而定性。

D. 工具介词"著$_{41}$"的产生

动词"著"有"置放"义，由此可产生"执持"义（记为"著$_{08}$"）和"使用"义（记为"著$_{09}$"）。工具介词"著"（记为"著$_{41}$"）以"使用"义为直接来源，与"执持"义也有联系。"置放"行为一般被看作"先持物于手中"的行为，所以"置放——执持"的演变是十分自然的。汉代已见"置放"义动词"著$_{05}$"。例如：

（5）a1.左苍龙，右白虎，上著金银日月，玉衣珠璧以棺。（汉书·佞幸传）

a2.手不能取他人之首著之于颈。（论衡·儒增）

5a 组的特殊性在于："著"不是带处所宾语，而是带表示物件的 NP 作宾语（受事宾语）。在"著 +N$_2$+V$_2$"式中，若 N$_2$ 为表示可执持事物的名词，句中蕴含"V$_2$ 表示凭借 N$_2$ 方可实现"之义，"著"可理解为动词（"执持"义或"使用"义）或工具介词。例如：

（5）b1.伯著火炙之，腹背俱焦坼。（搜神记·卷十六）

b2.怜君意厚留新画，不著松枝当酒钱。（刘商：山翁持酒……）

b3.传语李君劳寄马，病来唯著杖扶身。（白居易：还李十一马）

唐代，表示肢体的名词进入 N$_2$ 位置，"著"可分析为"使用"义动词或工具介词。例如：

（5）c1.牧童敲火牛砺角，谁复著手为摩挲。（韩愈：石鼓歌）

c2.飘风忽起团团旋，倒地还如著脚槌。（邵景：嘲韦铿）

若结构式中的 N$_2$ 是表示不可执持的事物的名词，"著"趋近工具介词。例如：

（5）d.新添水槛供垂钓，故著浮槎替入舟。（杜甫：江上值水……）

若 N$_2$ 位置上出现表示抽象事物的名词，"著"的工具介词性质得以确定。例如：

（5）e1.莫著妄心销彼我，我心无我亦无君。（元稹：酬知退）

e2.诗成暗著闲心记，山好遥偷病眼看。（白居易：曲江亭晚）

e3.季布不知新使至，却著言词怪主人。（敦新·卷六）

### 2.2.4.1.3　小结

"执持／使用动词——工具介词"演变呈现如下特征：第一，致变因素都是充当源动词的宾语的 NP 的语义类型的"具体——抽象"变化；第二，演变都发生在"执持／使用某物做某事"的语义结构中。不同在于"以"演变的结构式比较多，"用"次之，"持、将、著"等只在一种结构式中演变。

### 2.2.4.2 凭借介词的演变模式

从历时角度看，动源的凭借介词有"以、因、用、依、据、凭、靠、仗"等，主要来自两个义类："凭恃"义和"利用"义。与早期的工具介词（如"以、用"）萌生于多种结构式不同，凭借介词只萌生于"$V_1+N_2+V_2$"式。

#### 2.2.4.2.1 "凭恃"义动词的首发模式

"凭恃"义是凭借介词的主要来源，"依、据、凭、靠、仗"等都走过"倚靠动词——凭恃动词——凭借介词"的演变路径。我们以"依"为首发者。"依"有"倚靠"义（记为"依$_{01}$"）。例如：

（1）a1. 鱼在在藻，依于其蒲。（诗经·小雅·鱼藻）

　　　a2. 下臣何敢即安，立依于庭墙而哭。（左传·定公四年）

由此义引申出"倚仗"（记为"依$_{02}$"）。例如：

（1）b1. 上帝是依。（诗经·鲁颂·閟宫）

　　　b2. 靡瞻非父，靡依非母。（诗经·小雅·小弁）

　　　b3. 政出家门，民无所依。（左传·昭公三年）

"倚仗"义的"依$_{02}$"可以进入"依 +$N_2$+ 以 +$V_2$"式。例如：

（1）c1. 依陈蔡人以国。（左传·昭公十三年）

　　　c2. 秦女依强秦以为重，挟宝地以为资。（战国策·楚策二）

　　　c3. 依鬼神以制义。（史记·五帝本纪）

由"倚仗"义引申出"凭恃"义（记为"依$_{03}$"）。例如：

（1）d1. 夫国必依山川。（国语·周语上）

　　　d2. 避平依险，违寒就温。（列子·黄帝）

　　　d3. 步兵与车骑战者，必依丘陵险阻。（六韬·战步）

　　　d4. 依其山川，通其舟车。（逸周书·程典）

　　　d5. 先虑久固，依固可守，为奥可久。（大戴礼记·千乘）

"凭恃"义的"依$_{03}$"进入"$V_1+N_2+V_2$"式或"$V_1+N_2$，……"式的 $V_1$ 位置，$N_2$ 是表示有利于施事的条件或态势的名词或短语，且表示抽象的事物，则"依"可以分析为凭借介词，但用例较少。

（1）e1. 尔惟弘周公丕训，无依势作威。（尚书·君陈）

e2. 依其权力，赊贷郡国，人莫敢负。（汉书·货殖列传）

e3. 伦乃依险固筑营壁。（后汉书·第五伦传）

### 2.2.4.2.2 "凭恃"义动词的后随模式

继"依"之后，"凭、仗、靠"等也走"凭恃动词——凭借介词"的演变路径，致变因素也是 $N_2$ 和 $V_2$ 的语义类型变化，$N_2$ 为表示有利于施事的条件或态势的 NP，$V_2$ 为表示有利于施事的 VP。

A. 凭借介词"凭$_{41}$"的产生

《说文》云"凭，依几也。"（记为"凭$_{01}$"）。若"凭"的宾语是"几"，由于语义赘余，"凭"变为"倚靠"义（记为"凭$_{02}$"）。例如：

（2）a. 凭玉几。（尚书·顾命）

"凭$_{02}$"可带表示具体事物的名词作宾语。例如：

（2）b. 君冯轼而观之。（左传·僖公二十八年）

从"倚靠"义引申出"凭恃"义（记为"凭$_{03}$"），作为双音词的语素构成"凭恃""凭依"等。例如：

（2）c1. 冯恃其众而背君之盟。（左传·哀公七年）

c2. 神所冯依，将在德矣。（左传·僖公五年）

c3. 其魂魄犹能凭依人以为淫厉。（论衡·死伪）

"凭$_{03}$"可以充当谓语动词。例如：

（2）d1. 亮深惜仪之才干，凭魏延之骁勇，常恨二人之不平，不忍有所偏废也。
（三国志·蜀书·杨仪传）

d2. 恃众凭强，谓之骄兵。（三国志·魏书·袁绍传，裴注引《世语》）

d3. 或赖率然之形，或凭掎角之势。（三国志·张辽传，裴引孙盛评语）

d4. 窃闻渤海王悝，凭至亲之属，恃偏私之爱，失奉上之节，有僭慢之心。
（后汉书·史弼传）

若"凭$_{03}$+$N_2$，……"式的 $N_2$ 表示有利于施事的条件或态势，后小句的动词性短语表示有利于施事的事件，则"凭$_{03}$"向凭借介词发展，晋、南北朝已见萌芽状态的"凭$_{41}$"。例如：

（2）e1. 凭其势，复图冀州。（三国志·魏书·乌丸鲜卑东夷传）

e2. 术凭将军威灵，得以破备。（三国志·吕布传，裴注引《英雄记》）

e3. 遂凭天威，招合遗散。（三国志·吴书·陆凯传）

e4. 臣凭威灵，奉辞伐罪。（三国志·孙策传，裴注引《江表传》）

e5. 凭阖庐之威，因轻悍之众，雪怨旧郢。（后汉书·苏章传）

e6. 窦氏凭盛戚之权，将有吕、霍之变。（后汉书·何敞传）

e7. 尚欲凭其兵力，复图中国。（后汉书·乌桓鲜卑列传）

综上，"凭"的"凭恃动词——凭借介词"演变特征和"依"大致相同，都是 $N_2$ 表示施事可以凭恃的事物，$V_2$ 表示有利于施事的事件。

B. 凭借介词"仗₄"的产生

"杖"原本是名词，可用为动词。例如：

（3）a1. 七十杖于朝。（礼记·祭义）

a2. 孔伯姬杖戈而先。（左传·哀公十五年）

"仗"、"杖"可相通，"仗"有"倚仗"义。例如：

（3）b1. 吾仗兵而却三军者再。（晏子·内篇·谏下）

b2. 常仗赵畔楚，仗齐而畔秦。（战国策·韩策）

b3. 王若负人徒之众，仗兵革之强，乘毁魏之威，……（史记·春申君
列传）

"倚仗"义动词"仗（杖）"可带表示抽象意义的名词或谓词作宾语。
例如：

（3）c1. 故杖圣者帝，杖贤者王，杖仁者霸，杖义者强，杖谗者灭，杖贼者亡。
（新语·辅政）

c2. 乘大国之权，杖众民之威。（新语·至德）

c3. 故圣人怀仁杖义。（新语·道基）

c4. 不杖众多而专用身才，必不堪也。（淮南子·诠言训）

c5. 夫绛侯因汉藩之固，杖朱虚之鲠，依诸将之递，据相扶之势。（汉
书·王莽传上）

在"仗（杖）+$N_2$+以/而+$V_2$"式中，"仗（杖）"呈现向凭借介词发
展的趋势。例如：

（3）d1. 完守以老楚，杖信以待晋。（左传·襄公八年）

d2. 席仁而坐，杖义而强。（新语·道基）

d3. 曹公虽弱，仗义而起，……（三国志·魏书·桓阶传）

d3. 仗义以整乱，天道与顺。（三国志·吕布传，裴注引《先贤行状》）

d4. 曹公仗顺而起，……（三国志·吴书·张昭传，裴注引《江表传》）

d5. 大人今为元帅，杖国威以讨之。（后汉书·皇甫嵩传）

"杖／杖 +N₂+V₂" 式见于南北朝时期，"仗"可以看作萌芽状态的凭借介词。例如：

"杖／杖 +$N_2$+$V_2$" 式见于南北朝时期，"仗"可以看作萌芽状态的凭借介词。例如：

（3）e. 仗义征伐，谁敢不从！（后汉纪·孝献皇帝纪）

唐宋时期沿用：

（3）f1. 乐生和感激，仗义下齐城。（陈子昂：蓟丘览古……）

f2. 秉心凌竹柏，仗信越波澜。（皎然：送杨遂初赴选）

f3. 仗顺亲归汉，平凶首问曹。（冯山：武侯庙）

f4. 死恨节旄尽，生知仗信来。（刘辰翁：冬景）

C. 凭借介词"靠₄"的产生

"倚靠"义动词"靠"（"靠₀₁"）向介词发展时，有两个方向，一是介引凭借物的功能，一是介引借助者的功能。如果宾语是表示具体事物的名词，"靠"是"凭恃"义（记为"靠₀₂"）。例如：

C. 凭借介词"靠$_4$"的产生

"倚靠"义动词"靠"（"靠$_{01}$"）向介词发展时，有两个方向，一是介引凭借物的功能，一是介引借助者的功能。如果宾语是表示具体事物的名词，"靠"是"凭恃"义（记为"靠$_{02}$"）。例如：

（4）a1. 钵盂只靠家田饭，薄享无功弗愧人。（释居简：盆蕉盆稼各一首）

a2. 却笑吴儿拼命者，潮头如屋靠腰壶。（刘克庄：和徐常丞……）

a3. 耕不逢年难靠笔，穷知有命错冤诗。（林希逸：寄兴）

"靠$_{02}$"如用于"$V_1$+$N_2$+$V_2$"式的 $V_1$ 位置，呈现向凭借介词发展的明显趋势。例如：

（4）b1. 愁来只靠清樽遣，老去休憎白发多。（赵汝鐩：崇真观东轩）

b2 好景胜将诗料理，闲愁只靠酒消磨。（史弥宁：喜闲）

b3. 白头浪里叶舟轻，全靠樯橹寄死生。（宋伯仁：归渡柴墟江口）

如果宾语是表示抽象事物的名词或短语，"靠"是确凿的凭借介词。例如：

（4）c1. 只靠诗娱老，安知病著身。（刘克庄：寒食清明十首）

c2. 今人……，只靠先圣遗经自去推究。（朱子语类·卷十五）

c3. 若只靠政刑去治民，则民是会无所不至。（朱子语类·卷二十三）

c4. 每日靠甚么做本？从那里做去？（朱子语类·卷一百十六）

D. 小结

"凭恃"义动词进入"$V_1$+$N_2$+$V_2$"式的 $V_1$ 位置，变为凭借介词。可以说"凭恃动词——凭借介词"的演变主要是由句法位置决定的。但演变呈现如下语义特征：$N_2$ 表示施事可以凭恃的有利条件或态势，$V_2$ 表示有利于施事的事件。这两个语义特征是由源动词词义决定的，但这两个特征影响到后来的由功能扩展而来的凭借介词。

### 2.2.4.2.3 "利用"义动词的首发模式

最早产生的与"利用"义有来源关系的凭借介词是"以"（记为"以₄₂"），但"以₄₂"有动词和工具介词两个来源，本节姑且以"因"为首发者。动词"因"有"利用"义，此义的来源是"倚仗"义。下面一组例句显示两种意义之间的联系：

（5）a1. 因商奄之民。（左传·定公四年）

　　a2. 齐高偃纳北燕伯款于唐，因其众也。（左传·昭公十二年）

　　a3. 贱而不可不任者，物也；卑而不可不因者，民也。（庄子·在宥）

　　a4. 因其民，袭其处。（荀子·议兵）

　　a5. 得地而国不败者，因其民也，因其民，则号制有发也。（管子·兵法）

5a组显示："倚仗某人"的句义中有可能蕴含"利用某人"之义。若"因"的宾语表示有利于施事力量、物资或自然形势，"利用"义变为"凭恃"义。例如：

（5）b1. 因此五物者，民之常。（周礼·地官司徒）

　　b2. 凡沟必因水势，防必因地势。（周礼·冬官考工记）

　　b3. 出因其资，入用其宠。（左传·僖公十五年）

　　b4. 其易奈何？因其力也。因谁之力？因宋人、蔡人、卫人之力也。（公羊传·隐公十年）

　　b5. 为高必因丘陵，为下必因川泽。（孟子·离娄上）

　　b6. 秦、越，远涂也，竫立安坐而至者，因其械也。（吕氏春秋·贵因）

5b组显示了"凭恃"和"利用"义之间的联系。"利用"义动词"因"进入"因+N₂+以/而+V₂"式，呈现向凭借介词发展的态势。例如：

（5）c1. 因搜狩以习用武事。（穀梁传·昭公八年）

　　c2. 易牙入，与寺人貂因内宠以杀群吏。（穀梁传·僖公十七年）

　　c3. 故君子因睦以合族。（礼记·坊记）

　　c4. 故其君因其修以挤之。（庄子·人间世）

　　c5. 因人之德以为贤良。（庄子·盗跖）

　　c6. 故能宽容，因众以成天下之大事矣。（晏子·非相）

　　c7. 因人之力而敝之，不仁。（穀梁传·僖公三十年）

　　c8. 因其所大而大之，则万物莫不大；因其所小而小之，则万物莫不小。

（庄子·秋水）

　　c9. 因其财物而致其义焉尔。（礼记·礼器）

　　在省略宾语的结构式中，"因"也可以看作萌芽状态的凭借介词。例如：

（5）d1. 颜涩九公子于官中，因以纳贼。（公羊传·昭公三十一年）

　　d2. 浸假而化予之尻以为轮，以神为马，予因以乘之，岂更驾哉！（庄子·大宗师）

　　d3. 遂自到也，师属之目。越子因而伐之，大败之。（左传·定公十四年）

　　d4. 对曰："不如因而定之。"（左传·襄公十四年）

　　有时，"因"的宾语比较长，后面有点断，"因"也可以分析为"利用"义动词或凭借介词。例如：

　　（5）e1. 因其酒肉，聚其宗族，以教民睦也。（礼记·坊记）

　　e2. 因天下之和，遂文武大业。（荀子·儒效）

　　"因"变为凭借介词的因素是结构式中蕴含"施事获益"或"施事企图获益"之义，上面5c——5e组句子已蕴含这种意义，这也是由动词词义决定的。若为"因 +N₂+V₂"式，凭借介词的性质得以确定。例如：

　　（5）f1. 能自去而因天下之智力起，则身逸而福多。（管子·形势）

　　f2. 朱虚侯则从与载，因节信驰走，斩长乐卫尉吕更始。（史记·吕太后本纪）

　　f3. 与竖刁因内宠杀群吏。（史记·齐太公世家）

　　f4. 恢因兵威使番阳令唐蒙风指晓南越。（史记·西南夷列传）

### 2.2.4.2.4 "利用"义动词的后随模式

　　继"因"之后，"利用"义动词"乘"也向凭借介词发展。"乘"由"乘坐"义引申出"利用（交通工具）"义，再引申出"利用（有利条件）"义。例如：

　　（6）a1. 乘人不义。（国语·周语中）

　　a2. 虽有智慧，不如乘势。（孟子·公孙丑上）

　　a3. 上好贪利，则臣下百吏乘是而后丰取刻与。（荀子·君道）

　　a4. ……，高仁义，乘天固，以安己者也。（管子·国准）

　　a5. 人君见罚而人臣乘其威。（韩非子·喻老）

　　战国时期，出现较多的"乘 +N₂+ 而 / 以 +V₂"式或"乘 +N₂，……"式，"乘"已有明显的向凭借介词发展的趋势。例如：

（6）b1. 遂乘殷人而诛纣。（荀子·儒效）

b2. 此乘天威而动天下之道也。（管子·轻重丁）

b3. 处乘势之资而为其私急，则君必欺焉。（韩非子·八说）

b4. 当涂之人，乘五胜之资而旦暮独说于前。（韩非子·孤愤）

b5. 乘天势以隘制天下。（管子·揆度）

b6. 夫奸臣得乘信幸之势以毁誉进退群臣者，……（韩非子·奸劫弑臣）

b7. 乘威严之势以困奸邪之臣。（韩非子·奸劫弑臣）

b8. 以管仲之能，乘公之势以治齐国，……（韩非子·外储说左下）

b9. 故乘强秦之资，数十年而不至于帝王者，……（韩非子·定法）

汉至南北朝时期，已见"乘 +N$_2$+V$_2$"式，"乘"是确凿的凭借介词。例如：

（6）c1. 然羽非有尺寸，乘势起陇亩之中。（史记·项羽本纪）

c2. 当是时，秦兵强，常乘胜逐北。（史记·高祖本纪）

c3. 吏固不当乘威力强请求耳。（后汉纪·光武皇帝纪）

c4. 顾固不当乘威力强请求耳。（后汉书·卓茂传）

### 2.2.4.2.5　小结

来自"凭恃"义的凭借介词大多走"倚靠动词——凭恃动词——凭借介词"的路径，致变因素是进入"V$_1$+N$_2$+V$_2$"式的 V$_1$ 位置。来自"利用"义的凭借介词，演变因素与"凭恃"义动词相似。两种来源的凭借介词所在的结构式中都呈现如下特征：N$_2$ 是表示"有利于施事的条件或态势"意义的名词或名词性短语，V$_2$ 是表示有利于施事的事件的动词或短语。这种特征影响到后来的凭借介词的产生。

### 2.2.4.3　原因介词的演变模式

原因介词也有动词和介词两种来源。动源的原因介词主要来自两个义类："缘起"义或"做为"义。有的原因介词虽然与动词有来源关系，但与先之产生的介词功能也有联系，如"为、因"等。

### 2.2.4.3.1　"缘起"义动词的首发模式

原因介词的一个主要来源是"缘起"义动词，如"由、缘、坐"等。本节以"由"作为首发者。作为动词，"由"有多种词义；作为介词，有多种功能。因此，"由"发展方向和路径比较复杂，而介词"由"的来源也比较复杂。图示如下：

$$
\begin{array}{l}
\qquad\qquad\qquad\qquad /\ \text{由}_{05}（"依据"义）\text{—由}_{42} \qquad\qquad\qquad / \text{由}_{21}（起始点）\\
\text{由}_{01}（"经由"义）\text{—由}_{11}（经由处）\text{—由}_{12}（始发处）\text{—由}_{52}（涉及）\\
\qquad\qquad\qquad\qquad\qquad\qquad\qquad\qquad\qquad \backslash\ \text{由}_{42}（依据） \qquad \backslash \text{由}_{51}（视角）
\end{array}
$$

$$
\begin{array}{l}
\text{由}_{02}（"缘起"义）\text{—由}_{41}（原因）\text{—由}_{32}（经手者）\text{—由}_{05}\\
\qquad\qquad\quad \backslash\ \text{由}_{03}（"取决于"义）\text{—由}_{04}（"经管"义）\text{—由}_{32}\\
\qquad\qquad\qquad\qquad\qquad\quad \backslash\ \text{由}_{31}（来源者）\\
\qquad\qquad\qquad\qquad\qquad\quad \backslash\ \text{由}_{05}（零致使）
\end{array}
$$

上表显示动词"由"的五个义项与介词"由"的功能有语义联系，动词"由$_{01}$"和"由$_{02}$"各有两个主要的演变方向。原因介词"由$_{41}$"的直接来源是"缘起"义动词"由$_{02}$"。

A. 动词"由"的词义变化

关于动词"由"的本义，主要有两种说法：一是"经过田中"义（记为"由$_{01}$"），一是"缘起"义（记为"由$_{02}$"）。两种意义孰先孰后，孰源孰流，尚未有定论。本节搁置源流问题，仅区分动词"由"向介词发展时的两个方向和两条主路径。我们认为"由$_{01}$"是经由处介词"由$_{11}$"的源头，"由$_{02}$"是原因介词"由$_{41}$"的源头。

先秦时期，"由$_{02}$"可充当谓语动词，"由"的宾语是表人的名词或代词，句子蕴含"（某事，大多是不好的事件）因某人而起"之义，分无主语和有主语两种结构式。例如：

（1）a1. 噂沓背憎，职竞由人。（诗经·小雅·十月之交）

  a2. 由令尹子辛，实侵欲焉。（左传·襄公五年）

  a3. 若不免，必由其子。（左传·襄公二十八年）

  a4. 晋人讨卫之叛故。曰："由涉佗成何。"（左传·定公十年）

（1）b1. 姬泣曰："贼由太子。"（左传·僖公四年）

  b2. 罪不由晋，晋得其民。（国语·周语中）

后来"由$_{02}$"的宾语扩展至指代事件的代词。例如：

（1）c1. 国家之敝，恒必由之。（左传·襄公十三年）

  c2. 天下之失，亦由此矣。（吕氏春秋·遇合）

"由$_{02}$"的宾语也可以是表示某种罪恶、错误的根源的谓词性短语。

例如：

（1）d1. 国家之败，由官邪也。（左传·桓公二年）

　　 d2. 乱虐并生，由争善也。（左传·襄公十三年）

　　 d3. 而谗慝黜远，由不争也。（左传·襄公十三年）

在 1d 组结构式中，虽然"由 +V"短语是解释原因的，但因为"由 +N"短语用为后小句，而小句前面的成分有可能被分析为主语或独立的小句，"由"还是不能排除动词的可能性。

B. 致变因素分析

"由$_{41}$"萌生于两个位置：谓语动词前面或后面。在谓语动词前，"由$_{41}$"首先萌生于宾语是指示代词的结构式，如"由是、由此"等；在谓语动词后，"由$_{41}$"萌生于类似 1d 组的结构式，但这种结构式中的"由$_{41}$"产生较迟。

B1. 动词前的演变

"由$_{41}$"首先萌生于"由 + 是 +V$_2$"式。例如：

（1）e1. 郑伯由是始恶于王。（左传·庄公二十一年）

　　 e2. 有穷由是遂亡。（左传·襄公四年）

　　 e3. 宋侯求珠，鲍不与，由是得罪。（左传·哀公十一年）

1e 组的"是"可以理解为指代原因兼指代时间，"由是"可作"因此"或"从此"解，或者是兼有两种意思。在这种结构式中，"由"的原因介词性质尚不能确定。但先秦时期的绝大多数用例中，"由是"是"因此"义。例如：

（1）f1. 申侯由是得罪。（左传·僖公五年）

　　 f2. 子华由是得罪于郑。（左传·僖公七年）

　　 f3. 上下之相雠，由是起矣。（吕氏春秋·适威）

短语"由此"也可能有类似于短语"由是"的两种功能（表时间或原因）。例如：

（1）g. 臣之罪甚多矣，臣犹知之，而况君乎？请由此亡。（左传·僖公二十四年）

但绝大多数"由此"是表示原因的。例如：

（1）h1. 桀，天下也，而不得息，由此生矣。（吕氏春秋·适威）

　　 h2. 夫角之所由挫，恒由此作。（周礼·冬官考工记）

　　 h3. 故谋用是作，而兵由此起。（礼记·礼运）

$N_2$ 若是人称代词或名词，$V_2$ 表示"不好"的事件，"由"的原因介词性质十分明显。例如：

（1）i1. 由我失霸，不如死。（左传·宣公十二年）

　　　i2. 宁喜由君弑君，而不以弑君之罪罪之者，恶献公也。（穀梁传·襄公二十七年）

$N_2$ 是形容词的用例，先秦偶见：

（1）j. 骄淫矜侉，将由恶终。（尚书·毕命）

类似于 1i 组和例 1j 的结构式，先秦时期并不多见，这可以作为旁证：原因介词"由41"首先萌生于"由是"或"由此"两种结构。先秦至汉时期，介词"由41"所在结构式的 $V_2$ 大多表示"不好"的或不利于施事的事件（参见 1e——1j 组例句），表示"中性"的或"好的"事件的用例也有一些，但比较少。例如：

（1）k1. 存亡之道，恒由此兴。（左传·昭公十三年）

　　　k2. 禹、汤、文、武、成王、周公，由此其选也。（左传·昭公十三年）

　　　k3. 疾举兵救之，薛由是遂全。（吕氏春秋·报更）

　　　k4. 古之将兴者，必由此始。（管子·弟子职）

B2. 动词后的演变

1d 组的"由+宾"短语用于一个动词性短语的后面，解释前一事件出现的原因，这种用法的"由"显现向原因介词或原因连词发展的可能性，"缘起动词——原因介词/原因连词"演变的句法条件有二，一是结构的复杂化，二是"由……"短语后面出现"故"。

首先观察结构复杂化的作用。如果"由"后面的短语变长，"由+宾"短语有可能被看作一个小句，则"由"是原因连词。例如：

（1）l1. 灭而不自知，由别之而不别也。（穀梁传·襄公六年）

　　　l2. 凡谋物之成也，必由广大众多长久，信也。（吕氏春秋·谕大）

　　　l3. 功名之立，由事之本也，得贤之化也。（吕氏春秋·本味）

其次是"由"前面的小句的结构复杂化。例如：

（1）m1. 天所崇之子孙，或在畎亩，由欲乱民也；畎亩之人，或在社稷，由欲靖民也。（国语·周语下）

　　　m2. 纣为黎丘之蒐，而戎、狄叛之，由无礼也。（韩非子·十过）

1m 组的"由"前面部分可以分析为一个主谓句，"由"出现在后小句之首，后小句可以看作原因复句的分句，"由"呈现向原因连词发展的趋势。由 1l、1m 组可知：在谓词性短语后面，"由"向原因连词发展。

其次，我们观察"由……"短语后面有"故"的情况。

（1）n1. 故古之人有不肯贵富者，由重生故也。（吕氏春秋·本生）

　　　n2. 非恶富贵也，由重生恶之故也。（吕氏春秋·贵生）

1n 组显示："由……故"短语解说原因时，"V（+之）+故"短语是名词性单位，"由……故"式有可能被分析为介词短语，但在动词后面，"由"的主要发展方向是连词。

综上，"缘起动词——原因介词"演变的因素也是进入"$V_1+N_2+V_2$"式的 $V_1$ 位置，这一点与凭借介词相似。但在语义方面带有"$V_2$ 表示不好的或不利于施事的事件"的特征，这个特征是由动词的色彩意义决定的，但影响到后来产生的原因介词。

### 2.2.4.3.2 "缘起"义动词的后随模式

继"由"之后，"缘起"义动词"缘、坐"也向原因介词和原因连词发展，在原因介词方向上，致变因素大致相同。

A. 原因介词"缘$_{41}$"的产生

继"由"之后，"缘"也走"缘起动词——原因介词"的路径。动词"缘"有"沿行"义，从"所由之径"的有可能联想到"因……而来"义，由此抽象化，可产生"缘起"义（记为"缘$_{04}$"）。例如：

（2）a1. 其曰妇，何也？缘姑言之之辞也。（穀梁传·僖公二十五年）

　　　a2. 其反也缘功，其果也待久。（庄子·徐无鬼）

　　　a3. 欲当则缘于不得已。不得已之类，圣人之道。（庄子·庚桑楚）

　　　a4. 故荣贵非自至也，缘功伐也。（吕氏春秋·务本）

　　　a5. 缘子之言，则室不败也。（吕氏春秋·别类）

　　　a6. 子为之是也，非缘义也，为利也。（韩非子·说林上）

"缘$_{04}$"向原因介词和原因连词两个方向发展。如果"缘"后面是动词性短语，且"缘 +V"短语用为前小句或后小句，"缘"呈现向原因连词发展的态势。例如：

（2）b1. 赵穿缘民众不说，起弑灵公。（公羊传·宣公六年）

　　　b2. 则曷为其封内三年称子，缘民臣之心，不可一日无君。缘终始之义，
　　　　　一年不二君，不可旷年无君。（公羊传·文公九年）

b3. 是故慎到弃知去己，而缘不得已。（庄子·天下）

与"由$_{41}$"萌生于动词前、后两个位置不同，原因介词"缘$_{41}$"只萌生于一个位置，即动词前。先秦至汉代的"缘 +N$_2$+ 而 +V$_2$"式和"缘 +N$_2$，……"式中，"缘"呈现向原因介词发展的趋势，但不能排除"缘起"义动词的可能性。例如：

（2）c1. 缘季子之心而为之讳。（公羊传·庄公三十二年）

c2. 缘不得已而动，因时而为。（吕氏春秋·离俗）

c3. 秦楚之风，皆感于哀乐，缘事而发，亦可以观风俗，知厚薄云。（汉书·艺文志）

c4. 故淮南王安缘间而起。（汉书·朱云传）

c5. 故"攻母"、"逆义"之难，缘此而至。（论衡·变动）

c6. 成帝即位，缘先帝意，厚遇异于它王。（汉书·宣元六王传，3327）

c7. 莽缘恩意，进其玉具宝剑，欲以为好。（汉书·王莽传上）

c8. 武帝崩，大将军霍光缘上雅意，以李夫人配食，追上尊号曰"孝武皇后"。（汉书·外戚传上）

在"何 + 缘（+ 而 / 以）+V$_2$"式中，"缘"也有与2c组相同的两种分析结果。例如：

（2）d1. 灾异之变，何缘而起？（汉书·董仲舒传）

d2. 天子祭天，诸侯祭土，鲁何缘以祭郊？（春秋繁露·卷十五）

汉代，"缘 +N$_2$+V$_2$"式已有少数用例，"缘"可以看作原因介词。例如：

（2）e1. 事发觉，当诛，宣帝缘恩宽忍，抑案不扬。（史记·三王世家）

e2. 会昭帝崩，宣帝初立，缘恩行义，……（汉书·三王世家）

e3. 禹以司空缘功代舜。（论衡·宣汉）

e4. 人怒喜异声，天怒喜同音，与人乖异，则人何缘谓之天怒？（论衡·福虚）

e5. 尧舜何缘得擅移天下哉？（春秋繁露·卷七）

B. 原因介词"坐$_4$"的产生

动词"坐"虽然也属于"缘起"类，但"坐"是表示"因犯罪、错（受惩罚）"义。动词"坐"也有类似于"由、缘"的两个发展方向：一为原因介词（记为"坐$_4$"），一为原因连词（记为"坐$_6$"）。但原因连词"坐$_6$"与原因介词"坐$_4$"也有来源关系。图示如下：

／坐$_6$（原因连词）

坐$_0$—坐$_4$（原因介词）—坐$_6$

B1. 语义来源分析

汉代的"坐 +N$_2$+V$_2$"式中，"坐"还都是动词，N$_2$部分一般由表示罪恶、过失、错误的词语充当；V$_2$部分表达不幸、不如意的结果，往往是灭族、诛杀、死亡、失爵、免职、贬官、系囚等。例如：

（3）a1. 侯明坐谋反杀人弃市，国除。（史记·建元以来王子侯者年表）

　　a2. 皆坐畏懦诛。（史记·东越列传）

　　a3. 尊子伯亦为京兆尹，坐软弱不胜任免。（汉书·王尊传）

　　a4. 丈夫为吏，正坐残贼免，追思其功效，则复进用矣。（汉书·酷吏列传）

"坐$_0$"可以分析出三个义素：

1）人、家族或集团。

2）犯有某种罪过或错误。

3）被判刑或受惩罚或者是不好的结果。

"坐"与"由、缘"不同，在"缘起动词——原因介词"的演变中，动词的词义发生很大的变化，主要是义素2的消失，以及义素3的变化。义素2的变化始于汉代，在N$_2$不表示主语罪错的用例中，"坐"的"犯有某种罪过或错误"的意义已趋于消失。例如：

（3）b1. 丞相以景帝疾时诸官囚多坐不害者。（史记·万石张叔列传）

　　b2. 丞相以景帝病时诸官囚多坐不害者。（汉书·卫绾传）

南北朝至唐时期，仍有这种用法。例如：

（3）c1. 修临死，谓故人曰："我固自以死之晚也。"其意以为坐曹植也。（三国志·魏书·任城陈萧王传，裴引《典略》）

　　c2. 老子婆娑，正坐诸群辈。（晋书·陶侃传）

3b、3c组显示：动词"坐"的词义泛化，导致义素2消失，这也是介词"坐$_4$"产生语义基础。

B2. 原因介词"坐$_4$"的产生时期

"坐$_4$"最迟至南北朝时期已存在。例如：

（3）d1. 我累世受恩，身又常在帷幄，君辱臣死，当坐国家为李傕所杀，则天命也。（三国志·魏书·董卓传，裴引《献帝起居注》）

　　d2. 初，绍说进曰："……前窦武欲诛之而反为所害，但坐语漏泄，以五营

士为兵故耳……"（三国志·魏书·袁绍传，裴注引《九州春秋》）

至唐宋时期已定型。例如：

（3）e1. 虎坐无助死，况如汝细微。（韩愈：猛虎行）

e2. 谓庚曰："坐我累君，今将适诣白鹿山。"（广异记）

e3. 是时平甫……，坐此放归田里。（东轩笔录·卷五）

B3. 致变因素分析

导致"坐"发生"缘起动词——原因介词"演变的主要因素是"坐 +$N_2$+$V_2$"式或"$V_1$+ 坐 +$N_2$"式中 $N_2$ 和 $V_2$ 或 $V_1$ 的语义类型变化，由此导致义素 2 消失，义素 3 的变化。

B31. $N_2$ 的语义类型变化

本节将结构式中的 $N_2$ 分为若干小类，观察因 $N_2$ 的语义类型变化而导致的"坐"的功能的变化。

1）表示他人的名词或短语

$N_2$ 为表示他人的名词，则罪不在受惩罚者本人，义素 2 趋于消失。汉代已见用例：

（3）f1. 婴坐高祖系狱岁余，掠笞数百，终以是脱高祖。（史记·樊郦滕灌列传）

f2. 史皇孙有一男，号皇曾孙，时生数月，犹坐太子系狱。（汉书·外戚传）

f3. 诸所厚善皆坐长免。（汉书·翟方进传）

f4. 右将军褒、后将军博坐定陵、红阳侯皆免为庶人。（汉书·孔光传）

晋、南北朝沿用：

（3）g1. 恢坐习免官。（三国志·蜀书·李恢传）

g2. 范乃曰："老子今兹坐卿兄弟族矣！"（三国志·魏书·诸夏侯曹传，裴注引《魏略》）

g3. 范哭曰："曹子丹佳人，生汝兄弟，犊耳！何图今日坐汝等族灭矣。"（三国志·魏书·诸夏侯曹传，裴注引《魏氏春秋》）

3f、3g 组的"坐 +$N_2$"部分表示不幸事件的原因，但前两例的"高祖"、"太子"只是夏侯婴、皇曾孙"系狱"的事由，而不是 $N_1$（可能省略或隐含）的罪错。后五例的 $N_2$ 部分也是表"他人的罪错"。在这种表述"因他人的罪错而受惩罚"的句子中，"坐"的"违法，犯错"意味减弱，义素 2 已淡化。

2）表示受牵连事件的名词或短语

$N_2$ 表示受牵连的事件，而不是某人的罪恶、过失、错误等，"坐"也呈

现向介词发展的趋势。汉代已见用例:

(3)h1. 侯平坐吕氏事诛,国除。(史记·惠景间侯者年表)

h2. 贺坐太子事,国除。(史记·惠景间侯者年表)

h3. 至孙坐中山太后事绝。(汉书·冯奉世传)

h4. 后更为武元侯,坐盗贼免。(汉书·王子侯表上)

h5. 时宣帝生数月,以皇曾孙坐卫太子事系,吉见而怜之。(汉书·丙吉传)

h6. ……为御史大夫,一年坐河决自杀。(汉书·百官公卿表下)

h7. 数岁,坐郡中被灾害什四以上免。(汉书·何武传)

3h 组的 $N_2$ 所表示的事件不是主语(受惩罚者)本身的罪过或错误,只是个人遭遇不幸的原因,但在当时的历史条件下也被看作受惩罚的原因。3h 组的 $V_2$ 部分还是表示不幸或不如意的事情,句中的"坐"还未脱离动词范畴。

3)表示法律的名词

"法"是行政机关所制订,个人的行为违反了法制,有时,其实不能算作个人罪过或错误。不过,句子蕴含"因违法而受惩罚"之义。"坐"还可以分析为动词。例如:

(3)i1. 苍坐法当斩。(史记·张丞相列传)

i2. 其后安国坐法抵罪。(史记·韩长孺列传)

4)表示"非违法"行为的动词性短语

这种用法的"坐"带谓词性宾语,虽然行为是主语实施的,但不一定是"违法"性质的。汉代已见用例:

(3)j1. 嘉竟坐言事下狱死。(汉书·佞幸列传)

j2. 及京兆尹王章坐言事诛灭,……(汉书·李寻传)

j3. 左冯翊贾胜胡……皆坐逆将军意下狱死。(汉书·霍光传)

j4. 后坐失大将军旨免官。(汉书·萧望之列传)

j5. 张钧坐言宦者,下狱死。(后汉书·孝灵帝纪)

至晋、南北朝时期,"非违法"性质更为明显。例如:

(3)k1. 白马令李云坐直谏诛。(东观汉记·卷三)

k2. 诞麾下数百人,坐不降见斩,皆曰:"为诸葛公死,不恨。"(三国志·魏书·诸葛诞传)

k3. 以为兄坐追义而死,怨怒不肯哭。(三国志·魏书·常林传,裴注引

《魏略》）

k4. 逆虏无状，囚劫郡守，此何可忍！若<u>坐</u>讨贼而死，吾不恨也。（后汉书·酷吏列传）

k5. 前司徒陈耽、谏议大夫刘陶<u>坐</u>直言下狱死。（后汉书·孝灵帝纪）

k6. 蔡邕<u>坐</u>直对抵罪，徙朔方。（后汉书·杨震传）

k7. 母好饮江水，嗜鱼脍，常以鸡鸣溯流汲江，子<u>坐</u>取水溺死。（水经注，江水）

3k 组的 V$_2$ 部分仍然表示不幸的结果，但是 N$_2$ 部分表示的不是违法的行为，相反，大多是说话人认为是正当的行为。3k 组的"坐"的义素 2 已完全消失。"坐"已向介词范畴靠拢一大步，甚至可以说已是介词了。

5）指示代词"此"

在短语"坐此"中，代词"此"往往指代违法的事件，但由于具体事件不在本小句出现，而且"此"所指代的不一定是"犯罪"事件，"坐"也呈现向介词发展的趋势。例如：

（3）11. 后竟<u>坐</u>此幽薨。（颜氏家训·卷一）

12. <u>坐</u>此被责。（同上·卷二）

13. 屡谏不从，请退，<u>坐</u>此见怒，系尚方。（南齐书·王谌传）

6）表示为主语所珍惜的事物的名词

有时，宾语所表示的是主语为之奋斗的、珍惜、重视、爱护的事物。例如：

（3）m. 我累世受恩，身又常在帷幄，君辱臣死，当<u>坐</u>国家为李傕所杀，则天命也。（三国志·魏书·董卓传，裴注引《献帝起居注》）

这种用法的"坐"已是介词，但南北朝时期比较少见。

7）表示缘故的短语

有时，"坐"的宾语为"N/V+故"短语，"坐"与"因"进入的句法结构相同。例如：

（3）n1. 三月丙寅封，<u>坐</u>后父故削爵一级。（汉书·高惠高后文功臣表）

n2. 红阳侯立<u>坐</u>子受长货赂故就国耳，非大逆也。（汉书·杜周传）

n3. 前窦武欲诛之而反为所害，但<u>坐</u>语漏泄，以五营士为兵故耳。（三国志·魏书·袁绍传，裴引《九州春秋》）

这种用法的"坐"也趋近介词。但以上各组例句的 V$_2$ 或 V$_1$ 部分还是表示不幸、不如意的结果，"坐"的介词性质还未最后确定，但部分例句中"坐"已与原因介词的用法相同。在"缘起动词——原因介词"演变过程中，$N_2$ 呈现范围扩大的态势以及"罪错"义的逐步减弱直至零的演变趋势，这是十分明显的。$N_2$ 的语义类型变化显示：汉至南北朝，"坐"呈现由表罪错兼表原因到单纯表示原因的发展趋势。

B32.$V_2$ 的语义类型变化

相对来说，$V_2$ 的语义类型变化对演变起着更为重要的作用，若 $V_2$ 不是表示"不好"或"不幸"事件的动词，则"坐"的"因犯罪、错受惩罚"义消失，只能表示原因。

1）表示轻度不如意的事情

介词"坐₄"产生的决定性因素是 $V_1$ 或 $V_2$ 部分不是表示"不幸"的事件，而是表示一般性的受罚事件，这一变化在南北朝时期已初露端倪：

（3）o1. 刘太守坐事征诣廷尉。（三国志·魏书·公孙瓒传）

o2. 玄信坐被刑在家。（三国志·魏书·邓艾传，裴引《世语》）

o3. 后坐度人田不实征，以章有功，但司寇论。（后汉书·酷吏列传）

"在家"相对于"在府"还是不如意的事情；"征"相对于"在职"也是不如意的事情。但是，与"灭族、系狱"等祸事相比，还算是一般性的遭遇。

2）表示一般的动作行为词语

如果"$V_1$+ 坐 +$V_2$"式的 $V_1$ 或"坐 +$N_2$+$V_2$"式的 $V_2$ 是表示一般的事件的动词（包括动词性短语），而不是"受惩罚"或"不幸"事件的动词。"坐"可以分析为介词。例如：

（3）p1. 幽闺多怨思，停织坐娇春。（王筠：春日诗）

p2. 停车坐爱枫林晚，霜叶红于二月花。（杜牧：山行）

p3. 君知早落坐先开，莫著新诗句句催。（苏轼：次韵杨公济……）

p4. 人谁乐离别，坐贫至于此。（陆游：送子龙赴吉州掾）

p5. 我生饱识田家趣，只坐无田归计迟。（赵蕃：晚行田间……）

由 3p 组的 $V_1$ 或 $V_2$ 部分可以看出：由于结构式中另一个动词的语义类型变化，句中的"受惩罚"或"不幸"意义在演变过程中也有逐步减弱的趋势。

"坐₄"所在结构式的 $V_2$ 部分有可能省略。例如：

（3）q1. 皓殿中亲近数百人叩头请皓曰："北军日近，而兵不举刃，陛下将如

何！"皓曰："何故？"对曰："坐岑昏。"皓曰："若尔，当以奴谢百姓。"（三国志·吴书·三嗣主传，裴引干宝《晋记》）

q2.叡曰："我何罪？"坚曰："坐无所知。"叡穷迫，刮金饮之而死。（三国志·吴书·孙坚传，裴引《吴录》）

"坐₄"的宾语也有可能省略。例如：

（3）r1.贾人或假二千石舆服导从作倡乐，奢侈日甚，民坐贫困。（三国志·魏书·武帝纪，裴引《魏书》）

r2.……上下贪贿，莫相检考，民坐挟涂炭，没入钟宫。（后汉书·隗嚣传）

B3. 小结

"缘、坐"的"缘起动词——原因介词"演变受到"由"的带动，功能的变化是由所在结构式的名词和动词的语义类型变化导致的。

### 2.2.4.3.3 "做为"义动词的首发模式

"做为"义动词"为、做"都向原因介词发展，从历时角度看，"为"是"做为动词——原因介词"演变的首发者，"做"是后随者；两者的演变模式有所不同，不同之处有两点：第一，原因介词"为"（记为"为₄"）具有多个来源，而原因介词"做"只有"做为"义一个来源；第二，"为"的演变发生在多种结构式中，"做"的演变只发生在"做 + 什么 +V"式或"V+ 做 + 什么"式中。虽然演变特征有所不同，但有一个特征是相同的，即谓语动词表示"不好"或"不如意"的事件。

"为₄"有动词和介词两种来源，介词来源是所为介词"为₃₁"，动词来源是"做为"义动词"为"（记为"为₀₁"）。图示"为"的演变路径如下：

／为₄（原因）

为₀₁—为₀₂（"帮助"义）—为₃₁（所为）—为₄

＼为₃₁（所为）—为₄

上表显示萌生原因介词"为₄"的两条路径：一是"做为动词——原因介词"的路径，一是"所为介词——原因介词"的路径。

A. 与动词"为₀₁"的联系

"疑问代词 + 为"式在谓语前部，"为"有可能被分析为"做为"义动词或原因介词。例如：

（4）a1.微君之故，胡为乎中露？（诗经·国风·式微）

a2. 微君之躬，胡为乎泥中？（诗经·国风·式微）

a3. 胡为我作，不即我谋？（诗经·小雅·十月）

a4. 灵何为兮水中？（楚辞·九歌·河伯）

1a组显示了动词"为$_{01}$"有发展成为"为$_4$"的可能性。

B. 与所为介词"为$_3$"的联系

"做为"义动词的演变方向之一是所为介词（参见 2.2.3.4.1），介于"所为"和"原因"两种功能之间的"为"在春秋时期已出现。例如：

（4）b1. 楚人灭江，秦伯为之降服。（左传·文公四年）

b2. 吴子使寿越如晋，辞不会于鸡泽之故，且请听诸侯之好。晋人为之合诸侯。（左传·襄公五年）

b3. 君为此召我也。为之奈何？（左传·成公五年）

4b组的"为"可以看作所为介词或原因介词。"为$_{31}$"所在的"为+N$_2$+V$_2$"式中，N$_2$原本多为表人或组织的名词，后来有所扩展，若N$_2$为表示抽象事物的名词，且V$_2$表示不利于施事的事件，"为"是原因介词。例如：

（4）c1. 赵宣子，故之良大夫也，为法受恶，惜也。（左传·宣公二年）

c2. 不为利疚于回。（左传·昭公二十年）

"所为介词——原因介词"的演变发生在动词前与动词后两个位置。判别原因介词"为$_4$"与所为介词"为$_{31}$"的依据主要是"为+N$_2$+V$_2$"式中V$_2$的意义，若V$_2$表示有利于N$_2$的事件，则是"为$_{31}$"；若V$_2$表示"不好"或"不幸"的事件，则是"为$_4$"。

B1. 动词前的演变

1）"疑问代词+为+V$_2$"式中的演变

如果"为"的宾语是疑问代词，"为"容易被看作原因介词，但还带有所为介词的痕迹。例如：

（4）d1. 微之也。何为微之？不正其执人于尊者之所也。（穀梁传·定公元年）

d2. 鲍卒何为以二日卒之？春秋之义，信以传信，疑以传疑。陈侯以甲戌之日出，己丑之日得，不知死之日，故举二日以包也。（穀梁传·桓公五年）

d3. 然则曷为不言晋败之？王者无敌，莫敢当也。（公羊传·成公元年）

d4. 曷为以异书？异大乎灾也。（公羊传·定公元年）

如果 $V_2$ 表示"不好"和"不幸"的事件，"为"是确凿的原因介词。例如：

（4）e1. 然则何为不为君也，曰："有天疾者，不得入乎宗庙。"（左传·昭公十九年）

　　　e2. 秦伯怒曰："何为哭吾师也？"（榖梁传·僖公三十三年）

　　　e3. 魂兮归来，去君之恒干，何为四方些？（楚辞·招魂）

　　　e4. 人曰："妪子何为见杀？"（史记·高祖本纪）

2）"为 + 指示代词 + $V_2$"式中的演变

所为介词"为$_{31}$"所在的"为 + $N_2$ + $V_2$"式中，$N_2$ 原本多为表人或国家的名词，后来有所扩展，若 $N_2$ 为指示代词，可以理解为指代"所为者"，也可理解为指代"原因"。例如：

（4）f1. 齐使至，驷赤与郈人为之宣言於郈中，曰："侯犯将以郈易于齐。"（左传·定公十年）

　　　f2. 既已告于君，故与叔向语而称之，景公为是省于刑。（左传·昭公三年）

　　　f3. 初，公欲废知氏而立其外嬖，为是惛而止。（左传·昭公九年）

　　　f4. 子胥父诛于楚也，挟弓持矢而干阖庐。阖庐曰："大之甚！勇之甚！"为是欲兴师而伐楚。（榖梁传·定公四年）

　　　f5. 梁丙曰："甚矣哉，子之为此来也。"（榖梁传·昭公三年）

4f 组显示了"所为"和"原因"两种功能之间的联系。如果 $V_2$ 表示"不好"或"不如意"的事件，"为"是确凿的原因介词。例如：

（4）g1. 故山崩川竭，君为之不举。（左传·成公五年）

　　　g2. 蔡昭公朝乎楚，有美裘焉。囊瓦求之，昭公不与。为是拘昭公于南郢。（公羊传·定公四年）

3）"为 + $N_2$ + 故，……"式中的演变

这种结构式中的"为"，也有两种可能性：所为介词或原因介词。例如：

（4）h1. 秋，楚为沈故，伐蔡。（左传·定公四年）

　　　h1. 虽君有命，为国故，子必射。（左传·成公十六年）

　　　h3. 吴为邾故，将伐鲁。（左传·哀公八年）

4h 组"故"前面是表示诸侯国名的 NP，如果"故"前面是表示事件的 NP，"为"趋近原因介词。例如：

（1）i1. 秦为令狐之役故，冬，秦伯伐晋。（左传·文公十二年）

i2. 为齐难故，作丘甲。（左传·成公元年）

i3. 晋赵庄姬为赵婴之亡故，谮之于晋侯。（左传·成公八年）

i4. 吴人为楚舟师之役故，召舒鸠人。（左传·襄公二十四年）

i5. 齐侯为楚伐郑之故，请会于诸侯。（左传·庄公三十二年）

4）"为 + 动词性短语，……"式中的演变

如果"为"后随动词性短语，且 $V_2$ 表示不利于施事的事件，"为"呈现向原因连词发展的趋势。如：

（4）j1. 公为与其嬖僮汪锜乘，皆死皆殡。（左传·哀公十一年）

j2. 为归汶阳之田，故诸侯贰於晋。（左传·成公九年）

B2. 动词后的演变

1）"……，为 +$N_2$+ 故 + 也"式中的演变

这种结构式中，"为"的功能也有"所为"或"原因"两种可能性。例如：

（4）k. 卫侯伐郑，至于鸣雁，为晋故也。（左传·成公十六年）

如果"……"部分表示"不好"的事件或者是 $N_2$ 部分是表示事件的动词性短语，"为"是原因介词。例如：

（4）l1. 杞叔姬卒，为杞故也。（左传·成公九年）

l2. 会于向，为吴谋楚故也。（左传·襄公十四年）

上面两组显示：在动词后面，所为介词也有可能向原因介词发展。

2）"……，为 + 宾"式中的演变

这种结构式中的"为"已呈现向原因连词发展的趋势，其原因介词的性质是确定的。例如：

（4）m1. 我出师以围许，为将改立君者。（左传·成公九年）

m2. 韩厥登举爵曰："臣之不敢爱死，为两君之在此堂也。"（左传·成公三年）

3）"……，盖 + 为 +$N_2$+$V_2$"式中的演变

这种结构式中的"为"原本呈现向所为介词发展的态势。例如：

（4）o. 其不称名，盖为祖讳也。（穀梁传·桓公二年）

如果 $V_2$ 表示"不好"的事件，"为"呈现向原因介词发展的态势。例如：

（4）p. 与余言而不信兮，盖为余而造怒。（楚辞·九章·抽思）

如果 $V_2$ 不出现，"为"可能是所为介词，也可能是原因介词。例如：

（4）q. 齐人来归郓讙龟阴之田者，盖为此也。（穀梁传·定公十年）

上面三例也显示了"所为"和"原因"的联系。总之，"为4"有两个来源，萌生于动词前和动词后两种位置，都是因主要动词表示"不好"或"不幸"事件而变为原因介词。

### 2.2.4.3.4 "做为"义动词的后随模式

相隔两千年，"做为"义动词"做"也向原因介词发展，但与"为4"有动词和介词两种来源不同，原因介词"做"只有动词"做"一个来源。宋代的"做 + 什么 + $V_2$"式中，"做"呈现向原因介词发展的态势，但还不能排除"做为"义动词的可能性。例如：

（5）a1. 你做什么把两文撇与他？（宋四公大闹禁魂张，近汉语资·宋代卷）

　　　a2. 三哥，做什么遮了脸子唬我？（宋四公大闹禁魂张，近汉语资·宋代卷）

5a 组的"什么"不是指代具体的行为，而 $V_2$ 行为又存在隐性的受损者（$V_2$ 的施事不是受损者），句中的"做"的 [+ 自主性] 还没有完全消失。明代的反诘句中，$V_2$ 表示"不利于施事"的事件，"做"没有 [+ 自主性]，可以分析为原因介词。如：

（5）b. 我丈夫又不少官钱私债，又无甚官事临逼，做什么今夜三更便死！（今古奇观·卷五十五）

在疑问句中，$V_2$ 表示"说话人受损"意义，"做"也是原因介词。例如：

（5）c1. 你这千人骑，万人压，乱人入的贱母狗，做什么倒骂我！（水浒传·五十一回）

　　　c2. 燕青……道："你做什么当我？"（水浒·八十一回）

　　　c3. 那厮叫道："做什么便打老公？"（三遂平妖传·三十四回）

　　　c4. 一般都是你的老婆，做什么抬一个灭一个？（绣像金瓶梅词话·七十三回）

$V_2$ 表示"听话人受损"意义，"做"也是原因介词。例如：

（5）d1. 李募事却见许宣请他，倒吃了一惊，道："今日做什么子坏钞？……"（今古奇观·卷六）

　　　d2. 智深道："你们做什么鸟乱？"（水浒传·七回）

在反诘句中，表示"没必要"意义时，"做什么"可以用于谓语动词后面。例如：

（5）e1. 小人还要这滥淫妇做什么！情愿为官休了。（今古奇观·卷十六）

　　　e2. 如今业已成亲，也算做既往不咎了，还要怪他做什么！（今古奇观·卷七）

e3. 那样苦水我吃他做什么！（今古奇观·卷六十九）

e4. 自身上不方便，理那小淫妇做什么？（绣像金瓶梅词话·七十五回）

e5. 等你爹来家，我和他说就是了，你平白整治这些东西来做什么？（绣像金瓶梅词话·三十四回）

e6. 有了李铭、吴惠在这里唱罢了，又要这两个小淫妇做什么？还不趁早打发他走。（绣像金瓶梅词话·四十二回）

"做"的"做为动词——原因介词"演变受到"为"的带动。但因为"做"的演变发生得较迟，还受到"以、因"的影响，演变模式与"以、因"有相同之处，如在疑问句中演变，$V_2$ 表示不利于施事的事件等。

### 2.2.4.3.5　小结

缘起动词向原因介词和原因连词两个方向发展，向原因介词发展时，演变的因素主要是句法方面的。但"由"和"缘"还是有所不同，在谓语动词前面，"由"进入"由是 / 此"短语，代词"是、此"指代的内容发生"时间 / 原因——原因"的演变，"由"变为介词；而"缘"是进入"$V_1+N_2+$ 而 +$V_2$"式，由于"而"不出现而变为原因介词。在谓语动词后面，"由"出现在"由……故"短语中变为原因介词；而"缘"的主要发展方向是原因连词。"坐"也有原因介词和原因连词两个演变方向，"坐"演变的因素是结构式中 $N_2$ 和 $V_2$ 的语义类型变化，这一点与"由、缘"有所不同，这是由源动词的意义决定的。"做为"义动词朝原因介词的一个重要条件是 $V_2$ 表示不利于施事的事件。

### 3.2.4.4　依据介词的演变模式

在语义结构中，"依据"是指表示实施事件的标准、旧例、成规或信念等的论元。介引依据论元的介词就是依据介词。相当于英语的"according"的介词，汉语史上有过相当多的数量，单音的有"以、因、由、用、遵、循、缘、依、据、凭、按、随、论"等，双音的有"遵依、遵循、依据、依照、按照"等。本节仅讨论源自"遵依"义、"考察"义动词的单音依据介词的演变模式。

### 3.2.4.4.1　"遵依"义动词的首发模式

绝大多数单音的依据介词来自"遵依"义动词，"遵依"义动词的语义来源至少有三个："沿行"义、"倚仗"义、"随行"义（如"从"）。

"遵"是"遵依"义动词中最早向依据介词发展的，本节将"遵"看作"遵依动词——依据介词"的首发者。《诗经》中，"遵"是"沿着……行走"义的动词。如：

（1）a1. 遵彼微行，爰求柔桑。（诗经·豳风·七月）

a2. 遵大路兮，掺执子之手兮。（诗经·国风·遵大路）

因为"沿着……行走"义的联想意义是"循着某一途径行事"，"遵"发展出"遵依"义（记为"遵$_{02}$"），即"遵照……行事"义，可用为谓语动词。例如：

（1）b1. 无偏无陂，遵王之义。（尚书·洪范）

b2. 让之则至，遵道则积。（荀子·儒效）

b3. 今君不遵明君之义，而循灵王之迹。（晏子·内篇·谏下）

b4. 乱世不遵道，上辟不用义。（晏子·内篇·问下）

b5. 故豫夺其涂，则民无遵。（管子·揆度）

"遵$_{02}$"若用于"V$_1$+N$_2$+而/以+V$_2$"式的 V$_1$ 位置，便呈现向依据介词发展的态势，可释义"依照"。例如：

（1）c1. 遵先王之法而过者，未之有也。（孟子·离娄上）

c2. 故遵主令而行之，虽有伤败无罚。（管子·任法）

c3. 不遵法度以翼国家。（汉书·王商传）

c4. 故君子遵礼乐以昭明其心。（天禄阁外史·卷五）

"遵+N$_2$+V$_2$"式、"遵+N$_2$，……"式，见于汉代：

（1）d1. 文人宜遵五经六艺为文，……（论衡·须颂）

d2. 鸿嘉中，上欲遵武帝故事，与近臣游宴，放以公主子开敏得幸。（汉书·张汤传）

1d 组的"遵"可看作萌芽状态的依据介词。魏晋南北朝时期沿此用法：

（1）e1. 宜遵旧礼，为大臣发哀，荐果宗庙。（三国志·魏书·王朗传）

e2. 帝欲遵武帝故事，击匈奴，通西域。（后汉书·窦融列传）

e3. 今宜遵前典，蠲除权制。（后汉书·虞诩传）

宋代的书面语中，"遵$_4$"仍存在。例如：

（1）f1. 久负梁园能赋客，且遵汉诏善勤农。（晁说之：对雪再用丰字……）

f2. 时遵夏历春当孟，礼宪周郊日在辛。（夏竦：奉和御制恭谢南郊）

在谓语动词后面，"遵"也有可能向依据介词发展，但最终未能定型。

先秦已见"$V_1$+遵+$N_2$"式。例如：

（1）g. 举错以数，取与遵理。（吕氏春秋·论人）

上例的"遵"与介词"以"对举，整个结构式可分析为述补结构，"遵"有可能被分析为介词。但这种结构式也有可能被看作主谓结构，若 $V_1$ 部分被分析为主语，则"遵"是动词。例如：

（1）h1. 委任遵旧，未有过政。（汉书·谷永传）

h2. 正身率下，举动遵礼。（续汉书·卷三）

1h 组的"遵"有"遵依"义动词或依据介词两种可能性。迄至宋代，这种结构式仍有可能被看作主谓短语，$V_1$ 若被分析为主语，"遵"是动词；但 $V_1$ 若分析为谓语部分主要动词，则"遵"是介词。例如：

（1）i1. 开冰遵旧典，荐庙属昌辰。（文彦博：天圣五年春……）

i2. 调挠遵古书，煎熬虚日力。（曾鞏：合酱作）

i3. 薄葬遵周室，初陵兆洛川。（郑獬：挽仁宗皇帝辞五首）

i4. 占卜遵火兆，诅誓谨归诚。（李新：羌俗）

如果 $V_1$ 部分结构比较复杂，"遵"可分析为介词，但也不能排除动词的可能性。例如：

（1）j1. 泥封誊识遵程度，棘刺围藩按惠文。（苏籀：事毕汤鞏方……）

j2. 断壶食簟遵时令，莲芡囊韬辨土宜。（洪适：次韵景思……）

"遵依动词——依据介词"演变主要发生在"$V_1$+$N_2$+$V_2$"式的 $V_1$ 位置上，演变的关键是结构式的变化——"遵依"义动词进入"$V_1$+$N_2$+$V_2$"式的 $V_1$ 位置随即变为依据介词，这种演变主要是由句法位置导致的。

### 3.2.4.4.2 "遵依"义动词的后随模式

依据介词"循"和"遵"一样，都可以溯及"沿行"义（记为"循$_{01}$"），由此引申出"遵依"义（记为"循$_{02}$"）。例如：

（2）a1. 昔先大夫祖先君适四国，未尝不为坛。自是至今，亦皆循之。（左传·襄公二十八年）

a2. 武将信以为本，循而行之。（左传·昭公元年）

a3. 举贤而授能令，循绳墨而不颇。（楚辞·离骚）

a4. 承教而动，循法无私。（战国策·赵策二）

a5. 客有让周曰："君为天子决平，不循三尺法，专以人主意指为狱，狱者固得如是乎。"（史记·酷吏列传）

**a6.** 由是言之，循高祖之法则治，不循则乱。（汉书·梅福传）

**a7.** 其治京兆，略循赵广汉之迹。（汉书·张敞传）

战国至魏晋时期，"循 +N$_2$+ 而 / 以 +V$_2$"式有较多用例，"循"已显现向依据介词发展的趋势。例如：

（2）**b1.** 循表而夜涉，溺死者千有余人。（吕氏春秋·察今）

**b2.** 循名实而定是非，因参验而审言辞。（韩非子·奸劫弑臣）

**b3.** 人臣循令而从事，案法而治官。（韩非子·孤愤）

**b4.** 则不得循法而治，望表而动。（韩非子·用人）

**b5.** 起居有常，循礼而动，躬亲政事。（汉书·谷永传）

**b6.** 先王能循礼以达义，……（孔子家语·卷七）

**b7.** 每升朝堂，循礼而动，辞气謇謇，周不惟忠。（三国志·吴书·步骘传）

"循 +N$_2$+V$_2$"、"循 +N$_2$，……"式汉代已见用例：

（2）**c1.** 循古节俭，宫女不过十余，……（汉书·贡禹传）

**c2.** 宣帝循武帝故事，求通达茂异士，……（汉书·何武传）

2c 组的"循"可以看作萌芽状态的依据介词。晋南北朝至唐时期，"循$_4$"的用例增多，依据介词性质确定。例如：

（2）**d1.** 若不悉军动众，循前轻举，则不足大用。（汉晋春秋·卷二）

**d2.** 皆功行相参，循名校实，……（晋书·刘弘传）

**d3.** 继文遵后轨，循古鉴前王。（李世民：元日）

"循$_4$"至宋代仍有用例：

（2）**e1.** 循声知得礼，上列见多功。（丁谓：射）

**e2.** 循旧临学官，虎革被羊质。（梅尧臣：和淮阳燕秀才）

**e3.** 循分各有适，天公一何平。（刘跂：秋夜次四俿韵五首）

综上，"沿行"义动词向介词发展时，大多有两个方向：沿途介词和依据介词。依据介词的直接来源是"遵依"义。"遵依动词——依据介词"的演变一般是由句法结构决定的。

### 3.2.4.4.3 "考察"义动词的首发模式

少数依据介词来自"考察"义动词，如"按、照"。"考察"义的"按（案）"在汉代之前已有用例，汉代有较多用例（马贝加 2002）。"考察"之后，可以发现事物的规模、程度、形状等，"按（案）"萌生"依据"义，在"按（案）+N$_2$+ 而 +V$_2$"式中"按（案）"可作"依据"解。例如：

（3）a1. 人臣循令而从事，案法而治官。（韩非子·孤愤）

　　a2. 案其功而行赏，案其罪而行罚。（管子）

在汉代的"按（案）+N$_2$+V$_2$"式中，"按"是萌芽状态的依据介词。例如：

（3）b1. 释之案律盗宗庙服御者为奏，奏当弃市。（史记·张释之列传）

　　b2. 莽按符命求得此姓名十余人。（汉书·王莽传）

至晋南北朝时期，"按"的依据介词性质确定（马贝加2002）。"按"变为依据介词的主要因素也是句法结构，一旦位于"V$_1$+N$_2$+V$_2$"式的 V$_1$ 位置，就变为介词。

#### 3.2.4.4.4 "考察"义动词的后随模式

依据介词"照"萌生于宋代（马贝加2002），其来源也可以溯及"考察"义。由"照耀"义可引申出"考察"义，下例的"照"可作"照耀"或"考察"义两种理解。

（4）a1. 故身在深宫之中而明照四海之内。（韩非子·奸劫弑臣）

如果与"察"连用或对举，"照"的"察看"义可以确定。例如：

（4）b1. 夫制国者必照察远近之情伪。（潜夫论·实边）

　　b2. 公府不能察照真伪。（潜夫论·爱日）

　　b3. 君侯博古通今，察远照迩，愿加三思。（晋书·石苞传）

"照"和"按"成为同义词后，也朝依据介词发展。如果"照"处于 V$_1$ 位置，就是依据介词。例如：

（4）c1. 并照例支散目子钱。（武林旧事）

　　c2. 照朝廷数目发下临安府。（武林旧事）

#### 3.2.4.4.5 小结

源自"遵依"义、"考察"义的依据介词一般进入"V$_1$+N$_2$+V$_2$"式的 V$_1$ 位置就变为介词，这种演变是由句法位置和句子意义决定的。

## 2.3　介词功能的扩展

介词功能扩展是指"介词——介词"的演变，汉语介词中只有一个功能的不多，多数介词具有两个或两个以上的功能。一个介词如果具有两个或两个以上的功能，第一个功能与动词有直接的联系，其后产生的功能的直接来源可能是动词，也可能是先之产生的介词功能，或者是既与动词有联系，又与先之产生的介词功能有联系。我们将介词的功能扩展分为两类：在同一次类内部的扩展和向次类外部的扩展。

## 2.3.1 方所介词内部的功能扩展

在介词内部，可分为"方所""时间""对象""方式""范围"五个次类。其中，时间介词内部很少有功能扩展，范围介词大多来自其他次类的介词的功能扩展。介词范畴内部的扩展主要发生在除时间介词之外的四个次类。这四类介词的功能扩展多在同一次类内部展开，但也有少数向外部扩展的。方所介词内部功能扩展的路径很多，但能形成一组同义介词同向发展的不多，常见的是"终到处——所在处"、"所在处——终到处"、"经由处——始发处"、"始发处——所在处"等演变。本节仅讨论前两种演变的模式，其余扩展在第五章中讨论。

### 2.3.1.1 "终到处——所在处"的演变

方所介词中，不少兼有"终到处"和"所在处"两种功能，其中，源动词是运行动词的一般先有终到处功能，后有所在处功能，如"于、就、到、去"；源动词是原地动词的一般先有所在处功能，后有终到处功能，如"在、著、搁"等。

#### 2.3.1.1.1 "终到处——所在处"演变的首发模式

所在处介词"于$_{12}$"有动词和介词两种来源，我们将介词"于"看作"终到处——所在处"演变的首发者。"于$_1$"的演变发生在"$V_1+P+N_2$"式中，致变因素是对 $V_1$ 的时体意义的理解的不同。"于"原本是"去往"义动词，向介词发展时，最先产生介引终到处的功能；"于"的所在处功能有两个来源，其中之一是终到处介词"于$_{11}$"。演变主要发生在"$V_1+$ 于 $+N_2$"式中，致变因素是 $V_1$ 的"运行动词——原地动词"变化而导致的"静态 / 持续"意义的出现（参见 1.1.1.2）。

#### 2.3.1.1.2 "终到处——所在处"演变的后随模式

走"终到处——所在处"演变路径的有还有介词"向、去、到"等，所在处介词"向、去"有多个来源，本节仅讨论终到处介词"到$_{11}$"的功能扩展。"$V_1$+ 到 +$N_2$"式中一般含有动态意义，即从别处移动至 $N_2$ 处"的意义，而所在处介词所在的结构式中一般没有这种意义。比较两组例句：

（1）a1. 书放到桌上 ——*a2. 书到桌上放着

（1）b1. 书放在桌上 —— b2. 书在桌上放着

为什么例 1a1 不可以有类似于例 1b2 的句型转换，原因之一是例 1a1 有"书从别处移动到桌上"的推理意义，即"动态／短暂"意义；而例 1b 组两个例句通常可以推出"书一直在桌上"意义，即"静态／持续"的意义。所以，终到处介词"到$_{11}$"一般不能进入这种结构式。从终到处介词变为所在处介词，"到"有一个动态性消失的过程。唐代的"$V_1$+ 到 +$N_2$"式中，"到$_{11}$"已有较多用例，$N_2$ 可以是施事或受事的抵达之处。例如：

（1）c1. 冒寒寻到洛，待暖始归秦。（白居易：酬皇甫宾客）

c2. 唯向诗中得珠玉，时时寄到帝乡来。（白居易：广府胡尚书……）

1c 组可以推出"施事或受事从别处移动到 $N_2$ 处"的意义，因为存在"有运行过程"的推理意义，$V_1$ 的时体意义可作"动态／短暂"理解，"到"是终到处介词。"终到处——所在处"的演变发生在"$V_1$+ 到 +$N_2$"式中，所在处介词"到$_{12}$"萌生较迟，二十世纪方见确凿的用例。其时，"$V_1$+ 到 +$V_2$"式中"到$_{11}$"已发育成熟，而"到 +$N_2$+$V_2$"式中的"到"大多还是动词（因为 $V_2$ 大多是原地动词）；故此"到$_{12}$"不能以动词"到"为来源，也不能萌生于动词前。

演变肇端于结构式中 $V_1$ 的语义类型变化，若 $V_1$ 为原地动词，句子的位移意义有可能消失。先观察 $V_1$ 为"住"的两组例句：

（1）d1. 反把原来同房的爱子采和挪将出去，住到后面的套房里去。（八仙得道·五十六回）

d2. 不然，到了南京要住客栈，继之一定不肯的，未免要住到他公馆里去。（二十年目睹之怪现状·二十一回）

（1）e1. 再说孙佩住到家中，神魂不定，汗水长流，不知岳家消息，正在焦躁，……（剑侠奇中奇全传·三回）

e2. 空冀说："二位老哥，住到闸北东方中学，太不便利，今天怎能回去？"（人海潮·十六回）

1d 组为"住到……去"形式，位移意义明显，"到"是终到处介词。1e

组没有"从某处移到某处"的推理意义，距离所在处介词相对要近一些，但也不能排除终到处介词的可能性。1e组显示了"终到处——所在处"演变的可能性。直至二十世纪初，可作两种分析的"到"的用例仍然很多。例如：

（1）f1. 他住到这里也快有一年了。（沈从文小说）

f2. 城市中人把身体安置到这个地方，正如同另一时把灵魂安顿到一片音乐里样子。（沈从文小说）

f3. 小船停泊到这些小地方，我真有点担心。（沈从文小说）

f4. 一切的气味，自然是从那些编了号的房中溢出，才停顿到他甬道上的。（沈从文小说）

f5. 他旋即休息到一只搁在沙上的小游艇边，孤独的眺望到天边那一线残余云彩。（沈从文小说）

之所以有两种分析，是因为对 V$_1$ 的时体意义有两种理解。如果作"动态／短暂"的，则"到"是终到处介词；如果作"静态／持续"的理解，则"到"是所在处介词。下面一组例句中，"到"的功能偏近"所在处"，但还不能排除"终到处"的可能性。

（1）g1. 回到住处以后，未了一点奇怪的原因，那女人的风度，竟保留到这个逃亡者记忆上没有擦去。（沈从文小说）

g2. 大约前后有七千健康的农民，未了袭击城池，造反作乱，被割下头颅，排列到城墙雉堞上。（沈从文小说）

g3. 各人无事，大致皆各关着房门，蹲守到自己房中火炉边，默思人生最艰深的问题。（沈从文小说）

1g组的"到"之所以不能排除"终到处"的可能性，是因为不能排除"动态／短暂"理解的可能性。如果可以排除，"到"是所在处介词。比较 V$_1$ 是"坐"的三组例句：

（1）h1. 双林听见袁猷说这些话，就坐到袁猷怀里。（风月梦·二十回）

h2. 朱二小姐笑得一笑，便又坐到自己书案边，……（广陵潮·二十七回）

（1）i1. 你是什么东西儿，就公然坐到这里！（歧路灯·五十三回）

i2. 一时饭罢，大家坐到院子里乘凉。（二十年目睹之怪现状·三十回）

（1）j1. 王紫泥道："坐到那里，心里只是上下跳个不住，……"（歧路灯·三十三回）

j2. 对于他们，能够花了钱，能够在这时候坐到院子里安静的看，我们就应

当对这些人致谢了。(沈从文小说)

1h 组的"坐 + 到 +$N_2$"式表示"动态 / 短暂"的意义,"到"是终到处介词。1i 组可作"动态 / 短暂"或"静态、持续"两种理解,"到"有"终到处"或"所在处"两种可能性。1j 组可理解为"静态 / 持续"意义,"到"是所在处介词。

再比较 $V_1$ 是"站"的三组例句:

(1)k1.玉生忽然"哇"的一声吐了,连忙站到旁边,……(二十年目睹之怪现状·三十三回)

k2.贾母一手拉着琼玉,一手拉着宝玉,又叫贾兰站到旁面前,……(红楼幻梦·七回)

(1)l1.说时,把他绳索割断,杨彪站到地上,舒了舒筋骨。(林公案·十三回)

l2.王爷轻轻地拉开隔扇门,隔着帘子往外观看:海川手持竹竿,正站到院中,两个贼人各有兵刃武器。(雍正剑侠图·三回)

(1)m1.于恒真是傻呀,他瞧见这条道儿,就忘了刚才那条道儿了,他站到这儿发愣。(雍正剑侠图·二十七回)

m2.那时两个人正站到院落中一株梧桐下面,还刚吃了晚饭不久,一同昂首望到天空。(沈从文小说)

上面三组例句也有类似于"坐 + 到 +$N_2$"式的三种理解。

再比较 $V_1$ 为"蹲"的两组例句。

(1)n1.看门的把钱装在兜肚里面,蹲到厅前,垂着手旁里站着。(醒世姻缘传·七十回)

n2.这两个人在绿林中什么事都做过,蹲到水坑里就装龙,抹一脸锅灰子就装灶王。(济公全传·二百三十九回)

(1)o1.从那孤单老绅士家矮围墙边过身时,正看到那个老绅士,穿了一件短短的条子绒汗衫,裸了一双臂膊,蹲到一株花树下面,用小铲撮土。(沈从文小说)

o2.卖鸡的女人,多蹲到地上,用草绳兜了母鸡公鸡,……(沈从文小说)

1n 组的"蹲 + 到 +$N_2$"式不能排除"动态 / 短暂"意义,"到"的功能可作"终到处"或"所在处"两种分析。1o 组表示"静态 / 持续"意义,"到"是所在处介词。

由上面"坐、站、蹲"后面的演变可以推知:"到"曾有过"终到处——

所在处"的演变，演变是从原地动词进入 $V_1$ 位置开始的，在身姿动词后面，两种功能的可能性尤其明显，在一部分身姿动词后面，可以断定"到"是所在处介词。"终到处——所在处"演变的语义因素是对结构式中动词的时体意义的不同理解。

#### 2.3.1.1.3 小结

"于、到"的"终到处——所在处"演变都发生在谓语动词后面，即"$V+P+N_2$"式中，致变的原因也都是对 V 的时体意义的理解，引发的因素是 V 的语义类型变化而带来的对时体意义的不同理解。如果能排除"动态 / 短暂"理解的可能性，则"$V+P+N_2$"式的 P 是所在处介词。

### 2.3.1.2 "所在处——终到处"的演变

从历时角度看，"终到处——所在处"的演变发生在先，在"终到处——所在处"演变发生之后，也可能出现反向的演变路径，即"所在处——终到处"的演变路径。依据文献资料，"在"是"所在处——终到处"演变的首发者。从词汇系统看，是受"于、就"等介词的"兼职"现象的影响。不过"在"是先有所在处功能，后有终到处功能的。也就是说"在"是先在所在处功能上成为"于、就"的同义词，然后再因为"同义词同向发展"的规律获得"终到处"的功能。

#### 2.3.1.2.1 "所在处——终到处"演变的首发模式

所在处介词"在$_{11}$"萌生于 $N_2$ 为受事所在之处的"$V_1$+ 在 +$N_2$"式中。如：

（2）a. 藏在周府，可覆视也。（左传·定公四年）

"在"首先在谓语动词后面（即"$V_1$+ 在 +$N_2$"式）向终到处功能扩展，其次是"$V_1$+ 在 +$N_2$+ 去"式。终到处功能确定之后，使用范围扩展至谓语动词前。致变因素是"动态 / 短暂"意义的出现。"在"是典型的所在处介词，但从历时角度看，它有过终到处功能。"在"的"所在处——终到处"演变率先发生在"$V+$ 在 +$N_2$"式中，致变的因素是对 V 的时体意义的认识的变化。先秦已见 V 为运行动词的用例：

（2）b1. 骏奔走在庙。（诗经·周颂·清庙）

b2. 卫褚师圃亡在中牟。（左传·定公九年）

b3. 寡君失守社稷，越在草莽。（左传·定公四年）

b4. 郑有他竟，望走在晋。（左传·昭公十八年）

2b 组的"在"通常被今人分析为所在处介词，我们认为 2b 组的"在"已呈现朝所在处介词发展的趋势。如果对 2b 组的 V 的时间意义作"非持续"理解，句中有可能推出"$N_1$ 的运行停止于 $N_2$ 处"之义，$N_2$ 有可能被理解为运行的终到处，"在"可释义为"到"。2b 组显示：在萌生时期，"V+在 +$N_2$"式的"在"也有可能朝终到处介词发展。

至宋代，在"$V_1$+ 在 +$N_2$+$V_2$"式中，"在"也可以有两种理解：终到处介词或所在处介词。例如：

（2）c1. 一丘一壑胸次，来在市廛结庐。（王炎：和马宜州……）

　　c2. 所有干证人送在所司根勘。（续资治通鉴长编·卷四百九十三）

　　c3. 臣寻为置酒食犒设，送在僧寺安泊。（曾巩集·卷三十二）

1b、1c 两组结构式中，"在"都有朝终到处介词发展的趋势。演变肇端于汉代，汉至南北朝时期，运行动词"还、来"进入"$V_1$+ 在 +$V_2$"式的 $V_1$ 位置。例如：

（2）d1. 贤者还在闾之间，贫贱终老。（论衡·定贤）

　　d2. 还在交州，奉宣朝恩，流民归附，海隅肃清。（三国志·吴书·陆凯传）

　　d3. 辂又至郭恩家，有飞鸠来在梁头，鸣甚悲。（三国志·魏书·方伎传）

　　d4. 辂至安德令刘长仁家，有鸣鹊来在阁屋上，其声甚急。（三国志·魏书·方伎传）

　　d5. 连梦见青蝇数十头来在鼻上，驱之不去，有何意故？（三国志·魏书·方伎传）

　　d6. 董承、杨定言："郭汜来在煨营。"（后汉纪·孝献皇帝纪）

　　d7. 王伏罪云："辄将吴国沙门来在城南杏树下。"（洛阳伽蓝记·卷五）

2c 组的"还、来"后面如点断，"在"是动词；如不点断，"在"可作"到"解，因为人们通常对类似 2c 组"还、来"的时间意义作"非持续"理解。有的句子中，"来"后面不能点断。例如：

（2）e1. 狗吠何喧喧，有吏来在门。（刺巴郡郡守诗）

　　e2. 宠因其来在传舍，率吏卒出收之。（三国志·魏书·满宠传）

　　e3. 昔为宾国之使，来在王庭，国破家迁，即为臣妾，……（魏书·吐谷浑传）

　　e4. 虽未还在位，然忧逼折辱，终古未闻。（宋书·五行志三）

　　e5. 长者来在门，荒年自糊口。（杜甫：送重表侄……）

2e 组的"在"很有可能被理解为"到"义。由 2d、2e 组可知：用于运行动词"来、还"后面，由于 V 的时间意义可作"非持续"理解，句子又蕴含"施事位移"意义，"在"有可能被分析为终到处介词。如果 V 是"逐、送"等运行动词，$N_2$ 为受事的所在之处，"在"也有可能被看作终到处介词。例如：

（2）f1. 及入司隶府，神随遂逐在承尘上，辄言省内事，伯祖大恐怖。（搜神记·卷十八）

f2. 初被收，俱不相知，石崇已送在市，岳后至。（晋书·潘岳传）

f3. 狂风送在竹深处，隔日未消花发时。（许浑：残雪）

f4. 牧者遂求得一瑟（琴）赠之，送在利师王国市内。（敦煌变文集新书·卷二）

f5. 遂遣在深宫，更不令频出。（敦煌变文集新书·卷四）

宋代以来，在"V+ 在 +$N_2$"、"V+ 在 +$N_2$+ 来 / 去"、"在 +$N_2$+ 来 / 去"三种结构式中，$N_2$ 可理解为施事或受事运行的终到处。

1）"V+ 在 +$N_2$"式

这种结构式起初表示施事运行的终到处。例如：

（2）g1. 积雪成高卧，故人来在门。（刘敞：和江临几雪轩……）

g2. 益友来在门，疏拙不见取。（黄庭坚：行行重行行……）

g3. 季布走在鲁，樊期托於燕。（文天祥：高沙道中）

g4. 咒云："侬个来在泽里，他来在别处。"（青箱杂记·卷三）

g5. 主者言太："卿是谁者子，以何罪过，而来在此?"（冥祥记·赵泰，太平广记）

明清时期，仍有这种用例：

（2）h1. 包公吩咐回衙，来在山旁，忽然狂风骤起。（包龙图判百家公案·卷九）

h2. 相公还不曾睡? 几时来在此间? （二刻拍案惊奇·卷三）

后来，"在"也可以表示受事的终到处。例如：

（2）i1. 小喽罗缚绑秦明解在厅前，花荣见了，连忙跳离交椅。（水浒传·三十四回）

i2. 既有此冤情，我也不敢自专，解在帅府，教他自行分辨。（喻世明言·卷十八）

"V+ 在 +$N_2$"式至清代尚有用例：

（2）j1.他那双小脚儿野鸡溜子一般飞快跑在楼跟前。（儿女英雄传·三十五回）

j2.他不拾地下的东西，便跑在他父亲身边。（官场现形记·四十六回）

2）"V+在+N$_2$+来/去"式

（2）j3.同日将一条索子缚了苗忠，并大字焦吉，茶博士陶铁僧，解在襄阳府来。（万秀娘仇报山亭儿，近汉语资·宋代卷）

j4.既完了，送在那里去？（柯丹邱：荆钗记·第十九出）

j5.只求送在家里去。（二刻拍案惊奇·卷二十五）

j6.眼看得一个夫人送在别处去了。（初刻拍案惊奇·卷二十七）

j7.把多姑娘送在锦香院来。（补红楼梦·二十一回）

j8.艾虎追着追着，就不知追在哪里去了。（小五义·七十一回）

3）"在+N$_2$+去/来"式

这种结构形式是明代出现的，由于句中蕴含"施事位移"意义，"在"也可以分析为终到处介词。例如：

（2）k1.从此改过前非，再也不在金奴家去。（喻示明言·卷三）

k2.李三看了，心中好生不忍，又不见一个人来睬他，不知父母在哪里去了。（二刻拍案惊奇·卷三十八）

k3.亦且这些妇女们，偏要在寺里来烧香拜佛。（初刻拍案惊奇·卷二十六）

k4.你是何人？却充小姐往法场代死。如今小姐在哪里去了？（粉妆楼·六十四回）

由上面三种结构式可知：在运行动词充当谓语动词的结构式中，"在"有可能被理解为终到处介词。致变因素主要是对句中主要动词的时间意义的理解，如果理解为"持续"意义，"在"是所在处介词；如果理解为"非持续"意义，"在"是终到处介词。"在"的"所在处——终到处"演变呈现如下特征：第一，演变首先发生在谓语动词后的位置，然后使用范围扩展至谓语动词前；第二，动词的语义类型变化导致演变发生，最终确定演变结果的是施事或受事的"位移"意义；第三，对动词的时间意义的理解也起着推动并确定演变结果的作用。

### 2.3.1.2.3 "所在处——终到处"演变的后随模式

走这一演变路径的介词，源动词一般是原地动词，如"著、搁"等。演变也发生在"V+P+N$_2$"式中，致变因素也是V的语义类型变化而带来的"动态/短暂"意义的出现。

A. "著"的演变

动词"著"有多个义项，但都属于原地动词。原地动词向介词发展，一般先产生所在处功能。在《三国志》中已见到确凿的所在处介词用例：

（3）a. 所请群官，悉闭著益州诸曹屋中。（三国志·魏书·钟会传）

终到处介词"著"（记为"著$_{12}$"）来自所在处功能的扩展。在"V+著+N$_2$"式中，若 V 为运行动词"著"可以看作终到处介词（"到"义）。南北朝至宋时期有用例：

（3）b1. 因载著别田舍，藏置复壁中。（三国志·魏书·阎温传，裴注引《魏略·勇侠传》）

b2. 王独在舆上……，然后令送著门外。（世说新语·简傲）

b3. 鬼王掌奉，送著本土。（六度集经·卷八）

b4. 王逮群臣，徙著山中。（六度集经·卷二）

b5. 我心羡此树，愿徙著予家。（合欢诗，乐府诗集·卷七十六）

与"在"的演变有多种结构式不同，"著"的演变只发生在"V+著+N$_2$"式中，致变的因素也是 V 的语义类型变化，V 为运行动词，可能带来句中蕴含意义的时体意义的变化。因为"著"是原地动词，先产生的功能是表示受事在行为结束之后的所在处。"著$_{11}$"所在的"V+著+N$_2$"式中，V 起初多为原地动词；若 V 为运行动词，句子蕴含"受事位移"意义和"动态/短暂"意义，"著"可理解为"至、到"义介词。部分手作动词充当 V 时，句中也可以推出"受事位移"意义。例如：

（3）c1. 排著井中，喷喷有声……（三国志·魏书·方伎传）

c2. 太祖……即敕救将徐晃以权书射著围里及羽屯中。（三国志·魏书·董昭传）

c3. 玄怒，使人曳著泥中。（世说新语·文学）

3b、3c 组的语义结构中对受事可以有这样的理解：在 V$_1$ 表示的事件结束时，受事处于 N$_2$ 位置，在事件发生之前，受事不是处于 N$_2$ 位置。由于受事有"位移"意义，"著"可以理解为终到处介词。

宋代仍有 V 是手作动词，"著"是终到处介词的用例：

（3）d1. 妇人乘醉，令推著山下。（广异记·户部令史妻，太平广记）

d2. 便取刀刺我颈，曳著后门。（还冤记·吕庆祖，太平广记）

d3. 烦君舁著山深处，恐有黄龙浴水医。（范成大·戏书二首）

d4. 我欲裂绛幔，推著明光里。（胡理：沧浪咏）

综上，"在、著"都走"所在处——终到处"演变的路径，但演变模式不是完全相同。第一，虽然演变都发生在谓语动词后面，但"在"的演变有多种结构式，且使用位置扩展至谓语动词前面；"著"只有一种结构式。第二，"在"一般在运行动词后面发生演变，"著"除了在运行动词后面之外，还可以在手作动词后面发生演变。但演变都呈现由 V 的语义类型变化而引发的"动态／短暂"意义出现以及"位移"意义出现的特征。

B. "搁"的演变

安徽颍上方言、江苏沭阳方言中都有终到处介词"搁"（记为"搁$_{12}$"），大多用于 V 为运行动词的"V+搁+N$_2$"式中。例如：

（4）a1. 跑搁大街上骂人，真不知害臊！

a2. 他走搁我后面，打我下就跑。

有的手作动词充当 V 的结构式中，有"受事位移"的推理意义，"搁"也可以看作终到处介词。例如：

（4）b1. 你跟茶壶端搁上头。

b2. 这些柴火堆搁那边去，搁这儿碍事。

而在这些方言中也有所在处介词"搁$_{11}$"，并且一部分例句的介词"搁"的功能可作"终到处"或"所在处"两种理解。例如：

（4）c1. 他老打他老婆，后来他老婆就躲搁娘家不愿意回来！（他老婆就躲到／在娘家不愿意回来）

c2. 她跟水洒搁我身上。（她把水洒到／在我身上）

c3. 你把剪子放搁桌子上。（你把剪子放到／在桌子上）

c4. 他就坐搁屋里出不来。（她就坐到／在屋里出不来）

c5. 把锅坐搁炉子上。（把锅坐到／在炉子上）

c6. 把衣裳扒搁床上。（把衣裳扔到／在床上）

c7. 把这个东西藏搁哪？（把这个东西藏到／在哪里）

4c 组如理解为"施事／受事位移"意义、"动态／短暂"意义，"搁"是终到处介词；如理解为"施事／受事无位移"意义、"静态／持续"意义，"搁"是所在处介词。4c 组"搁"的两解表明："搁$_{12}$"的直接来源是"搁$_{11}$"。为什么不说终到处介词"搁$_{12}$"的来源也是动词呢？这是因为源动词"搁"属于原地动词，向介词发展时不可能先产生"终到处"功能，只能先产生

"所在处"功能。

### 2.3.1.2.3 小结

发生"所在处——终到处"演变的介词，一般可以溯及原地动词的源头，演变一般发生在"V+P+N$_2$"式中，致变因素是运行动词或手作动词（用于句中产生"受事位移"意义）进入 V 位置而产生的"施事 / 受事位移"意义和"动态 / 短暂"意义。

### 2.3.1.3 "经由处——始发处"的演变

具有"经由处"和"始发处"两种功能的介词比较多，但大多是先产生"经由处"功能，后产生"始发处"功能的，如"从、由、打"等。演变发生在"P+N$_2$+V"式中，V 的语义类型变化引发 N$_2$ 的意义发生"路线——地点"的变化，这种变化导致"经由处——始发处"的演变。

#### 2.3.1.3.1 "经由处——始发处"演变的首发模式

依据文献资料，"从"的"经由处"功能产生比较早。从词汇系统看，"从"有"始发处"功能是受到"自"的带动，当"从"获得"经由处"功能时，它就成为"自"的同义词，又因"同义词同向发展"的规律，"从"获得表示始发处的功能。从认知因素看，是说话人视角的变化，在现实世界中，运行的"始发处"和"经由处"有可能处在同一运行路线、同一方向上，"始发处"位于运行路线的一端，经由处位于运行路线上的某一点或某一段，也可能是整个运行路线。"从"介引始发处，《左传》有例：

（5）a. 从台上弹人而观其辟丸也。（左传·宣公二年）

上例的 V 是手作动词，句子可推出"受事位移而施事无位移"意义。前此，经由处介词"从$_{11}$"所在的句子中，往往蕴含"施事位移意义"。但 N$_2$ 有时是表示一个地点的名词，有可能被认定为经由处或始发处，句义中蕴含着"经由处——始发处"演变的可能性。例如：

（5）b. 遂行，从近关出。（左传·襄公二十六年）

比较上面两例可知：当 N$_2$ 不是表示运行路线的名词而是地点名词时，由于 V 的语义类型变化，即"原地动词——运行动词"的变化，导致"从"有可能发生"经由处——始发处"的变化。若"P+N$_2$+V"式中的 V 为"起"、"来"、"作"等，"从"是始发处介词。例如：

（5）c1. 一奏之，有玄云从西北方起。（韩非子·十过）

c2. 上客从赵来，赵事如何？（战国策·秦策五）

c3. 然则，难知从内起，与从外作者相半也。（韩非子·说疑）

c4. 仁从中出，义从外作。（管子·戒第）

比较例 1b 和 1c 组可知：引发演变的因素也是"P+$N_2$+V"式中 V 的语义类型变化。V 为表示"出发"、"过来"、"发作"义动词时，$N_2$ 如是表示地点的名词，其语义论元一般是被认定为"始发处"。

### 2.3.1.3.2 "经由处——始发处"演变的后随模式

走"经由处——始发处"路径的还有介词"打"。经由处介词"打"（记为"打$_{11}$"）萌生于宋代。例如：

（6）a. 骑驴又打津头过，杨柳飞绵出短墙。（释元肇：春郊有感）

"打$_{11}$"所在的"打+$N_2$+V"式的 V 一般是运行动词，至元代，结构式中的 V 仍是运行动词，但有所扩展，若 V 为"过来"，一部分句子的 $N_2$ 可能被理解为"经由处"，也有可能被理解为"始发处"。例如：

（6）b1. 你看波，我昨日日西时，打那里过来，尚兀自贴着帖子，写着道"此房山赁"。（无名氏：施仁义刘弘嫁婢·一折）

b2. 伴姑儿，道我恰才打那东庄头过来，看了几般儿社火，我也都学他的来了也。（无名氏：刘玄德醉走黄鹤楼·二折）

6b 组显示了"打$_{11}$"和"打$_{12}$"的联系，也显示了 V 语义类型变化在介词功能扩展中的作用。比照例 6a 和 6b 组可知："打$_{12}$"萌芽于元时期，导致"打"发生"经由处——始发处"演变的因素是 V 的语义类型变化。"打$_{12}$"在明清时期已有较多用例，结构式中的 V 多为运行动词。如：

（6）c1. 我这里连方丈、佛殿、钟鼓楼、两廊，共总也不上三百间，他却要一千间睡觉，却打那里来？（西游记·三十六回）

c2. 妈儿道："打那里来？自大的死了，他都躲着不敢见客……"（明珠缘·十六回）

c3. 林士佩打墙上纵下来，放过刘智，……（三侠剑·五回）

c4. 剑客遂打树林中出来，钻在大车底下横木上。（三侠剑·三回）

c5. 忽然间，打墙上蹿下两个人来。（小五义·七十六回）

V 也可以是"起始"义动词。例如：

（6）d. 更有一等狠心肠的人，偏要从家门首打墙脚起，诈害亲戚，侵占乡里，……（二刻拍案惊奇·卷四）

### 2.3.1.3.3 "小结

引发"经由处——始发处"演变的主要因素是"P+N$_2$+V"式中 V 的语义类型变化,如果 V 是"过来"、"起始"等义的动词,N$_2$ 的论元可能发生"经由处——始发处"的变化。

## 2.3.2 对象介词内部的功能扩展

对象介词内部的"兼职"现象是非常普遍的,如介词"和"在近代汉语中有"交互""所为""所对""言谈""求索"等五种功能,在现代汉语中还产生了"师从"功能。这些功能不可能都与源动词有直接的联系,它们彼此之间往往存在来源关系。在对象介词的内部扩展中,常见的是"所为——处置"、"交互——所为"、"所为——交互"、"求索——师从"等演变。

### 2.3.2.1 "所为——处置"的演变

宋代之前,处置介词的主要来源是"执持"义动词。宋代开始,所为介词成为处置介词的一个重要来源,所为介词"与、给、帮、代"等都兼有"处置"功能。这种演变的主要因素是"P+N+V"式中 V 的语义类型变化,即 V 表示"不好"的事件。

#### 2.3.2.1.1 "所为——处置"的演变的首发模式

介词"与"是汉语史上最早发生"所为——处置"演变的,我们将"与"看作这一路径的演变的首发者。导致"与"发生演变的因素主要有二:一是在 N$_2$ 为代词"他"的"与 +N$_2$+V"式中"他"的指代模糊,二是 V 的"非企盼"意义。唐代,所为介词"与$_{32}$"已是常见,V 部分一般表示"为 N$_2$ 服务"或"使 N$_2$ 获益"意义。例如:

(1) a.夜夜玉窗里,与他卷罗裳。(崔国辅:秦女卷衣)

宋代的"与 + 他 +V"式中,代词"他"的所指可能不是十分明确。例如:

(1) b1.某甲本欲居山藏拙,养病过时,秦缘先师有未了底公案,出来与他了却。(五灯会元·卷十·清凉泰钦禅师)

b2.尽道女娲炼石补天,争奈西北一缺,如今欲与他补却,又恐大地无出气处。(五灯会元·卷十六·天衣义怀禅师)

b3. 峥嵘万象森罗，向道与他平出。（释正觉：禅人并化主写真求赞）

b4. 问窦："看格物之义如何？"曰："须先涵养清明，然后能格物。"曰："亦不必专执此说。事到面前，须与他分别去。到得无事，又且持敬。（朱子语类·卷十八）

b5. 有的担一担禅，到赵州处，一点也使不着，一时与他打迭，教洒洒落落无一星事，谓之悟了还同未悟时。（碧岩录·卷五）

b6. 帝……，问达摩："如何是圣谛第一义？"摩云；"廓然无圣。"天下衲僧跳不出，达摩与他一刀截断。（碧岩录·卷一）

唐代开始，汉语中指代人、物或事件的第三人称代词用"他"，在一些句子中，若不结合具体语境，容易对"他"有不同理解，由于"他"的所指模糊，造成深层结构中语义关系的不同理解。如例1b1的"他"有两解，"他"与V之间的论元关系也有两种。第一，"他"可指代人（即"先师"），$N_2$与V形成"与事——动作"关系，"与"可以解为"替、为"义，此即所为介词，句义理解为"出来替他（即"先师"）了却"；第二，他"可指代事件（即"未了底公案"），$N_2$与V是"受事——动作"关系，"与"可解释为"将、把"义，即处置介词，句义可理解为"出来把它（指"未了底公案"）了却"。同理，后五例也可作两种分析。由1b组可以推知：在交际中，由于说（包括作者）、听（包括读者）双方的差异，处于$N_2$的位置"他"的回指意义有可能模糊不清，结构式中的"与"也可能被理解为不同的功能（但这些都不影响听话人对句义的理解）。由此可见：在相同的句法结构中，由于$N_2$位置上代词"他"所指模糊或语义指向的暗中更换（在交际中由于传递和接收双方的误差而产生的）可能导致语义关系的变化；但不影响听话人对整个句子意义的理解。

如果可以确定代词"他"的所指是"被处置之物"，"与"是处置介词。例如：

（1）c1. 若只是握得一个鹘仑底果子，不知里面是酸，是咸，是苦，是涩。须是与他嚼破，便见滋味。（朱子语类·卷八）

c2. 上面无极、太极，下而至于一草、一木、一昆虫之微，亦各有理。一书不读，则阙了一书道理；一事不穷，则阙了一事道理；一物不格，则阙了一物道理。须着逐一件与他理会过。（朱子语类·卷十五）

c3. 且如论语相似：读"学而时习之"，须求其所谓学者如何？如何谓之时

习？既时习，如何便能说？"有朋自远方来"，朋友因甚而来自远方？我又何自而乐？须着一一与他考究。（朱子语类・卷十四）

c4. 义是一柄刀相似，才见事到面前，便与他割制了。（朱子语类・卷五十六）

c5. 古礼于今实难行，尝谓后世有大圣人者作，与他整理一番，令人苏醒，必不一一尽如古人之繁，但放古之大意。（朱子语类・卷八十四）

1c组显示：当"他"明确地指代物品或事件，且"他"与V有"受事——动作"关系时，人们无法将"与+N₂+V"式中的"他"理解为所为者，"与"获得了介引处置对象的功能。

比较1b、1c两组可知：在相同的结构式中，首先是代词"他"的所指模糊，导致N₂和V的语义关系变化，这是处置介词"与"（记为"与₃₇"）产生的第一个因素（与句法、语义都有关系）。其次，我们观察V部分的意义，在表示使承受者（通常是N₂）"受损"意义（可归入"非企盼"义）时，即使"他"指代人，"与"也可表示处置。例如：

（1）d1. 譬如捉贼，"克己"便是开门赶出去，索性与他打杀了，便是一头事了。（朱子语类・卷四十四）

d2. 其徒善设坑阱以陷人，当其欲设，即先与他塞了。（四朝见闻录・乙集）

d3. 俊问观察道："将来诸军乱后如何？"姚观察道："与他弹压，不可交乱，恐坏了这军人马。……"（王俊首岳侯状，近汉语资・宋代卷）

综上，在"与+他+V"式中，代词"他"的指代模糊以及V的"不如意"意义导致"与"由所为介词变为处置介词。"与"的"所为——处置"的演变模式影响着"给"等介词继续语法化的方向。

### 2.3.2.1.2 "所为——处置"演变的后随模式

兼有"所为"和"处置"两种功能的介词比较多，在方言中有"共、同、给、帮、代"等。本节以"给"为后随者。"给"的演变模式和"与"不是完全相同的。"与"的演变首先由代词"他"的指代不明引发，"给"的演变主要由V的"非企盼"意义引发。虽然"给"致变因素主要是V的语义类型，但"给+他+V₂"式中也有过指代模糊的情况。例如：

（2）a1. 宝玉笑道："我认得这风筝。这是大老爷那院里嫣红姑娘放的，拿下来给他送过去罢。"（红楼梦・七十回）

a2. 独有宝玉到贾母那边……并拿出那块玉来。大家看着，笑了一回，贾母

因命人："给他收起去罢，别丢了。"（红楼梦·八十五回）

a3. 这位客人要使唤这块石头，给他弄进去。（儿女英雄传·四回）

a4. 那秃子便说道："谁把这东西扔在这儿咧？这准是三儿干的，咱们给他带到厨房里去。"说着，毛下腰去拣那旋子。（儿女英雄传·六回）

a5. 昨儿因说起我们媳妇会画来，四姑娘便寻出来给他补成了功的。（补红楼梦·二十一回）

例 2a1 的"他"的指代对象若是人（即"嫣红姑娘"），句中的"给"，可分析为所为介词（"替、为"义）；"他"也可能指物（即"风筝"），"给"可以分析为处置介词。2a 组例句中的"给"通常被理解为所为介词，但句子推理意义中潜藏着"给"变为处置介词的可能性。

下面一组例句中，若"他"指代人，"给"是所为介词；若指代物，"给"是处置介词。

（2）b1. 我把竖柜上小锁头扭下来，还有封条，全给他撕了。（续小五义·一百回）

b2. 依我，离村口又远，又是孤零零的一处房子，放把火给他一烧就算没了事了。（小五义·六十八回）

b3. 大哥依小弟主意，放把火给他烧了吧。（小五义·九十九回）

b4. 这座水月庵要他何用？道姑等再回来，仍旧是他们栖止之所，还不给他烧了。（三侠剑·四回）

b5. 金龙说道："我不会消息，我给他砸了……"（三侠剑·三回）

b6. 胜三大爷，全给他毁了！（三侠剑·七回）

b7. 我拿镔铁棍给他崩劈了。（三侠剑·一回）

1b 组的"他"有"人"或"物"两种理解。如理解为"人"，是所为介词；如理解为"物"是处置介词。通常情况下，人们容易将 2b 组的"给"理解为"把/将"义，这是因为所为介词所在在"给 + 他 +V"式绝大多数蕴含"使……获益"意义，而 2b 组的"使……受损"意义与典型的所为介词所在句子的蕴含义不匹配。

有时，"他"都是指代人，但可能不是同一个人，于是，"给"也有两种分析结果。例如：

（2）c1. 安老爷、安太太是第一肯作方便事的，便作主给他留下，一举两得，又成全了一家人家。（儿女英雄传·三十八回）

c2. 它的盟弟未取得程士俊的同意，硬花了五百两银子给他买定了。（三侠

剑·五回）

有时 $N_2$ 指代同一个对象（人或物），也有两种分析结果。例如：

（2）d1. 赶忙将他覆在那块大石上，让他口中流水，又给他周身抖动，闹了有个把时候。（红楼复梦·九十回）

　　d2. 李四爷因为小儿林士佩做事太坏啦，所以才给他来个斩草除根。（三侠剑·一回）

2a——2d 组显示：

1）"给 + 他 +V" 式中，"他"的指代对象可能是不清晰的，这虽然不影响对句义的理解，但可能引发介词"给"的功能发生"所为——处置"的演变；

2）"所为"与"处置"两种功能之间因语义关系而存在联系，演变与"使某人受损"意义有密切的联系，但决定性因素是 $N_2$ 与 V 之间的"受事——动作"关系明确。

以上四组例句可证：所为介词"给$_{31}$"与处置介词"给$_{37}$"之间存在联系。

"给 +$N_2$+V" 式中"给"若是所为介词，V 部分通常表示对 $N_2$ 有利的事件（占清代小说的 95%），但清代也出现了 V 部分表示对 $N_2$ 不利或使之受损的事件的用例。分下面细分九个小类，以便观察"所为"和"处置"两种功能之间的联系。

1）使 $N_2$ 遭罪或受难

（2）e1. 他便将小人捆了，又撕了一块脏布，给小人填在口内。（七侠五义·四十三回）

　　e2. 将老道衣服撕下一块来，给老道把嘴堵住。（三侠剑·四回）

　　e3. 看你老爷们这个劲儿，立刻给我眼里插棒槌，也要我们搁的住吓。（七侠五义·六回）

2）使 $N_2$ 变丑

（2）f1. 我竟也不知道了。若知道，给你脸上抹些黑墨。（红楼梦·六十三回）

　　f2. 我要给你画上一脸黑墨，他们还说像两个双胞弟兄呢。（红楼真梦·二十九回）

3）使 $N_2$ 蒙受耻辱

（2）g1. 我们家道艰难，走不起，来了这里，没的给姑奶奶打嘴。（红楼梦·六回）

g2. 我如今还配来瞧你么？没的给你丢脸。（红楼真梦・四十七回）

g3. 你别给我胜三大伯丢人啦。（三侠剑・二回）

g4. 给咱们打嘴伤脸，那是不依的。（红楼复梦・七十一回）

g5. 象你们这是给山王现眼呢。（小五义・一百十回）

g6. 没给父母丧了廉耻。（三侠剑・一回）

2g组的"给"除了向处置介词演变之外，还有一种可能性，即向致使动词发展。

4）使 $N_2$ 败坏声誉

（2）h1. 动辄不是给他加上个"难膺民社"，就是给他加上个"不甚相宜"，轻轻的就端掉了，依然有始无终，求荣反辱。（儿女英雄传・一回）

h2. 趁他这几天正病着不走，给他散个谣言，叫人动了疑，咱们就可以用计。（红楼复梦・七十一回）

h3. 你等……，不该给我栽赃隐人头。（续济公传・三十四回）

h4. 全给杨明栽了赃。（续济公传・十二回）

h5. 我要一逃，岂不给我师傅丢了一世英名？（三侠剑・一回）

5）给 $N_2$ 制造麻烦

（2）i1. 为你正忙着，没得倒给你添累。（红楼真梦・五十一回）

i2. 给燕北闲人找出许多累赘来了。（儿女英雄传・四十回）

i3. 那不给姑娘添罪过哪？（儿女英雄传・二十一回）

i4. 我二人何不给和尚找点麻烦。（济公全传・五十二回）

i5. 附耳如此这般，别给我耽误事。（济公全传・一把五十五回）

6）给 $N_2$ 招灾惹祸

（2）j1. 快些请吧，趁早儿别给我们惹祸。（施公案・九十三回）

j2. 哥儿，你可估量着，别给我惹这个穷祸。（施公案・九十八回）

j3. 杨爷，你二人可给我惹下祸啦。（续济公传・二十六回）

j4. 此事本不大要紧，可从此以后，可就给胜三爷惹下塌天大祸。（续济公传・一回）

j5. 咱们两个人死了倒不紧要，给旁人招祸。（续小五义・二十六回）

7）给 $N_2$ 下毒或上刑

（2）k1. 真的东方亮，发髻里头给他按上迷魂药饼。（小五义・一把二十二回）

k2. 我先将他灌醉，然后酒里也给他下上毒药。（三侠剑・三回）

k3. 方要给三太吹药之际，……（三侠剑·二回）

k4. 又吩咐禁子，当堂给九黄钉了脚镣。（施公案·十四回）

k5. 公孙先生即吩咐差役，拿了手铐脚镣给邓车上好，容他慢慢苏醒。（七剑十三侠·一百零六回）

k6. 人命官司两月就完了，锁链练给我戴上吧。（三侠剑·二回）

k7. 婆子过来，就用汗巾子把手给她捆上。（小五义·一百七十二）

8) 使 $N_2$ 蒙受损失

（2）11. 我借给你，但得有人家的原物在，别给人家丢失了。（小五义·一百九十八回）

12. 恐怕带在身上给王爷损坏。（三侠剑·二回）

13. 我给他放二百把火，烧他个王八羔子。（三侠剑·四回）

14. 方成……还背地里暗派江洋大盗给人家放火抢劫。（三侠剑·五回）

15. 比如绸缎镖，夜间有人给你偷出两疋去。（三侠剑·四回）

9) 给 $N_2$ 以打击

（2）m1. 往下带的时节，给他头颅击了一掌。（小五义·四十五回）

m2. 叫我兄长不能现丑，给我盟嫂打断了奸夫。（三侠剑·三回）

m3. 你有什么妖术，只管使来，好让本师给你扫除尽净。（七剑十三侠·一百五十二回）

m4. 那人还怕他死的不很舒服，又在周身上下给他大捶一顿。（红楼复梦·七十回）

2f——2m 组的"给"可以看作处置介词"给"（记为"给$_{37}$"）的直接来源，其中部分例句"给"甚至可以换上"把、将"。由于 V 部分表示 $N_2$ 不愿意发生的事件，这样就与典型的所为介词所在句子的"使 $N_2$ 获益"意义不相匹配。在 2f——2m 组例句的语义结构中，已孕育了处置式的语义关系（对某人或某人之物作出某种处理）和结构方式（动词带补语或体助词），介词"给$_{37}$"已蓄势待发。若 V 部分带有强处置意义，且 V 部分表示"不幸"、"不如意"的事件，V 与 $N_2$ 之间的"行为——受事"关系十分明显，则"给$_{37}$"的性质确定。例如：

（2）n1. 先给他挫动锐气，使他不敢小视我等。（七剑十三侠·一百回）

n2. 我只愿他死在那里，被七子十三生将他捉了去，给他粉骨扬灰，再也不能投人类了。（七剑十三侠·一百四十二回）

n3. 回来给你肚子上大大地拉一道口子，把心摘出来。（施公案·一百零

九回）

n4. 金大力看得清切，遂喊道："老七使劲儿，底下那小厮已经捉住了，这个不要给他放走呀！"（施公案·二百零五回）

n5. 如若不招，再给他捴起来问。（施公案·三百零一回）

n6. 留你这小冤家何用，趁你萌芽出土，我给你连根带叶扫平。（三侠剑·二回）

n7. 众人不管是死是活的，都给他捆了个结实。（红楼复梦·三十八回）

n8. 焉知和尚在背后，用什么邪术，给吾罩住，以致吾也被缚遭擒。（续济公传·六十五回）

2n 组承袭了表示"使 $N_2$ 受损"意义的"所为句"的句式意义，V 部分除蕴含"受损"意义之外，还有明显的"对 $N_2$ 作出某种处置"的意义。

### 2.3.2.1.3　小结

"与"和"给"都走"所为——处置"的路径，演变模式大致相同，都与 V 的"非企盼"意义密切相关。不同在于："与"的演变是由指代模糊引发的，V 的意义也起着一定的作用。"给"的演变与 $N_2$ 的指代模糊有关，但主要是 V 的"不幸"、"不如意"意义，由此可能出现 $N_2$ 和 V 之间的"受事——行为"关系。

### 2.3.2.2　"言谈——求索"的演变

汉语的求索介词大多处于语法化链的后端，其主要来源是言谈介词。在现实世界中，求索行为大多是借助言语行为实现的，这种现实关系反映在语言中，便产生了"言谈——求索"的演变路径，这一路径的首发者是介词"于"，但"于"在动词后发生演变，汉代及其后，求索介词都是在"$P+N_2+V$"式中产生的。

#### 2.3.2.2.1　"言谈——求索"演变的首发模式

先秦时期，如果"$V+$于$+N_2$"式的 V 为"言说"义动词，则"于"为介引言谈对象的介词，《诗经》已见用例，言谈介词"于"进入两种结构式："$V+$于$+N_2$"式和"$V+N_2+$于$+N_3$"式。例如：

（3）a. 先民有言，询于刍荛。（诗经·大雅·板）

（3）b. 经营四方，告成于王。（诗经·大雅·江汉）

同样是动词"告"，如果句义中蕴含"请求"意义，则"于"呈现向求索介词发展的明显态势；如果 V 是"求请"义动词，则"于"是求索介词。比较两例：

（3）c. 冬，饥，告籴于齐。（左传·庄公二十八年）

（3）d. 冬，晋荐饥，使乞籴于秦。（左传·僖公十三年）

前例的 $V_1$ 是"告"，"于"是言谈介词，但句中蕴含"向齐国求粮"之义；后例的 $V_1$ 是"乞"，"于"是求索介词。先秦时期，V 是"乞、请、求、借、赎、要"义动词的用例比较多，"于"求索介词性质十分明显。求索介词"于$_{36}$"进入三种结构式，大多用于"$V+N_2+$ 于 $+N_3$"式。例如：

（3）d1. 以赂求共仲于莒。（左传·闵公二年）

　　d2. 齐使乞师于陈郑，郑太子忽帅师救齐。（左传·桓公六年）

　　d3. 晋侯将伐曹，假道于卫。（左传·僖公二十八年）

　　d4. 寡君愿徼福于周公、鲁公。（左传·文公十二年）

也有"$V+$ 于 $+N_2$"式。例如：

（3）e1. 献狄俘晋侯，请于王。（左传·宣公十六年）

　　e2. 将求于人，则先下之。（左传·昭公二十五年）

　　e3. 郑将聘于秦，且谢缓赂。（左传·僖公十年）

此外，还有"有 / 无 + 求 + 于"式。例如：

（3）f1. 有求于人。（左传·昭公二十八年）

　　f2. 吾无求于龙，龙亦无求于我。（左传·昭公十九年）

综上，介词"于$_3$"走过"言谈——求索"的演变路径，致变的主要因素是结构式中动词的语义类型变化。

#### 2.3.2.2.2 "言谈——求索"演变的后随模式

继"于"之后，走"言谈——求索"路径的介词有"问、与、和、共、同"等，和"于"发生演变的结构式不同，这些介词都是在"$P+N_2+V$"式中发生演变的，但致变因素相同，都是 V 的语义类型变化。

A. "问"的演变

自唐代以来，介词"问"的主要功能是介引求索者，但也有过介引师从者、借助者的功能。从历时角度看，"问"走过"言谈——求索——师从 / 借助"的路径。言谈介词"问"（记为"问$_{31}$"）来源可追溯至"询问"义动词"问"（记为"问$_0$"），"问$_0$"首先向言谈介词发展，这是由它的词义决定的。"询问"义可分析出三个义素：1）人；2）话语行为；3）有疑而问，以问求答。三个义素中，义素2和义素3都可以看作言说行为的特征，因而，语义虚化时，最有可能先发展出介引言谈者的功能。"问$_{31}$"产生之后，又因"问$_0$"在句子中含"获取（信息）"意义，故在言谈介词的基础上又向求索介词发展。汉代已见到"问 +N$_2$+ 曰"式不是明显地表示疑问的用例：

（4）a1. 久之，王问仲舒曰："粤王勾践与大夫泄庸、种、蠡谋伐吴，遂灭之。孔子称殷有三仁，寡人亦以为粤有三仁。桓公决疑于管仲，寡人决疑于君。"（汉书·董仲舒传）

　　　a2. 郑人或问子贡："东门有人，其头似尧，其项若皋陶，肩类子产。然自腰以下，不及禹三寸，若丧家之狗。"子贡以告孔子，孔子欣然笑曰："形状未也，如丧家狗，然哉！然哉！"（论衡·偶会）

4a 组句子中有一个语义特征——"曰"后面并非需要回答的内容，而是 N$_1$（施事主语）陈述的内容，其基本功能是陈述有关事实。由于句子的语用目的不是表示疑问，"问"的"有疑而问，以问求答"义素消失了。同时，"曰"是"言说"语义特征非常明显的动词，这使得"问"的义素2淡化；故此，这种结构的"问"有朝言谈介词发展的可能性。

由 4a 组可知：语用目的的变化，即"疑问——陈述"的变化推动"问 +N$_2$+ 曰"式的重新分析，从而促使了介词"问$_{31}$"产生。在东晋的汉译佛经《摩诃僧祇律》里已见到"问$_{31}$"的萌芽。例如：

（4）b1. 复问摩诃罗言："物尽出来，莫使后复致诤，有不欲出者，第二人复持来出。"答言："已尽。"（摩诃僧祇律·卷八）

　　　b2. 若贼来入寺中问比丘言："示我僧物。"比丘尔时不得示珍宝等诸物，复不得妄语，应示房舍床座等。"（摩诃僧祇律·卷十四）

4b 组的"问"可释义"向、对"，至唐五代时期，"问"引进言谈对象的用法得以确定。例如：

（4）c1. 武王问太公曰："吾将因有夏之居，南望过于三涂，北瞻望于有河。"（史记·周本纪，注解部分）

　　　c2. 为问东州故人道，江淹已拟惠休书。（李益：送贾校书……）

　　　c3. 智常一日问师曰："佛说三乘法，又言最上乘，弟子未解，愿为教授。"（六祖坛经·机缘品）

　　　c4. 后阿娘问瞽叟曰："是你怨（冤）家修仓，须得两个笠子。……"（敦煌变文集新书·卷六）

c5.给孤长者问耆陀太子言道:"某乙不知。"(敦煌变文集新书·卷四)

就语义来源而言,求索介词"问"(记为"问$_{32}$")与动词"问$_0$"也有来源关系,"询问"行为本身就含有"获取(信息)"的意义,说话人向听话人提出疑问,目的是想从对方那里获得期盼的信息,这与"问$_{32}$"的"获取(物资)"的语义特征相匹配,也是"问"可以发展为求索介词的语义基础。"问 +N$_2$+ 曰"式,汉代已是常见。例如:

(4)d.晋侯闻之,问士弱曰:"宋灾,于是乎知有天道,何故?"(汉书·五行志)

上例的"问"是动词,后面接一个疑问小句,"问"表达"某人在某方面有疑问从而向某人询问,希望对方回答"意义,因此,句中蕴含"N$_1$期待获取信息"意义,这与求索介词所在的语义结构(企盼获取物资)有相通之处,所以说,"问$_{32}$"的产生与源动词的词义是有联系的。

但是,"问$_{32}$"并非由"问$_0$"直接虚化而来,而是由介词"问$_{31}$"功能扩展来的。"问$_{31}$"的产生为"问$_{32}$"提供了句法基础,再加上"问$_0$"的语义滞留,使得"问$_{32}$"有可能产生。当"问 +N$_2$+V"式中 V 由"言说"义动词扩展至"求取"义动词时,"问"就有了被分析为求索介词的可能性。在"问$_{32}$"产生过程中,所在结构式的 V 都含"求取"义素,如"乞、请、要、求、得、借、赊、买、赎、租"等动词。

"P+N$_2$+V"式中 V 的语义类型变化使得"问"能够实现"言谈——求索"的变化。这种变化首先出现于东晋的汉译佛经中,动词为"求"、"请"。例如:

(4)e1.半月问布萨求教诫者。(摩诃僧祇律·卷三十)

e2.半月问布萨请教诫。(摩诃僧祇律)

e3.是名半月问布萨求教诫。(摩诃僧祇律)

e4.入聚落中若大行者,应往丈夫厕上,不得入女人厕,若无者应问人求随所安处。(摩诃僧祇律·卷三十四)

4e 组"问 +N$_2$+ 求 / 请"式的"问"可看作求索介词。然而,这一时期,此种用法还不多见。唐代,结构式中的 V 有所扩展,除"求、请"外,"乞、借、买、沽"等动词进入 V$_2$ 位置。例如:

(4)f1.因问衮乞姓。(朝野金载·卷三)

f2.今朝小阮同夷老,欲问明年借几年。(卢纶:送从叔牧永州)

f3. 晚花回地种，好酒问人沽。（张籍：和左司元郎中秋居十首）

f4. 坐来暗起江湖思，速问溪翁买钓船。（徐夤：门外闲田数亩……）

导致"问"发生"言谈——求索"演变的因素是结构式中 V 的语义类型变化，V 的语义类型发生"言说——求取"变化时，介词的功能相应地发生变化。"问"的演变特征对后来的演变有影响。

B．"与"的演变

继"问"之后，走"言谈——求索"路径的有"与、和、同、替"等。与"问"的"询问动词——言谈介词——求索介词"前一段路径不同，"与"走过"给予动词——交互介词——言谈介词——求索介词"的路径。

交互介词"与$_{31}$"产生较早，先秦已有大量用例。汉代，一部分"N$_1$+与+N$_2$+言／曰"式中，V（即言说行为）的施事由"N$_1$和 N$_2$ 双方"变为"N$_1$单方"，即由表示 N$_1$ 和 N$_2$ 双方的行为，变为仅表示 N$_1$ 的行为，"双方——单方"的语义关系变化是言谈介词（记为"与$_{33}$"）产生的重要因素。这种演变是有认知依据的，"N$_1$（主语）+与+N$_2$+言／曰"式起初表示双方都参与会话，然而，在使用语境中，有可能被用来表达单方的话语活动。在现实中，原本是双方交谈的行为，可能因为某种原因而发生变化，原本接受信息的一方可能停止与对方的交流，只剩下 N$_1$ 实施话语行为。现实关系是语义演变的认知基础。当句子所表达的言语活动发生"双方——单方"变化时，句中 N$_2$ 就不被用来表示言语活动的实施者，而变成单纯的信息接受者，即言谈对象。在这样的语义结构中，"与"由交互介词变为言谈介词。下面是一组的 V 的施事可作"双方"或"单方"理解的例子：

（5）a1. 彼狡童兮，不与我言兮。（诗经·国风·狡童）

a2. 事毕，不与王言。（左传·僖公十三年）

a3. 冬，公孙归父会齐侯于谷，见晏桓子，与之言鲁乐。（左传·文公十四年）

a4. 趋而辟之，不得与之言。（论语·微子）

a5. 谓孔子曰："来！予与尔言。"（论语·阳货）

a6. 孟子不与右师言，右师不悦……（孟子·离娄下）

5a 组"与+N$_2$+言（+N$_3$）"式中，动词属"言说"义类，话语行为一般被理解为双方都参与的行为，"与"的宾语 N$_2$ 被看作话语行为的偕同者或参与者，但也不能排除"言说"行为由 N$_1$ 单方实施的可能性。在省略介词宾语的构式中，V 的施事也有"双方"或"单方"两种理解。例如：

（5）b1. 可与言而不与之言，失人；不可与言而与之言，失言。（论语·卫灵公）

　　b2. 是何足与言仁义也！（孟子·公孙丑下）

　　b3. 王怒而不与言。（吕氏春秋·至忠）

　　b4. 故惟得道之人，其可与言乐乎？（吕氏春秋·大乐）

8a、8b 组显示了"双方——单方"演变和"交互——言谈"演变的可能性。在一些 V 为"言说"义动词的句子中，V 可作"N₁ 单方实施"理解。汉代之前已有例，但比较少。例如：

（5）c1. 楚子使与师言曰……（左传·僖公四年）

　　c2. 齐人无以仁义与君言者。（孟子·公孙丑下）

汉代已见较多的蕴含"V 由 N₁ 单方实施"意义的用例：

（5）d1. 廉颇送至境，与王诀曰："王行，度道里会遇之礼毕，还，不过三十日。三十日不还，则请立太子为王，以绝秦望。"（史记·廉颇蔺相如列传）

　　d2. 君因先与武侯言曰："夫吴起贤人也，而侯之国小，又与强秦壤界。臣窃恐起之无留心也。"（史记·孙子吴起列传）

　　d3. 武安侯时为太尉，乃逆王霸上，与王语曰："方今上无太子，大王亲高皇帝孙……"（史记·淮南衡山列传）

　　d4. 太子与良夫言曰："苟能入我国，报子以乘轩，免子三死，毋所与。"（史记·卫康叔世家）

　　d5. 高祖乃书帛射城上，与沛父老曰："天下同苦秦久矣……"（汉书·高祖纪上）

在省略宾语的结构式中，V 也可以是"单方"意义的。例如：

（5）e1. 出入十余年，乃呼扁鹊私坐，闲与语曰："我有禁方，年老，欲传与公，公毋泄。"（史记·扁鹊仓公列传）

　　e2. 居数年，其子穷困负薪，逢优孟，与言曰："我，孙叔敖之子也。父且死时，属我贫困往见优孟。"（史记·滑稽列传）

例 5d、5e 组显示：言谈介词"与₃₃"汉代已定型。5d、5e 组表达的重点是主语 N₁（可能承前省略）的言说行为和言说内容；N₂ 的对答行为或内容未见于下文。句中的"语曰"、"言曰"可以被理解为 N₁ 单方的行为，N₂ 原本在语义结构中也是"施事"，但在 5b、5c 组中被理解为"与事"，"与"可作"对"解。"N₁+ 与 +N₂+ 言"式可表示 N₁ 对 N₂ 陈述某一事情，也有可

能是 $N_1$ 对 $N_2$ 提出问题。如：

（5）f. 滇王与汉使言："汉孰与我大？"（汉书·西南夷列传）

在省略宾语的结构式中，也有类似用法：

（5）g. 淮阴侯絜其手，……，仰天叹曰："子可与言乎？欲与子有言也。"（史记·淮阴侯列传）

上两例中，$N_1$ 向 $N_2$（可能省略）提问，话语的目的十分明显。我们可以理解为 $N_1$ 想从 $N_2$ 那里获得回答，句中的"获取（信息）"意义和求索介词"与"（记为"与$_{39}$"）所表示的语法意义已相对接近。因此，"与$_{33}$"不仅为"与$_{39}$"提供了句法基础，也提供一定的语义基础。

在"与$_{33}$"向"与$_{39}$"演变过程中，结构式中 V 的语义类型变化起着重要作用，如果 V 是"求取"义动词，如"借贷、赊买、乞求"等义类，"与"后的言谈者变为求索者。唐代的"与 +$N_2$+V"式中，V 已可以是"求取"义动词。例如：

（5）h1. 寺楼凉出竹，非与曲江赊。（曹松：慈恩寺东楼）

h2. 岂能无意酬乌鹊，惟与蜘蛛乞巧丝。（李商隐：辛未七夕）

5h 组的 V"赊、乞"是"求取"义动词，$N_2$ 变为接受求索行为的一方，"与"变为介引求索者的介词，义同"向、跟"。由 5h 组可知："与$_{39}$"在唐代已萌生。宋代沿用：

（5）i1. 且将翠阁齐，绝与红尘赊。（李堪：仙楼道院）

i2. 地将鲸海接，路与凤城赊。（杨亿：到郡满岁自遣）

i3. 金刀璀璨截嫩节，铜钱不与大梁赊。（刘敞：笋）

i4. 围棋角智赌胜负，拙者理与功名赊。（司马光：春日书寄……）

C. "同"的演变

虽然源动词不同，但"同"和"与"在"交互——言谈——求索"一段路径上的功能扩展是相同，交互介词"同"（记为"同$_{31}$"）萌芽于唐代，定型于宋代。宋代的"同 +$N_2$+V（言说）"式中，V 绝大多数还是作"双方参与"理解，或不能排除"双方参与"意义的可能性。例如：

（6）a1. 他年一笑同谁说，伴我三年江上村。（苏辙：和王适新葺小室）

a2. 对雪同谁语，登楼似欲仙。（曾几：雪中登王正中书阁）

a3. 紫阳不作远菴死，一醉同君话昔年。（黄榦：答刘正之……）

少数"同 +$N_2$+V（言说）"式的 V 可作"单方"理解，但不能排除"双方"意义的可能性。例如：

（6）b1. 思归有梦同谁说，强意题诗只自宽。（梅尧臣：和永叔内翰）

　　b2. 平生安乐法，此意同谁语。（释昙华：偈颂六十首）

　　b3. 牢落凝香地，同谁话此怀。（王十朋：悼亡）

　　b4. 旧事同谁说，新诗或自酬。（陆游：秋晚寓叹六首）

　　b5. 除却陶彭泽，同谁话此情。（释元肇：九日）

至清时期已见到确凿的 V 由 $N_1$ "单方实施"的用例。例如：

（6）c1. 停刻我同你们庄大老爷说过，还要酬你的劳。（官场现形记·十六回）

　　c2. 胡镜孙："话虽如此讲，你晓得我十块钱的药，本钱只有几块？自己人，同你老实说，两块钱的本钱也没有，……。"（官场现形记·二十一回）

　　c3. 黄胖姑道："你别忙，我同你讲，这位卢给事……。"（官场现形记·二十五回）

　　c4. 这位王大哥，就是我同你说过开办善书局的那一位。（官场现形记·三十四回）

　　c5. 老实同你说，你的本事一个钱不值！（官场现形记·三十九回）

在一些"同 +$N_2$+V（言说）"式中，话语行为蕴含在钱财方面有求于人的意思。例如：

（6）d1. 戴春道："你只不过要买些礼物，何不早同我说。"纪二道："官人肯借我银子时，我有个计较在此。……"（荡寇志·九十六回）

　　d2. 听说还亏空二万多，今儿早上托了藩台来同我说，想要后任替他弥补。（官场现形记·三十七回）

　　d3. 既然二万不够，何不当时就同我说明，却到今天拿我们开心。（官场现形记·三十五回）

　　d4. 你们要钱只管同我说，也不要客气才好。（活地狱·七回）

6d组的"同"还是言谈介词，但句中蕴含"向 $N_2$ 求取财物"意义。如果 V 为"要、借"等表示"求取"义的动词，"同"为求索介词。例如：

（6）e1. 月香从前待我虽好，只因自从同我要金兜子我未曾与他，现在待我的光景不似从前。（风月梦·二十二回）

　　e2. 因为有个至好的朋友同我借几两银子，我不好意思回他，允约明日借给与他。（风月梦·二十回）

　　e3. 陆兄弟同我借银子，我已允准了他。（风月梦·十九回）

e4. 当时就同我借了三百银子，将姓徐的这丝货交我代卖，他说到别处码头售货去了。（狄公案·十五回）

e5. 放你出去，这个沉重倒可担得，但是要同你借一物件，不知可肯不肯。（狄公案·五十回）

e6. 我又同文芳要了百两银子，只说要做衣服，送回家来，过些时，还要同他借几百两银子使用哩。（五美缘·二十四回）

#### 2.3.2.2.3 小结

"言谈——求索"演变的因素是"P+N₂+V"式中 V 的语义类型的变化，若 V 是"求取"义或含有"求取"义素的动词，P 为求索介词。

### 2.3.2.3 "交互——所为"的演变

汉语中兼有"所为"和"交互"两种功能的介词相当多，其中有先产生"所为"功能的，后产生"交互"功能的，如"替、代、给、帮"等；也有先产生"交互"功能，后产生"所为"功能的，如"与、和、同、共、跟"等。唐代之前，介词"与"已具有"所为"和"交互"两种功能，而先秦时期，交互介词"与₃₁"的用例比所为介词"与₃₂"多得多；因此，我们认为"交互——所为"的演变是先发生的，"所为——交互"的演变是后发生的。

#### 2.3.2.3.1 "交互——所为"演变的首发模式

"与"是最早兼有"交互"和"所为"两种功能的介词，但所为介词"与₃₂"有动词和介词两种来源；由于"与₃₂"的来源比较复杂，我们放在"有两种来源的对象介词"一章讨论，本节姑且以"和"为"交互——所为"的首发者。在"和"之前，"与"已兼有"交互"和"所为"两种功能，且"与"的"所为"功能和"交互"功能有来源关系。"与"的"兼职"有可能引发其他介词也产生两种功能；但"和"的演变有自己的路径和致变因素，其演变模式和"与"不是完全相同。但"与、和"的"交互——所为"演变模式的共同特征是"P+N₂+V"式中 V 的施事发生"双方——单方"变化。

交互介词"和"（记为"和₃₁"）萌生于唐代，宋代已定型。所为介词"和"（记为"和₃₂"）萌芽于宋代，至明清时期定型。宋代的一些"（N₁+）和+N₂+V"式中，"和"的功能有"交互"和"所为"两种理解。例如：

（1）a1. 自拈果有超师作，和我南山载取归。（释法薰：宋炳藏主归乡）

a2. 你休要气闷，到明日闲暇时，大家和你查访这金丝罐。（宋四公大闹禁

魂张，近汉语资·宋代卷）

　　a3. 刘郎异日奋发荣贵，和你改换门风。（刘知远诸宫调，近汉语资·宋代卷）

　　冯春田（2000）认为介词"和"的引进受益者的功能（即本书的"所为"功能）源自"与、同"义。笔者认同这一观点，"交互——所为"的演变，既有语言事实作依据，也有认知的理据。1a 组的 V 若理解为"$N_1$ 和 $N_2$ 双方参与"意义，则"和"为交互介词；若可理解为"$N_1$ 单方参与"意义，则"和"为所为介词。分析隐性的语义关系，可以得知：所为介词"和$_{32}$"的直接来源是交互介词"和$_{31}$"。汉语的语义结构中存在行为参与者的"双方——单方"变化，使"交互——所为"的演变具有可能性。直至元时期，有些"和"还可能是两解的。例如：

（1）b1. 我一心待要娶他，他有心待要嫁我。争奈有老婆在家，和我生了一儿一女，我因此不好说得。（杨景贤：马丹阳度脱刘行者·第三折）

　　b2. 小生到得卧房内，和姐姐解带脱衣，颠鸾倒凤……（王实甫：崔莺莺待月西厢记·第三折）

　　b3. 我待和你唤上，那登真的伯阳，你觑当，更悬壶的长房，……（马致远：吕洞宾三醉岳阳楼·第一折）

　　b4.（旦儿云）我和你再讲一篇书。（正旦云）小姐还要讲书哩！（郑光祖：梅香骗翰林风月·第一折）

　　1b 组的"和"有两种理解：一是将 $N_1$（可能省略或隐含）、$N_2$ 都看作 V 的施事，则此为交互介词；二是将 $N_1$ 分析为施事，$N_2$ 分析为与事（所为者），则此为所为介词。1b 组的两解表明："和$_{32}$"的直接来源是"和$_{31}$"。

　　导致演变的因素是推理意义中 V 的施事的"双方——单方"变化，这种变化起初是由于结构式有两种推理意义，最终由 V 语义类型变化而确定的。下面一组例句的 V 所表示的行为（如"送行"、"洗尘"、"接风"等）是 $N_2$ 自身不可能实施的行为，行为的实施者只有 $N_1$，V 是"单方实施"意义的，"和"只能被分析为引进所为者的介词。

（1）c1. 晚夕三位娘子摆设酒肴，和西门庆送行。（绣像金瓶梅词话·五十五回）

　　c2. 翟谦交府干收了，就摆酒和西门庆洗尘。（绣像金瓶梅词话·五十五回）

　　c3. 到晚又设酒和西门庆接风。（绣像金瓶梅词话·五十五回）

　　c4. 因须南溪升了，新升了新平寨坐营，众人和他送行。（绣像金瓶梅词话·三十五回）

综上，"和"发生"交互——所为"演变的因素是推理意义中 V 的施事发生"双方——单方"的变化，这种变化的特征是 $N_2$ 与 V 的"施事——行为"关系的消失。演变既然是由 V 的"$N_1$ 单方实施"意义决定的，那么，只要在语境中 V 可以确定是"单方"意义的，"和"就是所为介词。例如：

（1）d. 赵六老……，重复对儿子道："我要和你娘寻块坟地，你可主张则个。"

（初刻拍案惊奇·卷十三）

上例的前文提到"赵老六"的妻子已死，"寻块坟地"只能是"赵老六"的行为，"和"是所为介词。总之，只要在语境中 V 是 $N_1$"单方实施"的，且蕴含"V 行为使 $N_2$ 获益"意义的，"和"就是所为介词。例如：

（1）e1. 番王听知这两席话，满心准信，高叫道："泼贱婢，敢这等苟求快活！我已三五日前看破他了，都是你们众人和他遮盖！今日筮脐，悔之何及！"（三宝太监西洋记·八十二回）

e2. 髡头道："贫道从上八洞王母宴上而来，经过贵地，故此叫几个有缘的来，我和他拆一个字，告诉他一段吉凶祸福，令他晓得趋避之方。即如指拨生人上路，扶持瞎子过桥，也不枉了我贫道到贵地一次。"（三宝太监西洋记·六十一回）

e3. 长老道："这也只是和他人指路的。"（三宝太监西洋记·七回）

e4. 阇黎看见他是个总兵官，不敢怠慢。即时会集大小和尚，即时取过香烛纸马，一边职事，一边乐器，细细的和他忏悔一周。（三宝太监西洋记·七十四回）

1e 组可证：所为介词"和$_{32}$"在明代已定型。

**2.3.2.3.2 "交互——所为"演变的后随模式**

交互介词"同$_{31}$"萌芽于唐代，至宋代已定型。宋元时期的少数用例中，"同"的功能可作"交互"或"所为"两种理解。例如：

（2）a1. 绕亭黄菊同君种，独对残芳醉不成。（欧阳修：寄刘都官）

a2. 偕行木上坐，同我证解脱。（范成大：题径山凌霄庵）

a3. 罢、罢、罢，则今日便索同你报仇去！（李寿卿：说专诸伍员吹箫·第三折）

至明时期，仍有可作两种分析的用例：

（2）b1. 快些拣一尾大的，同我送去！（醒世恒言·卷二十六）

b2. "……她已应承亲手整治，众人同我去买些肴馔美酒来。"于是众人各个

带笑，一齐出门。（八段锦·二段）

    b3. 如今贫衲欲回京中，叫个师傅往淮，同我买些木料，带进京去，起造本寺殿宇。（春柳莺·七回）

确凿的所为介词"同"（记为"同$_{32}$"）见于清代。例如：

（2）c1. 表叔不要怪我，好歹同我想个法子。我自当重重的酬谢。（九命奇冤·十四回）

    c2. 好歹请二少爷同我想个法子，同他们一刀两截，割断了牵制方能。（风流奇案·八回）

    c3. 你且退去，我这里同你想法子便了。（二十年目睹之怪现状·四十七回）

    c4. 人家同他捞起来，他非但不谢一声，还要埋怨说……（二十年目睹之怪现状·四十一回）

    c5. 又拿他自家的私蓄银，托给他舅爷，同他女婿捐了个把总。还逼着那总巡，教他同女婿谋差事。（二十年目睹之怪现状·十回）

    c6. 那总巡只怕是一位惧内的，奉了阃令，不敢有违，就同他谋了个看城门的差事。（二十年目睹之怪现状·十回）

    c7. 因说道："大哥怎么不同我改改，却又加上这许多圈？……"（二十年目睹之怪现状·九回）

"同"的"交互——所为"演变也是因语义结构中 V 的施事发生"双方——单方"的变化而确定结果。

### 2.3.2.4 "接受——言谈"的演变

在语义结构中，"接受者"和"言谈者"的相同之处是：都是有所获得。"接受者"一般获得物资（也可能是信息），"言谈者"一般获得信息。由于在"获得"意义上相通，介引接受者的介词有可能朝介引言谈者的介词发展。

#### 2.3.2.4.1 "接受——言谈"演变的首发模式

对象介词"于$_3$"有多种功能，最早产生的是介引"接受者"的功能。例如：

（1）a. 享于祖考。（诗经·小雅·信南山）

上例的 V 属于"给予"义动词，如果 V 是"言说"义动词，"于"的功能是介引言谈者。例如：

（1）b1. 告于文人。（诗经·大雅·江汉）

b2. 又诉于公甫。（左传·昭公二十五年）

比对1a组和1b组，可以得知："接受——言谈"演变的因素是V的语义类型变化。

### 2.3.2.4.2 "接受——言谈"演变的后随模式

介词"似"是先有介引接受者的功能，后有介引言谈者的功能，和"于"一样，演变也发生在谓语动词后面。在"V+似+$N_2$"式中，V如果是手作动词或含有"物体向$N_2$移动"的方向意义的动词，"似"是接受介词。例如：

（5）a1. 今日把似君，谁有不平事？（贾岛：剑客）

a2. 后有人举似石霜。（祖堂集·卷四·药山和尚）

a3. 若也有人会，出来呈似我，我与你证明。（祖堂集·卷七·雪峰和尚）

a4. 诗成持似君，莫遣儿辈览。（朱松：上丁余腊……）

a5. 写怀聊有作，寄似鲍参军。（周密：秋日书怀寄仪父）

a6. 直将送似广成子，日与西母对坐同盘嬉。（姜特立：松石歌寿皇太子殿下）

a7. 南湖香雪今谁有，分似诚斋老诗叟。（杨万里：走笔谢张功父……）

有的句子中V不是言说动词，但句子蕴含"向$N_2$转移信息"意义，"似"的功能介于"接受"和"言谈"之间。例如：

（5）b1. 年来马上浑无力，望见飞鸿指似人。（窦巩：赠阿史那都尉）

如果V是言说动词，"似"是介引言谈者的介词。例如：

（5）c1. 凭师将远意，说似社中人。（贯休：送僧之东都）

c2. 委屈话似人即得。（祖堂集·卷十一·保福和尚）

c3. 有一篇奉忆，昨者已诵似丈人矣。（顾总·玄怪录，太平广记）


### 2.3.2.5 小结

对象介词内部的功能扩展，多以所为介词和交互介词为起点，这是因为这两种介词大多与动词有直接的语义联系，处于语法化链的前端，所以有较多的功能扩展。导致功能扩展的语义因素主要是语义关系的变化，一种是损益关系的变化，如果"使……获益"意义消失，就有可能发生"所为——处置"、"所为——所对"的演变；另一种是V的施事的变化，是如果V的施事发生"双方——单方"的变化，就有可能发生"交互——所为"的演变；反过来，就是"所为——交互"的演变。

## 2.3.3 方式介词内部的功能扩展

方式介词的六个小类中，"工具"、"原因"、"凭借"、"依据"四种功能之间有复杂的联系。"工具"与"凭借"两种功能之间有密切联系，"工具"与"原因"、"依据"三种功能之间也有联系。"凭借"与"原因"、"依据"两种功能有联系。"依据"功能有两种来源，如来自介词功能扩展，通常处于方式介词语法化链的后端；如果有功能扩展，可朝身份介词、视角介词（属范围介词）发展。

### 2.3.3.1 "工具——凭借"的演变

兼有"工具"和"凭借"两种功能的介词有"以、用、持、将、把"等。在方式介词中"以"是最早兼有"工具"和"凭借"两种功能的介词，"以"可以看作演变的首发者。

#### 2.3.3.1.1 "工具——凭借"演变的首发模式

工具介词"以$_{41}$"是最早产生的，它的直接来源是"使用"义动词"以$_{04}$"和与"执持"义动词"以$_{02}$"。"以"的语法化路径如下：

$$\begin{array}{lll} & \diagup\text{以}_{42}（凭借） & \diagup\text{以}_{43}（原因）/\text{以}_{45}（身份）\\ \text{以}_{04}—\text{以}_{41}（工具）—\text{以}_{42}（凭借）—\text{以}_{44}（依据）—\text{以}_{51}（视角）\\ & \diagdown\text{以}_{43}（原因） \end{array}$$

上表显示：凭借介词"以$_{42}$"有两个来源：一是"使用"义动词"以$_{04}$"，一是工具介词"以$_{41}$"。本节仅分析"工具——凭借"的演变。工具介词"以$_{41}$"萌生于先秦时期。例如：

（1）a. 公以晋语诟之。（左传·定公八年）

导致"以"发生"工具——凭借"演变的因素是对"P+N$_2$+V"式中 N$_2$和 V 的认识的变化。首先是 N$_2$的推理意义，若 N$_2$带有"施事者自以为有优势或优越感"的语义特征，则"以"呈现向凭借介词发展的态势。例如：

（1）b1. 请以君命召之。（左传·哀公十四年）

b2. 莫敖以王命入，盟随侯。（左传·庄公四年）

其次是 V 的语义类型，若 N$_2$是代词，V 表示"施事获益"意义的事件，则"以"是凭借介词。例如：

（1）c1. 神人弗佑，将何以胜？（左传·成公元年）

c2. 反先王则不义，何以为盟主？（左传·成公二年）

c3. 以是求伯，必不行矣。（左传·哀公元年）

### 2.3.3.1.2 "工具——凭借"演变的后随模式

继"以"之后，走"工具——凭借"路径的是"用、持、将、把"等。四者的演变模式与"以"基本相同，都是要求 $N_2$ 表示施事有优势或优越感的条件，V 表示有利于施事的事件。

A."持"的演变

战国至汉时期已见工具介词"持$_{41}$"的萌芽：

（2）a1. 小臣持禄养交，不以官为事。（管子·明法）

a2. 今萧何未尝有汗马之劳，徒持文墨议论，……（史记·萧相国世家）

如果 $N_2$ 是表示施事引以为傲的品貌、能力、名声、特质等的名词或代词，V 表示有利于施事的事件，"持"为凭借介词，南北朝时期已见用例：

（2）b1. 唯持德自美，本以容相知。（柳恽：独关山）

b2. 本持纤腰惑楚宫，暂回舞神惊吴市。（江总：新入姬人应令诗）

b3. 仗义冒险难，持操去淄涅。（皎然：妙喜寺达公……）

b4. 难把寸光藏暗室，自持孤影助明时。（齐己：萤）

B."将"的演变

南北朝时期至唐时期已见"将"的功能可作"工具"或"凭借"两种理解的用例：

（3）a1. 雁持一足倚，猿将两臂飞。（庾信：和宇文内史春日游山诗）

a2. 独将十指夸偏巧，不把双眉斗画长。（秦韬玉：贫女）

a3. 已把色丝要上第，又将彩笔冠群伦。（褚载：贺赵观文重试及第）

如果 $N_2$ 由谓词充当，且表示施事引以为傲的品性、能力、工作方式等，"将"是有向凭借介词发展的趋势。例如：

（3）b1. 休指宦游论巧拙，只将愚直祷神祇。（杜牧：题桐叶）

b2. 不识人间巧路岐，只将端拙泥神祇。（李山甫：下第献所知三首）

b3. 圣主未容归北阙，且将勤俭抚南夷。（刘兼：春游）

如果 $N_2$ 是表示 $N_1$ 引以为傲的品行或才能等的名词，V 是表示有利于 $N_1$ 的事件的动词，"将"是凭借介词。例如：

（3）c1. 众口喑喑血噤牙，独将忠謇敌奸邪。（石介：阳城谏议）

　　c2. 寄语湖南滩上客，预将忠信待浮沉。（陶弼：辰州）

　　c3. 春到梨花意更长，好将素质殿红芳。（晁说之：梨花）

　　c4. 浅注胭脂剪绛绡，独将妖艳冠花曹。（朱淑真：杏花）

　　比较3b组和3c组可知：区分"工具"和"凭借"标准之一是$N_2$的语义类型，$N_2$如果表示"施事可以凭恃"意义，则"将"是凭借介词。另一区分标准是看V的意义，V是否表示"有利于施事"的意义。如果V没有明显的"有利于施事"的意义，"将"一般分析为工具介词。例如：

　　（3）d1. 不以雄名疏野贱，唯将直气折王侯。（王建：寄上韩愈侍郎）

　　d2. 但将死节酬尧禹，版筑无劳寇已平。（罗邺：新安城）

　　d3. 谁道恃才轻绛灌，却将惆怅吊湘川。（吴仁璧：贾谊）

　　如果$N_2$表示施事可以凭恃的品质或能力，V没有明显的"有利于施事"的意义，"将"可能是工具介词，也可能是凭借介词。例如：

　　（3）e1. 生年不读一字书，但将游猎夸轻娇。（李白：行行游……）

　　e2. 莫将年少轻时节，王氏家风在石渠。（许浑：余谢病东归，……）

　　e2. 王孙公子巧欢娱，勿将富贵笑田夫。（戴复古：题申季山所藏……）

　　如果$N_2$表示施事可以凭恃的品质或能力，V表示"有利于施事"的事件，"将"一般分析为凭借介词。例如：

　　（3）f1. 何处风烟似我园，且将萧散乐余年。（吴芾：余以庚寅十月……）

　　f2. 早将忠义立殊勋，鄂渚登临气压云。（王十朋：登压云亭……）

　　f3. 将军羽扇白纶巾，且将沈静驭放纷。（魏了翁：董侍郎生日）

　　f4. 端被狂为累，虚将饮得名。（汪炎旭：陪诸公携酒……）

　　f5. 不假研磨丹与青，只将墨妙夺天成。（郭祥正：寺壁史侍禁画竹）

　　C. "把"的演变

　　唐代已出现$N_2$的论元可作"工具"或"凭借"两种理解的用例：

　　（4）a1. 瘿床闲卧昼迢迢，唯把真如慰寂寥。（皮日休：病中美景颇阻……）

　　a2. 言之无罪终难厌，欲把风骚继古风。（李中：叙吟二首）

　　a3. 漫把诗情访奇景，艳花浓酒属闲人。（卓英英：锦城春望）

　　如果$N_2$由是表示施事引以为傲的事物，如文章、品质、能力等，V表示"有利于施事"的事件，"把"有向凭借介词发展的趋势。例如：

　　（4）b1. 漫把文章矜后代，可知荣贵是他人。（罗隐：过废江宁县）

b2. 莫夸书判居莲幕，要把文章入禁林。（戴复古：抚州节推萧学……）

b3. 不为软语混光尘，独把刚肠敌世纷。（魏了翁：黎州安抚赵挽诗）

b4. 直把孤忠动帝聪，平生房杜不言功。（仲并：代人上师垣生辰）

### 2.3.3.1.3 小结

"工具——凭借"演变的因素可以归结为两点：第一，$N_2$ 表示施事可以凭恃的条件或态势；第二，V 表示有利于施事的事件。

### 2.3.3.2 "工具——原因"的演变

从历时角度看，兼有"工具"和"原因"两种功能的介词比较多，"以、用、著"等都兼有这两种功能。"以、用"是最早兼有"工具"和"原因"两种功能的介词。但原因介词"以$_{43}$"的来源比较复杂，与凭借介词"以$_{42}$"有较为密切的联系，与工具介词"以$_{41}$"也有联系。本节姑且将"用"作为"工具——原因"的首发者。

#### 2.3.3.2.1 "工具——原因"演变的首发模式

工具介词"用$_{41}$"在带宾语和不带宾语的两种结构式中向原因介词发展。原因介词"用"（记为"用$_{43}$"）在宾语为代词的结构式中萌生，因为代词所指代的事物有可能作多种理解，介词的功能扩展因指代模糊而发生。

1）在有宾语的结构式中的演变

在有宾语的结构式中，"用"的宾语是疑问代词"何"或指示代词"是"，一般位于"否定词 + 动词"结构的前面。"何 + 用 + $V_2$"式承"何 + 以 + $V_2$"式而来，当"何"所指代的事物是抽象意义的，且 $V_2$ 表示"不好"的事件时，"用"的介引工具的功能淡化，可以分析为原因介词。例如：

（1）a1. 国即卒斩，何用不监。（诗经·小雅·节南山）

a2. 何用不受也，以宗庙弗受也。（榖梁传·庄公二十四年）

a3. 何用弗受也，以辄不受也。（榖梁传·哀公二年）

a4. 何用弗受也，不使夷狄为中国也。（榖梁传·宣公十一年）

a5. 天有邑人，何用弗爱也？（墨子·卷七）

1a 组中 $V_2$ 部分大多是"不 / 弗 +V"式，由此可知："工具——原因"演变的关键是 V 部分表示"不好"事件，而且多为否定性意义。

"是 + 用 +V"式和"是 + 以 +V"式一样，如果"是"指代"不好"的事件，V 表示不如意的结果，"用"可看作原因介词。例如：

（1）b1. 谋夫孔多，是用不集。（诗经·小雅·小旻）

　　b2. 如匪行迈谋，是用不得于道。（诗经·小雅·小旻）

　　b3. 如彼筑室于道谋，是用不溃于成。（诗经·小雅·小旻）

　　b4. 君子屡盟，乱是用长。君子信盗，乱是用暴。（诗经·小雅·小弁）

　　b5. 盗言孔甘，乱是用餤。（诗经·小雅·小弁）

　　b6. 诸侯备闻此言，斯是用痛心疾首。（左传·成公十三年）

"用＋是／此＋V"式具备同样的条件时，"用"的介引工具的功能淡化，可看作原因介词。例如：

（1）c1. 顷公用是侜而不反。（公羊传·成公二年）

　　c2. 故谋用是作，而兵由此起。（礼记·礼运）

　　c3. 寡人且用此入海矣。（穀梁传·定公五年）

　　c4. 百姓之不田，贫富之不訾，皆用此作。（管子·七主七臣）

　　由 1a——1c 组可知，原因介词"用₄₃"首先产生于宾语为代词的结构式，至战国时期，形容词进入 N₂ 位置。例如：

（1）d. 用贫求富，用饥求饱。（荀子·议兵）

"用……之故"短语也出现于战国时期。例如：

（1）e. 用乱之故，民卒流亡。（晏子·外篇）

汉代，表人的名词进入构式。例如：

（1）f. 太后闻之，以为王用妇人弃宗庙礼，废其嗣。（史记·吕太后本纪）

　　2）在无宾语的结构式中的演变

《诗经》的"……，用＋V"式中，V 多是表示"好的"事件的动词，"用"一般分析为工具介词或凭借介词；但句中蕴含解释原因的意义，潜藏着"用"向原因介词发展的可能性。例如：

（1）g1. 明昭上帝，迄用康年。（诗经·周颂·臣工）

　　g2. 维清缉熙，文王之典，肇禋，迄用有成，维周之桢。（诗经·周颂·维天之命）

　　在这种结构式中，介词"用₄₃"出现的条件是 V 表示"不利于施事"的事件。例如：

（1）h1. 不顾难以图后兮，五子用失乎家巷。（楚辞·离骚）

　　h2. 后辛之菹醢兮，殷宗用而不长。（楚辞·离骚）

　　综上，原因介词"用₄₂"和原因介词"以₄₃"萌生的语义因素是相同的，都是句义中有受损者，$V_2$ 表示"不好"或"不利于施事"的事件。

### 2.3.3.2.2 "工具——原因"演变的后随模式

工具介词"将、把、著"等都有朝原因介词发展的倾向。本节以"将、著"为例讨论"工具——原因"的后随演变。

A."将"的演变

工具介词"将$_{41}$"也有向原因介词（记为"将$_{43}$"）演变的倾向，致变因素是 $N_2$ 或 V 的语义类型变化而引发的语义关系变化，唐代的一些句子中，"将"的功能可作"工具"或"原因"两种理解。例如：

（2）a1. 休将世路悲尘事，莫指云山认故乡。（张泌：题华严寺木塔）

a2. 能以忠贞酬重任，不将富贵碍高情。（白居易：和高仆射……）

a3. 珍重彩衣归正好，莫将闲事系升沈。（罗隐：送进士臧濆下第后归池州）

若 $N_2$ 是表示"不如意"事件的谓词，V 表示"不利于施事"的事件，V 与 $N_2$ 之间形成"事件——原因"关系，"将"可分析为原因介词。例如：

（2）b1. 欲为圣朝除弊事，肯将衰朽惜残年。（韩愈：左迁至蓝关……）

b2. 碧洞青萝不畏深，免将饥渴累禅心。（施肩吾：送绝粒僧）

宋代的结构式中，V 是表示"不如意"行为的动词。例如：

（2）c1. 有志会须腾达去，莫将富贵羡王侯。（吴芾：和朱文卿……）

c2. 好把浮沉翻北海，莫将梦幻恋南柯。（张继先：金丹诗四十八首）

c3. 休将铸错悔当年，事契天心或不然。（王奕：和叠山隆兴阻风，……）

c4. 莫将未遇添惆怅，自有明公为赏音。（杨公远：闷书）

宋代，$N_2$ 位置上是名词性单位，"将"也可能是原因介词。例如：

（2）d1. 莫将华发嗟寒素，会见青云道路开。（冯浩：送程给事……）

d2. 莫将一病苦忧煎，山尚能游石可眠。（杨万里：自遣）

B."著"的演变

动词"著"有三个义项与介词功能有联系，其中之一是"使用"义，由"使用"义启端，有一条"使用动词——工具介词——原因介词"的演变路径。工具介词"著$_{41}$"萌生于唐代，原因介词"著"（记为"著$_{42}$"）来自工具介词"著$_{41}$"的功能扩展。在唐代的个别用例中，"著"的功能可能有"工具"或"原因"两种理解。例如：

（3）a. 欲将闲送老，须著病辞官。（白居易：祭社宵兴……）

如果疑问代词进入 $N_2$ 位置，$V_2$ 部分表示"不好"或"不利于施事"的

事件;"著"是原因介词。例如:

（3）b1. 限到头来，不论贫富，著甚干忙日夜忱。（吕岩：沁园春）

b2. 蜗角名，蝇头利，著甚来由顾。（王仲甫：蓦山溪）

b3. 师闻曰："这老汉著甚么死急。"（五灯会元·卷五·石霜庆诸禅师）

### 2.3.3.2.3 小结

"工具——原因"演变有两个特征：第一，V 部分表示"不如意"或"不利于施事"的事件；第二，疑问代词或指示代词进入 $N_2$ 位置。"用"和"著"的演变的不同之处在于"用 $+N_2+V$"式的 $N_2$ 可以是指示代词（如"是、此"），"著"没有这种形式（"著"的宾语是疑问代词）。总之，"工具——原因"演变的因素是 V 表示"不好"的事件，或者是 $N_2$ 是代词（主要是疑问代词）；这两个特征，影响到后来的原因介词的产生。

### 2.3.3.3 "凭借——原因"的演变

凭借介词如有功能扩展，有两个方向：原因介词或依据介词。"凭借——原因"是汉语史上常见的演变路径，反向的演变路径则未曾见到过。原因介词"以、因、凭、冲"等都与凭借介词有来源关系；我们将"以"看作"凭借——原因"演变的首发者。与凭借介词"以$_{42}$"一样，原因介词"以$_{43}$"也是首先在宾语为代词或省略介词宾语的结构式中萌生，而且在谓语动词前面萌生。大多数由介词功能扩展而来的原因介词都是萌生于 $N_2$ 为代词（主要是疑问代词）的结构式中，如"用、著、凭"等。

#### 3.2.3.3.1 "凭借——原因"演变的首发模式

"以"是"凭借——原因"演变的首发者，演变发生在谓语动词前和谓语动词后两个位置，致变因素也是 V 的语义类型变化，即 V 表示"不好"或"不利于施事"的事件。

1）"何 + 以 +V"式中的演变

初期的"何 + 以 +V"式的"以"可能介引"处置""工具""凭借""原因"等论元，"以"的宾语若为代词，有时可能指代不是十分清晰。指代模糊时，有可能发生"工具——凭借"、"工具——原因"等变化。"凭借——原因"的演变首先发生在"何 + 以 +V"式中。《诗经》《左传》的这种句式中，"何"的论元可以分析为"工具"、"凭借物"或"原因"。观察三组例句:

（1）a1. 何以舟之？维玉及瑶，鞞琫容刀。（诗经·大雅·公刘）

a2. 无衣无褐，何以卒岁？（诗经·国风·七月）

（1）b1. 谁谓雀无角，何以穿我屋？（诗经·国风·行露）

b2. 谁谓雀无牙，何以穿我墉？（诗经·国风·行露）

b3. 谁谓女无家，何以速我狱？（诗经·国风·行露）

b4. 秦晋匹也，何以卑我？（左传·僖公二十三年）

（1）c1. 天何以刺，何神不富。（诗经·大雅·瞻卬）

c1. 夫人自有兮美子，荪何以兮愁苦！（楚辞·少司命）

c1. 何以不言杀，见段之有徒众也。（穀梁传·隐公元年）

c4. 何以不言灭也，欲存楚也。（穀梁传·定公四年）

1a 组的"何"指代具体事物，因为处于"持某物做某事"的语义结构中，"以"可能是"使用"义动词，也可能是工具介词。1b 组的"何"指代抽象事物，因为 $N_1$（可能省略或隐含）实施 V 行为时，可能被认为是具有"某种优势或优越感"，即句子可以推出"V 的施事（即 $N_1$）有所凭恃"意义，"以"呈现"工具——凭借"演变的趋势，但句义有要求解释原因的意义，也有"说话人受损"意义，因此，也孕育着"以"变为原因介词的可能性。1c 组的 V 表示"不好"或"不利于施事"的事件，"以"是原因介词。

1b、1c 组的 $N_2$ 都指代抽象的事物，句义中都可以推出"受损者"，但 1b 组可以推出主语或 V 的施事具有心理上的"优越感"或事实上的"优势"等意义；而 1c 组不能推出这样的意义。比较 1b 和 1c 组可知："以"的"凭借——原因"演变首先发生在 $N_2$ 是疑问代词的结构式中；致变因素有二：一是推理意义的不同，即句中没有"$N_1$ 或 V 的施事具有优越感或优势"的推理意义；第二，是 V 的语义类型的不同，凭借介词所在的结构式的 V 一般表示"有利于施事"的事件，原因介词所在的结构式的 V 一般表示"不好"或"不利于施事"的事件。总之，是语义因素导致了"以"的功能变化。

从历时看，判定"何 + 以 +V"式中"以"为原因介词的依据有三：一是疑问代词指代抽象事物，二是语义结构中 V 行为的实施者心理上没有优势、优越感或自以为有利的条件，三是 V 表示"不好"或"不利于施事"的事件。下面一组符合这些条件，"以"是原因介词。

（1）d1. 何以不言公之如晋，所耻也。（左传·文公二年）

d2. 公何以不言即位？成公志也。（穀梁传·隐公元年）

d3. 何以不言桓公也？为贤者讳也。（穀梁传·僖公十七年）

d4. 何以不言及？敌也。何以书？记灾也。（公羊传·哀公三年）

d5. 楚何以不称师？王痍也。（公羊传·成公十六年）

2）"是 + 以 +V"式中的演变

这种结构式中的"是"若指代抽象事物，V 表示"好的"事件，"以"可能是凭借介词，但句中蕴含解释原因的意义，"以"也有可能被理解为原因介词。例如：

（1）e1. 燕笑语兮，是以有誉处兮。（诗经·小雅·蓼萧）

e2. 我心写兮，是以有誉处兮。（诗经·小雅·裳裳者华）

e3. 维其有之，是以似之。（诗经·小雅·裳裳者华）

e4. 维其有章兮，是以有庆兮。（诗经·小雅·裳裳者华）

e5. 是以有衮衣兮。（诗经·小雅·九罭）

如果 V 表示"不好"或"不利于施事"的事件，则"以"的原因介词性质确定。例如：

（1）f1. 忧心愈愈，是以有侮。（诗经·小雅·正月）

f2. 维是褊心，是以为刺。（诗经·国风·葛屦）

f3. 余惧不获其利，而离其难，是以去之。（左传·文公五年）

f4. 是晋再克，而楚再败也，楚是以再世不竞。（左传·宣公十二年）

f5. 齐因其病，取讙与阐，寡人是以寒心。（左传·哀公十五年）

f5. 众人皆醉我独醒，是以见放。（楚辞·渔父）

3）"以 +N₂+V"式中的演变

在先秦时期的一些"以 +N₂+V"式中，"以"可分析为凭借介词，但句中蕴含解释原因意义，"以"也有可能被看作原因介词。例如：

（1）g1. 季文子以鞌之功立武宫，非礼也。（左传·成公六年）

g2. 以贤举也。（左传·昭公二十八年）

g3. 以德有国。（国语·楚语上）

1g 组也显示了"凭借"与"原因"两种功能之间的联系。若 V 表示"不好"或"不利于施事"的事件，语义结构中有受损者，则"以"为确凿的原因介词。例如：

（1）h1. 若之何其以病废君之大事也？（左传·成公二年）

h2. 且夫人之行也，不以所恶废乡。（左传·哀公八年）

h3. 今将以小忿蒙旧德，无乃不可乎？（左传·定公六年）

h4. 今以小恶而欲覆宗国，不亦难乎？（左传·哀公八）

h5. 以私害公，非忠也。（左传·文公六年）

h6. 专则速及，偻将以其力毙。（左传·襄公二十九年）

N₂ 继续扩展，可以是"……故／之故"短语，"以"表原因的功能愈加清晰，后面的"……"部分不一定表示"不好"或"不利于施事"的事件。例如：

（1）i1. 晋人以难故，欲立长君。（左传·文公六年）

i2. 齐侯以我服故，归济西之田。（左传·宣公十年）

i3. 晋侯以我丧故，未之见也。（左传·襄公三十一年）

i4. 若以先臣之故，而使有后，君之惠也。（左传·哀公十四年）

i5. 晋以王室之故，不弃兄弟。（左传·哀公十六年）

1i 组显示：原因介词"以₄₃"所在结构式的 V 已不限于表示"不好"的事件。

4）"V+ 以 +N₂"式中的演变

在这种结构式中，N₂ 若表示抽象事物，"以"是原因介词。但这种结构式是少见的。

（1）j1. 成不以富，亦祇以异。（诗经·小雅·我行其野）

j2. 臣闻国之兴也以福，其亡也以祸。（左传·哀公元年）

### 2.3.3.3.2 "凭借——原因"演变的后随模式

相隔两千多年，介词"凭、冲"也发生"凭借——原因"的演变，两者的演变模式和"以"大致相同，都是因"P+N₂+V"式中 V 的语义类型变化而发生功能扩展。

A. "凭"的演变

凭借介词"凭₄₁"萌生于南北朝时期，原因介词"凭"（记为"凭₄₃"）产生于清代。"凭₄₃"也是在疑问句中萌生的，判定"以"为原因介词的三条标准基本上适用于"凭"。差异在于"凭"发生"凭借——原因"演变的因素侧重语义关系的变化，这一点，与"以"有所不同。

在"凭₄₁"所在的"(N₁+) 凭 + 疑问词 +V"式中，主语或 V 的施事（一般是 N₁，可能省略或隐含）被看作有"优势"或"优越感"而要求别人给予优惠或礼遇的一方，或者是获益的一方。例如：

（2）a1. 我已给过他了，他凭什么来要？（醒世姻缘传·四十九回）

　　a2. 马玉龙看着心里生气，有心问问那人，凭什么非要这个座。（小五义·一百三十四回）

　　a3. 一样无家无房，一样住庙中讨饭吃，凭什么只他的脸上白里透红，……（蓝公案·二十二则）

　　在对 1a 组的推理中，除了有主语（V 的施事或特征所有者）是具有优势或优越感的人的认识之外，还有主语或施事是"V 行为或 A 所表示的特征的获益者"的认识。这种用法的"凭"容易被分析为凭借介词，但句子的语用目的是"要求解释原因"，句子潜藏着"凭"变为原因介词的可能性。演变是从句义中出现 V₂ 行为的"受损者"开始的，起初，受损者在宾语或介词宾语位置出现。例如：

（2）b1. 你凭什么不给我钱？（小五义·七十九回）

　　b2. 俺是根基人家的婆娘，你凭什么捞我？（小五义·十四回）

　　b3. 你凭什么告我？（济公全传·一百五十六回）

　　b4. 我儿子并没害人，凭何径来拿他？（跻云楼·七回）

　　b5. 咱们凭什么传谕人家呢？（三侠剑·二回）

　　b6. 你凭什么背着我打我的徒弟？（雍正剑侠图·四十八回）

　　b7. 你既帮周卜先拉皮条，已成了功，只能问周卜先要钱，凭什么再向我要？（留东外史续集·五十六章）

　　2b 组的句法表层虽有受损者，但主语或 V 的施事还是"获益者"，句义中蕴含受损者（主语或宾语，可能省略或隐含），也蕴含施事"有所凭恃"意义，"凭"还是凭借介词，或者不能排除凭借介词的可能性。有的句子中，受损者可能没在句法表层出现，但在句义中可以推出；同时，句义中也可以推出主语或施事"获益"或"有所凭恃"意义。例如：

（2）c1. 凭什么在温家庄硬下花红彩礼！（小五义·一百十六回）

　　c2. 不然，这个光棍凭何起这风波？（醒世姻缘传·四十七回）

　　c3. 李成气得火星乱爆的说道："你凭什么要办这样欺心的事情！"（冤中冤案·十三章）

　　c4. 你就知道抓，凭什么抓？（武宗逸史·十五章）

　　c5. 你凭什么背着我打我的徒弟？（雍正剑侠图·四十八回）

　　以上三组例句中，主语或 V 的施事被认为是具有优势或优越感的人，或"有所获益"之人;"凭"还是凭借介词,但由于句义中可以推出"受损者",句中已蕴含"凭借——原因"演变的可能性,也可以说演变已经开始。有的句子中,具有优势者不是出现在主语位置,受损者在句法结构中也不一定出现,但受损者在语义结构中是 V 行为的实施者。例如:

（2）d1. 那个孩子说:"凭什么给你们?"（小五义·一百零三回）

d2. 蒋爷说:"凭什么给你们磕头? 你还应当给人家磕头呢!"（小五义·一百十三回）

2d 组的句法层虽然没有出现具有优势或优越感而向对方提出要求的人,但语义结构中存在。获益者在宾语或介词宾语位置出现,也就是说句法层还存在"获益者";与此同时,语义结构中的施事是受损者。这种用例的出现表明:原因介词"凭$_{43}$"已处于萌芽状态。如果句法表层没有获益者,或者获益者在 V 的宾语位置出现,V 的施事是句法层的主语 $N_1$,而实施 V 行为又没有给 $N_1$ 带来利益,反而可能是损失,则"凭"的原因介词性质十分明显。例如:

（2）e1. 你没打杀我的女儿,你凭什么给我钱呀?（醒世姻缘传·八十一回）

e1. 掌柜说:"我凭什么给五吊钱?"（济公全传·九十七回）

e2. 雷鸣说:"我们凭什么给呀? 方才我们要的六样菜,都叫老道吃了,……。"（济公全传·一百九十六回）

e4. 多新鲜呐,我凭什么不认得他呀?（雍正剑侠图·五十二回）

由 2a——2e 组中"凭"的功能的逐步变化可以推知:导致介词"凭$_4$"发生"凭借——原因"演变的因素是"凭 + 疑问词 +V"式中语义关系的变化,"凭借——原因"演变的首发模式中的特征"$N_2$ 是疑问代词"的特征仍然存在,V 表示"不好"或"不利于施事"的事件仍然是起决定作用的因素。由此可以窥见原因介词"以$_{43}$"的产生模式的影响。

B."冲"的演变

原因介词"冲"（记为"冲$_{42}$"）有两个来源,即所对介词"冲"（记为"冲$_{31}$"）和凭借介词"冲"（记为"冲$_{41}$"）,本节仅讨论"冲"的"凭借——原因"演变。在"冲 +$N_2$,……"式中,若"冲"的宾语是表示施事或某人引以为傲的技艺、品行等的 NP,V 表示说话人认为"好的"或"有利于说话人或 V 的施事"的事件,"冲"可作"凭"解。例如:

（3）a1. 冲这一手,喝你的酒多不多?（济公全传·七十八回）

a2. 冲这一手，值你一顿饭不值？（济公全传·三十三回）

a3. 冲着他这一点孝义，你就收了这个徒弟。（续小五义·七十回）

3a 组句义中蕴含"解说 V 事件原因"的意义，"冲"有可能向原因介词发展。由于汉语中存在"凭借——原因"的演变路径，"冲"有可能发生同类的演变。3a 组中可以推出"V 的施事或某人具有优势或优越感"意义或"有所凭恃"意义，还有"V 事件有利于施事或某人"的意义。如果 V 的"有利于施事或某人"的意义不明显或 V 是中性意义的，"冲"呈现向原因介词发展的趋势。例如：

（3）b1. 人家苗爷使的刀法，就是好啊！燕普冲这一招就得点头。（雍正剑侠图·五十六回）

b2. 要冲这个能耐呀，好像不是跟师父学的。（雍正剑侠图·二十六回）

b3. 就冲这块头，跟人家一比就比下去了。（雍正剑侠图·七十一回）

b4. 小子，就冲你这相儿，你也不会摔跤。（雍正剑侠图·五十二回）

b5. 冲着这一手，也不该和人家相打。（小五义·一百十九回）

3b 组的"冲"已靠近原因介词，但还不能排除凭借介词的可能性。演变的第一个因素是 $N_2$ 的语义类型变化，$N_2$ 由表示某人的技艺、品性、能力等扩展到表示某人的"面子"，句子中仍有"凭恃某人的面子"之义，但"冲"向原因介词发展的趋势十分明显。例如：

（3）c1. 冲着赵员外的面子，不能不过去行礼。（济公全传·九回）

c2. 冲着师傅的面子，不肯得罪石成瑞。（济公全传·二百零九回）

c2. 您冲我父亲的面子，传给孩儿我刀法，成不成呢？（大八义·二十一回）

c3. 冲着老夫的脸面，万望寨主将这四个人交出来。（雍正剑侠图·二十一回）

如果 $N_2$ 是表示某人的话语，"有所凭恃"意义相对淡化，解说原因的语用目的相对清晰，"凭"朝原因介词发展的趋势相对明显。例如：

（3）d1. 二弟，冲你这句话，我是这就去。（大八义·五回）

d2. 冲他这一句话，镖咱们走啦。（大八义·十三回）

d3. 冲你这句话，我就端过去。（雍正剑侠图·四十二回）

如果 $N_2$ 表示某人的话语或行为，句义中有"受损者"，V 表示"不好"或"不利于某人"的事件，"冲"是原因介词。例如：

（3）e1. 冲着你这句话，我们倒是不走啦。（永庆升平后传·四十四回）

e2. 他冲这一句就走啦。（大八义·十一回）

如果 $N_2$ 是指示代词"这",指代某个事件,句义中有"受损者",V 表示"不好"或"不利于某人"的事件,"冲"是原因介词。例如:

（3）f1. 冲这王爷也好不了。（雍正剑侠图·五十四回）

　　 f2. 冲这也不能让你们兄弟栽了跟头。（雍正剑侠图·二十二回）

如果 $N_2$ 部分结构复杂化,是谓词性短语,句义中有"受损者","冲"后面跟主谓短语,V 部分也是一个小句,表示"不好"或"不利于某人"的事件,"冲"呈现向原因连词发展的趋势。如:

（3）g1. 冲你这么一说,我董豹跟他没完。（大八义·二十六回）

　　 g2. 冲你一说过家伙,我倒给你个便宜。（大八义·三十九回）

　　 g3. 今天冲你一嚷,我非把你两眼抠出不可。（大八义·三十三回）

　　 g4. 就冲你说这话,就应当给你一个嘴巴,把你的嘴抽到后脑勺去!（雍正剑侠图·二十八回）

### 2.3.3.3.3　小结

"凭借——原因"的演变模式可以概括出三个特征:第一,$N_2$ 不表示"施事有所凭恃"的条件或态势;第二,V 表示"不好"或"不利于施事或某人"的事件;第三,句义中有"受损者"。虽然"冲"的演变具有特殊性,因为原因介词"冲$_{42}$"有两个来源:一是凭借介词"冲$_{41}$",一为所对介词"冲"（记为"冲$_{31}$"）;但"冲"的"凭借——原因"演变还是符合上述三个特征。

### 2.3.3.4　"凭借——依据"的演变

"凭借——依据"也是汉语中反复出现的演变路径,介词"以、因、依、据、凭、冲"等都具有"凭借"和"依据"两种功能。从认知角度看,"凭借"的事物如果可以作为行事标准或依据,则凭借介词有可能变为依据介词。

#### 2.3.3.4.1　"凭借——依据"演变的首发模式

从历时角度看,"以"可以看作"凭借——依据"演变的首发者。演变发生在三种结构式中,演变的因素是对 $N_2$ 的语义论元的重新认识。

1）"$V+N_2+$以$+N_3$"式中的演变

"以"在"以某事物为标准做某事"的语义结构中变为依据介词（记为"以$_{44}$"）。在演变初期,这种结构式的 $N_2$ 多为代词"之","以"的功能呈现三种可能性:工具介词、凭借介词或依据介词。例如:

（1）a. 揆之以日,作于楚室。（诗经·鄘风·定之方中）

上例显示了"工具——凭借——依据"演变的可能性。在一些 $N_3$ 由表示抽象意义的名词或形容词充当的句子中，"以"的功能难以区分是"工具""凭借"还是"依据"。例如：

（1）b1. 其谓君抚小民以信，训诸司以德，而威莫敖以刑也。（左传·桓公十三年）

b2. 使之以和，临之以敬，莅之以强，断之以刚。（左传·昭公六年）

b3. 守之以信，行之以礼。（左传·昭公五年）

b4. 道之以训辞，奉之以旧法。（左传·昭公五年）

1b 组显示了"工具"、"凭借"和"依据"三种功能的联系。若 $N_3$ 是表示抽象事物的名词，且 $N_3$ 的论元可以理解为行事的依据。"以"是确凿的依据介词。例如：

（1）c1. 考之以先王，度之以二国。（左传·昭公五年）

c2. 是故闲之以义，纠之以政，行之以礼，……（左传·昭公六年）

c3. 要之以礼。（左传·隐公三年）

c4. 食之以时，用之以礼。（孟子·尽心上）

这种结构式的 $N_2$ 也可以是名词，若 $N_3$ 是表示具体事物的名词，"以"可以看作工具介词、凭借介词或依据介词，但靠近依据介词一端。例如：

（1）d. 百工为方以矩，为圆以规，……（墨子·法仪）

若 $N_3$ 是表示标准或依据的名词、形容词，"以"是依据介词。例如：

（1）e1. 舍矢既均，序宾以贤。（诗经·大雅·行苇）

e2. 立嫡以长不以贤，立子以贵不以长。（公羊传·隐公元年）

e3. 底禄以德。（左传·昭公元年）

e4. 使民以时。（论语·学而）

2）"以 $+N_2+V$"式和"以 $+N_2$，……"式中的演变

在这两种结构式中，若 $N_2$ 为表示衡量标准的形容词或名词，"以$_{44}$"的性质也十分明显。例如：

（1）f1. 斧斤以时入山林，林木不可胜用也。（孟子·梁惠王下）

f2. 以贤，则去疾不足；以顺，则公子坚长。（左传·宣公四年）

f3. 以位，则子，君也；我，臣也，何敢与君友也？以德，则子事我者也，奚可以与我为友？（孟子·万章下）

3）"何 + 以 +V"式中的演变

这种结构式中，如果 V 是表示"认知"义的动词，"以"有三种分析结

果，即凭借介词、原因介词或依据介词。例如：

（1）g1. 公曰："子何以知之？"（左传·襄公三十一年）

　　g2. 天道远，人道迩。非所及也，何以知之？（左传·昭公十八年）

　　g3. 何以知公之不周乎伐郑，以其以会我也。（榖梁传·成公十七年）

　　g4. 何以见其辟要盟也，……（榖梁传·庄公十九年）

由 1g 组可知：若 V 为表示认知的动词，"以"的功能有可能被分析为依据介词，且靠近依据介词一端。观察上面各组例句可知："凭借——依据"演变的特征是"以"的宾语的语义类型变化，如果"以"的宾语的语义论元被看作是实施事件的标准或依据，而不是施事"有所凭恃"的事物，"以"是依据介词。

### 2.3.3.4.2 "凭借——依据"演变的后随模式

兼有"凭借"和"依据"两种功能的介词比较多，除"以"之外，还有"用、凭、冲"等，后三个可看作同一演变路径上的后随者。区分凭借介词"以$_{42}$"和依据介词"以$_{44}$"的标准可用于区分"用、凭、冲"的两种功能。

A. "用"的演变

继"以"之后，"用"也走"凭借——依据"的路径。依据介词"用"（记为"用$_{44}$"）出现比凭借介词"用$_{42}$"要迟一些，先秦时期的"何 + 用 +$_2$"式中，如果 V 是"认知"义动词，"用"的功能有"凭借"、"原因"或"依据"三种可能性。例如：

（2）a1. 何用见其中也，失变而录其时，则夜中矣。（榖梁传·庄公七年）

　　a2. 何用见其是齐侯也。（榖梁传·僖公元年）

　　a3. 何用见其未易灾之余而尝也。（榖梁传·桓公十三年）

　　a4. 何用知彼梦我梦邪？（列子·周穆王）

由 2a 组可知："用$_{44}$"萌生于疑问句，在 V 是"认知"义动词的结构式中开始演变。汉代也见到少数可作两种分析的用例：

（2）b1. 各以其时用云色占所种宜。（史记·天官书）

　　b2. 爵以功为先后，官用能为次序。（汉书·外戚恩泽侯传）

宋时期仍有可作"凭借"或"依据"两种分析的句子：

（2）c1. 官用才能进，恩非雨露偏。（司马光：送向防御知陈州）

　　c2. 县令狱掾非充员，渠用资格宜加铨。（程珌：用柏梁体题式敬斋）

确凿的依据介词"用$_{44}$"，宋代偶有见之：

（2）d1. 予思物理似颠倒，难用智愚准衰盛。（蔡襄：李山英以疾……）

B. "凭"的演变

依据介词"凭"（记为"凭₄₃"）有两个来源："依照"义动词"凭"和凭借介词"凭₄₁"。本节讨论"凭借——依据"的演变。在唐代的"凭 +N₂+V"式中，"凭"的功能可作"凭借"或"依据"两种分析。例如：

（3）a1. 愚夫祸福自迷惑，魑魅凭何通百灵？（李绅：过荆门）

a2. 且把灵方试，休凭吉梦占。（陆龟蒙：秋日遣怀……）

a3. 刃血攻聊已越年，竟凭儒术罢戈铤。（汪遵：聊城）

3b 组中还不能排除 N₂ 是施事所凭恃的技能、知识等的可能性。五代、宋时期，介词"凭₄₂"的性质确定。例如：

（3）b1. 髑髅无数，死人非一，骸骨纵横，凭何取实？咬指取血，洒长城……

（敦煌变文集新书·卷五）

b2. 章、亥不生，凭何质证？（旧唐书·历书一）

b3. 某人病风不语，医工未有验证，凭何取证，便坐杖刑？（折狱龟鉴·卷四·高防覆狱）

b4. 若只写一年二年三年，则官司词讼簿历，凭何而决？（朱子语类·卷七十六）

b5. 郑康成作一说，郑司农又作一说，凭何者为是？（朱子语类·卷八十六）

b6. 踪影两相忘，凭何为的旨？（释法泰：偈十三首）

b7. 许负遗书果是非，子凭何处说精微？（刘克庄：赠徐相师）

宋代，同样是"凭 + 何 +V"式，"凭"可能还是凭借介词。例如：

（3）c1. 报慈此夜凭何献，一碗粗汤直万千。（释道宁：偈六十三首）

c2. 凭何接待方来，聊与一捆一咄。（释了朴：偈颂四首）

c3. 翁今往开先，凭何警盲聋。（王之道：奉送果上人往开先寺）

c4. 功成在炉灶，炉灶凭何有。（薛季宣：还返释言）

c5. 耳聋眼暗步龙钟，毕竟凭何住五峰。（释道冲：偈颂五十一首）

c6. 凭何发诗兴，题字古廊边。（薛师石：塔山和徐道晖壁间韵）

c7. 凭何强占谢家塘，叵耐诗人忒煞狂。（王义山：题黄草塘诗集）

将 3b 组与 3c 组作一比较可知：虽然"何"都是指代抽象事物，但凭借介词所在句子的语义关系和依据介词还是有所不同。凭借介词所在句子的"何"一般指代施事具有"优势"或"优越感"的事物，V 一般表示施事认定的"好的"或"有利"的事件。依据介词所在句子的"何"一般表示判定的标准或依据，V无关乎施事的损益。

宋元时期，"凭$_{43}$"所在结构式中的N$_2$可以是指示代词。例如：

（3）d1. 凭此取舍，庶归至公。（太平御览·卷六百二十九）

　　　d2. 考校之官凭此以辨优劣，以第高下，安得实也？（续资治通鉴长编·卷四百十五）

也可以是名词或名词性短语。例如：

（3）e1. 若凭言语论高下，恰似从前未悟时。（古尊宿语录·卷三十二）

　　　e2. 姑以人事论，勿凭天命推。（王禹偁：北楼感事）

　　　e3. 雾外江山持不真，只凭鸡犬认前村。（杨万里：庚子正月五日……）

　　　e4. 若后世好事者，欲凭此诗以考寒穴所在，则失之远矣，非泉之不幸欤？（观林诗话）

　　　e5. 自渡江以来，案牍散失，到部无所考验，止凭保官审实，不容无弊。（建炎以来系年要录·卷六十二）

　　　e6. 而文仲止凭吏人之言遽有闻奏，且无典章为据。（续资治通鉴长编·卷六十）

C. "冲"的演变

在"冲"的"凭借——依据"演变发生在当代汉语中，演变的条件与"凭"一样，也是结构式中N$_2$和V的语义类型的变化，凭借介词"冲$_{41}$"见于清时期。例如：

（4）a1. 冲这一手，喝你的酒多不多？（济公全传·七十八回）

依据介词"冲"（记为"冲$_{43}$"）的萌芽见于当代。例如：

（4）b1. 就冲他这临时抱佛脚的德行，能在规定的时间内做完两百俯卧撑？（女神的贴身近卫）

上例的"冲"还带有凭借介词的痕迹，但因为N$_2$不是表示施事具有"优势"或"优越感"的条件或态势，且V$_2$不是表示"好的"或"有利于施事"的事件，"冲"呈现向依据介词发展的态势。如果"冲"的宾语是表示作出判断的依据的NP，"冲"可以看作依据介词。例如：

（4）c. 虽然对这个女婿有着很多不满，但冲着这一点上看，还是可以的。（权少，你老婆要跑了）

因为凭借介词"冲$_{41}$"有两个发展方向：原因介词"冲$_{42}$"和依据介词

"冲₄₃"，有时候，"冲"的功能有两种可能性："原因"或"依据"。例如：

（4）d.麦野这小子嫌疑最大，就冲他以前经常和张芳吵架，加上张芳失踪后他
不主动报案，就能断定，这案子就算不是他做的，他也逃不了干系。（女
法医·凶案实录之三）

上例"冲"后面的成分，如看作作出判断的依据，"冲"是依据介词；
如看作解释原因的分句，"冲"是原因连词。

### 2.3.3.4.3 小结

汉语史上，只有"凭借——依据"的路径，未见"依据——凭借"的路
径。"凭借"和"依据"两种功能的差别在于：介词宾语是表示施事具有"优
势"或"优越感"的 NP 还是表示作为标准或依据的 NP；V 是表示"好的"
或"有利于施事或某人"的事件，还是无关乎事件的"好坏"，也无关乎施事
的利益，只是表示主观判定的事件。

## 2.3.4 不同次类之间功能扩展的模式

不同次类的介词之间也可以有功能扩展，起点往往是方所介词，方所介
词可以向"时间""对象""范围"三类扩展。时间介词不能向外部扩展，对
象介词、方式介词很少向外部扩展，范围介词一般处于语法化链的末端（除
去直接来源是动词的，如连带介词等），绝大多数来自其他次类的介词的功
能扩展。

### 2.3.4.1 方所介词向外部扩展的模式

方所介词向外部扩展的方向比较多，可以向时间介词、对象介词或范围
介词扩展；方所介词一般不向方式介词扩展，个别方所介词可能与方式介词
有来源关系，如介词"于"的表"原因"的功能和表"所在处"的功能有来
源关系，但这只是早期出现的现象。

#### 2.3.4.1.1 "方所——时间"的演变

"方所——时间"的演变是常见的，反向的演变则未曾见过。有的介词
兼有方所和时间两种功能，且"时间"功能出现较早，这是源动词向两个
方向发展的结果，如"抵达"义动词"至、到、抵"都有表示"终到处"和
"终止点"两种功能，这是动词向两个方向发展的结果。"方所——时间"的

演变有三条路径，即"所在处——时点"、"始发处——起始点"和"终到处——终止点"的演变路径。本节仅讨论前两条路径的演变。

A. "所在处——时点"演变的首发模式

兼有"所在处"和"时点"两种功能的介词很多，如"于、在、去、是、就、搁"等，就认知机制而言，是由于隐喻的作用，"空间"和"时间"的联系是普遍存在的。但一部分兼有这两种功能的介词是动词向两个方向发展的结果，如"于、在、去"等。不过"所在处——时点"的演变还是存在的，我们将"就"看作始发者。所在处介词"就$_{12}$"汉代已萌生，唐代偶见"就$+N_2+V$"式中 $N_2$ 为时间词语的用例：

（1）a. 清霜洞庭叶，故就别时飞。（杜甫：送卢十四弟……）

上例的"就"是萌芽状态的时点介词（记为"就$_2$"）。虽然这个"就"还带有"走向，走近"义的痕迹，但它的直接来源不是动词"就$_0$"，而是所在处介词"就$_{12}$"。原因有二：一是运行动词向时间介词发展时，可以向"终止点"、"临近点"等功能发展，一般不能直接向"时点"功能发展；二是所在处介词"就$_{12}$"在汉代已经萌芽，至南北朝时期已定型，它产生的时间远早于时点介词"就$_2$"。五代至宋元时期，"就$_2$"的用例增多。例如：

（1）b1. 伏见衡山公主出嫁，欲就金秋成礼。（旧唐书·于志宁列传）

b2. 就夜甫得息，阅我几上文。（吕惠卿：答逢原）

b3. 万廪更为来岁计，六花故就腊晨飞。（朱长文：佳雪应时……）

b4. 未至莫忧明日事，偷闲且就此宵眠。（苏辙：次韵子瞻……）

b5. 虚堂就夕眠，永夜楸桐声。（张耒：寓陈杂诗十首）

b6. 令其读罢日就君，就君归日诵所闻。（刘辰翁：寄别孙潜斋）

b7. 已烦造物分幽趣，合就余年了燕闲。（周紫芝：次韵元寿见赠）

b8. 若就来岁春天修筑，使加高阔，……（续资治通鉴长编·卷三百三十八）

b9. 欲乞只就垂帘日听政罢，圣体不倦时，召当讲官至帘前。（续资治通鉴长编·卷三百九十七）

b10. 今日、明日皆好，只就明日降旨。（续资治通鉴长编·卷四百七十二）

"就$_2$"源头可以溯及"走向，走近"义，由于源动词是运行动词，可以向"终到处"、"所在处"两种功能发展，但运行动词一般不向时点介词发展；"就$_2$"应该是来自已存在的介词的功能的扩展。"就"的演变模式的特征是时间词进入 $N_2$ 位置，这一点对"搁"的"所在处——时点"演变有影响。

B.“所在处——时点”演变的后随模式

在现代汉语中，依据源动词的词义和使用频率判定源流关系，动词“搁”属于原地动词，先产生的是“所在处”功能（记为“搁₁₁”），“搁₁₁”产生在先，而且出现频率较高，时点介词“搁”（记为“搁₂”）在方言中有用例，如江苏沭阳方言、安徽颍上方言有时点介词“搁₂”，可用于动词前。例如：

（2）a1. 他搁哪天来的？

　　　a2. 他搁国庆前一天大来的吧。

　　　a3. 搁春天栽花，再好底。

“搁₂”也可以用于动词后面。例如：

（2）b1. 婚礼定搁明年底。

　　　b2. 给我课都排搁晌午。

　　　b3. 机票改搁明天下午两点。

在网络小说中，也有“搁₂”的用例：

（2）c1. 这话搁前几天说，张均绝对不信。（网络小说）

　　　c2. 你说要搁以前没有电脑的时候该多好，啥都听不到。（网络小说）

　　　c3. 要搁以往自己还真信了，可现在自己还会信吗？（网络小说）

“搁₂”的源头可以溯及“放置”义，但“放置”义不可能直接向时点介词发展，时点“搁₂”的直接来源应该是所在处介词“搁₁₁”。

C.“始发处——起始点”演变的首发模式

具有“始发处”和“起始点”两种功能的介词有“于、自、从、打”等，其中，“于、从、打”走“始发处——起始点”的路径，而“于”是首发者。但起始点介词“于”（记为“于₂₃”）的来源比较复杂，与始发处介词“于₁₃”有直接的联系，与时点介词“于₂₂”也有联系。演变发生在“V+于+N₂”式中。

起始点介词“于₂₃”和始发处介词“于₁₃”的联系表现在相同的 V，不同语义类型的 N₂。比较两组例句：

（3）a1. 吴为封豕长蛇，以荐食上国，虐始于楚。（左传·定公四年）

　　　a2. 始于家邦，终于四海。（尚书·伊训）

（3）b1. 德始于春，长于夏；刑始于秋，流于冬。（管子·四时）

　　　b2. 和亲已定，始于今年。（史记·孝文本纪）

因为 $N_2$ 的语义类型不同，3a 组的"于"可看作始发处介词，3b 组的"于"可看作起始点介词。

起始点介词"于$_{23}$"和时点介词"于"（记为"于$_{22}$"）也有联系，表现在结构式中有相同语义类型的 $N_2$，不同语义类型的 V。比较两组例句：

（3）c1. 其在于今，兴迷乱于政。（诗经·大雅·抑）

c2. 生于今而处于古。（墨子·卷十）

（3）d1. 和亲已定，始于今年。（史记·孝文本纪）

d2. 其抑者从横之事复起于今乎？（汉书·叙传上）

上面两组中，因为 V 的语义类型不同，3c 组的"于"是时点介词，3d 组的"于"是起始点介词。借助上面的两组比较可以推知：起始点介词"于$_{23}$"产生的因素是结构式中"于"的宾语的语义类型变化或 V 的语义类型变化。"于"的演变特征对介词"从、打"有影响。

D."始发处——起始点"演变的后随模式

与始发处介词有来源关系的起始点介词一般走"经由处——始发处——起始点"的演变路径，如"从、打"等。虽然源动词意义不同（"从$_0$"为"随行"义，"打$_0$"为"拍击"义），但两者都是先产生"经由处"功能的，稍晚时期出现"始发处"功能，然后产生"起始点"功能。本节以"从"为"始发处——起始点"演变的后随者。"从"介引始发处，《诗经》未见，《左传》有例：

（4）a. 从台上弹人。（左传·宣公二年）

起始点介词"从"（记为"从$_2$"）《左传》也有用例：

（4）b. 恃险与马，不可以为固也，从古以然。（左传·昭公四年）

汉代之前，"从$_2$"的用例不多，仅检得数例；且"从$_2$"绝大多数与"是／此"搭配，表示事件的变化从说话时间之前的某个时点开始。例如：

（4）c1. 三十二年春，宣王伐鲁，立孝公，诸侯从是而不睦。（国语·周语上）

c2. 魏国从此衰矣。（吕氏春秋·不屈）

c3. 魏从此削矣。（吕氏春秋·长见）

c4. 故强者劫弱，众者暴寡，勇者凌怯，壮者傲幼，从此生矣。（同上·侈乐）

秦汉时期，出现"从今……"格式，表示事件从说话时间开始。例如：

（4）d1. 从今以往二年，嫡子不闻孝，不闻爱其弟，不闻敬老国良，三者无一焉，可诛也。（管子·匡君大匡）

d2. 先生之寿，从今以往者四十三岁。（史记·范雎蔡泽列传）

汉代的"从 +$N_2$+ 以来"式中，$N_2$ 可以是数量短语，也可以是名词名词性短语。例如：

（4）d1. 从四岁以来，羌人无所疾苦，故思乐内属。（汉书·王莽传上）

d2. 从上古天元以来，讫十一月甲子夜半朔冬至，……（新论·离事）

d3. 此从生民以来，万乘之地，未尝有也。（新序·善谋）

虽然"于"和"从"的演变模式有所不同——"于"在动词后面演变，"从"在动词前面演变；"于"演变的因素是名词或动词的语义类型变化，"从"演变的因素是名词的语义类型变化。但相同之处是介词与时间名词或表示时间的代词组合。

### 2.3.4.1.2 "方所——对象"的演变

方所介词一般不向对象介词扩展，一个介词如果有"方所"和"对象"两种功能，大多是动词朝两个方向发展的结果。方所介词中，有三种功能可朝对象介词发展，即"方向"、"所在处"和"始发处"本节以"方向——所对"演变为例，阐述方所介词朝对象介词扩展的模式。

A. "方向——所对"演变的首发模式

"方向"和"所对"两种论元的联系具有普遍性，英语的"to"也兼有这样两种功能。汉语大多数方向介词兼有介引"所对者"的功能，如介词"向、对、朝、冲"等都兼有这样的两种功能。虽然有两种功能的介词数量较多，但演变模式不是完全相同的。"向、对"是动词朝两个方向发展的结果，"朝、冲"是介词功能扩展的结果。方向介词"朝"（记为"朝$_1$"）的萌芽见于宋时期。例如：

（5）a1. 官券朝北来，淮俗暮安宅。（陈造：钱弊）

a2. 辟书朝东来，海上便拟寻蓬莱。（刘宰：送赵玉甫……）

从词汇系统看，引发"朝"发生"方向——所对"演变的因素，是介词"向、对"已先之具有"方向"和"所对"两种功能。导致演变的主要因素是结构式中 $N_2$ 的语义类型发生"方所——人"的变化。

"朝$_1$"所在的结构式中，$N_2$ 为方所词语，V 可以是看视动词、生存状态动词、身姿动词等。例如：

（5）b1. 只见西门庆……，朝着武大门前只顾望。（水浒传·二十四回）

b2. 自向床边一个斑竹榻上，朝着里壁睡了。（今古奇观·三十卷）

b3. 宋江便向杌子上朝着床边坐了。(水浒传·二十一回)

若 $N_2$ 发生"方所——人"的变换，$V_2$ 为表示表情、礼仪的动词，"朝"就变为所对介词。例如：

(5) c1. 朝着二官笑了一声。(欢喜冤家·九回)

c2. 本刘朝着刘玉作上一个揖。(欢喜冤家·五回)

c3. 不知他是那的亡人，教我朝着他哭。(西游记·八十六回)

c4. 卜喜儿真个朝他作揖。(明珠缘·二十三)

c5. 朝着娘子跪在地下。(警世通言·二十八卷)

c6. 到天井中，朝著蛋子和尚，连连的磕头，只叫伸冤。(三遂平妖传·十回)

比对 5b 和 5c 组的 $N_2$，可以得知："方向——所对"演变的主要因素是 $N_2$ 的语义类型变化。

B. "方向——所对"演变的后随模式

方向介词"冲"(记为"冲$_1$")所在的"冲 +$N_2$+$V_2$"式中，$N_2$ 是表示方所的名词或短语，$V_2$ 可以是礼仪动词或表情动词。例如：

(6) a1. 天彪……冲上深施一礼，……(小五义·二百零一回)

a2. 冲谁家门口一笑，第二天准死人。(济公全传·一百十八回)

若 $N_2$ 发生"方所——人"的变换，$V_2$ 为原地动词，"冲"是所对介词。例如：

(6) b1. 冲着纪逢春点头。(彭公案·一百四十一回)

b2. 桌地下蹲着一个支牙鬼，冲我们直乐。(济公全传·二十回)

b3. 胜官保问个明白，冲着老丈拱拱手，……(彭公案·一百四十四回)

综上，"方向——所对"演变的因素主要是"P+$N_2$+V"式中 $N_2$ 的语义类型发生"方所——人"的变化。

### 2.3.4.2 对象介词向外部的扩展

对象介词的功能扩展一般在本类内部，向外部扩展的路径有两条：一条是"被动——原因"的路径，另一条是"所对——原因"的路径。

#### 2.3.4.2.1 "被动——原因"的演变

汉语的少数介词兼有"被动"和"原因"两种功能，如"于、被"等。但两者的演变模式不是完全相同。

A. "被动——原因"演变的首发模式

在"被"发生"被动——原因"演变之前，介词"于"已兼有"被动"和"原因"两种功能。比较"死＋于＋N$_2$"式的两组例句：

（1）a1. 曷为众杀之，不死于曹君者也。（公羊传·庄公二十六年）

　　　a2. 晋厉知必死于匠丽氏。（吕氏春秋·禁塞）

（1）b1. 然后知生于忧患而死于安乐也。（孟子·告子下）

　　　b2. 子胥力于战伐，死于谏议。（吴越春秋·勾践归国外传）

从出现时间来看，"于"介引施事的功能要早于介引"原因"的功能，且表被动的"于"的用例要多于表原因的"于"。因此，我们认为"于"走过"被动——原因"的路径。

原因介词"于"产生之后，结构式的 V 有所扩展，但大多表示不好的事件。例如：

（1）c1. 故墙坏于隙，木败于其节。（鬼谷子·谋篇）

　　　c2. 见智能之士，官位不至，怪而訾之曰"是必毁于行操。"（论衡·逢遇）

如果 V 表示"好"的事件，则说话人对事件持否定态度。例如：

（1）d1. 是以忠臣死于非罪，而邪臣起于非功。（管子·明法）

　　　d2. 忠臣以诽死于无罪，邪臣以誉赏于无功。（说苑·卷一）

"于"的演变特征可以概括为两点：第一，演变首先发生在"V+P+N$_2$"式中，V 一般表示"不好"的事件（原因介词性质确定之后，V 有所扩展）；第二，致变因素主要是 N$_2$ 的语义类型变化。"于"的演变特征影响到"被"等介词的演变。

B. "被动——原因"演变的后随模式

继"于"之后，走"被动——原因"路径的有"被、吃"等。"被"的演变和"于"的不同在于：第一，演变的结构式不同，"被"的演变发生在"P+N$_2$+V"式中；第二，致变的因素不单是 N$_2$ 的语义类型变化，还与 V 的语义类型变化有关。

B1. "被"的演变

在 N$_2$ 是谓词或谓词性短语的结构式中，如果 N$_2$ 兼表 V 行为的原因，"被"是原因介词。例如：

（2）a1. 大道一成百无恐，仙家犹被死生动。（曾丰：道人彭永年……）

　　　a2. 不被死生贫贱转，此时方始见人心。（郑思肖：翟公交情图）

如果 V 是表示心理活动的动词，且是施事自身的行为，"被"也是原因介词。例如：

（2）b1.平生于传癖，终日被书癫。（刘弇：伤蔡文仲……）

b2.要须且沈酣，莫被闲愁恼。（吴芾：家人生朝）

"于"和"被"的"被动——原因"演变虽然发生在不同的结构式中，致变因素也不完全相同，但共同的特征是谓语动词都表示"不好"的事件，这是汉语被动语义结构特征的遗留。

B2."吃"的演变

继"被"之后，走"被动——原因"演变路径的是"吃"，但汉语史上罕见原因介词"吃"，仅检得个别用例：

（3）a.张髯好客月千壶，余吃清贫逐斗沽。（戴元表：玄庙二道士……）

原因连词"吃"则有较多用例：

（3）b1.只吃那嗓子粗，不中听。（无名氏：朱砂担滴水浮沤记·一折）

b2.自从嫁得你哥哥，吃他忒善了，被人欺负，清河县里住不得，搬来这里。（水浒传·二十四回）

无论是原因介词还是原因连词，"吃"字句的结果部分多表示"不好"的事件，这一点也承袭了"被"的"被动——原因"演变的语义特征，和"于"的演变也有一致性。

### 2.3.4.2.2 "所对——原因"的演变

"所对——原因"的演变路径是现代汉语中新出现的路径。介词"冲"走过"方向——所对——原因"的演变路径，介词"奔"也呈现走相同路径的趋势，但"奔"的"方向"、"所对"或"原因"功能都还未确定，只是一种演变的趋势。

A."所对——原因"演变的首发模式

原因介词"冲"有两个来源：凭借介词"冲$_{41}$"和所对介词"冲"（记为"冲$_{31}$"）。本节仅讨论"冲"的"所对——原因"演变。这种演变在清代已见端倪。在清代小说的"冲 +N$_2$+V"式中，N$_2$若为表人的名词或代词，可能被分析为行为"朝向的一方"，即所对者，但也有可能被看作行为"因之而发的一方"。例如：

（4）a1.不好了，这是冲着我来了。（儿女英雄传·十五回）

a2.方才说的这些话，何尝是冲跑堂的说呢？（施公案·一百二十八回）

a3.贤弟，人家又不是冲着咱们说，咱们还是回去的是。（小五

义·二百五十八回）

4a 组的"冲"一般被分析为所对介词，但句子的语用目的是解释 V 行为的起因，句义中已潜藏着"所对——原因"演变的可能性。"所对"和"原因"的联系首先存在于蕴含"使……获益"意义的句子中。"冲$_{31}$"所在结构式的 V 多为表示礼仪的动词，句中蕴含"使 N$_2$ 受到尊重"之义。例如：

（4）b1. 胜官保问个明白，冲着老丈拱拱手。（彭公案·一百四十四回）

b2. 自己冲着老爷磕头谢了恩。（小五义·九十六回）

这种"使 N$_2$ 受尊重"义可归属"使 N$_2$ 获益"义。若 V 部分不是表示礼仪的动词，但却蕴含"给……好处"意义，N$_2$ 部分有可能被看作 V 事件的"原因"。例如：

（4）c1. 圣僧冲着我，慈悲慈悲。（济公全传·二百三十二回）

c2. 师弟，你冲着我，功德功德罢。（济公全传·一百五十六回）

c3. 每家出一千银子，冲着圣僧修万缘桥。（济公全传·一百五十七回）

c4. 我是冲着我这个朋友前来救你。（续小五义·四十九回）

c5. 冲着王爷，于老侠也给写好了门生帖。（续小五义·二十七回）

V 部分如果蕴含"使某人获益"意义，N$_2$ 部分也可以看作 V 事件的原因。例如：

（4）d1. 你冲着我给办罢。（济公全传·一百二十回）

d2. 你们几位冲着我，把他放了行不行？（济公全传·一百六十七回）

d3. 我冲着你，把他放了。（济公全传·二百零九回）

d4. 我冲着哪位都应当前去。（小五义·二百十回）

d5. 一者冲着艾虎，得救他；二则……（小五义·一百回）

d6. 冲着你，我不能不管。（彭公案·一百四十三回）

d7. 两家寨主冲着宁夏国，谢了王爷之恩，收了礼物。（彭公案·二百三十回）

即使 V 部分表示"不好"的事件，句义中也蕴含"使某人获益"意义。例如：

（4）e1. 冲着你，我把他杀了。（济公全传·一百五十三回）

e2. 我冲着兄长你，不叫他活就是了。（济公全传·二百零四回）

4e 组句子中蕴含"使听话人获益"意义。在一些句子中，V$_2$ 部分可以有"不计较"或"放弃……权利"的蕴含义，这种蕴含义实际上是"使某人获益"义的延伸。例如：

（4）f1. 冲你完了，回头咱们再见。（济公全传·一百二十六回）

  f2. 既是你们二位来劝，冲你们二位完了。（济公全传·三十九回）

  f3. 今天济公在我这里，冲着我算完了。（济公全传·一百九十九回）

  f4. 我们万花山圣教堂，冲你算是白烧了。（济公全传·二百三十五回）

  f5. 我冲着何大哥，这事儿算完了。（雍正剑侠图·五十三回）

  f6. 我冲着你，免去乱刃分尸。（大八义·十八回）

V 部分有否定词的，句子也蕴含"不计较"义，或"使某人获益"意义。
例如：

（4）g1. 买卖冲你不做了。（小五义·六十回）

  g2. 我要不冲着你，不能完。（小五义·一百二十六回）

  g3. 我和尚冲你，官司不打了。（小五义·七十八回）

  g4. 我和尚冲你官司不打了。（济公全传·七十八回）

  g5. 冲着您，我们不要钱了。（雍正剑侠图·四十九回）

"冲"所在结构式的 $N_2$ 部分继续扩展，"冲"的原因介词性质得以确定。
例如：

（4）h1. 我冲着他这六扇门，是不吃了。（济公全传·一百七十回）

  h2. 冲着你们亲戚，便宜你吧！（济公全传·三十三回）

  h3. 冲着他这个头发，外号人称他金毛海犬。（小五义·一百零五回）

  h4. 冲咱们哥儿们花的这些钱，我也要上去来来。（雍正剑侠图·五十五回）

  h5. 冲着他也完不了。（雍正剑侠图·八回）

  h6. 我，冲着你，我不饶他。（雍正剑侠图·二十七回）

  B. "所对——原因"演变的后随模式

  继"冲"之后，介词"奔"也呈现"方向——所对——原因"演变的趋势，但"奔"的"方向"、"所对"和"原因"三种功能都还未确定，只是一种演变趋势。在"奔 +$N_2$+ 来"式中，"奔"已显现向原因介词发展的趋势。
例如：

（5）a1. 贼人就是奔着这些文物来的。（网络小说）

  a2. 这个贼人也可能奔着这本书来的。（网络小说）

  a3. 看样子，歹徒就是奔你们的命来的。（网络小说）

  5a 组中蕴含"解说 $V_2$ 事件的原因"之义，"奔"有可能跟"冲"一样，也朝原因介词发展，但这还只是一种演变趋势。

### 2.3.4.3　方式介词向外部的扩展

方式介词的功能扩展一般是在本类内部，有的方式介词兼有"沿途"和"依据"两种功能，但这是动词朝两个方向发展的结果。方式介词中，依据介词有可能向外部扩展，有两条路径：一是"依据——方向"的演变路径，一是"依据——视角"的演变路径。但这种演变数量很少，我们放在第五章"与介词有关的演变路径"中讨论。

| 第三章 |

# 单源模式和多源模式

## 3.1　概述

从历时角度看，大多数介词只有一个语义来源，少数介词具有多个来源。在"动词——介词"演变阶段，有多个动词性来源的介词不多；但在继续语法化过程中产生的新功能，有相当数量的具有多个来源，有的具有动词和介词两种来源，有的与先之产生多个介词功能有联系。"单源"是指只有一个语义来源的介词，绝大多数介词的第一种功能是单一来源的。如果一个介词有 N 种功能，第一种功能肯定来自动词，但从第二种功能开始，可能有多个来源。

## 3.2　单一来源的介词

"单源"是指介词功能只有一个语义来源，这是就绝大多数"单音动词——介词"的演变而言的。当然，介词的功能扩展也有单一来源的。绝大多数方所、时间、对象、方式介词的第一项功能来自动词的某个义项（范围介词大多数由已存在的介词的功能扩展而来，大多是单源的，但也有多源的），属于"单源模式"。

### 3.2.1 "动词——介词"的演变

与动词有直接的来源关系的单音介词，绝大多数是单一来源的，但少数有多个来源。具有多个来源的原因是在介词产生之前，源动词的词义已得到充分的发展，源动词的义项之间联系比较密切，而两个或数个联系密切的义项，可能都与介词的某个功能有来源关系。

#### 3.2.1.1 单一来源的方所介词

方所介词与动词的联系最为密切，方所介词内部的七个小类中，可分为三种类型：一是全部成员都是来自动词，二是大部分成员来自动词，三是大部分成员来自介词功能扩展。

##### 3.2.1.1.1 次类成员全部来自动词

方所介词中，有两个小类的成员全部来自动词，而且是单一来源的。一是沿途介词，如"遵、循、缘、沿、随、顺"等；一是临近处介词，即"临"。

##### 3.2.1.1.2 次类成员大多来自动词

方所介词中，有四个小类的成员大多以动词为直接来源，而且是单一来源的，一是终到处介词，如"于、及、至、到、就、抵"等；二是所在处介词，如"在、搁"等；三是经由处介词，如"从、由、经、打"等；四是方向介词，如"当、望、往、拦、劈、朝、奔"等。有多个来源的是所在处介词，如"于、就、著、是"等以及方向介词"向、冲"等。

##### 3.2.1.1.3 次类成员大多数来自介词功能扩展

方所介词中，只有始发处介词的成员大部分不是来自动词，除"自"以外（始发处介词"自"来自动词，且是单一来源的），其余成员都是来自介词的功能扩展，如"从、由、向、就、著、打"等。

#### 3.2.1.2 单一来源的时间介词

时间介词内部的七个小类也可分为和方所介词相似的三种类型：一是全部成员都是来自动词，二是大部分成员来自动词，三是大部分成员来自介词功能扩展的。

#### 3.2.1.2.1 次类成员全部来自动词

时间介词中，有四个小类的成员的直接来源都是动词，而且是单一来源的。第一是时机介词，如"迫（逮）、及、因、乘、趁、赶"等；第二是时段介词，如"经"；第三是当时介词，如"会、当、值"等；第四是临近点介词，如"向、临、垂、薄"等。

#### 3.2.1.2.2 次类成员大多数来自动词

时间介词中，有两个小类的成员大多来自动词，而且是单一来源的。第一类是终止点介词，有三个主要的语义来源：一是"去往"义如"于、去"等；二是"抵达"义，如"及、至、到、抵、达"等；三是"完结"义，如"竟、终、迄"等（个别终止点介词来自终到处介词的功能扩展，如"著"）；另一类是时点介词，时点介词中，早期产生的都是直接来自动词，如"于、在"。南北朝之后产生的大多是来自介词的功能扩展，如"就、搁"等。

#### 3.2.1.2.3 次类成员大多数来自介词功能扩展

时间介词中，只有起始点介词的成员大多来自介词的功能扩展，而且大多是单源的（都是来自始发处介词的功能扩展），如"由、从、打"等，例外的是起始点介词"于$_{23}$"，和两种介词功能有联系（参见 2.3.4.1.1）。

### 3.2.1.3 单一来源的对象介词

对象介词内部可分为十六个小类，有三个小类的成员全部来自动词，有四个小类的成员大部分是动词为直接来源，有六个小类的成员大部分是来自介词功能扩展的；还有三个小类的成员全部来自介词的功能扩展。

#### 3.2.1.3.1 次类成员全部来自动词

对象介词中，全体成员的直接来源都是动词的有三类。第一类是被动介词（"于"除外），汉末以来萌生的被动介词都是与动词有直接的联系，主要有三个义类："承受"义、"致使"义或"给予"义。其中，除来自"给予"义的被动介词有两个来源（与"给予"义和"致使"义都有联系）之外，都是单一来源的。第二类是介引接受者的介词，主要来自"给予"义动词，如"与、畀、给、把"等，但早期产生的"于、乎"等来自介词功能的扩展。第三类是介引经手者介词，如"经、由"等。以上三类介词一般是单一来源的（来自"给予"义的被动介词除外）。

### 3.2.1.3.2　次类成员大多数来自动词

对象介词中，次类成员大部分来自动词的有四类：第一类是交互介词，主要与动词的五个义类有来源关系：一是"给予"义（如"与"），二是"涉及"义（如"及"），三是"走向"义（如"就"），四是"伴随"义（如"将、共、同、和"等），五是"跟从"义（如"从、跟"）。少数交互介词来自介词功能的扩展，主要与三种功能有来源关系，即所对介词、所为介词或言谈介词（如"向、替、给"等）。

第二类是处置介词，宋代之前，处置介词主要来自"执持"义动词（如"以、持、捉、把、著"等），一般是单一来源的，例外的是"将"和"用"（处置介词"将"有"引领"义和"执持"义两个来源，处置介词"用"有"执持"义、"使用"义两个来源）。宋代开始，处置介词可以来自介词的功能扩展，主要来源是所为介词。

第三类是所为介词，动源的所为介词有三个主要的语义来源，即"帮助"义（如"为、帮"）、"替代"义（如"替、代"）和"给予"义（如"与、给"）。所为介词如来自介词的功能扩展，主要是交互介词（如"和、同、共、跟"等）。

第四类是差比介词，除早期的差比介词"于"来自介词功能扩展外，中古及其后产生的差比介词都是与动词有直接的语义联系，如"比、似、过"等。差比介词一般是单一来源的，但差比介词"比"有两个来源（"比较"义和"如同"义）。

### 3.2.1.3.3　次类成员大多数来自介词功能扩展

对象介词中有六个小类的成员大多来自介词功能的扩展。

第一类是求索介词，如"于、向、就、问、共、同、与、和、跟"等，一般来自言谈介词功能的扩展（求索介词"著"来自方向介词的功能扩展）。只有求索介词"从"与动词有直接联系。

第二类是借助介词，只有"因"是直接来自动词的，其余的都是来自介词功能的扩展，如"由、凭、仗、问、靠"等。

第三类是言谈介词，除"对、从、问"之外，其他的都来自介词功能的扩展，如"于、与、为、替、就、似、和、将、给"等。

第四类是涉及介词，除"及"之外，"于、在、与"等都是来自介词功能的扩展。

第五类是所对介词，除"对、向"外，"于、为、替、朝、给、冲"等都是来自介词的功能扩展。

第六类是师从介词，除"从、就"外，"于、向、问"等都是来自介词功能的扩展。

#### 3.2.1.3.4　次类成员全部来自介词功能扩展

对象介词中，有三个小类的成员全部来自介词功能的扩展。

第一类是等比介词，这个小类都是来自交互介词的功能扩展，如"与、将、共、和、跟、给"等。第二类是介引受事者的介词，如"于、乎"等。第三类是介引来源者的介词，如"于、自、从"等。

### 3.2.1.4　单一来源的方式介词

方式介词内部可以分为六个小类：工具、凭借、依据、原因、身份和顺应。方式介词的来源也可以分为和对象介词相似的四种类型。方式介词大多是单一来源的。

#### 3.2.1.4.1　次类成员全部来自动词

方式介词中，只有两个小类的全部成员是直接来自动词的，且是单一来源的。第一类是工具介词，如"将、捉、把、持、拿"等（工具介词"以、著"与"执持"义和"使用"义都有联系）；第二类是顺应介词，如"顺、因、随"等。

#### 3.2.1.4.2　次类成员大多数来自动词

方式介词中有两个小类的成员大多来自动词。第一类是依据介词，除"以、由、用"来自介词功能扩展之外，"因、遵、循、缘、依、据、按、照、随、论、从"等都是直接来自动词（依据介词"凭"有动词和凭借介词两种来源）；第二类是凭借介词，除"持、将、把"来自工具介词的功能扩展之外，"因、由、用、乘、凭、仗、据、依、靠"等，都是直接来自动词，凭借介词"以"有动词和介词两个来源。

#### 3.2.1.4.3　次类成员大多来自介词功能扩展

方式介词中，原因介词的成员大多来自工具介词或凭借介词的功能扩展，如原因介词"因、凭"等来自凭借介词，原因介词"著"来自工具介词。但原因介词"以、用、将、把"等可能与"工具"和"凭借"两种功能有联系。原因介词"被"来自被动介词的功能扩展；与动词有直接联系的是

"由、缘、坐"等，原因介词"为"有动词和介词两个来源。

#### 3.2.1.4.4　次类成员全部来自介词功能扩展

方式介词中的身份介词全部来自介词功能的扩展，如"以、用"等。

### 3.2.1.5　单一来源的范围介词

范围介词绝大多数来自介词的功能扩展（连带介词、排除介词除外），而且都是单一来源的。

## 3.2.2　介词的功能扩展

如果一个介词有多个功能，从第二个功能开始，往往与已产生的介词功能有联系，不过有的介词功能可能有多个来源，分两种类型：一种是与源动词和已产生的介词功能有来源关系，另一种是与先前产生的多个功能有来源关系。

### 3.2.2.1　来自介词的某一功能的方所介词

方所介词的七个小类中，只有"始发处"小类的成员大多数来自介词功能扩展（"自"除外），如"从、向、就、打"等都来自经由处功能的扩展。

### 3.2.2.2　来自介词的某一功能的时间介词

时间介词中的时点介词如果不是与动词有直接的来源关系，大多来自所在处介词的功能扩展，如"就、搁"等。来自运行动词的终止点介词一般是动词向方所和时间两个方向发展的结果，个别终止点介词来自终到处介词的功能扩展，如"著$_2$"。

### 3.2.2.3　来自介词的某一功能的对象介词

全部成员来自介词功能扩展的对象介词有三个小类：一是介引来源者的介词，如"于、乎、自、从、由"等；二是介引借助者的介词，如"凭、就"等；三是等比介词，如"与、将、共、同、和、给"等。

#### 3.2.2.4 来自介词的某一功能的方式介词

方式介词中的原因小类大多来自介词功能的扩展，如"于、乎、以、用、著、被、将、把"等。身份介词来自工具介词的功能扩展。

#### 3.2.2.5 来自介词的某一功能的范围介词

范围介词大部分来自介词的功能扩展，如视角介词来自始发处介词或依据介词的功能扩展，议题介词来自所在处介词和处置介词的功能扩展。

## 3.3 有多个来源的介词

从历时角度看，在"动词——介词"的演变中，大多数介词只有一个语义来源。但少数介词有多个语义来源。在继续语法化过程中产生的介词功能，有的具有多个来源。一般来说，在"动词——介词"的演变中，如果介词的某一个功能具有多个来源，可能是来自同一个动词的有紧密联系的两个义项。在介词的继续语法化过程中，新产生的功能，如果有多个来源的话，有两种情况：一种是其中一个来源是动词，另外还有介词来源；另一种是新功能与先前存在的多个介词功能有联系。

### 3.3.1 有多个动词来源的介词

首发模式和后随模式中都有可能存在"多源"现象。首发模式一般是单一来源的，但是，在一些首发模式中，也可以看到"多源"现象。这种多源现象，通常不是就某个介词的第一项功能而言，而是就第二、第三项（依次类推）功能而言的。例如，"给予动词——被动介词"演变的首发者"与$_{36}$"的产生迟于交互介词"与$_{31}$"和所为介词"与$_{32}$"。"与$_{36}$"与"给予"义的"与$_{01}$"、"致使"义的"与$_{02}$"都有直接的联系；但是，由于"与$_{36}$"萌生之前，交互介词"与$_{31}$"、所为介词"与$_{32}$"已存在，在一些句子中可能出现多种理解的状况，可以说"与$_{31}$"、"与$_{32}$"的存在可以助推"与$_{36}$"的产生。

与动词的多个义项有联系的介词是比较少的，从历时角度看，方向介词

"向$_{11}$"、所在处介词"著$_{11}$"、方向介词"冲$_{11}$"、差比介词"比$_{31}$"、处置介词"拿"（参见 1.1.2.2）等都与源动词的两个义项有联系。

### 3.3.1.1　方向介词"向$_{11}$"的两个来源

方向介词"向$_{11}$"与动词"向"的两个义项有联系。"向"有"面对……"义（记为"向$_{01}$"，原地动词）和"向……进军 / 行进"义（记为"向$_{02}$"，运行动词），这两个义项都与方向介词"向$_{11}$"有来源关系。图示如下：

1) 向$_{01}$—向$_{11}$（方向）

　　＼向$_{31}$（所对）

2) 向$_{02}$—向$_{11}$（方向）

　　＼向$_{21}$（临近点）

上表显示："向$_{01}$"和"向$_{02}$"各有两个发展方向，而方向介词"向$_{11}$"有"向$_{01}$"和"向$_{02}$"两个来源。

#### 3.3.1.1.1　"向$_{01}$"朝方向介词发展

"向$_{01}$"在两种结构式中朝方向介词发展，即"（N$_1$+）向 +N$_2$+V$_2$"式和"V$_1$+N$_2$+ 向 +N$_3$"式。在两种结构式中，演变的方式都是"动作性的消失"。在前式中，致变因素是 N$_1$ 的语义类型变化，如果 N$_1$ 的"生命度"发生"高 / 有——低 / 无"的变化，则"向"变为方向介词；在后式中，致变因素是 N$_2$ 的语义类型变化，如果 N$_2$ 的"生命度"发生"有——无"的变化，"向"变为方向介词。

1)"（N$_1$+）向 +N$_2$+V$_2$"式中的演变

汉代之前，已见"向$_{01}$"用于"向 +N$_2$+ 而 / 以 +V$_2$"式或"N$_2$+ 向 + 而 +V$_2$"式。例如：

（1）a1. 不向卫国而坐。（左传・襄公二十七年）

　　　a2. 北向以誓之。（吕氏春秋・季秋纪）

1a 组中都可以推出"N$_1$（施事主语，可能省略或隐含）是人"的意义，也就是说，N$_1$ 是表人的名词或代词。迄汉代，"向 +N$_2$+V$_2$"式或"N$_2$+ 向 +V$_2$"式中的 N$_1$ 都是如此，N$_2$ 多为表示方所的名词，结构式中的 V$_2$ 多为身姿动词、表情动词。例如：

（1）b1. 西门豹簪笔磬折，向河立，待良久。（史记・滑稽列传）

　　　b2. 项王、项伯东向坐，亚父南向坐。（史记・项羽本纪）

b3. 人若已卜不中，皆绂之以卵，东向立。（史记·龟策列传）

b4. 陵使至则东向坐陵母。（史记·陈丞相世家）

b5. 长安中小民喧哗，向其第哭，几获盗之。（汉书·佞幸列传）

1b 组中，"向$_{01}$"已具备变为方向介词的句法和语义基础。致变因素是 $N_1$ 的语义类型的变化。若 $N_1$ 为表示"无生命"事物的名词，"向$_{01}$"的义素 1"人"消失了，义素 2"面对着……"变为"朝向……"。例如：

（1）c1. 风光逐榜转，山望向桥开。（鲍至：山池应令诗）

c2. 别有追夜游，秋窗向月开。（张正见：刘生）

c3. 空帐临窗掩，孤灯向壁燃。（江总：和张记室源伤往诗）

2）"（$N_1$+）$V_1$+$N_2$+ 向 +$N_3$"式中的演变

这种结构式出现在汉末，$N_1$（施事主语，可能省略或隐含）是表人的名词，$V_1$ 是表情动词。例如：

（1）d. 攒眉向月兮抚雅琴，五拍泠泠兮意弥深。（蔡琰：悲愤诗）

上例的"向"还是"面对"义动词，但"向"用于这种结构式，也有变为方向介词的可能性。若 $N_2$ 带有"无生命"的特征，"向"便是方向介词。例如：

（1）e1. 又为贤治大第，开门向北阙。（汉书·王嘉传）

e2. 凿穴以居，开口向上，以梯出入。（北史·勿吉传）

### 3.3.1.1.2 "向$_{02}$"朝方向介词发展

"向$_{02}$"在三种结构式中朝方向介词发展，即"向 +$N_2$+$V_2$"式、"$V_1$+向 +$N_2$"式和"$V_1$+$N_2$+ 向 +$N_3$"式。虽然在三种结构式中，"向$_{02}$"都有可能发展成为方向介词，但"向$_{02}$"首先在"$V_1$+ 向 +$N_2$"式中发生演变，因为上古时期，绝大多数运行动词都是在这个位置上变为方所介词的（如"于、在"等）。"向$_{02}$"的演变特征与原地动词"向$_{01}$"不同。

1）"向 +$N_2$+$V_2$"式中的演变

先秦时期，"向$_{02}$"进入"何 + 向 +$N_2$+ 而 +$V_2$"式：

（1）f. 有是三者，何向而不济？（左传·昭公四年）

上例的"向"是动词。秦汉时期已见"$N_2$+ 向 +$V_2$"式：

（1）g1. 魏数年东向攻尽陶、卫，……（韩非子·饰邪）

g2. 今王有东向伐齐之心。（战国策·燕策一）

g3. 今东向争权天下，岂非项王邪？（史记·淮阴侯列传）

1g 组的"向"还是动词,"向$_{02}$"的演变主要是由 V$_2$ 的语义类型变化导致的,若 V$_2$ 是运行动词,运行概念的表达由 V$_2$ 承担,"向"变为方向介词。例如:

　　(1)h1. 四牡向路驰,欢悦诚未央。(刘桢:赠五官中郎将诗)

　　　　h2. 鸟向檐上飞,云从窗里出。(吴均:山中杂诗三首)

　　　　h3. 新莺隐叶啭,新燕向窗飞。(萧绎:和刘上黄春日诗)

　　1h 组的 N$_1$ 是"有生命"类,由 1h 组可知:"向$_{02}$"变为方向介词的主要因素是 V$_2$ 的语义类型而不是 N$_1$ 的语义类型。如果 N$_1$ 是"无生命"类,V$_2$ 又是运行动词,则"向"的介词性质愈加明显。例如:

　　(1)i1. 欲识秦川处,陇水向东流。(萧绎:龙头水)

　　　　i2. 树荫缘砌上,窗影向床移。(邓铿:月夜闺中)

　　　　i3. 流星向碗落,浮蚁对春开。(庾信:正旦蒙赵王赉酒诗)

　　2)"V$_1$+ 向 +N$_2$"式中的演变

　　这种结构式也是"向$_{02}$"演变的主要结构式。汉代出现"V$_1$+ 向 +N$_2$"式,"向$_{02}$"有变为方向介词的可能性。例如:

　　(1)j1. 骞因与其属亡向月氏,西走数十日至大宛。(史记·大宛列传)

　　　　j2. 骞因与其属亡向月氏,西走数十日,至大宛。(汉书·张骞传)

　　1j 组的"亡 + 向 +N$_2$"式可以有两种分析结果:一是述宾短语(将"V$_1$+ 向"短语看作双动词结构或连动结构,充当述语,N$_2$ 为宾语),一是述补短语(将"向 +N$_2$"短语看作介词短语,充当 V$_1$ 的补语)。导致"向$_{02}$"变为方向介词的因素主要是 V$_1$ 的语义类型变化。在"飞 + 向 +N$_2$"式中,由于"飞"通常不被理解为人的行为,义素"人"、义素"面对……"消失;又由于"飞"的"运行"概念十分明显,"向$_{02}$"的运行概念趋于消失,"向"可分析为介词。例如:

　　(1)k1. 夕鸟飞向月,余蚊聚逐光。(鲍泉:秋日诗)

　　　　k2. 相期红粉色,飞向紫烟中。(江总:箫史曲)

　　3)"V$_1$+N$_2$+ 向 +N$_3$"式中的演变

　　汉代,已见"向$_{02}$"用于这种结构式的例证:

　　(1)l. 犬不当生角,犹诸侯不当举兵向京都也。(汉书·五行志上)

　　上例的句义中还有"N$_1$ 位移"意义,"向"承载了"运行"意义的表达,"V$_1$+N$_2$+ 向 +N$_3$"式可分析为连动结构。若句中的有"N$_2$ 位移"意义,且

$V_1$ 承载了"运行"意义的表达，$N_2$ 和 $V_1$ 是"受事——动作"关系，"向"的运行意义淡化，甚至消失，可看作介词。例如：

（1）m1. 转头向户里，渐见愁煎迫。（古诗为焦仲卿妻所作）

　　m2. 倚弓依石岸，回床向柳阴。（庾信：岁晚出横门诗）

　　m3. 引舡向岸。（北齐书·张亮传）

### 3.3.1.1.3　小结

综上，原地动词"向$_{01}$"演变的因素主要是"向 $+N_2+V_2$"式中 $N_1$ 的语义类型变化，若 $N_1$ 有"无生命"的语义特征，"向$_{01}$"变为方向介词。运行动词"向$_{02}$"的演变若发生在"向 $+N_2+V_2$"式中，致变因素是 $V_2$ 的语义类型变化，若 $V_2$ 是运行动词，"向"是介词。若发生在"$V_1+$向 $+N_2$"式中，致变因素是 $V_1$ 和 $N_1$ 的语义类型变化，$V_1$ 是"飞"，$N_1$ 具有"非人"的特征，"向"是介词。若演变发生在"$V_1+N_2+$向 $+N_3$"式中，致变因素是 $V_1$ 的语义类型变化，$V_1$ 是运行动词或带有"位移"义素的动词，"向"不承载运行概念的表达，变为介词。

## 3.3.1.2　所在处介词"著$_{11}$"的两个语义来源

方所介词"著$_1$"有多种功能，因为源动词属于原地动词，"著$_0$"不可能率先向"终到处"功能发展，最先产生的是"所在处"功能，然后扩展出终到处、方向、始发处、经由处等功能。通常，将动词"著$_0$"的词义解释为"附着"义，由此义引申出"触碰"、"悬挂"、"放置"、"存在"等义。所在处介词"著$_{11}$"的直接来源是"存在"义和"放置"义（与"附着"义也有联系）。

东汉时期，"著"已进入致变的结构式，在"著 $+N_2+V_2$"、"$V_1+$ 著 $+N_2$"或"$V_1+N_2+$ 著 $+N_3$"三种结构式中，"著"可作"附着"或"存在"解，也可理解为"于、在"义介词。例如：

（2）a. 生肉为脍，干肉为脯，著树为寄生，盆下为窭数。（汉书·东方朔传）

（2）b. 案味甘之露下著树木，察所著之树，不能茂于所不著之木。（论衡·是应）

（2）c. 尊于是出坐廷上，取不孝子悬磔著树，使骑吏五人张弓射杀之，吏民惊骇。（汉书·王尊传）

三种结构式中的"著"都有可能发展成为所在处介词，动词"著"进入上述三种结构式，意味着它已经进入语法化初始阶段。"著"首先在"$V_1+$著$+N_2$"式中发生变化，这是因为汉代及汉代之前，以动词为直接来源的所在处介词大多在 $V_2$ 位置萌生（如"于、至、在"等）。若 $V_1$ 为"系缚"义、"悬挂"义、"禁闭"义动词，$N_2$ 表示受事的所在之所，"著"可作"于、在"解，这是萌芽状态的"著$_{11}$"。例如：

（2）d1. 以绳系著树枝。（东观汉记·卷十五）

d2. 头县著树也。（风俗通义·佚文）

d3. 所请群官，悉闭著州诸曹屋中。（三国志·魏书·钟会传）

d4. 今进不赦其命，退不彰其罪，闭著囹圄，使自引分，四方观国，或疑此举也。（三国志·魏书·高柔传）

d5. 援捕得逵……乃囚于壶关，闭著土窖中，以车轮盖上，使人固守。（三国志·魏书·贾逵传，裴注引《魏略》）

2d 组中，$N_2$ 表示 $V_2$ 的受事在动作结束时的所在之处，$V_1$ 与 $N_2$ 的语义关系是"行为——处所"关系。从这种蕴含"事件已有结果，受事以静止状态位于某处"意义的结构中萌生了"著$_{11}$"。比较 2d 组和例 2b 可知：在"$V_1+$著$+N_2$"式中，"著$_{11}$"和"存在"义有来源关系。虽然例 2b 和 2d 组的语序相同，但语义关系不同。2d 组的 $N_2$ 是受事的所在处，$V_1$ 和"著"不是共载一个施事，不符合连动结构的语义条件，"$V_1+$著"短语不能看作连动结构；"著"和 $N_2$ 有可能被分析为先组合的单位，即介词短语。例 2b 的 $N_2$ 是施事（即"露"）的所在处，"$V_1+$著"式有可能被看作连动结构或双动词结构，至少不能排除这种可能性。

"著$_{11}$"萌生的另一结构式是"$V_1+N_2+$著$+N_3$"式，这种结构式初见于汉代（参见例 2c），晋南北朝时期有较多用例。例如：

（2）e1. 俊嘉其才质，即赎象著家，聘娶立屋。（三国志·魏书·杨俊传）

e2. 太后意折，乃遣傍侍御取玺绶著坐侧。（三国志·魏书·三少帝纪，裴注引《魏略》）

e3. 若不见亮，使刳心著地，正与数斤肉相似。（三国志·魏书·杜畿传，裴注引《杜氏新书》）

2e 组的"$V_1+N_2$"短语所表示的事件发生在先，"著$+N_3$"短语所表示的事件发生在后，句中还可以推出"$N_2$ 位移"意义，"$V_1+N_2+$著$+N_3$"式可分析为连动结构，"著"可理解为"置放"义。在这种结构式中，"著"变为介词的语义条件是："$V_1+N_2$"短语所表示的事件和"著$+N_3$"短语所表示的事件无"时间先后"关系，$N_2$无"位移"意义。比较两组例句：

（2）f1. 潜伏面著床席不起，涕泣交横。（三国志·吴书·潘濬传，裴注引《江表传》）

　　f2. 自解其绶以系督邮颈，缚之著树。（三国志·蜀书·先主传，裴注引《典略》）

（2）g1. 初植……乃留其从官著关东。（三国志·魏书·任城陈萧王传，裴注引《魏略》）

　　g2. 留家著寿春。（三国志·吴书·孙策传，裴注引《江表传》）

2f组的$V_1$与"著"之间可能有"时间先后"关系，也可能没有；句中可能有"$N_2$位移"意义，也可能没有；"著"介于"置放"义动词和所在处介词之间。2g组的$V_1$和"著"之间没有"时间先后"关系，句中也没有"$N_2$位移"意义，"著"是所在处介词。比对2e、2f、2g三组中"著"的不同功能，可以推知：由"置放"义也可以发展出"著$_{11}$"。

由上面所述的"著"的"动词——介词"演变可以得出如下结论："著$_{11}$"的主要来源是"存在"义或"置放"义，同时也受到"附着"义的影响；不同语义来源的"著$_{11}$"萌生于不同的结构式，致变因素也不同。

### 3.3.1.3　方向介词"冲$_1$"的两个语义来源

方向介词"冲$_1$"有两个语义来源，主要是"冲击"义（记为"冲$_{01}$"），但与"顶着、冒着"义（记为"冲$_{02}$"）也有联系。演变肇端于唐代，在唐宋时期的"冲$+N_2+$运行动词"式中，蕴含着"正对……方位运行"意义，"冲$_{01}$"具有朝方向介词发展的可能性。例如：

（3）a1. 江冲巫峡出，樯过洛宫收。（李频：黔中罢职……）

　　a2. 潮冲虚阁上，山入暮窗沉。（崔涂：读方干诗因怀别业）

　　a3. 溪冲朝霭出，帆并夕阳飞。（钱珝：甘棠楼）

　　a4. 泉冲沙嘴出，石压树身斜。（释文珦：行飞来冷泉水石间）

3a组的$N_1$是表示"水流"或与"水流"有关的名词，"冲"可作"冲击"解。如果$N_1$（施事主语，可能省略或隐含）带有 [+生命度] 的语义特征，"冲"的"冲击"义可能淡化，但"速度快""力量大"的义素明显还存在。例如：

（3）b1. 紫鳞冲岸跃，苍隼护巢归。（杜甫：重题郑氏东亭）

b2. 逃席冲门出，归倡借马骑。（元稹：酬翰林白学士……）

b3. 惊离晓岸冲花去，暖下春汀照影飞。（唐彦谦：鸂鶒）

b4. 于梁上暗处，见一大鸟，冲门飞出。（朝野佥载）

b5. 未冲霄汉去，且傍水云过。（孙觌：山阳守吴子仁……）

b6. 两公共夹清漳住，匹马时冲细路行。（王庭珪：和刘克强……）

3b 组中，也蕴含"正对……方位运行"意义。由 3a、3b 组可知："冲击"义是方向介词"冲$_1$"的来源。宋代，"顶着、冒着"义的"冲$_{02}$"也进入"冲 +N$_2$+V$_2$"式，由于"冲$_{02}$"所在的句子中蕴含"正对……方位运行"意义，V$_2$ 又是运行动词，"冲$_{02}$"也呈现向方向介词发展的趋势。例如：

（3）c1. 莫辞冲雨归，归时乌帽侧。（梅尧臣：刘八饮将散……）

c2. 前日使人冲雪去，今朝归客踏冰还。（苏颂：发柳河）

c3. 飞虫望灯集，栖燕冲雨至。（陆游：夏夜四首）

c4. 竹舆冲雾去，草履带霜行。（李曾伯：宿千坵市晓行）

3c 组显示："冲$_{02}$"充当 V$_1$，V$_2$ 是运行动词的结构式中，也潜藏着"冲"变为方向介词的可能性，"冲 +N$_2$（雨、雾、雪等）+V$_2$"式的存在，可以助推介词"冲$_1$"的产生。

演变首先是由 N$_1$ 的语义类型变化引发的，如果 N$_1$ 是表示"位置不能移动"的事物的名词，V$_2$ 是原地动词，则句中不可能推出"运行"意义，"冲$_{02}$"呈现朝方向介词发展的明显趋势。例如：

（3）d1. 桂伴阴蟾隐，梅冲艳雪开。（胡宿：岁除）

d2. 玉笛琼蕊亦宜夜，莫使一花冲晓开。（纂异记·蒿岳嫁女，太平广记）

然而，"冲$_1$"的主要来源还是"冲$_{01}$"。"冲$_{01}$"需要消除"速度快"、"力量大"的义素。如果 N$_1$ 是表示"不可移动"的事物的名词，"冲"只可作"正对着"解，但这种意义的"冲"可以用作谓语动词（记为"冲$_{03}$"）。例如：

（3）e1. 群峰峨峨冲北极，一水如帘泻层碧。（周绪：水帘泉）

e2. 路冲南北山冈断，被拂能来万里风。（虞集：客中即事四首）

e3. 山掩县城当北起，渡冲官道向西流。（林逋：过芜湖县）

如果 N$_1$ 是表示"不可移动"的事物的名词，"冲$_{03}$"进入 V$_1$ 位置，则靠近介词一端。例如：

（3）f1. 远山冲岸出，钓艇背人行。（杨万里：自音声岩……）

f2. 野笋冲泉出，山花避石开。（周文璞：玉晨观二首）

f3. 荷冲崩岸出，草入废泉生。（周弼：题逸人壁）

f4. 今日呵见老树冲天立。（王子一：刘晨阮肇误入桃源·三折）

由 3f 组前三例可知：萌芽状态的方向介词"冲$_1$"见于宋代，致变的因素是 $N_1$ 的语义类型变化，这一点与方向介词"向$_{11}$"萌生的因素相似。"冲$_1$"明代偶见用例：

f5. 道人道："过此冲南有二十里，就是也。"（西游记·九十九回）

然而，明清时期的 $V_2$ 为运行动词的"冲 + $N_2$（+ 而）+ $V_2$"式中，"冲"大多还是不能排除动词的可能性。例如：

（3）g1. 因引兵冲西而走。（英烈传·五十九回）

g2. 张丰欲冲北出。（东汉十二帝通俗演义·四十四回）

3g 组的"冲"还存在"力量大"、"速度快"的义素，不能排除动词的可能性。导致介词"冲$_1$"定型的因素是 $V_2$ 的语义类型变化，如果 $V_2$ 为原地动词，句中可以推出"$N_1$（施事主语，可能省略或隐含）无位移"意义，且没有"力量大"、"速度快"意义，则"冲"为方向介词。清代已见较多的"冲$_1$"用例：

（3）h1. 你……，冲着湖念我这个咒，湖水就上不来。（济公全传·一百三十三回）

h2. 冲着刀刃上一吹，这发俱都齐齐地断了。（小五义二十六回）

h3. 他冲着太湖石嚷喝说："欧，救兵何在，救兵何在？"（小五义·六十三回）

h4. 故意脸冲着外吃，若要面冲里，怕他们看出来是没吃。（小五义·八十回）

h5. 插了三根苇子当香，冲北磕了头，又大家挨着次序磕了头。（小五义·五十四回）

h6. 就见徐良站起身来，冲南一点头，双手微换，微然听见点声音"噔噔噔"。（小五义·一百四十四回）

由上面的论述可知："冲$_1$"的来源主要是"冲击"义，但与"顶着、冒着"义也有一定的联系。决定"冲$_1$"性质的因素有二：一是"$N_1$ 无位移"意义，二是"力量大"、"速度快"义素消失。介词性质的确定与 $V_2$ 的语义类型变化（即 $V_2$ 为原地动词）有密切的关系，但在演变的早期，与 $N_1$ 是表示"不可能移动位置"的事物的名词也有关联。

### 3.3.1.4　差比介词"比$_3$"的两个语义来源

表示差比的介词"比"（记为"比$_3$"）产生过程中的特殊性在于："比$_3$"有两种语义来源，孕育于两种句式。从历时角度看，动词"比"的两个义项与"比$_3$"有关联，一是"比较"义（记为"比$_{01}$"），一是"如同"义（记为"比$_{02}$"）。两种意义所在的句子中都孕育着"比$_3$"。就句式意义而言，"比$_3$"既孕育于表示"差比"意义的句子，也因表等比的"比+N$_2$+A"式发生"重新分析"而产生。

#### 3.3.1.4.1　与"比较"义的联系

汉代，"比较"义的"比$_{01}$"已存在，大多单纯表示比较，句义中往往蕴含"两者程度相等"意义。但是，汉代"比"所在的句子也有蕴含"两者程度不等"意义的，在这一基础上继续发展，至唐代出现"表示差比意义"的"比"字句，这种句子演变为今之意义上的"差比句"。汉至南北朝时期，"比$_{01}$"可用于蕴含"两者程度不等"意义的句子。例如：

（4）a1. 比于贰师，功德百之。（汉书·甘延寿传）

　　　a2. 以今比之，益不及焉。（三国志·魏书·武文世王公传）

4a 组句子都含有"两者程度不等"意义，与唐代出现的"表示差比意义"的句子在句义方面有来源关系。唐代，在 4a 组的基础上，出现"表示差比意义"的句子，"比$_{01}$"在这种句子中向介词发展。如果"比$_{01}$"所在的句子中有喻体，"比"仍是"比较"义。例如：

（4）b. 酿得秋泉似玉容，比于云液更应浓。（陆龟蒙：自遣诗三十首）

（4）c. 泪从红蜡无由制，肠比朱弦恐更危。（唐彦谦：寄怀）

（4）d. 色比琼浆犹嫩，香同甘露仍春。（郎士元：寄李袁州桑落酒）

（4）e. 比玉偏清洁，如珠讵可收。（孙顾：宿烟含白露）

例 4b——4e 表示本体和喻体"程度不等"，但句中的"比"都还是"比较"义动词。上面四例不等同于今之意义上的"差比句"，也不同于汉代的蕴含"两者程度不等"意义的句子。导致"比$_3$"性质确定的因素是 N$_2$ 的语义类型变化，若 N$_2$ 不是作为喻体的名词或代词，"比"相对接近差比介词。例如：

（4）f1. 新开寒露丛，远比水间红。（韩愈：木芙蓉）

　　　f2. 从待衔泥溅客衣，百禽灵性比他稀。（徐黄：燕）

4f组的"比"相对上面四例来说，更为接近介词，但还不能排除"如同"义的可能性。若$N_2$是表示时间的词语，"比"的介词性质确定。例如：

（4）g. 神来未及梦相见，帝比初亡心更悲。（鲍溶：李夫人歌）

上例不是表示"两个事物的性状有程度差别"，而是表示"同一事物在不同时期的性状有程度差别"，"比"只能是介词。由此可见："$比_3$"在表示"同一事物有程度差别"的语义结构中确定介词性质。

3.3.1.4.2　与"如同"义的联系

"如同"义的"$比_{02}$"的萌芽见于汉代。例如：

（4）h1. 乱世之音也，比于慢矣。（史记·乐书）

h2. 风胡有年岁，铦利比吴钩。（王褒：墙上难为趋）

4h组的"比"还带有"比较"义的明显痕迹，但由于句子蕴含"两种事物的性状程度相等"意义，"比"有作"如同"解的可能性。唐代，在与动词"如、同"对举的句子中，"$比_{02}$"表示等比，可作"如同"解。例如：

（4）i1. 德容温比玉，王度式如金。（武元衡：奉酬中书李相公……）

i2. 超遥比鹤性，皎洁同僧居。（杨巨源：和卢谏议……）

今人看唐代的"比 $+N_2+$A"式，"比"是差比介词；但从历时角度看，"比"也有可能理解为"如同"义，句子表示"等比"意义。例如：

（4）j1. 月如芳草远，身比夕阳高。（耿湋：登沃州山）

j2. 合比月华满，分同月易亏。（张渐：朗月行）

4j组有表示差比和等比两种可能性。两解显示：唐代，"$比_{02}$"所在的句子中，也有可能孕育"$比_3$"。有时，"比 $+N_2+$A"式很难区分是表"等比"还是表"差比"。例如：

（4）k1. 秦筑长城比铁牢，蕃戎不敢过临洮。（汪遵：长城）

k2. 当时心比金石坚，今日为君坚不得。（谢王轩，西施）

如果$N_2$不是喻体而是比较对象，"比"相对靠近介词范畴，但也还有可能作"如同"解。例如：

（4）l1. 岂比俎豆古，不为手所撜。（韩愈：石鼎联句）

l2. 期之比天老，真德辅帝鸿。（储光羲：刘先生闲居）

l3. 名齐松岭峻，气比沃州浓。（无可：寄题庐山二林寺）

l4. 才当曹斗怯，书比惠车盈。（陆龟蒙：江南秋怀……）

4j——4l组例句如果看作表示等比，那么这种语义结构是唐代出现的，在这种表示"两种事物程度相等"的结构式中潜藏着"比$_{02}$——比$_3$"的演变。我们可以说,"比$_3$"与"如同"义也有来源关系,或者说,与表等比的动词"比$_{02}$"有来源关系。"比$_{02}$"演变发生在相同的结构式中,可以看作是典型的"重新分析"(包括对句义、"比"的词性和整个结构式的结构方式的重新分析);致变因素也是 $N_2$ 的语义类型变化,"比 $+N_2+A$"式中,$N_2$ 为"非喻体"时,演变容易发生(参见 41 组例句)。当 $N_2$ 是时间词时,"比$_3$"的性质确定。例如:

（4）m1. 蛮舶珍奇纵山积,归囊应比去时轻。(孙应时:送彭大老提舶泉南)

m2. 恻恻梅寒恋客衣,市楼灯比旧年稀。(周端臣:夜归)

m3. 今年茶比常年早,笑试西峰一掬泉。(陆游:归州重五)

综上,差比介词"比$_3$"的主要来源是"比较"义,汉代以来,在表示"两种事物的性状程度不相等"意义的句子中"比$_{01}$"朝差比介词发展,至唐代定型。"如同"义的"比$_{02}$"所在的句子的意义可能发生"等比——差比"的演变,这一路径的演变助推"比$_{03}$"的产生。两种来源的"比"都因表示时间的词语进入 $N_2$ 位置而确定演变结果,这是因为在表示"同一事物在不同时期的性状程度不相等"时,"差比"义最为明显。

### 3.3.1.5　小结

介词"向、着、比、冲"都有两个来源,此外,处置介词"将、拿"和被动介词"与、给",以及工具介词"以"等也都与动词的两个义项有来源关系,其中一个是主要来源,另一个是次要来源,次要路径的演变助推主要路径的演变。

## 3.3.2　有动词和介词两种来源的介词

这种多源模式的特征在于:源动词还在继续语法化历程中,但前面已产生一个或几个介词功能也与后来产生的功能有来源关系。如被动介词"与$_{36}$"与"给予"义的"与$_{01}$"、"致使"义的"与$_{02}$"有来源关系,但与先之产生的交互介词"与$_{31}$"和所为介词"与$_{32}$"也有关联。

### 3.3.2.1 有动词和介词两种来源的方所介词

方所介词中，可溯及运行动词源头的所在处介词，往往还有另外一个来源（即终到处介词），如"于、向"等。运行动词如果发展出"终到处"和"所在处"两种功能，一般是先产生"终到处"功能，然后再产生"所在处"功能。但在"运行动词——终到处介词"演变的同时或稍后，也可能有"运行动词——所在处介词"的演变。在第一章中已讨论所在处介词"于$_{12}$"的两个来源，本节以"向"为例讨论与运行动词有来源关系的所在处介词的两种来源。

所在处介词"向$_{14}$"有四个来源，萌生于"向 $+N_2+V$"和"$V+$ 向 $+N_2$"两种结构式，在前式中，"向$_{14}$"与动词"向$_{02}$"、方向介词"向$_{11}$"或始发处介词"向$_{12}$"有直接的联系；在后式中"向$_{14}$"与终到处介词"向$_{13}$"有联系。图示"向$_{14}$"的四个来源如下：

$$/\ 向_{14}（所在处）$$
$$向_{02}—向_{11}（方向）—向_{12}（始发处）—向_{14}$$
$$\backslash\ 向_{14} \qquad \backslash 向_{13}（终到处）—向_{14}$$

#### 3.3.2.1.1 与动词"向$_{02}$"的联系

南北朝时期"向$_{02}$"充当 $V_1$ 的"向 $+N_2+V_2$（原地）"式仍然存在。例如：

（1）a1. 试起登南楼，还向华池游。（萧纲：伤离新体诗）

　　　a2. 欲向天池饮，还绕上林飞。（苏子卿：朱鹭）

1a 组的"向"虽然处于与介词相同的位置，但因为句中蕴含"$N_1$ 从某处来到 $N_2$ 处"之义，即"施事位移"意义，而这个意义的承载者是"向"，故此，"向"还是动词。这种用法的"向$_{02}$"有可能朝所在处介词发展。之所以这样说，是因为在 1a 组的推理意义中，$N_2$ 是 $V_2$ 事件发生的处所。唐代的一些"向 $+N_2+$ 原地动词"式中，"向"可分析为运行动词，也可分析为所在处介词。例如：

（1）b1. 朝从滩上饭，暮向芦中宿。（岑参：渔父）

　　　b2. 不知辞罢虚皇日，更向人间住几时。（刘商：谢自然却还旧居）

　　　b3. 独向檐下眠，觉来半床月。（白居易：早秋独夜）

　　　b4. 有时明月无人夜，独向昭潭制恶龙。（刘禹锡：赠长沙赞 头陀）

b5. 时向圭峰宿，僧房瀑布寒。（齐己：题终南山隐者室）

至宋代，有两种理解的用例还是相当多。例如：

（1）c1. 独向若耶溪上住，谁知不是钓鳌人。（翁洮：赠方干先生）

c2. 时向人间深夜坐，鬼神长在药囊边。（刘威：赠道者）

c3. 但只向深草中藏，莫向孤峰上宿。（黄庭坚：与六祖长老颂）

c4. 莫向清流浣衣袂，恐君衣袂涴清流。（朱熹：宿梅溪胡氏……）

1b、1c 组显示："$向_{14}$"与"$向_{02}$"有直接的来源关系。区分两种功能的关键是句中"向"和后一个动词的时间意义，以及 $N_1$ 有无"位移"意义，若两个动词之间没有"时间先后"的关系，即 V 事件发生之时，施事已在 $N_2$ 处；$N_1$ 的"位移"意义随之消失，"向"变为所在处介词。例如：

（1）d1. 妒令潜配上阳宫，一生遂向空房宿。（白居易：上阳白发人）

d2. 城头日，长向城头住。（李贺：后园凿井歌）

d3. 三年为刺史，无政在人口。唯向城郡中，题诗十余首。（白居易：三年为刺史二首）

d4. 儒翁九十余，旧向此山居。（许浑：题倪处士旧居）

d5. 举世都为名利醉，伊予独向道中醒。（韩湘：答从叔愈）

d6. 忽听向下有人语及鸡声，甚喧闹。（酉阳杂俎·卷十五）

宋代仍有所在处介词"$向_{14}$"的用例：

（1）e1. 农夫出田掘野荠，饿倒只向田中埋。（郑獬：二月雪）

e2. 香泥筠笼远擎来，曾向河阳县里开。（姜特立：和巩宰宋牡丹三首）

e3. 小室清占景无哗，不向阶前种俗花。（张镃：山堂晚兴）

e4. 曾向厅前种杨柳，绿阴留与后人看。（陈郁：友人官满）

e5. 家务每因官事废，诗篇多向客途成。（赵希迈：到贵州）

e6. 你又尝中怎般生受，我向庄中吃打骂无休。（刘知远诸宫调，近汉语资·宋代卷）

比较 1b、1c 组和 1d、1e 组"向"的不同功能，可以得知：在相同的结构式中，主要是"时间先后"意义变化、"位移"意义的变化导致"向"发生"运行动词——所在处介词"的演变。这一演变特征与"于"的"运行动词——所在处介词"演变相似。

### 3.3.2.1.2　与始发处介词"$向_{12}$"的联系

"$向_{14}$"除了与动词"$向_{02}$"有来源关系之外，还与介词"$向_1$"的三种功能有来源关系，与方向介词"向$_{11}$"的联系请参见1.3.1.5，与终到处介词"向$_{13}$"的联系请参见2.2.1.2，本节讨论"向$_{14}$"与始发处介词"向$_{12}$"的联系。"向$_1$"的演变路径之一是"方向——始发处——所在处"，由于"向$_{14}$"有多个来源，"向$_{14}$"和"向$_{12}$"是互相带动关系。若V为"生发"义动词，"向"可能是始发处介词，也可能是所在处介词。例如：

（1）f1. 蓬为沙所危，还向沙上生。（曹邺：偶怀）

　　　f2. 金环如有验，还向画堂生。（王维：恭懿太子挽歌五首）

　　　f3. 多向断崖生绝景，或于晴野度轻云。（项安世：谢王草场示诗卷）

但N$_2$也有被理解为V行为的所在之处，则"向"是所在处介词。例如：

（1）g1. 不向人间生皓发，直寻仙客上清溪。（沈辽：齐山偶题三首）

　　　g2. 上危亭望石城，楚君曾向此间兴。（吴芾：又登碧云亭……）

### 3.3.2.2　有两种来源的时间介词

起始点介词"打"（记为"打$_2$"）的来源比较复杂，与"拍击，冲击"义动词"打"有联系，与已产生的表示始发处和经由处的"打$_{11}$"和"打$_{12}$"也有来源关系。按常理推测，"打$_2$"应该来自始发处介词"打$_{12}$"的功能扩展，但介词"打"的演变路径是特殊的。从历时角度做较为全面的分析，"打$_2$"有三个来源：一是来自述宾结构"打头"中的动词"打$_0$"，二是始发处介词"打$_{12}$"，三是经由处介词"打$_{11}$"。图示如下：

　　　／打$_2$（起始点）

打$_0$—打$_{11}$（经由处）—打$_{12}$（始发处）—打$_2$

　　　＼打$_2$

上表显示："打$_2$"与"打$_0$"、"打$_{11}$"和"打$_{12}$"都有关系。之所以来源比较复杂，是因为"打$_2$"是最后确定性质的，已存在的介词功能以及源动词都对它的产生起着作用。"打$_2$"与"打$_0$"的联系仅限于短语"打头"中；与"打$_{12}$"有"介词功能扩展"的联系；与"打$_{11}$"有功能、词义方面的间接联系。

#### 3.3.2.2.1　短语"打头"的语义变化

宋代，短语"打头"有"起头"的意思，也可作"从头"解，则"打"是起始点介词。"打头"的"打"原本是"冲击"或"拍击"义，唐宋时期，"打头"所在句子的N$_1$多为"浪、风"等，N$_1$（主语）可看作施事论元。

例如：

（2）a1. 去年腊月来夏口，黑风白浪打头吼。（李涉：却归巴陵途中……）

a2. 卧闻三老白事，半夜南风打头。（苏轼：仆所至未曾出游……）

宋时期，由于经由处介词"打$_{11}$"已产生，"打"成为介词"从$_{11}$"的同义词，同义词同向发展，"打"有可能和"从"一样，也有表示时间的起始点的功能，"打头"有可能作"起头"、"开头"或"从头"解。例如：

（2）b1. 破除麦尾暑，领略打头清。（杨万里：八月朔晓起趣办行李）

b2. 步下新船试水初，打头揽载适逢予。（杨万里：阊门外登溪船五首）

b3. 江梅小树打头开，便有红梅趁脚来。（杨万里：晓起探梅四首）

b4. 打头二十四番信，吹透天香雪里枝。（陈著：代弟芑咏梅话十景）

b5. 五夜好春随步暖，一年明月打头圆。（李彭：都城元夜）

充当定语的"打头"也有"起头"或"从头"的意思。例如：

（2）c1. 如程子取其"原道"一篇，盖尝读之，只打头三句便也未稳。（朱子语类·卷九十六）

c2. 儿女莫餐新浙饭，打头荷蒉且输官。（杨万里：与子仁登天柱冈……）

充当谓语的"打头"可释义"第一"，蕴含"从头数起"之义。例如：

（2）d1. 江南牡丹凡有几，德安打头歆为二。（周弼：牡丹）

d2.（张士贵云）十八般武艺，什么打头？（正末云）弓箭打头。（无名氏：摩利支飞刀对剑·楔子，全元曲）

短语"打头"的意义从"拍击头部"变为"起头"或"从头"时，"头"从"方所"义变为"时间"义；"打"可解作"从"义。可以说"打$_2$"功能首先是在短语"打头"中产生的。虽然在短语"打头"中萌生了"打$_2$"，且可溯源至"打$_0$"，但若无"打$_{11}$"存在，"打"不可能发生"击打动词——起始点介词"的变化。因此，我们在分析"打$_2$"的来源时，也提及"打$_{11}$"的作用；"打$_{11}$"可以看作"打$_2$"的功能、词义方面的来源。

### 3.3.2.2.2 "打$_2$"与始发处介词"打$_{12}$"的联系

从语义发展线索和出现时间的顺序看，"打$_2$"是最后产生的，它的演变有两条路径：一是"动词——起始点"的路径（在短语"打头"中演变，源词是"打$_0$"，但受到"打$_{11}$"的带动）；二是"动词——经由处——始发处——起始点（时间）"的路径。

### 3.3.2.3 有两种来源的对象介词

对象介词大多数只有一种来源，或来自动词（可能与动词的两个义项有来源关系），或来自介词的功能扩展，少数具有动词和介词两种来源，如所为介词"与$_{32}$"、被动介词"与$_{36}$"等。

#### 3.3.2.3.1 所为介词"与$_{32}$"的两种来源

"给予"义动词"与$_{01}$"向介词发展时，有两个主要的方向：交互介词和所为介词。在所为介词方向上，主要走"给予——帮助——所为"的路径，但"所为"功能和"给予"义也有联系，此外，"与$_{32}$"还和"交互"功能有联系，总之，所为介词"与$_{32}$"有三个来源。图示如下：

$$/ \ 与_{31}（交互）— 与_{32}$$
$$与_{01} — 与_{03}（"帮助"义）— 与_{32}$$
$$\backslash \ 与_{32}（所为）$$

上表显示：所为介词"与$_{32}$"有动词和介词两种来源。就动词来源而言，和"与$_0$"的两个义项有来源关系，即"给予"义和"帮助"义。此外，还和交互介词"与$_{31}$"有关联。

"给予动词——所为介词"的演变之所以发生，从心理角度看，"给予他人物资"的行为可以看作使他人受益的行为，这种推理义与所为介词所在句子的推理意义相匹配；"帮助动词——所为介词"的演变之所以可以发生，也是因为"帮助他人"的行为也被看作"使他人获益"的行为，因此，"帮助"义动词是所为介词的来源之一。"交互——所为"的演变之所以可以发生，是因为"与他人合作"的行为可能被看作"使他人获益"的行为。

A. 与"给予"义的联系

《说文》释"与"为"赐也"义，从广义角度看，可归入"给予"义动词。上古的"与 + 之 +N$_2$"式多为双宾语结构，"与"大多理解为"赐予"义，但句义中蕴含"N$_2$为他人而设"之义，"与"也有可能朝所为介词发展。比较两例：

（3）a.反役，与之礼食，使佐新军。（左传·襄公三年）

（3）b.为善者君与之赏，为非者君与之罚。（鬼谷子·符言）

前例的"与"是"赐"义动词，带双宾语；后例的"与"有动词和所为介词两种可能性。下面一组例句中，"与"后面没有出现宾语，但句义中显

示"给予"、"参与"和"所为"的联系:

（3）c1. 景公死乎不与埋。（左传·哀公五年）

c2. 众父卒，公不与小敛。故不书日。（同上·隐公元年）

在"与"是所为介词的句子中，仍可看到和"与$_{32}$"和"给予"义的联系。例如:

（3）d. 毋与齐东国，我与子出兵矣。（战国策·楚策）

至南北朝时期，仍可以看到"与"可作"给予"或"所为"两种理解为用例:

（3）e1. 太祖答曰:"但得与我作妇弟，不为多邪?"（三国志·魏书·后妃传，裴注引《魏略》）

e2. 取红花，取白雪，与儿洗面作光悦。取红花，取白雪，与儿洗面作妍华。取红花，取白雪，与儿洗面作光泽。取红花，取白雪，与儿洗面作华容。（崔氏:靓面辞）

B. 与"帮助"义的联系

"帮助"义（记为"与$_{03}$"）引申自"给予"义，下面一组例句显示两个义项之间的联系:

（3）f1. 晋侯背大主而忌小怨，民弗与也。（左传·僖公十年）

f2. 欲与楚者右，欲与吴者左。（左传·哀公元年）

f3. 卫侯欲与楚，国人不欲。（左传·僖公二十八年）

f4. 卫侯救宋，师于襄牛。郑子展曰:"必伐卫，不然，是不与楚也。得罪于晋，又得罪于楚，国将若之何?"（左传·襄公十年）

"帮助"义是所为介词的主要来源之一，"与"有"帮助"义，就有可能产生表"所为"的功能。例如:

（3）g1. 子归殁而父母之世，后若有事，吾与子图之。（国语·吴语）

g2. 臣非敢谦也，欲与君王隐也。（吕氏春秋·重言）

C. 与交互介词"与$_{31}$"的联系

交互介词所在的"（N$_1$+）P+N$_2$+V"式中，一般可以推出"V 行为是 N$_1$ 和 N$_2$ 双方实施"之义;所为介词所在的结构式中，一般可以推出"V 行为由 N$_1$ 单方实施"之义和"N$_2$ 获益"之义。"交互——所为"的演变有认知的因素，在现实世界中，双方参与的事件可能被看作是对一方有利的事件。以现实世界的关系为基础，反映在语言中，则是语义结构中的事件的参与者可能发生"双方——单方"的演变。下面一组例句显示了"交互"和"所为"两种功能之间的联系：

（3）h1. 彼其之子，不与我戍申。（诗经·国风·扬之水）

h2. 彼其之子，不与我戍甫。（诗经·国风·扬之水）

h3. 彼其之子，不与我戍许。（诗经·国风·扬之水）

h4. 谓晋人曰："与我伐夷而取其地。"（左传·庄公十六年）

3h组的V行为有可能被看作"有利于$N_2$"的事件，"与我"一般理解为"和我"，但也不能排除理解为"为我"的可能性。类似的例证还有：

（3）i1. 与之戮力，以与尔有众请命。（尚书·汤诰）

i2. 所欲与之聚之，所恶勿施尔也。（孟子·离娄上）

i3. 秦王……，使臣斯来言，愿得身见，因急与陛下有计也。（韩非子·存韩）

在省略介词宾语的结构式中，"交互"和"所为"也存在联系。下例显示"参与"义和"交互"功能的联系，也显示了"交互"和"所为"两种功能的联系。

（3）j. 三军之事不与谋。（左传·哀公五年）

下面一组例句也显示了"交互"和"所为"两种功能的联系。

（3）k1. 竖子不足与谋。（史记·项羽本纪）

k2. 臣非敢诋之，乃与为隐耳。（汉书·东方朔传）

先秦至汉时期，V表示"有利于$N_2$"的事件，"与"可以看作所为介词，但也不能排除交互介词的可能性。例如：

（3）l. 安国君许之，乃与夫人刻玉符，约以为嫡嗣。（史记·吕不韦列传）

汉代的例句中"与"有可作两种理解的用例：

（3）m1. 胜少时，尝与人佣耕。（汉书·陈胜传）

m2. 胜尝与人佣耕。（前汉纪·高祖皇帝纪）

3m组的"与"可分析为所为介词，但也不能排除交互介词的可能性。直至南北朝时期，仍有可作"交互"和"所为"两种分析的用例：

（3）n1. 今欲相召，当与君正之。（魏书·儒林列传）

n2. 邂逅赏心人，与君倾怀抱。（谢灵运：相逢行）

若V可以确定是"单方"意义，则"与"是所为介词。例如：

（3）o1. 昔与汝为邻，今与汝为臣。（孙皓：尔汝歌）

o2. 淮南近畿，国之形胜，非亲贤不居，卿与我卧理之。（南史·刘怀珍传）

"交互——所为"的演变是在"给予／帮助动词——所为介词"演变发生的同时而出现的支流。

### 3.3.2.3.2　被动介词"与$_{36}$"的两种来源

被动介词"与"（记为"与$_{36}$"）的来源比较复杂，不仅与动词两个义项（"给予"义和"致使"义）有联系，还与对象介词"与$_3$"的两种功能有联系（主要是交互介词，还有所为介词）。

A. 与"给予"义的联系

"与$_{36}$"与动词"与$_0$"的"给予"义和"致使"义有联系，这是因为"与$_0$"向被动介词发展时，"致使动词——被动介词"的演变路径已在进行中（如"教"）；而"给予"义动词所在的"与+N$_2$+V$_2$"式又蕴含"使N$_2$实施V$_2$行为"和"被N$_2$实施V$_2$行为"的意义，因此，"与$_{36}$"和"与$_0$"的两种词义都可能发生联系。

从历时角度看，"给予"义是被动介词的主要来源之一，"给予——被动"的演变，从历史文献看，始于唐代。"与"属于这一路径的演变的首发者。桥本万太郎（1989）认为汉语南方方言的被动介词多来自"给予"义动词，这是上古用法的遗留。就文献资料而言，我们观察到的"给予——被动"演变是从唐代开始的，汉语的南北方言中都有来自"给予"义动词的被动介词，这是唐代以来的演变趋势。

"给予"义动词充当谓语的句子通常蕴含"使……获益"的意义，如果表达"使……受损"的意义，"与"就有可能被看作被动介词。从句法角度看，"与+N$_2$+V$_2$（+N$_3$）"式中，V$_2$的语义类型决定了"与"的功能。通常，"给予"义动词进入双宾语句，句义中存在间接宾语N$_2$（多由表人的NP充当）和直接宾语N$_3$（多由表物的NP充当），N$_3$一般是可供传递的事物，即使N$_3$省略，句义中还是可以推出"授予物"意义的。当语义结构中没有可供传递的事物时，源动词的控制力就会减弱或消失，再加上V$_2$表示"非企盼"意义，"与"就被看作被动介词。

晋南北朝，"与$_{01}$"所在的"N$_1$（受事）+与+N$_2$+V$_2$"式或"V$_1$+N$_1$（受事）+与+N$_2$+V$_2$"中可以推出"授予物"意义，也可以推出"（某人）让N$_2$实施V$_2$行为"、"N$_1$+被N$_2$实施V$_2$行为"的意义。例如：

（4）a1. 汝来当可得，芝草与汝食。（杨羲：石英吟）

　　　a2. 男儿不惜死，破胆与君尝。（吴均：胡无人行）

至唐代，"授予物"也可能是抽象意义的。例如：

（4）b1.凉风怀袖里，兹意与谁传。（李巙：林园秋夜作）

　　b2.盛德可将银管述，丽词堪与雪儿歌。（韩定辞：答马彧）

4a、4b 组中因为有"授予物"意义存在，"与"是"给予"义动词；但句中蕴含"某人使 $N_2$ 实施 $V_2$ 行为"意义，"与"也可理解为致使动词。同时，由于"与"前面有 $V_2$ 的受事 $N_1$，语义结构中也存在"与"向被动介词发展的可能性。

由上面两组例句的推理意义可知：在一定的语境中"$N_1$（受事）+与+$N_2$+$V_2$"式的推理意义可能有多种理解，"与"的词义或功能也可能有多种理解。这是因为在最初的"与$_{01}$"充当 $V_1$ 的"（$N_1$+）与+$N_2$+$V_2$"式中，$V_2$ 的施事通常是 $N_2$，$V_2$ 的受事可能是 $N_1$，这样的语义结构中已蕴含着"给予"义动词向致使动词发展的可能性。但是 4a、4b 两组的多解不能作为"与$_{36}$"只有"与$_{02}$"一个来源的证据；因为这两组"与"也都可以理解为"给予"义。只有句义中不能推出"授予物"意义时，"与"才是真正的致使动词。这样的用例，唐代之前不多，在中晚唐时期才出现确凿的用例：

（4）c.虽有一庭萱草，何曾与我忘忧。（李中：所思）

类似例 4c 的用法在唐代并不多见，而同一时期，"与$_{36}$"已存在。例如：

（4）d1.安知鸾凤巢，不与枭鸢倾。（孟郊：饥雪吟）

　　d2.有巅从日上，无叶与秋欺。（陆龟蒙：奉和袭美……）

　　d3.世间一等流，诚堪与人笑。（寒山：诗三百三首）

可以说唐代之前，致使动词"与$_{02}$"的用例不多，唐代也不多见。很难令人相信：一个用例很少的义项能成为新的介词功能的来源。我们认为"给予"义也有可能直接向被动介词发展，而且发端更早。

唐诗的句子中，如果有抽象意义的"授予物"，"与"可作"给""让""被"三种理解。例如：

（4）e1.留得后庭亡国曲，至今犹与酒家吹。（汪遵：陈宫）

　　e2.李白虽然成异物，逸名犹与万方传。（曹松：吊李翰林）

　　e3.须得有缘方可授，未曾轻泄与人传。（吕岩：七言）

4e 组显示：如果"授予物"不是具体意义的，"与"有可能作三种理解。4e 组可以作为"与$_{36}$"不是只有致使动词一个来源的佐证。如果句义中可以推出"说话人或承受者不愿意 $V_2$ 事件发生"的意义，"与"相对靠近被动介词。例如：

（4）f1. 至竟穷途也须达，不能长与世人看。（罗隐：下第作）

f2. 此诗勿遣闲人见，见恐与他为笑资。（白居易：和微之……）

4e组和4f组显示：在含有"授予物"意义的语义结构中，"给予"义不能排除，而"给予"义有可能直接向被动介词发展。

B. 与"致使"义的联系

"致使"义的"与$_{02}$"有两个来源：交互介词或"给予"义动词。"交互——致使"的演变发生较早；"给予——致使"的演变发生较迟。

B1. "致使"义和交互介词的联系

"与$_{02}$"的来源之一是交互介词。下面一组例句显示了"交互"和"致使"的联系。

（4）g1. 子家子亟言于我，未尝不中吾志也，吾欲与之从政，子必止之。（左传·定公元年）

g2. 季孙愿与子从政，此皆季孙之愿也。（左传·定公元年）

g3. 故忠臣也者，能纳善于君，不能与君陷于难。（晏子·卷三）

g4. 故忠臣者能纳善于君而不能与君陷难者也。（说苑·卷二）

g5. 荡涤宿恶，与人更始。（后汉书·孝顺帝纪）

4g组的 V$_2$ 事件若理解为"N$_1$ 和 N$_2$ 双方参与"意义，则"与"是交互介词；若理解为"N$_2$ 单方参与"意义，则"与"是致使动词。4g组的两解显示："与$_{02}$"和交互介词"与$_{31}$"有来源关系。由于被动介词"与$_{36}$"的来源之一是"致使"义，而"致使"义的来源之一是交互介词"与$_{31}$"，"与$_{36}$"也有可能与"与$_{31}$"发生联系。

B2. "致使"义和"给予"义的联系

"与$_{02}$"的另一个来源是"给予"义，"给予——致使"的演变发生较晚，汉至南北朝时期有少数可作"给予"或"致使"两种理解的用例：

（4）h1. 以腹中热尚少，不能消之，便更与人作病也。（伤寒论·下编）

h2. 方今之世，以货自通，吾奉百万与子为资，何如？（后汉书·方术列传）

h3. 于是遂宽徭，与人休息。（魏书·明元六王列传）

直至唐代，类似4h组的用例也还不多。

B3. "致使动词——被动介词"的演变

"与$_{02}$"产生较迟，唐代并不多见。"给予——致使"的演变首先必须消除句中的"授予物"意义或"物件转移"意义。从历时角度看,"给予"义可以向"致使"和"被动"两个方向发展。在一些句子中"与"不能理解为"给予"义,但可理解为"让"或"被"义:

(4)i1. 唯堪片片紫霞映,不与濛濛白雾迷。(周朴:福州开元寺塔)

i2. 高情不与俗人知,耻学诸生取桂枝。(方干:献王大夫)

4i 组不能作为"与$_{36}$"只有致使动词一种来源的证据。从产生时期看,"与$_{36}$"在唐代已出现,且有可能与"给予"义有直接的语义联系。如果"与 +N$_2$+V$_2$"式中没有"物件转移"的蕴含义;而 V$_2$ 所表示的事件,又是说话人认为"不好"或"不幸"的,"与"是被动介词。例如:

(4)j. 安知鸾凤巢,不与枭鸢倾。(孟郊:饥雪吟)

上例显示:确认"与$_{36}$"性质的主要标准是"与 +N$_2$+V$_2$"式中 V$_2$ 的语义类型。虽然例 4j 看起来与"致使"义联系比较密切,但从整个历时过程看,不能排除"与$_{36}$"和"给予"义的联系。

C. 与交互介词"与$_{31}$"的联系

交互介词"与$_{31}$"、所为介词"与$_{32}$"在动词"与$_0$"发生"给予 / 致使动词——被动介词"演变的同时,也有可能发生功能扩展,向被动介词发展,这种演变趋势,属于支流性质。"与$_{31}$"的存在对"与$_{36}$"的产生也有一定的助推作用。南北朝时期初见可作"交互"和"被动"两种理解的用例:

(4)k. 不与风雨变,常共山川在。(江淹:效阮公诗十五首)

上例的"与"一般分析为交互介词,但单就"不与风雨变"一句看,也有可能被理解为"不为风雨所变"义。唐代的蕴含"授予物"意义的句子中,"与"可作"给"、"让"、"和"或"被"四种理解。例如:

(4)l. 产业曾未言,衣裘与人散。(高适:赠别王十七管记)

上例显示了"给予"和"致使"的联系,"给予"和"被动"的联系,"致使"与"被动"的联系,以及"交互"与"被动"的联系。在唐代的另一些用例中,"与"可作"和"或"被"两种理解。例如:

(4)m1. 远怀不我同,孤兴与谁悉。(张九龄:登郡城南楼)

m2. 惜哉边地隔,不与故人窥。(张九龄:南还以诗代书……)

m3. 长天不可望,鸟与浮云没。(刘长卿:初至洞庭,怀霸陵别业)

m4. 广张三千六百钓,风雅暗与文王亲。(李白:梁甫吟)

m5. 有时城郭去,暗与酒家亲。(法振:越中送程先生)

例 4m4 如理解为"太公与文王相亲"之义，则"与"为交互介词，若理解为"太公为文王所亲"之义，则"与"为被动介词。同理，余四例的"与"也有可能作两种理解。通过观察两解现象，可得出如下结论："与 $+N_2+V$"式中，V 的施事有作"$N_1$ 和 $N_2$ 双方"或"$N_2$ 单方"两种理解的可能性，不同的理解可能引发"交互——被动"的演变。这种演变是在"给予 / 致使——被动"的演变已经发生时，随之出现的支流。

D. 与所为介词"与$_{32}$"的联系

"与 $+N_2+V$"式中的"与"也有可能作所为介词或被动介词两种理解。例如：

（4）n1. 谁知颂德山头石，却与他人戒后车。（张继：读峄山碑）

　　n2. 本来云外寄闲身，遂与溪云作主人。（陆龟蒙：自遣诗三十首）

　　n3. 此君精爽知犹在，长与人间留炯诫。（司空图：冯燕歌）

4n 组的"与"如理解为"为、替"义，则是所为介词；如理解为"被他人用作箴诫"、"被云溪认作主人"或"被人间留作炯诫"则是被动介词。又如：

（4）o1. 艳光落日改，明月与人留。（梅尧臣：依韵和王中臣）

　　o2. 未将所学酬知己，先与他人作忌园。（释居简：泣钱长官竹岩）

4o 组的"与"也有可能作"为"和"被"两种理解。由 4n、4o 组的两解可知：所为介词"与$_{32}$"所在的"与 $+N_2+V$"式中也可能发生演变。但是"给予 / 致使——被动"是演变的主流，在"动词——介词"演变发生的同时，也可能出现另外一些属于支流性质的演变路径。

### 3.3.2.3.3 被动介词"著$_{31}$"的两种来源

关于被动介词"著"（记为"著$_{31}$"）的来源，主要有三种观点：一是来自"遭受"义动词"著"（记为"著$_{07}$"），持这一观点的有吴福祥等学者；二是来自使役动词"著"（记为"著$_{08}$"），持这一观点的有蒋绍愚等学者；三是既来自"遭受"义，也来自"使役"义，持这一观点的有李蓝等学者。我们认为在"著$_{31}$"的萌生过程中，"承受动词——被动介词"是演变的主线。致使动词"著$_{08}$"的产生与"著$_{31}$"几乎同时，从历时角度看，"著$_{08}$"不大可能是被动介词"著$_{31}$"的来源，但"著$_{08}$"的产生和存在，对"著$_{31}$"的继续发展也有助推作用。除"遭受""致使"义之外，动词"著"还有"使用"义（记为"著$_{09}$"），在被动介词"著$_{31}$"产生之前，工具介词"著$_{41}$"已存在，

"著$_{41}$"的存在也可能助推"著$_{31}$"的产生，"工具——被动"是演变的次线。

A. 动词"著$_0$"的词义发展

A1."著"的"遭受"义及其所在结构式

动词"著$_0$"有"触、碰"义。例如：

（5）a1. 阳虎从而射之，矢著于庄门。（公羊传·定公八年）

　　a1. 万臂揲仇牧，碎其首，齿著乎门阖。（公羊传·庄公十二年）

　　a3. 声著地之时，口至地，体亦宜然。（论衡·雷虚）

由"触、碰"义可产生"逢遇"意义，进而发展成为被动介词。发展线索如下：

著$_{01}$—著$_{02}$（"触碰"义）著$_{06}$（"逢遇"义）—著$_{07}$（"遭受"义）—著$_{31}$

唐代，"著"有"遭受"义，此义来自"逢遇"义，而"逢遇——遭受"的语义演变在汉语史上不止一次出现，在"著$_{07}$"之前，逢遇动词"遇、遭"都曾作"遭受"解。例如：

（5）b1. 泯王之遇杀，其子法章变姓名……（史记·田敬仲完世家）

　　b2. 中家以上大抵皆遇告。（史记·平准书）

（5）c1. 朕承鸿业十有余年，数遭水旱疾疫之灾，黎民屡困于饥寒。（汉书·成帝纪）

　　c2. 文王、孔子，仁圣之人，忧世悯民，不图利害，故其有仁圣之知，遭拘厄之患。（论衡·指瑞）

动词"著"在唐代产生"逢遇"义，常见的是短语"著雨"。例如：

（5）d1. 林花著雨燕脂落，水荇牵风翠带长。（杜甫：曲江对雨）

　　d2. 残莺著雨慵休啭，落絮无风凝不飞。（白居易：酬李二十侍郎）

"逢遇"义引申自"触碰"义，"触碰"义可推理出"两者相逢"之义。由"逢遇"义引申出"遭受"义，从语用推理角度看，是十分自然的，"遇雨"蕴含"遭雨淋"之意。而"遭受"义与被动介词"著$_{31}$"有直接的来源关系。在"遭 +N$_2$+V$_2$"式的语义结构中，N$_2$是逢遇对象，但也可以分析为V$_2$行为的施事。5d 组的"著雨"也蕴含"遭雨淋"之义。由"逢遇"义引申出"遭受"义是符合语义推理的。下面两例的"著"，可以理解为"遭受"义：

（5）e1. 燕子……乃被雀儿强夺，仍自更著恐吓……（敦煌变文集新书·卷二）

　　e2. 寒士痛遭恐，穷民恶著惊。（邵雍：奉和十月二十四日……）

唐宋时期，一些"著 +N$_2$+V$_2$"式中的"著"可作两种理解："遭受"义动词或被动介词。例如：

（5）f1. 一朝著病缠，三年卧床席。（寒山：诗三百三首）

f2. 待你著一顿热病打时，方思量我在。（五灯会元·卷十九·昭觉克勤禅师）

f3. 还家只有梦，更著晓寒侵。（陈师道：宿齐河）

f4. 淹泊自悲穷不醒，衰残更著病相缠。（陆游：西路口山店）

f5. 常恨流年不相贷，若为更著暮蝉催。（陆游：山斋书事）

f6. 荻浦菱陂夜半时，小舟更著疾风吹。（陆游：夜归二首）

f7. 多难只成双鬓改，流年更著暮笳催。（陆游：再次前韵）

f8. 年迈欲不竞，仍著疾病压。（方回：正月初四后……）

由 5a、5d、5e、5f 组例句可知：

1）动词"著。"的词义有"触碰——逢遇——遭受"的演变路径；

2）"遭受"义的"著07"可以进入与"被、吃、遭、挨"等"承受"义动词相同的结构式，"承受"义动词在"$V_1+N_2+V_2$"式的 $V_1$ 位置上有可能演变为被动介词，"著07"也可能有相同的发展方向；

3）唐代已出现萌生被动介词"著31"的结构式。

A2. "著"的"使用"义及其所在结构式

"著"的"使用"义来自"执持"义，而"执持"义又来自"放置"义。东汉至魏晋时期，"著"已有"放置"义。例如：

（5）g1. 左苍龙，右白虎，上著金银日月，玉衣珠璧以棺。（汉书·佞幸列传）

g2. 平原太守刘邠取印囊及山鸡毛著器中，使筮。（三国志·魏书·方伎传）

"放置"义动词所在的句子中有"将物件拿在手中"的蕴含义，"放置"和"执持"都表示手的动作，两者之间有语义联系，"著"又萌生"执持"义。例如：

（5）h. 公卿皆暴露请雨，洛阳令著车盖出门，……（后汉书·桓荣列传）

"执持"义有可能引申出"使用"义，下面一组例句的"著"可作"执持"或"使用"两种理解。

（5）i1. 伯著火炙之，腹背俱焦坼。（搜神记·卷十六）

i2. 传语李君劳寄马，病来唯著杖扶身。（白居易：还李十一马）

i3. 怜君意厚留新画，不著松枝当酒钱。（刘商：山翁持酒……）

"使用"义在向工具介词发展的同时，也有可能向被动介词发展，下面一组例句"著"可作"用"解，也可作"被"解：

（5）j1.上有金凤相飞唤，欲去不去著锁绊。（邺人金凤旧歌）

j2.田头有鹿迹，由尾著日炙。（曾崇范妻：梦中语）

j3.谁教言语如鹦鹉，便著金笼密锁关。（梅尧臣：元从主人……）

5j 组的"著"若看作介词，$N_2$ 的语义论元可分析为"工具"，也可分析为"施事"。"工具"与"施事"之间存在联系，是一种普遍现象。英语介词"by"一般介引施事，在一些句子中也可介引工具。唐宋时期，在施事不明确的情况下，"著"可能被今人理解为"用"义，也可能理解为"被"义。例如：

（5）k1.日色柘袍相似，不著红鸾扇遮。（王建：宫中三台词二首）

k2.你鼻孔因甚么著拄杖子穿却？（五灯会元·卷十八·泗洲用元禅师）

k3.浅著红蓝染，深于绛雪喷。（王禹偁：商山海棠）

k4.好继金陵丁太尉，留题尽著碧纱笼。（魏野：送武屯田赴陕路……）

k5.藓磴披萝入，茅堂著竹遮。（武衍：访隐者居）

k6.谁家园里有此树，郑重已著重帷遮。（谢枋得：荆棘中杏花）

个别句子的"著"可理解为"遭受"义动词、工具介词或被动介词。例如：

（5）l.已令人意满，更著驿书催。（李流谦：送李仁甫）

"工具"与"被动"在语义上的兼容现象，也助推被动介词"著$_{31}$"的产生，"著$_{41}$"可看作"著$_{31}$"的次要来源，可以说，"工具——被动"是演变的次线。这是"著$_{31}$"与其他被动介词的来源与萌生过程有所不同的地方。为什么中古时期其他工具介词没有向被动介词发展的趋势呢？因为它们的源动词没有"遭受"义项，而源动词的意义在语法化过程中具有很强的制导作用。

B."承受动词——被动介词"演变的因素

"著"的"承受动词——被动介词"的演变首先是因为"著+$N_2$（施事）+$V_2$"式的出现；其次是结构式中 $V_2$ 部分具有"非企盼"意义。句式意义、结构的复杂化以及体助词的出现起着固定演变结果的作用。

B1.句式的作用

演变首先发生在劝诫句。唐代已见用例：

（5）m1.郤公不易胜，莫著外家欺。（王维：戏题示萧氏甥）

上例的"著"可分析为"遭受"义的"著$_{07}$"或被动介词"著$_{31}$",该例显示了"承受动词——被动介词"演变的可能性。宋代沿用唐代的结构式。例如:

(5)m2.张君鼻观间,莫著兰麝杂。(李吕:橘香亭二首)

　　m3.只留谏草传家世,莫著轺车辱户门。(刘克庄:三月二十五日……)

在劝诫句中之所以容易实现演变,是因为劝诫句的句义以及"莫+著+$N_2$+$V_2$"式中$V_2$部分的意义符合"非企盼"的语义特征。

B2.$V_2$部分的意义

初期的"著+$N_2$(施事)+$V_2$"式中,$V_2$部分所表示的事件若是说话人或承受者不愿意看到或承当的,"著"的"遭受"义十分明显,并呈现向被动介词发展的趋势。例如:

(5)n.弱羽长忧俊鹘拳,疰肠暗著鹅雏啄。(元稹:有鸟二十章)

上例的"著"是"遭受"义动词,还是被动介词?尚难以确定;但上例至少显示了"承受动词——被动介词"演变的可能性。宋代的相同结构式中,$V_2$部分若表"非企盼"义,"著"亦可作"遭"或"被"解。例如:

(5)o1.一度著蛇咬,怕见断井索。(五灯会元·卷十九·龙翔士珪禅师)

　　o2.千里空携一影来,白头更著乱蝉催。(陈与义:邓州西轩……)

　　o3.如今一物无求,不著邪魔祛使。(释印肃:达理歌)

　　o4.报答春光酒一卮,贫中无酒著春欺。(杨万里:三月三日雨……)

　　o5.生来不著尘泥涴,天下何妨名字多。(孙应时:芙蕖)

　　o6.日射霜林烟罩素,长空不著纤云污。(曾协:风栖梧)

　　o7.高古,高古,不著世间尘污。(向子湮:如梦令)

由5o组可知:$V_2$部分所表示的事件若是说话人或承受者不愿意看到或承受的,"著"被理解为"遭受"义动词,也有可能被理解为被动介词。

B3.结构的复杂化

5o组的"著"已呈现向被动介词发展的明显趋势,但"著+$N_2$+$V_2$"式的"$N_2$+$V_2$"部分还有可能被分析为一个主谓短语,充当"著"的宾语。导致"著+$N_2$"紧密组合,成为一个介词短语的因素是结构的复杂化,主要是$V_2$后面出现宾语、补语以及体助词等、$V_2$前面出现状语等。结构的复杂化固定了"承受动词——被动介词"演变的结果,并使"著$_3$"的性质得以确定(马贝加2014)。

B4. 体助词出现在 $V_2$ 后

体助词"了"出现在 $V_2$ 后面而不是"著"后面，也凸显了 $V_2$ 的谓语部分中心动词的地位。例如：

（5）p. 你两个仔细看银子，别样假的也还好看，单要防那"四堵墙"，休要著他哄了。（无名氏：包待制陈州粜米·第一折）

若"了"后还有宾语或补语，$V_2$ 的中心动词身份也非常明显。例如：

（5）q1. 那时节若是别个，也著他送了五星三。（关汉卿：尉迟恭单鞭夺槊·第二折）

q2. 谁想道著他打了一百！（李直夫：便宜行事虎头牌·第四折）

若"了"后既有宾语也有补语，$V_2$ 的主要动词地位更为明显。例如：

（5）r. 我干著他打了我一顿，别处告诉去来。（关汉卿：邓夫人苦痛哭存孝·第二折）

若"了"出现在述补结构后面，$V_2$ 也是主要动词。例如：

（5）s1. 叔叔，这项货紧，则怕著人买将去了。（秦简夫：东堂老劝破家子弟·第一折）

s2. 俺两个武艺不会，则会吃酒肉，倘或著人拿将去了，杀坏俺两个怎了？（关汉卿：邓夫人苦痛哭存孝·第一折）

s3. 黑地里交钞，著人瞒过了。（秦简夫：东堂老劝破家子弟·第一折）

综上，和"被、吃"一样，"著$_{31}$"也因句法结构复杂化而确定被动介词的性质。但"著$_{31}$"有两条演变路径，主要路径是"承受动词——被动介词"，次要路径是"工具介词——被动介词"。

### 3.3.2.3.4  言谈介词"就$_{32}$"的两种来源

动词"就$_0$"有"走向，走近"义，它向介词发展时，也有两个主要的方向：方所介词和对象介词。图示如下：

／就$_1$（方所）

就$_0$—就$_{31}$（交互）—就$_{32}$—就$_{34}$

＼就$_{32}$（言谈）—就$_{35}$（所对）

＼就$_{33}$（师从）

＼就$_{34}$（求索）—就$_{36}$（借助）

上表显示：和"从"一样，"就$_0$"在对象介词方向上有四个分支方向：交互介词、言谈介词、师从介词、求索介词。言谈介词"就"（记为"就$_{32}$"）

除与动词有直接联系之外，与交互介词"就$_{31}$"也有联系。

A. 与动词"就$_{01}$"的联系

"就$_0$"有向言谈介词发展的倾向，汉代之前已见端倪。若"就$+N_2+V_2$"式中的 $N_2$ 是表示听话人的名词或名词性短语，$V_2$ 是"言说"义或蕴含"言说"义的动词，且为 $N_1$"单方实施"意义，"就$_0$"呈现向言谈介词发展的态势。例如：

（6）a1. 就重华而陈辞。（楚辞·离骚）

上例的"就"还是运行动词，可释义为"走向，走近"义或"前往"义，但句中可以推出"$N_2$ 所在之处是 $V_2$ 行为发生之处"的意义，还有"$N_1$（施事主语，可能省略或隐含）实施 $V_2$ 行为时，面对着 $N_2$"等意义。句中潜藏着"就"演变为言谈介词的可能性。在"$V_1+$ 就 $+N_2+$ 曰"式或"$V_1+N_2+$ 就 $+N_3+$ 曰"式中，动词"就$_0$"也呈现向言谈介词发展的倾向。例如：

（6）b1. 王乃步就王孙雒曰：……（国语·吴语）

b2. 公下堂就晏子曰：……（晏子·内篇·谏下）

6b 组的"就"后跟表人的名词，前面有表"运行"义的 $V_1$"步"、"下"等，可以承载"位移"意义的表达，"就"的"位移"义素有可能消失。"就 $+N_2+$ 曰"式有可能表示"对……说"之义。在"就 $+N_2+V_2+$ 曰"式或"就 $+N_2+V_2$"式中，"就"有可能作"对"解，但句中没有运行动词，"就"还不能排除动词的可能性。例如：

（6）c1. 公就晏子而止之曰：……（晏子·内篇·谏下）

c2. 孟尝君涕浪汗增，唏而就之曰：……（说苑·卷十一）

c3. 孟尝君遂唏嘘而就之曰：……（桓谭·离事）

c4. 忽梦由携酒就之言别。（魏书·卢玄列传）

在 $V_1$ 是运行动词的"$V_1+$ 就 $+N_2+$ 曰"式中，"就"可以看作言谈介词的萌芽。例如：

（6）d. 江于是跃来就之曰：……（世说新语·假谲）

至唐代，萌芽状态的言谈介词"就$_{32}$"已有较多用例：

（6）e1. 然始就鲍季详、熊安生质问疑滞。（北史·孙惠蔚传）

e2. 古来隐者多能卜，欲就先生问丙丁。（贾岛：赠牛山人）

e3. 身名身事两蹉跎，试就先生问若何。（白居易：问韦山人山甫）

但 6e 组句中仍不能排除"$N_1$ 位移"的推理意义。宋代的一些结构式中，如不能排除"N₁位移"意义;"就"还是有运行动词或言谈介词两种可能性。例如：

（6）f1. 君如就我问消息，新种海棠开两枝。（胡宏：春事）

f2. 极知贫贱别离苦，明日有怀就谁语。（陆游：行路难）

f3. 儿言生日至，可就瞿昙语。（苏辙：癸未生日）

f4. 明日，就日者问之，曰："隔花泣者，颜随风谢；窥井笑者，喜于泉路也。"（通幽记·唐晅，太平广记）

但宋代的一些结构式中，没有"N₁位移"意义，"就"可以看作言谈介词。例如：

（6）g1. 日就妻孥问药囊，镜中自笑鬓毛苍。（彭汝砺：寄史司理）

g2. 晚来更就邻姬问，梦到辽阳果是非。（陆游：无题）

g3. 一庵倘许西峰住，常就巢仙问养生。（陆游：宿上清宫）

g4. 袁宏谢尚久磨灭，含情欲就何人说。（郭祥正：中秋泛月……）

如果"就 +N₂+V₂"式前面有运行动词，"就"的言谈介词性质十分明显。例如：

（6）h1. 会将渔父意，往就庄生问。（黄庭坚：次韵师厚……）

h2. 来就昌黎语，良惭我效颦。（释正觉：浮舟之昌国……）

h3. 公掾富沙，来就师语。（释善珍：祭祀静江帅曾吏部）

B. 与交互介词"就₃₁"的联系

交互介词"就₃₁"萌生于晋南北朝时期。在 V₁ 为运行动词的"V₁+就 +N₂+V₂"式中，如果可以推出"V₂的施事是 N₁ 和 N₂ 双方"意义，"就"是交互介词。例如：

（6）i1. 统客既罢，往就兼坐，……（三国志·蜀书·彭兼传）

i2. 徐元直向云有客当来就我与庞公谭。（三国志·庞统传，裴注引《襄阳记》）

i3. 愿言捧锦被，来就越人宿。（吴均：咏少年诗）

i4. 揽枕北窗卧，郎来就侬嬉。（子夜歌四十二首）

例 6i2 的 V₂ 是"谭"，属于言说动词。如果可以推出"V₂的施事是 N₁ 单方"意义，则"就"是言谈介词，也就是说，例 6i2 中潜藏着"就"变为言谈介词的可能性。在"就 +N₂（人）+V₂（言说）"中，"就"还可以作动词或交互介词两种分析。例如：

（6）j. 诸人莫当，就卿谈，可坚城垒。（世说新语·德行）

如果可以推出"$V_2$ 由 $N_1$ 单方实施"意义,"就"是言谈介词。例如:

（6）k1. 山意欲相招,缕脉就我陈。（王灼：呈苏企道汉良……）

k2. 是非勿与时人说,为就重华述九歌。（方一夔：杂兴）

k3. 闭门两日病不出,得句谁能就我哦。（赵蕃：老卿携诗三篇来……）

k4. 予心适有会,还就幽人说。（陆游：行路难）

### 3.3.2.3.5　言谈介词"替$_{32}$"的两种来源

"替 +$N_2$+$V_2$（言说）"式中,首先发生"替代动词——所为介词"的演变,所为介词"替$_{31}$"见于唐代。例如:

（7）a. 为他作保见,替他说道理。（拾得：世上）

但言谈介词不是只有所为介词一个来源,而是有动词和所为介词两种来源。

A. 与动词"替$_0$"的联系

唐宋时期的"替 +$N_2$+$V_2$（言说）"式中,"替"至少有三种可能性："替代"义动词、所为介词、言谈介词。此外,还有被分析为交互介词的可能性。例如:

（7）b1. 停杯替花语,不醉拟如何。（白居易：同诸客携酒……）

b2. 清明未到春已空,枝上流莺替人语。（陆游：贫甚卖常用酒杯……）

b3. 问渠何故终不语,却倩滩声替佛谈。（杨万里：兰溪双塔）

b4. 池头五粒初摇动,却替幽人说旧诗。（周文璞：哦松夏夜）

b5. 高楼吹角成何事,只替诗人说断肠。（陆游：东园观梅）

b6. 云外哀鸿,似替幽人语。（葛胜仲：点绛唇·县斋愁坐作）

7b 组显示：动词"替$_0$"有可能直接向言谈介词发展。

B. 与所为介词"替$_{31}$"的联系

明代的 $V_2$ 为"言说"义动词的结构式中,"替"可能是"为"义的。例如:

（7）c1. 他前日会得医自,必然如今医得他,我们且替你说看。（三刻拍案惊奇·二十回）

c2. 伯爵在旁,又替他说了两句美言。（绣像金瓶梅词话·六十回）

也可能作"为"或"对"义两种理解的。例如:

（7）d1. 将军若听我,我替你说；若不听我,说也无用。（英烈传·十回）

d2. 又恐怕你冻饿死在外边了,故着老汉设法了你家来,收拾你在门房里,

今见你心性转头，所以替你说明。(二刻拍案惊奇·卷二十二)

7d组显示了"替"发生"所为——言谈"演变的可能性。只能作"对"解的"替"也有用例：

(7) e1. 好不老成相公，当日怎么替你说，又留这空洞儿等和尚钻。(型世言·二十五回)

　　e2. 三藏忙替他说："昔日想师父们避难在外，故此不知。"(续西游记·六十八回)

　　e3. 我是替你说过了，方住在此的，如何又要我去陪这老厌物？(初刻拍案惊奇·卷二十六)

　　e4. 母亲若念孩儿，替爹爹说一声，周全其事，休绝了一脉姻亲。(今古奇观·卷三)

　　e5. 大郎道："秀才要衣服，只消替老夫讲，岂有与闺中女子自相往来的事？是我养得女儿不成器了。"(二刻拍案惊奇·卷十一)

虽然"替"的"所为——言谈"演变发生较晚，但这一路径的演变可以看作支流。

### 3.3.2.4　有两种来源的方式介词

在方式介词中，有一部分依据介词、原因介词由于处于语法化链的后端，可能有动词和介词两种来源，或者与介词的两种功能有联系。

#### 3.3.2.4.1　依据介词"凭₄₂"的两种来源

依据介词"凭"(记为"凭₄₂")与凭借介词"凭₄₁"有联系，与"依据"义动词"凭"(记为"凭₀₄")也有联系。汉语中有较多的介词具有"凭借"和"依据"两种功能，而且一般是先有"凭借"功能，后有"依据"功能。因此，我们认为在介词功能扩展中存在"凭借——依据"的演变路径，但这些介词的依据功能和动词也有联系。

A. 与"依据"义的联系

动词"据"有"倚靠"义和"依据"义，受"据"的带动，动词"凭"引申出"依据"义(记为"凭₀₄")。南北朝至唐代，"凭"作为语素，构成双音词"凭据"，进入"无凭据"或"无所凭据"结构。例如：

(1) a1. 时事荡然，万不记一。后人执笔，无凭据，史之遗阙，伟之由也。(魏书·山伟传)

a2. 时事荡然，万不记一。后人执笔，无所凭据，史之遗阙，伟之由也。（北史·山伟传）

a3. 城败之后，公私荡然，军人账簿，悉多毁亡，户口仓储，无所凭据。（北史·序传）

由 1a 组可知：因与"凭"和"据"连用，"凭"的"依据"义十分明显。可以说，南北朝至唐代，"凭04"已存在。"依据"义的"凭"可以单用。例如：

（1）b1. 初，谯周……，皆凭旧典，以纠迁之谬误。（晋书·司马彪传）

b2. 慎罚宁凭两造辞，严科直挂三章律。（骆宾王：畴昔篇）

b3. 虽无经记可凭，察其古迹，似符宿传矣。（水经注·卷十一）

b4. 虽石碛沦败，故迹可凭。（水经注·卷十六）

"凭04"如用于"$V_1+N_2+V_2$"式的 $V_1$ 位置，有可能产生依据介词"凭42"。

B. 与凭借介词"凭41"的联系

"凭借——依据"是汉语中常见的演变路径，"以"是这一路径的首发者。"凭41"继续语法化，也有可能产生"凭42"。凭借介词所在的"$P+N_2+V$"式的 $N_2$ 一般表示施事可以凭恃的有利条件，句中可以推出"$N_1$ 有某种优势或优越感"、"施事或 $N_1$ 为获益方"的意义；依据介词所在的"$P+N_2+V$"式的 $N_2$ 一般表示实施事件所援引的法规或旧例，句中不能推出"$N_1$ 有优势或优越感"、"$N_1$ 为获益方"意义。

1）"凭 + 疑问代词 +V"式中的演变

演变首先发生在疑问句中，唐宋时期的"凭 + 何 +V"式中，"凭"的功能有"凭借"或"依据"两种可能性。比较两组例句：

（1）c1. 愚夫祸福自迷惑，魑魅凭何通百灵？（李绅：过荆门）

c2. 有君阙臣，社稷凭何安立？（敦煌变文集新书·卷三）

（1）d1. 塞雁衔芦为质，祖代凭何为信？（祖堂集·卷十·长庆和尚）

d2. 某人病风不语，医工未有验证，凭何取证，便坐杖刑？（折狱龟鉴·卷四·高防覆狱）

1c 的"凭"是凭借介词，1d 组的"凭"是依据介词。比较两组可知：凭借介词所在句子侧重施事可以凭恃的有利条件，句义中可以推出"V 的施事有某种优势或优越感"的意义，而且 V 一般表示"好"的或"有利于施事"的事件；依据介词所在结构式则侧重事件援引的法规、旧例或事实证据，句中不能推出"施事有优势或优越感"或"V行为有利于施事"的意义。类似例1d组的语义结构，宋时期还有一些例证：

（1）e1. 若只写一年二年三年，则官司词讼簿历，凭何而决？（朱子语类·卷七十六）

　　　e2. 郑康成作一说，郑司农又作一说，凭何者为是？（朱子语类·卷八十六）

　　　e3. 以是论之，宰辅凭何较考？（旧五代史·职官志）

　　　e4. 许负遗书果是非，子凭何处说精微？（刘克庄：赠徐相师）

2）"凭+名词+V"式中的演变

在唐代的一些结构式中，难以区分"凭借"和"依据"功能。例如：

（1）f1. 且把灵方试，休凭吉梦占。（陆龟蒙：秋日遣怀……）

　　　f2. 刃血攻聊已越年，竟凭儒术罢戈鋋。（汪遵：聊城）

　　　f3. 一别杜陵归未期，只凭魂梦接亲知。（刘驾：春夜二首）

1f组也显示了"凭借"和"依据"的联系。在"凭+$N_2$（名词）+V"式中，确凿的依据介词"凭$_{42}$"见于宋代，$V_2$多为表示认知、推理、考证的动词。例如：

（1）g1. 若凭言语论高下，恰似从前未悟时。（古尊宿语录·卷二十三）

　　　g2. 姑以人事论，勿凭天命推。（王禹偁：北楼感事）

　　　g3. 雾外江山持不真，只凭鸡犬认前村。（杨万里：庚子正月五日……）

　　　g4. 欲凭妙语分宾主，须识尘机有浊清。（释德洪：题石头顿斧亭）

宋代，$N_2$位置上还可以出现短语。例如：

（1）h1. 亦只凭钦夫写来事实做将去。（朱子语类·卷一百零一）

　　　h2. 今人只凭一己私意，瞥见些子说话，便立个主张。（朱子语类·卷八）

　　　h3. 欲凭此诗以考寒穴所在，则失之远矣，非泉之不幸欤？（观林诗话）

　　　h4. 而文仲止凭吏人之言，遽有闻奏，且无典章为据。（续资治通鉴长编·卷六十）

综上，依据介词"凭$_{42}$"有两个来源：一为"依据"义动词"凭$_{04}$"，一为凭借介词"凭$_{41}$"。"凭$_{04}$"用于连动结构的$V_1$位置，变为依据介词，而"凭借——依据"的功能扩展肇端于疑问句中。

### 3.3.2.4.2　原因介词"为$_4$"的两种来源（参见2.2.3.4.1）

### 3.3.3 与介词的多种功能有来源关系的介词

一个介词可能有多种功能，从第二个功能开始，可能不止一个来源。分两种情况：一种是来自介词功能扩展，但与源动词的意义也有关系，即有动词和介词两种来源；另一种是与两个或两个以上的介词功能有联系。

#### 3.3.3.1 始发处介词"向$_{13}$"的两个来源

介词"向$_1$"有介引始发处的功能（记为"向$_{13}$"），这个功能不可能来自原地动词"向$_{01}$"或运行动词"向$_{02}$"。那么，究竟来自何种功能的扩展呢？有两种可能性：方向功能或所在处功能。"向 +N$_2$+V"式中的 V 若为"下、来、出"等运行动词的，"向$_{13}$"与方向介词"向$_{11}$"有较为密切的联系；V 若为"生发"义、"消失"义等原地动词，与所在处介词"向$_{14}$"有较为密切的联系，但"向$_{13}$"和"向$_{14}$"是相互带动的关系。

##### 3.3.3.1.1 与方向介词"向$_{11}$"的联系

如果 V 是运行动词"下"，N$_2$ 有可能被看作运行的"方向"，但也有可能被看作运行的"始发处"。例如：

（1）a. 月向天边下，花从日里生。（卢照邻：奉和圣制赐王公……）

若将上例的 N$_2$"天边"理解为运行的目的地，"向"是方向介词；若理解为运行的开始之处，"向"是始发处介词。由例 1a 可知：在相同的结构式中，由于对 N$_2$ 的论元角色有不同的理解，"向"的功能可能发生"方向——始发处"的变化。如果 V 是"出"、"出来"、"起"等，N$_2$ 一般被理解为运行的开始之处，"向"是始发处介词。例如：

（1）b1. 龙向洞中衔雨出，鸟从花里带香飞。（朱长文：望中有怀）

b2. 只知沤向水中出，岂知水不从沤生。（祖堂集·卷九·落浦和尚）

b3. 千途尽向空源出，万景终归一路通。（释延寿：山居诗）

b4. 沉沉月向波心出，渺渺人从天际来。（晁说之：无那）

b5. 但是来者尽识得伊，任伊向甚处出来。（古尊宿语录·卷四·临济慧照禅师）

b6. 虎来静坐秋江里，龙向潭中奋身起。（吕岩：寄白龙洞刘道人）

##### 3.3.3.1.2 与所在处介词"向$_{14}$"的联系

所在处介词"向$_{14}$"唐代已萌生，"向$_{14}$"和"向$_{13}$"是互相带动关系。如

果 V 是"消失"、"生长"义的原地动词,"向"可能在所在处介词,也可能是始发处介词。例如:

(1)c1. 半酣更发江海声,客愁顿向杯中失。(李白:夜泊黄山⋯⋯)

c2. 年年秋意绪,多向雨中生。(元稹:景申秋八首)

1c 组的"向"可作"所在处"或"始发处"两种分析,下面一组例句的"向"是始发处介词。

(1)d1. 不分气从歌里发,无明心向酒中生。(白居易:元和十三年⋯⋯)

d2. 红日看将山上没,白云又向岭头生。(敦煌变文集新书·卷二)

d3. 如何春草碧,尽向客愁生。(刘辰翁:春景)

如果 V 是"寻觅"、"求得"义动词,"向"也是始发处介词。例如:

(1)e1. 尽向有中寻有质,谁能无里见无形。(吕岩:七言)

e2. 若向此中求荐枕,参差笑杀楚襄王。(李和风:题敬爱诗后)

e3. 善庆曰:"既言不识,疏抄从甚处得来?"道安答曰:"向远公上足弟子云庆和尚处得来。"(敦煌变文集新书·卷六)

e4. 句向闲中觅,茶因醉后呼。(徐玑:登横碧轩⋯⋯)

### 3.3.3.2 来源介词"于$_{38}$"的两个来源

介引来源者的"于$_{38}$"与两种介词功能有来源关系,主要来源是介引"接受者"的"于$_{31}$",次要来源是介引"求索者"的"于$_{34}$"。在对象介词"于$_3$"的诸多功能中,介引"接受者"的功能萌生最早,《诗经》已有例:

(2)a. 享于祖考。(诗经·小雅·信南山)

如果"V+ 于 +N$_2$"式的 V 是"接受"、"获得"义动词,"于"的功能是介引来源者。例如:

(2)b1. 非其道,则一箪食不可受于人。(孟子·滕文公下)

b2. 真者,所以受于天也。(庄子·杂篇·让王)

b3. 不得于君则热中。(孟子·万章上)

在"于 +N$_2$+V"式和"V+N$_2$+ 于 +N$_3$"式中,"于"可以看作接受介词或来源介词。例如:

(2)c. 于周受命。(诗经·大雅·江汉)

(2)d. 受禄于天。(诗经·大雅·假乐)

上两例显示了"接受"和"来源"两种功能的联系。另一方面,求索介词"于$_{34}$"的存在，也可以助推来源介词"于$_{38}$"的产生，在"V+N$_2$+于+N$_3$"式中，在求索介词产生之后，"来源"和"求索"两种功能也可能发生联系。比较两例：

（2）e. 齐使乞师于陈郑，郑太子忽帅师救齐。（左传·桓公六年）

（2）f. 受命于鲍子。（左传·哀公六年）

前例的"于"是求索介词，后例的"于"是来源介词。结构式中的 N$_1$ 都是 [+ 获得] 方，N$_3$ 都是 [+ 付出] 方；区别在于是否可以推出"N$_1$ 向 N$_2$ 提出要求"的意义。如果有，则是求索介词；如果无，则是来源介词。V 继续扩展，可以是"获得"义动词。例如：

（2）g1. 高雅得幸于胡亥。（史记·蒙恬列传）

　　　g2. 王夫人新得幸于上。（史记·滑稽列传）

### 3.3.3.3　所对介词"就$_{33}$"的两个来源

所对介词"就"（记为"就$_{33}$"）与介词"就"的两种功能有联系：言谈介词"就$_{32}$"和方向介词"就$_{13}$"。

#### 3.3.3.3.1　与言谈介词"就$_{32}$"的联系

言谈介词"就$_{32}$"发端于南北朝时期。例如：

（3）a. 徐元直向云有客当来就我与庞公谭。（三国志·蜀书·庞统传，裴注引《襄阳记》）

上例的"就"可以分析为交互介词，由于 V 是言谈介词，"就"也有朝言谈介词发展的可能性。唐代，V 可以是"曰""问"等动词。例如：

（3）b1. 张乃唤仆，使张烛巾栉，就孟曰……（酉阳杂俎·卷十五）

　　　b2. 忠惶恐，私就卜问。（朝野佥载·卷五）

3b 组的"就"可能是言谈介词，但还不能排除运行动词的可能性。宋代，"就 +N$_2$+V"式的 V 有所不同，首先是表情动词。例如：

（3）c1. 束身入世程，开口就人叹。（王令：离高邮……）

上例的"就"是确凿的所对介词。若 V 为手作或口作动词，但可以推出"向某人表示礼仪或态度"的意义，"就"是引进所对者的介词。例如：

（3）d1. 不如听邻笛，就其举杯瓯。（梅尧臣：赴刁景纯招……）

　　　d2. 羁怀不到酒边开，欲就钱郎把茗杯。（王安中：答钱和父市易）

　　　d3. 安得就公歌一曲，缓吟迟步夕阳湾。（徐积：寄路倅洪泽阻水）

如果是拟人用法，$N_2$ 是表示动植物的名词，"就"也是所对介词。例如：

（3）e1.体中颇觉不能佳，急就梅花一散怀。（陆游：梅花绝句四首）

E2. 与方向介词"就$_{13}$"的联系

唐代已存在方向介词"就$_{13}$"。例如：

（3）f1.无由就日拜，空忆自天归。（李端：张左丞相……）

　　f2.弦歌好就吴乡拜，簪组初从魏阙来。（扈蒙：桐庐员外……）

"就$_{13}$"也是"就$_{33}$"的来源，下面一组例句显示了两种功能的联系。

（3）g1.一门丰泽知难报，就日倾心比露葵。（李正民：奉和元叔锡服）

　　g2.欲就白杨倾一酹，竟无人可暂相同。（刘攽：野次）

　　g3.取酒就花倾，隔林邀客语。（张耒：独游东园）

3g 组如分析为运用比拟手法，"就"是所对介词。

### 3.3.3.4　言谈介词"朝$_{32}$"的两个来源

方向介词"朝$_1$"萌生于宋代。至明代，"朝$_1$"已有普遍使用。其时，所对介词"朝$_{31}$"也已萌生。言谈介词"朝"（记为"朝$_{32}$"）与方向介词和所对介词都有来源关系。图示如下：

$$/ 朝_{32}（言谈）$$

朝$_0$（动）—朝$_1$（方向）—朝$_{31}$（所对）—朝$_{32}$

#### 3.3.3.4.1　与方向介词"朝$_1$"的联系

明代，在一些"朝 +$N_2$（方所）+V"式中，V 部分有两个动词，一为手作动词、身姿动词、礼仪动词或表情动词，一为言说动词。例如：

（4）a1.那老母用手朝西指道……（西游记·八十四回）

　　a2.有三四十名乡老朝上磕头道：……（西游记·四十五回）

　　a3.一齐朝上叩头道……（西游记·四十八回）

　　a4.守诚犹公然不惧分毫，仰面朝天冷笑道……（西游记·九回）

4a 组的"朝"是方向介词，但有朝所对介词或言谈介词发展的可能性；由于 V 位置上有两个动词，其中之一是言说动词，"方向——言谈"的演变有了可能性。若 $N_2$ 为表人的名词，V 部分的前一个动词为身姿动词、表情动词或礼仪动词，后一个为言说动词，"朝"可能是所对介词或言谈介词。例如：

（4）b.许宣……，朝着白娘子跪在地下道……（今古奇观·卷六）

若 V 部分只有一个"言说"义动词,"朝"是言谈介词。例如:

(4)c1. 朝着圣上问道……(三宝太监西洋记·十四回)

c2 他知道是冤家来了,便朝妻子说……(三刻拍案惊奇·二十四回)

c3 行者……,朝着三个小妖道……(西游记·九十回)

c4. 一齐朝着梁主哀告……(喻世明言·卷三十七)

3.3.3.4.2　与所对介词"朝$_{31}$"的联系

所对介词"朝$_{31}$"所在结构式的 V 可以是身姿动词、表情动词或礼仪动词。例如:

(4)d1. 原来那几个女子都朝着韩相国站的,……(鼓掌绝尘·二回)

d2. 二娘出来看见,朝着二官笑了一声,叫道……(欢喜冤家·九回)

d3. 湘子进到里面,朝着两师拜了八拜。(韩湘子全传·八回)

有的礼仪行为主要是口头表达的。例如:

(4)e1. 这道人立在阶前,朝着众官唱个喏,道……(韩湘子全传·十五回)

e2. 这两员神将朝着真君声喏道:……(清平山堂话本·卷四·合同文字记)

e3. 朝着国师打个问讯,说道:……(三宝太监西洋记·九十三回)

4e 组的语义结构中也有可能产生言谈介词"朝$_{32}$"。如果 V 是"言说"义动词,"朝"是言谈介词。例如:

(4)f1. 赶来朝着沈氏道:……(三刻拍案惊奇·二十八回)

f2. 女待招……,朝着海陵道:……(醒世恒言·卷二十三)

f3. 友谅……,朝着花云说:……(英烈传·二十九回)

### 3.3.3.5　言谈介词"冲$_{32}$"的两个来源

言谈介词"冲$_{32}$"也有方向介词"冲$_1$"和所对介词"冲$_{31}$"两个来源。致变因素和"朝"大致相同。

3.3.3.5.1　与方向介词"冲$_1$"的联系

来自方向介词"冲$_1$"的言谈介词"冲$_{32}$"萌生于两种结构式,一种是 N$_2$ 为方所词语,V 是口作动词的。例如:

(5)a1. 冲着刀刃上一吹,这发俱都齐齐的断了。(小五义·二十六回)

a2. 冲着湖念我这个咒,湖水就上不来。(济公全传·一百三十三回)

a3. 又见国栋冲着太湖石叫了半天。(小五义·六十三回)

a4. 国栋……,冲着太湖石又嚷……(同上)

在 5a 组中，若 $N_2$ 发生"方所——人"的变换，$V_2$ 为"言说"义动词，则"冲"为言谈介词。如：

（5）b1. 雯青……，冲着彩云道……（孽海花·十二回）

b2. 说完就冲着雯青道……（同上·十九回）

b3. 郑氏冲着徐庆说……（小五义·二百二十九回）

b4. 我冲着山贼说呢！（同上·二十三回）

另一种是 $N_2$ 是方所词语，V 部分有两个动词的，前一个是身姿动词或礼仪动词，后一个是"言说"义动词。例如：

（5）c1. 天彪双膝点地，冲上一跪说……（小五义·二百零五回）

c2. 然后素真冲上又道了几个万福说……（同上·一百九十一回）

c4. 冲着台下深打一躬说……（同上·二百十六回）

5c 组的"冲"还是方向介词。若 $N_2$ 发生"方所——人"的变化，"方向——言谈"的演变就有了可能性。例如：

（5）d1. 冲着寨主一躬到地说……（小五义·二十六回）

d2. 冲着展爷又是一躬到地说……（同上·三十五回）

d3. 冲着众人一跪说……（彭公案·一百六十回）

5d 组的"冲"可能是所对介词，也可能是言谈介词，如果 V 部分只有一个"言说"义动词，"冲"变为言谈介词。如：

（5）e1. 冲着李继善说……（负曝闲谈·二十九回）

e2. 冲着席三骂道……（广陵潮·八十回）

e3. 冲着云麟说……（同上·四十五回）

### 3.3.3.5.2　与所对介词"冲₃₁"的联系

"所对——言谈"的演变发生也在两种结构式中，一种 $N_2$ 是表人的名词或代词，$V_2$ 是口作动词的结构式。例如：

（5）f1. 当时把僧袍往脑袋上一蒙，冲他喊了一声。（济公全传·七十七回）

f2. 只见门外站着半截白塔似的一个影子冲他直嚷。（彭公案·一百四十一回）

f3. 这个身影……，冲他几人嚷了两声。（彭公案·一百四十一回）

5f 组的"冲"是所对介词，若 V 为"言说"义动词，则"冲"为言谈介词。例如：

（5）g1. 只听见冲着他说了俩字。（儿女英雄传·三十二回）

g2. 恶奴……，冲着贤臣说……（施公案·九十四回）

g3. 智爷又冲着寨主说……（小五义·一百零二回）

另一种是 V 部分有两个动词，一个是口作动词或表情动词，另一个是言说动词。例如：

（5）h1. 王明心生巧计，就认做个神仙，冲他一下高叫道："你那中生吆喝甚么？"（三宝太监西洋记·五十二回）

　　h2. 冲这位文生公子打了个问讯道……（济公全传·一百二十三回）

　　h3. 冲着胜爷冷笑道……（三侠剑·一回）

5h 组的"冲"可能是所对介词，也可能是言谈介词。在这样的语义结构中，也有可能产生言谈介词，若 V 部分只有一个言说动词，"冲"就是言谈介词。例如：

（5）i1. 又冲着田福恩说道……（广陵潮·六十三回）

　　i2. 冲着四奶奶说道……（广陵潮·四十六回）

　　i3. 石彩……，冲着那人问道……（广陵潮·四十七回）

### 3.3.3.6　交互介词"替$_{34}$"的两个来源

交互介词"替$_{34}$"萌生于元代（李崇兴 1994）。"替"表示"交互"的功能有比较复杂的来源，主要来源是所对介词"替$_{33}$"，次要来源是言谈介词"替$_{32}$"。

#### 3.3.3.6.1　"替"的演变路径总述

"替代"义动词"替$_0$"有两个主要的演变方向，图示如下：

$$/ 替_{35}（求索）$$
$$/ 替_{32}（言谈）— 替_{34}（交互）$$
$$替_0 — 替_{31}（所为）— 替_{33}（所对）— 替_{34} — 替_{36}（等比）$$
$$\backslash 替_{32} — 替_{35}（求索）$$

上表显示：对象介词"替$_3$"有两个功能与动词"替$_0$"有直接的联系，即所为介词"替$_{31}$"和言谈介词"替$_{32}$"。"替$_3$"共有六种功能，除"所为"和"所对"之外，还有"交互"、"言谈"、"求索"和"等比"四种。然而，六种功能不是在一个时代平面上产生，也不是都与"替$_0$"有直接的联系。交互介词"替$_{34}$"的主要来源是所对介词"替$_{33}$"，但与言谈介词"替$_{32}$"也有来源关系。

#### 3.3.3.6.2　与所对介词"替$_{33}$"的联系

所为介词"替"萌芽于唐代，至元代，"替"已有"所为——所对"演变

的可能性。在一些"替+N$_2$+V"式中,"替"的功能可作"所为"或"所对"两种理解。例如:

(6) a1. 不要你护雕,阑花鸳香,荫苍苔石径纲。只要你盼行人,终日替我凝眸,只要你重温灞陵别后酒。(乔吉:【商调】集贤宾,浪里来煞)

a2. 孩儿,你替他递几杯儿,也多得些东西。(无名氏:郑月莲秋夜云窗梦·第二折)

a3. (张千云)那壁官人的言语:借你那年纪小的大姐,与俺官人递三杯酒,叫三声义男儿,俺官人上马便去也。(卜儿怒科,云)这厮好无礼也!他人妻,良人妇,怎生替你把盏?他的娘肯替我男儿把盏么?(无名氏:十探子大闹延安府·第一折)

a4. (张千云)他不肯来。他说道:你的娘肯替他男儿把盏么?(葛彪云)他说甚么?(张千云)他那妈妈子说道:着你的娘,肯替他老公递三杯酒,叫三声义男儿,他才着他媳妇儿来哩。(无名氏:十探子大闹延安府·第一折)

a5. (葛彪云)打这弟子孩儿!我有娘呵,要他替我把盏?(无名氏:十探子大闹延安府·第一折)

a6. (蔡净云)……我着卖酒的与他说去,着他浑家替我递三杯酒,叫我三声义男儿,我便上马回去。这厮说着我姑娘与他递三杯酒,叫他三声义男儿,才着他浑家来。(无名氏·鲁智深喜赏黄花峪·第一折)

a7. (店小二云)……,这厢个官人,要那秀才的浑家,替他递三杯酒。(无名氏·鲁智深喜赏黄花峪·第一折)

a8. 刘琦,替你叔父递一杯酒。(高文秀:刘玄德独赴襄阳会·第一折)

a9. 我如今和夫人、两个孩儿,牵羊担酒,一径的来替你赔话,可是我不是了。(白朴:裴少俊墙头马上·第四折)

6a组的"替"一般理解为所为介词,但句中可推出"N$_2$和N$_1$面对面"的意义。句义中潜藏着"所为——所对"演变的可能性。所对介词的主要功能是引进表情、态度或礼仪的接受者,交互介词的主要功能是引进事件参与的另一方;但是,在语境中,由于说话人的蕴含意义和听话人的推理意义并不是完全重合的,语义结构中的"单方"和"双方"意义之间可能发生转化。6a组显示了"所为——所对——交互"演变的可能性。元代已见到个别交互介词"替$_{34}$"的用例:

（6）b.（刘唐云）这打不死的贼，果然又活了，你仍还牢里去。（正末云）刘唐哥，我也曾替你同在衙门中来，直这般狠也？（无名氏·都孔目风雨还牢末·第三折）

明代有较多用例：

（6）c1. 敢怕替我滚热了，我还要替你讨分上哩。（初刻拍案惊奇·卷六）

　　c2. 感恩不尽，夜间尽情陪你罢，况且还要替你商量个后计。（初刻拍案惊奇·卷六）

　　c3. 果然就是一个黄花闺女，我也不要轻狂，替你温存做。（今古奇观·卷六十二）

　　c4. 这些高官厚禄之臣，闻知苏州城破，或投降的，或逃走的，且有替我兵私通卖国的，更没有一个死难。（英烈传·五十九回）

　　c5. 况且你是我的心，替你好了，也是好的。（初刻拍案惊奇·卷二十六）

　　c6. 一院中的人没有一个人不替他相好。（初刻拍案惊奇·卷二十七）

明代已出现"交互——并列"的演变趋势。下例的"替"可作交互介词或并列连词两种分析。

（6）d. 我替你同到官面前，还你的明白。（二刻拍案惊奇·卷三十八）

### 3.3.3.6.3　与言谈介词"替$_{32}$"的联系

明代已有较多的言谈介词"替$_{32}$"的用例（参见 3.3.2.3.5）。如果 V 是"双方"意义的。"替"是交互介词。例如：

（6）e1. 我也不替你理论，只是换了你的世界，看你怎么！（三宝太监西洋记·五十六回）

## 3.3.4　小结

多源模式可分为三种类型，一是介词与动词的两个义项有来源关系，二是介词与源动词和先之产生的介词功能有联系，三是后产生的介词功能和先之产生的两个或多个介词功能有联系。在多个来源中，总有一个是主要来源，次要来源方向上的演变助推主要来源方向上的演变。

# | 第四章 |

# 演变的方向

## 4.1　概述

　　动词向介词发展、介词的功能扩展多为单一方向，但也可能是多个方向的，这是就源动词的某一个义项或介词的某一项功能而言的，单一方向是指源词（动词或介词）朝一项功能发展，多个方向是指源词向多种功能发展；介词功能扩展有单一方向，也有多个方向。

## 4.2　单一方向的演变

　　单一方向的演变可以从"动词——介词"、"介词——介词"两个层面观察。以动词为直接来源的演变是就动词的某个义项而言的，以介词为直接来源的演变是就介词的某项功能扩展而言的。

### 4.2.1　"动词——介词"演变的单一方向

　　"动词——介词"的单一方向演变，就结果来说可以分两种情况：一种是仅产生一种功能，如时机介词"趁"，沿途介词"沿"等；另一种是从第一项功能开始，继续语法化，发展出其他功能，如"从"，先产生经由处功能，再产生始发处、所在处等功能，这种演变是链接式的。这两种情况都属于单一方向的演变。

### 4.2.1.1　产生一种介词功能的动词

从历时角度看，大多数介词兼有两种或两种以上的功能，这除了表明动词的义项可能向多个方向发展之外，也可以表明，介词产生之后，大多数具有继续语法化的倾向。

单一功能的介词很少，大多为时间介词的某些小类，除了"趁、值、会"之外，还有表示终止点的"迄、竟、终"等，表示临近点的"垂、薄"等。方所介词中也有一些功能单一的成员，如表方向的"望、拦"等；方式介词中表依据的"论"等也属于单一功能。

### 4.2.1.2　产生多种介词功能的动词

动词的某个义项若发展出两种或两种以上的介词功能，可能是由源词的一个义项放射状地发展出来的，也可能由一个义项链接状地逐一发展，我们分别称之为"放射式"和"链接式"。单一方向上的演变若发展出多个功能，属于链接式演变。

本书的介词功能是分层级而言的，我们在第一层级上将介词分为方所、时间、对象、方式和范围五类，每类内部还可以分为若干小类。只有两种功能的介词不多，其中可分为两种情况：一种是属于同一类别的两种功能，如介词"赶"有介引"终止点"和"时机"两种功能（都属于时间介词）；另一种是属于不同类别的两项功能，如介词"遵、循"有介引"沿途"和"依据"两种功能（分别属于方所介词和方式介词）。

一个介词可能具有属于同一次类的多种功能，如方所介词"向"具有表示"方向"、"终到处"、"始发处"、"所在处"、"经由处"等多种功能。一个介词的多种功能可能是"放射式"演变的结果，也可能是"链接式"演变的结果，或者是两种方式掺杂的结果。

#### 4.2.1.2.1　方所介词内部的单一方向演变

直接来源为动词的方所介词比较多，兼有多种功能的方所介词也比较多，如"于、在、向、就、从、到、著、搁"等。在第一种功能产生之后，链接式地发展出其余功能的也比较多，方所介词的功能扩展有较多的单一方向演变。

A. "方向——经由处"的演变

"往"走过"前往动词——方向介词——经由处介词"的路径，我们将"往"归入"单向"类型。唐代，方向介词"往"（记为"往$_{11}$"）已萌芽。例如：

（1）a. 暂往比邻去，空闻二妙归。（杜甫：范二员外……）

"往"通常被看作只有一个功能的介词，但从历时角度看，有过"经由处"功能，或者说，有过向"经由处"（记为"往$_{12}$"）功能发展的趋势。下面一组的"往"有可能作"从"解，表示经由处。

（1）b1. 帝释变作一黄龙，引舜通穴往东家井出。（敦煌变文集新书·卷六）

　　b2. 试往骊山顶上行，朝元孤绝耸峥嵘。（韩琦：题朝元阁）

"往$_{12}$"的用例极少，而且消失很快。从"方向"功能可以发展出"经由处"功能，是有认知因素的。如果以说话人所在之处为目的地或观察点，从运行过程看，"方向"和"经由处"可能处于同一运行路径上，句子大多蕴含"未到达目的地"意义。如果说话人将 $N_2$ 看作运行的方向，而且认为到达 $N_2$ 处后，运行还可能继续，$N_2$ 有可能被看作运行中的一段，即经由处。例如：

（1）c. 今年不往扬州过，曾看夫人庙里花。（苏洵：琼花）

上例的"往"很有可能被理解为"从"。兼具"方向"和"经由处"两种功能的还有介词"向"，南北朝时期方向介词"向$_{11}$"已定型，经由处介词"向$_{12}$"，唐代方见。例如：

（2）d1. 若向洞庭山下过，暗知浇沥圣姑神。（顾况：送李侍御……）

　　d2. 若向靡芜山下过，遥将红泪洒穷泉。（刘禹锡：怀妓）

2d 组的"向"之所以理解为"从"义，是因为 $V_2$ 是"过"，句中蕴含"运行未结束，可能还要继续"意义。从词汇系统看，"向"的两种功能可能影响到"往"的演变。

　　B. "方向——终到处"的演变

方所介词"向$_1$"还有一条演变路径是"运行动词——方向介词——终到处介词"。方向介词所在的"V+P+$N_2$"式中，V 多为运行动词，句中可以推出"主体或客体处于运行过程中"，"运行未抵达 $N_2$ 处"的意义。而终到处介词所在"V+P+$N_2$"式中可以推出"运行主体或客体抵达 $N_2$ 处或将抵达 $N_2$ 处"、"运行已经结束或将结束"的意义。两种功能在概念上可能重叠之处是"以 $N_2$ 为目的地"。不同是使用方向介词时，说话人关注运行过程，不着眼于行为是否结束；使用终到处介词时，说话人关注运行的终结，蕴含行为已经结束或行将结束意义。"向"是典型的方向介词，它继续语法化，有"方向——终到处"的路径。"向"介引"终到处"的用例初见于唐代。下面一组例句的"向"有可能被看作终到处介词。

（3）a1. 一鸟如霜雪，飞向白楼前。（李益：登白楼见白鸟……）

a2. 几处野花留不得，双双飞向御炉前。（杨巨源：官燕词）

a3. 谁能唤得姮娥下，引向堂前子细看。（元稹：八月十四……）

3a 组"向"的宾语中为方位短语，这表明说话人已注意到运行的终到处，而不仅仅是运行的方向。"向"的"运行动词——方向介词——终到处介词"演变属于单一方向的演变。

C. "经由处——始发处——方向"的演变

"从"走过"随行动词——经由处介词——始发处介词——方向介词"的演变路径，这种演变也是单一方向的。从认知角度看，如果运行是朝着说话人而来的，"始发处"和"方向"可能处于同一方向、同一路径上，"我来自东"的"东"可以看作"始发处"，也可以看作"方向"。如果"从 +N$_2$+V"式的 V 是"来"，N$_2$ 为表示方位的名词，N$_2$ 有可能被看作始发处，也有可能被看作方向。例如：

（4）a1. 持羽檄从东方来。（史记·淮南衡山列传）

a2. 持羽檄从南方来。（汉书·淮南厉王长传）

4a 组显示：句中 N$_2$ 的语义论元可能不是十分清晰，但不影响理解。这显示汉语介词功能扩展的特殊性——"始发处"论元和"方向"论元的语义边界有所重叠。如果 N$_2$ 为方位名词"前、后"等，则"从"为方向介词。例如：

（4）b1. 从前视之，盎盎乎似有王者；从后视之，高肩弱脊，此惟不及四圣者也。（韩诗外传·卷九）

b2. 王生醉，从后呼曰……（汉书·循吏列传）

b3. 壮士二人从后刺杀之。（汉书·西域列传上）

比对 4a 组和 4b 组可知："从"的"始发处——方向"演变，汉代已经开始。"始发处"和"方向"也可能在运行路线的相反方向上，如果看作相反方向的，我们不妨将演变看作词义的"反向引申"。从演变因素角度看，动词的语义类型变化引发"始发处——方向"的演变，使"从"成为"向"的同义词。比较两例：

（4）c.匹马西从天外归，扬鞭只共鸟争飞。（岑参：送崔子还京）

（4）d.之子棹从天外去，故人书自日边来。（韦庄：章江作）

前例的"从"是始发处介词，后例的"从"是方向介词。以说话人的位置为观察点，"归"和"去"的运行方向不同；V为"归"时，运行是向说话人而来，"从"引进始发处；V为"去"时，运行离说话人而去，"从"引进方向，作"向"解。下面一组例句的V为"去"，"从"可分析为方向介词：

（4）e1.中使押从天上去，外人知自日边来。（韩偓：锡宴日作）

e2.将从天上去，人自日边来。（李琪：奉试诏用……）

e3.文路子当从那里去，自家也从那里去。（朱子语类·卷六）

e4.人所见各不同，只是这一个道理，才看得别，便从那别处去。（朱子语类·卷二十九）

就致变因素而言，"从"能介引方向首先是由于 $N_2$ 的语义类型变化，这是较早发生的变化。其次是V的语义类型变化，这种变化是唐代开始的，就句子的推理意义而言，是以说话人为观察点或参照点的运行方向的变化。

### 4.2.1.2.2　时间介词内部的单一方向演变

时间介词内部，兼有两种或两种以上功能的介词不多，有一组介词兼有"终止点"和"时机"两种功能，即"及、迨（逮）、赶"等。但这是动词朝两个方向发展的结果，不属于"单一方向"的演变。时间介词中属于"单一方向"演变的有"起始点——时点"的演变（如"自"）、"终止点——临近点"的演变（如"投"）、"临近点——时点"的演变（如"向"）。

A."起始点——时点"的演变

"自"有过"起始点介词——时点介词"的演变趋势，这是单一方向的演变。汉代已见时点介词（记为"自$_{22}$"）的用例：

（1）a1.条侯亚夫自未侯为河内守时，许负相之，曰……（史记·绛侯世家）

a2.惠王自为太子时尝不快于乐毅，及即位，……（史记·乐毅列传）

a3.太后自未为婴齐姬时，尝与霸陵人安国少季通。（史记·南越列传）

a4.哀帝自为定陶王固已闻其名，征为谏大夫。（汉书·龚舍传）

a5.至于技巧工匠器械，自元、成间鲜能及之，……（汉书·宣帝纪）

a6.自武帝为太子时，贺为舍人。及武帝即位，迁至太仆。（汉书·公孙贺传）

"自$_{22}$"的直接来源是起始点介词"自"（记为"自$_{21}$"）。下面一组例句的"自"的功能可作"起始点"或"时点"两种分析。

（1）b1. 自未作鄜畤也，而雍旁故有吴阳武畤，雍东游好畤，皆废无祠。（史记·封禅书）

b2. 而禹、皋陶、契、后稷、伯夷、夔、龙、倕、益、彭祖，自尧时皆举用。（史记·五帝本纪）

b3. 武王自为太子时不悦张仪，及即位，……（史记·张仪列传）

b4. 孝哀自为藩王及充太子之宫，文辞博敏，幼有令闻。（汉书·哀帝纪）

b5. 上自为太子时闻知野王。（汉书·冯奉世列传）

b6. 武帝自为太子闻其名。（汉书·枚乘传）

b7. 哀帝自为定陶王时，疾之，又性不好音。及即位，下诏曰……（汉书·礼乐志）

b8. 光自先帝时议继嗣有持异之隙矣，又重忤傅太后指，……（汉书·孔光传）

b9. 自高皇帝时，有主四时之官。（前汉纪·孝宣皇帝纪）

之所以可以有"起始点——时点"的转化，是因为在句子中，两种论元之间有认知联系。说话人使用"起始点"论元时，句义中蕴含"行为从某一时点开始，可能延续至某个时点"意义。使用"时点"论元时，蕴含"事件在某一时间点或时间段内发生"的意义，而不关注开始、结束以及延续的时间。两者都含有"事件发生在某一时点或时段"的意义，使用的语法标记有可能重合。

B."临近点——时点"的演变

"向"走过"临近点介词——时点介词"的路径，这也属于"单一方向"的演变。临近点介词"向$_{21}$"萌芽于汉代，至南北朝时期已定型（参见1.2.1.2.2）。

唐代的一些"向+N$_2$（时间）+V"式中，"向"有两种分析结果：临近点介词或时点介词（记为"向$_{22}$"）。例如：

（2）a1. 好向中宵盛沉潋，共嵇中散斗遗杯。（陆龟蒙：秘色越器）

a2. 鶺鶹惊与凤凰同，忽向中兴遇至公。（徐寅：曲江宴日……）

a3. 古槐烟薄晚鸦愁，独向黄昏立御沟。（雍陶：秋怀）

至五代时期，"向$_{22}$"已定型，且宾语的结构复杂化，可以是方位短语或定中动词。例如：

（2）b1. 教人向未开口已前会取。（祖堂集·卷十·长庆和尚）

b2. 直须向佛未出世时体会取。（祖堂集·卷十二·禾山和尚）

b3. 古人教向未启口已前会取。（祖堂集·卷十三·报慈和尚）

b4. 向佛未出世时体会，尚自不得一个半个。（祖堂集·卷十四·鲁祖和尚）

宋代沿用：

（2）c1. 偏向情未生时，拈出报慈一隔。（释宗杲：祖传禅人求赞）

c2. 何不向老胡未来已前，试着眼看，自己分上有何欠少。（释惟一：偈颂一百三十六首）

c3. 曾向当年竞头角，直从此日决雄雌。（石介：元均首登贤良科因寄）

c4. 莫向此宵空怅望，定应明夜亦婵娟。（韩琦：中秋遇雨）

c5. 莫向霜晨怨未开，白头朝夕自相催。（苏轼：再和杨公济……）

c6. 人生安分即逍遥，莫向明时叹不遭。（戴复古：饮中达观）

C. "终止点——临近点"的演变

"投"走过"终止点介词——临近点介词"的路径，也属于"单一方向"的演变。"终止点"和"临近点"两种功能在语义上有相通之处。一个是表示事件在某个时点发生，一个是表示事件发生时临近某个时点，在概念上可能有模糊之处。"投"介引"终止点"，一般表"事件在某一时点发生"义，句中蕴含"至某时某事发生"之义。东汉至南北朝时期有例：

（3）a1. 涉单车驱上茂林，投暮，入其里宅。（汉书·原涉传）

a2. 秣马饮食，以夜进兵，投晓攻城。（三国志·吴书·孙坚传，裴注引《英雄记》）

a3. 投暮诣邺下。（三国志·魏书·贾逵传，裴注引《魏略》）

a4. 世主遂与光等投暮入堂阳界。（后汉书·任光传）

a5. 式恍然觉悟，悲叹泣下，便服朋友之服，投其葬日，驰往赴之。（搜神记·卷十一）

在史籍所记录的晋南北朝时期的人物对话中，短语"投老"有"至老"或"临老"两种理解。例如：

（3）b1. 自欣投老，得睹圣化。（魏书·卢水胡沮渠蒙逊传）

b2. 且吾投老，叩囊底智足以克之。（魏书·徒何慕容廆传）

b3. 投老可得仆射。（晋书·王羲之传）

宋代仍有可作两种分析的用例：

（3）c1. 故人投晓别，羸马傍山行。（吕本中：离新郑）

c2. 投晓星河澹，近山钟鼓清。（郑刚中：无寐）

c3. 投明叔也欲别我，枕上闻鸡泪如雨。（彭汝砺：送君时）

唐宋时期的一部分用例中，"投老"可作"临老"解。例如：

（3）d1. 念我故人劳碌久，不如投老卧沧州。（牟融：处厚游杭……）

d2. 投老身弥健，登山意未阑。（苏轼：送范景仁游洛中）

"投"的两种功能之间有源流关系。"终止点"表示至某一时点事件发生，"临近点"表示靠近某一时点事件发生，两者的时间界线可能模糊。

### 4.2.1.2.3　对象介词内部的单一方向演变

在对象介词内部，如果一个介词具有两种或两种以上的功能，可能是动词的不同义项向介词发展的结果，或者是动词的一个义项向多个方向发展的结果，但也有因介词的功能扩展而产生，并呈现"链接式"发展状态的。如介词"与、给"有"所为"和"处置"两种功能，所为介词"与、给"是处置介词"与、给"的直接来源。

A."所为——所对"的演变

走"帮助／代替／给予动词——所为介词——所对介词"路径的有"为、替、给"等，这一路径的演变属于单一方向的演变。从"所为"功能可以扩展出"所对"功能，但"所对"功能不能扩展出"所为"功能，如介词"对"先产生所对功能，但没有所为功能。

B."所对——言谈"的演变

兼有"所对"和"言谈"两种功能的介词很多，大多是先有"所对"功能，再扩展出"言谈"功能，如"和、给"等，但"与"是先有"言谈"功能，后有"所对"功能的。

C."言谈——求索"的演变

兼有"言谈"和"求索"两种功能的介词也很多，一般是先有"言谈"功能，再由此扩展出"求索"功能，如"向、问、和、替、共、同"等。

D."交互——言谈"的演变

兼有"言谈"和"交互"两种功能的介词也比较多，多数走"交互——言谈"路径，如"与、将、共、同、和、跟"等；少数走"言谈——交互"路径，如"向、替、给"等。

E. "所为——处置"的演变

兼有"所为"和"处置"两种功能的介词也比较多，如"与、给、帮、代"。一般走"给予／代替动词——所为介词——处置介词"的演变路径，未见"处置介词——所为介词"的演变路径。

F. 不可能有功能扩展的对象介词

一般来说，处置介词和被动介词有不同的语义来源，两者之间不可能有功能"扩展"关系。即使是使用相同的形式，也还是来自同一动词的不同的义项或者是同一义项朝不同方向发展的结果。如"著、把"等都有"处置"和"被动"两种功能，但这两种功能分别有不同的语义来源。被动介词"著"的主要来源是"著"的"遭受"义，处置介词"著"的来源是"著"的"执持"义。被动介词"把"可溯源至"把"的"给予"义和"致使"义（走"给予——被动"、"给予——致使——被动"两条路径)，而处置介词"把"来自"执持"义。再如"与、给"都有被动介词和处置介词两种功能，被动功能可溯源自"给予"义和"致使"义，处置功能来自所为介词的功能扩展。

#### 4.2.1.2.4　方式介词内部的单一方向演变

方式介词内部兼有多种功能的介词比较多。如"以"兼有"工具""凭借""依据""原因""身份"五种功能，"因、凭、冲"兼有"凭借"、"依据"和"原因"三种功能。方式介词内部一般走"工具——凭借／依据"、"凭借——依据／原因"的路径。未见反向的演变路径。

#### 4.2.1.2.5　范围介词内部的多种功能

范围介词绝大多数来自其他小类的介词的功能扩展，若讨论内部的单一路径，只有"伴随动词——连带介词——强调介词——强调助词"的路径，一般先产生"连带"功能，再由此扩展出"强调"功能，如"和、连、兼"等；反向的演变则未见到过。

#### 4.2.1.2.6　向不同类别的功能发展的单一方向

不同类别的两种功能可能来自动词的同一个义项，也可能来自动词不同义项。这里仅讨论来自同一个义项的、有链接式关系的演变。

A. 以方所介词为起点

方所介词可以朝时间介词、范围介词扩展，不能朝方式介词扩展；方所介词中，只有方向介词可以朝对象介词发展，走"方向——所对"的路径（如"冲")和"方向——求索"的路径（如"著")。

A1. 兼有"方所"和"时间"两种功能介词

兼有"方所"和"时间"两种功能的介词很多，一个介词如果兼有这两类功能，可能是动词朝两个方向发展的结果，也可能是介词功能扩展的结果。如果是兼有"终到处"和"终止点"两种功能，绝大多数是动词向两个方向发展的结果，如"于、及、至、到、抵"等；走"终到处——终止点"演变路径的很少，只有源动词是原地动词的介词，才走"终到处——终止点"的路径（如"著"）。

A1.1. "始发处——起始点"的演变

"始发处"和"起始点"的联系是普遍存在的，英语介词"from"也兼有这样两种功能。汉语典型的始发处介词一般都兼有表时间的"起始点"的功能，如"从、打"等。这两个介词都走是先产生"经由处"功能，然后走"经由处——始发处——起始点"的路径（起始点介词"打₂"还与动词"打"有联系），这属于单一方向的演变。

A1.2. "所在处——时点"的演变

兼有这两种功能的介词有"于、在、就、即、是、去、搁"等，大多是动词向两个方向发展的结果，其中"就、是、搁"走过"所在处——时点"的演变路径。

A2. 兼有"方所"和"对象"两种功能

兼有"方所"和"对象"两种功能的介词比较多，如"于、从、向、对、就"等。但大多是动词朝"方所"和"对象"两个方向发展的结果。方所介词中，只有方向介词可以向对象介词发展，如介词"朝、冲"走"方向——所对"的路径，介词"著"走"方向——求索"的路径。

A3. 兼有"方所"和"方式"两种功能

兼有这两类功能的介词比较少，一般来说，方所介词与方式介词之间没有功能扩展关系，虽然介词"遵、循、缘"等兼有"沿途"和"依据"两种功能，但这是动词朝两个方向发展的结果，"沿途"和"依据"两种功能之间没有扩展关系。

A4. 兼有"方所"和"范围"两种功能

方所介词中的始发处、所在处介词与范围介词有联系，如走"始发处——视角"路径的"自、从"等；走"所在处——议题"路径的"就、著"等。

B. 以"时间"功能为起点

方所功能可以向时间功能扩展，但时间功能不能向方所功能扩展，如果一个介词兼有"时间"和"方所"两种功能，大多是动词向两个方向发展的结果，只有极少数介词走"方所——时间"的演变路径，如"就、著、是、搁"等，但反向的"时间——方所"路径则未见到过。如果一个介词兼有"时间"和"方式"两种功能，则是动词向两个方向发展的结果，如"遵、循"兼有"沿途"和"依据"两种功能，"因、乘"兼有"时机"和"凭借"两种功能。

C. 以"对象"功能为起点

对象介词一般不能向方所、时间、方式介词发展。特殊的是介词"被"，走过"被动——原因"的路径，这属于"单一方向"的演变。此外，介词"对"是先有"所对"功能，后有"方向"功能的，但方向介词"对"有动词和介词两种来源（参见 4.3.1.2.4）。

D. 以"方式"功能为起点

方式介词的功能扩展一般在本类内部，如"工具——凭借"、"凭借——依据"、"工具——原因"、"凭借——原因"等路径。有一组介词兼有介引"凭借物"和"借助者"两种功能，如"凭、靠"等。这是走"动词——凭借介词——借助介词"的演变路径，属于"方式——对象"的演变。"凭借"论元所在的"$P+N_2+V$"式中，$N_2$ 表示有利于施事的条件或态势，$V$ 行为由 $N_1$（施事主语，可能省略或隐含）"发出"；"借助"论元的所在结构式的 $N_2$ 具有"生命度高"的特点（由表人或动物的 NP 充当）、$V$ 行为由 $N_2$ 发出。两种论元的共同语义特征是 $N_2$ 是可以凭借的人或事物。

"凭"是典型的凭借介词，在萌生初期，"凭 $+N_2+V$"式的 $N_2$ 一般是表示有利于施事的条件或态势的名词或短语，$V$ 的施事是 $N_1$；至唐代，表人的代词或名词进入 $N_2$ 位置，结构式中的语义关系发生变化，$V$ 的施事是 $N_2$，"凭"发展出介引借助者的功能。例如：

（3）a1. 寒灰寂寞凭谁暖，落叶飘扬何处归。（李白：箫歌行……）

　　　a2. 更有是非齐未得，重凭詹尹拂龟占。（陆龟蒙：病中秋怀……）

综上，"凭"发生"凭借——借助"演变的关键是 $N_2$ 的语义论元变化，与"凭借物——借助者"演变同时发生的是 $N_2$ 的语义类型的"物——人"的变化；由此造成 $N_2$ 和 $V$ 的"施事——动作"关系，并导致 $N_1$ 和 $V$ 的

"施事——动作"关系消失。

凭借介词"靠$_{41}$"，宋代已见：

（5）a1. 只靠诗娱老，安知病著身。（刘克庄：寒食清明十首）

　　a2. 若只靠政刑去治民，则民是会无所不至。（朱子语类·卷二十三）

　　a3. 每日靠甚么做本？从那里做去？（朱子语类·卷一百十六）

若宾语扩展到表人的名词，则"靠"是引进借助者的介词。例如：

（5）b1. 自嫌老病竦溪墅，只靠邻僧守竹房。（刘克庄：和季弟韵二十首）

　　b2. 菜饭工夫，露香心事，惟靠天公分晓。（陈著：大酺）

　　b3. 今人都不去自修，只是专靠师友说话。（朱子语类·卷二十）

　　b4. 凡事靠他做主。（朱子语类·卷二十一）

比对 5a 组和 5b 组可知："靠"的"凭借——借助"演变和"凭"一样，关键都是 $N_2$ 的语义类型变化；$N_2$ 的语义类型变化造成结构式中语义关系的变化，V 的施事由 $N_1$ 变为 $N_2$，"凭、靠"变为介引借助者的介词。

## 4.2.2　介词功能扩展的单一方向

这里是指以某个介词的某项功能为起点的链接式的发展，如"交互介词——所为介词——处置介词"的演变等。在介词的五个次类中，方所介词和对象介词两个次类有较多的单一方向的功能扩展。

### 4.2.2.1　同一次类的单一方向

一个介词在同一次类中具有两个或两个以上功能，是常见的现象。大多数情况下，这是介词功能逐步扩展的结果，但也有从一个功能出发，向几种不同功能扩展的。

#### 4.2.2.1.1　方所介词功能扩展单一方向

方所介词若有功能扩展，可以是在本类内部，也可以向外部扩展。本节探讨方所介词的内部的"单一方向"演变，即由 A 扩展出 B，再由 B 扩展出 C（以此类推）的类型。如"于"有"终到处——所在处——始发处"的演变路径，这是链接式发展的结果。

A. 介词"于$_1$"的功能扩展

方所介词"于$_1$"主要有三种功能：终到处、所在处和始发处。最先产生的功能是介引"终到处"，然后，依次是"所在处"、"始发处"。图示"于$_{11}$"的单一方向演变如下：

$$/ \ 于_{12}（所在处）$$

$$于_0—于_{11}（终到处）—于_{12}（所在处）—于_{13}（始发处）$$

$$\backslash 于_{13}（始发处）$$

上表显示：虽然"于"的"所在处"和"始发处"功能都有两个来源，但以终到处介词"于$_{11}$"为起点，有一条功能扩展的主线，即"终到处——所在处——始发处"。所在处介词"于$_{12}$"有两个来源（参见 1.1.1.2）。始发处介词"于$_{13}$"的主要来源是"于$_{12}$"，但和"于$_{11}$"也有联系。从文献资料看，"于"是第一个发生"所在处——始发处"演变的介词，演变发生动词后面，有"V+ 于 +N$_2$"和"V+N$_2$+ 于 +N$_3$"两种结构式。

1）"V+ 于 +N$_2$"式中的演变

"于"是"去往"义动词，运行动词朝方所介词发展时，一般率先产生的是"终到处"或"方向"功能。始发处介词"于$_{13}$"来自所在处介词"于$_{12}$"的功能扩展，可以说介词"于$_1$"的主要演变路径是"终到处——所在处——始发处"。《诗经》大多用"自"介引始发处的，未见确凿的"于"介引始发处的用例。一般情况下，引发功能扩展的因素是 V 的语义类型变化，若 V 是原地动词，"于"是所在处介词；但有的句子中，V 是"生长"、"起始"义动词，"于"的功能可作"所在处"或"始发处"两种分析。例如：

（1）a1. 有杕之杜，生于道左。（诗经·国风·有杕之杜）

a2. 民有好无喜怒哀乐，生于六气。（左传·昭公二十五年）

a3. 虐始于楚。（左传·定公四年）

若句子可以推出"N$_2$ 是 V 行为之前施事所处的位置"的意义以及"施事有位移"意义，"于"可以看作始发处介词。例如：

（1）b1. 有星出于婺女。（左传·昭公十年）

b2. 公惧，队于车。（左传·庄公八年）

b3. 子墨子闻之，起于齐。（墨子·卷十三）

2）"V+N$_2$+ 于 +N$_3$"式中的演变

这种结构式中的 V 原本绝大多数是原地动词，"于"一般是所在处介词。例如：

（1）c1. 鼓钟于宫。（诗经·小雅·白华）

c2. 俟我于庭乎而。（诗经·国风·著）

演变发生在 $N_2$（受事）的位置有所变化的语义结构中，$N_1$（施事主语，可能省略或隐含）实施 V 行为时，可能在 $N_3$ 处，也可能不在 $N_3$ 处；但 $N_2$ 肯定在 $N_3$ 处，句子可以推出"$N_2$ 因 V 行为的实施而改变位置"的意义，"$N_2$ 有一段运行的距离"的意义。例如：

（1）d1. 执豕于牢。（诗经·大雅·公刘）

d2. 取蜂旗于子姚之幕下。（左传·哀公二年）

由"于₁"的功能变化可知："所在处——始发处"演变的因素主要是"施事或受事的位移"意义的出现，同时与"距离"意义的变化也有关系。

B. 介词"著₁"的功能扩展

动词"著₀"有多个义项，都属于原地动词，原地动词朝方所介词发展时，一般先产生"所在处"功能。所在处介词"著₁₁"产生之后，扩展出终到处、方向、经由处、始发处等功能。图示演变路径如下：

著₀—著₁₁（所在处）—著₁₂（终到处）—著₁₄（方向）

＼著₁₃（始发处）—著₁₅（经由处）

上表显示所在处介词"著₁₁"有两个主要的扩展方向，两个方向上的演变可以分别看作"单一方向"的两条路径，即"所在处——终到处——方向"的路径和"所在处——始发处——经由处"的路径。

B1."所在处——终到处——方向"的路径

汉代及汉代之前，如果动词先萌生的是"终到处"或"所在处"功能，大多是在"$V_1+V_2+N_2$"式的 $V_2$ 位置上，"著"也是如此。因为源动词"著"是原地动词，首先产生"所在处"功能。终到处介词"著₁₂"萌生的位置与"著₁₁"相同，而且 $N_2$ 也是表示动作或行为结束之后受事的位置。例如：

（2）a1. 因载著别田舍，藏置复壁中。（三国志·魏书·阎温传，裴注引《魏略·勇侠传》）

a2. 王独在舆上……左右移时不至，然后令送著门外。（世说新语·简傲）

a3. 排著井中，喷喷有声……（三国志·魏书·方伎传）

a4. 太祖……即敕赦将徐晃以权书射著围里及羽屯中。（三国志·魏书·董昭传）

"著₁₁"和"著₁₂"萌生于相同的结构式，且都表示受事在 V 行为结束之后的所在处，这种相似处表明"著₁₁"是"著₁₂"的直接来源。致变因素是

"受事位移"意义的产生，引发这种变化的动因是"V+著+$N_2$"式中V的语义类型变化。"著$_{11}$"所在结构式的V是原地动词，"著$_{12}$"所在结构式的V是运行动词或手作动词（用于句中，含有"受事位移"意义），表示受事有"位移"过程，在行为结束之后，受事处于与原先不同的位置，句中蕴含"某人/物从某处移动到$N_2$处"意义，故可释义"到"。

终到处介词"著$_{12}$"萌生于南北朝时期，"终到处——方向"的演变发生在宋代，演变也发生在动词后（"V+著+$N_2$"式或"V+$N_2$+著+$N_3$"式）。致变因素都是"运行中"意义的出现。

1）"V+著+$N_2$"式中的演变

在宋元时期的一些结构式中，"著"的功能有"终到处"或"方向"两种分析结果。例如：

（2）b1. 汾流决入大夏门，府治移著唐明村。（元好问全集·卷四）

　　 b2. 也是天公闲不得，海东移著海西头。（元好问全集·卷十二）

前例的$N_2$一般被看作V的受事的抵达之处，"著"是终到处介词，但因为$N_2$是运行的目的地，句中潜藏着"著"变为方向介词的可能性。后例"著"的功能也介于"终到处"和"方向"之间。观察2b组的不同分析结果可以得知："著"的功能有可能发生"终到处——方向"的变化。下面一组的"著"也有可能作"终到处"和"方向"两种理解。

（2）c1. 空同之间穿云生，吹著宝石最上层。（张埴：题钟氏深秀楼）

　　 c2. 海上三神绝地维，巨鳌移著剑锋西。（员兴宗：寿虞丞相）

之所以可以有两种理解，是因为不能确定运行处于"终结"状态或是"进行中"状态。如果只有"进行中"一种理解，则"著"是方向介词。例如：

（2）d. 治平元年，常州日禺时，天有大声如雷，乃一大星，几如月，见于东南。

　　 少时而又震一声，移著西南。（梦溪笔谈·卷二十）

2）"V+$N_2$+著+$N_3$"式中演变的可能性

下面一组例句的"著"的功能也有"终到处"或"方向"两种理解。

（2）e1. 贪看江草间江花，不觉移舟著浅沙。（释德洪：次韵曾机宜游山……）

　　 e2. 霜风吹船著淮阴，淮山高高淮水深。（杨万里：舟中雪作……）

若将2e组的V所表示的事件理解为运行"终结"状态，即已抵达$N_2$处的状态，则"著"是终到处介词，若理解为运行"进行中"状态，则"著"

是方向介词。2e组也显示"终到处——方向"演变的可能性。

"著$_{14}$"产生之后，使用位置扩展，可用于动词前。例如：

（2）f1. 江湖日夜著东流，水上乾坤一点浮。（彭汝砺：和瑛师）

f2. 霄汉直愁双阙迥，梦魂长著五陵飞。（喻汝砺：草堂诗）

B2."所在处——始发处——经由处"的路径

所在处介词"著$_{11}$"产生于晋南北朝时期，始发处介词"著"（记为"著$_{13}$"）见于唐代：

（2）h1. 寒著山边尽，春当日下来。（苏颋：奉和圣制……）

h2. 斜红馀泪迹，知著脸边来。（元稹：鱼中素）

2h组的"著"可释义"从"，但还带有所在处的痕迹。由始发处功能扩展出经由处功能。例如：

（2）i1. 饱吃更索钱，低头著门出。（王梵志：道人头兀雷）

i2. 若著关头过，长榆叶定稀。（李端：雨雪曲）

### 4.2.2.1.2　对象介词功能扩展的单一方向

A. 介词"向$_3$"的功能扩展

对象介词"向$_3$"有五种功能，引进所对者、言谈者、交互者、求索者和师从者。"向$_3$"的功能扩展有一条主线，即"言谈者——求索者——师从者"的路径。"向$_3$"的功能扩展还有一条次线，即"所对者——交互者"的路径。图示如下：

／向$_{31}$（所对）—向$_{35}$（交互）

向$_{01}$—向$_{32}$（言谈）—向$_{33}$（求索）—向$_{34}$（师从）

上表显示动词"向$_{01}$"朝对象介词发展时有两个主要方向：所对介词和言谈介词。以"所对"或"言谈"功能为起点，两条路径都是单一方向的，一条是"言谈——求索——师从"的路径，另一条是"所对——交互"的路径。本节仅讨论"言谈——求索——师从"的演变路径。

言谈介词"向$_{32}$"晋时期已有用例：

（3）a. 后独见，晔责帝曰："代国，大谋也，臣得与闻大谋，常恐眯梦漏泄以益臣罪，焉敢向人言之？……"（三国志·魏书·刘晔传）

求索介词"向$_{33}$"的直接来源是言谈介词"向$_{32}$"，当"求、乞、借"等"求索"义动词进入"向 +N$_2$+V"式的 V 位置时，"向$_{33}$"产生了。例如：

（3）b1.其兄病，有乌衣人令杀之，向其请乞，终不下手。（搜神记·卷十五）

b2.此人缚猿子于庭中树上以示之。其母便抟颊向人欲乞哀，状直谓口不能
言耳。（搜神记·卷二十）

b3.政是垂头蹋翼时，不免向君求此物。（顾况：刿纸歌）

b4.高名向己求，古韵古无俦。（郑谷：送吏部曹郎中……）

师从介词"向$_{34}$"的直接来源是求索介词"向$_{33}$"，求索行为和师从行为一
般都被理解为"施事有所获得"的行为，"求索"一般被理解为"获得物件"
的行为，"师从"则是"获得知识"的行为，两种行为都有"施事有所得"的
语义特征。这是"求索——师从"演变的认知基础。在汉语史上，较多介词
兼具"求索"和"师从"两种功能，如"从、就、向、跟、和"等，但不一
定都走"求索——师从"的路径，只有"向、和"走"求索——师从"的路
径。从出现时间看，师从介词"向$_{34}$"在求索介词"向$_{33}$"之后。"向$_{33}$"在唐
代已定型；师从介词"向$_{34}$"宋代方始萌芽。致变因素是"向+N$_2$+V"式中
V的语义类型变化，若V为动词"学"，"向"为求索介词。例如：

（3）c1.久闻秘术独超群，肯向青囊学景纯。（李之仪：刘君以地里之学……）

c2.烟云浩荡五湖身，老向风尘学问津。（冯时行：和向文叔见寄……）

B. 介词"就$_3$"的功能扩展

对象介词"就$_3$"有五种功能，即引进交互者、言谈者、师从者、求索
者或借助者。前四种功能都是直接来自动词。演变路径如下：

/ 就$_{34}$（求索）—就$_{35}$（借助）

/ 就$_{31}$（交互）

就$_0$—就$_{33}$（师从）

\ 就$_{32}$（言谈）

上表显示动词"就$_0$"向对象介词发展时呈现"放射式"的特征，但从求
索介词开始，有一条单一方向的演变路径，即"求索——借助"的路径。求
索介词"就$_{34}$"与运行动词"就$_0$"有直接的联系（"就"的师从介词方向和
求索介词方向是互相带动的）。"就+N$_2$+V$_1$"式的V如为"求取"义动词，
"就"呈现向求索介词"就$_{34}$"发展的态势，但句中若不能排除"N$_1$有位移"
意义，"就"也就不能排除运行动词的可能性。例如：

（4）a1.洪本不当就袁请兵。（三国志·魏书·臧洪传，裴注引徐众《三国评》）

a2.亮使黄门以银碗并盖就中藏吏取交州所献甘蔗饧。（三国志·吴书·三

嗣主传，裴注引《江表传》）

如果句中不能推出"N$_1$ 位移"意义，"就"是求索介词。例如：

（4）b1. 山退去东阳，王长史就简文索东阳云……（世说新语·政事）

b2. 琴从绿珠借，酒就文君取。（庾信：对酒歌）

借助介词"就$_{35}$"是"就$_{34}$"继续语法化的结果，两者在语义方面的共同点都是 N$_1$ 对 N$_2$ 有所求，"就$_{34}$"所在的"就 +N$_2$+V"式的 V 表示直接的求索物资行为，"就$_{35}$"所在的结构式的 V 表示请托事件的行为。两种功能所在的结构式中都含有"N$_1$ 向 N$_2$ 提出请求"的意义，这是演变的语义基础。在求索介词所在的结构式中，蕴含"物件朝 N$_1$ 而来"意义，在借助介词所在的结构式中没有这种意义。此外，求索介词所在结构式的 V 行为是由 N$_1$ 实施的，而借助介词所在结构式的 V 行为是由 N$_2$ 实施的。例如：

（4）c1. 莫就离鸿寄归思，离鸿身世更悠悠。（宋祁：感秋）

c2. 行云自亦伤无定，莫就行雪托信归。（欧阳修：行雪）

## 4.3　多个方向的演变

动词向介词发展时，多数是一个义项只有一个演变方向，但少数动词的某一个义项可能有两个或两个以上的发展方向。"多个方向"是指动词的一个义项或介词的一个功能同时或先后向两个或两个以上的方向发展，以这种方式产生的介词，两个或数个功能之间虽然存在一定的语义联系（因为来自同一动词的同一个义项或同一介词的同一个功能），但彼此之间没有直接的来源关系。如原地动词"向$_{01}$"朝方向介词和所对介词两个方向发展，"执持"义动词"以、持、捉、把、拿"等朝处置介词和工具介词两个方向发展等。

多个方向的演变可分为两种类型，一种是从源动词的某一个义项出发，放射状地发展出两种或两种以上的功能，另一种是从介词的一个功能出发，放射状地发展出两种或两种以上新的功能。如果一个动词有多个义项，不同的义项可能有不同的发展方向，这种情况不属于本章讨论的内容。

## 4.3.1 "动词——介词"演变的多个方向

如果动词向介词发展时有两个或两个以上的方向，可能是属于同一次类，也可能属于不同次类。时间介词中，兼有"终到处"和"时机"两种功能的介词是动词向两个方向发展的结果，如"及、追（逮）、赶"等。对象介词"给"的三种功能（被动介词、接受介词和所为介词）也是动词向三个方向发展的结果。

### 4.3.1.1 同一次类的多个方向

一个介词在同一次类中具有两个或两个以上功能，是常见的现象，如方所介词"就$_1$"有"终到处""始发处""所在处""方向"等功能。但大多数情况下，这不是一个动词向两个或多个方向发展的结果，而是介词功能扩展的结果。动词朝两个或两个以上的方向发展，产生的介词功能多是不同次类的。

#### 4.3.1.1.1 "动词——方所介词"演变的多个方向

动词向方所介词发展时，起初大多是单一方向的（如"于、在、著"）。虽然方所介词内部，兼有两种或两种以上功能的介词比较多，但这些介词的后产生的功能大多来自先产生的功能的扩展，大多与动词没有直接的联系。但朝两个或两个以上方向发展的动词还是有一些。例如朝"终到处"和"所在处"两个方向发展的"去"等；朝"终到处"、"所在处"和"方向"三个方向发展的"就"，朝"方向"和"所在处"两个方向发展的"向"等。

A. 朝三个方向发展的动词

动词"就"向方所介词发展时有三个方向：终到处介词、所在处介词和方向介词。由于"走向，走近"义动词"就"属于运行动词，首先向终到处介词发展。和所在处介词"于$_{12}$"有动词和介词两种来源不同，所在处介词"就$_{12}$"只有动词一个来源。图示"就"的三个方向如下：

／就$_{13}$（方向）

就$_0$—就$_{11}$（终到处）

＼就$_{12}$（所在处）

受"于、至"等演变模式影响，终到处介词"就$_{11}$"也是先萌生于

"$V_1+V_2+N_2$"式的$V_2$位置。$V_1$的语义类型变化导致"就$_0$"的运行意义消失。如果$V_1$是原地动词，$N_2$表示受事的抵达之处，"就"是终到处介词（参见 2.2.1.1.2）。所在处介词"就$_{12}$"只有动词一个来源（参见 1.1.1.2）。

方向介词"就"（记为"就$_{13}$"）的来源也是运行动词"就$_0$"。在"就 $+N_2+$ 心理动词"式中，"就"可以分析为方向介词，也可以分析为"靠近"义动词。例如：

（1）a. 就日先知远，观渊早见深。（北周郊庙歌辞，宫调曲五首）

在"就 $+N_2+$ 来 / 去"式中，"就"有"走向，走近"义动词或方向介词两种理解；但因为"来 / 去"是运行动词，"就"趋近方向介词。例如：

（1）b1. 朝望莲华岳，神心就日来。（苏颋：奉和圣制……）

b2. 金章紫绶辞腰去，白石清泉就眼来。（白居易：题新涧亭……）

b3. 好就山僧去，时过野舍眠。（皇甫然：田家作）

1b 组显示运行动词"就$_0$"和方向介词"就$_{13}$"的联系。若$V_2$部分是含"位移"意义的动词，$N_2$被理解为运行的目的地，"向"可看作方向介词，但还带有运行动词痕迹。例如：

（1）c1. 云从海天去，日就江村隈。（孙逖：和登会稽山）

c2. 就日移轻榻，遮风展小屏。（白居易：何处春先到）

c3. 山从云端现，日就林外隐。（宋祁：锦亭晚瞩）

c4. 因成求好景，更就野桥归。（文同：郊外）

综上"就"的"运行动词——方向介词"演变因素是"就 $+N_2+V_2$"式中$V_2$的语义类型变化（原地动词——运行动词），这种变化使得$N_2$被理解为运行的目的地，"就"被理解为方向介词。除了$V_2$为运行动词之外，在一些$V_2$为原地动词（如身姿动词等）的结构式中，"就"也有可能变为方向介词。例如：

（1）d1. 无由就日拜，空忆自天归。（李端：张左丞相……）

d2. 弦歌好就吴乡拜，簪组初从魏阙来。（皇甫冉：桐庐员外……）

d3. 一门丰泽知难报，就日倾心比露葵。（李正民：奉和元叔锡服）

1d 组也可以推出"$N_1$和$N_2$之间有距离"的意义，这是"就$_0$"所在结构式的语义滞留；但由于$V_2$是原地动词，"$N_1$位移"意义消失了，"就"是确凿的方向介词。

B. 朝"终到处"和"所在处"两个方向发展的动词

来自运行动词的方所介词，若有"终到处"和"所在处"两种功能，一般是先产生终到处功能，后产生所在处功能，如"于"。演变类型分为两种：一种是"所在处"功能既和动词有来源关系，又和"终到处"功能有来源关系（如"于"）；另一种是所在处功能只和动词有来源关系（如"就、去"）。

运行动词向终到处介词发展，确定演变结果的因素是语义关系的变化，即 $N_2$ 表示受事的抵达之处。运行动词向所在处介词发展，致变的因素是"位移"意义、"距离"意义或"时间先后"意义的消失。

C. 朝"方向"和"所在处"两个方向发展的动词

运行动词"向$_{02}$"的两个主要方向是方所介词和时间介词。在方所介词方向上，有两个比较重要的分支方向，即"方向"和"所在处"。"向$_{02}$"可理解为"向……进军/行进"义，朝方所介词发展时，首先出现"方向"功能。方所介词"向$_1$"还有其他功能，如"所在处"功能（记为"向$_{14}$"），这一功能与动词"向$_{02}$"有联系，还与"方向"、"终到处"等功能有直接的联系（参见 3.3.2.1.1）。图示"向$_{02}$"的演变路径如下：

$$/\ 向_{14}$$
$$向_{02}—向_{11}（方向）—向_{12}（终到处）—向_{14}$$
$$\backslash\ 向_{14}（所在处）$$

纵观动词"向$_{02}$"朝方所介词发展时的多个方向，和"于"的演变模式有相似之处，即所在处功能和动词和"终到处"功能有关联。如来自动词，则萌生于"$V_1+N_2+V_2$"式的 $V_1$ 位置；如来自终到处介词的功能扩展，则萌生于"$V+P+N_2$"的 P 位置。

#### 4.3.1.1.2 "动词——时间介词"演变的多个方向

动词向时间介词发展时，少见有两个方向的，如果一个介词兼有时间次类的两个或多个功能，大多因介词功能扩展而产生（如时间介词"向、投"等）。但是少数时间介词的"兼职"可能由于动词朝两个方向发展而形成。如兼有"终到处"和"时机"两种功能的"及、迨（逮）、赶"等。通常情况下，这两种功能之间没有扩展关系，而是动词向两个方向发展的结果。

先秦时期，"及、迨"已有"终到处"和"时机"两种功能。例如：

（1）a. 及庄公即位，为之请制。（左传·隐公元年）

（2）b. 迨我暇矣，饮此湑矣。（诗经·小雅·伐木）

（3）c. 彼众我寡，及其未既济也，请击之。（左传·僖公二十二年）

（4）d. 求我庶士，迨其吉兮。（诗经·国风·摽有梅）

从现有典籍看，很难确定何种功能先产生，何者为源，何者为流。但"赶"是先有"时机"功能，后有"终到处"功能的。我们可以借助对"赶"的两种功能的来源的探究来反推"及、迨"的两种功能的来源。

元代已见"趁"义的"赶"。例如：

（2）e. 鏊子饼热时赶热翻，消息汤着犯。[（董君瑞：套数六煞）]

明代沿用：

（2）f1. 次日起个五更，赶早凉行。（水浒·三十九回）

f2. 八戒道："哥哥，制何药？赶早干事，我瞌睡了。"（西游记·六十九回）

"赶"的介引时机的功能与"追逐"义的联系是不言自明的。那么，"赶"的"终止点"功能是否来自"时机"功能的扩展呢？我们认为不是的。"终止点"功能与"追逐"义有直接的联系，"赶"用于"$V_1$+$N_2$（时间）+$V_2$"式时，不一定已是介词，有的句子中还带有明显的"追逐"义痕迹。如：

（2）g1. 渔父道："赶明日献鱼，如何不入城？"（杨家将·二十四回）

g2. 都要赶明后日运完才好。（红楼复梦·四十二回）

g3. 我们也不敢领饭，倒是早些起身好，赶明早厅里投文。（醒世姻缘传·十二回）

g4. 我这份儿须赶今晚送去方能见效。（李公案·二十三回）

1g组句中蕴含"时间紧迫"意义或"必须在某个时点（$N_2$所标示的时间）之前完成"意义，"赶"的动词性质还不能排除。由于上述推理意义的存在，我们不能确定2g组的"赶"是"至、到"义介词。有的句子中，"时间紧迫"意义或"必须在某个时点之前完成"的意义可能有，也可能无，"赶"的终止点介词性质还不能完全确定。例如：

（2）h1. 我来时合你爹约下明日赶后晌押解着你到家，明日不到，你爹不放心。（醒世姻缘传·四十回）

h2. 我见过老太太，这就家去，赶明日下半晚儿开船。（红楼复梦·九十八回）

h3. 我听见咱们家的晓亭大奶奶说，四姑娘赶冬至月要出嫁呢。（红楼复梦·六十一回）

h4. 下欠的奴才也催过他们了，赶明年麦秋准交。（儿女英雄传·四十八回）

h5. 外头所有的账，一概赶今年年底收了进来。（红楼梦·七十二回）

h6. 二爷帮了林姑娘同送林姑老爷的灵到苏州，大约赶年底回来。（红楼

梦·十四回）

2h 组的"赶"可理解为"至、到"义介词，但还不能排除"追逐"义动词的可能性。如果可以确定没有"时间紧迫"意义或"必须在某个时点之前完成"意义，"赶"是确凿的终止点介词。例如：

（2）i1. 今儿个太晚了，倘或冷不防他回来，倒不好。赶明天早一点来，我准不哄你。（孽海花·三十一回）

  i2. 已遣人去了，赶晚就有回信的。（红楼梦·七十七回）

  i3. 你四妹妹那里暖和，我们到那里瞧瞧他的画儿，赶年可就有了。（红楼梦·五十回）

  i4. 太太就只给了这灰鼠的，还有一件银鼠的，说赶年下再给大毛的，还没有得呢。（红楼梦·五十一回）

终止点介词"赶$_{22}$"只能用于"开始"义，即进入"至某个时点某事发生"的语义结构，且 $N_2$ 表示的时间绝大多数是在说话时间之后的。例如：

（2）j1. 好的，我这承差，当泄了底咧，竟�挟起死孩子，赶明日我就要置买个扛，抬一抬咧！（刘墉传奇·二十七回）

  j2. 只要挨过夏天，赶秋凉时候放心胆子，由水路上慢慢的会南，到得家中也就罢了。（红楼复梦·十一回）

  j3. 我笑道："好，好！赶明天我捐一个府道，再来托你送笔墨。"（二十年目睹之怪现状·七十五回）

  j4. 道台又道："赶明天见了再说罢。"（二十年目睹之怪现状·九十三回）

$N_2$ 表示的时间在说话时间之前的用例偶有见之：

（2）k. 我道："从先有过一笔交易，赶后来结账的时候，有一点儿找零没弄清楚，……"（二十年目睹之怪现状·八十二回）

2g——2j 组可证：

1）"赶$_{22}$"的功能与"追逐"义有直接的语义联系——"赶$_2$"的"时机"和"终止点"功能都与动词有直接的联系；

2）"赶$_{22}$"萌生于表示"开始"义的语义结构，这一点与终止点介词"及$_{21}$"相似。

至于"及、迨"等，目前还没有语料可以证明汉语史上有过"时机——终止点"或"终止点——时机"的功能扩展。从认知角度看，追逐行为属于有"标的物"的运行类事件，肯定有运行终止的时间，这是"追逐——终止点（时间）"演变的语义基础，又因为"及"是含有"结果"意义的动词（"追赶上"义），"抓获目标"和"抓住时机"两个意义之间有相通之处，因此"追逐动词——时机介词"的演变也可以发生。相对来说，因为"追逐"义动词所在的语义结构中存在"受事"（具体的或抽象的），"及"的"时机"功能很可能是先产生，但后产生的终止点功能也应该与动词有直接的联系。

"赶$_{22}$"还有向时点介词发展的趋势。下面一组例句的"赶"可作"到"或"在"两种理解。

（2）11. 衣服、铺盖可以赶月底送来。（风月梦·十二回）

　　　12. 狄员外道："我赶明日后晌等你。"（醒世姻缘转·四十回）

　　　13. 扣算日子起来，赶灯节前可到。（醒世姻缘转·四十回）

#### 4.3.1.1.3 "动词——对象介词"演变的多个方向

对象介词中，兼有多个功能的很多，如介词"与"兼有介引交互者、接受者、所为者、所对者、言谈者、求索者、施事者、比较者、处置者等八种功能，介词"和、替"兼有介引交互者、言谈者、所对者、所为者等功能。这些功能有的是动词放射状地向多个方向发展的结果，有的因介词的继续语法化而产生。

　　A. 动词"与$_{01}$"的多个方向

"给予"义动词"与$_{01}$"向介词发展时，和"给予"义有直接联系的是四种功能，即"交互"、"所为"、"被动"和"接受"功能。图示如下：

　　　　　/ 与$_{35}$（接受）

　　　　　/ 与$_{32}$（所为）—与$_{36}$

　　与$_{01}$—与$_{36}$（被动）

　　　　　\ 与$_{31}$（交互）—与$_{32}$

　　　　　\ 与$_{02}$（"致使"义）—与$_{36}$

　　　　　\ 与$_{03}$（"帮助"义）—与$_{32}$

　　四个方向上的"动词——对象介词"演变不是同时展开的。在所为介词产生之前，交互介词"与$_{31}$"已存在，从"交互"功能扩展出"所为"功能；但所为介词"与$_{32}$"有动词（与动词的两个义项有来源关系）和交互介词两种来源。唐代，"给予"义动词"与$_{01}$"和致使动词"与$_{02}$"又向被动介词发展，在"给予/致使动词——被动介词"，演变的同时，介词"与"又有"交互/所为——被动"的分支路径。

A1.“与”的交互介词方向

“给予”和“交互”之所以可以发生联系，是有认知基础的。在认识活动中，给予他人食物，就是与他人分享食物，即共享食物。交互介词“与$_{31}$”产生很早，但从下例仍可以窥见“给予动词——交互介词”演变的痕迹。

（3）a1. 彼狡童兮，不与我食兮。（诗经·国风·狡童）

上例的 $V_2$“食”若解为“$N_1$ 单方实施”意义，则“与”是“给予”义动词；若理解为“$N_1$ 和 $N_2$ 双方实施”的意义，则“与”是交互介词。下面一组例句的 $V_2$ 是“$N_1$ 和 $N_2$ 双方实施”意义的，“与”是交互介词。例如：

（3）b1. 执子之手，与子偕老。（诗经·国风·击鼓）

　　　b2. 天地盈虚，与时消息。（周易·丰卦）

A2.“与”的所为介词方向

就动词来源而言，所为介词和“给予”义、“帮助”义都有联系。“给予动词——所为介词”的演变之所以发生，从心理角度看，“给他人物资”的行为可以看作“使他人受益”的行为，这与所为介词所在句子的蕴含义“使 $N_2$ 获益”相符；“帮助动词——所为介词”的演变之所以可以发生，也是因为“帮助他人”的行为也被看作使他人获益的行为，因此，“帮助动词——所为介词”的演变可以发生。“交互——所为”的演变之所以可以发生，是因为“双方合作”的行为可能是“使一方获益”的行为。

A21. 和“给予”义动词“与$_{01}$”的联系

下面一组的“与”一般理解为“给予”义动词，但因为句中蕴含“使 $N_2$ 获益”意义，“与”有可能向所为介词发展。比较两例：

（3）c. 反役，与之礼食，使佐新军。（左传·襄公三年）

　　 d. 为善者君与之赏，为非者君与之罚。（鬼谷子·符言）

前例的“与”是“给予”义动词，后例的“与”有动词或所为介词两种可能性。下面一组例句显示“给予”、“参与”和“所为”的联系：

（3）e1. 景公死乎不与埋。（左传·哀公五年）

　　 e2. 众父卒，公不与小敛。故不书日。（左传·隐公元年）

下例的“与”是所为介词，但带有“给予”义的痕迹。

（3）f. 毋与齐东国，我与子出兵矣。（战国策·楚策）

上例显示：“给予动词——所为介词”演变的关键是“$N_2$ 接受物件”意义消失，只余下“$N_2$ 是获益方”意义。至南北朝时期，仍可看到“给予”和

"所为"有联系（也有"给予"和"致使"的联系）的用例：

（3）g. 取红花，取白雪，与儿洗面作光悦。取红花，取白雪，与儿洗面作妍华。

取红花，取白雪，与儿洗面作光泽。取红花，取白雪，与儿洗面作华容。

（崔氏：靓面辞）

上例可以理解为"送给儿洗面"（$N_2$ 是施事），也可以理解为"替儿洗面"（$N_1$ 是施事）。如果句中不能推出"$N_2$ 接受物件"意义，只能推出"$N_2$ 是获益方"意义以及"$V_2$ 的施事是 $N_1$"意义，"与"是所为介词。例如：

（3）h. 淮南近畿，国之形胜，非亲贤不居，卿与我卧理之。（南史·刘怀珍传）

在"与 +$N_2$+ 为 +$N_3$"式中，"与"原本是"给予"义动词。例如：

（3）i. 长公主嫖有女，欲与太子为妃。（汉书·外戚列传上）

若 $N_1$ 地位低于 $N_2$，"与"的"给予"义消失，则"与"是所为介词。例如：

（3）j. 昔与汝为邻，今与汝为臣。（孙皓：尔汝歌）

A22. 和"帮助"义动词"与$_{03}$"的联系

"帮助"义引申自"给予"义，下面一组例句显示"给予"和"帮助 / 支持"两种词义之间的联系：

（3）k1. 晋侯背大主而忌小怨，民弗与也。（左传·僖公十年）

k2. 欲与楚者右，欲与吴者左。（左传·哀公元年）

k3. 卫侯欲与楚，国人不欲。（左传·僖公二十八年）

k4. 卫侯救宋，师于襄牛。郑子展曰："必伐卫，不然，是不与楚也。得罪于晋，又得罪于楚，国将若之何？"（左传·襄公十年）

由"帮助"义也能产生"所为"功能。例如：

（3）l1. 臣非敢谦也，欲与君王隐也。（吕氏春秋·重言）

l2. 子归殁而父母之世，后若有事，吾与子图之。（国语·吴语）

A23. 和交互介词"与$_{31}$"的联系

交互介词所在的"P+$N_2$+V"式中，可以推出"V 行为由 $N_1$ 和 $N_2$ 双方实施"的意义；所为介词所在的结构式中，可以推出"V 行为由 $N_1$ 单方实施"的意义以及"$N_2$ 因 $N_1$ 实施 V 行为而获益"的意义。"交互——所为"的功能扩展有认知的因素，在现实世界中，双方参与之事可能被认为是使其中一方获利或获利甚多的事件。因此，"交互——所为"的演变有可能发生。下面一组例句显示了两种功能之间的联系：

（3）m1. 彼其之子，不与我戍申。（诗经·国风·扬之水）

m2. 彼其之子，不与我戍甫。（诗经·国风·扬之水）

m3. 彼其之子，不与我戍许。（诗经·国风·扬之水）

m4. 寡人中此，与君代兴。（左传·昭公十二年）

m5. 与之戮力，以与尔有众请命。（尚书·汤诰）

m6. 所欲与之聚之，所恶勿施尔也。（孟子·离娄上）

m7. 秦王饮食不甘，游观不乐，意专在图赵，使臣斯来言，愿得身见，因急与陛下有计也。（韩非子·存韩）

在省略介词宾语的构式中，"交互"和"所为"两种功能也存在联系。例如：

（3）n1. 竖子不足与谋。（史记·项羽本纪）

n2. 臣非敢诋之，乃与为隐耳。（汉书·东方朔传）

汉代至南北朝时期，"与"仍有可作两种分析的用例：

（3）o1. 安国君许之，乃与夫人刻玉符，约以为嫡嗣。（史记·吕不韦列传）

o2. 陈涉少时，尝与人佣耕。（史记·陈涉世家）

o3. 今欲相召，当与君正之。（魏书·儒林列传）

o4. 邂逅赏心人，与君倾怀抱。（谢灵运：相逢行）

若 $V_2$ 可以确定是"$N_2$ 单方实施"意义，则"与"是所为介词。例如：

（3）p1. 若子孙不能保家，徒与人作镇石耳。（北史·隋宗室诸王列传）

p2. 汝等虽犯宪法，枷锁亦大苦辛，吾欲与汝等脱去，行至京师总集，能不违期乎？（北史·循吏列传）

"交互——所为"的演变是在"给予／帮助动词——所为介词"演变的同时出现的支流。

A3. "与"的接受介词方向

和"与$_{31}$"、"与$_{32}$"萌生于动词前面不同，接受介词"与$_{33}$"萌生于动词后面，即在"$V_1$+ 与 +$N_2$"式中产生。若句义中的"授予物"是抽象事物，"与"是接受介词。例如：

（3）q1. 生事应须南亩田，世情付与东流水。（高适：封丘作）

q2. 羞将门下曲，唱与陇头儿。（薛涛：罚赴边有怀……）

A4. "与"的被动介词方向

被动介词"与$_{36}$"有多个来源，动词来源有"给予"义和"致使"义，介词来源有交互介词（还可能和所为介词有联系）。本节只讨论"给予动词——被动介词"的演变，致变的因素是"与 $+N_2+V_2$"式中的"授予物"意义的有无和 $V_2$ 的语义类型，若 $V_2$ 表示"不好"的事件，"与"是被动介词。比较两组例句：

（3）r1. 男儿不惜死，破胆与君尝。（吴均：胡无人行）

  r2. 汉谣一斗粟，不与淮南春。（李白：杂歌谣辞·箜篌谣）

（3）s1. 安知鸾凤巢，不与枭鸢倾。（孟郊：饥雪吟）

  s2. 有巅从日上，无叶与秋欺。（陆龟蒙：奉和袭美……）

上面两组的语义结构中都有 $V_2$ 的受事，$N_2$ 都是 $V_2$ 的施事；但"与"的功能不同。3r 组可以推出有"授予物"意义（即"胆"、"粟"），"与"虽然可作"让"解，但不能排除"给予"义的可能性。后例中没有"授予物"意义，且 $V_2$ 表示"非企盼"事件，"与"可以确定是被动介词。

A5. 小结

对象介词"与$_3$"的八种功能中，有四种是直接与"给予"义发生联系的，其中"所为"和"被动"两种功能有动词和介词两种来源，其动词来源都是两个义项（所为介词"与$_{32}$"的两个来源是"给予"义和"帮助"义，被动介词"与$_{36}$"的两个来源是"给予"义和"致使"义）。"给予"和"帮助"义、"致使"义是直接的引申关系，由于两种意义关系密切，介词功能可能与两个义项都有联系。"与"的"所为"和"被动"两种功能的介词来源中都有交互介词，由此可知先产生的介词功能在演变中也有很强的助推作用。

## B. 动词"从$_0$"的多个方向

"跟从"义动词"从$_{02}$"向对象介词发展时，也有四个方向：求索介词、师从介词、言谈介词和交互介词。其中，交互介词"从$_{34}$"的来源比较复杂，有两个来源：一为"从$_0$"，一为言谈介词"从$_{33}$"。图示"从$_0$"的多个方向发展如下：

  / 从$_{34}$（交互）

  / 从$_{32}$（师从）

从$_0$—从$_{31}$（求索）

  \ 从$_{33}$（言谈）—从$_{34}$

B1. "从"的求索介词方向

"跟从动词——求索介词"的演变具有认知因素。第一，就位置看，跟随者一般跟在引领者后面，而求乞者也可能跟在给予者后面索要物资。第二，跟随者的身份往往低于引领者，而求乞者和给予者之间也很可能存在这种认知的联系。这种心理图像方面的联想，容易诱发词义或功能的演变。从语义角度看，主要是"从 $+N_2+V_2$"式中动词语义类型变化引发的。如果 $V_2$ 为"求取"义动词，则"从"开始向求索介词发展。比较三组例句：

（4）a1. 秋，蔡人、陈人从王伐郑。（左传·桓公五年）

　　　a2. 故从君讨之。（左传·隐公十一年）

（4）b1. 常数从其下乡南昌亭长寄食。（史记·淮阴侯列传）

　　　b2. 饥而从野人乞食。（史记·晋世家）

（4）c1. 常从王媪、武负贳酒。（史记·高祖本纪）

　　　c2. 窃从长老好故事者取其封策书。（史记·三王世家）

4a 组中，虽然实施 $V_2$ 行为的主导者是 $N_2$，但 $N_1$ 也是 $V_2$ 行为的参与者，可以说 $V_1$"从"和 $V_2$（即"伐"、"讨"）施事是相同的，"从 $+N_2+V_2$"式可看作特殊的连动结构，句子还可推出 $N_1$ 和 $N_2$ 都有"位移"意义，"从"是"随行"义动词。

4b 组中，实施 $V_2$ 行为的是 $N_1$，$N_1$ 是［＋收获］方，$N_2$ 是［－收获］方，但 $N_2$ 和 $N_1$ 还不能排除"身份高低"或"位置前后"的关系，"从"不能作"随行"解，但不能排除"跟从"义的可能性。

4c 组和 4b 组的语义关系相似，$N_1$ 都是［＋收获］方，$N_2$ 都是［－收获］方，但 $N_1$ 和 $N_2$ 没有"位置前后""身份高低"的关系，也不能推出"$N_1$ 和 $N_2$ 一起运行"的意义，"从"是确凿的求索介词。

比较三组可知：句义不同、结构方式不同以及"从"的词性不同是由 $V_2$ 的语义类型决定的，但句中"位置"意义、"身份"意义的变化起着决定作用。由于汉代已有相当多的"从$_{31}$"用例，且进入 $V_2$ 位置的动词比较多，我们认为它是最早产生的。

B2."从"的师从介词方向

"从$_0$"的另一个方向是师从介词，这种演变也是有认知因素的。"从$_0$"充当 $V_1$ 的"从 $+N_2+V_2$"式中，$V_2$ 的施事是 $N_1$ 和 $N_2$，而且两个 N 之间一般有"位置前后""身份高低"的差别。例如：

（4）d1. 申叔跪从其父将适郢。（左传·成公二年）

"从$_0$"所在"从 $+N_2+V_2$"式的语义关系使得师从介词"从$_{32}$"有可能产

生。当 $V_2$ 位置上的动词为"习得"义类时,"从"呈现向师从介词发展的态势者。汉代,$V_2$ 位置上出现动词"受","从"呈现向师从介词发展的态势。例如:

(4)e1. 丞相匡衡者,东海人也。好读书,从博士受《诗》,家贫,衡佣作以给食饮。(史记·张丞相列传)

e2. 夏侯胜,其先夏侯都尉,从济南张生受《尚书》。(汉书·儒林列传)

e3. 及禹壮,至长安学,从沛郡施雠受《易》……(汉书·张禹传)

4e 组的"从"还可以看出来自"跟从"义的痕迹,可以说还不能排除"跟从"义动词的可能性。但我们认为这是演变过程中的"语义滞留",我们也有理由将"从"看作师从介词,因为结构式中的语义关系已有变化——$V_2$ 是 $N_1$ 单方的行为,而不是 $N_1$ 和 $N_2$ 双方的行为。如 $V_2$ 为"学","从"是确凿的师从介词。例如:

(4)f1. 乃从荀卿学帝王之术。(史记·李斯列传)

f2. 时,平昌侯王临以宣帝外属侍中,称诏欲从奉学其术。(汉书·翼奉传)

f3. 孔子知五经,门人从之学,当复行问,以为人法,何故专口授弟子乎?

(论衡·实知)

B3. "从"的言谈介词方向

与师从介词"从$_{31}$"和求索介词"从$_{32}$"的产生具有认知因素一样,言谈介词"从$_{33}$"的产生也有认知因素。在现实世界中,"跟从"行为发生时,"跟随者"的地位往往低于"引领者"。这种关系反映在语言中,就是"$N_1$+从 +$N_2$+$V_2$"式中,$N_1$ 所表示的人的地位低于 $N_2$。例如:

(4)g. 献子从公立于寝庭。(左传·成公六年)

上例的 $V_2$ 是原地动词,句中已无"$N_1$ 和 $N_2$ 一起运行"之义,但其他推理意义还存在,如"从$_0$"所在结构式的 $V_2$ 有两个实施者($N_1$ 和 $N_2$),$N_2$ 是 $V_2$ 行为的"主导者",$N_1$ 是"随从者",在这样的语义结构中,"从"的动词性质仍然存在。相同的结构式中,$V_2$ 为"言说"义动词的用例见于《左传》:

(4)h. 綦毋张丧车,从韩厥曰:"请寓乘。"(左传·成公二年)

上例的 $V_2$ 是 $N_1$ 单方实施的,但句中还可以推出"$N_1$ 和 $N_2$ 有位置前后关系"的意义,"从"不能排除"随行"义动词的可能性。如果 $V_2$ 是"言说"义动词,$N_1$ 的地位高于 $N_2$,"从"被分析为言谈介词的可能性增大。

例如：

（4）i.公下车从晏子曰："寡人有罪，夫子倍弃不援，寡人不足以有约也，夫子不顾社稷百姓乎……"（晏子春秋·谏上）

但上例的仍不能排除"$N_1$和$N_2$有位置前后关系"的可能性，也不能排除作"$N_1$跟着$N_2$运行"理解的可能性；"从"还是不能排除动词的可能性。汉代，在$V_2$为"问"的结构式中，$V_2$的施事是$N_1$，且两个N之间无位置前后关系。例如：

（4）j1.延寿云尝从孟喜问《易》。（汉书·儒林列传）

j2.上……乃从宽问一篇。（汉书·儒林列传）

j3.乃遣子临分将门人张禹等从雠问。（汉书·儒林列传）

j4.方进自伤，乃从汝南蔡父相问己能所宜。（汉书·翟方进传）

j5.……又从夏侯胜问《论语》、《礼服》。（汉书·萧望之传）

j6.奇怪文挚，则请出尊宠敬事，从之问道。（论衡·道虚）

4j组的"从"可分析为言谈介词，它的主要来源是动词"从$_0$"，与师从介词"从$_{32}$"是互相带动的关系。

宋代仍有言谈介词"从$_{33}$"的用例：

（4）k1.不更从人问通塞，天教吏隐接山居。（范仲淹：移丹阳郡……）

k2.试将心事从渠道，恰又无言领略人。（杨公远：观梅）

k3.借箸机筹，著鞭功业，只合从君说。（京镗：念奴娇）

B4."从"的交互介词方向（参见2.2.3.3.3）

B5.小结

对象介词"从$_3$"的四种功能都与动词"从$_{02}$"有语义联系，其中交互介词既与动词有来源关系，又与先之产生的介引"言谈者"的功能有来源关系。四种功能的产生都与"位置前后""身份高低"等意义的消失有关系。

C.动词"给"的多个方向

和"与$_{01}$"向介词发展时有四个方向不同，动词"给$_{01}$"向介词发展时，只有三个主要的方向：所为介词、接受介词和被动介词（交互介词"给"来自介词的功能扩展）。图示如下：

／给$_{31}$（所为）

给$_{01}$——给$_{32}$（接受）

＼给$_{36}$（被动）

C1．"给"的所为介词方向（参见 2.2.3.4.6）

C2．"给"的接受介词方向

"给"的语法化过程中，"所为"和"接受"两种功能是较早产生的。这与人类思维中的"相似性联想"和"毗邻性联想"特征有关。给予行为通常被理解为有接受者或受益者的行为，以此为认知基础，"给"的这两种功能最先也最容易得到发展，这是符合人类认知发展规律。动词"与$_{01}$"向介词发展时，首先产生的是"交互"和"所为"的功能，而"给$_{01}$"首先产生的是"接受"和"所为"功能。由此可知：词义相同或相近的动词有相同的发展方向或演变结果，但演变模式不一定相同。

和"与"一样，"给"的"给予动词——接受介词"演变也发生在谓语动词后面，即在"$V_1$＋给＋$N_2$"式中演变，导致演变的因素同样是句中"授予物"意义的变化；但"给"的演变还与结构的复杂化有关。

"$V_1$＋给＋$N_2$"式的 $V_1$ 可分为 a、b 两类，a 类为典型的给予动词，b 类为非典型的给予动词。a 类出现在"给"的前面，"$V_1$＋给"部分还是双动词结构，表示具体的给予方式的是 $V_1$，"给$_{01}$"与 $V_1$ 有语义重叠部分，这为"给"的词义虚化提供了语义条件，而反映在句法上便是"给"的动词性逐渐减弱。

a 类动词（如"赏、赐、献、送、赠"等）用于 $V_1$ 位置，本身带有 [+方向性]（表示授予物向 $N_2$ 传递），同时，句子蕴含主体（通常是 $N_1$）支出（减少或受损），客体（通常是 $N_2$）收入（增加或受益）的意义。a 类动词与"给$_{01}$"的方向意义是一致的，如与"给"组合，因词义重叠，使得"给"的词义逐步虚化。例如：

（5）a1.恭懿以所得赐分给穷乏。（隋书·循吏列传）

a2.元纮再世宰相……得封物赗给亲族。（新唐书·李元纮传）

a3.归弁又罄发私帑，赏给士伍。（旧五代史·梁书·张归弁传）

5a 组句中蕴含"授予物"意义，但这个"授予物"是私人所有，"给"的"供给"义淡化，"给予"义显现。至明代，"供给"义完全消失。例如：

（5）b.你家中说卖给官员人家，如今却如何怎地？（警世通样·卷二十）

上例的两个动词的方向还是一致的，在词义上有重叠部分，词义的赘余使得后一动词有可能向介词发展。然而，典型的给予动词和"给"组成的"$V_1$+给"式，很难排除两个动词为并列组合的可能性。如果句义中的"授予物"是抽象意义的，"给"呈现向接受介词发展的趋势。例如：

（5）c1. 刚子昨日上了学，近日就妆病……，学给你丈人，叫丈人丈母恼不死么！（醒世姻缘传·三十三回）

c2. 明儿我说给他们，凡要茶要水拿东西的事……（红楼梦·二十四回）

由5c组可知："授予物"意义的变化和$V_1$的语义类型有关，$V_1$是"言说"义动词，传递的内容是话语，"授予物"是抽象意义的，"给"变为接受介词。演变的另一个因素是结构的复杂化，在"$V_1$+给+$N_2$+$V_2$"式中，如果"授予物"是抽象意义的，"给"的所为介词性质确定。例如：

（5）d1. 你们讲给我听听呢。（补红楼梦·二回）

d2. 林老爷比给大人看，大人又亲自操了半夜。（官场现形记·七回）

在"双音动词+给+$N_2$"式中，即使有"授予物"意义，"给"也是介词。例如：

（5）e1. 连我这身子都要托付给你哩！（醒世姻缘传·三十九回）

e2. 不如明儿你就传授给我剑术。（补红楼梦·二十九回）

e3. 费心舒老爷，代我转送给大人，做个纪念。（二十年目睹之怪现状·六十五回）

5e组显示了结构复杂化的作用。在"双音动词+给+$N_2$+$V_2$"式中，"给"的介词性质也是十分明确。例如：

（5）f1. 因为二奶奶认不得字，所以带过来请姑娘们宣读给他听的。（补红楼梦·二回）

f2. 周姑爷便点交给薛蟠查收。（补红楼梦·二十二回）

综上，接受介词"给$_{32}$"产生的因素是"授予物"意义的变化和所在结构的复杂化。

C3. "给"的被动介词方向（参见2.2.3.1.6）

4.3.1.1.4 "动词——方式介词"演变的多个方向

A. 动词"因"的多个发展方向

动词"因"有两个义项与方式介词有联系，一是"凭恃"义（记为"因$_{02}$"），一是"利用"义（记为"因$_{03}$"），凭借介词"因$_{41}$"的直接来源是"因$_{01}$"，原因介词"因$_{42}$"的直接来源有二：一为"利用"义动词"因$_{03}$"，一为凭借介词"因$_{41}$"。图示如下：

$$/ \text{因}_{41}（凭借）—\text{因}_{42}（原因）$$

因$_{02}$（"凭恃"义）—因$_{03}$（"利用"义）—因$_{42}$（原因）

$$\backslash \text{因}_2（时机）$$

B1."因"的凭借介词方向

动词"因"有"倚仗"义（记为"因$_{01}$"）。例如：

（6）a1. 因商奄之民。（左传·定公四年）

　　 a2. 齐高偃纳北燕伯款于唐，因其众也。（左传·昭公十二年）

　　 a3. 卑而不可不因者，民也。（庄子·在宥）

　　 a4. 盖杀者非周人，因殷人也。（荀子·儒效）

　　 a5. 得地而国不败者，因其民也，因其民，则号制有发也。（管子·兵法）

6a 组显示："倚仗某人"的句义中蕴含"凭恃或利用某人"之义——"因$_{02}$"有可能发展出"利用"义。若宾语表示有利于某人的（一般是语义结构中的施事，可能省略）力量、物资、条件或自然形势，"凭恃"义比较明显且得以固定。例如：

（6）b1. 出因其资，入用其宠。（左传·僖公十五年）

　　 b2. 其易奈何？因其力也。因谁之力？因宋人、蔡人、卫人之力也。（公羊传·隐公十年）

　　 b3. 因此五物者，民之常。（周礼·地官司徒）

　　 b4. 凡沟必因水势，防必因地势。（周礼·冬官考工记）

　　 b5. 为高必因丘陵，为下必因川泽。（孟子·离娄上）

　　 b6. 秦、越，远涂也，竫立安坐而至者，因其械也。（吕氏春秋·贵因）

"凭恃"义动词演变为凭借介词的因素是"因$_{02}$"进入"V$_1$+N$_2$+V$_2$"式的 V$_1$ 位置，并且句子可以推出"施事获益"或"施事企图获益"之义。在"因 +N$_2$+ 以 / 而 +V$_2$"式中，"因"已呈现向凭借介词发展的态势。如：

（6）c1. 因搜狩以习用武事。（穀梁传·昭公八年）

　　 c2. 易牙入，与寺人貂因内宠以杀群吏。（穀梁传·僖公十七年）

　　 c3. 因其所大而大之，则万物莫不大；因其所小而小之，则万物莫不小。（庄子·秋水）

　　 c4. 故君子因睦以合族。（礼记·坊记）

　　 c5. 故其君因其修以挤之。（庄子·人间世）

c6. 因人之德以为贤良。（庄子・盗跖）

c7. 故能宽容，因众以成天下之大事矣。（晏子・非相）

c8. 因其财物而致其义焉尔。（礼记・礼器）

在省略宾语的"因+而/以"式中，若可以推出上述两种蕴含义，"因"也可以看作萌芽状态的凭借介词。例如：

（6）d1. 遂自刭也，师属之目。越子因而伐之，大败之。（左传・定公十四年）

d2. 对曰："不如因而定之。"（左传・襄公十四年）

d3. 颜淫九公子于宫中，因以纳贼。（公羊传・昭公三十一年）

d4. 浸假而化予之尻以为轮，以神为马，予因以乘之，岂更驾哉！（庄子・大宗师）

有时，"因"的宾语比较长，后面有点断，"因"可以有两种分析结果："利用"义动词或凭借介词。例如：

（6）e1. 因其酒肉，聚其宗族，以教民睦也。（礼记・坊记）

e2. 因天下之和，遂文武大业。（荀子・儒效）

若为"因 $+N_2+V_2$"式，且 $V_2$ 表示有利于施事的事件，"因"的凭借介词性质确定。例如：

（6）f1. 能自去而因天下之智力起，则身逸而福多。（管子・形势）

f2. 朱虚侯则从与载，因节信驰走，斩长乐卫尉吕更始。（史记・吕太后本纪）

f3. 与竖刁因内宠杀群吏。（史记・齐太公世家）

f4. 悉收河南之地，因河为塞。（史记・匈奴列传）

f5. 恢因兵威使番阳令唐蒙风指晓南越。（史记・西南夷列传）

B2. "因"的原因介词方向

原因介词"因$_{42}$"的来源之一是"因$_{03}$"。下面一组例句显示"利用"义和原因介词的联系：

（6）g1. 襄公绌之，二人因之以作乱。（左传・庄公八年）

g2. 楚子杀之，其族为乱。冬，巴人因之以伐楚。（左传・庄公十八年）

g3. 君幼弱，六卿强而奢傲，将因是而习，习实为常，能无卑乎？（左传・昭公十六年）

g4. 故因其惧也而改其过，因其忧也而辨其故，因其喜也而入其道，因其怒也而除其怨。（荀子・臣道）

6g组的"因"可以分析为"利用"义动词，也有可能被看作凭借介词（或原因介词）。在宾语不出现的"因+$V_2$"式中，也可以有多种分析结果。例如：

（6）h1. 曹鄙人公孙强好弋，获白雁，献之，且言田弋之说。说之，因访政事。（左传·哀公七年）

　　　h2. 天子免之，因与之会。（穀梁传·僖公二十八年）

　　　h3. 乃不许成，因使人告于吴王曰：……。（国语·吴语）

　　　h4. 向吾见若眉睫之间，吾因以得汝矣。（庄子·庚桑楚）

　　　h5. 若其不克，其因以罪之。（国语·晋语）

　　　h6. 浚民之膏泽以实之，又因而杀之，其谁我与？（国语·晋语）

　　6h组显示：原因介词"因$_{42}$"的来源之一是"利用"义动词"因$_{03}$"，如果结构式中没有"以/而"，但"因"后面比较长，"因"可能是"利用"义动词，也可能是凭借介词或原因介词。例如：

（6）i1. 故因民之不堪命，先宣言曰……（左传·桓公二年）

　　　i2. 其子恐必死，因国人之欲逐豫。（吕氏春秋·审己）

　　由上面6g——6j组例句可知：原因介词"因$_{42}$"的直接来源之一是"利用"义动词"因$_{03}$"。演变的因素是$V_2$的语义类型，如果$V_2$表示不利于施事的事件，"利用"义消失，"因"可以看作原因介词。例如：

（1）j. 虽然，因子而死，吾无悔矣。（左传·襄公二十三年）

　　在"因$_{03}$"向原因介词发展的同时，"因$_{02}$"向凭借介词发展，而"因"的凭借介词方向的演变也助推原因介词"因$_{42}$"的产生。"凭借——原因"的演变之所以发生，就语义层面看，是因为句子蕴含义的变化，若句中没有"施事获益"的蕴含义，"因"可分析为原因介词（这里的"施事"是指主语或$V_2$行为的实施者）。下面观察两种结构式中"因"的演变。

　　1）在宾语不出现的结构式中的演变

　　"因$_{42}$"可萌生于"……，因+$V_2$"式，若句中没有"施事获益"的蕴含义，"因"可分析为原因介词。例如：

（6）k1. 坐而视之，则亲亲，因不忍见也。（公羊传·庄公二十七年）

　　　k2. 今者吾忘吾答，因失吾问。（庄子·庚桑楚）

　　　k3. 北人无择曰："……，吾羞见之。"因自投清泠之渊。（庄子·让王）

　　　k4. 啮缺问于王倪，四问而四不知，啮缺因跃而大喜，行以告蒲衣子。（庄

子·应帝王)

　　k5.若民，则无恒产，因无恒心。(孟子·梁惠王上)

　　k6.东走十里，而顾其邑尽为水，身因化为空桑。(吕氏春秋·本味)

　2)在有宾语的结构式中的演变

　　"因$_{42}$"可以萌生于"因+N$_2$+而/以+V$_2$"式，萌生的因素也是句中没有"施事获益"的蕴含义。例如：

　(6)11.曷为独褒乎此? 因其可褒而褒之。(公羊传·隐公元年)

　　12.由余骤谏而不听，因怒而归缪公也。(吕氏春秋·不苟)

　　13.此鲍叔之友也，鲍叔因此以作难，君必不能待也。(管子·匡君大匡)

　　6l组的"因"是萌芽状态的原因介词。若句中没有"而/以"，但有"施事有所凭恃"、"施事获益"的蕴含义，"因"有凭借介词或原因介词两种可能性。例如：

　(6)m.蒙恬因家世得为秦将。(史记·蒙恬列传)

　　若句中没有"施事获益"的蕴含义，"因"是确凿的原因介词。如：

　(6)n1.因疾不视事。(史记·留侯世家)

　　n2.李良已得秦书，固欲反赵，未决，因此怒，遣人追杀王姊道中。(史记·张耳陈余列传)

　B.动词"据"的多个发展方向

　　据《说文》释义，动词"据"作"持杖也"解(记为"据$_{01}$")。由此义引申出"倚仗，倚靠"义(记为"据$_{02}$")，由"据$_{02}$"引申出"占据"(记为"据$_{04}$"义)。由"据$_{02}$"还可以引申出"遵依"义(记为"据$_{03}$")。凭借介词"据$_{41}$"的直接来源是"据$_{04}$"，依据介词"据$_{42}$"的直接来源是"据$_{03}$"。图示如下：

$$/ 据_{03}（"遵依"义）—据_{42}（依据）$$

　据$_{01}$—据$_{02}$("倚仗"义)—据$_{04}$("占据"义)—据$_{41}$(凭借)

　B1."据"的凭借介词方向

　　动词"据"在先秦时期已产生"倚靠"义或"倚仗"义。例如：

　(7)a1.亦有兄弟，不可以据。(诗经·邶风·柏舟)

　　a2.倚树而吟，据槁梧而暝。(庄子·内篇·德充符)

　　a3.左据槁木，右击槁枝。(庄子·山木)

　　a4.色若死灰，据轼低头。(庄子·盗跖)

因为所倚仗或倚靠的可能是人，也可能是物；而有利的地理形势也是可倚仗之物，"据"又引申出"占据（而利用）"义。例如：

（7）b1. 耻不能据郑也。（穀梁传·襄公九年）

b2. 在魏者乃据围津。（荀子·强国）

b3. 割越地，南据宋郑，征伐楚。（管子·匡君大匡）

b4. 据其地而有其民。（韩非子·初见秦）

若进入"占据并利用有利地形作某事"的语义结构，"据"用于"$V_1+N_2+V_2$"式的 $V_1$ 位置，则呈现向凭借介词发展的态势。例如：

（7）c1. 北据河为塞。（史记·秦始皇本纪）

c2. 是时方筑朔方以据河逐胡。（史记·西南夷列传）

c3. 始孝文皇帝据关入立，……（汉书·邹阳传）

B2. "据"的依据介词方向

由"倚仗"义引申出"遵依"义，下面一组的"据"可作"倚仗"或"遵依"两种理解。

（7）d1. 志于道，据于德，依于仁，游于艺。（论语·述而）

d2. 今奚为奚据？（庄子·至乐）

d3. 自三代之兴，各据祯祥。（史记·龟策列传）

"遵依"义至汉代已定型。例如：

（7）e1. 守经据古，不阿当世。（汉书·贡禹传）

e2. 执忠节，据圣法，分明尊卑之制，……（汉书·师丹传）

秦汉时期，"据 $+N_2+$ 而／以 $+V_2$"式或"据 $+N_2$，……"式已出现，这些"据"是萌芽状态的依据介词。例如：

（7）f1. 据法而治者，吏习而民安。（商君书·更法）

f2. 太子据法而争之曰……（吕氏春秋·当务）

f3. 上有所问，据经法以心所安而对，……（汉书·孔光传）

f4. 据法以弹咸等，皆罢退之。（汉书·翟方进传）

f5. 时丞相匡衡亦用延寿矫制生事，据萧望之前议，以为不当封……（汉书·冯奉世传）

晋南北朝时期"据 $+N_2+V_2$"式有较多用例，"据"的依据介词性质确定。例如：

（7）g1. 据法不听太守欲所私杀。（三国志·魏书·臧霸传）

g2. 讼者据墟墓为验，听者以先老为正。（三国志·魏书·孙礼传）

g3. 据实答问，辞不倾移。（三国志·吴书·是仪传）

### 4.3.1.2 不同次类的多个方向

动词向介词发展时，在同一次类内朝多个方向发展的比较多，朝不同次类发展的比较少。动词的同一个义项若朝两个次类发展，一般是"方所"和"时间"或者是"对象"和"方式"。

#### 4.3.1.2.1 朝"方所"和"时间"两个方向发展

一个介词如果兼有"方所"和"时间"两种功能，大多是动词朝两个方向发展的结果。如"于、及、自、在、至、到、去、向、即"等。这些动词向介词发展时，大多先产生时间功能，因为动词与时间词组合时，动作意义容易消失。

A. 朝"终到处"和"终止点"两个方向发展

兼有"终到处"和"终止点"两种功能的介词很多，如"于、至、到、抵、及"等。这些动词的"方所"和"时间"功能都是源动词朝两个方向发展的结果。相对来说，先产生的是"终止点"功能（表示时间），后产生的是"终到处"功能（表示方所）。通常认为人类的认识发展顺序是"方所——时间"，为何这一组介词先产生时间功能呢？这是因为汉语的兼有"终止点"和"终到处"两种功能的介词的一个主要的语义来源是运行动词，而运行动词与时间词组合时，运行意义容易消退；所以运行动词向介词发展时，先产生的往往是"终止点"功能。"于"是第一个向"终到处"和"终止点"两个方向发展的介词，据郭锡良（1997）、魏金光（2016），"于"由"去往"义动词虚化为方所介词。大多数情况下，运行动词朝方所介词发展时，先获得"终到处"功能；但另一方面，如果与时间词组合，"终止点"更早产生。甲骨文已见终止点介词"于$_{21}$"，先秦典籍中有较多用例：

（1）a1. 庶无罪悔，以迄于今。（诗经·大雅·生民）

a2. 晋公子，姬出也。而至于今，一也。（左传·僖公二十三年）

a3. 自十有二月不雨，至于秋七月。（左传·文公二年）

"于 + 时间词"短语也可以用于动词之前。例如：

（1）b1. 自我不见，于今三年。（诗经·国风·东山）

b2. 于万斯年，受天之祐。（诗经·大雅·下武）

b3. 子相晋国，以为盟主，于今七年矣。（左传·昭公元年）

1b组的"于$_{21}$"应该与动词"于"有直接的联系。介词"至、到、抵"也有和"于"相同的两种功能，演变也是呈现"两个方向"的特征。"至、到、抵"都先有"终止点"功能，后有"终到处"功能。这是因为源动词是"抵达"义，它所包含的"运行终止之处"的意义很难磨蚀，所以，运行意义要经过较长的时期才能磨蚀。而当"抵达"义动词与时间词组合时，意义容易虚化，因此表示时间的"终止点"的功能一般早于处所功能产生。介词"达"有介引"终止点"的功能。例如：

（3）a1. 忽一夜，震雷风裂，达曙乃晴。（玉笥山录·玉梁观，太平广记）

a2. 问尔苦何事，达晓啼不歇。（文同：秋兴二首）

但未见"达"有介引"终到处"的功能；这一现象从侧面证明：表示"终止点"的功能是独立发展的。

A1. 动词"至"的两个方向

"至"的"终止点"功能很早就产生了。例如：

（3）a1. 谁生厉阶，至今为梗。（诗经·大雅·桑柔）

a2. 至今赖之。（左传·昭公四年）

但同一时期，相同的结构式中，若N$_2$是处所名词，"至"还是动词。例如：

（3）b. 公如晋，至河乃复。（左传·昭公十二年）

终到处介词"至$_1$"和终到处介词"于$_{11}$"一样，都是萌生于"V$_1$+V$_2$+N$_2$"式的V$_2$位置，"至$_1$"产生的因素是结构式中语义关系的变化（参见2.2.1.1.2）。"至$_2$"萌生于"V$_1$+N$_2$+V$_2$"式的V$_1$位置，产生的因素是结构式中N$_2$的语义类型变化。由于"至$_1$"和"至$_2$"萌生于不同的结构式，且致变因素不同，我们认为介词"至"的"终止点"功能和"终到处"功能是动词"至"朝两个方向发展的结果。

A2. 动词"到"的两个方向

终止点介词"到"（记为"到$_2$"）的产生也早于终到处介词"到$_{11}$"，秦汉时期已见"到$_2$"的用例：

（4）a1. 到七月而纵之。（睡虎地秦墓竹简·秦律十八种）

a2. 到十月谍书数，上内史。（睡虎地秦墓竹简·秦律十八种）

a3. 到正月朔旦，奉皮荐璧玉贺正月。（史记·梁孝王世家）

**a4.** 功施到今。（史记·李斯列传）

与"至"的"抵达动词——终到处介词"演变只发生在一种结构式中不同，动词"到"在"$V_1$+ 到 +$N_2$"式和"到 +$N_2$+$V_2$"两种结构式中向终到处介词发展。前式中的演变发生较早，同样是 $V_2$ 的语义类型变化引发语义关系变化，导致"到"的词性、功能发生变化。"到 +$N_2$+V"式中终到处介词"到$_{11}$"产生较迟，唐代方出现萌芽，且唐宋时期 V 绝大多数是"来"（参见2.2.1.1.2）。

综上，"$V_1$+ 到 +$N_2$"式是终到处介词"到$_{11}$"萌生的主要结构式，"到 +$N_2$+$V_2$"式是终止点介词"到$_2$"萌生的主要结构式——"到$_2$"和"到$_{11}$"也是萌生于不同的结构式。不仅萌生的结构式不同，致变因素也不相同，据此，可以说"到$_2$"和"到$_{11}$"是动词朝两个方向发展的结果。

A3. 动词"抵"的两个方向

"抵"也是先有表示时间的"终止点"功能（记为"抵$_2$"），汉代已见萌芽。例如：

（5）a. 草木零落，抵冬降霜。（汉书·礼乐志）

唐宋时期沿用：

（5）b1. 二人闭门殴击，抵暮方息。（独异志·卷上）

　　b2. 抵暮但昏眠，不成歌慷慨。（韩愈：朝归）

　　b3. 遂留荆公置酒共饭，剧谈经学，抵暮乃散。（老学庵笔记·卷七）

与"至、到"一样，终到处介词"抵$_1$"也萌生于"$V_1$+$V_2$+$N_2$"式的 $V_2$位置。"$V_1$+ 抵 +$N_2$"式出现较迟，唐宋时期方见用例：

（5）c1. 密等七人……与王仲伯亡抵平原贼帅郝孝德。（隋书·李密列传）

　　c2. 立惶骇，……，游抵近邑，以伺其事。（集异记·贾人妻）

　　c3. 回抵钟阜，适朝廷改僧为德士。（五灯会元·卷十九·明因昙玩禅师）

　　c4. 行抵古城镇，罗冈然不怡。（夷坚丙志·卷二）

5c 组的"抵"呈现向终到处介词发展的趋势，但 $V_1$ 和"抵"的施事是相同的，"$V_1$+ 抵"短语还不能排除连动结构或双动词结构的可能性，"抵"也不能排除动词的可能性。如 $V_1$ 是可以带受事论元的动词，$N_2$ 表示受事抵达之处，"抵"是确凿的终到处介词。例如：

（5）d1. 度宜徐运抵太原仓。（新唐书·裴耀卿传）

　　d2. 易米得三万余斛，运抵湖北。（宋史·宗室列传四）

总之，"抵"也是先有"终止点"功能，后有"终到处"功能，且两种功能萌生于不同的结构式，致变因素也不同。可以说"抵$_2$"和"抵$_1$"也是动词朝两个方向发展的结果。

以"至、到、抵"朝"终止点"和"终到处"两个方向发展的状况反推"于"的演变，应该是属于相同的类型。

B. 朝"方向"和"临近点"两个方向发展

动词"向$_{02}$"首先朝表示"临近点"的介词发展，汉代已见演变的端倪，至南北朝时期介词性质确定（参见 1.2.1.2.2）。在相近时期，"向$_{02}$"也朝方向介词发展（参见 3.3.1.1）。

C. 朝"方向"和"当时"两个方向发展

介词"当"兼有介引"方向"和"当时"两种功能，"当时"功能产生较早，先秦时期已见用例：

（6）a1. 当今吾不能与晋争。（左传·襄公十九年）

　　a2. 当尧之时，水逆行。（孟子·滕文公下）

先秦时期，已见"当 +N$_2$+ 而 +V"式。例如：

（6）b1. 当璧而拜者，神所立也，谁敢违之？（左传·昭公十三年）

　　b2. 当吴中军而鼓之，吴师大乱。（左传·哀公十七年）

6b 组的"当"是萌芽状态的方向介词，如果是"当 +N$_2$+V"式，"当"的方向介词性质确定，汉代已见用例（参见马贝加，2002）。

"当"的两种功能都来自"正对着"义（"正对着"义来自"拦阻"义），"当"也是先产生"时间"功能，后产生"方所"功能的。

D. 朝"时点"和"所在处"两个方向发展

D1. 动词"在"的两个方向

所在处介词"在$_{11}$"萌生于先秦时期（参见 2.2.1.2.1），稍迟于时点介词"在$_2$"。"在$_2$"与动词"在$_0$"有直接的联系，《诗经》的一些句子中，"在"与时间词语组合时，还不能排除动词的可能性。例如：

（7）a1. 自古在昔，先民有作。（诗经·商颂·那）

　　a2. 殷鉴不远，在夏后之世。（诗经·大雅·荡）

但在个别句子中，"在"已是萌芽状态的时点介词。例如：

（7）b. 昔在中叶，有震且业。（诗经·商颂·长发）

如"在"的宾语是时间词，且用于主语前，"在"的时点介词性质确定。

例如：

（7）c1. 王曰："吁！来！有邦有土，告尔祥刑，在今尔安百姓，何择非人，何敬非刑，何度非及。……"（尚书·吕刑）

c2. 王曰："于！来！有国有士，告女讼刑，在今而安百姓，女何择言人，何敬不刑，何度不及。"（墨子·卷二）

c3. 在今予小子旦，非克有正，迪惟前人，光施于我冲子。（尚书·君奭）

c4. 在昔上帝割申劝宁王之德。（尚书·君奭）

c5. 在昔殷先哲王，迪畏天，显小民，……（尚书·酒诰）

c6. 在昔后稷，惟上帝之言，克播百谷，……（逸周书·商誓）

所在处介词"在$_{11}$"萌生于"$V_1$+ 在 +$N_2$"式，时点介词"在"萌生于"在 +$N_2$，……"式或"在 +$N_2$+ 主语 +$V_2$"式；两者萌生于不同的结构式，是动词"在"朝两个方向发展的结果。

D2. 动词"即"的两个方向

介词"即"有"时点"和"所在处"两种功能，这是动词朝时间和方所两个方向发展的结果。时点介词"即"（记为"即$_2$"）产生于汉代。例如：

（8）a1. 代王即夕入未央宫。（史记·吕太后本纪）

a2. 于是，高祖即日驾，西都关中。（史记·留侯世家）

a3. 项伯许诺，即夜复去。（汉书·高帝纪）

a4. 上暴崩，即其夜于大行前拜受丞相博山侯印绶。（汉书·孔光传）

"即$_2$"可作"就在（某一时点）"解，这一功能，在语义上与时间副词"即"有联系，但就句法功能而言，与动词"即"有直接的联系。所在处介词"即"（记为"即$_1$"）的产生要迟于"即$_2$"。"即"的"运行动词——所在处介词"演变发生在"$V_1$+$N_2$+$V_2$"式的 $V_1$ 位置，演变的因素是"时间先后"关系的消失。在南北朝至唐宋时期的一些"即 +$N_2$+$V_2$"式有两种分析结果：连动结构或状中结构。原因是"即"和 $V_2$ 之间可能存在"时间先后"关系，也可能不存在这种关系。观察两组例句中的时间意义。

（8）b1. 彦思夜于被中窃与姬语，共患此魅。魅即屋梁上谓彦思曰：……（搜神记·卷十七）

b2. 以钱百万买故豪洞门曲房之第，即其寝而昼僵，梦一美人……（异闻录·邢凤，太平广记）

（8）c1. 其肿痛在外者，随其所在刮一刀圭，即其肿痛所在以摩之，皆手下即

愈。（抱朴子·内篇）

　　c2. 既至一穴，虎子闻行声，谓其母至，皆走出，其人即其所杀之。（搜神记·卷五）

　　8b组的"即"与$V_2$之间可能有"时间先后"关系，也可能没有，句中可能有"$N_1$位移"意义，也可能没有，"即"还不能排除运行动词的可能性。8c组的"即"与$V_2$之间没有"时间先后"关系，句中也没有"$N_1$位移"意义，"即"是所在处介词。类似9c组的用例，宋代还有：

（8）d1. 帝以泰好士，善属文，诏即府置文学馆，得自引学士。（新唐书·太宗诸子列传）

　　d2. 帝即苑中作层观，以望昭陵。（新唐书·魏征列传）

　　d3. 僧乃丐缘，即山背建浮屠。（萍洲可谈·卷三）

　　d4. 我即其间构官室，预愁帝梦有华胥。（黄大临：双井敝庐……）

### 4.3.1.2.2　朝"方所"和"方式"两个方向发展

　　在"动词——介词"演变中，很少有朝"方所"和"方式"两种功能发展的情况。有一组介词兼有"沿途"和"依据"两种功能。这组介词可溯及"沿行"义，如"遵、循、缘"等。由"沿行"义而来的两种介词功能的语义来源不是完全相同的。沿途介词来自"沿行"义，依据介词来自"遵依"义。图示如下：

　　动$_{01}$（"沿行"义）—动$_{02}$（"遵依"义）—介词$_4$（依据）

　　　　　　　　　　　＼介词$_1$（沿途）

　　A. 动词"遵"的两个方向

　　"遵"原本是运行动词，有"沿……运行"之义（记为"遵$_{01}$"），由此引申出"遵依"义（记为"遵$_{02}$"），"遵$_{01}$"朝沿途介词发展（参见2.2.1.3.1），"遵$_{02}$"朝依据介词发展（参见2.2.4.4.1）。

　　B. 动词"循"的两个方向

　　作为运行动词，"遵"和"循"是同义词，动词"循"也朝沿途介词（参见2.2.1.3.2）和依据介词（参见2.2.4.4.2）发展

　　C. 动词"缘"的两个方向

　　"缘"也有"沿途"和"依据"两个方向的演变，与"遵、循"的演变模式稍有不同，沿途介词"缘"（记为"缘$_1$"）有两个语义来源，一是"沿……行走"义（记为"缘$_{01}$"），一是"攀援"义（记为"缘$_{02}$"）。依据介词"缘"

（记为"缘$_4$"）的来源是"遵依"义（记为"缘$_{03}$"）。图示如下：

$$/\ 缘_1（沿途）$$

缘$_{01}$（"沿行"义）——缘$_{02}$（"攀援"义）——缘$_1$

$$\backslash\ 缘_{03}（"遵依"义）——缘_4（依据）$$


C1."缘"的沿途介词方向

名词"缘"是"镶边"的意思，由此发展出"沿……行走"义或"攀援"义。例如：

（1）a1. 缘督以为经，可以保身，可以养亲。（庄子·养生主）

　　　a2. 末技游食之民转而缘南亩。（汉书·食货志）

　　　a3. 蝗从东方来，蜚蔽天，至长安，入未央宫，缘殿阁。（汉书·王莽传下）

如果句中可推出"运行的方向是向上"的意义，"缘"可作"攀援"解。例如：

（1）b1. 惮举趾而缘木。（楚辞·九章）

　　　b2. 赵主父令工施钩梯而缘播吾，刻疏人迹其上。（韩非子·外储说左上）

　　　b3. 缘高出险，蝼蟓之所长，而人之所短也。（管子·形势）

　　　b4. 缘山亦胜，入谷亦胜。（尉缭子·兵谈）

　　　b5. 谓之为蛇又有足，跂跂脉脉善缘壁。（汉书·东方朔传）

先秦至汉时期，在"缘 +N$_2$+ 而 +V$_2$"式中，"攀援"义有较多用例：

（3）c1. 以若所为求若所欲，犹缘木而求鱼也。（孟子·梁惠王上）

　　　c2. 譬犹缘高木而望四方也。（淮南子·人间训）

3c 组的 V$_2$ 原地动词，若 V$_2$ 是运行动词，可以承载运行意义的表达，"缘"的运行义素呈现消退迹象，但还不能确定是介词。例如：

（3）d2. 从安期兮蓬莱，缘天梯兮北上。（楚辞·九思）

　　　d2. 乃有龙马衔甲，缘坛而上，吐《甲图》而去。（今本竹书纪年）

在"缘 +N$_2$+V$_2$"式中，若 V$_2$ 是原地动词，"缘"还是"沿……行走"义或"攀援"义动词。例如：

（3）e1. 缘木求鱼，虽不得鱼，无后灾。（孟子·梁惠王上）

　　　e2. 尚父缘河有此异物，因以威众。（论衡·指瑞）

若 V$_2$ 是运行动词，"缘"变为沿途介词，汉代已见萌芽状态的沿途介词"缘$_1$"：

（3）f1. 使缘西山足乘高地而东北入海，乃无水灾。（汉书·沟洫志）

　　f2. 缘北山东注洛水。（前汉纪·孝武皇帝纪）

　　汉代，"缘边"可以看作一个名词，所指意义是"沿边地区"或"沿边地区的军队或人"。例如：

（3）g1. 缘边亦各坚守以备胡寇。（史记·匈奴列传）

　　g2. 巴蜀没于南夷，缘边破于北狄。（东观汉记·卷十四）

　　3g组的"缘边"可看作主语。3g组可证："缘边"不是介词短语，而是方所名词。至晋时期的"缘+$N_2$+$V_2$"（运行）式中，"缘"还不一定是介词。例如：

（3）h1. 其夜，渡渭东行，缘山趣上邽。（三国志·魏书·邓艾传）

　　h2. 维乃缘山突出，泰与交战，维退还。（三国志·魏书·陈群传）

　　h3. 牙门、郡守各缘屋出。（三国志·魏书·钟会传）

　　h4. 缘山险行，垂二千里。（三国志·吴书·钟离牧传）

　　h5. 缘山稍前，于定军兴势作营。（三国志·蜀书·先生传）

　　5g组"缘"还带有"攀援"义的痕迹。在演变过程中，符合$V_2$是运行动词的条件还不够，还需要$N_2$是表示平面的、长条的事物的名词的条件。例如：

（3）i1. 从延津西南缘河至汲、获嘉两县。（三国志·魏书·于禁传）

　　i2. 缘塘行，半路，忽见一贵人，端正非常。（搜神记·卷五）

　　i3. 缘河上下，随机赴接。（宋书·索虏列传）

　　i4. 台军缘道奔退。（南史·陈显达列传）

　　i5. 依丛适自憩，缘涧还复去。（韦应物：东郊）

　　3i组显示："攀援动词——沿途介词"演变的第二个条件是$N_2$的语义类型变化。在"缘1"萌生的同时，$V_2$是原地动词的结构式中，"缘"也在向沿途介词发展。例如：

（3）j1. 烽火以炬置孤山头，皆缘江相望。（三国志·吴书·吴主传，裴注引庾阐《扬都赋》）

　　j2. 蛮缘路徼战，尚军大败，……（后汉书·南蛮西南夷列传）

　　j3. 缘沟驻行幌，傍柳转鸣珂。（鲍泉：南苑看游者诗）

　　j4. 牢之至吴，而贼缘道屯结……（宋书·武帝本纪）

　　j5. 吴缘江为国，无有内外，……（晋书·羊祜传）

C2.“缘”的依据介词方向

与“遵、循”一样，“缘”也由“沿……运行”义引申出“遵依”义（记为“缘$_{03}$”），下面一组例句中的“缘”的意义介于“沿行”和“遵依”之间。例如：

（3）g1. 不就利，不违害，不喜求，不缘道。（庄子·齐物论）

g2. 形莫如缘，情莫如率，缘则不离，率则不劳。（庄子·山木）

g3. 大目视之，大均缘之，大方体之。（庄子·徐无鬼）

若“缘”的宾语不是表运行处所的名词，而是表示抽象事物的名词，“缘”的“遵依”义得以确定。例如：

（3）h1. 君子之行也，动必缘义。（吕氏春秋·高义）

h2. 缘物之情及人之情以为所闻，则得之矣。（吕氏春秋·察传）

h3. 其交游也，缘类而有义。（荀子·君道）

h4. 礼者，因人之情，缘义之理，而为之节文者也。（管子·心术）

h5. 夫缘道理以从事者无不能成。（韩非子·解老）

h6. 故缘人情，赦小过。（春秋繁露·卷六）

h7. 缘法循理谓之轨。（新书·卷八）

与“遵、循”一样，如结构式中有“而”或“以”，“缘”还不是确凿的介词。例如：

（3）i1. 微知，则缘耳而知声可也，缘目而知形可也。（荀子·正名）

i2. 缘法而治，按功而赏。（商君书·君臣）

i3. 感而后应，非所设也；缘理而动，非所取也。（管子·心术）

i4. 乃知缘情而制礼，依人性而作仪，其所由来尚矣。（史记·礼书）

i5. 俗人缘此而说，言孝悌之至，精气相动。（论衡·异虚）

i6. 法者，缘人情而制，非设罪以陷人也。（盐铁论·卷十）

i7. 缘人以知天，宜尽人之性。（论衡·福虚）

如“缘+N$_2$”短语被看作紧缩句的VP$_1$部分或独立的小句，“缘”也还不是确凿的介词。例如：

（3）j1. 缘其理则知其情。（管子·白心）

j2. 顷者有司缘臣子之义，奏徙郡国民以奉园陵。（汉书·元帝纪）

j3. 其余后父据《春秋》褒纪之义，帝舅缘《大雅》申伯之意，浸广博矣。

（汉书·外戚恩泽侯表）

j4. 缘《尔雅》之言，验之于物。（论衡·指瑞）

汉至南北朝代已见"缘 +$N_2$+$V_2$"式，"缘"是萌芽状态的依据介词。例如：

（3）k1. 又有齐人公羊高，缘经文作传，弥离其本事矣。（新论·卷九）

k2. 子皮之姊，缘事分理。子皮相鲁，知其祸起。（列女传·卷三）

依据介词"缘$_4$"沿用至唐宋时期。例如：

（3）l1. 缘情定罪，理在可原。（北史·列女列传）

l2. 翰墨缘情制，高深似意裁。（孟浩然：韩大使东斋会岳上人、诸学士）

l3. 执政缘法将夺陈公翰林之官。（辽代石刻文编·道宗编下）

l4. 此礼缘情制，临风老泪枯。（魏了翁：仲女挽诗）

### 4.2.1.2.3　朝"时间"和"方式"两个方向发展

在"动词——介词"演变中，罕见朝"时间"和"方式"两种功能发展的。少数介词兼有"时机"和"凭借"两种功能，如"乘、因"。这是动词朝两个方向发展的结果。凭借介词"因$_4$"参见 2.2.4.2.3，凭借介词"乘$_4$"参见 2.2.4.2.4，时机介词"因$_2$"参见 2.2.2.2.3，时机介词"乘$_2$"参见 2.2.2.2.4。

### 4.3.1.2.4　朝"方所"和"对象"两个方向发展

一般情况下，方所介词和对象介词各有来源，兼有"方所"和"对象"两种功能的介词不少，多为介词功能扩展的结果，如兼有"方向"和"求索"两种功能的"著"，兼有"方向"和"所对"两种功能的"朝、冲"等。少数介词兼有"方向"和"所对"两种功能是动词朝两个方向发展的结果，如"向、对"。这两个介词都是先发展出"所对"功能，然后发展出"方向"功能。

A. 动词"向$_{01}$"的两个方向

"向$_{01}$"的两个方向是"方向"和"所对"。方向介词"向$_{11}$"定型是在晋南北朝时期（参见 3.3.1.1）。所对介词"向$_{31}$"萌生稍早，汉代已见少数用例。在对象介词方向上，"向$_{01}$"首先发展出两种功能：所对介词"向$_{31}$"和言谈介词"向$_{32}$"。汉代之前已见"向 +$N_2$（人）+ 而 +$V_2$"式，在这种结构式中，因为 $N_2$ 是表人的名词，$V_2$ 部分有两个动词，一为表情动词，一为言说动词，"向$_{01}$"有可能朝所对介词或言谈介词发展。例如：

（1）a. 秦伯素服郊次，向师而哭曰……（左传·僖公三十三年）

汉代出现"向 +$N_2$+$V_2$"式：

（1）b. 秦伯素服郊次，向三将哭曰……（史记·秦本纪）

虽然上两例显示了"向$_{01}$"朝所对介词或言谈介词演变的可能性，然而，就发展结果而言，先产生的是"所对"功能。汉代已见"向 +N$_2$+ 表情动词"式。例如：

（1）c1. 长安中小民喧哗，向其第哭，几获盗之。（汉书·佞幸传）

c2. 妻向城哭。（论衡·变动）

c3. 日磾每见画常拜，向之涕泣。（汉书·金日磾传）

这种结构式的"向$_{01}$"有朝方向介词发展的可能性，但由于 V$_2$ 是表情动词，句中潜藏着"向$_{01}$"朝所对介词发展的可能性。若 N$_2$ 带 [+ 有生命] 特征，V$_2$ 是表情动词或身姿动词，"向"可分析为所对介词。例如：

（1）d1. 入门望爱子，妻妾向人悲。（李陵：录别诗二十一首）

d2. 群鸟四面行列。皆向凤皇立，……（汉书·宣帝纪）

1d 组显示：所对介词"向$_{31}$"萌芽于汉代。至南北朝时期，用例增多，词性确定。例如：

（1）e1. 当闻之曰："此公覆声也。"向之垂涕，解易其衣，遂以得生。（三国志·吴书·黄盖传，裴注引《吴书》）

e2. 策谓歆曰："府君年德名望，远近所归；策年幼稚，宜修弟子之礼。"便向歆拜。（三国志·魏书·华歆传，裴注引《列异记》）

B. 动词"对$_0$"的三个方向

动词"对"由"对答"义（记为"对$_{01}$"）向言谈介词（记为"对$_{32}$"）发展。同时，由"对答"义引申出"面对（某人）"义（记为"对$_{02}$"），由"面对（某人）"义引申出"正对着（方所）"义。"对$_{02}$"是所对介词"对"（记为"对$_{31}$"）的直接来源，"对$_{03}$"是方向介词"对"（记为"对$_1$"）的直接来源。下面是"对$_0$"的演变路径。

$$\diagup \text{对}_{32}\text{（言谈）}$$

对$_{01}$（"对答"义）—对$_{02}$（"面对"义）—对$_{31}$（所对）—对$_{32}$

$$\diagdown \text{对}_{03}\text{（"正对着"义）—对}_1\text{（方向）}$$

由上面的显示可知：言谈介词"对$_{32}$"有动词"对$_{01}$"和所对介词"对$_{31}$"两个来源。

B1. "对"的言谈介词方向

"对$_{32}$"萌生于东汉时期，它的主要来源是"对答"义动词"对$_{01}$"，但和所对介词"对$_{31}$"也有联系。

B11. 与动词"对$_{01}$"的联系

"对+N$_2$+曰"式，先秦时期已见：

（2）a. 子服景伯对使者曰：……（左传·哀公十三年）

上例的"对"是"对答"义动词，迄汉代，这种结构式中的"对"还是动词。例如：

（2）b.（卫平）乃对元王曰："今昔壬子，宿在牵牛……"（史记·龟策列传）

东汉时期，V$_2$ 有所扩展，"询问""陈述"义动词进入结构式的 V$_2$ 位置，语境中没有"一问一答"的蕴含义，"对"可以看作言谈介词。例如：

（2）c1. 初，禹为师，以上难数对己问经，为《论语章句》献之。（汉书·张禹传）

c2. 太中大夫蜀郡张匡，其人佞巧，上书愿对近臣陈日蚀咎。（汉书·王商传）

2c 组表明：东汉时期，"对$_{32}$"已萌芽，它与"对$_{01}$"有来源关系。晋南北朝时期，这种结构式的 V$_2$ 有所扩展，"对"的言谈介词性质确定。如：

（2）d1. 太祖数对群臣称述，有欲传后意。（三国志·魏书·武文世王公传）

d2. 粲性躁竞，起坐曰："不知公对杜袭道何等也？"（三国志·魏书·杜袭传）

d3. 孤非徒对诸君说此也，常以语妻妾，皆令深知此意。（三国志·魏书·武帝纪，裴注引《魏武故事》）

d4. 初，卞后弟秉，当建安时得为别部司马，后常对太祖怨言，……（三国志·魏书·后妃传，裴注引《魏略》）

B12. 与所对介词"对$_{31}$"的联系

因为"对答"义的"对$_{01}$"所在的句子中蕴含"面对面"意义，动词"对"引申出"面对（某人）"义，这是所对介词"对$_{31}$"的直接来源。西汉已见"对$_{02}$"的用例：

（2）e1. 为里监门以自食，两人相对。（史记·张耳陈余列传）

e2. 东向坐，西向对，师事之。（史记·淮阴侯列传）

e3. 为涕泣面对而封之。（史记·万石张叔列传）

"对$_{02}$"可用于"V$_1$+N$_2$+V$_2$"式的 V$_1$ 位置。例如：

（2）f1. 对案不食。（史记·万石张叔列传）

上例的“对”还是“面对”义动词。在“对 $+N_2+V_2$”式中，如果 $V_2$ 是表情动词，“对”可以看作萌芽状态的所对介词，但还不能排除动词的可能性。例如：

（2）g1. 延寿闻之，对掾史涕泣，遣医治视，厚复其家。（汉书 · 韩延寿传）

g2. 时光女为皇后，闻之，对帝涕泣。（汉书 · 赵广汉传）

g3. 永始中，相禹奏立对外家怨望。（汉书 · 文三王列传）

g4. 见两头蛇，杀而埋之，归，对其母泣。（论衡 · 福虚）

g5. 径诣床蓐，手拊摸，对之垂涕。（风俗通义 · 穷通）

如果 $V_2$ 部分是形容词性主谓短语，“对”也有两种可能性：动词或所对介词。例如：

（2）g6. 见性好解妇来卜，对之颜色严振，未尝见齿而笑也。（史记 · 日者列传）

如果 $V_2$ 部分有两个动词，前一个为表情动词，后一个为言说动词，“对”有两种可能性：所对介词或言谈介词。例如：

（2）h1. 后涉特往，对歆涕泣言：“诚欲与公共安宗族，奈何不信涉也！”（汉书 · 王莽传）

h2. 对宾客叹息曰……。（汉书 · 游侠传）

这种结构式的存在对言谈介词“$对_{32}$”的产生和发展也有助推作用。

B2.“对”的所对介词方向

“面对”义的“$对_{02}$”用于“$V_1+N_2+V_2$”式的 $V_1$ 位置，呈现朝所对介词发展的趋势（参见 2g 组例句）。由此可知：所对介词“$对_{31}$”萌芽于汉代。至晋南北朝时期用例增多：

（2）i1. 权闻之，幸仪舍。求视蔬饭，亲尝之，对之叹息。（三国志 · 吴书 · 是仪传）

i2. 辄对之垂涕嗟痛之，终无所活。（三国志 · 魏书 · 武帝纪，裴注引《傅子》）

i3. 亲戚对我悲，朋友相追攀。（王粲：七哀诗三首）

i4. 挽裳对我泣，太息前自陈。（曹植：门有万里客）

在同一时期，若身姿动词进入构式，“对”也可以看作所对介词。例如：

（2）j. 熊罴对我蹲，虎豹夹道啼。（曹操：苦寒行）

如果结构式 $V_2$ 部分有两个动词，其中一个为身姿动词，“对”也是所对介词。例如：

（2）k. 乃对中领军夏侯尚叩头求哀，尚为涕泣而不能救。（三国志·魏书·任城陈萧王传，裴注引《魏略》）

B3. "对"的方向介词方向

动词"对"由"面对（某人）"义引申出"正对着（方所）"义，表示两个事物的位置关系。例如：

（2）l1. 医家与中大夫贲赫对门。（史记·黥布列传）

l2. 对门不通。（淮南子·说山训）

"对$_{03}$"用于"$V_1 + N_2 + V_2$"式的 $V_1$ 位置，有可能变为方向介词。起初，$N_2$ 是"镜、窗"等。例如：

（2）m1. 当窗理云鬓，对镜贴花黄。（木兰诗）

m2. 小妇独无事，对镜画蛾眉。（沈约：三妇艳）

m3. 倡人歌吹罢，对镜览红颜。（徐陵：和王舍人送客……）

m4. 对窗看宝瑟，入户弄鸣机。（何逊：同虞记室登楼远望诗）

2m 组的"对"不能排除"对$_{03}$"的可能性。至宋代，"对"的宾语扩展至"山、江"等。例如：

（2）n1. 对山开户唯求静，赊酒留宾不道贫。（徐铉：和王明府见寄）

n2. 终日把酒对山坐，几片山色落酒盘。（石介：送范曙……）

n3. 终日对山吟，何尝问阴霁。（吕陶：答任师中）

n4 对江翘首望，愁泪叠如波。（殷尧藩：送沈亚之尉南康）

2m、2n 组 $N_1$（施事主语，可能省略或隐含）是表人的名词，"对"还不能排除"正对着"义的可能性。如果 $N_1$ 是表物的名词，带有"无生命"的语义特征，"对"是确凿的方向介词。例如：

（2）o1. 古庙对山开，清风向人寒。（王禹偁：四皓庙）

o2. 庭虚走泉响，门静对山开。（柳悦：凉轩）

o3. 圣世封疆属乡县，令宰衙门对山起。（黄庶：留题洪庆观）

o4. 麻源山压盱江水，高楼迥对江山起。（朱彦：江楼）

o5. 灵寿峰前路有苔，松门依旧对山开。（阮阅：郴江百咏）

o6. 轩对山开昼不扃，山迎轩耸展如屏。（李乘：慧聚杂题）

2o 组显示：导致方向介词"对$_1$"性质确定的因素是 $N_1$ 的语义类型发生"有生命——无生命"变化。这一点与走"原地动词——方向介词"路径的"向$_{11}$"是相同的。

C. 动词"跟$_0$"的三个方向

"跟从"义动词"跟$_0$"向介词发展时有三个方向：交互介词、师从介词和所在处介词。交互介词"跟$_{32}$"的产生可参见2.2.3.3.4。师从介词"跟$_{31}$"和所在处介词"跟$_1$"的直接来源都是"跟从"义动词。

C1."跟"的师从介词方向

元代有较多的"跟 +N$_2$（人）+V$_2$"式，V$_2$多为运行动词。如果V$_2$是行为动词，句中仍蕴含"N$_1$和N$_2$双方实施V$_2$行为意义"和"N$_2$是V$_2$行为的主导者，N$_1$是随从者"意义，"跟"仍是动词。例如：

（3）b1. 我跟着你张罗这一日。（刘唐卿：降桑葚蔡顺奉母·第三折）

　　b2. 您跟着我寻那厮去。（无名氏：刘千病打独角牛·第二折）

　　b3. 张千，跟着我接新官去来。（关汉卿：钱大尹智宠谢天香·第二折）

相同的结构式中，可能蕴含"师从某人"意义，但前述两种意义仍然存在，"跟"还是动词。例如：

（3）c1. 他浑家跟我修行办道。（谷子敬：吕洞宾三度城南柳·第四折）

如果结构式的V$_2$是"学习"义动词，"跟"有可能变为介词，但有的句子中"学"的施事还可能是N$_1$和N$_2$双方。例如：

（3）d. 遂弃却家业，跟他学道。（杨景贤：马丹阳度脱刘行首·第一折）

如果可以确定V$_2$的施事是N$_1$单方，前述两种推理意义消失，"跟"是师从介词。例如：

（3）e. 你跟着师傅学了些甚么？（无名氏：汉钟离度脱蓝采和·第三折）

例3e显示，V$_2$的语义类型变化是"跟从动词——师从介词"演变的决定性因素，但"跟$_{31}$"的产生，还与V$_2$施事的"双方——单方"变化有关。元代已见"跟 +N$_2$+V$_2$"式中V$_2$的施事不是N$_1$和N$_2$双方，而是N$_1$单方的用例：

（3）f1. 则今日跟着范学士应举，走一遭去。（秦简夫：晋陶母剪发待宾·第三折）

　　f2. 自跟着狼主，累建奇功，加某为蓟州同知之职。（无名氏：海门张仲村乐堂·第一折）

　　f3. 你跟我丞相府里告去来。（无名氏：十探子大闹延安府·第一折）

3f组的V$_2$的施事是N$_1$单方，这种语义关系的出现，对"跟$_{31}$"的产生也起着助推作用。

C2. "跟"的所在处介词方向

所在处介词"跟"（记为"跟₁"）的直接来源也是"跟从"义动词"跟"。萌生于"跟 +N₂（人）+N₃（方所）+V₂"式。元代的这种结构式中，仍蕴含"N₁和N₂双方实施V₂行为"意义和"N₂是V₂行为的主导者，N₁是随从者"意义，但是作为方位短语的N₃和N₂位置紧邻，两者有可能在语义结构中直接组合。例如：

（4）a1. 先生何不跟我馆驿中去来。（无名氏：庞涓夜走马陵道·第三折）

a2. 你肯跟我方丈中去么？（刘君锡：庞居士误放来生债·第四折）

a3. 跟着我银匠铺里整理壶瓶走一遭去。（关汉卿：包待制智斩鲁斋郎·楔子）

在相同的结构式中，N₂和 +N₃可能有领属关系，N₂容易被看作N₃的定语。例如：

（4）b1. 则今日埋殡你丈夫，便跟我家中去来。（关汉卿：刘夫人庆赏五侯宴·楔子）

b2. 行钱，跟我宅前院后烧香去来。（刘君锡：庞居士误放来生债·第一折）

b3. 你跟我庄上去取银子还你。（关汉卿：感天动地窦娥冤·第一折）

在相同的结构式中，如果N₂和N₃结合紧密，成为一个定中结构，语义结构中V₂的施事只有N₁（主语，可能省略或隐含），"跟"变为所在处介词。

（4）c. 猛觑了那容姿，不觉的下阶址，下场头少不的跟官长厅前死。（关汉卿：钱大尹智宠谢天香·第一折）

"跟₁"的产生，与名词"跟前"的使用也有关系，元代，"所在处介词 +N₂+ 跟前 +V"式已有较多用例：

（4）d1. 你在我老叔跟前探空靴，撒响屁。（李寿卿：说专诸伍员吹箫·楔子）

d2. 刚一味胡支对，则向你媳妇跟前受制。（李寿卿：说专诸伍员吹箫·第三折）

d3. 我向那宠衙内跟前告他。（无名氏：十探子大闹延安府·第二折）

"N₂+ 跟前 +V"式也有出现。例如：

（4）e1. 将着这刘备衣甲头盔，丞相跟前献功去也。（无名氏：关云长千里独行·楔子）

e2. 你若肯投我呵，圣人跟前保奏过，……（无名氏：关云长千里独行·第

一折）

4e 组中，如果将"跟"和"前"拆开，将"跟"用于 $N_2$ 前面，则"跟"变为介词，"前"变为介词宾语的构成成分。4d 组中，拆分"跟前"，再省略所在处介词，"跟"和"前"也有相同的变化（参见例 4c）。总之，"跟₁"因结构简单化和结构分裂而产生。

### 4.3.1.2.5 朝"方式"和"对象"两个方向发展

兼有"方式"和"对象"两类功能的介词不多，主要是"以、持、将、捉、把、拿"等"执持"义动词。它们向介词发展时，一般有两个方向：处置介词和工具介词，虽然演变大多发生在相似的结构式中，但句子的蕴含意义和语义结构决定了不同的发展方向。处置介词先萌生于"持某物授予某人的语义结构"（如"以、持"），晋南北朝时期开始萌生于"持某物作某种处置"的语义结构中；工具介词萌生于"执持或使用某物做某事"的语义结构。处置介词的源结构蕴含"对某物作某种处置"意义，工具介词的源结构蕴含"使用某物做某事"意义。

A. 动词"以"的两个方向

从词义角度看，动词"以₀₁"（"携持"义）引申出"执持"义，再由"执持"义引申出"使用"义。处置介词"以₃"的直接来源是"执持"义；工具介词"以₄₁"的直接来源是"使用"义，与"执持"义也有联系。下面显示动词"以"的两个方向：

$$\text{以}_{02}（\text{"执持"义}）—\text{以}_{04}（使用）—\text{以}_{41}\begin{cases} \nearrow \text{以}_3（处置） \\ \searrow \text{以}_{41}（工具） \end{cases}$$

处置介词"以₃"只有"执持"义一个来源，工具介词"以₄₁"有"使用"义和"执持"义两个语义来源。由于"以"的演变发生时间较早，只能采取推论的方法。

A1. "以"的处置介词方向

"执持动词——处置介词"的演变最先发生在谓语中心动词后，即"$V_1$（$+N_2$）+ 以 $+N_3$"式中。这种结构式中的 $N_3$ 是"授予物"，$V_1$ 在语义结果中涉及"接受者"和"授予物"，即为通常意义上的可带"双宾语"的动词（大多是"给予"义的）。致变条件是句子有"执持某物就可能对某物做出某种处理"的推理意义和"在处置某物之前先将某物持于手中"的推理意义。

演变之初，绝大多数"以₃"萌生于带"授予物"宾语的结构式中。这是因为"持某物授予某人"的语义结构中，授予物大多是话语的焦点，不可以省略。导致处置介词"以₃"产生的因素是充当动词"以₀₂"宾语的 NP 的语义类型变化，即"可执持——不可执持"或"具体——抽象"的变化，由此带来"执持"义的淡化乃至消失（参见 2.2.3.2.1）。

A2. "以"的工具介词方向

工具介词"以₄₁"来自"使用"义或"执持"义，演变也是首先发生在谓语中心动词后面。"V₁（＋之）＋以 +N₂"式，除了承载"持某物授予某人"的语义结构之外，还可以承载"使用 / 执持某物做某事"的语义结构。N₂ 若是表示器具的名词，"以"可以分析为动词（"使用"义或"执持"义），也可以分析为工具介词。比较两例：

（1）a. 酌以大斗，以祈黄耇。（诗经·大雅·行苇）

（1）b. 麾之以肱，毕来既升。（诗经·小雅·无羊）

前例的"以"若看作动词，可理解为"执持"义或"使用"义，后例的"以"若看作动词，只能是"使用"义。上两例的"以"呈现朝工具介词发展的态势。为什么说这种结构式中的"以"不可能朝处置介词发展呢？因为语义结构不同，句子的蕴含义不同。例 1a、1b 显示了"以₄₁"可能有两个语义来源，同时，也显示了萌生"以₄₁"的语义结构和萌生"以₃"的语义结构是不相同的。导致"使用 / 执持动词——工具介词"演变的因素同样是 N₂ 的语义类型的变化，若 N₂ 带有"不可执持"的语义特征，则"以"是确凿的工具介词（参见 2.2.4.1.1）。

B. 动词"持"的两个方向

动词"持"也有处置介词和工具介词两个方向，演变在谓语中心动词前面，即"持 +N₂+V₂"式中，除此之外，"持"和"以"的演变模式基本相同，即"处置"和"工具"两种功能产生于不同的语义结构，致变因素也是 N₂ 的语义类型变化。汉代的"持 +N₂+V₂（+N₃）"式已可承载"持某物授予某人"的语义结构。若 N₂ 为表示抽象事物的名词，"持"变为处置介词（参见 2.2.3.2.2）。

汉代的"持 +N₂+V₂"式中，也蕴含"使用 / 执持某物做某事"意义的，在这样的语义结构中，"持"有可能向工具介词发展。（参见 2.2.4.1.2）。

C. 动词"把"的两个方向

处置介词"以₃、持₃"都萌生于"持某物授予某人"的语义结构，而处置介词"把₃"萌生于"对某物做某种处置"的语义结构，由"把"的演变可知：距离首发模式的时间越远，演变模式相差越大，但最基本的致变因素是相同的，即源动词的宾语的语义类型变化（参见 2.2.3.2.2）。

汉至唐时期已见"把 +N₂+ 以 +V₂"式中 N₂ 为表工具的名词的用例：

（2）a1. 操刀把杖以击之。（论衡·顺鼓）

　　　a2. 把土以填巨海。（弘明集·卷十四）

　　　a3. 把角如意以指麈处分。（北史·唐永传）

南北朝至唐时期，已有"把 +N₂+V₂"式。例如：

（2）b1. 把火遍照其下。（齐民要术·卷四）

　　　b2. 把火见城郭邑居。（搜神记·卷四）

　　　b3. 汝等把弓刀侍朕左右，徒立劳耳，皆至王公。此人把笔匡我国家，不过作郎。（魏书·高允传）

　　　b4. 把旌指麈，则懦夫成勇。（南史·齐本纪上）

2b 组中，N₂ 是表示"可执持"事物的名词，"把"还是"执持"义动词，或者说，不能排除动词的可能性；但在这种"持某物做某事"的语义结构中，有可能萌生工具介词"把₄₁"。在演变过程中，N₂ 须经过表示"不可执持之物"的阶段，这一点与处置介词"把₃"的演变因素相同，也受到工具介词"以₄₁、持₄₁"的影响。表示抽象事物的名词进入 N₂ 位置，中晚唐已见。例如：

（2）c1. 漫把文章矜后代，可知荣贵是他人。（罗隐：过废江宁县）

　　　c2. 冀州飞檄傲英雄，却把文辞事邺宫。（吴融：陈琳墓）

2c 组的"把"已是确凿的工具介词。

D. 动词"捉"的两个方向

先秦时期"捉"有"抓住"义。例如：

（3）a1. 闻君至，喜，捉发走出。（左传·僖公二十八年）

　　　a2. 昔者，禹一沐而三捉发。（吕氏春秋·谨听）

　　　a3. 正冠而缨绝，捉衿而肘见。（庄子·让王）

"抓住"属于"以手持物"的动作，"捉"有可能引申出"执持"义。例如：

（3）b1. 以布捉取，出其汁。（马王堆汉墓帛书）

b2. 贫道捉麈尾来四十余年。（南齐书·周颙传）

D1. "捉"的处置介词方向

魏晋南北朝至唐时期"捉"已进入"$V_1+N_2+V_2$"式的 $V_1$ 位置，但 $V_2$ 多为运行动词或身姿动词，这种结构式的出现，为"捉"的"执持动词——处置介词"演变提供了句法基础。同一时期的一些"捉 $+N_2+V_2$"式中，孕育着"$N_2$ 被处置"的意义。例如：

（3）c1. 即捉早上马，遂诣行官。（魏书·术艺列传）

　　　c2. 便令左右捉婢上车。（晋书·周处传）

　　　c3. 捉新妇归，戏之，三日乃放还。（朝野佥载·卷三）

3c 组的 $N_2$ 是表人的名词，句子蕴含"对 $N_2$ 做某种处置"的意义，但 $V_2$ 是运行动词，在语义结构中 $N_2$ 和 $V_2$ 没有"受事——行为"关系，"把 $+N_2+V_2$"式还是连动结构。如果 $V_2$ 部分有两个动词，$N_2$ 与其中一个有"受事——行为"关系，"把"呈现向处置介词发展的态势。例如：

（3）d1. 但捉第七者将还，事必无他。（北史·艺术列传上）

　　　d2. 下官家作贼，止捉一天子牵臂下殿，捉一天子推上殿，不作偷驴摸犊贼。（北史·崔暹传）

3d 组的前一个"捉"所在的"捉 $+N_2$"短语后面的第一个 V 虽以 $N_2$ 为受事，但由于第二个 V 是运行动词，整个结构式还属于连动结构。晋时期已见语义结构中 $N_2$ 可以分析为 $V_2$ 受事的用例。例如：

（3）e. 即捉忠头顿筑，拔刀欲斩之。（三国志·魏书·牵招传）

有的句子末尾带"之"作宾语，"之"指代受事者，但不是复指 $N_2$。例如：

（3）f. 妇料其出，无复入理，便捉裾停之。（世说新语·贤媛）

例 3e、3f 的"捉"还是"抓住"义动词，如果句末的"之"复指 $N_2$，"捉"可以看作萌芽状态的处置介词。例如：

（3）g1. 吾共汝叔母闻之，各捉其儿打之。（北史·周宗室列传）

　　　g2. 拷问，乃是投化高丽共捉马奴藏之，奉敕斩于东市。（朝野佥载·卷五）

　　　g3. 伯夷怀刀，捉一人刺之。（艺文类聚·卷九十四）

有的句子的 $V_2$ 后面还有名词宾语 $N_3$，$V_2$ 以 $N_2$ 为受事，"捉"也可以看作萌芽状态的介词。例如：

（3）h1. 妇兄弟便来捉手付度，夫妇之礼，于兹永毕。（梁书·诸夷列传）

h2. 为贼扫上阳，捉人送潼关。（李商隐：行次西郊作一百韵）

　　h3. 爱捉狂夫问闲事，不知歌舞用黄金。（卢纶：古艳诗）

　　但 3h 组中，"捉"仍不能排除"抓住"义的可能性。唐五代时期，结构式中的 $V_2$ 逐步扩展，若 $V_2$ 为"欺侮"、"诋毁"义动词，则 $N_2$ 很明显是 $V_2$ 的受事，句子的处置意义十分明显。例如：

（3）i1. 良由画匠，捉妾陵持。（敦煌变文集新书·卷五）

　　　i2. 夺我宅舍，捉我巴毁……（敦煌变文集新书·卷七）

　　　i3. 向吾宅里坐，却捉主人欺。（敦煌变文集新书·卷七）

　　　i4. 何为捉他欺！彼此有窠窟。（敦煌变文集新书·卷七）

　　　i5. 外道捉我苦刑持。（敦煌变文集新书·卷三）

　　3i 组的没有"抓住某人"或"抓捕某人"的推理意义，"捉"可以看作处置介词。3i 组显示：$V_2$ 的语义类型变化对"捉"的"执持动词——处置介词"演变起着重要作用。"捉"的演变呈现与"以、持"不同的特征，与"把"也有所不同。在"捉"的宾语是表人的名词或代词的结构式中，"捉"可能是处置介词，也可能不是处置介词（因为"捉"有"抓住"义，由此可引申出"抓捕"义）。但"捉"和"把"的演变模式还是有相同之处，即都是萌生于"对某物做某种处置"的语义结构。"捉"的演变也受到最基本的演变因素的影响，如果 $N_2$ 为表示抽象事物的名词或代词，"捉"是确凿的处置介词。例如：

（3）j1. 漫将愁自缚，浪捉寸心悬。（王梵志：凡夫真可念）

　　　j2. 几许难部宰，捉此用为心。（王梵志：慎事罪不生）

　　　j3. 至尊今还如圣人先帝，捉天下四方坐也，还养活臣及突厥百姓，实无少短。（隋书·北狄列传）

　　3j 组显示：后随模式一直受到首发模式的影响。

　　D2. "捉"的工具介词方向

　　南北朝至唐时期，已见"捉 $+N_2+V_2$"式，$V_2$ 多为运行动词或身姿动词，"捉"可分析为"执持"义动词。例如：

（3）k1. 坐捉刀入殿启事，系尚方十余日。（南齐书·王敬则传）

　　　k2. 捉长刀步从，杀伤甚多。（北齐书·文襄六王列传）

　　　k3. 帝自捉刀立床头。（世说新语·容止）

　　南北朝至唐时期，也有一些 $V_2$ 行为以 $N_2$ 为工具，$V_2$ 与 $N_2$ 之间有"行为——工具"关系的用例，属于"执持或使用某物做某事"的语义结构；但因为 $N_2$ 是表示"可执持之物"的名词，"捉"的动词性质不能排除。例如：

（3）11. 捉笔陈情，随以喜笑。（三国志·蜀书·许靖传，裴注引《魏略》）

12. 遣二防阁捉仪刀催车。（魏书·尔朱兆传）

13. 麈尾扇是王谢家物，汝不须捉此自遂。（南齐书·陈显达传）

14. 伊便能捉杖打人，不易。（世说新语·方正）

15. 下床著珠佩，捉镜安花钿。（萧纲：采桑）

16. 天地捉秤量，鬼神用斗斛。（王梵志：生时不须歌）

17. 博通捉尾缆挽之，不进。（朝野金载·卷六）

3k 组的"捉"已进入萌生工具介词的语义结构，若 $N_2$ 为表示"不可执持之物"的名词，"捉"的工具介词性质十分明显。如：

（3）m. 石磴巍峨捉膝行，行时不觉看时惊。（应材：题罗汉洞）

上例显示了 $N_2$ 的语义类型变化是"捉"演变为工具介词的主要因素，这是受到"以、持、把"等的演变因素的影响。

E．小结

纵观"以、持、把、捉"的演变历程，可以有如下结论：

1）处置介词和工具介词萌生于不同的语义结构；处置介词起初在"持某物授予某人"的语义结构中萌生，唐代开始，可以在"对某物或某人做某种处置"的语义结构中萌生；工具介词一般在"执持或使用某物做某事"的语义结构中萌生。

2）处置介词和工具介词的性质确定的关键都是结构式中 $N_2$ 的语义类型，即 $N_2$ 为表示"不可执持之物"的 NP。

3）首发演变对后随演变起着制导作用，但后随演变的模式不一定与首发演变完全相同。距离时间越远，演变模式之间的差距可能越大；但是决定性的演变因素是相同的。

## 4.3.2　介词功能扩展的多个方向

在介词的第一个功能产生之后，可能陆续产生新的功能。介词的功能扩展可能是单一方向的，也可能是多个方向的。如果一个介词的功能扩展有两个或两个以上的方向，大多属于同一次类，属于不同次类的比较少。

#### 4.3.2.1 同一次类的多个方向

一个介词在同一次类中具有两个或两个以上功能，是常见的现象。这可能是动词向多个方向发展的结构，也可能是介词功能逐步扩展的结果。介词的同一次类内部的多个方向演变大多发生在方所介词、对象介词、方式介词内部。

##### 4.3.2.1.1 方所介词功能扩展的多个方向

方所介词若有功能扩展，可以在本小类内部，也可以向外部扩展。本节探讨方所介词的内部扩展，如"于"兼有"终到处""所在处""始发处"等功能，"从"兼有"经由处""始发处""所在处"等功能。

A. 介词"从$_{12}$"功能扩展的两个方向

方所介词"从$_1$"有介引经由处、始发处、所在处、方向等功能，它的多个方向发展是以始发处功能为起点的。"始发处"功能来自"经由处"功能的扩展，这一步是单一方向的演变，以"始发处"为起点，有两个方向，即"所在处"和"方向"。图示"从"的功能扩展方向如下：

$$/ \text{从}_{14}（方向）$$

从$_{01}$—从$_{11}$（经由处）—从$_{12}$（始发处）—从$_{13}$（所在处）

上表显示始发处介词"从$_{12}$"有两个扩展方向：所在处介词"从$_{13}$"和方向介词"从$_{14}$"。

A1."经由处——始发处"的演变

从词汇系统看，"从"有"始发处"功能是受到"自"的带动，当"从"获得"经由处"功能时，它就成为介词"自"的同义词，由于"同义词相互渗透"的规律，"从"获得表示起始处的功能。从认知因素看，是说话人视角的变化，在现实世界中，运行的"始发处"和"经由处"有可能处在同一运行路线、同一方向上，"始发处"位于运行路线的一端，经由处位于运行路线上的某一点或某一段，也可能是整个运行路线。从演变的语义因素看，主要是"P+N$_2$+V"式中 V 的语义类型变化导致对 N$_2$ 的论元角色的重新认识。若 V 为手作动词，句中只有"受事位移"意义，"从"变为始发处介词。比较两例：

（1）a. 遂行，从近关出。（左传·襄公十四年）

（1）b. 从台上弹人而观其辟丸也。（左传·宣公二年）

前例的 V "出"是运行动词，句中有"$N_1$（施事）位移"意义，$N_2$ 表示运行的经由之处。后例的"弹"是原地动词，句中不能推出"$N_1$ 位移"意义，只能推出"弹丸位移"意义，$N_2$ 是弹丸的始发之处。比较上面两例可知："从$_1$"的"经由处——始发处"演变首先是由 V 的语义类型的"运行——原地"变化引发的。如果 V 是"起始""发作"等表示事件开始意义的动词，"从"也有可能变为始发处介词。例如：

（1）c1. 一奏之，有玄云从西北方起。（韩非子·十过）

    c2. 然则，难知从内起，与从外作者相半也。（韩非子·说疑）

    c3. 仁从中出，义从外作。（管子·戒第）

如果 V 是运行动词"来"，$N_2$ 有可能被看作"始发处"。例如：

（1）d. 上客从赵来，赵事如何？（战国策·秦策）

上例也有"施事位移"意义，但这种语义结构出现相对较晚，是演变结果固定之后出现的。

A2. "始发处——所在处"的演变

《诗经》未见介词"从"，《左传》有介引"经由处"和"始发处"的用例，相对来说，"经由处"的用例要稍多于"始发处"的用例，而且由动词"从$_0$"的"随行"义、"跟从"义的演变轨迹看，也应该是"经由处"功能先产生。在"始发处"功能产生之后，才发生"始发处——方向/所在处"的演变。这种演变发生在句法结构相同，但推理意义不同的句子中。早期的始发处介词"从$_{12}$"所在的"从 +$N_2$+V"式可能有三种推理意义，一是"$N_1$（施事）位置有变化"，即施事是运行主体（参见例 1d）；二是"$N_1$ 无位置变化，而 $N_1$ 所持的物件有位置变化"（参见例 1b）。三是"施事和接收者不在同一处所"，即施事的行为若涉及接受者，须经过一段距离（参见例 1b）。

例 1d 中可推出"$N_1$ 以 $N_2$ 处为起点而抵达某处"意义，而这个"某处"以说话人的位置为"观察点"（或"参照点"）。句中可推出"$N_1$ 位移"意义，还有"$N_2$ 与某处之间有一段距离"意义。若 V 是原地动词，句子不能推出"$N_1$ 位移"意义，但施事与接受者之间可能有一段距离。就空间位移而言，主体没有位移，主体的执持的物件可能有位移，如手作动词"弹、射、抛"表示的动作行为的"执持物"离开主体到达某处；还有看视动词"望、观、见"等，表示主体的视线移动到达某处所，而言说动词则表示话语的"主体——客体"的传送。上述三类动词充当 V 的结构式中，$N_2$ 的论元通常被

分析为"始发处"（就主体执持的物件、视线、话语而言），但句子也含有
N₂被分析为"所在处"（就主体的位置而言）的可能性。下面观察手作、看
视、言说三类动词充当 V 的句子中"距离"或"位移"意义的消失对"始发
处——所在处"演变的作用。演变首先发生在有下面两种推理意义的句子
中。例如：

（1）e1. 晋灵公……从台上弹人而观其辟丸也。（左传·宣公二年）

e2. 为政若此，上帝鬼神始得从上抚之……（墨子·节用）

分析例 1e1 的中人和物、施事和接受者的位置关系，参照点是"台上"。
发弹者位于台上，被弹者位于台下，两者之间有一段距离。虽然"弹丸"的
位置有所移动，但是，"弹"的动作从发生到结束，说话人和听话人没有关
注施事的位置，一般的推理意义是"施事无位移"；"从"表示弹丸的始发之
处，但就击发弹丸的主体而言，是没有运行过程的。在这样的语义结构中，
"从"可以看作始发处的介词，但也有可能被看作所在处介词（施事的所在
处）。例 1e2 的施事（即"上帝鬼神"）在"上"，受事（虽未出现在句法表
层，但可以推理而得）在"下"，两者之间有一段距离。就事件中两者的距
离看，"从"是始发处介词；就施事的位置看，"从"是所在处介词。1d 组显
示了"始发处——所在处"演变的可能性。从句法角度看，导致演变的因素
是"从 +N₂+V"式中 V 的语义类型变化。演变从"看视"义动词进入 V 位
置开始，先秦至汉，较多的"看视"义动词进入构式的 V 位置。例如：

（1）f1. 从山下望木者，十仞之木若箸。（荀子·解蔽）

f2. 从室视庭，咫尺已具。（韩非子·扬权）

f3. 诸将皆从壁上观。（史记·项羽本纪）

如果对 1f 组的语义结构作一分析，施事和受事之间通常被认为有一段
距离。"从"的宾语（"山下""室""壁"等）表示施事所在之处，同时，也
表示目光或视线的始发之处。人们的思维活动带有惯性，往往倾向于将看
视动词所在结构的介词看作始发处介词（通常用英语的"from"对译 1f 组
的"从"）。在现实世界中，与运行动词充当 V 的语义结构相比，1f 组的施
事没有改变位置，我们有可能将 N₂理解为施事的所在处。看视动词充当 V
的"从 +N₂+V"式中，"客体"可能出现（如例 1f1 的"木"），也可能不出现
（如例 1f3），但都可以推出"主体与客体之间有一段距离"的意义。1f 组的
N₂表示主体所在之处，同时，也是"望、视、观"等动作的发生之处，也

可以理解为目光、视线的始发处。与 1e 组相比，1f 组的主体也没有改变位置；但在理解中，这一点可能会被忽略，人们习惯于将 1f 组的"从"分析为始发处介词，这是因为"距离"意义的存在。V 继续扩大范围，"言说"义动词进入位置。例如：

(1) g1. 雎从簧中谓守者曰："公能出我，我必厚谢公。"（史记·范雎蔡泽列传）

　　 g2. 既洗沐归，闲侍，自从其所谏参。（史记·曹相国世家）

　　 g3. 自从其所问宣不教戒惠吏职之意。（汉书·薛宣传）

与 1f 组相比，1g 组"主体"与"客体"的距离相对接近，如例 1g1 可以推出"范雎和看守者位置紧邻"意义，例 1g2 可以推出 $N_2$"其所"是主体（即"曹参之子"）的所在之处，也是客体（即"曹参"）的所在之处。但这种句子还可以推出"话语从主体之口到达客体之耳"的意义，即"距离"意义，"从"还是不能排除始发处介词的可能性。不过，这种语义结构中的"从"被分析为所在处介词的可能性增大。确凿的所在处介词"从$_{13}$"见于唐代，"从$_{13}$"所在的语义结构中，主体的位置没有变化，客体的位置被忽视。例如：

(1) h1. 衣从星渚浣，丹就日宫烧。（郑畋：题缑山王子晋庙）

　　 h2. 朝从滩上饭，暮向芦中宿（岑参：渔父）

　　 h3. 偶从池上醉，便向舟中宿（岑参：郡斋南池……）

　　 h4. 白昼谈经罢，闲从石上眠。（戴叔伦：寄禅师寺华上人……）

1h 组中 $N_1$（施事主语，包括隐含的）实施 V 行为时，位置未变；且句中不能推出"位移"或"距离"意义。第一例的"衣"是受事主语，施事没有出现在句法层，但依据常理推断，洗衣人和衣裳都在同一处所；由于施事和受事都没有"位移"意义，"从"只能被分析为所在处介词。后三例的语义结构中只有施事，没有受事，句子也没有"施事位移"意义。从施事和受事不在同一处所发展到两者在同一处所，这一语义关系的变化肇端于汉代，至唐代已完成。1h 组中，"距离"或"位移"意义完全消失。五代、宋时期，"居住"义动词进入 $V_2$ 位置，"从"作"在"解，介引所在处的功能十分明显。例如：

(1) i1. 座主从那个寺里住？（祖堂集·卷五·华亭和尚）

　　 i2. 久从吴土居，气候非所袭。（梅尧臣：秋日卧疾……）

导致"从$_1$"发生"始发处——所在处"演变的因素是 V 的语义类型变

化，动词的语义类型决定"从"的功能。谓语中心动词的语义类型与演变的语义因素有着密切的关联，随着动词语义类型的变化，句子中的"距离"或"位移"淡化乃至消失。这种"位移"或"距离"意义的变化，也是介词的新功能产生的重要因素。

A3."从$_{12}$"朝方向介词发展

关于"从$_1$"的"经由处——始发处——方向"演变（参见4.2.1.2.1），方向介词"从$_{14}$"产生之后，还有朝"终到处"功能发展的趋势（参见5.3.1.1.2）。

B. 介词"向$_1$"功能扩展的多个方向

方所介词"向$_1$"有五种功能，即方向、终到处、所在处、经由处和始发处。最早产生的是"方向"功能，方向介词"向$_{11}$"朝四个方向发展，即"始发处""终到处""所在处"和"经由处"。"向$_1$"功能扩展方向如下：

$$\diagup 向_{13}（终到处）— 向_{14}（所在处）$$
$$向_{11}（方向）— 向_{12}（始发处）— 向_{15}$$
$$\diagdown 向_{14} \qquad \diagdown 向_{14}$$
$$\diagdown 向_{15}（经由处）$$

上表显示了方向介词"向$_{11}$"功能扩展的四个方向，也显示了所在处介词"向$_{14}$"与"方向""终到处""始发处"三种功能有联系；而经由处介词"向$_{15}$"与"方向"、"始发处"两种功能有联系。

B1."方向——始发处"的演变

在人类的认知活动中，"始发处"和"方向"有联系，"从"走"始发处——方向"的演变路径，"向"则是走反向"方向——始发处"路径。下面一组例句显示了"方向"功能转换为"始发处"功能的可能性。

（2）a1. 一声似向天上来，月下美人望乡哭。（李贺：龙夜吟）

　　a2. 月向天边下，花从日里生。（卢照邻：奉和圣制赐王公……）

　　a3. 武皇未识长卿才，多向吴王故国来。（郑獬：雪里梅）

　　a4. 莫怪雪霜欺不得，只因曾向死中来。（释师范：花光十梅）

2a组的"向"，初看是方向介词，但依据句子的推理意义，N$_2$的所表示的处所是V事件出发点。由2a组可证：在相同的结构式中，由于推理意义的不同，介词的功能可能发生"方向——始发处"的变化。如果V是"出"，"向"明显是"从、自"义介词。例如：

（2）b1. 芙蓉自天来，不向水中出。（聂夷中：公子行二首）

　　b2. 龙向洞中衔雨出，鸟从花里带香飞。（朱长文：望中有怀）

　　b3. 腾腾若车轮，只向平地出。（孔平仲：日出）

　　b4. 雨云不向西山出，只在青天忽变阴。（曹勋：初夏松隐看雨）

　　b5. 未于嵩岳生贤佐，且向柯山出异人。（王十朋：徐丞生日）

如果 V 是动词"生"，"向"也有可能作"从、自"解。例如：

（2）c1. 不分气从歌里发，无明心向酒中生。（白居易：元和十三年……）

　　c2. 年年秋意绪，多向雨中生。（元稹：景申秋八首）

　　c3. 花向琉璃地上生，光风炫转紫云英。（元稹：西明寺牡丹）

　　c4. 湘树远从湖外出，峡云时向马前生。（胡宿：送王龙图硕赴荆南）

　　c5. 汐潮如有信，时向旧痕生。（梅尧臣：依韵和刘六淮潮）

V 是"发起"、"兴立"义动词，"向"也有可能作"自、从"解。例如：

（2）d1. 忽向高枝发，又从何处来。（贯休：新猿）

　　d2. 阵云忽向沙中起，探得胡兵过辽水。（贯休：边上作二首）

　　d3. 是非不向眼前起，寒暑任从波上移。（罗隐：赠渔翁）

　　d4. 晚上危亭望石城，楚君曾向此间兴。（吴芾：又登碧云亭……）

　　d5. 功名多向穷中立，祸患尝从巧处生。（陆游：读史）

综上，始发处介词"向$_{12}$"的产生与结构式中 V 的类型联系变化密切相关。

B2."方向——终到处"的演变

如果以说话人所在之处为观察点，运行的"方向"与"终到处"可能在同一运行路线上，且目的地相同。因此两个概念有重叠的部分，在一些句子中，介词的功能可能是模糊的。从句法角度看，演变是在"V$_1$+ 向 +N$_2$"式中展开的，致变的直接因素是"结构的复杂化"。在这种结构式中，N$_2$ 通常能被理解为运行的方向，但句子蕴含"以 N$_2$ 为目的地"意义。例如：

（2）e1. 柳老春深日又斜，任他飞向别人家。（白居易：前有别杨柳枝绝句）

上例可以推出"运行在进行中"之义；但若理解为运行已抵达 N$_2$ 处，则"向"是终到处介词。上例显示：在"V+ 向 +N$_2$"式中，介词"向$_1$"的功能有可能发生"方向——终到处"的变化。导致演变的一个重要的因素是结构的复杂化，同样是 V 为运行动词，N$_2$ 后面出现一个原地动词时，"向"变为终到处介词。例如：

（2）f1. 官曰："可宜引向南院观望。"（法苑珠林·卷六十四）

　　f2. 可怜树上百鸟儿，有时飞向新林宿。（元稹：有鸟二十章）

　　f3. 紫微垣里旧宾从，来向吴门谒府公。（徐铉：回至瓜洲献待中）

　　f4. 潜身走向伊行坐，孜孜地，告他梳裹。（欧阳修：惜芳时）

　　f5. 故人天上厌晨趋，走向人间看五湖。（项安世：寄湖北张总领六绝句）

　　2f组的"$V_1$+ 向 +$N_2$+$V_2$"式可分析为连动结构。"运行动词 + 向 +$N_2$"短语不是独自充当谓语，而是出现在一个更大的结构的$VP_1$部分，由于后面有一个原地动词充当$VP_2$，$N_2$被理解为$VP_2$的发生之处。于是，原本存在的"运行在进行中"的意义有可能变为"运行终止于$N_2$处"之义，$N_2$可理解为运行的抵达之处。

　　致变的第二个因素是$N_2$为表示处所的方位短语。比较两例：

（2）g. 传闻叶悬履，飞向洛阳城。（骆宾王：和李明府）

（2）h. 一鸟如霜雪，飞向白楼前。（李益：登白楼见白鸟……）

　　前例的$N_2$一般被理解为"方向"论元，但句义中蕴含$N_2$被看作"终到处"论元的可能性；后例的$N_2$容易被理解为"终到处"论元。不同分析结果是由$N_2$部分的结构复杂化引发的。方位名词"前"的出现，使得$N_2$表义具体。表达"方向"概念时，说话人关注事物在运行中的状态及其方向，没有仔细地关注目的地；一旦方位名词出现，则表明说话人关注运行的终结和抵达的目的地，而且往往伴有"运行已终止"意义。再比较两例：

（2）i. 不令伤弓鸟，日暮飞向越。（曹邺：下第寄知己）

（2）j. 见一物赤如信幡，飞向人家舍上，俄而火起。（朝野金载·卷一）

　　上两例同为"飞 + 向 +$N_2$"式，前例的"向"一般被看作方向介词。后例的"向"很可能被理解为终到处介词。为什么会有不同的分析呢？这是由于说话人或听话人对"运行状态"的理解不同。在一般的方所名词充当$N_2$的结构式中，说话人关注运行的方向，运行在进行中的状态；在方位短语充当$N_2$的结构式中，说话人关注运行的抵达之处和运行终结的状态。再举几个$N_2$为方位短语的例子：

（2）k1. 几处野花留不得，双双飞向御炉前。（杨巨源：宫燕词）

　　k2. 更有名花嫩蕈，生於觉悟之傍；瑞鸟灵禽，飞向精舍之上。（敦煌变文集新书·卷六）

　　k3. 平等王又令引向狱中，看诸受罪者。（河东记·萧洞玄，太平广记）

2k 组中，由于 $N_2$ 是方位短语，"向"很可能被理解为终到处介词。下面一组例句符合上述两个条件（另一个动词出现、$N_2$ 为方位短语），"向"的"终到处"功能十分明显。

（2）11. 谁能唤得姮娥下，引向堂前子细看。（元稹：八月十四日夜玩月）

12. 补了三日不可归婿家，走向日中放老鸦。（卢仝：与马异结交诗）

13. 不知山下处，来向路傍生。（于邺：秋夕闻雁）

14. 日东来向日西游，一钵闲寻遍九州。（齐己：送僧归日本）

15. 世人贪利复贪荣，来向湖边始至诚。（杜荀鹤：过巢湖）

16. 家中常所养狗，来向其妇前而语曰："汝极无禄相……?"（续异录）

17. 举家来向江边住。（吕胜己：点绛唇）

18. 黑猴挽长弓，走向天边立。（夷坚甲志·卷十）

19. 鹞子趁鸽子，飞向佛殿栏杆上颤。（景德传灯录·卷二十七）

B3. "方向——所在处"的演变

所在处介词"向$_{14}$"有四个来源，萌生于"向 $+N_2+$V"和"V$+$ 向 $+N_2$"两种结构式，在前式中，"向$_{14}$"与动词"向$_{02}$"、方向介词"向$_{11}$"或始发处介词"向$_{12}$"有直接的联系；在后式中"向$_{14}$"与终到处介词"向$_{13}$"的联系。图示"向$_{14}$"的四个来源如下：

$$/ \text{向}_{14}（\text{所在处}）$$

向$_{02}$—向$_{11}$（方向）—向$_{13}$（始发处）—向$_{14}$

$$\backslash \text{向}_{14}（\text{所在处}）\backslash \text{向}_{12}（\text{终到处}）—\text{向}_{14}$$

关于"向$_{14}$"的来源，请参见 1.3.1.5.1。

B4. "方向——经由处"的演变

经由处介词"向"（记为"向$_{15}$"）有两个来源：一是方向介词"向$_{11}$"，一是始发处介词"向$_{13}$"。导致经由处介词"向$_{15}$"产生的因素是"向 $+N_2+$V"式中 V 的语义类型变化。

B41. 与方向介词"向$_{11}$"的联系

在"向 $+N_2+$V"式中，"向"通常是方向介词，但其功能有可能朝"所在处"或"经由处"发展。在唐宋时期的一些句子中，若 V 为动词"流"，"向"的功能有"方向"或"经由处"两种可能性。例如：

（2）m1. 林邑山连瘴海秋，牂牁水向郡前流。（柳宗元：柳州寄京中亲故）

m2. 常娥收拾金波尽，不向鸳鸯瓦上流。（张公库：宫词）

m3. 多惭不及鸾溪水，长向山前山后流。（张元幹：游庐山）

若 V 为"行"，"向"的功能也有上述两种可能性。例如：

（2）n1. 曾向巫山峡里行，羁猿一叫一回惊。（戴淑伦：和崔法曹建溪闻猿）

n2. 曾向蓬莱宫里行，北轩阑槛最留情。（杜牧：寄题甘露寺北轩）

n3. 袁江猿鸟清，曾向此中行。（张乔：送友人归袁州）

n4. 曾向三峡行，巴江亦如此。（李群玉：卢溪道中）

n5. 稚年曾向此途行，半世重来若泛萍。（李纲：题紫岩驿）

n6. 不向辛夷树下行，老来无意赋闲情。（周孚：龚良臣知状二首）

2m、2n 组的"向"可作"朝"或"从"两种理解，这两组例句显示了"方向——经由处"演变的可能性。下面一组例句的 V 是"过"，"向"的功能可理解为"经由处"，但还看得出来自"方向"的痕迹。

（2）o1. 白云向我头上过，我更羡他云路人。（姚合：游天台上方）

o2. 那堪又向荒城过，锦雉惊飞麦陇春。（罗邺：经故洛城）

o3. 彩毯时向梭门过，绣毂遥随辇路行。（曹组：寒食辇下）

o4. 月向女墙过，烟凝老树闲。（王柏：题效奇）

下面一组例句的 V 仍然是"过"，$N_2$ 由"N（处所）+下/上/边"结构的方位短语充当，"向"的"经由处"功能十分明显。

（2）p1. 若向洞庭山下过，暗知浇沥圣姑神。（顾况：送李侍御……）

p2. 若向靡芜山下过，遥将红泪洒穷泉。（刘禹锡：怀妓）

p3. 今已向公坟边过，不胜怀抱暗酸辛。（李昉：吊邓洵美）

p4. 若向紫岩楼上过，为传片纸报平安。（李流谦：予客三池……）

p5. 不向三苗境上过，此身端怯洞庭波。（王十朋：舟中记所见）

p6. 若向玄英台下过，为言亦是学诗人。（周文璞：送人之官严陵）

在"经由处"功能确定之后，只要句中可以推出"$N_2$ 是经过之处，而不是目的地或方向"的意义，"向"就是经由处介词。例如：

（2）q1. 会寻苍竹成龙去，莫向葛陂深处过。（何梦佳：梅杖诗）

q2. 浊醪不向墙头过，吏部方思瓮间卧。（王十朋：有客赠酒……）

q3. 我有室庐亦方广，归途不向石桥过。（林季仲：宿天台石桥）

C42. 与始发处介词"向$_{13}$"的联系

"向"获得表示始发处的功能，便成为"从"的同义词。"从"有"经由处——始发处"的演变，而"向"则走"始发处——经由处"的反向演变路径。在"向"之前，"自"走过"始发处——经由处"的演变路径，从词汇系统看，经由处介词"向₁₅"的产生，也可以看作"类推"的结果。下面一组例句显示了"始发处"和"经由处"的联系。

（2）r1. 惟羡西江水，曾向金陵城下来。（陆羽：歌）

r2. 波间定有隋堤水，曾向大梁城下来。（曾几：长淮有感）

2r 组的 V 是"来"，"向"的功能一般被分析为"始发处"，但不能排除"经由处"的可能性。2r 组显示了"始发处——经由处"演变的可能性。若 V 是"过"，则"向"是经由处介词。例如：

（2）s1. 凤城烟霭思偏多，曾向刘郎住处过。（李远：赠友人）

s2. 更向望星山上过，扣参方信不虚名。（韦骧：经望星山）

s3. 女儿浦口渺何处，且向女郎台下过。（洪刍：将至颍上）

s4. 雁声忽向天边过，起立中庭看断群。（陆游：岁晚六首）

s5. 轻舟忽向窗边过，摇动青芦一两枝。（姜夔：湖上寓居杂咏）

s6. 若向衲僧门下过，烂槌一顿无疑矣。（释普宁：偈颂四十一首）

综上，经由处介词"向₁₅"产生的因素是对 N₂ 的论元角色的重新分析，N₂ 被认为是运行的经过之处，而不是运行的目的地或始发处。导致重新分析的主要因素是结构式中 V 的语义类型变化，若 V 是"过"，则"向"一般是介引经由处的介词。

#### 4.3.2.1.2　对象介词功能扩展的多个方向

对象介词若有功能扩展，大多是在本次类内部；若有向外部扩展，一般是方式介词、范围介词，不可能是方所介词、时间介词。

A. 介词"于₃₃"功能扩展的多个方向

介词"于"可以介引十多种对象，其中除"来源者"外（来自始发处功能和所在处功能的扩展），其余十来种功能中，与动词"于"有直接联系的是"接受者"和"言谈者"功能。从接受介词出发，发展出所对介词（记为"于₃₃"）。"于₃₃"有四个发展方向：受事介词、施事介词、交互介词和差比介词。图示所对介词"于₃₃"的发展方向如下：

$$\begin{array}{l} \diagup 于_{39}（差比）\\ \diagup 于_{38}（交互）\\ 于_{31}（接受）—于_{33}（所对）—于_{34}（受事）\\ \diagdown 于_{35}（被动）\end{array}$$

A1．"接受——所对"的演变

所对介词"于₃₃"的主要来源是接受介词"于₃₁"，当"给予"行为发生时，授予者和接受者往往处于"面对面"的位置，因此，"接受者"有可能变为"所对者"。"接受——所对"演变的因素是"V+于+N₂"式中V的语义类型变化，"于₃₁"所在结构式的V一般是"给予"义动词，如果V是表示待人态度的动词，则"于"是介引所对者的介词。比较两组例句：

（1）a1. 享于祖考。（诗经·小雅·信南山）

　　　a2. 凡诸侯有四夷之功，则献于王。（左传·庄公三十一年）

（1）b1. 惠于朋友。（诗经·大雅·抑）

　　　b2. 百辟卿士，媚于天子。（诗经·大雅·假乐）

通过比较1a和1b组可知：结构式中V的语义类型变化导致"于₃₃"的产生。先秦时期，已出现较多的介引"所对者"的用例：

（1）c1. 刑于寡妻，至于兄弟。（诗经·大雅·旱麓）

　　　c2. 不愧于人，不畏于天。（诗经·小雅·何人斯）

　　　c3. 以说于齐。（左传·僖公七年）

　　　c4. 必毒于民，乃睦于子矣。（左传·哀公二十五年）

除了接受介词之外，所对介词"于₃₃"和所在处介词"于₁₂"也有联系，这种联系存在于"V+N₂+于+N₃"式中，我们可以依据N₃的语义类型区分"所在处"和"所对者"。比较两组例句：

（1）d1. 有事于大庙。（左传·宣公八年）

　　　d2. 有事于武宫。（公羊传·昭公十五年）

（1）e1. 天子有事于文武。（左传·僖公九年）

　　　e2. 鲁将以十月上辛，有事于上帝先王。（左传·哀公十三年）

1d组的N₃是表处所的名词，"于"是所在处介词；1e组的N₃是表人的名词或名词性短语，"于"是所对介词。比较1d组和1e组可知："于₃₃"的另一个来源是所在处介词"于₁₂"。

先秦时期已有较多的"于₃₃"所在的"V+N₂+于+N₃"式，"于"前面一般是表示待人态度的述宾短语。例如：

（1）f1. 得罪于天子。（诗经·小雅·雨无正）

　　　f2. 帅群不吊之人，以行乱于王室。（左传·昭公二十六年）

　　　f3. 今吴不行礼于卫。（左传·哀公十二年）

f4. 令尹有憾于陈。（左传·哀公十七年）

f5. 是无恩于先君也。（榖梁传·桓公元年）

A2. "所对——受事"的演变

行为的所对者也可能是行为的涉及者，因此，"所对者——受事者"的演变可以发生。演变的因素是 V 的语义类型变化。比较两组例句：

（1）g1. 惠于朋友。（诗经·大雅·抑）

g2. 刑于寡妻，至于兄弟。（诗经·大雅·旱麓）

（1）h1. 胡不相畏，不畏于天。（诗经·小雅·雨无正）

h2. 以其介圭，入觐于王。（诗经·大雅·韩奕）

比较 1g 组和 1h 组可知：上古之人很可能没有区分"于"后面的 $N_2$ 的语义类型。今人之所以做区分，是因为我们将 1g 组的 V 看作"不及物动词"，将 1h 组的 V 看作"及物动词"。相比较而言，上古时期，1g 组用例比较多，据此，我们做出受事介词"于$_{34}$"来自所对介词"于$_{33}$"的推论。按今人标准，下面一组的 V 是及物动词，"于"可以看作受事介词。例如：

（1）i1. 王以警于夷。（左传·庄公三十一年）

i2. 故欲诛于祝史。（左传·昭公二十年）

i3. 宋桓魋之宠，害于公。（左传·哀公十四年）

在少数动词后面，受事介词"于$_{34}$"与所在处介词"于$_{12}$"有联系。比较两组例句：

（1）j1. 公朝于王所。（左传·僖公二十八年）

j2. 朝于庙，正也。（榖梁传·庄公二十三年）

（1）k1. 郑伯始朝于楚。（左传·僖公十八年）

k2. 用见鲁之不朝于周。（榖梁传·桓公元年）

1j 组的 $N_2$ 表示处所，"于"是所在处介词；1k 组的 $N_2$ 表示国名，"于"趋近受事介词。在相同的结构式中，如 $N_2$ 的所指意义被看作是人，则"于"是介引受事的介词。例如：

（1）l1. 众狄疾赤狄之役，遂服于晋。（左传·宣公十一年）

l2. 初，郑公子兰出奔晋。从于晋侯伐郑。（左传·僖公三十年）

A3. "所对——被动"的演变

先秦时期，所对介词"于$_{33}$"所在结构式的 V 一般是表示待人态度的动词（参见 1b、1c 组例句）。1b 组的 $N_1$（主语，可能省略或隐含）是某种态度的发出者，$N_2$ 是态度的承受者。如果语义关系发生变化，$N_1$（主语，可能省略）是某种态度的承受者，$N_2$ 是态度的发出者，则"于"是介引施事的介词（记为"于$_{35}$"）。例如：

（1）n1. 忧心悄悄，愠于群小。（诗经·大雅·板）

　　　n2. 王姚嬖于庄王。（左传·庄公十九年）

　　　n3. 无所归咎，恶于诸侯。（左传·桓公十八年）

被动介词"于$_{35}$"的另一个来源是所在处介词。"所在处"和"施事"两种功能的界线有时可能重叠，因此，两种论元之间可以有转换关系。上古时期的"$N_1$+V+ 于 +$N_2$"式中，$N_1$ 如果是"不幸"事件的承受者，$N_2$ 的语义论元可能是"所在处"。例如：

（1）o. 有兔爰爰，雉离于罗。（诗经·国风·兔爰）

上例的"于"可以看作所在处介词，但因为 V 是表示"不幸"事件的动词，句子表达"$N_1$ 遭受不幸事件"之义，句中潜藏着"于"变为被动介词的可能性。有时，"处所"和"施事"的界线很模糊。例如：

（1）p1. 许灵公畏偪于郑，请迁于楚。（左传·成公十五年）

　　　p2. 且君没于吾手，若有之，郢必闻之。（左传·哀公二年）

1p 组的"于"有两种可能性，如果把 $N_2$ 看作处所，"于"是介引所在的处介词；如果把 $N_3$ 看作施事，"于"是介引施事的介词。

再比较 V 是"辱、败"的两组例句：

（1）q1. 楚灵王若能如是，岂其辱于乾溪。（左传·昭公十二年）

　　　q2. 大败于津。（左传·庄公十九年）

（1）r1. 子，晋太子，而辱于秦。（左传·僖公二十二年）

　　　r2. 不以师败于人也。（穀梁传·庄公二十八年）

1q 组 $N_2$ 的语义论元可分析为"所在处"，1r 组 $N_2$ 的语义论元可分析为"施事"，不同的分析结果可证："所在处——施事者"的演变有可能发生。

A4. "所对——交互"的演变

汉语史上，所对介词"于$_{33}$"有朝"交互"功能（记为"于$_{38}$"）发展的趋势。虽然用例不多，但还是存在。上古时期，表示行为是"$N_1$ 和 $N_2$ 双方实施"意义的介词是"与、及"，介词"于"所在的句子，V 一般是"单方实施"意义。但如果"V+ 于 +$N_2$（人）"式的 V 是含有"双方互动"意义的动词，则有可能引发 V 的施事的"单方——双方"的演变。例如：

（1）s1. 其以宗庙之大事，即谋于我。（左传·桓公八年）

s2. 卫君之来，必谋于其众。（左传·哀公十二年）

1s 组句义中蕴含"N₁ 和 N₂ 双方实施"意义；但句子很可能是表达"单方实施"意义，即实施 V 行为的一方（N₁）是主动的与 N₂ 方谋议的；不过，N₂ 方也可能有回应，则句子蕴含"双方实施 V 行为"之义。导致"所对——交互"演变的因素是 V 的语义类型变化，如果 V 是表示"双方互动"意义的动词，如"盟、平、竞、通"等，则"于"仍可分析为所对介词，但也有可能被分析为交互介词。例如：

（1）t1. 郑大夫盟于伯有氏。（左传·襄公二十九年）

t2. 其言来盟者何？来盟于我也。（公羊传·僖公二年）

t3. 夏，盟于艾，始平于齐也。（公羊传·隐公六年）

t4. 卫侯会公于沓，请平于晋。（公羊传·文公十三年）

t5. 骤谏而不入，故不竞于楚。（公羊传·宣公元年）

t6. 彼宗竞于楚，殆将毙矣。（公羊传·宣公二年）

t7. 晋赵婴通于赵庄姬。（公羊传·成公四年）

t8. 公子朝通于襄夫人宣姜。（公羊传·昭公二十年）

在"V+N₂+于+N₃"式中，"于"也可能有两种分析结果：所对介词或交互介词。例如：

（1）u1. 公即位，修好于郑。（左传·桓公元年）

u2. 陈穆公请修好于诸侯。（左传·僖公十九年）

由 1t、1u 组可知："于₃₃"有向交互介词发展的趋势，这种演变趋势，汉代仍可见到。例如：

（1）v1. 论至德者不和于俗，成大功者不谋于众。（史记·商君列传）

v2. 臣闻客有远为吏而其妻私于人者。（史记·苏秦列传）

v3. 有人恶哙党于吕氏。（汉书·樊哙传）

v4. 今足下行忠信以交于汉王，必不能固于二君之相与也。（汉书·蒯通传）

在"于+N₂+V/A"式中，"于"也有向交互介词发展的趋势。例如：

（1）w. 如彼筑室于道谋。（诗经·小雅·小旻）

至唐宋时期，这种结构式中的"于₃₈"已可以确定性质。例如：

（2）x1. 渐与骨肉远，转于奴仆亲。（孟浩然：岁除夜有怀）

x2. 地与人相习，天于水欲连。（洪咨夔：虁缸）

x3. 夜窗细话行藏处，始信于君有厚缘。（虞俦：丁未礼部贡院……）

x4. 谈笑于侬情易厚，典刑使我意差强。（楼钥：送王仲言……）

x5. 祝融老子亦忘剧，于君大是相知音。（黎庭瑞：送方此山归盘中）

综上，"于₃₃"在"V+于+N₂"式、"V+N₂+于+N₃"式和"于+N₂+V"式中，都有朝交互介词发展的趋势，在"于+N₂+V/A"式中成型，但用例不多。

A5. "所对——差比"的演变

上古汉语用"A+于+N₂"式表示差比，但《诗经》未见这种结构式，只有"比+N₂+于+N₃"式。例如：

（2）a. 既生既育，比予于毒。（诗经·国风·谷风）

上例的"于"可分析为所对介词，句中已蕴含比喻意义和比较意义，但这种结构式是表示等比的。"A+于+N₂"式中介引比较者的"于"（记为"于₃₉"）与所对介词"于₃₃"有来源关系。"于₃₃"所在的结构的 V 位置上可以出现形容词。例如：

（2）b1. 小者不窕，大者不㧖，则和于物。（左传·昭公二十一年）

b2. 必不便于虞。（穀梁传·僖公二年）

这种结构式的出现为表示差比的"A+于+N₂"式提供了句法基础。如果想表示差比意义，可套用这种格式。例如：

（2）c1. 肩高于项。（庄子·内篇·人间世）

c2. 方寸之木可使高于岑楼。（孟子·告子下）

c3. 神农非高于黄帝也。（商君书·画策）

再观察"善+于+N₂"式中的演变，起初，这种结构式的"于"的功能是介引"所对者"。例如：

（2）d. 宋华元善于令尹子重。（左传·成公十一年）

从这种"（与某人）关系好"之义发展出"（在某方面）做得好"之义。例如：

（2）e1. 鲁侯不亦善于礼乎？（左传·昭公五年）

e2. 春秋无义战，彼善于此，则有之矣。（孟子·尽心下）

继续演变，在否定句和疑问句中产生"（X 比 Y）好"之义。例如：

（2）f1. 治地莫善于助，莫不善于贡。（孟子·滕文公上）

f2. 君子养心莫善于诚。（荀子·不苟）

f3. 言孰善于此。(韩非子·难一)

　　观察上面例 2d——2f 组中"于"的功能变化可知：在"善 + 于 +N$_2$"式中，也有可能发生"所对——差比"的演变。总之，差比介词"于$_{39}$"与其他的位于形容词后面的差比介词（如"过、似"等）不同，不是来自动词的语法化，而是来自介词"于"的"所对"功能；差比介词"于$_{39}$"和差比介词"过、似"的来源属于不同类型，致变因素也不相同。

### 4.3.2.2　不同次类的多个方向

　　动词向介词发展时，如果有多种类型的功能，先产生的往往是方所和时间功能，但时间介词一般没有功能扩展，而方所介词的功能扩展比较多。方所介词若向外部扩展，绝大多数是单一方向的。时间介词不可能朝外部扩展，对象介词如有朝外部的扩展，也是单一方向的，如"被"的"被动——原因"演变。方式介词中的依据介词有可能朝方向介词（如"照"）或视角介词（如"据"）发展，但也是单一方向的。所以本书不讨论介词向外部扩展的多个方向。

| 第五章 |

# 与介词有关的演变路径

## 5.1 概述

在探讨与介词有关的语义演变路径时，我们区分三类演变，即"动词——介词"的演变、"介词——介词"的演变和"介词——非介词"的演变。不同类型的演变模式有很大差异，故此，分别加以论述。

## 5.2 "动词——介词"演变的路径

单音介词的第一项功能一般来自动词，动词可以朝方所介词、时间介词、对象介词、方式介词、范围介词发展。"动词——介词"的演变，就语义而言，比较典型的演变路径有"运行动词——终到处介词"、"执持动词——处置介词"、"使用/执持动词——工具介词"、"承受/致使/给予动词——被动介词"、"随同动词——交互介词"、"连带动词——连带介词——强调介词"等。

### 5.2.1 与方所论元有关的演变路径

方所介词多与运行动词有直接的联系，如终到处介词、方向介词、沿途介词、经由处介词；如果与原地动词有联系，一般是所在处介词、临近处介词。始发处介词大多来自介词的功能扩展，只有"自"来自动词。

### 5.2.1.1 产生终到处介词的路径

汉语的终到处介词大多来自动词，主要语义来源是运行动词，如"抵达""去往""追逐""走近"等义类的动词，走"抵达动词——终到处介词"路径的有"至、到"等，走"去往动词——终到处介词"路径有"于、去"等，走"追逐动词——终到处介词"路径的有"及"，走"接近动词——终到处介词"路径的有"就"。如果终到处介词的来源最终溯及原地动词，那么大多来自所在处介词功能的扩展，如"著、在、搁"等，少数来自方向介词的功能扩展（如"向"）。

### 5.2.1.2 产生所在处介词的路径

动源的所在处介词有运行动词和原地动词两个来源。如果直接来源是原地动词，主要与"存在"和"放置"两个义类有关联；此外，与系词也可能有联系（如所在处介词"是"有系词和存在动词两个来源）。"原地动词——所在处介词"演变有两条主要的路径，即"存在动词——所在处介词"（如"在、是"）和"放置动词——所在处介词"（如"著、搁"），但所在处介词"著$_{11}$"的来源比较复杂，与"存在"义和"放置"义都有联系。

如果所在处介词的来源可以溯及运行动词，一般分两种情况：一种是和运行动词和终到处介词都有联系，有"运行动词——所在处介词"和"运行动词——终到处——所在处"两条路径，如"于"；第二种是只有运行动词一个来源，如"即、就、去"等。如果是来自介词功能扩展，只有"始发处"功能一个来源，如"从"（"自"有"始发处——所在处"演变的趋势）。个别所在处介词有多种来源，如所在处介词"向$_{14}$"，与"方向"、"终到处"、"始发处"等功能有联系，还与运行动词"向$_{02}$"有联系。

### 5.2.1.3 产生始发处介词的路径

汉语的始发处介词大多来自介词功能的扩展，与动词有来源关系的是"自"。就介词来源而言，始发处介词与经由处介词有联系，如"从、由、打"等，走"经由处——始发处"的路径。始发处介词与所在处介词也有联系，如"于、在、就"等，走"所在处——始发处"路径。此外，还可能与方向介词有联系，如"向"，走"方向——始发处"路径。最特殊的是始发处介词

"以₁",似乎与处置介词"以₃"有联系。少数用例的"以"可以分析为始发处介词,但还带有处置介词的痕迹。例如:

(1) a. 蒙乃上书说上曰:"……今以长沙、豫章往,水道多绝,难行。"(史记·西南夷列传)

### 5.2.1.4 产生方向介词的路径

方向介词绝大多数与动词有直接的来源关系,可分为两类:一类是来自运行动词,如"往、就、冲、奔"等,走"运行动词——方向介词"的路径;另一类来自原地动词,如"当、望、拦、劈、朝、对"等,走"原地动词——方向介词"的路径。方向介词"向₁₁"的来源比较复杂,与运行动词和原地动词都有来源关系。

原地动词朝方向介词发展,有五条演变路径(不包括"向"):一是"拦阻动词——方向介词"的路径,如"当、拦";二是"面对动词——方向介词"的路径,如"对";三是"看视动词——方向介词"的路径,如"望";四是"朝拜动词——方向介词"的路径,如"朝";五是"劈斫动词——方向介词"的路径,如"劈"。

### 5.2.1.5 产生沿途介词的路径

沿途介词都与动词有直接的来源关系,主要的语义来源是"沿行"义动词,如"遵、循、沿、随"等,走"沿行动词——沿途介词"的演变路径。其他还有"顺从"义,如"顺",走"顺从动词——沿途介词"的演变路径。沿途介词"缘"有两个语义来源:"沿行"义和"攀援"义。

### 5.2.1.6 产生经由处介词的路径

与动词有直接联系的经由处介词是"从、由、经、打"等。"从"走"跟从动词——经由介词"的路径,"由、经"走"行经动词——经由介词"的路径,"打"走"冲击动词——经由介词"的路径。来自介词功能扩展的有"自、著、向、往"等。

### 5.2.1.7 产生临近处介词的路径

临近处介词只有一个"临",可溯源至"从上视下"义动词"临",演变路径为"俯视动词——邻近介词"。

## 5.2.2 与时间论元有关的演变路径

时间介词中的起始点介词大多来自始发处介词（如"从、由"）的功能扩展（起始点介词"打₂"有动词和始发处介词两个来源）。与动词有直接联系的是终止点介词、时点介词、时机介词、时段介词、当时介词和临近点介词。

### 5.2.2.1 产生终止点介词的路径

终止点介词一般与动词有直接的来源关系。源动词大致可分为四个义类："追逐"义、"抵达"义、"去往"和"完讫"义；有四条主要的演变路径，即"追逐动词——终止点介词"（如"及、赶"等）、"抵达动词——终止点介词"（如"至、到"等）、"去往动词——终止点介词"（如"于"）和"完讫动词——终止点介词"（如"竟、迄"等）。此外，终止点介词"比、投、犁、迟"的来源还有待于研究。个别终止点介词来自终到处介词的功能扩展，如"著₂"。

### 5.2.2.2 产生时点介词的路径

动源的时点介词有"在、即"等，走"存在动词——时点介词"的路径和"接近动词——时点介词"的路径。时点介词"于"有动词和终止点介词两种来源。其他的时点介词多来自介词的功能扩展，如与"所在处"功能有关系的"就、是、搁"等，少数时点介词与处置介词有联系（如"以₂"），此外，起始点介词"自"有朝时点介词发展的趋势。

### 5.2.2.3 产生时机介词的路径

时机介词大多与动词有直接的语义联系，有两个主要的语义来源，一是"追逐"义，一是"利用"义。有两条主要路径，即"追逐动词——时机介词"的路径（如"及、趁、赶"等）和"利用动词——时机介词"的路径（如"因、乘"等）。此外，时机介词"闻、逗（斗）"的来源还有待研究。

#### 5.2.2.4 产生当时介词的路径

当时介词也都是来自动词，主要有三个来源：一是"正对着"义，一是"恰遇"义，走"正对动词——当时介词"的路径（如"当"），二是"恰遇"义和"恰遇动词——当时介词"的路径（如"会、值"等），三是，"正当"义，走"正当动词——当时介词"的路径，如"方"。

#### 5.2.2.5 产生临近点介词的路径

临近点介词大多与动词有直接的来源关系，如"临、向、薄、垂"等，都是走"靠近动词——临近点介词"的路径。

#### 5.2.2.6 产生时段介词的路径

时段介词只有一个"经"，来自"行经"义动词，走"行经动词——时段介词"的路径。

### 5.2.3 与对象论元有关的演变路径

对象介词中，"来源"、"等比"两种功能的介词都是来自介词功能的扩展，求索介词大多来自介词功能的扩展，其余次类的介词大多与动词有直接的联系，但不是全部都与动词有直接的联系。

#### 5.2.3.1 产生处置介词的路径

处置介词有动词和介词两种来源，动词来源主要是"执持"义，走"执持动词——处置介词"路径，如"以、持、把"等。例外的是处置介词"将、捉、拿"，"将"有"带领"义和"执持"义两个来源；"捉、拿"有"执持"义和"抓捕"义两个来源。处置介词如来自介词的功能扩展，主要是所为介词，走"所为——处置"的路径，如"与、给"等。

#### 5.2.3.2 产生被动介词的路径

被动介词中，除"于"之外，都是以动词为直接来源，主要有三个义类："承受"义（如"被、吃、著、遭、挨"等）、"致使"义（如"教、让"

等）和"给予"义（如"与、给"等）。主要有三条演变路径，一是"承受动词——被动介词"（有的被动介词可以溯及"逢遇"义源头（如"著、遭"），走"逢遇动词——承受动词——被动介词"的路径，但被动介词的直接来源是承受动词；二是"致使动词——被动介词"；三是"给予／致使动词——被动介词"。来自"给予"义的被动介词有两条演变路径，较早出现的是"给予动词——被动介词"的路径，后来出现"致使动词——被动介词"的演变路径。来自"给予"义的被动介词"与"还与先之产生的交互介词"与$_{31}$"、所为介词"与$_{32}$"有联系。

### 5.2.3.3　产生交互介词的路径

交互介词有动词和介词两种来源，动源的交互介词主要与四个义类有联系，即"给予"义、"兼及"义、"伴随"义和"跟从"义；有四条演变路径：一是："给予动词——交互介词"的路径（如"与"），二是"兼及动词——交互介词"的路径（如"及"等），三是"伴随动词——交互介词"的路径（如"将、共、同、和"等），四是"跟从动词——交互介词"的演变路径（如"从、跟"等）。部分交互介词来自介词功能的扩展，主要来自"所为"、"所对"、"言谈"三种功能的扩展，走"所为——交互"、"所对——交互"、"言谈——交互"的路径，如"替、代、帮、给"等。

### 5.2.3.4　产生所为介词的路径

所为介词处在语法化链的前端，大多与动词有直接的来源关系，主要有三个语义来源，分别是"给予"义、"帮助"义和"替代"义；有三条演变路径，即"给予动词——所为介词"的路径（如"给"等）、"帮助动词——所为介词"的路径（如"为、帮"等）和"替代动词——所为介词"的路径（如"替、代"等）。所为介词"与$_{32}$"有动词和交互介词两种来源。部分所为介词来自介词功能的扩展，主要来源是交互介词，走"交互——所为"的路径（如"和、同、共"等）。

### 5.2.3.5　产生所对介词的路径

汉语的所对介词只有少数与动词有直接的联系，主要是来自"面对"义动词，如"对、向"等，走"面对动词——所对介词"的演变路径。大多数所对介词来自介词功能的扩展，主要有五条路径：一是"接受——所对"的路径，如"于"，二是"方向——所对"的路径，如"冲、奔"等，三是"所为——所对"的路径，如"替、代"等，四是"交互——所对"的路径（如"和、同"等），五是"言谈——所对"的路径"就"。

### 5.2.3.6 产生言谈介词的路径

与动词有直接联系的言谈介词有"对、从、向、就、问、替"等，但是，除"从、问"之外，"对、向、就、替"在发展过程中也受到已存在的或同时产生的介词功能的影响。言谈介词的源动词的意义分别属于"对答"义、"面向"义、"跟从"义、"走近"义、"询问"义或"替代"义。走"对答动词——言谈介词"（如"对"）、"面对动词——言谈介词"（如"向"）、"跟从动词——言谈介词"（如"从"）、"走近动词——言谈介词"（如"就"）、"询问动词——言谈介词"（如"问"）等路径。言谈介词"替"与"替代"义动词和"所为"功能有来源关系。言谈介词"与"和"交互"功能有联系，言谈介词"给"和"所为"功能有联系。

### 5.2.3.7 产生接受介词的路径

唐代之前，介引接受者的介词"于$_{31}$"与动词和终到处介词有来源关系。唐代开始，接受介词如果与动词有直接的来源关系，走"给予动词——接受介词"的演变路径，如"与、畀、给"等。接受介词"似"的来源尚未有定说。

### 5.2.3.8 产生经手介词的路径

介引经手者的介词都是可以溯源至"行经"义，走"行经动词——经手介词"的路径，如"由、经"。

### 5.2.3.9 产生借助介词的路径

与动词有直接的来源关系的借助介词是"因$_3$、靠$_3$、仗$_3$"等。这三个介词的直接来源都是"倚仗"义，走"倚仗动词——借助介词"的路径。借助介词"凭$_3$"有两个来源："倚仗"义动词"凭$_{03}$"和凭借介词"凭$_{41}$"。借助介词"问$_{33}$"的来源是"求托"义动词"问$_{02}$"和求索介词"问$_{31}$"。借助介词

"就"来自求索介词"就"的功能扩展。

### 5.2.3.10　产生师从介词的路径

师从介词的少数成员与动词有直接的来源关系，主要有两个语义来源：一是"跟从"义，一是"走向"义。有两条演变路径，即"跟从动词——师从介词"的路径（如"从、跟"等）和"走近动词——师从介词"的路径（如"就"）。部分师从介词来自介词功能的扩展，主要是求索介词，走"求索——师从"的路径，如"于、向、问、和"等。

### 5.2.3.11　产生求索介词的路径

绝大多数求索介词来自介词功能的扩展，主要来源是自言谈介词（如"于、与、问、替、和、共、同"等），其次是方向介词（如"著"等）。少数求索介词与动词有直接的来源关系，如"从"和"就"，还有现代汉语的"管"。

### 5.2.3.12　产生来源介词的路径

介引来源者的介词中，只有"由"来自动词，其余的来源介词都是来自介词的功能扩展，主要有始发处介词（如"自、从"）、求索介词（如"就、问"）。来源介词"于"来自所对介词"于"的功能扩展。

### 5.2.3.13　产生关涉介词的路径

关涉介词中，只有"及"来自动词。动词"及"由"追逐"义引申出"抵达"义，再引申出"涉及"义，走"涉及动词——关涉介词"的路径。关涉介词"于、在"等都是来自所在处介词的功能扩展。

### 5.2.3.14　产生比较介词的路径

比较介词分等比介词和差比介词。等比介词一般来自交互介词的功能扩展。差比介词绝大多数与动词有直接的来源关系（"于"除外）。差比介词"比"有两个语义来源，即"比较"义和"如同"义；走"比较/如同动词——差比介词"的路径；差比介词"似"来自"相似"义动词"似"，走"相似动词——差比介词"的路径，差比介词"过"来自"超过"义动词"过"，走"超过动词——差比介词"的路径。

### 5.2.3.15 产生受事介词的路径

受事介词只有"于"一个，它的来源是所对介词"于"。

## 5.2.4 与方式论元有关的演变路径

方式介词中，工具介词处于语法化链的最前端，全部与动词有直接的联系。凭借介词也处于语法化链的前端，大多与动词有直接的联系。部分原因介词和动词有直接的联系。依据介词多数与动词有直接的联系，少数有动词和凭借介词两个来源，部分依据介词来自介词功能的扩展。身份介词和顺应介词来自介词功能的扩展。

### 5.2.4.1 产生工具介词的路径

工具介词都与动词有直接的来源关系，有两个主要的语义来源，即"使用"义（如"用"）和"执持"义（如"把、捉、拿"）。走"使用动词——工具介词"和"执持动词——工具介词"的路径。因为"使用"义和"执持"义有来源关系，不少工具介词与"使用"义和"执持"义都有联系，如"以、持、将、著"等。

### 5.2.4.2 产生凭借介词的路径

凭借介词大多与动词有直接的来源关系，主要语义来源是"凭恃"义和"利用"义。走"凭恃动词——凭借介词"的路径（如"凭、靠、依、据"等）和"利用动词——凭借介词"的路径（如"因、乘"）。凭借介词"以"有动词和工具介词两个来源。凭借介词"冲$_{41}$"与"方向"和"所对"两种功能有联系。

### 5.2.4.3 产生依据介词的路径

单音依据介词大多与动词有直接的联系（"以"除外），主要来自"依照"义。因为"依照"义动词的源头比较复杂，可以分出"遵依""凭恃""跟从"等小类，但依据介词的直接来源绝大多数是"依照"义，走"依照动词——依据介词"的路径，如"遵、循、缘、依、据、从"；此外，还有"查察"

义，走"查察动词——依据介词"的路径，如"按、照"等；个别依据介词来自"评议"义动词，走"评议动词——依据介词"的路径，如"论"。还有少数依据介词有动词和凭借介词两种来源，如"凭"。依据介词"冲$_{43}$"与凭借介词"冲$_{41}$"和原因介词"冲$_{42}$"有来源关系。

### 5.2.4.4　产生原因介词的路径

原因介词大多来自工具介词或凭借介词的功能扩展，少数原因介词与动词有直接的来源关系，主要有两个义类："缘起"义和"做为"义。动源的原因介词有两条路径：一是"缘起动词——原因介词"的路径（如"因、缘、由、坐"），二是"做为动词——原因介词"的路径。（如"为、做"，原因介词"为"和"所为"功能也有联系）。来自介词功能扩展的原因介词，大多和"凭借"功能有联系。如"以、凭、将、把"等，但现代汉语新产生的原因介词"冲$_{42}$"与"凭借"和"所对"两种功能有联系。"所对——原因"是现代汉语新出现的演变路径，有这发展一趋势的还有介词"奔"。

## 5.2.5　与范围论元有关的演变路径

范围介词一般来自介词功能的扩展，只有连带介词、排除介词是直接来自动词。连带介词主要语义来源是"随同""连同""兼及"等义类。走"随同动词——连带介词"（如"和"）、"连同动词——连带介词"（如"连、并"）、"兼及动词——连带介词"（如"兼"）等路径。排除介词"除"来自"除去"义动词。

## 5.3　介词功能扩展的路径

介词功能扩展主要发生在各个次类的内部，但也有少数介词可以跨类扩展，如方所介词，与时间介词、对象介词、范围介词都有联系；对象介词中的一些被动介词也能发展出表示原因的功能（如"被、吃"）。范围介词大多来自其他次类的介词的功能扩展，少数来自本次类介词的功能扩展，如强调介词"连、和"等，走"连带——强调"的功能扩展路径。

## 5.3.1　方所介词功能扩展的路径

方所介词的功能扩展大多发生在次类内部，但也有少数向外部扩展的现象，如向时间、对象、方式、范围等次类扩展。方所概念之间往往有相交的语义圈，因此，方所介词内部的功能扩展类型较多，同时，朝外部发展也有多种可能性。

### 5.3.1.1　方所介词内部功能扩展的路径

方所介词的七个小类中，沿途介词和临近处介词没有功能扩展，其他五个小类（所在处介词、经由处介词、方向介词、终到处介词和始发处介词）可以有功能扩展。下面主要讨论五个小类之间的扩展关系。

#### 5.3.1.1.1　所在处介词功能扩展的路径

在方所介词内部，所在处介词是比较活跃的，可以朝"终到处""始发处"扩展，但不能朝"方向""经由处"两种功能扩展。这有两个原因，第一，所在处介词中有很大一部分与动词有直接的联系，处于语法化链的前端，具有功能扩展的空间；第二，"所在处"和"终到处"、"始发处"都属于位置概念，彼此之间有可能发生演变。而"经由处"属于路线概念，不能与"所在处"有发生功能转换的关系。"所在处"功能一般不能朝"方向"功能扩展，但如果"所在处"功能有多个来源，其中之一可能是"方向"功能（如所在处介词"向$_{14}$"）。

A. "所在处——终到处"的路径

所在处介词大多以动词为直接来源，由于所在处介词多处于语法化链的前端，可以有较多的功能扩展。兼有"所在处"和"终到处"两种功能的介词数目较多，如"于、在、就、著、向、去、搁、到"等。其中，源头是原地动词的，先产生所在处功能，后来扩展出终到处功能的有"在、著、搁"等，走"原地动词——所在处介词——终到处介词"的演变路径。

从词汇系统看，"所在处——终到处"的演变可以发生是因为上古时期介词"于"兼有两种功能（"于"有过"终到处——所在处"的功能扩展，自"于"之后，可能出现反向的演变路径）。从认知角度看，"终到处"功能之所以有可能与"所在处"功能重叠，是因为人们在认识"位置"关系时，"终到处"概念与"所在处"概念有重叠的部分（关于"所在处——终到处"的演变，请参见 2.3.1.2）。

B. "所在处——始发处"的路径

"于"是第一个发生"所在处——始发处"演变的介词（4.2.2.1.1），本节仅讨论"就、去、在"的演变。

B1. "就"的"所在处——始发处"演变

方所介词"就$_1$"最先萌生"终到处"和"所在处"功能，所在处介词"就$_{12}$"萌芽于汉代，始发处介词"就$_{13}$"萌芽于南北朝时期。演变发生"P+N$_2$+V"式中。致变因素也是 V 的语义类型变化，由此带来"位移"和"距离"意义的变化。从南北朝开始，有两类动词进入结构式，"就"可作"从"解。

1）"生发"义动词

如果 V 是"生发"义动词，"就 +N$_2$+V"式的 N$_2$ 一般被理解为事件发生之处，因为"生发"义动词用在句中蕴含"从无到有"意义，"就"理解为"从"义似乎更合适。例如：

（1）a1. 风从台上出，龙就匣中生。（李仁巨：赋得镜诗）

　　a2. 风从垂处发，烟就望中生。（元友直：小苑春望宫池柳色）

　　a3. 南枝暗就江头发，一点香从月下来。（白玉蟾：次韵曾长探梅）

宋代，动词扩展到"兴起"义。例如：

（1）b1. 神将领旨，就吴教授家起一阵风。（一窟鬼癞道人除怪，近汉语资·宋代卷）

　　b2. 兀自说未了，就店里起了一阵风。（一窟鬼癞道人除怪，近汉语资·宋代卷）

2）运行动词

在"就 +N$_2$+V"式中，如果 V 是运行动词，N$_2$ 有可能被理解为施事发生位移之前的所在之处，"就"也被分析为始发处介词。例如：

（1）c1. 但问情若为，月就云中堕。（谢灵运：东阳溪中……）

　　c2. 我疑龙变化，就此溪中逸。（孔平仲：游六和寺）

　　c3. 我将就此逍遥游，高步青霄拾明月。（仇远：海上图澄江仙刻）

1c 组句中可以推出"N$_1$ 位移"意义，如例 1c1 可以推出"N$_1$ 有位移"意义，"N$_2$ 所标示之处和 N$_1$ 运行的终止之处（句法层没有出现，但可以推理而知）有一段距离"的意义。由此可知：当"位移"或"距离"意义出现时，介词"就"的功能有可能发生"所在处——始发处"的演变。

宋代，手作动词也进入结构式（一般是"就+$N_2$+V+$N_3$"式），$N_2$一般被理解为动作发生之前$N_3$（V的受事）的所在之处，句中有"受事位移"意义，这种结构式的"就"可看作始发处介词。例如：

（1）d1. 合哥就怀里取出那刺绣香囊。（万秀娘仇报山亭儿，近汉语资·宋代卷）

　　d2. 就枝掇鲜美，咀味销冰酥。（梅尧臣：寄题西洛……）

　　d3. 就地拾得丽水金，拈起却是新罗铁。（释宗杲：偈颂一百六十首）

　　d4. 就瓮把新醅，傍畦撷晚菘。（陆游：屏迹）

　　d5. 丫童却欢笑，就地拾蟳残。（林希逸：李下不整冠）

　　d6. 临溪扫地醉，就树摘柑吟。（董嗣杲：过新斗门感怀）

1d组可以推出"受事原本在$N_2$处，在V行为实施之后，受事位置有变化"的意义，也可以推出"受事有一段移动距离"的意义。总之，"所在处——始发处"演变的关键是"施事/受事位移"意义和"距离"意义的出现。

B2. "去"的"所在处——始发处"演变

所在处介词"去$_{12}$"宋代已存在，始发处介词"去"（记为"去$_{13}$"）萌芽于宋代。致变的因素也是V的语义类型变化。如果V是"起"、"发"义动词，"去"可作"在"或"从"解。例如：

（2）a1. 释氏以不知此，去它身上起意思，奈何那身不得，故却厌恶。（二程遗书·卷二）

　　a2. 若羞恶，也是仁，去那义上发；若辞逊，也是仁，去那礼上发；若是非，也是仁，去那智上发。（朱子语类·卷六十八）

若V是手作动词，句中有"受事位移"意义以及"$N_2$是受事位移之前的所在之处"意义，"去"也可作"从"解。例如：

（2）b1. 道人一一审问明白，去腰边取出一个葫芦来。（一窟鬼癞道人除怪，近汉语资·宋代卷）

　　b2. 永儿去怀中取出紫罗袋儿来。（三遂平妖传·十九回）

　　b3. 瘸师便去怀中取出三文钱来摊在盘中。（三遂平妖传·二十七回）

　　b4. 伸手去那篮儿内取出一个紫罗袋儿来，……（三遂平妖传·二回）

　　b5. 那厮好会，去腰间解下手巾，……（今古奇观·卷三十八）

b6. 却去桶里取出一把削桶得刀来，……（今古奇观·卷四十五）

若 V 是运行动词，句中有"施事位移"意义以及"N₂ 是施事位移之前的所在之处"意义，"去"也可作"从"解。例如：

（2）c. 后至唐末五代之间，去那径山过来，临安邑人钱宽生得一子，……（今古奇观·卷三十一）

B3. "在"的"所在处——始发处"演变趋势

"在"是典型的所在处介词，但也有少数表示"始发处"的用例。"在"的"所在处——始发处"演变发生较晚，明代方见少数"在"可作"从"解的例子：

（3）a1. 钱已道："好自在的话，我特特在井里救你出来，是我的人了，我怎肯送还你家去！"（二刻拍案惊奇·卷二十五）

a2. 因为我在家中来，中途不见了，庵主必到我家里要人。（初刻拍案惊奇·三十四回）

3a 组的 N₂ 是受事或施事在 V 行为之前的所在之处，"在"可以看作始发处介词。

B4. "著"的"所在处——始发处"演变

方所介词"著₁"的主要功能是表示所在处，它的功能扩展有两条主要的路径（参见 4.2.2.1.1），其中之一是"所在处——始发处——经由处"路径。为什么不说介词"著"的"始发处"功能来自"方向"功能呢？第一，是时间顺序问题，"著"的"始发处"功能唐代就有用例，而"方向"功能，宋代才见到用例。第二，是演变的结构式不同，"所在处——终到处——方向"的演变发生在谓语动词后面，即"V+ 著 +N₂"式或"V+N₂+ 著 +N₃"式中，而"所在处——始发处——经由处"的演变发生在谓语动词前面，即"著 +N₂+V"式中。第三，是动词的语义类型不同，方向介词"著₁₄"虽然也有可以用于"著 +N₂+V"式，但所在结构式的 V 是运行动词，始发处介词"著₁₃"和所在处介词"著₁₁"所在结构式的 V 都是原地动词；相对来说，"著₁"的"所在处——始发处"的演变更容易发生。

为什么不说介词"著₁"走过"经由处——始发处"的路径呢？这是因为功能扩展的起点是所在处介词"著₁₁"，一般来说，"所在处"功能不可能直接朝"经由处"功能扩展，但可以朝"始发处"功能扩展，而从"始发处"功能开始，可以朝"经由处"功能扩展，如介词"自₁"。

总之，"所在处——始发处"的演变一般发生在"P+N$_2$+V"中（"于"除外），致变因素是 V 的语义类型变化而带来的"位移"意义和"距离"意义，如果句中可以推出"N$_2$是施事或受事在位移之前的所在之处"意义，P 就是始发处介词。

### 5.3.1.1.2 方向介词功能扩展的路径

与运行状态有关的介词可以分为两类：一类是与终结或持续状态有关，如表示运行从静止到开始进行（始发处介词）或从进行到终止（终到处介词）。另一类是与运行的动态有关的，即表示运行在进行状态中的介词，如方向介词；在使用这类介词时，终到处、始发处等意义可能隐含在句义中，可以推理而得。又由于运行的"终到处"、"始发处"可能与"方向"在同一方向、同一路径上，方向介词有可能向"终到处"或"始发处"功能扩展。

A."方向——终到处"的路径

虽然方向介词与运行的动态有关，说话人关注运行在进行中的状态，而不是开端或终结；但是运行的方向往往以目的地为基准，因此，"方向"和"终到处"两个概念可能有重叠部分。一个介词兼有这样两种功能是常见的现象，英语介词"to"就兼有"方向"和"终到处"两种功能。在"方向——终到处"的演变路径上，汉语的典型成员是"向"，此外，还有"从"。

A1."向"的"方向——终到处"演变

在运行动词"向$_{02}$"所在的"向 +N"短语中，含有"运行"和"运行方向或目的地"概念，N 被理解为运行的方向或目的地。例如：

（1）a. 则必举兵而向赵矣。（史记·苏秦列传）

例 1a 显示：在"向$_{02}$"所在的结构式中，可推出运行的终到之处，潜藏着"向"变为终到处介词的可能性。之所以说终到处介词"向$_{12}$"来自方向介词"向$_{11}$"的功能扩展，是因为，"向$_{11}$"的产生早于"向$_{12}$"，还因为演变发生在"向"是方向介词的"V+ 向 +N$_2$"式中。"方向——终到处"演变的因素是结构的复杂化，由此带来"运行进行中"意义的消失。

唐代的一些"V+ 向 +N$_2$"式或"V+N$_2$+ 向 +N$_3$"式中，"向"可能有"方向"或"终到处"两种理解。例如：

（1）b1. 柳老春深日又斜，任他飞向别人家。（白居易：前有别杨柳枝……）

　　　b2. 可怜鹧鸪飞，飞向树南枝。（李峤：鹧鸪）

（1）c1. 又前开黄河，引水向棣州。（朝野佥载·卷四）

c2. 赖逢邹侍御，移我向高原。（宣室志·邹载）

由 1b、1c 组可知：在一些运行动词或蕴含"位移"意义的动词后面，"向₁"的功能有可能作"方向"或"终到处"两种理解。导致"终到处"功能确定的因素主要是结构的复杂化，表现在两个方面：一是句中出现另一个动词（原地动词），另一个是方位名词的出现。

如果"V₁（运行）+ 向 +N₂+V₂（原地）"式中，则 N₂ 被理解为 V₂ 行为发生的处所，"运行进行中"意义消失，"运行终止"意义凸显。对于 V₁ 来说，N₂ 不再被理解为方向，而只能被理解为运行的抵达之处；"向"介引终到处的功能变得十分明显。观察下面一组"V₁+ 向 +N₂+V₂"式中"向"的功能。

（1）d1. 归来向家问妻子，举家尽笑今如此。（高适：封丘作）

d2. 可怜树上百鸟儿，有时飞向新林宿。（元稹：有鸟二十章）

d3. 来至此间……走向此间坐睡。（敦煌变文集新书·卷三）

d4. 紫微垣里旧宾从，来向吴门谒府公。（徐铉：回瓜洲献侍中）

d5. 来向林间宿，归须月上时。（梅尧臣：至香山寺报秀叔）

d6. 它时一念若不断，来向此山开福田。（沈辽：天竺白云堂）

1d 组的 N₂ 表示施事的终到处，若 V₁ 是"送、引、移"等动词，N₂ 大多表示受事的终到处。例如：

（1）e1. 引向市斩之，颜色自若，了无惧。（朝野佥载·卷三）

e2. 才亡三日早安排，送向荒郊看古道。（敦煌变文集新书·卷二）

e3. 金翁本是东家子，送向西邻寄体生。（张伯端：绝句六十四首）

e4. 月宫移向日宫栽，染得娇红入面来。（卢襄：太上皇帝……）

e5. 恍如江上画，移向泽中藏。（释居简：就以道池上假山）

e6. 那堪移向瑶池种，留得千年看实花。（赵希逢：和桃花）

1d、1e 组的"V₁+ 向 +N₂"短语出现在连动结构的 VP₁ 部分，由于后面出现一个表示原地动作的 VP₂，N₂ 被理解为 VP₂ 行为的发生之处；句中蕴含"运行终结"、"施事或受事抵达 N₂ 处"意义；在这样的结构式中，方向意义淡化，终到处意义凸显。

结构的复杂化还表现为"V+ 向 +N₂"式的 N₂ 部分含有方位名词，构成方位短语。N₂ 可理解为抵达之处。比较两组例句：

（1）f1. 传闻叶悬履，飞向洛阳城。（骆宾王：和李明府）

f2. 空中万鹤舞盘旋，飞向西天祇树园。（吴潜：和史司直韵五首）

f3. 金衣何璀璨，飞向垂杨树。（陆文圭：题南宫子中画莺）

（1）g1. 一鸟如霜雪，飞向白楼前。（李益：登白楼见白鸟……）

g2. 谁能移向西湖上，并与西湖一样看。（胡仲弓：江郎山）

g3. 分明记得庄周蝶，飞向梅花雪涧边。（黄庚：梦情未懒……）

1f 组的"向"被分析为方向介词，但由于 $N_2$（"洛阳城"等）是运行的目的地，句义中蕴含着"以 $N_2$ 为抵达之处"意义，潜藏着 $N_2$ 被理解为"终到处"论元的可能性；1g 组的 V 一般被理解为"终止"状态，$N_2$ 一般被看作抵达之处。不同的分析结果是由 $N_2$ 部分的变化引发的。1g 组中，方位名词"前""上""边"的出现，使得 $N_2$ 部分表义具体，同时也使句中可以推出"运行已终止"、"施事已抵达 $N_2$ 处"意义。表达方向概念时，说话人观察事物的运行动态持续过程，句子蕴含"运行进行中""施事未抵达 $N_2$ 处"意义，因此，说话人不关注目的地的具体方位。而一旦方位名词出现，使句子蕴含义发生演变，说话人观察到运行终结的具体的方位。下面数例的 $N_2$ 由方位短语充当，句子含有"已抵达"意义，"向"可作"到"解：

（1）h1. 几处野花留不得，双双飞向御炉前。（杨巨源：宫燕词）

h2. 见一物赤如信幡，飞向人家舍上。（朝野佥载·卷一）

h3. 更有名花嫩蕊，生于觉悟之傍；瑞鸟灵禽，飞向精舍之上。（敦煌变文集新书·卷六）

h4. 移向北堂前，诸孙时绕弄。（朱熹：杂记草木九首）

h5. 有时飞向人眉毛眼睫上，……（碧岩录·卷三）

下面一组例句符合原地动词 $V_2$ 出现在"$V_1$+ 向 +$N_2$"短语后面、$N_2$ 为方位短语两个条件，"向"是确凿的终到处介词。例如：

（1）i1. 谁能唤得姮娥下，引向堂前子细看。（元稹：八月十四……）

i2. 不知山下处，来向路傍生。（于邺：路傍草）

i3. 妇闻雀儿被杖……走向狱中看去。（敦煌变文集新书·卷七）

i4. 家中常所养狗，来向其妇前而语曰："汝极无禄相……?"（续异录·萧士义，太平广记）

i5. 牡丹移向苑中栽，借得东风一夜开。（闻人祥正：集句）

i6. 剪成绛蜡灯间艳，移向青油幕底栽。（李曾伯：辛亥元夕坐间和刘景文韵）

A2."从"的"方向——终到处"演变趋势

唐宋时期已有较多的方向介词"从$_{13}$"的用例：

（2）a1. 之子樟从天外去，故人书自日边来。（韦庄：章江作）

a2. 中使押从天上去，外人知自日边来。（韩偓：锡宴日作）

a3. 将从天上去，人自日边来。（李琪：奉试诏用……）

a4. 文路子当从那里去，自家也从那里去。（朱子语类·卷六）

a5. 人所见各不同，只是这一个道理，才看得别，便从那别处去。（同上·卷二十九）

"从"的"方向——终到处"演变发生在动词后面，即"V+从+N$_2$"式或"V+从+N$_2$+去／来"式中。宋代，一些"V+从+N$_2$"式中的"从$_1$"可能有"向"和"到"两种理解。例如：

（2）b1. 或流从这边，或流从那边。（朱子语类·卷六）

b2. 闻得鼻端香馥馥，流从舌底味森森。（陆文圭：洛中郑悫……）

宋代的"V+从+N$_2$+去／来"式中，"从"也有"向"或"到"两种理解。例如：

（2）c1. 流从六曲滩头去，犹带落花风里香。（欧阳光祖：和朱元晦）

c2. 妇人之仁，只流从爱上去。（朱子语类·卷四）

c3. 合从东去捉，却教他走从西去，如何捉得？（朱子语类·卷四十三）

c4. 盖为人心易得走从恶处去。（朱子语类·卷七十八）

c5. 不知不觉，走从小路去。（朱子语类·卷一百十九）

c6. 少间自是走从那一边去。（朱子语类·卷三十二）

c7. 今且将"义利"两字分割界限，紧紧走从这边来。（朱子语类·卷四十一）

2c组显示了"方向——终到处"演变的可能性。如果句中可以推出"已经抵达某处"之义，"从"是终到处介词。例如：

（2）d1. 即狼狈走从舟中，取蓝杓一挥。（宋稗类钞·卷七）

d2. 自前年买剑杀了那厮走从这里来，一向不知他音耗是怎生。（五代史平话·五代周史平话·卷上）

2c组和2d组在表义方面的区别在于：2c组的说话人可能观察事物运行的"进行中"状态，没有关注抵达之处，但也有可能关注事物运行的终结状态和抵达之处；而2d组只有一种可能性，即关注运行的终止状态和抵达之处。

B."方向——始发处"的路径

"方向"和"始发处"有可能被看作处于同一运行路线上，因此，两种功能可以互相转化。从词汇系统看，在"向"发生"方向——始发处"演变之前，"自、从"已走过"始发处——方向"的路径；在"自、从"具有"方向"和"始发处"两种功能之后，反向的"方向——始发处"演变也可能出现。

B1."向"的"方向——始发处"演变

方向介词"向$_{11}$"在南北朝时期已定型。始发处介词"向$_{13}$"萌芽于唐代，"向$_{13}$"与"向$_{11}$"有来源关系。致变因素是"向 +N$_2$+V"式中 V 的语义类型变化。若 V 为"生发"义动词，"向$_1$"的功能可能是"方向"或"始发处"。例如：

（3）a1. 年年秋意绪，多向雨中生。（元稹：景申秋八首）

a2. 花向琉璃地上生，光风炫转紫云英。（元稹：西明寺牡丹）

a3. 不分气从歌里发，无明心向酒中生。（白居易：元和十三年……）

若 V 是运行动词，句中可以推出"N$_2$ 是施事位移之前的所在之处"，"N$_1$ 有位移"意义，"向"是始发处介词。例如：

（3）b1. 月向天边下，花从日里生。（卢照邻：奉和圣制赐王公……）

b2. 龙向洞中衔雨出，鸟从花里带香飞。（朱长文：望中有怀）

V 继续扩展，表示认知的动词进入 V 位置，"向"的始发处功能愈加明显。例如：

（3）c1. 不向言句上会，方木逗圆孔。（释克勤：偈五十三首）

c2. 能向个中参妙旨，却于忙里作闲身。（史浩：代恩平郡王……）

c3. 肯向稠人识毛遂，甘从走督得神师。（阳枋：送田使君……）

B2."劈"的"方向——始发处"演变

介词"劈"首先萌生方向功能（记为"劈$_{11}$"）。例如：

（4）a. 劈面道时合醒噪。（敦煌变文集新书·卷二）

始发处介词"劈"（记为"劈$_{12}$"）见于宋代的"劈头"短语中，若 V$_2$ 是"言说"义动词，"劈"的功能可作"方向"或"始发处"两种分析。例如：

（4）b1. 劈头一个"王正月"，便说不去。（朱子语类·卷八十三）

b2. 劈头便骂了个动。（朱子语类·卷一百四十）

b3. 雪窦见得透，所以劈头便道："金乌急，玉兔速。"（碧岩录·卷三）

b4. 雪窦劈头便颂道："野鸭子知何许，……"（碧岩录·卷六）

但是在一些句子中，"劈头"只可作"从头"或"开头"解。例如：

（4）c1. 诗之兴，是劈头说那没来由底两句，下面方说那事。（朱子语类·卷八十）

c2. 尧时古今第一个人，书说尧，劈头便云"钦明文思"，"钦"，便是敬。（朱子语类·卷一百十八）

c3. 如吃果子一般，劈头方咬开，未见滋味，便吃了。（朱子语类·卷十）

c4. 若劈头子细看，虽未知后面凡例，而前看工夫亦不落他处。（朱子语类·卷六十七）

C. "方向——所在处"演变的可能性

方向介词功能扩展的两个主要方向是"终到处"和"始发处"，一般情况下方向介词不会朝所在处介词发展。但"向"的情况比较特殊，所在处介词"向$_{14}$"有动词和介词两种来源，介词来源是"终到处"、"方向"和"始发处"三种功能。"向"的"方向——所在处"演变是在多种因素的作用下出现的。走"方向——所在处"路径的只有"向"一个（参见1.3.1.5.1）。

### 5.3.1.1.3 经由处介词功能扩展的路径

经由处介词一般向始发处介词发展，"经由处——始发处"演变的发生，从词汇系统看，是受"自"的影响，"自"很早就有了"经由处"和"始发处"两种功能（"自"走"始发处——经由处"路径，在"自"之后，可能出现反向的演变路径）。从认知角度看，说话人可能把"始发处"和"经由处"看作处在同一运行路线上——"始发处"可能是"经由处"的运行活动的出发点。

大多数经由介词兼有"始发处"功能，而且"经由处"功能大多是先产生的，如"从、由、打"等。"经由处——始发处"的演变路径，在汉语史上是反复出现的，早期走这一演变路径的是"从、由"；其后，还有"打"等。在"从"之前，介词"自"已具有"始发处"和"经由处"两种功能，"从"有一项功能（即"经由处"）与"自"相同，就有可能获得"自"的另一种功能（即"始发处"）。"经由处"和"始发处"两种功能之间可以相互转化，是有认知原因的，在说话人看来，始发处和经由处很可能处在同一运行方向或路径上；"始发处"有可能被看作运行路线的某一端（即"起点"），而"经由处"被看作运行路线的某一点或段。

A. "从"的"经由处——始发处"演变

"从"在"跟从动词——方所介词"的演变中,首先获得表示经由处的功能。这就使它成为经由处介词"自$_{12}$"的同义词,由于同义词同向发展的规律,"从"获得"自"的表示始发处的功能。"从"表示运行的始发处,《诗经》无例。这一事实表明:介词"从"和"自"最早是在表示经由处方面相通的,后来"从"发生"经由处——始发处"的功能扩展。致变因素是语义关系的变化,这种变化是由"从+N$_2$+V"式中V的语义类型变化引发的。比较两组例句:

(1)a1. 析朱鉏宵从窦出。(左传·昭公二十年)

　　　a2. 遂行,从近关出。(左传·襄公二十六年)

(1)b1. 从台上弹人而观其辟丸也。(左传·宣公二年)

　　　b2. 从山下望木者,十仞之木若箸。(荀子·解蔽)

1a组的V是运行动词"出",动词"从"原本含有的"跟在某人后面,和某人一起行走"义素消失了;句中可以推出"N$_1$(施事主语,可能省略或隐含)位移"和"N$_1$经由N$_2$处"的意义,"从"是经由处介词。1b组的V"弹"、"望"是原地动词,句子不能推出"N$_1$位移"意义,只能推出"N$_1$的物件或领属物("弹丸"或"视线")位移"意义,"从"是始发处介词。比对1a组和1b组可知:"经由处——始发处"演变的因素是V的语义类型变化,即V的"运行——原地"变化;由此带来"位移"意义和"距离"意义的变化,即由"施事位移"变为"施事无位移",从"施事运行一段距离"变为"施事的执持物或视线运行一段距离"。这种语义关系变化导致对N$_2$的语义论元和介词"从"的功能发生重新分析。

B. "由"的"经由处——始发处"演变

"由"有"经过田中"之义,语义泛化后为"行经"义(记为"由$_{02}$")。"行经"义相对于"缘起"义,用例较少,但先秦时期已存在。例如:

(2)a1. 鲁道有荡,齐子由归。(诗经·国风·南山)

　　　a2. 今在析木之津,犹将复由。(左传·昭公八年)

　　　a3. 有澹台灭明者,行不由径。(论语·雍也)

　　　a4. 谁能出不由户?何莫由斯道也?(论语·雍也)

如果"由"用于"V$_1$+N$_2$+V$_2$"式的V$_1$位置,V$_2$是运行动词,"由"的运行概念消失,变为经由处介词。例如:

(2)b1. 王麻冕黼裳,由宾阶跻。(尚书·顾命)

c2. 水由地中行，江淮河汉是也。（孟子·滕文公下）

在相同的结构式中，如 $N_2$ 被理解为运行的出发之处，"由"变为始发处介词。例如：

（2）d1. 其言及者，由内及之也。（穀梁传·桓公十三年）

d2. 由中出者，不受于外，圣人不出；由外入者，无主于中，圣人不隐。
（庄子·天运）

d3. 他日，由邹之任。（孟子·尽心下）

d4. 由司马之南适堂西。（仪礼·乡射礼）

C．"打"的"经由处——始发处"演变（参见 2.3.1.3.2）。

总之，"经由处——始发处"演变的关键是对 $N_2$ 的论元的理解发生变化，即由运行经过的处所变为运行开始的处所。

#### 5.3.1.1.4 终到处介词功能扩展的路径

终到处功能如果有扩展，其方向是"所在处"或"方向"。走"终到处——所在处"路径的有"于、到"等，走"终到处——方向"路径的是"著、去"等。

A．"终到处——所在处"的路径

介词"于₁"最先发生"终到处——所在处"演变，所在处介词"于₁₂"有两个来源，一是运行动词，一是终到处介词（参见 .1.1.1.2）；继"于"之后，走"终到处——所在处"路径的是"向"，所在处介词"向₁₄"也有运行动词和介词两种来源，就介词来源而言，"向₁₄"和三种功能有联系：方向介词"向₁₁"、终到处介词"向₁₂"以及始发处介词"向₁₃"。在现代汉语中，"到"也走"终到处——所在处"的路径，与"于、向"不同，所在处介词"到₁₂"只有终到处介词"到₁₁"一个来源（参见 2.3.1.1.2）。

B．"终到处——方向"的路径

以说话人位置为观察点或参照点，"终到处"和"方向"也可能处于同一运行路线上，从认知角度看，两种功能也可能发生联系。在汉语史上，"方向——终到处"的演变发生在先，较为典型的是"向₁"，唐代已见例证。在"方向——终到处"演变路径出现之后，反向的"终到处——方向"路径也可能出现，走这一路径的是"著、去"（"著"的"终到处——方向"演变参见 4.1.2.1.1）。"去"是先产生终到处和所在处功能，方向功能出现相对较迟，明代才有用例：

（3）a1. 鲁达大怒，叉开五指，去那小二脸上只一掌，打的那小二口中吐血。
（水浒传·三回）

a2. 擒起一根折木头，去那金刚腿上便打。（水浒·四回）

a3. 被李逵直把头按将下去，提起铁锤大小拳头，去那人脊梁上擂鼓也似打。（水浒传·三十八回）

a4. 李清去那殿中看时，只见正居中坐着一位仙长，……（醒世恒言·卷三十八）

#### 5.3.1.1.5 始发处介词功能扩展的路径

"始发处"功能的扩展方向是"经由处"、"方向"和"所在处"。"始发处"和"经由处"可能在同一路径上，因此两种功能间可以相互转化。"始发处"和"方向"可能在运行路线的同一方向上，也可能在相反方向上，但也有可能在同一运行路线上，这两种功能也可以相互转化。"始发处"和"所在处"都属于"处所"概念，彼此也可以转化。

A."始发处——经由处"的路径

走"经由处——始发处"路径的介词是"从、打"等，走"始发处——经由处"路径的介词是"自、由、著"等。

A1."自"的"始发处——经由处"演变

《诗经》已见较多的始发处介词"自$_{11}$"的用例，且"自$_{11}$"可以出现于多种结构式。但可作"始发处"和"经由处"两种理解的用例较少。例如：

（1）a. 出自北门，忧心殷殷。（诗经·国风·北门）

上例的"北门"可以看作运行的经由之处，也可以看作运行的出发之处。由使用频率以及源动词词义可以推知"自"是先有始发处功能，后有经由处功能。《左传》中，"自"用作经由处介词已有较多用例，动词多为"出、入"，也有用"涉、济"的，有两种结构式。

1）"V+自+N$_2$"式

（1）b1. 太甲潜出自桐。（古本竹书纪年）

b2. 逃出自窦，归于有仍。（左传·哀公元年）

b2. 入自丘。（左传·成公二年）

b3. 涉自棘津。（左传·昭公十七年）

2）"自+N$_2$+V"式

（1）c1. 请自北门出。（左传·哀公二十六年）

c2. 与崔子自侧户出。（左传·襄公二十五年）

c3. 遂自徐关入。（左传·成公二年）

c4. 有大雨自其窦入。（左传·定公六年）

上面两组例句的 $N_2$ 多为表示"门、户、窦、关"等的名词，$N_2$ 表示运行经过的一个点。$N_2$ 表示地名的有少数用例：

（1）d1. 奉公自空桐入。（左传·哀公二十六年）

d1. 自其乡入。（左传·襄公十八年）

表示经由路径的偶有见之：

（1）e. 晨，自墓门之渎入。（左传·襄公三十年）

A2. "向"的"始发处——经由处"演变

方所介词"向₁"的功能扩展路径之一是"方向——始发处——经由处"（参见 4.3.2.1.1）

A3. "著"的"始发处——经由处"演变

始发处介词"著₁₃"见于唐代，经由处介词"著₁₅"也见于唐代（参见 4.2.2.1.1）。

B. "始发处——方向"的路径

从认知角度看，以说话人为参照点，"始发处"和"方向"可能处于同一方向、同一路径上。因此，两者之间可以互相转化。

B1. "自"的"始发处——方向"演变

"自"的"始发处——方向"演变可以发生在动词前和动词后两种位置，即"自 +$N_2$+V"式和"V+ 自 +$N_2$"中，如果 V 是运行动词"来"，"自"的功能一般分析为"始发处"，但也不能排除"方向"的可能性。例如：

（2）a1. 其自西来雨。（通纂，375）

a2. 我来自东，零雨其蒙。（诗经·国风·东山）

如果 $N_2$ 是"上、下"，"自"的功能可能是"始发处"，也可能是"方向"。例如：

（2）b1. 又使浚井，自上填之以石。（今本竹书纪年）

b2. 使其涂廪，自下焚之。（今本竹书纪年）

2a、2b 组显示了"始发处——方向"演变的可能性，如果 $N_2$ 是方位名词"前、后、左、右"等，"自"一般被分析为方向介词。例如：

（2）c1. 子济汉而伐之，我自后击之，必大败之。（左传·定公四年）

c2. 豹自后击而杀之。（左传·襄公二十三年）

c3. 卢蒲癸自后刺子之。（左传·定公八年）

c4. 乃弛弓而自后缚之。（左传·襄公十八年）

c5. 王出入，则自左驭而前驱。（周礼·夏官司马）

B2. "从"的"始发处——方向"演变

"从"的"始发处——方向"演变发生在"从 +N$_2$+V"式中，和"自"的"始发处——方向"演变一样，首先是由 N$_2$ 的语义类型变化而引发的。但"从"的"始发处——方向"变化还与 V 的语义类型变化有关（参见4.1.1.2.1），"自"的"始发处——方向"演变没有这一因素。

B3. "打"的"始发处——方向"演变

始发处介词"打$_{12}$"萌芽于元时期，至明时期已定型，清代沿用：

（3）a1. 四下里看了一看，见婉香打后房出来。（泪珠缘·四十一回）

a2. 我打东正院回来。（泪珠缘·八十五回）

a3. 忽然打后院起一阵旋风，……（于公案·六十八回）

a4. 这回打东洋贩货回来，……（痴人说梦记·十七回）

如果 N$_2$ 是方位名词"东、西、南、北"等，或是由这些方位名词加"边、面、头"构成的方位短语，"打"的功能有"始发处"或"方向"两种可能性。例如：

（3）b1. 西门庆道："韩伙计打南边来，……（绣像金瓶梅词话·六十一回）

b2. 玳安道："耶跶，五娘！这回日头打西出来，……（绣像金瓶梅词话·二十一回）

b3. 今日日头打西出来，……（绣像金瓶梅词话·七十五回）

b4. 直找到西头，又打西头找回，……（小五义·六十五回）

b5. 语言未了，打北面闪出一人，……（三侠剑·五回）

在与 3b 组相同的结构式中，"打"的功能也有可能只可作"方向"理解。例如：

（3）c1. 小的打西往东走，卖盆的李五推着车子打东往西走。（刘墉传奇·五十七回）

c2. 方才在下挑水一担水，打南往北走，他打北往南走。（刘墉传奇·一百零四回）

c3. 二哥你在西边，瞧着我打东边使调虎离山计。（济公全传·一百四十二回）

c4. 怕他们打东南上跑了。（小五义·一百四十回）

c5. 只见打东来了个老者。（于公案·四十一回）

c6. 吴思回头一看，打西边来了一个道人。（康熙侠义传·一百二十七回）

如果 $N_2$ 是方位名词"前、后、左、右"或是由这些方位词加"边、面、头"构成的方位名词，"打"也是方向介词。例如：

（3）d1. 正在思想，打前边进来一个人，……（小五义·一百九十九回）

d2. 忽然又打后边跑过几个人来。（小五义·八十一回）

d3. 怎么敌人打后面又来了呢？（三侠剑·四回）

d4. 猛回头见一个人打后面来了，……（泪珠缘·二十回）

d5. 小人们是打后边抄小路到此的。（说岳全传·六回）

d6. 忽然竹江的一个内侄，打后面出来。（斯文变相·三回）

d7. 贺永就势儿一推后把，打右面儿一转，……（雍正剑侠图·三十五回）

### 5.3.1.1.6　小结

方所介词内部的终到处、所在处、方向、经由处和始发处五种功能之间有扩展关系，演变路径可总结如下：

1）功能可以互相转化的有五种关系："所在处"和"终到处"、"所在处"和"始发处"，"方向"和"始发处"、"方向"和"终到处"、"经由处"和"始发处"。

2）"经由处"功能只能向"始发处"扩展，不能向"终到处""所在处""方向"等功能扩展；反之，"终到处""所在处""方向"功能也不能向"经由处"扩展。

3）"方向"与"所在处"和"经由处"两种功能之间一般不可以有功能扩展，介词"向$_1$"可以有"方向——所在处"（在多种致变因素的作用下）、"方向——经由处"这样两种单向的扩展，反向的扩展是不可能的。

### 5.3.1.2　方所介词向外部扩展的路径

"方所"功能和"时间"、"范围"两种功能有比较密切的联系，和"对象"功能也有一定的联系，但只有"方向——所对 / 求索"和"所在处——关涉"的路径。方所介词和方式介词没有功能扩展关系。

#### 5.3.1.2.1　方所与时间的联系

兼有"方所"和"时间"两种功能的介词比较多，但大多是动词向两个方向发展的结果。在时点介词、起始点介词、时段介词和经由处介词四个次类中，各有一部分来自方所介词的功能扩展。

A.“所在处——时点”的路径

汉语的所在处介词大多兼有表时点的功能，但大多是动词向表示“空间”和“时间”和两种功能发展的结果，如“于、在、即、去”等。走“所在处——时点”演变路径的有“就”（参见 2.3.4.1.1）、“搁”（参见 2.3.4.1.1）和“是”。在温州话中，有时点介词“是”，“是 +N$_2$”短语一般用于谓语动词后面。例如：

（1）a. 婚礼定是六点钟。（婚礼定在六点钟。）

B.“始发处——起始点”的路径

介词“自”表示“始发处”和“起始点”的两种功能是动词朝“方所”和“时间”两种功能发展的结果。与始发处介词有来源关系的起始点介词大多走“经由处——始发处——起始点”的演变路径，如“由、从、打”等。虽然源动词意义不同（“从”为“跟从”义，“由”为“从田中经过”义，“打”为“拍击”义），但三者都先产生“经由处“功能，稍晚时期产生“始发处”功能，最后产生“起始点”功能（起始点介词“打$_2$”在短语“打头”中与动词“打”有联系）。

B1.“从”的“始发处——起始点”演变

“从”的始发处功能初见于《左传》，在春秋战国时期已有一些用例：

（2）a1. 从台上弹人。（左传·宣公二年）

a1. 一奏之，有玄云从西北方起。（韩非子·十过）

a2. 苏秦从燕之赵。（战国策·赵策）

起始点介词萌生于战国后期至汉时期。例如：

（2）b1. 从今以往二年，嫡子不闻孝，……（管子·匡君大匡）

b2. 先生之寿，从今以往者四十三岁。（史记·范雎蔡泽列传）

b3. 愿与王分弃前患，从今已来，与王通使如故。（前汉纪·孝文皇帝纪）

b4. 从今尽三月，虏马羸瘦，……（汉书·赵充国传）

B2.“由”的“始发处——起始点”演变

在“由 + 此 +V”式中，“由”可能兼表“起始点”和“始发处”。例如：

（3）a. 从君巡于天下，臣之罪甚多矣，臣犹知之，而况君乎？请由此亡。（左传·僖公二十四年）

“由 + 今日”短语可以表示从说话时间开始的事件，“由”还不能确定介词性质。例如：

（3）b. 图之进退，愿由今日。（国语·晋语）

在“由 +$N_2$+ 而 + 来”式中，若 $N_2$ 是表示朝代的名词或表示月份的名词，“由”的功能是介引时间的起始点。例如：

（3）c1. 由周而来，七百有余岁矣。（孟子·公孙丑下）

c2. 由九月以下，何也？（荀子·礼论）

B3.“打”的“始发处——起始点”演变

始发处介词“打$_{12}$”萌芽于元时期，至明时期定型（参见 2.3.1.3.2）。起始点介词“打$_2$”（除用于“打头”中之外）初见于清代，可以有三种时间意义。第一，表示从说话时间前的某一个时点开始到说话时间。例如：

（4）a1. 打前岁子起你欺侮我几回了。（泪珠缘·四十八回）

a2. 你两个打前年起，一年三百六十日总是哭的日子多。（泪珠缘·四十六回）

a3. 打前年起，点绣女似的点了两年，……（泪珠缘·五十六回）

a4. 他打前几天就在杜家帮忙。（李公案·三十回）

a5. 主儿打毛团子似的拨弄到这么大，……（儿女英雄传·四十回）

第二，表示从说话时间开始向后延续。如：

（4）b1. 打今儿起，我便住在书房里。（泪珠缘·九十三回）

b2. 打今儿起不要再叫他做姐儿。（泪珠缘·六十九回）

第三，表示从说话时间之后的某个时点开始向后延续。例如：

（4）c1. 打后天起，你大嫂便要把内务府的印信交与你了。（泪珠缘·九十回）

c2. 他打明儿起，一概不付了。（泪珠缘·八十七回）

C.“终到处——终止点”的路径

汉语的终到处介词大多兼有表终止点的功能，但其中来自“抵达”义的介词是动词朝两个方向发展的结果。走“终到处——终止点”路径的有“著”等。在“著”之前，“于、至”等介词已兼有“终到处”和“终止点”两种功能，但这是动词向“时间”和“方所”两个方向发展的结果。只有“著”走“终到处——终止点”的演变路径；这是因为介词“著”的源动词是原地动词，不可能直接向“终到处”或“终止点”功能发展。终到处介词“著$_{12}$”来自所在处介词“著$_{11}$”的功能扩展，萌生于南北朝时期（参见 2.3.1.2.2）。终止点介词“著”（记为“著$_2$”）萌生于南北朝时期，沿用至唐代。“著$_2$”可进入动词前和动词后两种结构式，但以谓语动词后为多。例如：

（5）a1. 啼著曙，泪落枕将浮。（清商曲辞·华山畿二十五首）

a2. 陇西上计应行去，城南美人啼著曙。（江总：乌栖曲）

a3. 绛叶从朝飞著夜，黄花开日未成旬。（张谔：九日）

有时，V 后面还有宾语或其他成分，"著"距离 V 稍远。例如：

（5）b1. 逢依都共语，起欲著夜半。（团扇郎六首）

b2. 思君如夜烛，垂泪著鸡鸣。（陈叔宝：自君之出矣六首）

b3. 月落始归船，春眠恒著晓。（李暇：怨诗三首）

b4. 乐笑畅欢情，未半著天明。（崔液：踏歌词二首）

所在处介词"著11"、终到处介词"著12"都是萌生于动词后，表示时间的"著2"也是萌生于动词后，因此"V+ 著 +N$_2$"式的用例相对较多。"著 +N$_2$+V"式的用例极少，偶有见之：

（4）c. 将军日日返，弦歌著曙喧。（陈喧：长安道）

### 5.3.1.2.2 方所与对象的联系

"某处所"与"在某处所之人"之间有转喻关系，因此，"方所"功能和"对象"功能之间可以有转换关系。但是，一个介词如果兼有"方所"和"对象"两种功能，大多是动词朝两个方向发展的结果。方所介词朝对象介词发展的路径比较少，大多发生在中古之前，演变的起点一般是"所在处""方向"、"始发处"三种功能，有"所在处——接受"、"所在处——施事"、"所在处——关涉"、"方向——所对"、"方向——求索"、"始发处——来源"等路径。

A."所在处——接受者"的路径

姚振武（2015）认同郭锡良（1997）的观点，认为介词"于"引进祭祀对象的用法由引进处所的用法扩展而来。我们把祭祀对象的语义论元看作"接受者"，接受介词"于31"有动词和介词两种来源。虽然甲骨文中已有介引接受者的"于31"，但我们引《诗经》、《左传》的例句来讨论导致"所在处——接受者"演变的因素。演变发生在动词后，即"V+ 于 +N$_2$"式和"V+N$_2$+ 于 +N$_3$"式中，主要是 N$_2$ 或 N$_3$ 的语义类型变化引发了"于"的功能变化。

1）"V+ 于 +N$_2$"式的演变

"V+ 于 +N$_2$"式中，若 V 为"给予"义类的动词，N$_2$ 为表示方所的词语，"于"是介引所在处的介词。例如：

（1）a1. 三之日纳于凌阴。（诗经·国风·七月）

　　　a2. 献于公所。（诗经·国风·大叔于田）

若 $N_2$ 是表示人的名词，则"于"是接受介词。比较两例：

（1）b. 凡公女嫁于敌国，姊妹则上卿送之。（左传·桓公三年）

（1）c. 嫁于齐管于巢。（左传·成公十一年）

前例的"于"可能是所在处介词，也可能是接受介词；后例的"于"只能是接受介词。类似例 1c 的还有：

（1）d1. 享于祖考。（诗经·小雅·信南山）

　　　d2. 凡诸侯有四夷之功，则献于王。（左传·庄公三十一年）

　　　d3. 皆尽征之，而贡于公。（左传·昭公五年）

　　2）"V+$N_2$+ 于 +$N_3$"式的演变

这种结构式中，如果 $N_3$ 是表示方所的名词或短语，"于"是所在处介词。例如：

（1）e1. 公使侍人纳公文懿子之车于池。（左传·哀公二十五年）

　　　e2. 献俘于文宫。（左传·昭公十七年）

　　　e3. 执卫侯，归之于京师。（左传·僖公二十八年）

　　　e4. 授玉于东楹之东。（左传·成公六年）

如果 $N_3$ 表示国名，则"于"有两种分析结果：若将 $N_3$ 看作处所，则"于"是所在处介词；若将 $N_3$ 看作这个国家的人，则"于"是接受介词。例如：

（1）f1. 秦于是输粟于晋。（左传·僖公十三年）

　　　f2. 楚子入飨于郑。（左传·僖公二十二年）

　　　f3. 狄人归季隗于晋。（左传·僖公二十四年）

　　　f4. 纳赂于宋。（左传·成公十三年）

在相同的结构式中，若 $N_3$ 是表人的名词或代词，则"于"是确凿的介引接受者的介词。例如：

（1）g1. 丁未，献楚俘于王。（左传·僖公二十八年）

　　　g2. 陈无宇献莱宗器于襄公。（左传·襄公六年）

　　　g3. 固请，而献佩于子常。（左传·定公三年）

　　　g4. 太子祭于曲沃，归胙于公。（左传·僖公四年）

　　　g5. 陈知其罪，授手于我。（左传·襄公二十五年）

g6. 属其子于鲍氏。（左传·哀公十一年）

B. "所在处——施事"的路径

走这一路径的只有介词"于"一个，不过被动介词"于$_{36}$"与介词"于"的两种功能有来源关系，即"所在处"和"所对"。本节仅讨论"所在处"和"施事"的联系。上古时间的一些表示"不幸"、"不如意"事件的"V+于+N$_2$"式中，N$_2$的语义论元有"处所"和"施事"两种可能性。例如：

（2）a1. 且君没于吾手，若有之，郢必闻之。（左传·哀公二年）

　　　a2. 王师败于申。（今本竹书纪年）

　　　a3. 东败于齐。（孟子·梁惠王上）

2a 组的"于"有两种可能性，如果把 N$_2$ 看作处所，"于"是介引所在处的介词；如果把 N$_2$ 看作施事，"于"是被动介词。如果 N$_2$ 是表人的名词，V$_1$ 是表示"不幸"事件的动词，"于"呈现向被动介词发展的态势。例如：

（2）b1. 三月，癸未，败绩于徐吾氏。（左传·成公元年）

　　　b2. 不以师败于人也。（穀梁传·庄公二十八年）

　　　b3. 虽有其国，必败于敌。（吴子·论将）

2b 组的"败绩"、"败"还不能确定是"自败"还是"他败"，因此"于"的性质未能最后确定。但 2b 组显示：在 V 表示"不幸"事件，N$_2$ 为表人名词的句子中，"于"呈现明显的向被动介词发展的趋势。再比较 V 是"戮"的三组例句：

（2）c1. 弗用命戮于社。（尚书·干誓）

　　　c2. 钧其死也，戮于君前。（吕氏春秋·贵信）

（2）d1. 使归就戮于秦。（左传·僖公三十三年）

　　　d2. 唐鞅戮于宋，吴齐戮于晋。（荀子·解蔽）

（2）e1. 使子南戮于诸侯。（国语·楚语上）

　　　e2. 若不生得以戮于群臣。（国语·齐语）

2c 组的"于"是所在处介词，但由于 N$_1$（主语，可能省略或隐含）的语义论元是受事，V 表示"不幸""不如意"事件，V 和 N$_1$ 之间是"动作——受事"关系，句中潜藏着"于"变为被动介词的可能性。2d 组"于"的功能可作"所在处"或"施事"两种分析，"于"已靠近被动介词一端。2e 组的"于"是被动介词。比较上面三组可知：V 和 N$_1$ 是"动作——受事"关系的句子中，蕴含着"于"的功能发生"所在处——施事"变化的可能性，

致变因素是 $N_2$ 的语义类型变化，$N_2$ 发生"处所——人"的变化，"于"的功能发生"所在处——被动"的变化。

C. "所在处——关涉者"的演变模式

"所在处——关涉者"演变的典型是"在"。演变的关键是 $N_2$ 的语义类型变化，若 $N_2$ 是表人的名词或代词，则"在"是介引关涉者的介词。例如：

（3）a1. 我在伯父，犹衣服之有冠冕，木水之有本原。（左传·昭公九年）

　　 a2. 越之在吴，犹人之有腹心之疾也。（国语·吴语）

在当代汉语中，"搁"也有介引关涉者的功能。例如：

（3）b. 这事搁谁，谁不愿意干？

"搁"是"放置"义动词，属原地动词，首先产生"所在处"功能，然后发生"所在处——关涉者"的功能扩展，致变因素也是 $N_2$ 的语义类型变化。

D. "方向——所对者"的路径

"方向"和"所对者"的联系具有普遍性，介词"朝、冲、奔"都是先有"方向"功能，后有"所对"功能。

E. "方向——求索"的路径

介词"向、著"都具有"方向"和"求索"两种功能，但两者的求索功能来源不同。介词"向"走"言谈——求索"的路径。介词"著"是先产生所在处功能，演变路径之一是"所在处——终到处——方向"，再由"方向"功能扩展出"求索者"功能。例如：

（4）a1. 师曰："不著求索，又问阿那个是佛？"（祖堂集·卷三·慧忠国师）

　　 a2. 进曰："清净法身如何超得？"师曰："不著佛求。"（祖堂集·卷三·慧忠国师）

　　 a3. 不著佛求，不著法求，不著僧求，长老礼拜，当何所求？（五灯会元·卷四·黄檗希运禅师）

F. "始发处——来源"的路径

"始发处——来源"的演变有认知因素，人们的认识活动中，"某个处所"和"在某个处所的人"之间有联想关系，在语义演变中就是"转喻"关系。介引来源者的介词大多来自始发处介词的功能扩展。

E1. "自"的"始发处——来源者"演变

先秦时期，始发处介词"$自_{11}$"已有较多用例，如果 $N_2$ 的语义类型发生"方所——人"的变化，"自"变为介引来源者的介词（记为"$自_{37}$"），一般用于动词或动词性小句后面。例如：

（4）a1. 乱匪降自天，生自妇人。（诗经·大雅·瞻卬）

a2. 今君出自丁，臣出自桓，不可。（左传·襄公二十五年）

a3. 帝作邦作对，自大伯王季。（诗经·大雅·皇矣）

"自+N$_2$"短语也可用于谓语动词前面。例如：

（4）b1. 请速，自我始。（左传·哀公二十五年）

b2. 请皆卒，自我始。（左传·隐公元年）

b3. 自我为之，自我堕之。（公羊传·僖公二十一年）

b4. 天下有道，则礼乐征伐自天子出；天下无道，则礼乐征伐自诸侯出。

（论语·季氏）

b5. 侯自我得之，自我捐之，无所恨。（史记·魏其武安侯列传）

从汉代开始，"V+自+N$_2$"式中，动词有所扩展，"兴起""出来""获得"等义类的动词进入 V 位置。例如：

（4）c1. 巫蛊之祸起自朱安世，成於江充……（汉书·公孙贺传）

c2. 秦之先曰伯益，出自颛顼。（汉书·地理志下）

南北朝以来，V 一直处于扩展中，可以是"肇端""获取"义动词。例如：

（4）d1. 窦氏之兴，肇自孝文。（后汉书·崔骃列传）

d2. 得自高僧手，将扶病客身。（张籍：答僧拄杖）

d3. 既是下流根本劣，争堪取自伴郎君。（敦煌变文集新书·卷二）

"自+N$_2$+V"式的 V 也有所扩展，除"获得"义类之外，还有"出发""开始""捐弃""推论"等义类。例如：

（4）e1. 盖八行重叠别纸自公始也。（北梦琐言·卷四）

e2. 标自龙头夺，书由雁足传。（华岳：次李信州七十韵）

e3. 仇人即服曰："火自我出，然故遗其迹某家者，欲自免也。某家诚冤。"

（欧阳修集·卷二十五·尚书屯田外郎赠兵部员外郎钱君墓表）

e4. 形从天赋授，名自我推论。（王汉：诗一首）

e5 下泽政有味，万户自我捐。（李之仪：秦太虚出鲁直……）

E2."从"的"始发处——来源者"演变

"从$_{38}$"的萌芽见于汉代。

（5）a. 气从神而成，神从气而出。（春秋繁露·卷十六）

如果 $N_2$ 是表人的名词,"从"的介引来源者的功能确定。例如:

(5) b. 晋献公……几为秦所灭,从骊姬起也。(春秋繁露·卷四)

宋代,"从$_{38}$"仍有较多用例:

(5) c1. 名从姬旦始,渐播桐君录。(苏轼:寄周安孺茶)

c2. 梦中得灵药,此药从谁受。(苏辙:次韵子瞻……)

c3. 端溪从谁得,不记岁月古。(张扩:曾徽言学士……)

c4. 古人夏造冰,秘诀从谁发。(郭印:苦热和袁应祥……)

c5. 一句从谁闻,投老承此力。(朱松:赠永和西堂道人)

### 5.3.1.2.3 方所与范围的联系

范围介词多来自方所介词的功能扩展,有"始发处——视角"、"所在处——议题"、"方向——议题"、"终到处——程度"等路径。

A."始发处——视角"的路径

视角介词中,"自、从"是来自始发处功能的扩展,致变的认知因素是运行的始发处和视线的始发处之间有联想关系;语言内部的因素主要是 $V_2$ 的语义类型变化。

A1."自"的"始发处——视角"演变

方所介词"自$_1$"的第一项介词功能是"始发处",以此为起点,向三个方向扩展:经由处、视角和来源。图示如下:

$$\nearrow \text{自}_5 \text{(视角)}$$
$$\text{自}_{11} \text{(始发处)} — \text{自}_{12} \text{(经由处)}$$
$$\searrow \text{自}_3 \text{(来源)}$$

视角介词"自"(记为"自$_5$")先秦已有用例,在 $N_2$ 为"自 + 是 / 此 +V"式中,V 若为"看视"义动词,后小句表示说话人的观点,"自"是视角介词。例如:

(1) a1. 自是观之,两臂重于天下也,……(庄子·让王)

a2. 自是观之,菇又将出。(晏子·外篇)

a3. 自此观之,乐非所以治天下也。(墨子·卷一)

a4. 自此观之,国之所以重,主之所以尊者,力也。(商君书·慎法)

1a 组显示:在 $N_2$ 为指示代词的结构式中,导致"自$_5$"产生的因素是 V 的语义类型变化——若 V 为"看视"义动词,句子表示说话人的观点,"自"是视角介词。"自$_5$"所在结构式的 $N_2$ 也可以是表人的名词、代词。例如:

（1）b1. 自其异者视之，肝胆、楚越也；自其同者视之，万物皆一也。（庄子·德充符）

b2. 自我观之，仁义之段，是非之涂，樊然淆乱，……（庄子·齐物论）

1b组显示：$N_2$ 的语义类型变化也助推"自"的功能扩展——$N_2$ 为表人的名词或代词，$V_2$ 为"看视"义动词，"自"的"视角"功能愈加明显。

A2. "从"的"始发处——视角"演变

始发处介词"从$_{12}$"也有与始发处介词"自$_{11}$"相似的三种扩展方向。因为介词"从$_1$"的第一项功能是介引"经由处"，且产生时间相对于"自"来说，是比较迟的，而始发处介词"从$_{12}$"又是"从$_{11}$"功能扩展的结果，所以"从$_{12}$"的功能扩展开始得较晚。"从"的"始发处——视角"演变的句法因素与"自"大致相同。首先是 V 的语义类型变化，起初，结构式中的 V 是"生发""起始"义类的动词或运行动词，"从"是始发处介词。例如：

（2）a1. 其苦愁劳务从此生。（吕氏春秋·遇合）

a2. 大成午从赵来。（战国策·韩策）

若 V 为"看视"义动词，后小句表示说话人的观点，则"从"是视角介词。例如：

（2）b1. 从是观之，则圣人之治国也，固有使人不得不爱我之道。（韩非子·奸劫弑臣）

b2. 从此观之，楚国，援也；邻国，敌也。（战国策·秦策四）

若 $N_2$ 是表人的名词，$V_2$ 是"言说"义动词，"从"表示说话人就某个角度发布观点，也是视角介词。例如：

（2）c. 故从母言之，是为贤母；从妻言之，是不免为妒妻。（史记·平原君虞卿列传）

B. "所在处——议题"的路径

"所在处"事件的发生之处，"议题"是谈论的焦点，两者之间的联系在于，人们的认识活动中往往发生"空间——关系"的转喻。

B1. "就"的"所在处——议题"演变

议题介词"就"（记为"就$_5$"）引进讨论的范围，有"针对……而言"之义，南北朝至唐五代已有用例，"就 +$N_2$+V"式中的 V 一般是"言说"义动词。例如：

（3）a1. 肃之所言，盖就汉制而言耳。（三国志·魏书·王朗传，裴松之评语）

a2. 又欲因事就卷内发论，以正一代得失，意复未果。（见《后汉书》附录部分）

宋代，"就₅"有较多用例，这是南北朝以来的用法的沿袭。例如：

（3）b1. 这是半就人事上说去，连到那阴阳上面。（朱子语类·卷六十七）

b2. 此皆就天上说。（朱子语类·卷九十五）

b3. 就天地之间言之，是实理；就人身上言之，惟敬，然后见得心之实处流行不息。（朱子语类·卷九十六）

b4. 中庸是就天性上言，此是就事物上言，亦无害。（朱子语类·卷九十七）

b5. 若就恭敬说，则恭敬又别。（朱子语类·卷一百零五）

b6. 世人重通塞，只就利处论。（洪咨夔：张太博亨泉）

B2. "著"的"所在处——议题"演变

"著"与"就"在表示所在处时，是一对同义介词，同向演变的结果是，"著"也可以引进议题。结构式中的 V 一般是"言说"义动词。例如：

（4）a1. 如韩愈所引越椒等事，若不著个气质说，后如何说得他。（朱子语类·卷五十九）

a2. 以其古今公共是这一个，不著人身上说，谓之道。（朱子语类·卷十三）

a3. 言"反身而诚，乐莫大焉"，那是著人上说。（二程集）

C. "方向——议题"的路径

"方向——议题"的演变发生在"V+P+N₂"式中，致变因素是 V 的语义类型变化。如果 V 是"言说"义动词，P 是议题介词。

C1. "从"的"方向——议题"演变

宋代，方向介词"从₁₆"可以用于"V+ 从 +N₂+ 去"式。例如：

（5）a1. 流从六曲滩头去，犹带落花风里香。（欧阳光祖：和朱元晦）

a2. 少间自是走从那一边去。（朱子语类·卷三十二）

5a 组的 N₂ 是表示方所的名词或短语，如果 V 换上"说"，"从"呈现向议题介词发展的趋势。例如：

（5）b1. 便都说从那上去。（朱子语类·卷七十九）

b2. 故自"舍正路而不由，放其心而不知求"以下，一向说从心上去。（朱子语类·卷五十九）

如果 V 为"说"，N₂ 为表示谈论内容的名词，"从"变为议题介词。例如：

（5）c1. 旧来说作意或未诚，则有是四者之累，却只说从诚意去。（朱子语类·卷

十六）

　　c2. 到孔子，方始说从义理去。（朱子语类·卷六十六）

　　c3. 那说从"乐天知命"上去底固不是了，这说从"不如乐之"上来底，也不知那乐是乐个甚么物事。（朱子语类·卷十三）

　　c4. 如曹操虽作酒令，亦说从周公上去，可见是贼。（朱子语类·卷一百四十）

　　C2. "向"的"方向——议题"演变

　　来自运行动词的方向介词"向$_{11}$"可以用于"V+P+N$_2$"式，议题介词"向"（记为"向$_5$"）萌生于这种结构式。如果 V 是"言说"义动词，"向"呈现朝"议题"功能发展的趋势。例如：

　　（6）a1. 修身以后，大概说向接物待人去，又与只说心处不同。（朱子语类·卷十六）

　　a2. 孔子之辞说向人事上者，正是要用得。（朱子语类·卷六十七）

　　a3. 至说"能者养之以福，不能者败以取祸"，便只说向祸福去了。（朱子语类·卷一百二十二）

　　D. "终到处——程度"的路径

　　语义结构中的"程度"论元是指性状抵达的最高点。介引程度论元的介词就是程度介词。汉语程度介词只有"至"一个（记为"至$_5$"）。"至$_5$"萌生于"A+至+N$_2$"式，其来源是动词和终到处介词"至$_1$"。如果句首有"其"，这种结构式被分析为主谓结构，"至"是动词。例如：

　　（7）a1. 其高至丈余。（战国策·赵策）

　　如无"其"，也还是主谓结构，A 可分析为主语。例如：

　　（7）b1. 大至君辱失守，小乃侵犯削弱。（史记·律书）

　　b2. 今主上妄行刑辟，高至死徒，下乃沦冤。（潜夫论·卷四）

　　b3. 贫或乞食，贵至封侯。（论衡·幸偶）

　　b4. 贵至封侯，贱至奴仆。（论衡·幸偶）

　　7a、7b 组显示：程度介词"至$_5$"和动词"至"有语义联系。汉代，终到处介词"至$_1$"已萌芽，"至$_1$"的存在助推"至$_5$"的产生，在一些句子中，"A+至+N$_2$"式有主谓结构或述补结构两种可能性。例如：

　　（7）c1. 以铁冶起，富至巨万。（史记·货殖列传）

　　c2. 岁岁增加，多至三万顷。（汉书·循吏列传）

　　c3. 使者相望于道，一岁中多至十余辈。（汉书·西域列传上）

c4. 乃者，郡国被水灾，流杀人民，多至千数。（汉书·成帝纪）

导致"至"发生"终到处——程度"演变的因素是句法结构的复杂化，如果句首出现 $N_1$（主语），"A+至+$N_2$"式仍有"主谓"或"述补"两种分析结果。但如果"A+至+$N_2$"式出现在谓语部分，被分析为述补结构的可能性增大。例如：

（7）d1. 进幸臣妾从死者，多至数千百人。（史记·匈奴列传上）

　　　 d2. 是人皆富有天下而贵至天子。（史记·龟策列传）

　　　 d3. 所荐位高至九卿。（汉书·朱博传）

　　　 d4. 博士，秦官，掌古通今，秩比六百石，员多至数十人。（汉书·百官公卿表上）

　　　 d5. 郡国所奏相连及者多至数百。（后汉书·史弼传）

　　　 d6. 搉史家赀多至千万。（后汉书·第五伦传）

7d 组的"A+至+$N_2$"式可分析为充当谓语的主谓短语或述补短语，如果句首有动词性话题（可分析为主语），"A+至+$N_2$"式可以分析为述补结构。例如：

（7）e1. 杀略多至万余人。（汉书·五行志上）

　　　 e2. 道中相过逢，多至千数。（汉书·五行志下）

　　　 e3. 道中相逢，多至数千人。（前汉纪·孝哀皇帝纪）

综上，方所介词朝范围介词发展时，多向"视角"和"议题"功能发展，个别可能朝"程度"功能发展。此外，在"自/从……至/到……"结构式中，"自、从"还可能朝表示涉及范围的介词发展。

## 5.3.2　时间介词功能扩展的路径

在介词的功能扩展中，"方所——时间"的演变可以发生，但"时间——方所"的演变未见例证。兼有"方所"和"时间"两种功能的介词多为动词朝两个方向发展的结果。少数时间介词有次类内部的功能扩展。时间介词内部的扩展路径主要有"起始点——时点"的演变（如"自"）、"临近点——时点"的演变（如"向"）、"终止点——临近点"的演变（如"投"）。关于时间介词内部的功能扩展的路径，可参见 4.1.1.2.2。

### 5.3.3 对象介词功能扩展的路径

对象介词的功能扩展比较多，但大多发生在次类内部，方所介词可以向对象介词扩展，但未见对象介词向方所介词扩展的现象。对象介词向外部扩展的现象，偶有发生，处置介词"以₃"向时点介词、始发处介词、议题介词扩展，被动介词"被₃"向原因介词扩展。但是这种向外部扩展的现象不多。

#### 5.3.3.1 对象介词内部功能扩展的路径

对象介词的成员中，只有一种功能的比较少。一个对象介词如果兼有两种或两种以上功能的，第一种功能一般来自动词的语法化，从第二种功能开始，大多来自介词的功能扩展，或者有动词和介词两种来源。对象介词范畴内部的扩展多发生在以动词为直接来源的小类中，如所为介词、交互介词、所对介词等。

##### 5.3.3.1.1 *所为介词功能扩展的路径*

所为介词多以动词为直接来源，由于所为介词大多处于语法化链的前端（如"为、给、替、代、帮"等），功能扩展的可能性比较大。动源的所为介词大多有功能扩展，而且扩展方向比较多，主要向"所对"、"处置"和"交互"三种功能扩展。来自介词功能扩展的所为介词可以朝"言谈""所对""处置"三种功能扩展。

A."所为——所对"的路径

"所为"功能之所以可以扩展出"所对"功能，主要是因为相同结构式中 V 的"使 $N_2$ 获益"意义的泛化。通常，所为介词所在句子蕴含"使 $N_2$ 获益"意义，而所对介词所在结构式的 V 大多是表示态度、表情、礼仪等意义的动词，这些动词往往含有"向 $N_2$ 表示敬意／善意"之义，从广义角度看，这种意义，也属于"使 $N_2$ 获益"意义。由于在"使 $N_2$ 获益"意义上相通，"所为——所对"的演变可以发生。

A1."为"的"所为——所对"演变

所为介词"为₃₁"萌生于先秦时期。例如：

（1）a. 故君为社稷死，则死之。（左传·襄公二十五年）

如果在现实世界中，V 行为的"所为"之人（即"获益者"）就在 $N_1$ 或

V 的施事面前，句中可以推出"$N_1$ 和 $N_2$ 面对面"的意义，而"为 $+N_2+V$"式中的 V 又是身姿动词、表情动词，或一为表情动词，一为言说动词，"为"的功能可能作"所为"或"所对"两种分析。例如：

（1）b1. 子幼，则以衰抱之，人为之拜。（礼记·丧大记）

　　　b2. 持其踵为之泣，念悲其远也。（战国策·赵策）

　　　b3. 如姬为公子泣，公子使客斩其仇首，敬进如姬。（史记·魏公子列传）

　　　b4. 上甚哀，为之泣，已而心敬日磾。（汉书·金日磾传）

　　　b5. 太子大怒，入为王泣曰：……（说苑·卷十四）

1b 组显示了"所为——所对"演变的可能性。晋南北朝时期，已见所对介词"为"（记为"为$_{32}$"），但还带有所为介词的痕迹。例如：

（1）c1. 逵叱之曰："安有国家长吏为贼叩头！"（三国志·魏书·贾逵传）

　　　c2. 我必为此女称臣。然贵而少子，……（后汉书·皇后纪）

　　　c3. 至祠所，盆子拜，崇等皆为之拜。（后汉纪·光武皇帝纪）

　　　c4. 家见汉直，谓其鬼也，怅惘良久。汉直乃前为父拜，说其本末，窃喜且悲。（搜神记·卷十七）

宋时期，V 扩展到心理动词。例如：

（1）d1. 勔哉其无闷，勿为至人羞。（沈邈：五言沈沔天隐楼）

　　　d2. 身将心共远，勿为督邮恭。（曾几：题临川宰……）

"所为——所对"的演变之所以可以发生，是因为在"使 $N_2$ 获益"的推理意义方面有相通之处。所为介词所介引的对象，一般被看作"获益者"，而所对介词介引的对象通常是表情、态度或礼仪的接受者，在心理上也有可能被看作"获益者"。

A2."替"的"所为——所对"演变

唐代已见所为介词"替$_{31}$"。例如：

（2）a. 为他作保见，替他说道理。（拾得：诗）

"替"的"所为——所对"演变始于宋代。宋代的"替 $+N_2+V$"式中，如果 V 是表情动词、口作动词，"替"的功能可作"所为"或"所对"两种分析。例如：

（2）b1. 人间雨恨更云愁，月殿仙娥替汝羞。（陈造：八月十二夜……）

　　　b2. 绝怜屋上乌，替人呜呜啼。（高吉：胡不归二首）

元代也有可作"所为"或"所对"两种分析的用例：

（2）c1. 刘琦，替你叔父递一杯酒。（高文秀：刘玄德独赴襄阳会·第一折）

　　c2.（张千云）他不肯来。他说道：你的娘肯替他男儿把盏么？（葛彪云）他说甚么？（张千云）他那妈妈子说道：着你的娘，肯替他老公递三杯酒，叫三声义男儿，他才着他媳妇儿来哩。（无名氏·十探子大闹延安府·第一折）

　　c3. 不要你护雕，阑花凳香，荫苍苔石径纲。只要你盼行人，终日替我凝眸，只要你重温灞陵别后酒。（乔吉：【商调】集贤宾·浪里来煞）

2c 组也显示了"所为——所对"演变的可能性。若 V 是礼仪动词，"替"是所对介词。例如：

（2）d1. 你要替我唱喏，你也叫一声："老人家，我唱喏哩！"我们便知道了。（武汉臣：包待制智赚生金阁·第三折）

　　d2. 我如今和夫人、两个孩儿，牵羊担酒，一径的来替你陪话，可是我不是了。（白朴：裴少俊墙头马上·第四折）

　　d3. 今日与孩子定了亲，累你，我替你磕个头儿。（绣像金瓶梅词话·四十一回）

A3. "给"的"所为——所对"演变

"给"的演变路径之一是"给予动词——所为介词——所对介词"。所对介词"给$_{34}$"介引的对象大多是表情、态度或礼仪的接受者，在心理上也可能被看作"获益者"。在"给"向对象介词演变的过程中，最早出现的是介引"所为者"的功能。所为介词"给$_{31}$"明代已有用例（参见 2.2.3.4.6）。"给$_{31}$"是"给$_{34}$"的直接来源，导致演变的因素是"给 +N$_2$+V"式中 V 的语义类型变化。若 V 是表示礼仪的动词，"给"是所对介词，但还带着所为介词的痕迹。明代偶见用例：

（3）a. 我在这里给你磕响头。（天凑巧·三回）

清代沿用：

（3）b1. 你们为何不给夫人磕头？（镜花缘·五十回）

　　b2. 那门上的家人……给老爷、太太、公子叩喜。（儿女英雄传·一回）

　　b3. 老父台在上，孝廉李文芳给老爷行礼。（济公全传·四十三回）

　　b4. 他又给包兴打了个千儿。（七侠五义·十五回）

B. "所为——处置"的路径

宋代之前，处置介词的主要来源是"执持"义动词。宋代开始，所为介词成为处置介词的一个主要来源。导致"所为——处置"演变的因素首先是

"P+N₂+V"式中 N₂（一般是代词"他"）的指代模糊，决定性因素是 N₂ 的论元的"与事——受事"变化，如果可以确定 N₂ 是 V 的受事，则 P 是处置介词。而"受事"论元的确定又与 V 的"非企盼"意义有关系。（关于"与"和"给"的"所为——处置"演变，请参见 2.3.2.1.1 和 2.3.2.1.2）

温州话中有处置介词"代"（记为"代₃₇"）。例如：

（4）a. 代作业做爻先。（先把作业做了。）

也有所为介词"代"（记为"代₃₁"）。例如：

（4）b. 衣裳我代你洗。（衣服我替你洗。）

"代₃₇"应该来自"代₃₁"的功能扩展。

C."所为——交互"的路径

走"交互——所为"路径的介词比较多，如"和、共、同、跟"等，走"所为——交互"路径的介词比较少。一般来说，以"替代""帮助"义为来源的所为介词走"动词——所为介词——交互介词"的路径。

C1."替"的"所为——交互"演变

交互介词"替"（记为"替₃₆"）的来源比较复杂，它有多个来源，可能与动词、所为介词、所对介词、言谈介词都有来源关系。唐宋时期的少数 V 是"言说"动词的句子中，"替"可能是"替代"义动词、所为介词、言谈介词或交互介词。例如：

（5）a1. 停杯替花语，不醉拟如何。（白居易：同诸客携酒……）

a2. 问渠何故终不语，却倩滩声替佛谈。（杨万里：兰溪双塔）

a3. 清明未到春已空，枝上黄莺替人语。（陆游：贫甚卖常用酒杯作诗自戏）

a4. 池头五粒初摇动，却替幽人说旧诗。（周文璞：哦松夏夜）

宋代的一些用例中，替可理解为"替代"义动词、所为介词或交互介词。例如：

（5）b1. 东山有句不敢书，恐着替渠出山去。（释慧空：送定勋二上人）

b2. 老蛟据窟不可窥，千古流泉替渠舞。（刘清之：洞宵宫）

b3. 萧萧檐外竹，抱蔓替予吟。（葛天民：收白圌豆因得二首）

有的"替"可能是"替代"义动词、所为介词、所对介词或交互介词。例如：

（5）c1. 幸自无形那有声，无端树子替渠鸣。（杨万里：夜闻风声）

c2. 艳粉同梅落，轻花替柳吹。（施枢：再雪）

c3. 突兀眼前僧结屋，塔铃风里替君吟。（吴龙翰：过和州报恩寺……）

有的"替"可能是"替代"义动词，也可能是交互介词。例如：

（5）d1. 只今观物化，未替白鸥盟。（陈造：岁晚言怀）

d1. 愿尔早著勋，替我云山卧。（李若水：寄敦夫弟）

d2. 唤醒山谷商量过，差替山矾做兄弟。（赵必璩：南康县圃……）

由上面四组例句可知：交互介词"替$_{36}$"的来源比较复杂。可能与动词、所为介词、所对介词或言谈介词都有联系。据李崇兴（1994）确凿的交互介词"替$_{36}$"见于元代：

（5）e.（刘唐云）这打不死的贼，果然又活了，你仍还牢里去。（正末云）刘唐哥，我也曾替你同在衙门中来，直这般狠也？（无名氏·都孔目风雨还牢末·第三折）

"替"的"所为——交互"演变首先是受到"与"的影响，唐代之前介词"与$_3$"已具有多种功能；但"与"是先有交互功能，后有所为功能的。然而，一旦"替"变为所为介词，就有可能因"同义词互相渗透"而获得"与"的交互功能。

**C2. "代"的"所为——交互"演变**

温州话介词"代"有表示所为、所对、交互、言谈、处置等功能（参见马贝加、陈伊娜，2006），由于"代"是"替代"义动词，首先产生的应该是所为功能。明代已有确凿的所为介词"代$_{31}$"的用例（参见 2.2.3.4.4）。在温州地区的瑞安话、平阳话中，有交互介词"代"（记为"代$_{35}$"）。例如：

（6）a1. 我下半日代你跳舞去。（我下午和你去跳舞。）

a2. 其明朝代你作队去。（他明天和你一起去。）

动词"代"属于"替代"义类，和"替"一样，向介词发展时，最先产生的应该是"所为"功能。"代"的"所为——交互"演变是受到"替"的带动。

**C3. "帮"的"所为——交互"演变**

清代已见所为介词"帮$_{31}$"用例（参见 2.2.3.4.2）。据许宝华、汤珍珠（1989），上海话有交互介词"帮"。"帮"是"帮助"义动词，最先产生的应该是"所为"功能。交互介词"帮"的产生，是受到"所为——交互"路径的带动。

**5.3.3.1.2  所对介词的功能扩展**

所对介词很少直接来自动词，大多来自所为介词的功能的扩展，"所为——所对"的路径是反复出现的，但反向的"所对——所为"路径则未曾见到过。所对介词的另一来源是方向介词，但反向的"所对——方向"路径则为见到过。所对介词如有功能扩展，主要有两个方向：言谈介词或交互介词。

A. "所对——言谈"的路径

所对介词一般介引礼仪、态度的接受者，言谈介词一般介引话语的接受者，两者所在的语义结构中，V 都是"单方实施"意义的，而且句中大多蕴含"$N_1$ 和 $N_2$ 面对面"之义，由于蕴含义的存在，两者之间可以相互转化。

A1. "对"的"所对——言谈"演变

言谈介词"对$_{32}$"有两个来源，一是"对答"义动词"对$_{01}$"，一是所对介词"对$_{31}$"。本节讨论"所对——言谈"的演变。动词"对$_{01}$"是"对答"义，"对$_{02}$"是"面对"义，向介词发展时，"对$_{01}$"首先产生"言谈"功能，"对$_{02}$"首先产生"所对"功能。"对$_{31}$"见于汉代，起初，"对 $+N_2+V/A$"式中的 V/A 是表示面部表情的形容词或动词。例如：

（1）a1. 见性好解妇来卜，对之颜色严振，未尝见齿而笑也。（史记·日者列传）

　　　a2. 延寿闻之，对掾史涕泣，遣医致视，厚复其家。（汉书·韩延寿传）

东汉时期，V 有所扩展，"询问""陈述"义动词进入结构式的 $V_2$ 位置，语境中没有"回答对方问题"的蕴含义，"对"可以看作萌芽状态的言谈介词。例如：

（1）b1. 初，禹为师，以上难数对己问经，为《论语章句》献之。（汉书·张禹传）

　　　b2. 太中大夫蜀郡张匡，其人佞巧，上书愿对近臣陈日蚀咎。（汉书·王商传）

1b 组显示：东汉时期，言谈介词"对$_{32}$"已萌芽。它的来源除了"对答"义动词"对$_{01}$"之外，还与所对介词"对$_{31}$"在发展中相互带动。晋南北朝时期，结构式中的 V 又有所扩展。例如：

（1）c1. 太祖数对群臣称述，有欲传后意。（三国志·魏书·武文世王公传）

　　　c2. 粲性躁竞，起坐曰："不知公对杜袭道何等也？"（三国志·魏书·杜袭传）

　　　c3. 孤非徒对诸君说此也，常以语妻妾，皆令深知此意。（三国志·魏书·武帝纪，裴注引《魏武故事》）

从历时角度看，"对$_{32}$"的产生稍迟于"对$_{31}$"，诚然，"对答"义动词"对$_{01}$"是言谈介词"对$_{32}$"的主要来源；但是，所对介词"对$_{31}$"的存在为言谈介词"对$_{32}$"的产生提供了句法和语义基础。

A2."冲"的"所对——言谈"演变

所对介词"冲"（记为"冲$_{31}$"）的直接来源是方向介词"冲$_1$"。清代已见"冲$_{31}$"的用例：

（2）a1.桌底下蹲着一个支牙鬼，冲我们直乐。（小五义·二十回）

a2.忽然间贼人止住脚步，……冲着胜爷冷笑。（三侠剑·一回）

"所对——言谈"演变的句法因素是"冲+N$_2$+V"式中V的语义类型变化，若V是"言说"义动词，"冲"是言谈介词。例如：

（2）b1.又上来了那么个水蛇腰的小旦，望着那胖子，也没个里儿表儿，只听见冲着他说了俩字……（儿女英雄传·三十二回）

b2.北侠说："你不拘冲着谁说，也得说出来呀！"（小五义·二十三回）

B."所对——交互"的路径

所对介词介引礼仪、态度的接受者时，在"P+N$_2$+V"式中，可以推出"V由N$_1$单方实施"意义，但在语境中有可能被理解为"N$_1$和N$_2$双方实施"意义，由于V的意义发生"单方——双方"的变化，介词功能就有了"所对——交互"的变化。

B1."向"的"所对——交互"演变

所对介词"向$_{31}$"产生较早，南北朝时期定型，结构式中的V$_2$大多是表情动词、礼仪动词。例如：

（3）a1.当闻之曰："此公覆声也。"向之垂涕，解易其衣，遂以得生。（三国志·吴书·黄盖传，裴注引《吴书》）

a1.策谓歆曰："府君年德名望，远近所归；策年幼稚，宜修弟子之礼。"便向歆拜。（三国志·魏书·华歆传，裴注引《列异记》）

唐宋时期，结构式的V位置上出现表示待人的态度的谓词，V的施事可作"N$_1$单方"或"N$_1$和N$_2$双方"两种理解。例如：

（3）b1.岂是交亲向我疏，老慵自爱闭门居。（白居易：老慵）

b2.人间半被虚抛掷，唯向孤吟客有情。（李山甫：月）

b3.三思……尝言："不知何等名作好人，唯有向我好者，是好人耳。"（旧唐书·外戚列传）

b4. 鲸鱼空自饱，章甫向谁亲。（刘颁：寄张宜）

b5. 世味著人浓似酒，交情向我薄于罗。（洪匑：曾内相以绝句……）

b6. 心事自应随念道，年华未省向人疏。（王洋：和秀实）

b7. 节物向人好，江山入眼明。（郑作肃：中秋登青原台）

如果 V 是动词"论"，V 的施事也有"单方"或"双方"两种理解。例如：

（3）c1. 心折向谁论宿昔，魂来空复梦平生。（王安石：寄张氏女弟）

c2. 乔木幽人三亩宅，生刍一束向谁论。（黄庭坚：徐孺子祠堂）

3b 组的"向"一般被分析为所对介词，3c 组的"向"一般被分析为言谈介词，但这两组的"向"也有可能被分析为交互介词。两种理解显示了"所对"和"交互"两种功能之间转化的可能性，也显示了"言谈"和"交互"之间转化的可能性。确凿的交互介词"向"（记为"向$_{35}$"）见于宋代。例如：

（3）d1. 二仪同根，万物一体，莫向诸缘分彼此。（释正觉：禅人并化主写真求赞）

d2. 莫向谢安争别墅，自同刘子得天机。（葛立方：比赋棋画诗……）

d3. 苗忠向那人同吃了几碗酒，吃些个早饭，苗忠掉了自去。（万秀娘仇报山亭儿·近汉语资·宋代卷）

3d 组的"向"还隐约可见所对介词的痕迹。

B2. "替"的"所对——交互"演变

交互介词"替"（记为"替$_{36}$"）的来源比较复杂，有三种可能性，即所为介词"替$_{31}$"、言谈介词"替$_{33}$"或所对介词"替$_{32}$"。

B21. 与所为介词"替$_{31}$"的联系

在"替"具有"所为"和"交互"两种功能之前，介词"与"已有这样两种功能，但"替"的演变模式和"与"有所不同。第一，直接来源不同，"与"的交互功能来自"给予"义动词"与$_{01}$"，"替"的交互功能来自介词的功能扩展；二是演变路径不同，"与"走"给予动词——交互介词"的演变路径，而交互介词"替$_{36}$"有多个来源，故此，萌生"替$_{36}$"的路径较多，主要是"所为——交互"路径，此外，还有"言谈——交互"、"所对——交互"的路径。

"所为——交互"的演变主要由对"替 +N$_2$+V"式中 V 的参与者的理解变化而引发。在一部分句子中，V 可能是"单方"意义，也可能是"双方"

意义，则"替"有所为介词和交互介词两种可能性。例如：

（4）a1.（搽旦云）孔目你放心，我如今一壶儿酒，一条儿肉，替你庆喜吃三钟。
（孔目云）我死了老婆，与我庆甚么喜？（杨显之：郑孔目风雪酷寒
亭·第一折）

a2.（白跪接，云）小姐有书，怎敢轻亵，待我焚上一炉香，小娘子替我跪
拜咱。（正旦云）我不会。（白敏中云）你不肯，我自谒咱。（郑光祖：
梅香骗翰林风月·第二折）

a3.我从来打鱼船上扭的那身子儿别，替你稳坐七香车。（关汉卿：望江亭
中秋切脍·第三折）

4a组V的施事若作"单方"理解，即N$_1$（施事主语，可能省略或隐含）
是V的实施者，N$_2$不参与V事件，则"替"是所为介词；若作"双方"理
解，即N$_1$和N$_2$都是V行为的实施者，则"替"是交互介词。4a组显示了
"所为——交互"演变的可能性，也显示了V行为的参与者有可能发生"单
方——双方"的变化；若V被理解为"N$_1$和N$_2$双方实施"意义，"替"是
交互介词。元代偶见"替"作交互介词的用例：

（4）b.我也曾替你同在衙门中来，直这般狠也！（无名氏·都孔目风雨还牢
末·第三折）

然而，元时期"替$_{36}$"所见甚少，真正开始广泛使用当属明代。例如：

（4）c1.且是宽和柔善，一院中的人没一个不替他相好，说得来的。（初刻拍案
惊奇·卷二十七）

c2.卜良道："感恩不尽，夜间尽情陪你罢，况且还要替你商量个后计。"
（初刻拍案惊奇·卷六）

c3.倘若有些捆你，我自重重谢你罢了，只怕替我滚热了，还要替你讨份上
哩。（初刻拍案惊奇·卷六）

c4.行者道："你只管驮了去，到寺里，我与你换衣服。"八戒道："不羞！连
你穿的也没有，又替我换！"（西游记·三十八回）

用吴语写作的《型世言》中有较多用例：

（4）d1.那吕达喜孜孜道："果然就是一个黄花闺女，事已到手了，我也不要轻
狂，替你温存做。"（型世言·卷十）

d2.有这等文理不通秀才，替你家有甚相干，写在这边？（型世言·卷五）

d3.后来我早那边歇时，田有获毕竟替我吃酒，顽到一二更才去。（型世

言·卷八）

d4. 没廉耻小畜生，当日原替我似这样惯的，如今你为他，怕也不放你在心坎上！（型世言·卷六）

d5. 妇人道："如何等得他回？一定要累你替我去寻他。"光棍道："我为这几两银子毕竟要寻他，只是不好领二娘去。……"（型世言·卷七）

d6. 有这忘八！你这等穿吃快活，丢我独自在家！明早央你替我同去寻他。
（型世言·卷七）

**B22. 与言谈介词"替<sub>33</sub>"的联系**

"言谈——交互"的演变大多因"P+N<sub>2</sub>+V"式中V的语义类型变化而引发。宋代，言谈介词"替<sub>33</sub>"处于萌生过程中，言谈介词所在的结构式中的V是"言说"义动词，在一部分句子中，V的参与者有作"N<sub>1</sub>单方"或"N<sub>1</sub>和N<sub>2</sub>双方"两种理解的可能性；若V是含"双方"义的动词，则"替"可能是"替代"义动词交互介词。例如：

（5）d1. 只今观物化，未替白鸥盟。（陈造：岁晚言怀）

d2. 唤醒山谷商量过，差替山攀做兄弟。（赵必瑑：南康县圃……）

"结盟"和"做兄弟"不可能是单个人就能做到的，它的实现至少要有两个行为主体，所以5d组的"替"有可能被分析为交互介词，但5d组的"替"还不能排除"替代"义动词或所为介词的可能性。

**B23. 与所对介词"替<sub>34</sub>"的联系**

"所对——交互"的演变大多因结构式中V的语义类型变化而引发。所对介词"替<sub>32</sub>"萌芽于元代。在所为介词"替<sub>31</sub>"向所对介词演变时，"P+N<sub>2</sub>+V"式中的V也可能蕴含"双方"意义。例如：

（5）e1.（葛彪云）打这弟子孩儿！我有娘呵，要他替我把盏？（无名氏·十探子大闹延安府·第一折）

e2.（张千云）那壁官人的言语：借你那年纪小的大姐，与俺官人递三杯酒，叫三声义男儿，俺官人上马便去也。（卜儿怒科，云）这厮好无礼也！他人妻，良人妇，怎生替你把盏？他的娘肯替我男儿把盏么？（无名氏·十探子大闹延安府·第一折）

5e组的"替"有三种分析结果：所为介词、所对介词或交互介词，在一定的语境中可以用"与"替换。例如：

（5）f.（葛彪云）我恰才着伴当来说，借那壁姐姐，替我把一杯酒儿，叫我三声义男儿，我便去也。（卜儿云）甚么言语！你的娘肯与我男儿把盏么？

（无名氏·十探子大闹延安府·第一折）

5e 组和例 5f 显示：所为介词"替₃₁"在向所对介词"替₃₂"发展时，句中也潜藏着"替"变为交互介词的可能性。总之，交互介词"替₃₆"的来源比较复杂，先之产生的"所为""所对""言谈"三种功能都可能成为它的来源。

### 5.3.3.1.3 言谈介词功能扩展的路径

言谈介词不像所为介词和所对介词，它的成员中，很少直接来源是动词的。言谈介词如果有功能扩展，主要是两个方向：求索介词或交互介词。

A."言谈——求索"的路径

言谈介词之所以可以扩展出求索功能，是因为在现实世界中，求索行为往往是借助话语行为实现的。这种关系反映到语言中，使得介引言谈对象的介词可以发展出介引求索对象的功能。

A1."问"的"言谈——求索"演变

"问"的语法化，首先产生的功能是介引"言谈者"。动词"问"后面的直接引语一般是表示疑问的，不表示疑问的用例见于汉代：

（1）a1. 季桓子穿井得土缶，问仲尼曰："得狗。"仲尼曰："以丘所闻，羊也。……"（史记·孔子世家）

　　 a2. 久之，王问仲舒曰："粤王句践与大夫泄庸、种、蠡谋伐吴，遂灭之。孔子称殷有三仁，寡人亦以为粤有三仁。桓公决疑于管仲，寡人决疑于君。"（汉书·董仲舒传）

　　 a3. 郑人或问子贡曰："东门有人，其头似尧，其项若皋陶，肩类子产。然自腰以下，不及禹三寸，若丧家之狗。"子贡以告孔子，孔子欣然笑曰："形状未也，如丧家狗，然哉！然哉！"（论衡·骨相）

　　 a4. 臣汤谨问仲舒曰："鲁祀周公用白牡，非礼也。"臣仲舒对曰："礼也。"

（春秋繁露·卷十五）

1a 组句子的"曰"后面没有提出问题，而是 N₁（主语）陈述的内容；这使得句中"问"的"有疑而问"的义素淡化；在这种语义结构中的"问"有可能向言谈介词发展。由 1a 组可知：语用目的的变化，即"疑问——陈述"的变化推动"问 +N₂+ 曰 / 言"式的重新分析，有可能导致"疑问动词——言谈介词"的演变。在东晋的汉译佛经《摩诃僧祇律》里也有这类用法。例如：

（1）b1. 复问摩诃罗言："物尽出来，莫使后复致诤，有不欲出者，第二人复持来出。"答言："已尽。"（摩诃僧祇律·卷八）

b2. 若贼来入寺中问比丘言："示我僧物。"比丘尔时不得示珍宝等诸物，复不得妄语，应示房舍床座等。"（摩诃僧祇律·卷十四）

1b组的"问"可以看作萌芽状态的言谈介词。唐五代时期，确凿的言谈介词"问"（记为"问₃₁"）已存在。例如：

（1）c1. 武王问太公曰："吾将因有夏之居，南望过于三涂，北瞻望于有河。"（史记·周本纪，注解部分）

c2. 为问东州故人道，江淹已拟惠休书。（李益：送贾校书……）

c3. 给孤长者问着陀太子言道："某乙不知。"（敦煌变文集新书·卷四）

c4. 后阿娘问瞖叟曰："是你怨（冤）家修仓，须得两个笠子。大伊怨家上仓，不计是两个笠子，四十个笠子也须烧死。"（敦煌变文集新书·卷六）

c5. 智常一日问师曰："佛说三乘法，又言最上乘，弟子未解，愿为教授。"（六祖坛经·机缘品）

c6. 太宗问魏征曰："观近古帝王有传位十代者，有一代两代者，亦有身得身失者。朕所以常怀忧惧……然不自知，卿可为朕言之，当以为楷则。"（贞观政要·慎终）

c7. 契虚因问捧子曰："吾向者谒见真君，真君问我'三彭之仇'，我不能对。"（宣室志·僧契虚）

宋代沿用"问"介引言谈对象的用法。例如：

（1）d1. 卿问女曰："我知卿二人，非人间之有。愿知之。"（八朝穷怪录·刘子卿，太平广记）

d2. 人问其故，审言曰："见吾判即当羞死矣。"又问人曰："吾之文章合得屈宋作衙官，书迹合得王羲之北面。"（宾谭录·杜审言，太平广记）

d3. 攸闻益惧，问康曰："我作道师，死不过作社公；今日得北斗、主簿，余为忝矣。"（幽明录·许攸，太平广记）

d4. 上疾复发，问左右曰："吾前饮乳煎荜拨有效，复命进之。"（独异志·张宝藏，太平广记）

求索介词"问₃₂"萌芽于南北朝时期，《摩诃僧祇律》中有例：

（1）e1. 半月问布萨求教诫者。（摩诃僧祇律·卷三十）

e2. 半月问布萨请教诫。（摩诃僧祇律·卷三十）

e3. 是名半月问布萨求教诫。（摩诃僧祇律·卷三十）

e4. 入聚落中若大行者，应往丈夫厕上，不得入女人厕，若无者应问人求随所安处。（摩诃僧祇律·卷34）

比对 4d 组和 4e 组，可以得知："言谈——求索"演变的因素是 $V_2$ 的语义类型变化，如果 V 为"求取"义动词，"问"即为求索介词。唐代，V 部分有所扩展，但在语义结构中，$N_1$ 总归是 [+获取] 方，$N_2$ 是 [-获取] 方。例如：

（1）f1. 因问老仙求种法，老仙哈我愚不答。（皎然：寓兴）

f2. 今朝小阮同夷老，欲问明年借几年。（卢纶：送从叔牧永州）

f3. 何当列御寇，去问仙人请。（聂夷中：访嵩阳道士不遇）

f4. 坐来暗起江湖思，速问溪翁买钓船。（徐夤：门外闲田……）

A2. "向"的"言谈——求索"演变

原地动词"向$_{01}$"朝介词发展时，有两个主要方向：方所介词和对象介词，在对象介词方向上，最先产生的是"所对"功能（参见 4.2.2.1.2）。言谈介词"向$_{32}$"有动词"向$_{01}$"和所对介词"向$_{31}$"两个来源，晋南北朝时期已定型。例如：

（2）a1. 臣得与闻大谋，常恐眯梦漏泄以益臣罪，焉敢向人言之？（三国志·魏书·刘晔传）

a2. 召胤考问，胤为太子隐曰："杨竺向臣道之。"遂共为狱。（三国志·吴书·陆凯传，裴引《吴录》）

从历时角度看，求索介词"向"（记为"向$_{33}$"）的直接来源是言谈介词"向$_{32}$"，当"求取"义动词进入"P+$N_2$+V"式的 V 位置时，"向"变为求索介词。例如：

（2）b1. 其兄病，有乌衣人令杀之，向其请乞，终不下手。（搜神记·卷十五）

b2. 此人缚猿子于庭中树上以示之。其母便抟颊向人欲乞哀，状直谓口不能言耳。（搜神记·卷二十）

b3. 政是垂头蹴翼时，不免向君求此物。（顾况：刿纸歌）

b4. 高名向己求，古韵古无俦。（郑谷：送吏部曹郎中……）

A3. "与"的"言谈——求索"演变

言谈介词"与$_{34}$"的直接来源是交互介词"与$_{31}$"，在 V 是"言说"义动词的"与 +$N_2$+V"式中，原本可以推出"$N_1$ 和 $N_2$ 双方参与话语活动"之义，汉代出现 V 的施事为"$N_1$ 单方"的用例：

（3）a1. 武安侯时为太尉，乃逆王霸上，与王语曰："方今上无太子，大王亲高皇帝孙……"（史记·淮南衡山列传）

　　　a2. 太子与良夫言曰："苟能入我国，报子以乘轩，免子三死，毋所与。"（史记·卫康叔世家）

3a 组的"与"是言谈介词，如果 V 由"求取"义类的动词充当，$N_2$ 的论元由言谈者变为求索者，"与"是求索介词，唐代已见少数用例：

（3）b1. 寺楼凉出竹，非与曲江赊。（曹松：慈恩寺东楼）

　　　b2. 岂能无意酬乌鹊，惟与蜘蛛乞巧丝。（李商隐：辛未七夕）

　　　b3. 且将翠阁齐，绝与红尘赊。（李堪：仙楼道院）

A4."和"的"言谈——求索"演变

"和"同"与"一样，走过"交互——言谈——求索"的演变路径。宋元时期的"和 +$N_2$+V（言说）"式中，V 的施事可能是"$N_1$ 和 $N_2$ 双方"，也可能是"$N_1$ 单方"；"和"有交互介词或言谈介词两种分析结果。例如：

（4）a1. 平生事，想只和天语，不遣人知。（郭居安：声声慢·寿贾师宪）

　　　a2. 佳期不得同欢庆，梦儿里和伊言甚？（高文秀：套数·啄木儿·余文）

元代出现 V 的施事是"$N_1$ 单方"的用例，"和"变为言谈介词。例如：

（4）b1. 媒婆，你来，我和你说：这老子当初来时节，俺母亲教小姐拜哥哥，他曾受我的礼来。（关汉卿：温太真玉镜台·第三折）

　　　b2. 此处有个行首是谢天香。他便管着这散班女人，须索和他说一声去。（关汉卿：钱大尹智宠谢天香·楔子）

　　　b3. 魏邦彦，我和你说，听知的你出去打差，如今有这李彦和要娶我。我和你说的明白，一个月之里，我便嫁你；……（无名氏：风雨像生货郎旦·第一折）

如果 V 是"求取"义动词，$N_2$ 变为 [+ 支出] 方或 [- 收益] 方，"和"变为求索介词，元代已见少数用例：

（4）c1. 婆婆，我不为别的，要和婆婆讨个江西针儿绣花。（王晔：桃花女破法嫁周公·楔子）

　　　c2. 我如今冤魂不散，少不的和你索命。（无名氏：朱砂担滴水浮沤记·第四折）

c3.只得和表弟赵客处借了五银两子。（无名氏：玎玎珰珰盆儿鬼·楔子）

A5.“同”的“言谈——求索”演变

唐宋时期的“同 +$N_2$+V（言说）”式中，一般可推出“$N_1$ 和 $N_2$ 双方参与话语活动”意义。例如：

（5）a1.默坐同谁话，非僧不我知。（林宽：穷冬太学）

　　a2.何日能相见，同君话五篇。（释文珦：持律僧）

在一些句子中，V 的施事可作“单方”理解，但不能排除“双方”的可能性。例如：

（5）b1.思归有梦同谁说，强意题诗只自宽。（梅尧臣：和永叔内翰）

　　b2.平生安乐法，此意同谁语。（释昙华：偈颂六十首）

　　b3.牢落凝香地，同谁话此怀。（王十朋：悼亡）

　　b4.旧事同谁说，新诗或自酬。（陆游：秋晚寓叹六首）

至清时期已有 V 的施事是“$N_1$ 单方”的确凿用例，“同”变为言谈介词。例如：

（5）c1.停刻我同你们庄大老爷说过，还要酬你的劳。（官场现形记·十六回）

　　c2.胡镜孙：“话虽如此讲，你晓得我十块钱的药，本钱只有几块？自己人，同你老实说，两块钱的本钱也没有，……。”（官场现形记·二十一回）

　　c3.黄胖姑道：“你别忙，我同你讲，这位卢给事……。”（官场现形记·二十五回）

　　c4.这位王大哥，就是我同你说过开办善书局的那一位。（官场现形记·三十四回）

清代的一些“同 +$N_2$+ 说”式中，蕴含在钱财方面有求于人的意思。例如：

（5）d1.戴春道：“你只不过要买些礼物，何不早同我说。”纪二道：“官人肯借我银子时，我有个计较在此。……”（荡寇志·九十六回）

　　d2.听说还亏空二万多，今儿早上托了藩台来同我说，想要后任替他弥补。（官场现形记·三十七回）

　　d3.既然二万不够，何不当时就同我说明，却到今天拿我们开心。（官场现形记·三十五回）

　　d4.你们要钱只管同我说，也不要客气才好。（活地狱·七回）

如果结构式中 V 为“要、借”等表示“求索”义的动词，“同”为求索介词。例如：

（5）e1. 月香从前待我虽好，只因自从同我要金兜子我未曾与他，现在待我的光景不似从前。（风月梦·二十二回）

e2. 因为有个至好的朋友同我借几两银子，我不好意思回他，允约明日借给与他。（风月梦·二十回）

e3. 陆兄弟同我借银子，我已允准了他。（风月梦·十九回）

e4. 当时就同我借了三百银子，将姓徐的这丝货交我代卖，他说到别处码头售货去了。（狄公案·十五回）

e5. 我又同文芳要了百两银子，只说要做衣服，送回家来，过些时，还要同他借几百两银子使用哩。（五美缘·二十四回）

A6. "替"的"言谈——求索"演变

言谈介词"替$_{33}$"萌芽于宋代，明代已见确凿的用例。如果"P+N$_2$+V"式的 V 是"要、借、讨"等"求取"义动词，"替"是求索介词。例如：

（6）a1. 姚公姚妈大惊，啼哭起来道："这等说，我那女儿，敢被这两个老杀才逼死了？打点告状，替他要人去。"一面来与个讼师商量告状。（初刻拍案惊奇·卷二）

a2. 过了两七，李作头来讨棺银，六老道："去替我家小官人要。"（初刻拍案惊奇·卷十三）

a3. 抽马见他推辞，哈哈大笑道："好替你借，你却不肯。这只教你吃些惊恐，看你借我不迭。那时才见手段哩！"（二刻拍案惊奇·卷三十三）

a4. 众人道："他家先自收拾了，我们并不曾帮得他一些，也不好替朱三讨得。况且朱三是穷人，讨也没干。"（二刻拍案惊奇·卷十）

a5. 你这等冤屈我，我倒不如死了罢！我家父母自会替你要人。（今古奇观·卷四十八）

a6. 卜喜道："我也不要你的，我自会叫小爷替你要。"秋鸿道："好个措法儿，你就叫小爷来，我也没的。"（明珠缘·二十二回）

a7. 吾老孙专为寻秦始皇替他借个驱山铎子，所以钻入古人世界来。（西游补·六回）

虽然"替"的"言谈"和"求索"两种功能几乎在同一时期产生，但言谈介词"替$_{33}$"萌发较早，宋代已见"替"向言谈介词发展的态势，且从介词的功能扩展看，一般是先产生言谈功能，后产生求索功能；就历时演变看，未见到过"求索——言谈"的演变路径。故此，我们认为介词"替"走过"言谈——求索"的演变路径。

A7."冲"的"言谈——求索"演变

言谈介词"冲$_{32}$"产生于清代。如：

（7）a. 智爷又冲着寨主说……（小五义·一百零二回）

求索介词"冲"（记为"冲$_{33}$"）见于当代汉语。例如：

（7）b1. 翠花跟你喊冤哪！翠花冲你讨债来啦……（皇城根）

b2. 想着人家的千般重托，殷殷礼仪，便阖紧了眼，冲女家要一杯水酒，汉子一般灌了……（中国媒婆）

b3. 大伟终于忍不住了，怒道，"你这人怎么这么唠叨？不就冲你借个火吗？"（最后一支香烟）

求索介词"冲$_{33}$"的产生，受到"向、问、替"等的"言谈——求索"演变的带动，可以看作"类推"的结果。

B."言谈——交互"的路径

兼有"言谈"和"交互"两种功能的介词很多，如"与、共、和、同、替、向、跟"等，大多是先产生"交互"功能，后产生"言谈"功能（"替"产生"言谈"功能可能先于"交互"功能，但几乎是同时），只有"给"是先产生"言谈"功能，后产生"交互"功能。

言谈介词"给$_{34}$"所在"给 +N$_2$+V"式中，V 的实施者被理解为"N$_1$ 单方"；若可理解为"N$_1$ 和 N$_2$ 双方"，则"给"为交互介词。观察 V 为"言说"义动词的三组例句：

（8）a1. 千万别给他说出联姻之事。（小五义·二百十一回）

a2. 蒋银龙将主意给孟金龙说完了。（三侠剑·三回）

a3. 我才给你老太太说过，你肯做我的干儿子，我也叫继之拜你老太太做干娘。（二十年目睹之怪现状·二十三回）

a4. 我心里一想，这种人何犯上给他说真话，因说道……（二十年目睹之怪现状·四十四回）

（8）b1. 贾母道："凤丫头，你宝兄弟才回来，再别给他多说话，叫他伤心。"（红楼梦补·十七回）

b2. 这会子凤姐姐自他自己屋里给平儿姐姐说话去了。（补红楼梦·三十九回）

b3. 郑姑娘往常给老太太逗趣儿说个笑话，……（红楼复梦·四十五回）

b4. 他走进厨房就给厨人搭讪着道……（续济公传·七十七回）

（8）c1. 一进门，就见一个穷和尚坐着，给方倬桥妻子李氏正谈得热闹。方倬桥
　　　　一瞧，顿时……（续济公传·六十三回）

　　　c2. 他走到门房中，见敬卿正给两人说话，他一见就勃然大怒。（续济公
　　　　传·七十八回）

　　　c3. 便闲坐给乙庚谈天，说起方才那妇人的事。乙庚道："你给了钱他么？"
　　　　我道："只代他给了船钱。"（二十年目睹之怪现状·十七回）

　　　c4. 从此天天都在舱面上，给那同船的人谈天，倒也不甚寂寞。（二十年目
　　　　睹之怪现状·十七回）

　　8a组可推出"N₁是说话人，N₂是听话人"之义，"给"是言谈介词。8b
组的V行为的参与者可能被理解为"N₁单方"，也可能被理解为"N₁和N₂
双方"，"给"可作言谈介词或交互介词两种分析；依据8b组V有"单方"或
"双方"两种意义的情况，可以推知："给"的"交互"功能可能来自"言谈"
功能的扩展。8c组可以推出"V（"谈""说话""谈天"等）的参与者是N₁和
N₂双方"的意义，"给"是交互介词。观察8a、8b、8c三组中V的参与者的
"单方"或"双方"意义，可以看出，V为"言说"义动词的"给+N₂+V"式
中，行为的参与者有可能是"单方"，也有可能是"双方"。如果对V的施事的
推理意义发生变化，可以确定是"双方"意义，则"给"是交互介词。

　　交互介词所在的"P+N₂+V"式的V通常可以推出"双方"意义，即
"两者共同参与"意义，这就是"交互"关系。虽然上面三组例句显示了"言
谈——交互"演变的可能性，但演变的发生还是需要句法和语义条件的。我
们认为演变的关键是结构式中V的语义类型。有些动词所表示的行为要
求"双方"参与，因此，这些动词充当谓语中心时，事件的参与者一般不
可能推出"单方"意义，如"商议""争斗"等义类。这些义类的动词进入
"P+N₂+V"式的V位置，则P位置上需要交互介词。"给"若处在P位置，
就被理解为交互介词。

　　1）"商议"义动词

　　"商议"行为需要双方或多方参与，"商议"义动词进入V位置，使得
"给"只能被理解为交互介词。例如：

（8）d1. 就给幕府师爷商议定当，一面禀报上司。（续济公传·六十二回）

　　　d1. 一回头，要给那头陀商量，焉知已不知去向。（续济公传·六十二回）

　　2）"争斗"义动词

"争斗"义动词进入 V 位置，句中可以推出"双方"意义，"给"的交互介词性质十分明显。例如：

（8）e1.孝哥的一盆给蕙哥的又斗了一场，孝哥的也输了；又给顺哥的两下一斗，顺哥的也输了。桂芳的又要给他斗，蕙哥道："我这个一连斗了五六场了，我不教他斗了，我拿那一盆给你斗罢。"（补红楼梦·四十二回）

　　 e2.马如飞……，又给济公厮斗了一番。（续济公传·六十一回）

#### 5.3.3.1.4　交互介词的功能扩展的路径

交互介词有动词和介词两种来源，交互介词的功能扩展有四条路径："交互——所为"、"交互——所对"、"交互——言谈"、"交互——等比"。

A."交互——所为"的路径

"交互——所为"是较迟产生的扩展路径，在南北朝之前，"与"已兼有"交互"和"所为"两种功能，但"与"的"所为"功能有动词和交互介词两种来源。只有交互介词一个来源的所为介词是宋代以后出现的，所以说，真正的"交互——所为"的扩展路径是从宋代开始的，"和"可以看作演变的首发者，随后还有"共、同、跟"等。

A1."和"的"交互——所为"的演变

对象介词"和₃"兼有多种功能，其中"交互"和"所为"两种功能之间有直接的联系。探究"和"的"交互——所为"演变的原因，从词汇系统看，是受介词"与"有两种功能的影响。当"和"成为交互介词时，便是"与"的同义词，由于同义词互相渗透，"和"也萌生"所为"功能。从语法化的介词功能扩展角度看，导致演变的因素是"P+N₂+V"式中对 V 的施事的推理意义发生"双方——单方"的变化。交互介词"和₃₁"萌芽于唐代，宋代已定型（参见 2.2.3.3.2）。所为介词"和₃₂"宋代方始萌芽，至明时期才有较多用例（参见 2.3.2.3.1）。

A2."共"的"交互——所为"演变

交互介词"共"（记为"共₃₁"）萌生于南北朝时期，"共"的"交互——所为"演变始于唐代。在唐宋至元时期的少数句子中，"共"可作"和、跟"或"替、为"两种理解。

（1）a1.汝受我调伏，我共汝觅活。（寒山：诗三百三首）

　　 a2.共你，风了人，只为个你。（石孝友：惜奴娇）

　　 a3.爱他那一操儿琴，共他那两句儿诗，也有改嫁时。（马致远：【南吕】四

块玉·临邛市）

但是，元明时期很少见到"共"表"所为"的用例，清代的方言作品中见到确凿的所为介词"共"（记为"共$_{32}$"）的用例：

（2）b1. 二叔呀，包你见个管铁钉，都唔共我拔出呀？（俗话倾谈二集·上卷）

　　b2. 我有咁贱，就系死了，外家都唔共我出得气，又唔累得乜出样，我唔死咯。（俗话倾谈二集·下卷）

　　b3. 老母与你移干就湿，唔系老婆与你移干就湿呀！老母共你娶老婆，唔系老婆共你娶老婆呀！（俗话倾谈·卷一）

　　b4. 唔话得咯，时样大佬算世间第一人。我七十多岁人，一生共人分家不计其数，有因争田头地角数尺之间，甚至打崩头，……（俗话倾谈·卷一）

今闽南话中有所为介词"共$_{32}$"，2b 组亦可证："共$_{32}$"是在方言中发展并得以保留的。


A3. "同"的"交互——所为"演变（参见 2.3.2.3.2）

A4. "跟"的"交互——所为"演变

明代已见交互介词"跟$_{32}$"的用例（参见 2.2.3.3.4）。所为介词"跟"（记为"跟$_{33}$"）萌芽于清代，下例 V 行为的实施者可能是"N$_1$ 和 N$_2$ 双方"，但作"N$_1$ 单方"理解更为合适。

（2）a. 邵华风说："可了不得，好济颠僧，施展这样狠毒之计，他破了我的法术。众位快跟我把身上洗干净，再作道理，山人焉能跟济颠僧善罢干休？"（济公全传·一百九十四回）

如果 V 的实施者确定是"N$_1$ 单方"，则"跟"是所为介词。例如：

（2）b1. 我看来看去，只有诸位是老军务，目前就要借重诸位跟我帮个忙才好。（官场现形记·四十九回）

　　b2. 一面喝："拖下去！跟我结实的打！"（官场现形记·十四回）

B. "交互——所对"的演变路径

"交互——所对"演变路径出现较早，这一演变路径的首发者是介词"与"，在"与"之后，"和、共、同、跟"都走过这一路径。

B1. "与"的"交互——所对"演变

所对介词"与"（记为"与$_{34}$"）的来源是交互介词"与$_{31}$"。在

"与 +$N_2$+V"式中，如果 V 的行为不是双方参与的，只是一方对另一方发出的，"与$_{31}$"可能演变为"与$_{36}$"。下例显示了 $V_2$ 的施事发生"双方——单方"演变的可能性：

（3）a. 不与晋而与楚子为礼也。（公羊传·宣公十二年）

上例的"为礼"可能被理解为 $N_1$（主语，可能省略或隐含）和 $N_2$ 双方的行为，也有可能被理解为 $N_1$ 单方的行为。如果 V 的施事或 A 的特征所有者可以确定是 $N_1$ 单方，"与"是所对介词。例如：

（3）b1. 为下克忠，与人不求备。（尚书·伊训）

b2. 君子敬而无失，与人恭而有礼。（论语·颜渊）

b3. 居处恭，执事敬，与人忠。（论语·子路）

b4. 是与人为善者也，故君子莫大乎与人为善。（孟子·公孙丑上）

由 3b 组可知：一旦"单方"意义确定，交互介词就变为所对介词。汉代，已有较多可以推出"V 行为由 $N_1$ 实施"或"A 特征为 $N_1$ 所有"意义的用例：

（3）c1. 嗟呼！秦缪公之与人周也。"（史记·秦本纪）

c2. 秦素与天下弊。（史记·周本纪）

c3. 朕微眇时，御史大夫吉与朕有旧恩，厥德茂焉。（汉书·丙吉传）

c4. 昭信复谮忘卿曰："与我无礼，衣服常鲜于我，……"（汉书·景十三王传）

c5. 值汉初定，与民无禁，……（汉书·叙传上）

c6. 王者与臣无礼，貌不肃敬，则木不曲直。（春秋繁露·卷十四）

c7. 睹贤者不居其上，与人推让，事处其劳，居从其陋。（潜夫论·卷八）

c8. 故君子敬而无失，与人恭而有礼。（盐铁论·卷八）

c9. 项王与人恭敬，人有疾病，流涕与之分食。（前汉纪·高祖皇帝纪）

唐宋时期，"与$_{34}$"还存在，V 部分有所扩展。例如：

（3）d1. 我自与人无旧分，非干人与我无情。（杜荀鹤：旅中卧病）

d2. 今日与君无吝惜，功成只此是蓬瀛。（吕岩：七言）

d3. 惭无二公才与学，享此足与俗辈殊。（梅尧臣：韩子华遗冰）

d4. 刘君与我意至大，拱璧巨鼎非酬神。（曾巩：送刘医博）

d5. 天地与人太好，山林有我亦奇。（韩淲：次韵昌甫）

d6. 丈夫膝下有黄金，争肯与他人作礼。（释绍昙：偈颂一百零四首）

B2. "和"的"交互——所对"演变

交互介词"和$_{31}$"产生之后，有四个扩展方向：所为介词、所对介词、言谈介词和等比介词。"交互——所对"演变的因素也是对"和$+N_2+V$"式的 V 行为的参与者的不同理解。下面一组例句的 V（包括 A）可能是"双方参与"意义的，也可能是"单方参与"意义的。

（4）a1. 他和我着疼，我和他着热，你比他还疏。（郑廷玉：楚昭王疏者下船·第三折）

a2. 我如今加上几百倍的利钱，还了你家的，和你不亲，不亲。（郑廷玉：崔府君断冤家债主·第四折）

a3. 你今日下的道和我不亲？儿也，你好下的也呵。（郑廷玉：崔府君断冤家债主·第四折）

a4. 况我父亲呵，（唱）又和你倾心吐胆交情厚。（王晔：桃花女破法嫁周公·第一折）

a5. 这村夫若下山去呵，我和他佛眼相看，……（无名氏：诸葛亮博望烧屯·第一折）

a6. 今番务要和你见个好歹。（高文秀：好酒赵元遇上皇·第一折）

a7. 只见你喜孜孜，把计谋施，也不和我通个商量。（无名氏：两军师隔江斗智·第一折）

4a 组的 V 的施事可作"$N_1$ 单方"理解，但也不能排除作"$N_1$ 和 $N_2$ 双方"理解的可能性，由于可作两种理解，句中已潜藏"交互——所对"演变的可能性。如果 V（包括 A）能确定"$N_1$ 单方实施或具有"意义，"和"就是所对介词。元代已见少数用例：

（4）b1. 哥哥，你休劝他。他敢和我便怒发。（杨显之：郑孔目风雪酷寒亭·第一折）

b2. 你索荆州呵，他弟兄怎肯和你甘罢？（关汉卿：关大王独赴单刀会·第一折）

b3. 俺员外的言语，要和你悔了这门亲事。（关汉卿：钱大尹智勘绯衣梦·第一折）

b4. 儿也！我为你呵，哭的我眼也昏了，你今日划的道和我不亲？儿也，你好下得也呵。（郑廷玉：崔府君断冤家债主·第四折）

明清时期沿用：

（4）c1. 杜景山随后跟进来，要和他施礼，老儿居然立着不动。（今古奇观·卷六十九）

  c2. 人家不请你，怎的和俺每使性儿？（绣像金瓶梅词话·四十六回）

  c3. 吃罢，吃罢！不用和我甜嘴蜜舌的，……（红楼梦·三十五回）

B3. "同"的"交互——所对"演变

  交互介词"同$_{31}$"萌芽于唐代，至宋代已定型。清代的一些"同 +N$_2$+V"式中，可以推出"V 由 N$_1$ 单方实施"意义，但也不能排除"V 由 N$_1$ 和 N$_2$ 双方实施"意义。例如：

（5）a1. 老爷请收起来，不要同我小人们玩笑。（姑妄言·卷十九）

  a2. 你老人家同我闹着玩，我是禁不起吓的。（官场现形记·二十六回）

  a3. 你同我了事，我却不同你干休。（官场现形记·四十四回）

  a4. 老三，还有你二哥、四弟，连你兄弟三个，那一个不是在我手里长大的？还要同我算账？（官场现形记·五回）

  上面一组例句的"同"分析为所对介词比较合适，但也不能排除交互介词的可能性。如果可以确定 V 是"N$_1$ 单方实施"d，则"同"是所对介词。例如：

（5）b1. 你还在我面前赌咒发誓，同我洗清狡赖。今日人赃现获，……（风月梦·二十七回）

  b2. 好容易幸喜今日巧意会见郑大老爷，同他要银子，他还同我玩云蛋。（风月梦·四回）

  b3. 你这骡子攮的，你同我顽骂我咧，连你姐姐都骂上了。（姑妄言·卷九）

  b4. 省得将来同他们不对，又来同我们倒蛋。（官场现形记·五十八回）

  b5. 可恨这丫头……，非但不同我答腔，眼皮也不朝我望一望。（官场现形记·十三回）

  b6. 你别同我调脾，好答应也要你答应。（官场现形记·三十二回）

B4. "跟"的"交互——所对"演变

  明代已见交互介词"跟$_{31}$"（参见 2.2.3.3.4），清代的一些"跟 +N$_2$+V"式中，V 的施事可能作"N$_1$ 单方"理解，但不能排除 V 的施事是"N$_1$ 和 N$_2$ 双方"的可能性。例如：

（6）a1. 有一个济颠和尚，无故跟我作对。（济公全传·二百零九回）

  a2. 你是何人胆敢替黄云前来跟我等做对？（济公全传·二百零三回）

a3. 好，老道，我二人跟你远日无冤，近日无仇，无故跟我二人苦苦做对，我这命不要了。（济公全传·一百三十九回）

6a 组显示了介词"跟"的功能有"交互——所对"演变的可能性。如果 V 行为的实施者被理解为 $N_1$ 的单方，则"跟"是所对介词。例如：

（6）b1. 师徒情如父子，你就敢叫我的名字，跟我反目？（济公全传·二百零六回）

b1. 我去给解劝，八魔跟我翻了脸。（济公全传·二百三十四回）

b3. 和尚，你不必跟我动怒，山人我解劝你为好。（济公全传·二百二十二回）

b4. 陆通说："跑了。这小子直跟我睁眼。"（济公全传·七十五回）

b5. 这人说："和尚跟我一乐。"（济公全传·一百二十一回）

C. "交互——言谈"的路径

"交互——言谈"的首发者是"与"，演变的因素也是"与 +$N_2$+V"式中 V 的施事发生"双方——单方"的变化。

C1. "和"的"交互——言谈"演变

交互介词"和$_{31}$"产生之后，结构式中的 V 有所扩展，如果是"言说"义动词，有可能被理解为"$N_1$ 和 $N_2$ 双方参与"意义，也有可能被理解为"$N_1$ 单方参与"意义。例如：

（7）a1. 平生事，想只和天语，不遣人知。（郭居安：声声慢·寿贾师宪）

a2. 昔有岩电今月岩，月眼神舌和天谈。（赵必璩［璓］：赠相士桂月岩）

元代，已有较多的可以推出"V 事件由 $N_1$ 单方实施"意义的用例。例如：

（7）b1. 山儿，既然不好和我说，你就对学究哥哥根前说波。（康进之：梁山泊李逵负荆·第二折）

b2. 你放心，我和我女孩儿说去，他若肯了，我着梅香来唤你。（贾仲明：李素兰风月玉壶春·第二折）

b3. 你说是张县丞的舍人，知他是也不是？我索和姐姐说去。姐姐，真个有两个人跳过墙来，不知是甚么人？（无名氏：萨真人夜断碧桃花·楔子）

b4. 兀那刘九儿，你和人说，我是万贯财主，倒少你这穷弟子孩儿一贯钱？（郑廷玉：布袋和尚忍字记·第一折）

b5. 二哥，你得了官也。我和你有个比喻：我似那又含在后，你这等笨鸟先

飞。我和母亲说去。（关汉卿：状元堂陈母教子·第一折）

b6. 你是当坊社长，不和你说和谁说。（马致远：吕洞宾三醉岳阳楼·第三折）

C2."共"的"交互——言谈"演变

交互介词"共$_{31}$"萌芽于南北朝时期，其时，"共 +N$_2$+V"式已有较多用例，但很多句子中"共"还可能是"随同"义动词，南北朝至唐代，若 V 是"别离""争斗"义动词，"共"是交互介词。例如：

（8）a1. 共君临水别，劳此送将归。（萧诠：赋得往往孤山映诗）

a2. 每常心共口敌，性与情竞。（颜氏家训·序致）

若 V 为"言说"义动词，"共"有可能向言谈介词发展，但早期的用例中，还可以推出"V 行为由 N$_1$ 和 N$_2$ 双方实施"意义。例如：

（8）b1. 昔吾尝共人谈书，言及王莽形状，……（颜氏家训·卷三）

b2. 既知其不能逾己，稍共诸生叙其短长。（世说新语·政事）

b3. 人事今如此，天道共谁论。（庾肩吾：乱后行经吴邮亭诗）

唐代的一些 V 为"言说"义动词的结构式中，难以断定 V 行为参与者是"N$_1$ 单方"还是"N$_1$ 和 N$_2$ 双方"。例如：

（8）c1. 盲人掌机密以来，全不共我辈语，……（北齐书·方伎列传）

c2. 昨日共君语，与余心瞀然。（白居易：赠杓直）

c3. 知君断肠共君语，君指南山松柏树。（白居易：井底引银瓶——止淫奔也）

c4. 闲来共我说真意，齿下领取真长生。（卢仝：忆金鹅山沈山人二首）

宋代有一些 V 的施事似乎可作"N$_1$ 单方"理解的例子：

（8）d1. 别来三度见梅花，今日共君说，只这溪山十里，剩几多风月。（汪莘：好事近）

d2. 此恨凭谁诉，似共梅花语。（曹组：卜算子）

8d 组的 V$_2$ 还是难以排除"双方参与"的可能性，"共"也难以排除交互介词的可能性。从历时角度看，交互介词"共$_{31}$"产生相对较早，而宋代开始，"和、同"等交互介词使用频率提高，逐渐占据主流地位，它们向言谈介词发展的速度也相对要快一些。因此，"共"介引言谈对象的用法在书面语中似乎未得到充分的发展，但保留在一些方言中。

C3."同"的"交互——言谈"演变

交互介词"同₃₁"，宋代已定型。宋代的一些"同 +N₂+V（言说）"式中，V₂ 的施事可作"N₁ 单方"理解，但不能排除作"N₁ 和 N₂ 双方"理解的可能性。例如：

（9）a1. 但饮恨，脉脉同谁语。（柳永：采莲令·双调）

  a2. 何日能相见，同君话五篇。（释文珦：持律僧）

  a3. 思归有梦同谁说，强意题诗只自宽。（梅尧臣：和永叔内翰）

  a4. 平生安乐法，此意同谁语。（释昙华：偈颂六十首）

  a5. 牢落凝香地，同谁话此怀。（王十朋：悼亡）

  a6. 旧事同谁说，新诗或自酬。（陆游：秋晚寓叹六首）

  a7. 除却陶彭泽，同谁话此情。（释元肇：九日）

宋代的个别用例中，可以确定 V 是"N₁ 单方实施"意义的。例如：

（9）b. 心事已同鸥鸟白，菊亦颇复时世妆。（许月卿：满城风雨近重阳）

清代小说中已见确凿的言谈介词"同"（记为"同₃₄"）。例如：

（9）c1. 虽如此，只是他昨晚已经同人说是他舅舅给的了，如何又说是你给的。
   （红楼梦·六十一回）

  c2. 这件事未免妖异，恐怕别人不信，反招出笑话来，你千万不要同人说。
   （海上尘天影·三十七回）

  c3. 家师做事，向不同人说明。就是遣我等三人进官，并未说到怎样救皇
   上，……（续济公传·一百零九回）

  c4. 玉吉的心事，虽然他没有同我说，然看其平素，绝不是恣情放荡的男
   子。（春阿氏谋夫案·十七回）

  c5. 停刻我同你们庄大老爷说过，还要酬你的劳。（官场现形记·十六回）

  c6. 话虽如此讲，你晓得我十块钱的药，本钱只有几块？自己人，同你老实
   说，两块钱的本钱也没有。（官场现形记·二十一回）

C4. "跟"的"交互——言谈"演变

交互介词"跟₃₂"萌生于明代，"跟₃₂"的功能扩展也有四个方向：所为介词、所对介词、言谈介词和等比介词。在"跟 +N₂+ 言说动词"式中，V 的施事若理解为"N₁ 单方"，"跟"是言谈介词。例如：

（10）a1. 赵四，你拿这话去搪别人行了，跟我说，我可不听那一套！（大八
   义·二十八回）

  a2. 石禄说："豆嘴，小棒槌跟我说啦，管你叫大脑袋瓜。"（大八义·二十六回）

a3. 孩呀，你要勒脖子跟我说。要嫌勒的慌，我再给你摘下来。（大八义·九回）

a4. 他们跟我提说过，这个达官立擂台，或是看见有仇人，当时把仇人叫上来。（大八义·三十二回）

a5. 您跟我说的明明白白，我好回禀我家达官。（大八义·三十四回）

a6. 您倒是没跟我亲自说明，是您山上一位远探子，……（大八义·三十五回）

D."交互——等比"的路径

交互介词大多兼有表示"等比"的功能，如"与、将、共、同、和、跟、替、给"等，只有少数介词有"交互"功能而没有"等比"功能，如"及、从、就、向"等。这些介词从历时角度看，主要功能不是介引"交互者"，故此没有产生"等比"功能。

"交互"是表示两个 N 实施相同的动作或行为，"等比"是表示两个 N 具有相同的性状或相同的程度，两种功能的共性是：两个 N 都有相同的事件或性状，故此，"交互"和"等比"的演变可以发生。

D1."和"的"交互——等比"演变

在演变初期，"和 $+N_2+V$"式中的 V 是若为"相似"义动词，"和"的功能有"交互"或"等比"两种可能性。例如：

（13）a. 有个婆娘来，……，到和姐姐厮象。（高明：蔡伯喈琵琶记·第三十三出）

在"和 $N_2$ 一般"或"和 $N_2$ 一般 $+N$"短语，"和"是萌芽状态的等比介词。例如：

（13）b1. 他的射法，和我一般的。（张国宾：薛仁贵荣归故里·第一折）

b2. 我也不和他一般见识。（关汉卿：尉迟恭单鞭夺槊·第二折）

b3. 母亲，山家人休和他一般见识。（李寿卿：月明和尚度柳翠·第一折）

接着，V 部分出现"一般 $+A$"、"一般 $+V$ 得 A"式。例如：

（13）c1. 想它绣帷中和我一般孤另。（景元启：【中吕】上小楼·客情）

c2. 走得和他一般快。（水浒·三十四回）

c3. 作起法来，也和我一般走得快。（水浒·四十四回）

D2."替"的"交互——等比"演变

交互介词"替$_{36}$"的用例初见于元代，大量使用是在明时期，等比介词"替$_{37}$"的萌芽见于明时期，出现在"替 $+N_2+$ 一般／一样"式中。例如：

（14）a1. 嘴脸！替我一般的做妖精出身，又不是那里禅和子，……（西游记·九十三回）

a2. 二哥，你不晓的，天下多少斯文，若论起肚子里来，正替你我一般哩。

（西游记·九十三回）

a3. 我八字若替他一样，哪得不好？（西游补·十三回）

D3. "跟"的"交互——等比"演变

交互介词"跟$_{31}$"萌生于明代，至清代，"跟 +N$_2$+V"式中的 V 部分有所扩展，表示性质或程度相同的词语进入 V 位置，"跟"是等比介词。例如：

（15）a1. 你别跟我一般见识。（济公全传·七十六回）

a2. 此人拳法刀法怎么会跟我们一样呢？（大八义·二回）

a3. 天下会有这等巧事，正跟我女儿一个样。（大八义·三十五回）

D4. "给"的"交互——等比"演变路径

交互介词"给$_{35}$"萌生之后，V 部分有所扩展，可以用于表示两个人或两种情况的比较。例如：

（16）a1. 像我今儿这么样个光景儿，也就给姐姐差不多儿。（补红楼梦·七回）

a2. 宝钗道："四姑娘近来行为给头里大不相同。"（补红楼梦·三十七回）

a3. 你这《听雪》的一首，给兰大奶奶的都不相上下呢！（补红楼梦·二十六回）

a4. 这个给我们就馆的差不多，阔不到哪里去。（二十年目睹之怪现状·二十七回）

V 部分继续扩展，"一样 / 一般"和"是一样"、"是 +N+ 一样"短语进入结构式，"给"是等比介词。例如：

（16）b1. 叫了你来，也给我在这里的一样。（补红楼梦·四十三回）

b2. 就给我出家的一般。（补红楼梦·四十五回）

b3. 我给你妈是一样的。（补红楼梦·三十九回）

b4. 给你姑妈也是亲姐妹一样的。（补红楼梦·四十四回）

E. 小结

等比介词一般先进入"P+N$_2$+ 似 / 同"式表示两者性状或程度相等，再进入"P+N$_2$+ 一般 / 一样"式，然后使用范围扩展至"P+N$_2$+ 一般 A/ 一样 A"式。

### 5.3.3.1.5　求索介词的功能扩展

求索介词通常处于语法化链的末端，但少数求索介词可以向介引师从者介词、来源者的介词发展。

A. "求索——师从"的路径

兼有"求索"和"师从"两种功能的介词比较多，如"从、就、向、和"等。有的是动词朝两个方向发展的结果，如"从、就"，有的介词的"师从"功能来自"求索"功能的扩展，如"问"。有的师从介词有两个来源，即"求索"功能和"言谈"功能，如"和、向"等。

A1. "问"的"求索——师从"演变

求索介词"问$_{32}$"萌芽于南北朝时期，至唐代已定型。师从介词"问$_{33}$"萌生于宋代，致变因素是"问 +N$_2$+V"式中 V 的语义类型变化，若 V 为"学"类"习得"义动词，"问"为师从介词。例如：

（1）a1. 如今尺五城南社，欲问东坡学种松。（苏轼：予少年颇知种松……）

a2. 放教晓日滋新彩，要问东君学醉妆。（曹勋：题家园海棠……）

a3. 莺儿燕子能饶舌，要问先生学醉吟。（李石：扇子诗）

a4. 康节尽遍之数，所以二程不肯问他学。（朱子语类·卷六十七）

明时期还有用例：

（1）b. 尔为魏之名将，问我学木牛流马经，后人岂不笑耳！（三国志平话·卷下）

B. "向"的"求索——师从"演变

师从介词"向"（记为"向$_{35}$"）有两个来源：言谈介词"向$_{32}$"和求索介词"向$_{34}$"。求索介词"向$_{34}$"萌芽于南北朝时期，至唐代定型。师从介词"向$_{35}$"萌生于宋代。由于"问"已走"求索——师从"的路径，"向"发展出"师从"功能是类推结果。

但另一方面，师从介词"向$_{35}$"还可能与言谈介词"向$_{32}$"有来源关系。宋代，言谈介词"向$_{32}$"所在的"向 +N$_2$+V"式中，若 V 是"问"，句中隐含"向 N$_2$ 请教"意义。

（2）a1. 近来四序皆无主，欲向东皇问是非。（孔平仲：春雪）

a2. 欲向君侯问端的，流风应谢鲁东家。（方回：次韵谢遁翁……）

若 V 为"学"，"向"是师从介词。例如：

（2）b1. 久闻秘术独超群，肯向青囊学景纯。（李之仪：刘君以地……）

b2. 烟云浩荡五湖身，老向风尘学问津。（冯时行：和向文叔……）

b3. 老夫看尽人间事，欲向山僧学打包。（陆游：感事）

2b组的"向$_{35}$"与"求索"和"言谈"两种功能有联系。

C. "和"的"求索——师从"演变

求索介词"和$_{35}$"萌生于元时期。例如：

（3）a1. 婆婆，我不为别的，要和婆婆讨个江西针儿绣花。（王晔：桃花女破法
嫁周公·楔子）

a2. 我如今冤魂不散，少不的和你索命。（无名氏：朱砂担滴水浮沤记·第
四折）

师从介词"和$_{37}$"见于当代。例如：

（3）b1. 玉笙的过房爹是干打手的，她幼时和他学过几拳几腿。（金陵十三钗）

b2. 等见了马克思，直接和他学吧，也不用弯弯绕了。（金豆儿）

b3. 我跟他练字和读书，还和他学摄影。无论是技能和做人，我父亲教会我
很多。（我的父亲）

b4. 她对女儿讲，即使毕业时女儿不想从事现在和她学的资产管理这一行，
向赶投资银行或证券交易，也可以找她做推荐人。（从普通女孩到银
行家）

b5. 着什么急！懂不懂什么叫工作第一！就你废话多！多和大黑学学！（心罪）

b6. 专家组里有个家伙鼻子也灵得不得了，你不是也嗅觉特灵敏么？趁着这
个机会好好和人家学学！（心罪）

B. "求索——来源"的路径

"求索——来源"的演变有认知因素，语义论元中的"求索者"一般是
[+ 付出] 方，而"来源者"也往往是有所付出的一方。区别在于"（N$_1$+）
P+N$_2$+V"式中，N$_1$ 否有"要求"行为。如果没有要求行为，则介引来源者
的介词。

B1. "向"的"求索——来源"演变

介引来源者的"向"（记为"向$_{38}$"）初见于宋代。例如：

（4）a1. 病疮老马不任鞿，犹向君王得散帷。（苏轼：别黄州）

a1. 已向词臣得颇牧，路人莫作老儒看。（苏轼：次韵蒋颖叔二首）

a3. 似向吾家得消息，鼓山余响尚轰然。（晁补之：次韵无极……）

"向$_{38}$"的直接来源是求索介词"向$_{36}$"，导致演变的因素是"向 +N$_2$+V"
式中 V 的语义类型变化。如果 V 是"获得"义动词，求索介词所在句子的
"N$_1$ 向 N$_2$ 提出要求"的意义消失，句子有"N$_1$ 从 N$_2$ 处得到某物的"意义，
"就"变为来源介词。

元代仍有"向$_{38}$"的用例：

（4）b. 俺向那笔尖上自挣扎得些豪奢。（关汉卿：闺怨佳人拜月亭·第三折）

B2. "就"的"求索——来源"演变

来源介词"就"（记为"就$_{38}$"）宋代已见用例，导致"就"发生"求索——来源"演变的因素也是 V 的语义类型变化，如果 V 是"获得"义动词，"就"变为来源介词。例如：

（5）a1. 为就东君得早红，年年开趁落梅风。（宋祁：桃）

a2. 已传乐职来西蜀，更就清斋得太常。（宋祁：张伯起自蜀还台……）

a3. 二公就此得处所，至今日月名争新。（朱松：睢阳谒双庙）

有时，V 在语境中有"获得"义，"就"也是来源介词。例如：

（5）b1. 要添迂叟窗前影，特就山僧院里分。（李昉：修竹百竿……）

b2. 绝食就官分鹤料，无车免客笑鸡栖。（陆游：醉归）

b3. 无如梅作经年别，且就僧分半日闲。（陆游：梅花过后……）

b4. 饥时每就猿分果，宿处时从鹤寄巢。（陆游：野兴）

B3. "问"的"求索——来源"演变

介词"问$_3$"的主要功能是介引求索者，来源介词"问"（记为"问$_{34}$"）来自求索介词"问$_{32}$"的功能扩展，在相同的结构式中，若 V 为"得"，"问"为"从"义，介引来源者。例如：

（6）a1. 我亦苍颜阅九州，始问江神得奇玩。（周紫芝：次韵仲平……）

a2. 琳宫分秩问天得，给舍便喜书敕黄。（张镃：奉祠云台……）

#### 5.3.3.1.6 师从介词的功能扩展

师从介词如有功能扩展，则是求索介词。"师从——求索"的演变是在清代开始的，前此，求索介词大多来自言谈介词的功能扩展。动词"跟"向对象介词发展时有两个方向，即交互介词和师从介词。从"交互"功能扩展出"所对""所为""言谈""等比""求索"等功能，从"师从"功能扩展出"求索"功能。图示如下：

跟$_0$—跟$_{32}$（交互）—跟$_{33}$（言谈）—跟$_{37}$
     / 跟$_{31}$（师从）—跟$_{37}$（求索）
     \ 跟$_{34}$（所对）—跟$_{35}$（所为）
     \ 跟$_{36}$（等比）

上表显示：求索介词"跟$_{37}$"有两个来源：言谈介词"跟$_{33}$"和师从介词"跟$_{31}$"。"言谈——求索"是常见的演变路径，下面一组"跟"是言谈介词，但句中蕴含"有所求取"的意义。

（4）a1. 王大娘一听，说："孩子，你从没有跟我张过嘴，今天可巧家里一个钱主没有，回头等我儿要给我送钱来，我给拿过去。"（济公全传·一百二十八回）

a2. 卖烧饼的叹了一声，说："先生有所不知，我没有本钱，赊不起。先生从没跟我张过口，也罢，我给一个孩子吃罢，给钱不给倒不要紧。"（济公全传·一百二十九回）

如果 $V_2$ 是"求乞""借贷"义动词，"跟"是确凿的求索介词。例如：

（4）b1. 余得水说："得了，大师父你真跟我要钱？"（济公全传·一百二十六回）

b2. 你早间跟我借二百钱我没借，你官报私仇！（济公全传·十九回）

另一方面，"跟"的"求索"功能还和"师从"功能有联系。从源动词意义看，"跟从动词——师从介词"的演变是十分自然的（如"从、就"），在师从介词"跟$_{31}$"产生之后，由于"求索——师从"的路径存在（如"向、问"），就有可能出现反向的"师从——求索"路径。相对来说，清代，求索介词"跟$_{37}$"的用例要少于师从介词"跟$_{31}$"，而且，师从介词"跟$_{31}$"萌芽较早（元代已见用例），我们认为介词"跟$_3$"的演变路径之一是"师从——求索"。

#### 5.3.3.2　对象介词向外部扩展的路径

对象介词的功能扩展一般在范畴内部，很少有向外部扩展的，只有处置介词、被动介词可以向外部扩展。上古时期有"处置——时点"、"处置——始发处"的演变路径，宋代出现"被动——原因"的演变路径。

##### 5.3.3.2.1　处置介词功能扩展的路径

处置介词功能扩展有三个方向：时点介词、议题介词和始发处介词。"处置——时点"、"处置——始发处"的演变发生在上古时期，"处置——议题"的演变是从宋代开始的。

A. "处置——时点"的路径

上古时期，处置介词"以$_3$"的演变方向之一是时点介词。时点介词"以"（记为"以$_2$"）有处置介词和工具介词两个来源，其中处置介词"以$_3$"是"以$_2$"的主要来源。本节讨论"以"的"处置——时点"演变。

处置介词"以$_3$"萌生于"将某物授予某人"的语义结构。随后发展出

"将某物作某种处理"的语义结构，其中有一种是对事件发生时间的确定，为"时间名词 + 以 + 为 + $N_2$"式。例如：

（1）a1. 将子无怒，秋以为期。（诗经·国风·氓）

a2. 昏以为期，明星煌煌。（诗经·国风·东门之杨）

若 1a 组发生语序变化，时间名词（介词宾语）位于"以"后面，整个句子还可以看作处置式。例如：

（1）b1. 以日中为期。（左传·哀公十四年）

b2. 与孟孙以壬辰为期。（左传·定公八年）

比对 1a 组和 1b 组可知：时点介词"以$_2$"与处置介词"以$_3$"之间可能有来源关系。无论将"以"的功能分析为"处置"还是"时点"，其宾语都是表示时间的 NP，句子都是表示事件发生的时间点。1a 组若在"为"位置换上一个行为动词，则"以"是时点介词。例如：

（1）c1. 若晋君朝以入，则婢子夕以死；夕以入，则朝以死。（左传·僖公十五年）

c2. 朝以听政，昼以访问，夕以修令，夜以安身。（左传·昭公元年）

比对 1a 和 1c 组可知：时点介词"以$_2$"的来源是处置介词"以$_3$"。1b 组若在"为"位置换上一个行为动词，"以"也可以看作时点介词。例如：

（1）d1. 使以十月入。（左传·庄公十六年）

d2. 诸侯将以甲戌盟。（左传·昭公十三年）

d3. 陈侯以甲戌之日出，己丑之日得。不知死之日，故举二日以包也。（穀梁传·桓公五年）

B. "处置——始发处"的路径（参见 5.2.1.3）

C. "处置——议题"的路径

来自处置介词的议题介词是"把"（记为"把$_5$"），宋代，处置介词"把$_3$"的宾语可以是表示抽象事物的名词性或谓词性单位。例如：

（2）a1. 若把此为仁，则是"中天下而立"者方能如此。（朱子语类·卷三十三）

a1. 若把推行作学，便不是。（朱子语类·卷二十四）

2a 组的 V 是动词"为 / 作"，若 V 换上"言说""论议"义动词，则"把"是议题介词，可释义"就"。例如：

（2）b1. 而今若就天里看时，只是行得三百六十五度四分之一；若把天外来说，则是一日过了一夜。（朱子语类·卷十五）

b2. 以缓急论，则智者先；若把轻重论，则圣为重。（朱子语类·卷五十八）

b3. 若把夫子论，无惭贞惠文。（林同：公叔戍）

#### 5.3.3.2.2　被动介词功能扩展的路径

来自"承受"义的被动介词中，少数兼有表原因的功能，如"被、吃"等。"被"有原因介词和原因连词两种功能。"吃"只有原因连词一种功能。施事论元与原因论元共用一个形式标志的现象，不仅存在于汉语中，英语也有，如英语介词"by"既可介引施事，也可介引原因。"施事——原因"的演变路径是宋代出现的，本节以"被"为例，分析演变的因素。

A."被"的"被动——原因"演变

从"被"的演变阶段看，在"被 +N$_2$+V"式中，在施事 N$_2$ 和原因 N$_2$ 之间，还应该有过工具 N$_2$ 的阶段。就语义联系而言，"事件的实施者"和"实施事件的工具"在心理上被认定是可以"同现"或"并存"的，而从事物的分界角度看，有时两者的界线可能不清晰。而"工具"和"原因"之间的界线也有重叠。

我们将致变的句法因素分为两大类：一类是结构式中成分的变化，即"被 +N$_2$+V"式中 N$_2$ 或 V 的语义类型变化；另一类是框式结构的制约。

A1.N$_2$ 的语义类型变化

现代汉语书面语中，表示被动的典型结构式是"（N$_1$+）被 +N$_2$+V"式，在语义结构中，N$_1$ 一般是 V 事件的承受者，N$_2$ 是 V 事件的实施者，N$_2$ 多由表人的代词、名词或短语充当，或是表动植物、自然现象的，或是神佛仙鬼等。总之，N$_2$ 一般具有较高的"生命度"。

A11. 引发"生命度"降低的 N$_2$

唐代之前，句中有受事论元的"被 +N$_2$+V"式中，N$_2$ 通常由表人的名词或短语充当，N$_2$ 是 V 事件的实施者，一般具有很高的生命度。引发 N$_2$ 生命度降低的因素首先是表示动植物、自然现象等的名词或短语进入结构式。然而，这些事物有可能被说话人赋予"有生命"的语义特征。例如：

（3）a1. 书架想遭苔藓裹，石窗应被藤萝缠。（若虚：怀庐山旧隐）

a2. 迷山乍被落花乱，度水时惊啼鸟飞。（皎然：顾渚行……）

a3. 根遭陵谷变，叶被风霜改。（寒山：诗三百三首）

a4. 纵被微云掩，终能永夜清。（杜甫：天河）

a5. 苦吟斋貌减，更被杉风吹。（贯休：闲居拟齐梁四首）

a6 从此见山须合眼，被山相赚已多时。（无名氏：朝士戏任毂）

（3）b1. 孤松自被斧斤伤，独我柔枝保无害。（皎然：湛处士……）

b2. 石路无人扫，松门被火烧。（顾况：经废寺）

b3. 罗袖裹残殷色可，杯深旋被香醪涴。（李煜：一斛珠）

b4. 半夜腊因风卷去，五更春被角吹来。（曹松：江外除夜）

b5. 吁嗟每被更声引，歌咏还因酒思添。（韦庄：冬日长安……）

b6. 共被微官缚，低头愧野人。（杜甫：独酌成诗）

b7. 设被浮名系，归休渐欲迟。（戴叔伦：客舍秋怀……）

b8. 且为辛苦行，盖被生事牵。（杜甫：赠李十五丈别）

将 3a 组和 3b 组的 $N_2$ 作一比较，相对来说，3b 组的"生命度"更低，也可以说，3b 组的"被"更容易向原因介词（记为"被$_4$"）发展。

由 3a、3b 两组的比较可知：

1）"生命度"固然是施事论元的重要语义特征，但从唐代开始，进入"被 +$N_2$+V"式的 $N_2$ 位置的名词的"生命度"已有高低、有无之分。

2）由于在现实世界中"实施事件的人"和"实施事件的工具"是同现，在表述被动事件时，语义结构中的施事论元可能隐含，而工具论元显现。在这些句子中，有的可以依据推理意义认定事件的实施者，有的很难认定实施者。

宋代，表示生命度较低意义的事物的名词（记为 B1 类）更多地进入 $N_2$ 位置，首先是器具类 NP。例如：

（3）c1. 免随薪爨去，误被斧斤寻。（刘克庄：和张文学投赠）

c2. 踏翠裁红可怜妓，濯足琼浆被鞭捶。（喻汝砺：隐德诗）

c3. 赴君鸡黍约，仍被酒壶绕。（胡寅：赴德秀海棠之集）

c4. 枝疏似被金刀剪，片细疑经玉杵残。（刘克庄：落梅）

c5. 谓此偃寒踪，横被弯弓射。（王迈：谢京尹惠酒馔）

器具类 $N_2$ 之所以能出现在原本"生命度"较高的 $N_2$ 出现的位置，是因为在认识人与事物的关系时，"持工具者"与"所凭借的工具"之间可以有联想关系。1c 组的"斧斤、鞭"等若被理解为施事论元，则"被"有可能是被动介词"被$_{31}$"。但这些句子的 $N_2$ 也有可能被看作工具论元；当然，这还不能改变句子的语义结构。但是，器具类名词进入 $N_2$ 位置，引发对"生命度"的认识变化，有可能引发"被"的功能变化。

其次是酒水类，若 $N_2$ 是"酒"，"被"有可能被分析为原因介词。例如：

（3）d1. 春城那被酒缠绵，燕姹莺娇近午天。（陈著：春午二首）

　　d2. 风报轻寒入暮天，滞行多被酒流连。（王镃：村中夜归）

如果 V 为心理动词，V 表示 $N_1$（主语，可能省略或隐含）自身的行为，"被"更容易作"因"解。例如：

（3）e. 若教狂胜德，多被酒忘身。（王洋：乐饮）

上例的"忘身"行为只能由主体实施，而不可能由主体之外的人强加于主体，"被"被理解为原因介词的可能性增大。

$N_2$ 若是表示声音的名词，而且这些声音如果不是人本身发出的，人们对 $N_2$ 所表示的事物的"生命度"的认识也会变化，"被"引进施事的功能也随之淡化。例如：

（3）f1. 奈何山色牵吟思，旋被江声破睡魔。（石介：初过大散关马上作）

　　f2. 又被锣声送上竿，者番难似旧时难。（曹豳：上竿诗）

　　f3. 莫怪年来昏怛甚，钟声却被鼓声瞒。（释心月：见性堂）

　　f4. 芳心不被笙歌引，时把唐虞子细看。（释绍昙：颂古五十五首）

以上分析了三类名词进入宾语位置，导致 $N_2$ 生命度降低，影响到施事论元的认定。

A12. 引发"主动性"降低的 $N_2$

在有受事论元的"被 $+N_2+V$"式中，$N_2$ 通常具有实施 V 事件的"主动性"，若 $N_2$ 不具有"生命度"，甚至不具有实施事件的"主动性"，"被"的功能有可能发生变化。我们分析五个义类的名词进入结构式后所引发的变化。

首先是诗文、典籍、话语类，这种 NP 所表示的事物的"生命度"几乎为零，$N_2$ 实施事件的"主动性"也随之降低，"被"有可能作"因"解。例如：

（3）g1. 已被文章相错误，谪官又载一车书。（王禹偁：稠桑坡覆车）

　　g2. 董生只被公羊惑，肯信捐书一语真。（王安石：窥园）

　　g3. 当时枉被诗书误，惟有鲜卑贺狄干。（苏轼：读后魏贺狄干传）

　　g4. 谁能求甚解，拘窘被书絷。（刘攽：次黄完仲见寄韵）

　　g5. 香严透语渗漏，被语言缚杀。（释宗杲：偈颂一百六十首）

若 V 带宾语，"被"作"因"义理解的可能性更大。例如：

（3）h1. 若非郢客相开示，几被方言误一生。（吕大防：西园辨兰亭）

h2. 君被诗篇折官职，如何又寄一新编。（杨万里：和张寺丞……）

其次是名声类，"声名"一般被认为是"无生命"的，而且在说话人看来，往往是自身或 $N_1$ 具有的，此类名词进入 $N_2$ 位置，同样导致 $N_2$ 实施事件的主动性降低，甚至消失。例如：

（3）i1. 老被诗名系此身，思山深去避人群。（蒋堂：送梵才大师……）

　　i2. 自被利名染，无因肺腑醒。（石介：游灵泉山寺）

　　i3. 相随万里途，汝岂被名驱。（叶绍翁：咏先牌）

　　i4. 莫作杨朱泣路岐，此心自被利名移。（罗与之：动后）

　　i5. 老来落得放心眠，人生莫被闲名碍。（释怀深：洞庭十二偈）

若 V 为动词"误"，"被"作"因"解的可能性更高。例如：

（3）j1. 行人总被虚名误，到得倾城又误人。（赵从镤：丫头岩）

　　j2. 尚被浮名误，吾心信自痴。（王大受：游鹿苑寺）

第三是身份、地位类，"身份""地位"等往往是说话人或 $N_1$ 所有的，这类名词进入 $N_2$ 位置，也导致 $N_2$ 的实施事件的主动性降低。例如：

（3）k1. 杜陵苦被微官缚，元亮今为世网撄。（杨时：席上别蔡安礼）

　　k2. 倦游正被微官缚，辞禄方知处士高。（林季仲：侯公瑾挽词）

　　k3. 我被微官拘束在，汝缘何事不归家。（刘克庄：子规）

若 V 是"耽误"义动词，"被"作"因"解的可能性也增大。例如：

（3）l1. 吾巾不是不冠儒，曾被儒冠几误予。（华岳：狱中责廷尉）

　　l2. 曾被儒冠误，谋生事事疏。（吴锡畴：次韵谢元寿）

A13. 引发语义关系变化的 $N_2$

此类 $N_2$ 往往是表示才能、情感的，生命度、主动性都极低。通常，言说者或 $N_1$ 被看作才能或情感的所有者，而 $N_2$ 很难被理解为"施事"。首先是才能类，"才能"即使被看作有损于自身的行为的因素，其主动性也是极低的。又因为"才能"是说话人或 $N_1$ 自身所具有的，$N_1$ 很可能不被看作受事；如此，被动语义结构可能发生变化。例如：

（3）m1. 须知却被才为害，及至无才又却忧。（邵雍：三十年吟）

　　m2. 我被词华几陷溺，相期努力践朝晖。（魏了翁：再用韵）

　　m3. 奈何穷巷士，多被才华误。（方一夔：续感兴二十五首）

其次是情感类，$N_2$ 若为表示情感的词语（包括名词性和谓词性的），这些情感很可能是说话人或 $N_1$ 自身的，"被"也可理解为"因"义。例如：

（3）n1. 年年秋雁来，每被吟情恼。（释永颐：感雁来红）

n2. 壮怀每被愁怀恼，官况宁如旅况多。（宋伯仁：答林行父）

n3. 春风只被多情苦，红嫩青深总要诗。（谢枋得：元旦……）

谓词或谓词性短语表示引发 V 变化的事件或性状，很有可能被理解为原因。我们首先排除谓词（一般表示行为）表示某类人的情况。例如：

（3）o1. 条条白黑分明路，苦被旁观指是非。（王洋：和方丞观棋……）

o2. 盲参不体弄蛇人，常被弄蛇穿却鼻。（释印肃：十二时歌）

3o 组的"旁观"是"旁观者"，"弄蛇"是"弄蛇者"。本文的谓词是指表示事件或情状的动词或形容词，不包括此种类型。因为，在绝大多数谓词充当 $N_2$ 的"被"字句中，谓词不表人，而是表气候、事件、境遇、情感等。谓词进入 $N_2$ 位置，唐代偶有用例：

（3）p. 东篱摇落后，密艳被寒催。（无可：菊）

宋代，较多的谓词进入 $N_2$ 位置，我们分为四个义类，观察不同义类对被动语义结构的影响。首先是表境遇的 NP，这类句子往往表示承受者遭遇某种痛苦的境况，V 表达承受者（说话人或 $N_1$，可能省略或隐含）的痛苦感受，因为不是他人或他事物施加影响或作用，"被"有可能作"因"解，尤其是 $V_2$ 的施事不明确时。比较两组例句：

（3）q1. 丈夫当为不朽计，方寸莫被饥寒侵。（王迈：读坡诗）

q2. 闲身俱被饥寒役，老境还堪离别无。（乐雷发：江华送熊清父……）

q3. 大梁美酒斗千钱，欲饮常被饥窘煎。（梅尧臣：李审言遗酒）

（3）r1. 人生无百年，半被忧患苦。（王之道：恰颜堂）

r2. 大道一成百无恐，仙家犹被死生动。（曾丰：道人彭永年……）

r3. 不被死生贫贱转，此时方始见人心。（郑思肖：翟公交情图）

上面两组的 $N_2$ 都可以理解为 $N_1$ 的感受或境遇，3q 组的 V 可以看作是由外力实施的，但隐含的 $N_1$ 有可能被理解为"侵""役"等行为的承受者，"被"有可能作"因"解，但不能确定。3r 组的 V 可理解为以说话人或 $N_1$ 为实施者，也可理解为以 $N_2$ 为实施者（$N_2$ 被赋予"生命度"）；若为前一种，"被"可作"因"解。

其次是表品性、才智的 AP 或 VP，这种"被"字句中，$N_2$ 位置上出现表示的品质、才智、能力等的短语，这些素质往往是说话人或 $N_1$ 自身所具有的，尤其是当 V 为"误"时，"被"作"因"解的可能性很大。例如：

（3）s1.忠贞反被忠贞误，愿借元龙百丈梯。（邵允祥：上吴平章）

    s2.人皆养子望聪明，我被聪明误一生。（苏轼：洗儿戏作）

第三是表情感、意绪的 AP 或 VP，在一些"被"字句中，$N_2$ 位置上市"愁、爱、狂"等词语，这些情感很可能是说话人者或 $N_1$ 自身的，这样导致了 $V_2$ 的"施事不明"，"被"也可作"因"解。比较三组例句：

（3）t.诚心非铁石，铁石被诚穿。（郑侠：论诚）

（3）u1.用衾多不寐，吟思被愁分。（徐照：不寐）

    u2.人生被爱使，奔走如奴仆。（释怀深：拟寒山寺）

（3）v1.我生胡为被狂恼，江头鱼肥新酒好。（戴元表：招子昂饮歌）

    v2.要须且沈酣，莫被闲愁恼。（吴芾：家人生朝）

例 3t 中 $N_2$ 的所有者不是 $N_1$，$N_1$ 是受事，"被"是被动介词；3u 组中 $N_2$ 的所有者可能是说话人或 $N_1$，但说话人或 $N_1$ 也可看作"愁"或"爱"的承受者，"被"有可能是被动介词；3v 组中 $N_2$ 的所有者是说话人或 $N_1$，V 有可能被理解为 $N_1$ 的情感，"被"作"因"解的可能性最大。

上面所列的四类 $N_2$ 的结构式中，"被"都有可能理解为"因"义，由此可见结构式中 $N_2$ 的语义类型变化有可能引发"被"的功能变化；而 $N_2$ 之所以可以被各种义类的名词或谓词替换是因为说话人把境遇、情感等看作引发事件或变化的"实施者"，企图赋予它们"有生命"的语义特征。但是，在听话人的推理活动中，$N_2$ 不一定都被看作事件的实施者。

A2.V 的语义类型变化

A21.引发"作用力"降低的 V

唐代和唐代之前，"被 $+N_2+V$"式中的 V 原本是强及物动词，表示施事 $N_2$ 对受事施加影响或作用。宋代开始，形容词、弱及物动词等进入 V 位置，引发"作用力"降低。形容词一般表示事物的性状，相对来说对受事论元施加影响或作用较少。再加上 $N_2$ 的生命度、主动性的降低，"被"可作"因"解。例如：

（4）a1.春风只被多情苦，红嫩青新总要诗。（谢枋得：元旦……）

    a2.威仪不被忧心乱，始信生民有秉彝。（陈普：毛诗）

    a3.胡为鹤未成，苦被玄裳错。（宋伯仁：梅花喜神谱）

有时形容词后面带宾语或补语，"被"也可作"因"解。例如：

（4）b1.忍从多难生华发，枉被高谈散黑貂。（张舜民：寄陆彦回同年）

b2. 已是被香清到骨,不须呼酒但烹茶。(张镃:咏千叶缃梅)

形容词、弱及物动词进入 V 位置,导致被动意义的淡化。在语义结构中形容词、弱及物动词不能与句子话题(主语)、宾语构成"动作——受事"的论元关系,或者说论元关系不明显,而 $N_2$ 又属"无生命"类,"被"的被动意义趋于消失,可理解为"因"。首先是"违误"义动词,V 若为表示错误,过失的动词,没有很强的及物性,$N_2$ 又是"无生命"类,"被"可作"因"解。例如:

(4)c1. 年年长被清香误,争似闲栽竹数竿。(李龙高:和任比部忆梅)

c2. 曾被卑辞误,吾尝笑绮园。(方回:至后承元辉见和……)

c3. 胡为被书误,弹冠向茗曲。(牟巘:送洪竹堂)

其次是"动、生、作、为"等动词,这些动词带自己的受事宾语,隐含的 $N_1$ 被理解为受事的可能性降低。例如:

(4)d1. 便被东风动离思,杨花千里雪中行。(吴融:春归次金陵)

d2. 争名竞利走如狂,复被利名生怨隙。(秦观:自警)

d3. 三郎若肯怜汤饼,岂被香囊作祸胎。(舒邦佐:读开元遗事)

d4. 端被狂为累,虚将饮得名。(汪炎旭:陪诸公携酒……)

A22. 引发语义关系变化的 V

表示情感的心理动词、形容词以及弱及物动词等进入 V 位置,可能引发语义关系变化,从而,使 $N_2$ 的"施事论元"性质淡化或消失。心理动词通常表示主体自身的感受,没有很强的"可作用于外物"的蕴含义,因此心理动词进入 V 位置,有可能改变被动语义结构。有些心理动词,如"恼、迷、癫"等,进入结构式时,V 可能被理解为说话人或 $N_1$ 的行为,V 以说话人或 $N_1$ 为所有者,尤其是 $N_2$ 也表示情感,也可能是说话人或 $N_1$ 所有的。例如:

(4)e1. 我生胡为被狂恼,江头鱼肥新酒好。(戴元表:招子昂饮歌)

e2. 要须且沈酣,莫被闲愁恼。(吴芾:家人生朝)

e3. 常被松声迷细韵,忽流花片落高岑。(徐铉:和陈洗马……)

e4. 踏青人被色香迷,击壤翁看蓓蕾知。(刘克庄:诸家牡丹……)

e4. 平生于传癖,终日被书癫。(刘弇:伤蔡文仲……)

如果 $N_2$ 表示说话人或 $N_1$ 的行为,说话人或 $N_1$ 的受事论元就不是十分明确,"被"也有可能作"因"解。例如:

（4）f1. 平生爱读书，反被读书误。（汪元量：出居庸关）

f2. 莫被封侯误，封侯似汉家。（严羽：塞下绝句）

f2. 自怜倾国不用金，翻被一生颜色误。（程鸣凤：明妃）

形容词"累"进入结构式后，可能蕴含两种语义关系：一种是施事使主体劳累，另一种是主体自己感到劳累。因为有两种理解，"被"就有了作"因"解的可能性。例如：

（4）g1. 近来却被官身累，三过西湖不见山。（范成大：寄题西湖……）

g2. 世人苦被风情累，也把妖名浣却君。（李龙高：鸳鸯梅）

g3. 莫说和羹事，花被和羹累。（文天祥：赠梅谷相士）

被动句中，V 一般指向说话人或 $N_1$，如果某种行为如果只能是 $N_1$ 自身发出的，"被"可作"因"解。例如：

（4）h1. 作县只如诗思苦，能官已被荐书腾。（许及之：送郑仁叔……）

h2. 旷然不被兴亡坠，豁尔难教宠辱惊。（释延寿：山居诗）

由 4a——4h 组例句可知：结构式中 V 部分的变换或扩展也有可能导致"施事"向"原因"论元演变。

A3. 框式结构

这里的"框式结构"是指对举格式。"被"与原因介词对举，且结构式中的 $N_2$ 属"无生命"类名词或者由谓词或谓词性短语充当，句义中孕育着"被"表示原因的可能性。唐代已见"被"和"因"对举的用例：

（4）i1. 远被登楼识，潜因倒影窥。（元稹：代九九）

i2. 眼昏久被书料理，肺渴多因酒损伤。（白居易：对镜偶吟……）

宋代，"被"可与"因、缘、为"等原因介词对举。例如：

（4）j1. 韩檠擢用图书荐，班扇投闲被雨妨。（杨公远：雨后）

j2. 芳兰只为因香折，良木多从被直摧。（释延寿：山居诗）

j3. 我被儒冠误此身，公缘何事作流人。（洪皓：小亭落成……）

j4. 我被微官拘束在，汝缘何事不归家。（刘克庄：子规）

j5. 人间尽缘愁得老，春花偏被雨相魔。（戴昺：此生）

j6. 汉上谩为留佩恼，湘东曾被淡妆瞒。（刘克庄：即事二首）

4j 组的"被"绝大多数还可以分析为被动介词，但与原因介词对举，可能引发对"被"的功能的重新分析。

B."吃"的"被动——原因"演变

汉语史上罕见原因介词"吃"的用例，原因连词"吃"有较多用例。我们认为"吃"走过"被动介词——原因连词"的路径（参见 7.2.2.1.3）。

### 5.3.3.2.3　所为介词朝原因介词发展

动词"为"是先朝所为介词发展。《诗经》中已见端倪。例如：

（5）a. 为韩姞相攸，莫如韩乐。（诗经·大雅·韩奕）

上例的"为"可分析为"作为"义或"帮助"义动词，也可以分析为所为介词。原因介词"为$_4$"有动词和介词两种来源。介词来源是所为介词"为$_{31}$"。"为$_4$"在疑问句中萌生。如果"为"的宾语是疑问代词，可能指代"人"，也可能指代"事件"。如果疑问代词所指点的是"事件"，$V_2$ 又表示"不好""不如意"的事件，"为"是原因介词。例如：

（5）b1. 何为微之？不正其执人于尊者之所也。（穀梁传·定公元年）

b2. 何为贬之也？夫人与有贬也。（穀梁传·文公四年）

### 5.3.3.3　小结

对象介词的功能扩展一般在本次类内部，"交互"和"所为"、"所对"或"言谈"三种功能之间可以互相转换，致变主要因素是语义结构中 V 的施事的"单方——双方"或"双方——单方"变化。"交互"功能还可以向"等比"功能发展，反向的演变则未曾见过。"所为"可以朝"处置"扩展，但"处置"不能朝"所为"扩展。少数对象介词可以向外部扩展，处置介词的扩展多发生在上古时期，且用例不多；"被动——原因"的演变发生在宋时期，至清代，"被"表原因就少见了。

## 5.3.4　方式介词的功能扩展

方式介词的功能扩展一般发生在本次类内部。方式介词内部六个小类中，工具介词和凭借介词大多与动词有直接的联系，处于语法化链的前端，大多有功能扩展；依据介词、原因介词、顺应介词和身份介词等大多处于语法化链的末端，很少有功能扩展；只有个别依据介词有可能向外部扩展（向视角介词、方向介词发展）。

### 5.3.4.1 方式介词内部功能扩展的路径

方式介词中，工具介词功能扩展的方向最多，可以向凭借介词、原因介词、依据介词发展；但反响的演变未见到过。凭借介词可以向原因介词、依据介词发展，但反向的演变也未见到过。

#### 5.3.4.1.1 工具介词功能扩展的路径

工具介词的功能扩展有三个方向，即原因介词、凭借介词或依据介词。反向的扩展路径则未见到过，这是因为，工具介词大多与动词有直接的来源关系，处于语法化链的前端，功能扩展有较大的可能性。

A. "工具——原因"的路径

在语义论元中，"工具"和"原因"之间的联系是普遍存在的，英语介词"with"主要功能是介引工具，但也可介引原因。在推理活动中"实施行为时使用的工具"有可能被看作"导致事件变化的原因"，反映在语言演变中便是"工具"论元和"原因"论元的联系。"工具——原因"的扩展可以分为两种类型，一种是原因介词有工具介词和凭借介词两个来源（如"以、用、将"等），另一种是原因介词只有工具介词一种来源（如"著、把"）

A1. "用"的"工具——原因"演变

由于原因介词"以$_{43}$"的来源比较复杂，我们放在"凭借——原因"一节中讨论。本节从"用"开始探讨"工具——原因"的演变。原因介词"用$_{43}$"有两个来源，一是工具介词"用$_{41}$"，一是凭借介词"用$_{42}$"。

A11. 与工具介词"用$_{41}$"的联系

在宾语为代词的结构式中，工具介词"用$_{41}$"有可能向原因介词发展，首先在宾语为疑问代词的结构式中向原因介词扩展。

1) "疑问代词 + 用 +V" 式中的演变

在相同的结构式中，演变的语义因素是 V$_2$ 的意义，若 V$_2$ 部分表示"不好"或"不利于施事"的事件，"用"呈现向原因介词发展的态势。如：

（1）a1. 国即卒斩，何用不监。（诗经·小雅·节南山）

  a2. 不忮不求，何用不臧。（诗经·国风·雄雉）

  a3. 何用弗受也，为以王命绝之也。（穀梁传·庄公六年）

  a4. 何用弗受也，以辄不受也。（穀梁传·哀公二年）

如果是反诘句，"用"也是原因介词。例如：

（1）b1. 安于曰："我死而晋国宁，赵氏定，将焉用生？人谁不死？吾死莫矣。"

乃缢而死。（左传·定公十四年）

b2. 将焉用饰官？其以徽乱也。（国语·周语下）

2）"指示代词 + 用 +V"式中的演变

"是"用于后小句，复指某个事件，如果 $V_2$ 表示表示"好"的事件，"用"可能是工具介词或凭借介词，但因为句中蕴含解释原因意义，潜藏着"用"变为原因介词的可能性。例如：

（1）c1. 王欲玉女，是用大谏。（诗经·大雅·民劳）

c2. 是用作歌，将母来谂。（诗经·小雅·四牡）

c3. 犹之未远，是用大谏。（诗经·大雅·板）

若 V 表示"不好"或"不利于（某人）"的事件，"用"是原因介词。例如：

（1）d1. 谋夫孔多，是用不集。（诗经·小雅·小旻）

d2. 如匪行迈谋，是用不得于道。（诗经·小雅·小旻）

d3. 如蛮如髦，我是用忧。（诗经·小雅·角弓）

d4. 不谷恶其无成德，是用宣之。（左传·成公十三年）

如果主语表示"不好"的事件，"用"也是原因介词。例如：

（1）e1. 君子屡盟，乱是用长。（诗经·小雅·巧言）

e2. 伯夷、叔齐不念旧恶，怨是用希。（论语·公冶长）

3）"用 + 指示代词 +V"式中的演变

在这种结构式中，如果 V 部分表示"不好"或"不利于施事"的事件，"用"也是原因介词。例如：

（1）f1. 寡人且用此入海矣。（穀梁传·定公四年）

f2. 百姓之不田，贫富之不资，皆用此作。（管子·七主七臣）

"用……之故"短语也出现于先秦时期。例如：

（1）g. 夏后及商，用乱之故，民卒流亡。（左传·昭公二十六年）

由上面 1a——1g 组例句可知：原因介词"用$_{43}$"所在的"用 +$N_2$+V"或"用 +$N_2$，……"式中，起初，V 都是表示"不好""不如意"事件，这是"工具——原因"演变的语义特征。

A12. 与凭借介词"用$_{42}$"的联系

1）"指示代词 + 用 +V"式中的演变

"是"用于后小句，复指某个状况，如果 V 表示"好"的事件，"用"是凭借介词，但句子的语用目的是解释原因，句中潜藏着"用"变为原因介词的可能性。例如：

（1）h. 时纯熙矣，是用大介。（诗经·周颂·酌）

若 V 表示"不好"或"不利于（某人）"的事件，"用"是原因介词。例如：

（1）i1. 谋夫孔多，是用不集。（诗经·小雅·小旻）

i2. 如匪行迈谋，是用不得于道。（诗经·小雅·小旻）

i3. 斯是用痛心疾首。（左传·成公十三年）

2）"用 + 指示代词 + V"式中的演变

这种结构式先秦时期是少见的。

（1）j. 顷公用是佚而不反。（公羊传·成公二年）

汉代有较多用例：

但"用"还有可能作"凭借"或"原因"两种理解。例如：

（1）k. 一岁之中，则无盐氏之息什倍，用此富埒关中。（史记·货殖列传）

如果 V 表示"不好"或"不利于施事"的事件，"用"是原因介词。例如：

（1）l1. 王前欲伐齐，员强谏，已而有功，用是反怨王。（史记·越王勾践世家）

l2. 涉用是怒，使客刺杀主簿。（汉书·游侠列传）

l3. 今许、史自太子骨肉，贵正宜耳，大司马欲用是怨恨，愚以为不可。

（汉书·霍光传）

"用 +N$_2$"短语也可以用于句首。如：

l4. 其射，见敌急，非在数十步之内，度不中不发，发即应弦而倒。用此，

其将兵数困辱，及射猛兽亦为所伤云。（史记·李将军列传）

由以上各组例句可知：在原因介词产生初期，结构式中的动词绝大多数表示"不好"或"不利于施事"的事件，这是演变的语义因素。稍后时期，结构式中的 V 可以是表示"中性"的事件的动词。例如：

（1）m1. 故谋用是作，而兵由此起。（礼记·礼运）

m2. 凤凰来仪，百兽率舞，百官信谐，帝用此作歌曰：……（史记·夏本纪）

m3. 安世用是得免。（汉书·赵充国传）

3）在省略宾语的结构式中演变

先秦时期的省略介词宾语的结构式中，"用"可以看作萌芽状态的工具介词、凭借介词或原因介词。如：

（1）n1. 明昭上帝，迄用康年。（诗经·周颂·臣工）

　　n2. 维清缉熙，文王之典，肇禋，迄用有成，维周之桢。（诗经·周颂·维天之命）

　　n3. 禘于大庙，用致夫人。（左传·僖公八年）

如果 V 部分表示"不好"或"不利于施事"的事件，"用"是原因介词。例如：

（1）o1. 不顾难以图后兮，五子用失乎家巷。（楚辞·离骚）

　　o2. 后辛之菹醢兮，殷宗用而不长。（楚辞·离骚）

　　o3. 有扈氏威侮五行，怠弃三正，天用剿绝其命。（史记·夏本纪）

A2. "将"的"工具——原因"演变

工具介词"将$_{41}$"也有向原因介词演变的趋势，致变因素是"将 +N$_2$+V"式中 N$_2$ 或 V 的语义类型变化，由此引发的语义关系变化。唐宋时期的一些句子中，"将"的功能可作"工具"或"原因"两种理解。如：

（2）a1. 珍重彩衣归正好，莫将闲事系升沉。（罗隐：送进士臧濆下第后归池州）

　　a2. 莫将芸阁轻科第，须作人间第一人。（赵嘏：赠李秘书）

　　a3. 好把浮沉翻北海，莫将梦幻恋南柯。（张继先：金丹诗四十八首）

若 N$_2$ 表示可以凭恃的优势，"将"的功能可作"凭借"或"原因"两种理解：

（2）b1. 能以忠贞酬重任，不将富贵碍高情。（张泌：题华严寺木塔）

　　b2. 莫将年少轻时节，王氏家风在石渠。（许浑：余谢病东归，……）

　　b3. 莫将富贵移平昔，彼此清心发半涸。（范仲淹：依韵酬府判……）

　　b4. 不将贵盛骄门族，容使亲心得尽欢。（张载：葛覃解）

　　b5. 不将贵势略雅旧，脱巾取酒容流连。（李之仪：王为道东轩……）

　　b6. 王孙公子巧欢娱，勿将富贵笑田夫。（戴复古：题申季山所藏……）

若 N$_2$ 位置上是表示"不好"事件的谓词，V 是表示"中性"事件的动词，N$_2$ 与 V 有可能形成"动作——原因"关系，"将"趋近原因介词。例如：

（2）c1. 欲为圣朝除弊事，肯将衰朽惜残年。（韩愈：左迁至蓝关……）

　　c2. 碧洞青萝不畏深，免将饥渴累禅心。（施肩吾：送绝粒僧）

若 N$_2$ 位置上是表示"不可凭恃"事物的名词或谓词，V 是表示"不如

意"事件的动词,"将"是原因介词。例如:

（2）d1. 休将世路悲尘事,莫指云山认故乡。（张泌:题华严寺木塔）

d2. 莫将华发嗟寒素,会见青云道路开。（冯浩:送程给事知越州）

d3. 莫将一病苦忧煎,山尚能游石可眠。（杨万里:自遣）

d4. 休将铸错悔当年,事契天心或不然。（王奕:和叠山隆兴阻风）

d5. 莫将未遇添惆怅,自有明公为赏音。（杨公远:闵书）

综上,原因介词"将$_{43}$"产生的语义条件有两点与原因介词"用$_{43}$"相同的,即 N$_2$ 不表示"可凭恃"的事物,V 部分表示"不如意"的事件。不同在于,"将"多用于否定性祈使句（即劝诫句）。

A3."把"的"工具——原因"演变

"把"的演变因素和"将"有三点相同。第一是 N$_2$ 不表示"可凭恃"的事物,第二是 V 表示"不如意"的事件,第三是进入否定性祈使句。唐宋时期的一些"把"字句中,"把"的功能可能有"工具"或"原因"两种理解。例如:

（3）a1. 莫把一名专懊恼,放教双眼绝冤仇。（杜荀鹤:献钱塘县罗著作判官）

a2. 休把虚名挠怀抱,九原丘陇尽侯王。（刘兼:春夕遣怀）

a3. 不把忧愁累物华,光阴过眼疾如车。（邵雍:依韵和王不疑少卿见赠）

有的句子中"把"的功能有"凭借"或"原因"两种理解。例如:

（3）b1. 吾儒雅有康时意,不把诗轻万户侯。（刘子翚:和士特南浦诗）

b2. 不把簪缨伤野趣,肯迁剑骑拂天真。（魏了翁:罗监庙挽诗）

如果 N$_2$ 不表示"可凭恃"的优势,V$_2$ 表示"不如意"的事件,"把"趋近原因介词。例如:

（3）c1. 莫把存亡悲六客,已将地狱等天官。（苏轼:次韵答元素）

c2. 劝君且醉瓮头春,休把升沉累此身。（吴芾:泽民因诵乐天……）

c3. 藏山行世俱闲事,莫把穷通累雅怀。（刘克庄:用强甫蒙仲韵十首）

如果 N$_2$ 是表示"不好"事件的谓词,V 表示"不如意"的事件,"把"原因介词性质十分明显。例如:

（3）d1. 四时送运春复冬,莫把穷愁魇两峰。（李吕:和感怀韵）

d2. 莫把摧颓嫌暮景,且将闲散替劳生。（范成大:阴寒终日兀坐）

A4."著"的"工具——原因"演变

"著"的演变可以看作一种"类推"。在唐代的个别用例中,介词"著"

的功能可能有"工具"或"原因"两种理解。例如：

（4）a1. 欲将闲送老，须著病辞官。（白居易：祭社宵兴……）

"著"的"工具——原因"演变与"以、用"相似，在句法层面上，导致演变的因素是 $N_2$ 的语义类型变化和句式的变换，疑问代词进入 $N_2$ 位置，促使"著"表原因的功能明显化。例如：

（4）b1. 限到头来，不论贫富，著甚干忙日夜忧？（吕岩：沁园春）

b2. 朝求暮乞不成贪，有日无夜著甚眠？（敦煌变文集新书·卷四）

b3. 师闻曰："这老汉著甚么死急？"（五灯会元·卷五·石霜庆诸禅师）

由 4b 组可知："著"的演变模式有两点与"用"相同的，第一是 $V_2$ 表示"不如意"事件；第二是演变首先发生在疑问句中。这两个特征影响着原因介词的产生。

A5. 小结

"工具——原因"演变模式的特征可归纳为三点：第一，$N_2$ 具有"不可凭恃"的语义特征，第二，$V_2$ 表示"非企盼"事件，第三，进入疑问句或否定性祈使句。

B. "工具——凭借"的路径

工具介词的功能扩展方向之一是凭借介词，但凭借介词往往与动词也有来源关系。多数凭借介词往往有动词和工具介词两个来源。"工具——凭借"的演变也具有普遍性，"以、用、持、将"等都走过这一路径。"持"和"将"的"工具——凭借"演变参见 2.3.3.1.2。

B1. "以"的"工具——凭借"演变

工具介词"以$_{41}$"产生较早，《诗经》已有用例：

（5）a1. 胡宁瘼我以旱。（诗经·大雅·云汉）

凭借介词"以$_{42}$"有两个来源：动词"以$_{03}$"和工具介词"以$_{41}$"。若"以"的宾语是疑问代词"何"，"以"可能是工具介词也可能是凭借介词。例如：

（5）b1. 无衣无褐，何以卒岁？（诗经·国风·七月）

b2. 其何以事君？（左传·哀公七年）

b3. 士不能死，何以治民？（左传·哀公十一年）

b4. 天若不识不衷，何以使下国？（左传·哀公十一年）

如果 V 表示"有利于施事"的事件，"以"是凭借介词。例如：

（5）c1. 是弃礼也，其何以为诸侯王？（左传·哀公十五年）

c2. 吾将有问也，史黯何以得为君子？（左传·哀公二十年）

c3. 神人弗助，将何以胜？（左传·成公元年）

c4. 反先王则不义，何以为盟主？（左传·成公二年）

在 $N_2$ 是名词的结构式中，"以"的功能也有"工具"或"凭借"两种可能性。例如：

（5）d1. 请以君命召之。（左传·哀公十四年）

d2. 大夫以君命出，进退在大夫也。（公羊传·襄公十九年）

d3. 为以王命绝之也。（穀梁传·庄公六年）

观察 5d 组中"以"的功能，可以看出：工具介词有可能向凭借介词发展。演变的关键是 $N_2$ 和 $V_2$ 的语义类型，若 $N_2$ 表示施事具有的优势或优越感，V 表示"好"的或"有利于施事"的事件，"以"可以看作凭借介词。例如：

（5）e1. 若以君灵抚之，世以事君。（左传·隐公三年）

"以 $+N_2$"短语多用于句首。例如：

（5）f1. 若以大夫之灵，得保首领以没。（左传·隐公三年）

f2. 若以君之灵，得反晋国。（左传·僖公二十三年）

"以 $+N_2$"短语也可以用于主语前面。例如：

（5）g1. 以君之明，子为大政，其何厉之有？（左传·昭公七年）

g2. 以君之灵，累臣得归骨于晋。（左传·成公三年）

B2."用"的"工具——凭借"演变

工具介词"用$_{41}$"的功能扩展也有三个方向：凭借介词、原因介词和依据介词。凭借介词"用$_{42}$"产生的语义因素主要是 $N_2$ 表示施事"有所凭恃"意义，V 表示施事"有所获益"意义。在"……，是 + 用 +V"式中，若前小句表示事件或状况，V 表示施事"获益"意义，"用"可以看作工具介词或凭借介词。如：

（6）a1. 时纯熙兮，是用大介。（诗经·周颂·丝衣）

a2. 犹之未远，是用大简。（左传·成公八年）

在"用 $+N_2+V$"式中，"用"也有可能看作工具介词或凭借介词。例如：

（6）b1. 用此存者，婴未闻有也。（荀子·内篇·谏上）

b2. 清，寡妇也，能守其业，用财自卫，不见侵犯。（史记·货殖列传）

至宋时期，如果 $N_2$ 表示施事所具有的才能、品质等，V 表示施事"获益"意义，"用"是凭借介词。例如：

（6）c1. 官用才能进，恩非雨露偏。（司马光：送向防御知陈州）

　　c2. 用能游公卿，所至术辄售。（王之道：赠术士罗世忠）

　　c3. 而况用才升，进擢不止此。（李流谦：送薛司直……）

　　c4. 当用忠壮出奇节，县妖破胆莫敢哗。（王庭珪：送刘义夫宰祈阳）

B3. 小结

"工具——凭借"的演变模式有两个主要的特征：第一，$N_2$ 表示"可凭恃"的事物，句子可以推出"$N_1$（主语或 V 的施事，可能省略或隐含）有所凭恃"意义或"$N_1$ 有优势或优越感"意义；第二，V 表示"好的"或"有利于施事"的事件。

C. "工具——依据"的路径

兼有"工具"和"依据"两种功能的介词有"以、用、将"等，其中，"以"的"依据"功能来源比较复杂，可能与"工具""凭借""原因"三种功能都有联系，我们将在"凭借——依据"一节讨论这个问题。本节以"用、将"为例讨论"工具——依据"的演变路径。

C1. "用"的"工具——依据"演变

"以"是最早兼有"工具""凭借""依据""原因"四种功能的介词。工具介词"用$_{41}$"产生之后，在"以"的带动下，"用$_{41}$"也向其余三种功能扩展。下例的"用"可分析为工具介词或依据介词。

（7）a. 用军兴法诛其渠率，巴蜀民大惊恐。（汉书·司马相如传）

至宋代，结构式中的 $N_2$ 有所扩展，"用"进入"按照……标准选拔"的语义结构。例如：

（7）b1. 予思物理似颠倒，难用智愚准衰盛。（蔡襄：李山英以疾……）

　　b2. 掖庭用色选，丹青以利回。（刘敞：重一首同圣俞……）

　　b3. 高才忽小疵，难用常情度。（秦观：司马迁）

　　b4. 物有幸不幸，难用一理推。（吕本中：即事）

C2. "将"的"工具——依据"演变

工具介词"将$_{41}$"产生之后，受"以、用"的带动，也向依据介词发展，宋代已见介于两种功能之间的用例：

（8）a1. 解把旧恩酬项伯，独将大义斩丁公。（郑獬：咏史）

　　a2. 古俗今时不用分，只将虚实判浇淳。（徐积：示诸君）

宋代已见依据介词"将"（记为"将₄₃"）。例如：

（8）b1. 独将颜色定高低，绿珠虽美犹为妾。（梅尧臣：次韵奉和永叔……）

b2. 休将洁白评双井，自有清甘荐五华。（陈襄：和东玉少卿……）

b3. 已向宦途惊聚散，休将桂籍论荣涸。（韦骧：寄明守刘公仪）

b4. 翳雾埋云皓首翁，难将书传考前踪。（楼异：嵩山二十四咏）

b5. 如将优劣比人才，长文何必惭文若。（谢邁：次韵李成德……）

C3."把"的"工具——依据"演变趋势

在"用、将"的带动下，"把"也产生表示依据的功能，但用例很少，宋代偶见：

（9）a. 若把安荣观后世，百年未抵一年中。（项安世：次韵王司理二首）

C4. 小结

"工具——依据"的演变模式可以概括出两个特征，一是可以推出"$N_2$是 V 行为所依据的规则或标准"的意义，二是 V 多为表示观感、评论、衡量、判定等意义的动词。

### 5.3.4.1.2 凭借介词功能扩展的路径

凭借介词要么来自动词，要么与动词和工具介词都有来源关系；由于凭借介词多处于语法化链的前端，可以有功能扩展，扩展方向是原因介词和依据介词。

A."凭借——原因"的路径

"凭借——原因"是汉语史上常见的演变路径，介词"以、用、凭、冲"都走过这一路径。"凭借——原因"的演变模式可以概括出两个特征。第一，$N_2$ 不表示"可以凭恃"的优势；第二，V 表示"不好"或"不如意"事件。

原因介词"以₄₃"有两个来源：一是工具介词"以₄₁"，一是凭借介词"以₄₂"，但与凭借介词"以₄₂"的联系更为密切（参见 2.3.3.3.1）。"凭、冲"的"凭借——原因"演变请参见 2.3.3.3.2。

B."凭借——依据"的路径

兼有"凭借"和"依据"两种功的介词很多，如"以、用、因、凭、依、据"等，但只有"以、用"走"凭借——依据"的扩展路径（"以"的演变请参见 2.3.3.4.1，"用"的演变请参见 2.3.3.4.2）。依据介词"因、凭、依、据"等都有两个来源，一是动词，一是凭借介词（"凭"的演变请参见 2.3.3.4.2）。在介词功能扩展中，"依据"功能的产生往往迟于"工具""凭借""原因"等功能。早于"依据"功能产生的三种功能都可能对"依据"功能产生影响，因此，"依据"功能的来源是比较复杂的。

### 5.3.4.1.3 原因介词功能扩展的路径

汉语的原因介词数量不少，但很少有功能扩展的。在当代汉语中，出现了"原因——依据"的演变路径，如"冲"。在现代汉语中"冲"发展出介引原因的功能（参见2.3.3.3.2），依据介词"冲"（记为"冲$_{43}$"）见于当代汉语。

（10）a1. 方甜甜这样的女孩子，人长得漂亮，家世也好，又极有心机主见，只冲从小到大追她的人那么多，她却至今保持着处女之身，就可见一斑。（师娘你别跑）

a2. 吴锋虽然是泡稀牛屎，但无论如何说，是她的亲弟弟。为了吴锋，她可以牺牲自己，嫁给苟老骚。只冲这一点，就可以想见她是怎么样的女子。（师娘你别跑）

a3. 就今天，赵都督开了口，不说填小煤窑，砍几只手下来，那绝不会是空话。李福根却只要他们去煤矿里装煤，还说给工资。只冲这一点，我就觉得他不是那种真正的狠人。（师娘你别跑）

a4. 李福根不是求她，她竟是上赶着送，这是官帽子啊，这得是什么关系，才会这么上赶着送。只冲这一点，这女声跟李福根的关系，就绝对不一般。（师娘你别跑）

10a组例句的"冲"表示作出判断的依据，这表明：当代汉语中，介词"冲$_4$"已发展出"依据"功能。清代，"凭"已萌生"原因"功能，由此可知：介词"冲"走"凭借——原因——依据"的演变路径。但凭借介词"冲$_{41}$"也可以看作依据介词"冲$_{43}$"的来源之一。就词汇系统而言，是受方式介词"以、凭"等的影响。介词"以$_4$"有工具、凭借、原因和依据四种功能；介词"凭$_4$"有凭借、依据和原因三种功能；"冲"在有了"凭借"和"原因"功能之后，就有可能发展出"依据"功能。

### 5.3.4.2 方式介词向外部扩展的路径

方式介词的功能扩展一般在本次类内部，但依据介词可以向外部扩展，有两条路径，一是"依据——视角"，一是"依据——方向"。与"依据"功能有联系的视角介词是"以、据、依、照"等，来自依据介词的视角介词主要的功能是表示说话人的立场或观察点。与"依据"功能有联系方向介词是

"照"，主要功能是表示手的动作的方向。

### 5.3.4.2.1. "依据——视角"的路径

依据介词一般在"P+N$_2$+V"式中介引 V 事件的所循的规则、标准或旧例等，视角介词的功能之一是介引作出某种判断的依据，而这种依据可能是某人的看法。因此，两种功能之间有可能相通。

A."以"的"依据——视角"演变

在"以＋是／此＋V"式中，如果 V 是动词"观"，"以"有两种分析结果：依据介词或视角介词。例如：

（1）a1. 以是观之，人谓子产不仁，吾不信也。（左传·襄公三十一年）

a2. 以是观之，天有严教以赐帝，帝勿犯也。（今本竹书纪年）

a3. 以是观之，夫君之直臣，父之暴子也。（韩非子·五蠹）

a4. 以此观之，其利百倍。（管子·度地）

相同的结构式中，若 N$_2$ 是说话人的名词或代词，"以"是视角介词，表示站在说话人的角度看问题。如：

（1）b1. 以臣观之，将不能齐君之语偷。（左传·文公十七年）

b2. 以吾观之，兵在其颈，不可久也。（国语·周语中）

b3. 以臣观之，国必安矣。（吕氏春秋·似顺）

b4. 以臣观之，则齐、赵之交未必以荆苏绝也。（韩非子·存韩）

A2."据"的"依据——视角"演变

视角介词"据$_5$"也来自依据介词"据$_{42}$"。依据介词"据$_{42}$"在晋南北朝时期已定型。例如：

（2）a1. 讼者据墟墓为验，听者以先老为正。（三国志·魏书·孙礼传）

如果 N$_2$ 是表示说话人观点的名词，"据"的功能可作"依据"或"视角"两种理解。例如：

（2）b1. 若道据我见处，总得也由你。（古尊宿语录·卷三十二）

b2. 据我见处，千是万是也此正是。（古尊宿语录·卷三十三）

b3. 据靖所见，先将燕京六州二十四县为定，岁教契丹银绢之数。（三朝北盟会编·燕云奉使录，近汉语资·宋代卷）

b4. 据老媳妇愚见，也少不得一个小娘子相伴。（一窟鬼癞道人除怪，近汉语资·宋代卷）

如果 $N_2$ 是人称代词，"据"是视角介词。例如：

（2）c1. 据我看来何所似，一似韩家五鬼。（蒋捷：翠羽吟）

　　c2. 观渠论到前贤处，据我看来近世无。（王居安：送刘改之二首）

　　c3. 据我老三料这周瑜匹夫，……（无名氏：两军师隔江斗智·第二折）

比较 2b、2c 组可知："据"的"依据——视角"的演变因素与"以"大致相似，主要由结构式中的 $N_2$ 的语义类型变化引发。

A3. "照"的"依据——视角"演变

依据介词"照4"萌生于宋时期。例如：

（3）a1. 照朝廷数目发下临安府。（梦粱录·卷十八·免本府商税）

视角介词"照5"见于清代，开始是向说话人的视角发展。晚晴至当代，有的句子中"照"的功能可作"依据"或"视角"两种理解。例如：

（3）b1. 照我的意思，我们的兵力应该专注在一处，……（民国艳史·二十七回）

　　b2. 照我的主意，索性冒他一个险，能够逃出凤仪门最好。（大清三杰·六十二回）

　　b3. 照我之意，最好是你就在年内请假回去。（大清三杰·一百回）

　　b4. 照我愚见，最好马上出关。（大清三杰·七十九回）

　　b5. 照我的眼光看来，四姑娘既未捉到，石达开循迹峨嵋的说话，或者非假。（大清三杰·五十二回）

　　b6. 照我的愚见，莫若就此将貂蝉赐与吕布。（汉代宫廷艳史·一百十四回）

　　b7. 照他的看法，他认为过去的事根本无关紧要。（白夜行·四回，中译本，[日] 东野圭吾）

如果 $N_2$ 是人称代词，"照"是确凿的视角介词。例如：

（3）c1. 照我揣度，保护他的不是听王陈炳文，便是来王陆顺德。（大清三杰·六十三）

　　c2. 照我说来，乃是逼出来的，不是自然的。（大清三杰·九十回）

　　c3. 照我看来，小蝤蛑还不算错，……（民国艳史·二十三回）

　　c4. 照我看来，姓李的所撞到的一定是一个人。（民国艳史·三十一回）

A4. 小结

介词的功能从"依据"到"视角"，首发模式的特征是结构式中 $N_2$ 的语义类型变化，在"$P+N_2+V$"式中，$N_2$ 原本是"是、此"等代词，如果 $N_2$ 是表人的代词或名词，V 是表示认识的动词，P 是视角介词。后随模式和首发模式的相同特征在于：N₂ 都是表人的名词或代词。

B.“依据——方向”的路径

走这一路径的只有“照”一个，依据介词“照₄”见于宋代。例如：

（4）a1. 其犬牙不齐去处，并两平兑易，合照誓书施行。（大金吊伐录·卷一）

“照₄”所在的句子蕴含“与标准对齐”意义，这种蕴含义与方向介词所在句子的“对准某个方向”意义可以相容。因此，可以说“依据——方向”的演变是有认知因素的。方向介词“照”（记为“照₁”）见于明时期。例如：

（4）b1. 行者……，举棒照头便打。（西游记·二十七回）

b2. 那人也不回话，照面一拳。（今古奇观·卷三十七）

b3. 薛举复身照心一戟，将奚良刺于马下。（禅真逸史·二十七回）

也可以是“照着”形式，明清时期有例：

（4）c1. 左手一拳照着武松心窝里打来。（水浒·二十六回）

c2. 忽然双手捧起，照着三藏光头扑地合上去。（初刻拍案惊奇·卷七）

c3. 过了一个小石桥，照着那极窄的石磴走上去。（儒林外史·十四回）

c4. 只见龙须虎把手一放，照着邓婵玉打来。（封神演义·五十三回）

c5. 杨任恐军士伤了被擒官将，忙用五火神焰扇照着方义真一扇扇去。（封神演义·八十回）

## 5.4　小结

“动词——介词”的演变、“介词——介词”的演变各有多条路径，但无论何种路径，都有潜藏的语义因素，也都呈现了独特的语义特征。

| 第六章 |

# 语法化的语义因素

## 6.1　概述

　　动词向介词发展、介词的功能扩展以及介词的"非范畴化"是语法化的过程，也是词义或功能演变的过程。单音介词的第一个产生的功能都与源动词的意义有直接或间接的联系，其后产生的功能可能来自介词功能的扩展，也可能与动词有一定的联系；或者是与两者都有关系。可以说，介词的产生和发展过程是一个动词词义变化和介词功能变化的过程。

## 6.2　"动词——介词"演变的语义因素

　　为便于观察分析演变过程，我们将向介词发展的源动词分为运行动词和原地动词两类。运行动词向介词发展时，语义演变的方式主要表现为"运行概念的剥离"和"运行概念的消失"两种。原地动词向介词发展时，词义演变的方式可以概括为"动作性的消失"。导致语义演变的因素有语义关系的变化、时间关系的变化、句子推理意义的变化等，而导致这些变化的直接因素一般是：充当主语或源动词的宾语的 NP 的语义类型变化，以及结构式中另一个动词的语义类型变化。只有少数动词向介词演变时，句法结构的复杂化或简单化起着主要作用，但结构的复杂化或简单化也隐藏着语义的变化。

### 6.2.1 运行动词向介词发展

运行动词一般不能直接向方式介词、范围介词发展，通常向方所介词发展，但少数运行动词向时间介词、对象介词发展。如果是向方所介词发展，词义变化的方式是运行概念剥离。如果向时间介词、对象介词发展，词义变化的方式是运行概念消失。

#### 6.2.1.1 运行概念的剥离

这里的"剥离"是指一部分包含"运行"概念和"方所"概念的动词在语法化过程中失去"运行"部分，只剩下表示方所的概念。上古汉语的运行动词大多包含方所概念，如"至"包含"运行"和"运行目的地"的概念，"遵"包含"运行"和"运行路线"的概念，"向"包含"运行"和"运行方向"的概念。运行动词向方所介词发展时，大多发生"运行概念剥离"的变化。如动词"缘"，原本包含"运行"和"运行路线及方向"概念，经历语法化之后，只剩下"运行路线"概念。

几乎所有的运行动词在向介词发展的过程中都失去"运行"义素，但不一定都属于"剥离"的方式。然而，运行动词向方所介词发展时，大多有"运行概念剥离"的变化。导致演变的直接因素大多是由结构式中另一个动词的语义类型变化引发的，但仔细分析语义演变的因素，主要有两点不同：第一种是语义关系的变化，第二种是时间关系的变化。

在运行动词向方所介词发展的过程中，语义关系变化往往起着引发、推动并确定演变结果的作用，尤其是在运行动词向终到处介词发展的过程中。"于、至、到、抵"等动词都包含"运行"和"运行目的地"两种概念，从历时角度看，运行动词向终到处介词发展时大多萌生于"$V_1+V_2+N_2$"式的 $V_2$ 位置（这是因为如果运行动词在"$V_1+N_2+V_2$"式的 $V_1$ 位置上出现，并且 $V_2$ 是原地动词，$V_1$ 和 $V_2$ 往往有"时间先后"关系，动词性义素较难磨蚀）。"运行动词——终到处介词"的演变都有"运行概念剥离"的变化，语法化的语义因素也都是 $V_1$、$V_2$ 与 $N_2$ 三者之间的语义关系变化。运行动词"于、至"等首先萌生的是"终到处"功能，在"$V_1+V_2+N_2$"式中，致变因素是由 $V_1$ 的语义类型变化而引发的语义关系变化（参见 1.2.1.1）。本节以"沿"等动词为例，讨论"运行概念剥离"问题。

### 6.2.1.1.1 "沿"的演变

"沿"本是"缘水而下"义，这个动词包含了"运行"和"运行路线和方向"两种概念。例如：

（1）a1. 王沿夏，将欲入郢。（左传·昭公十三年）

　　　a2. 余沿江泝淮，阙沟深水，出于商、鲁之间。（国语·吴语）

1a 组的"沿"除含"运行"概念之外，还含有"运行路线"概念（江河边或江河中），还含有"方向"概念（"向下游"）。最初的演变是"向下游"概念的消失。例如：

（1）b1. 沿于江海，达于淮泗。（尚书·禹贡）

上例介词"于"的宾语是"江海"。若为"沿于江"形式，"沿"含有"向下游"概念；若为"沿于海"形式，"沿"没有"向下游"概念。上例可证："向下游"概念的消失与结构式中的名词的语义类型变化有关。此外，"向下游"概念的消失还与结构式中的另一个动词有关。例如：

（1）c. 子沿汉而与之上下。（左传·定公四年）

上例由于 $V_2$ 是活用为动词的"上下"，"向下游"概念趋于消失，但"运行路线"概念还存在。如果 $V_2$ 是运行动词"下"（受义素 2 "向下游"的影响，南北朝至唐时期，$V_2$ 多为"下"），"向下游"概念消失了。例如：

（1）d1. 而巴汉舟师，沿江东下。（三国志·魏书·三嗣主传，裴注引陆机《辨亡论》）

　　　d2. 汉乃浮桴沿江下巴郡。（后汉书·吴汉传）

　　　d3. 众谓当沿流直下。（南齐书·刘怀珍传）

　　　d4. 槎乃移去，沿流下数里，驻湾中。（搜神记·卷十一）

如果 $V_2$ 不是运行动词，"沿"的"向下游"概念也消失了，只保留"路线"概念。例如：

（1）e1. 冬十月庚辰，到彦之、王仲德沿河置守。（魏书·世祖太武帝纪）

　　　e2. 惟多缚筏，间以舟楫，沿河广布。（魏书·杨播列传）

　　　e3. 沿河分列镇戍。（魏书·房亮传）

在 $V_2$ 扩大范围的同时，$N_2$ 也逐步扩大范围。至唐代，"沿"的宾语不再限于表示"与水有关"的名词。例如：

（1）f1. 裴回沿石寻，照出高峰外。（李贺：长歌续短歌）

f2. 沿崖宛转到深处，何限青天无片云。（韩愈：郴口又赠二首）

1d——1f组的"沿"仅保留"运行路线"的概念。"沿"的"运行动词——沿途介词"演变方式，可以归入"运行概念剥离"类型。

### 6.2.1.1.2 "向"的演变

作为运行动词，"向$_{02}$"包含"运行"和"运行方向"概念，当它变为方向介词时，"运行"概念由结构式中的 $V_2$ 承载，原本处于 $V_1$ 位置的，表示运行概念的动词变为介词。比较两组例句：

（2）a1. 魏数年东向攻尽陶、卫，……（韩非子·饬邪）

a2. 今王有东向伐齐之心。（战国策·燕策一）

a3. 今东向争权天下，岂非项王邪？（史记·淮阴侯列传）

（2）b1. 四牡向路驰，欢悦诚未央。（刘桢：赠五官中郎将诗）

b2. 鸟向檐上飞，云从窗里出。（吴均：山中杂诗三首）

b3. 新莺隐叶啭，新燕向窗飞。（萧绎：和刘上黄春日诗）

2a组的"向"是运行动词，包含"运行"和"运行方向"两种概念，导致运行概念剥离的直接因素是结构式中 $V_2$ 的语义类型变化，$V_2$ 为运行动词，便承载了运行概念的表达，原本处于 $V_1$ 位置的动词的运行概念剥离，只剩下方向概念。

### 6.2.1.1.3 "往"的演变

与运行动词有来源关系的方向介词中，"向、往"都是因运行概念消失而变为方向介词。运行动词"往"原本是不及物动词，后面不带处所宾语。例如：

（3）a. 昔我往矣，杨柳依依。（诗经·小雅·采薇）

上古时期，若要表示运行的目的地，则用介词引入表方所的 NP。例如：

（3）b1. 往于田，日号泣于旻天。（禹贡·大禹谟）

b2. 舜往于田。（孟子·万章上）

"往"带表示方所的名词或短语作宾语，汉至南北朝时期有少数用例：

（3）c1. 臣尝往东海中，见安期美门之属。（前汉纪·孝武皇帝纪）

c2. 巴往零陵，事不成。（三国志·蜀书·刘巴传，裴注引《零陵先贤传》）

3c组显示：汉至南北朝时期，运行动词"往"用于"往 +N"式中，已含有"运行"和"运行目的地"概念。"往"的演变发生在三种结构式中，在三种结构式中，"往"的演变都呈现运行概念剥离的特征，但致变因素不相同。

1）"往 +N$_2$+V$_2$"式的演变

在这种结构式中，致变因素是 V$_2$ 的语义类型发生"原地动词——运行动词"的变化。比较两例：

（3）d. 有张妪者，尝往周家佣赁。（搜神记·卷十）

（3）e. 暂往比邻去，空闻二妙归。（杜甫：范二员外……）

前例的 V$_2$ 是原地动词，"往"承载运行概念的表达，是动词；后例的 V$_2$ 是运行动词，可以承载运行功能，"往"的运行概念呈现消失迹象。

2）"V$_1$+ 往 +N$_2$"式中的演变

在这种结构式中，致变因素是 V$_1$ 和 V$_2$ 的语义关系变化。比较三组例句：

（3）f1. 必急飞往牧靡山。（水经注·卷三十六）

f2. 自东华门驰往神虎门。（南齐书·礼志上）

（3）g1. 邻人引往墓所，平悲号哽咽。（搜神记·卷十五）

g2. 大将军李穆重之，送往弘农。（北史·文苑列传）

（3）h1. 帝召翼，遣往河东取护子中山公训。（北史·于栗磾列传）

h2. 会令孙至，遣往睢陵说阐。（南史·循吏列传）

3f 组的 V$_1$"飞"、"驰"和"往"的施事相同，"V$_1$+ 往"短语可分析为连动结构或双动词结构，"往"是动词。3g 组的 V$_1$"引""送"的施事是 N$_1$，但句中还有隐性的受事论元，即前往 N$_2$ 处的人除了 N$_1$ 之外，还有"被引者"或"被送者"；由于 V$_1$ 和"往"的施事不是完全相同，"V$_1$+ 往"短语不能被分析为连动结构或双动词结构，"往"已呈现向介词发展的趋势。3h 组的 V$_1$"遣"和"往"的施事不同，"遣 + 往"短语不可分析为连动结构或双动词结构，"往"和 N$_2$ 有可能先组合成为介词短语。

虽然"V$_1$+ 往 +N$_2$"式中的致变因素和"往 +N$_2$+V$_2$"式中不同，但演变都呈现"运行概念剥离"的特征。

3）"V$_1$+ 往 +N$_2$+V$_2$"式中的演变

在这种结构式中，致变因素是结构的复杂化。由于"V$_1$+ 往 +N$_2$"短语被用于一个更大的组合单位中，只能被分析为连动结构的 VP$_1$ 部分，而"V$_1$+ 往 +N$_2$+V$_2$"式作为连动结构，V$_1$ 已承载运行意义的表达，是主要动词，而 V$_2$ 是 VP$_2$ 部分的主要动词，处于两个动词中间的"往"的运行概念趋于消失。例如：

（3）i1. 唐祎至河内，驰往东都告之。（隋书·杨玄感列传）

i2. 乃令长子载往五台写经。（广异记·钳耳含光）

综上，"往"在三种结构式中朝方向介词发展，致变因素虽然不同，但都显现了"运行概念剥离"的特征。

### 6.2.1.2　运行概念的消失

运行动词朝时间介词、对象介词发展时，呈现"运行"概念和"与运行有关"的概念一并消失的特征。引发这种变化的主要因素是结构式中动词的变化，由动词的语义类型变化导致名词和动词之间语义关系的变化或时间关系的变化，由此确定"运行动词——对象／时间介词"的演变结果。"运行动词——所在处介词"演变中，"运行"概念和"与运行有关"的概念也消失了。请参见 1.1.1.2 关于"于""就"的演变。

#### 6.2.1.2.1　运行动词向时间介词发展

在时间介词中，与运行动词有来源关系的是终止点介词、时机介词和临近点介词，"运行动词——时间介词"的演变显现了"运行概念消失"的特征。时间介词绝大多数萌生于"$V_1+N_2+V_2$"式的 $V_1$ 位置，相对来说，运行动词和时间词组合时，运行意义更容易虚化或消蚀。所以，进入合适的句法结构、语义结构，"运行动词——时间介词"的演变就会发生。

终止点介词"到$_2$"的产生早于终到处介词"到$_{11}$"，这是因为：在"$V_1+N_2+V_2$"式中，与处所词语组合时，$V_1$ 的运行概念不容易消失（需要在 $V_2$ 位置上出现另一个运行动词，以使运行概念由 $V_2$ 表达，$V_1$ 才能变为介词，终到处介词绝大多数在谓语动词后面萌生）；而与时间词组合时，运行概念容易消失，不需要 $V_2$ 位置上出现运行动词。"到$_2$"产生的因素是充当"到"的宾语的 NP 的语义类型变化，但整个演变呈现"运行概念消失"的特征（参见 2.2.2.1.2）。时机介词"及、趁、赶"的产生以及临近点介词"临、薄、垂"的产生也都显现了"运行概念消失"的特征。

#### 6.2.1.2.2　运行动词朝对象介词发展

运行动词"就$_0$"有方所和对象两个主要的方向。先秦至南北朝时期，在一部分"就$+N_2$（$+$而）$+V_2$"式中，动词"就"可代表人的代词或名词作宾语，句中可以推出"$V_2$ 由 $N_1$ 和 $N_2$ 双方实施"的意义。例如：

（4）a1. 昏姻之故，言就尔居。（诗经·小雅·我行其野）

　　　a2. 昏姻之故，言就尔宿。（诗经·小雅·我行其野）

　　　a3. 齐高傒者何？贵大夫也，何为就吾微者而盟？（公羊传·庄公二十二年）

　　　a4. 孔子在陈，陈侯就之燕游焉。（孔子家语·卷四）

　　　a5. 或赍酒肉就天子宴饮。（后汉书·董卓列传）

　　4a 组例句中还可以推出"$N_1$ 位移"意义，这个意义的表达由"就"承载，但句子可以推出"$N_1$（施事主语，可能省略或隐含）和 $N_2$ 双方参与 $V_2$ 事件"的意义，这个语义特征与交互介词所在的语义结构中 $V_2$ 的"双方"意义相匹配；可以说，在 4a 组的语义结构中孕育着运行动词变为交互介词的可能性。如果句中有另一个运行动词，"就"的运行义素可能消退。比较两例：

（4）b. 诈我不出门，冥就他侬宿。（读曲歌八十九首）

（4）c. 愿言捧锦被，来就越人宿。（吴均：咏少年诗）

　　两例的 $V_2$ 都是"宿"。前例的 $V_2$ 也有"双方"意义，句中潜藏着"就"变为交互介词的可能性；但句中没有运行动词，句义中又可以推出"$N_1$ 位移"意义，这个意义由"就"承载，"就"不能排除运行动词的可能性；后例的"就"前面有运行动词"来"，可以承载"$N_1$ 位移"意义，"就"的"运行"概念消失了，可以分析为交互介词。

### 6.2.1.3　小结

　　在"运行动词——方所 / 时间 / 对象介词"的演变中，发生运行概念"剥离"或"消失"的变化，致变的直接因素大多是连动结构中另一个动词的语义类型变化，此外，还有充当宾语的 NP 的语义类型变化；但导致演变的语义因素不一定相同，在"$V_1+V_2+N_2$"式中，处于 $V_2$ 位置的动词若发生"运行动词——终到处介词"的演变，导致运行概念剥离的因素是语义关系的变化，如终到处介词"到₁₁"（参见 2.2.1.1.2）。在"$V_1+N_2+V_2$"式或"$V_1+N_2+V_2+N_3$"式中，若发生"运行动词——所在处介词"的演变，致变因素是"时间先后"和"$N_1$ 位移"意义的消失，如所在处介词"就₁₂"（参见1.1.1.2）。在"$V_1+N_2+V_2$"式中，处于 $V_1$ 位置的动词若发生"运行动词——沿途 / 方向介词"的演变，致变的主要语义因素是运行动词进入 $V_2$ 位置，使运行概念的承载发生转移，如"沿、循、向、往"等。总之，"运行动词——方所介词"的演变由以上三种语义因素推动并固化。

运行动词若向时间介词、对象介词发展，演变的方式都是"运行概念的消失"。在"运行动词——时间介词"的演变中，致变的因素有二：一是进入"$V_1+N_2+V_2$"的 $V_1$ 位置，二是时间词充当宾语。"运行动词——对象介词"的演变不多见，演变方式也是"运行概念的消失"，致变因素是另一个运行动词出现在运行动词的前面（如交互介词"就$_{31}$"）。

## 6.2.2 原地动词向介词发展

原地动词向介词发展时，大多呈现"动作性消失"的特征（"动作性消失"有程度的区分）。引发词性和功能变化的因素是语义关系的变化、时间关系的变化、句子推理意义的变化等。

### 6.2.2.1 语义关系的变化

几乎所有的原地动词在演变中都失去概念中的"动作"意义，但演变的因素还是有所不同。"语义关系变化"是导致演变的一个重要因素。语义关系变化包括施受关系变化、损益关系变化等。

#### 6.2.2.1.1 原地动词向方所介词发展

原地动词向方所介词发展时，不可能先产生"终到处""沿途"等功能，一般是"所在处""方向"等功能。与终到处介词"于、至、到"等一样，所在处介词"在$_{11}$"、"著$_{11}$"也是在"$V_1+N_2+V_2$"式的 $V_2$ 位置上率先向介词发展，致变因素也是语义关系的变化，主要是"施受关系"的变化。

A. "在"的演变

从现代汉语平面看，区分动词"在$_0$"和所在处介词"在$_{11}$"的依据是句法位置；但在历时演变中，可以将"$V_1+$ 在 $+N_2$"式中的语义关系变化作为区分的依据。如果 $N_2$ 发生"施事所在——受事所在"的变化；"$V_1+$ 在 $+N_2$"式一般不被看作连动结构，可以分析为述补结构，伴随语义关系和结构关系变化的是介词"在$_{11}$"的产生。比较两组例句：

（1）a1. 鱼潜在渊，或在于渚。（诗经·小雅·正月）

a2. 陟降厥士，日监在兹。（诗经·小雅·敬之）

a3. 卫褚师圃亡在中牟。（左传·定公九年）

a4. 寡君失守社稷，越在草莽。（左传·定公四年）

（1）b1. 藏在周府，可覆视也。（左传·定公四年）

b2. 藏在盟府，不可废也。（左传·襄公十一年）

b3. 载在盟府，大师职之。（左传·昭公二十六年）

b4. 吴，周之胄裔也，而弃在海滨。（左传·昭公三十年）

1a组的 $N_2$ 为 $N_1$（施事主语，可能省略或隐含）所在之处，1b组的 $N_2$ 为受事（隐性论元，未出现在本小句的句法层面）的所在之处；相比较而言，1b组"在"的介词性质比较明显，可以确定为介词。两组的区别可以概括为两点。第一，1a组的 $V_1$ 和"在"共载一个施事主语，"$V_1$+在"短语可分析为连动结构或双动词结构，"在"不能排除动词的可能性；1b组的 $V_1$ 和"在"不是共载一个施事主语，不符合连动结构或双动词结构的语义条件，"在"和 $N_2$ 可以看作先组合的成分，"在"是介词。第二，相对1a组来说，1b组"在"与 $N_1$ 没有"行为——施事"的语义关系，其 [+自主性] 消失；相反，$V_1$ 有很强的自主性，独自承担了谓语部分中心动词的功能。

B. "望"的演变

"望"的"看视动词——方向介词"演变也呈现了"动作性消失"的特征。致变因素主要是结构式中 $V_2$ 和 $N_1$ 的语义类型变化。动词"望"有"向远处看"的义项，可分析出四个义素：1）人；2）面对着……方位；3）向远处；4）看视。在"望"的语法化过程中，上述四个义素是逐步变化的，最重要的致变因素为义素4的消失，其次还有义素1、义素3表义范围的扩展以及义素2的变化。"望 $+N_2$（+而）$+V_2$"式在的"望"在南北朝时期仍然是动词。例如：

（2）a1. 望鸡笼山叹曰："孙伯符志业不遂。"（世说新语·豪爽）

a2. 夷吾到县，无所验，但望阁伏哭而还。（后汉书·方术列传）

a3. 后告归平陵，望寺门而步。（后汉书·张湛传）

2a组的"望"仍有"看视"义素，是动词。在同一时期，"望"进入与方向介词对举的格式，呈现朝方向介词发展的倾向。例如：

（2）b. 望陵歌对酒，向帐舞空城。（何逊：乐府·铜雀妓）

但直至唐代，一些"望 $+N_2+V_2$"式中，"望"的介词性质还不能确定。例如：

（2）c1. 远人无坟水头祭，还引妇姑望乡拜。（王建：寒食行）

c2. 老农老圃望天语，储潭之神可致雨。（裴谞：储潭庙）

2c 组的"望"可作两种分析：看视动词或方向介词。从历时角度看，演变的第一步是"望 +N₂+V₂"式中 V₂ 的语义类型变化，当大量的运行动词进入 V₂ 位置时，"望"的表示方向的义素得到强化，表示视觉的义素则淡化了。试比较两组例句：

（2）d1. 临水歇半日，望山倾一盂。（白居易：东归）

d2. 一声似向天上来，月下美人望乡哭。（李贺：龙夜吟）

d3. 数篇对竹饮，一杯望云醉。（白居易：郡中即事）

d4. 贼徒崩腾望旗拜，有若群蛰惊春雷。（刘禹锡：平蔡州三首）

（2）e1. 牧童望村去，猎犬随人还。（王维：淇上田园）

e2. 君登青云去，予望青山归。（孟浩然：送友人之京）

e3. 仰头听鸟立，信脚望花行。（白居易：野行）

e4. 独望西山去，将身寄白云。（皎然：奉陪颜使君……）

2d 组的 V₂ 为原地动词，2e 组的 V₂ 为运行动词。相对而言，2e 组"望"的"看视"义素呈现淡化的趋势。因为在现实世界中原地动作发生时，可以保持"面对着……方位"和"向远处看"的姿势，而在运行中很难一直保持这种姿势。现实世界的情状以认知为纽带反映在语言中，于是，当运行动词进入 V₂ 位置时，"望"的义素 2 和义素 4 淡化了。2e 组显示了 V₂ 的语义类型变化可能导致"动作性的消失"。唐代出现较多的运行动词充当 V₂ 的用例：

（2）f1. 挥鞭望尘去，少妇莫含啼。（戎昱：从军行）

f2. 殷勤最高顶，闲即望乡来。（刘禹锡：题招隐寺）

f3. 久依荒陇坐，却望远村行。（元稹：江陵三梦）

f4. 行歌望山去，意似归乡人。（白居易：游蓝田山卜居）

f5. 但望青山去，何山不是缘。（朱庆余：送僧游缙云）

f6. 不言天路远，终望帝乡归。（黄滔：襄州试白云……）

仅凭 2f 组，还无法断言"望"的义素 2 和义素 4 已经完全消失，但至少可以说"望"在这时期已处于"看视动词——方向介词"的发展过程中，且靠近介词一端。陆游《老学庵笔记》云："北人谓'向'为'望'。"可见，最迟在宋代的北方方言中，"望"已是方向介词。"望"继续语法化，介词性质愈加明显，这表现为 V₂ 的继续扩大范围。"望"原本属于看视次类，如果另一

个看视动词进入 $V_2$ 位置，则"望"的义素 4 完全消失了。例如：

（2）g. 望下一看，打个筋斗。（关汉卿：钱大尹智勘绯衣梦·第二折）

在"望"的语法化过程中，$N_1$ 的语义类型变化也起着重要作用。2a 组的 $N_1$ 是人（可以推理得知），南北朝至唐宋时期，表示飞禽走兽的名词进入 $N_1$ 位置：

（2）h1. 夕云向山合，水鸟望田飞。（萧子晖：落日郡西斋……）

h2. 有七鹞翩翩望空飞去。（宣室志·卷1·鹞画）

h3. 羸马望北走，迁人悲越吟。（王昌龄：江上闻笛）

h4. 乘秋和携去，直望九霄飞。（齐已：谢丁秀才……）

h5. 燕鸿望南飞，春至还北去。（韩元吉：送庞祐甫五首）

h6. 年年湖上雁，旭旦望南飞。（吴泳：寿李雁湖）

观察 2h 组可知：由于 $N_1$ 的语义类型变化，"望"的义素 1 的范围也得到扩展。如果是表示无生命名词事物的名词进入主语位置，"望"的义素 4 呈现消失的迹象。例如：

（2）i. 鱼云望旗聚，龙沙随阵开。（萧纲：从军行）

上例还可以看作是"比拟"用法，"望"不能排除动词的可能性。下面一组的 $N_1$ 是"无生命"的事物，不能有"看"的行为，"望"只能分析为方向介词。

（2）j1. 不如古溪水，只望乡江流。（唐彦谦：春风四首）

j2. 彩云朝望青城起，锦浪秋经白帝来。（刘禹锡：江陵严司空……）

j3. 江水日万折，衮衮望东流。（许及之：王弼翁同年……）

j4. 爱此好风当北牖，待来明月望西斜。（赵蕃：筋竹之新居……）

综上，"望"演变的主要因素是 $V_2$ 或 $N_1$ 的语义类型变化，由此导致义素 4 的消失，这是演变的关键。演变中，也发生了义素 1、义素 2 和义素 3 的变化，这些变化也推动"望"的演变。

### 6.2.2.1.2　原地动词向对象介词发展

对象介词萌生过程中的语义关系变化主要是 $V_2$ 的施事的"双方——单方"或"单方——双方"变化以及 $N_2$"施事——受事 / 与事"变化。

A. 原地动词向师从介词发展

"随行"义动词"从$_{01}$"充当 $V_1$ 的"从 +$N_2$（人）+$V_2$"式中，$V_2$ 是"双方参与"意义的。例如：

（3）a1. 国佐从诸侯围郑。（左传·成公十七年）

a2. 秋，蔡人、卫人、陈人从王伐郑。（左传·桓公五年）

3a组的句义中蕴含"施事位移"意义，如果$V_2$是运行动词，"位移"意义由$V_2$承载，"从"为"跟从"义。例如：

（3）b1. 而遂从公如晋。（左传·昭公十二年）

b2. 厚从州吁如陈。（左传·隐公四年）

"跟从"义动词"从$_{02}$"属原地动词，是师从介词"从$_{32}$"的直接来源，但3b组"跟从"义动词充当$V_1$的"从$+N_2+V_2$"式中，$V_2$的施事仍是$N_1$和$N_2$，也就是说$V_2$是"双方参与"意义的。"跟从动词——师从介词"演变的关键是结构式中的语义关系的变化。汉代，"从$+N_2+V_2$"式的$V_2$可以是"受"、"学"等表示"习得"义的动词，结构式中的语义关系发生变化，$V_2$的施事只有$N_1$，由于$V_2$是"单方实施"意义，"从"是萌芽状态的师从介词。例如：

（3）c1. 乃从荀卿学帝王之术。（史记·李斯列传）

c2. 温舒从祖父受历数天文。（汉书·路温舒传）

3c组中，$N_2$的身份高于$N_1$，"跟从"义还未褪尽。如果$N_2$和$N_1$之间没有身份高低的区分，"从"是纯粹的介引师从者的介词。例如：

（3）d1. 平昌侯王临以宣帝外属侍中，称诏欲从奉学其术。（汉书·翼奉传）

d2. 间请问其故，乃刘棻尝从雄学作奇字，……（汉书·扬雄传下）

综上，"从$_{02}$"发生"跟从动词——师从介词"演变的因素是"（$N_1$+）从$+N_2+V_2$"式中$V_2$的语义类型变化以及$N_1$和$N_2$之间的关系变化，由此带来的语义关系变化固定了演变的结果。相隔一千多年，另一个"跟从"义动词也向师从介词发展（参见4.2.1.2.4）"跟从"义动词可以直接向师从介词发展，演变的特征是"施事位移"和"$N_2$是施事"意义的消失，由于$V_2$的施事发生"双方——单方"变化，"跟从"义动词的动作性消失。

B. 原地动词向连带介词发展

B1. "和"的演变

在"和$+N_2+V_2$"式中，区分随同动词和连带介词的重要条件是$N_2$是施事还是受事。比较两组例句：

（5）a1. 为惜红芳今夜里，不知和月落谁家。（来鹄：惜花）

a2. 渡口和帆落，城边带角收。（陆龟蒙：夕阳）

（5）b1. 常时簪组累，此日和身忘。（白居易：朝回游城南）

b2. 回头瞥尔贼身露，和赃捉获世无俦。（五灯会元·卷十八·东山吉禅师）

5a组可以推出"和"与"落"施事都是 $N_1$ "意义，还有" $N_2$ 也是 $V_2$ 的施事"意义；因为两个动词共载一个施事，"和 $+N_2+V_2$ "式符合连动结构的语义条件，"和"还是"伴随"义动词，或不能排除动词的可能性；5a组还可以推出" $N_1$ 和 $N_2$ 双方实施 $V_2$ 行为"的意义。5b组的 $N_2$ "身""赃"是 $V_2$ "忘""捉获"的受事，比照5a组，可以看出：由于 $N_2$ 的"施事——受事"变化以及施事的"双方——单方"变化，"和"的 [+自主性] 淡化，"和"可定性为连带介词。

B2. "并"的演变

唐代的"并 $+N_2+V_2$ "式中，大多可以推出" $V_2$ 行为由 $N_1$ 和 $N_2$ 双方实施"的意义。例如：

（6）a1. 交亲几重别，归梦并愁侵。（杨凌：江上秋月）

a2. 竹声并雪碎，溪色共烟深。（王周：题厅壁）

例6a2的"并"与介词"共"对举，呈现明显的朝介词发展的态势，但由于"并"和"碎"的施事都可以看作"竹声"，"雪"和"碎"也有"施事——动作"关系，"并 $+N_2+V_2$ "式还不能排除连动结构的可能性，"并"也不能排除动词的可能性。如果 $N_2$ 是受事，"并"是连带介词。例如：

（6）b1. 伴貂金换酒，并雀画成图。（陆龟蒙：蝉）

b2. 仁贵病卒。……，官造灵舆，并家口给传还乡。（旧唐书·薛仁贵传）

比照6a组和6b组可知："并"发生"兼及动词——连带介词"演变的关键也是结构式中语义关系的变化，即 $N_2$ 的语义论元发生"施事——受事"的变化。

B3. 小结

"伴随""兼及"义动词向连带介词发展时，具有"动作性消失"的特征，这是因 $V_2$ 和 $N_2$ 的语义关系变化而实现的。如果 $N_2$ 和 $V_2$ 是"受事——动作"关系，"和、并"等变为连带介词。

### 6.2.2.2　时间关系的变化

连动结构的 $V_1$ 和 $V_2$ 之间往往有"时间先后"关系，一般是 $V_1$ 表示的事件发生在先， $V_2$ 表示的事件发生在后。连动结构向状中结构演变时，有一个重要的特征是：在推理活动中对于时间点的关注不同。如果说话人和听话人只关注一个时间点，那么，肯定是主要动词的时间。那个不含时间意义的 VP 就有可能不再被看作动词性单位，整个结构式有可能被分析为状中结构。

### 6.2.2.2.1　原地动词向方所介词发展

原地动词若向方所介词发展，首先产生的一般是"所在处""方向"功能（在"$V_1+N_2+V_2$"式中），"原地动词——所在处介词"演变须消除 $V_1$ 和 $V_2$ 之间的"时间先后"关系。

A."著"的演变

所在处介词"著$_{11}$"萌生于多种结构式，与时间意义变化有密切而明显联系的演变发生在"$V_1+N_2+$ 著 $+N_3$"式中，此式中的"著"原本大多是"放置"义动词，句中大多可以推出"$V_1$"和"著"有时间先后意义。例如：

（7）a1. 俊嘉其才质，即赎象著家，聘娶立屋。（三国志·魏书·杨俊传）

　　 a2. 太后意折，乃遣傍侍御取玺绶著坐侧。（三国志·魏书·三少帝纪，裴注引《魏略》）

　　 a3. 若不见亮，使剖心著地，正与数斤肉相似。（三国志·魏书·杜畿传，裴注引《杜氏新书》）

在 7a 组的推理意义中，在"赎、取、剖"等行为之后，才发生 $N_2$ 的位置变化（$N_2$ 被放在 $N_3$ 处）；施事必须先实施 $V_1$ 行为，然后才能使 $N_2$ 位于 $N_3$ 处；由于"时间先后"意义的存在，以及"受事位移"意义的存在，"著"的"放置"义未能淡化。在这种结构式中，"著"变为所在处介词的语义条件是：前后两个动词所表示的事件无"时间先后"关系。比较两组例句：

（7）b1. 男儿居世，会当得数万兵千匹骑著后耳！（三国志·魏书·崔琰传，裴注引《吴书》）

　　 b2. 澹伏面著床席不起，涕泣交横。（三国志·魏书·潘濬传，裴注引《江表传》）

（7）c1. 初植……乃留其从官著关东。（三国志·魏书·任城陈萧王传，裴注引《魏略》）

　　 c2. 留家著寿春。（三国志·魏书·吴书·孙策传，裴注引《江表传》）

比较 7b 组的 $V_1$"得"、"伏"和"著"之间可能有"时间先后"关系，也可能没有，"著"介于"置放"义动词和所在处介词之间。7c 组的 $V_1$"留"

和"著"之间没有"时间先后"关系，"著"是所在处介词。比较 7a、7b 和 7c 三组，可以发现：在相同的结构式中，由于对时间关系有不同的推理意义，"著"有不同的分析结果。如果句子没有"时间先后"和"受事位移"（即"从某处取某人或某物放置于 $N_3$ 处"）的推理意义，"著"可以分析为介词。

B."搁"的演变

在"搁+$N_2$+$V_2$"式中，如果可以推出"$V_1$ 行为发生在先，$V_2$ 行为发生在后"的意义，"搁"还是动词。例如：

（8）a1. 于是我们弄了五个阁，分了五个主义五个流派，搁刘会元手里摇了摇，一齐扔桌上。（一点儿正经没有）

　　　a2. 姜习惯性甩筷子搅一搅，把沾在筷子上的稠汁搁嘴角捋一捋，咂咂味儿点点头。（白鹿原）

8a 组的句义中除了可以推出"有放置物"意义之外，还可以推出"搁"和 $V_2$ 之间的"时间先后"意义。如果"时间先后"意义消失，说话人和听话人只关注一个时间点，"搁"就是介词。例如：

（8）b. 他们搁大门口聊天。

比较 8a 组和例 8b 可知：除了"放置物"意义"有——无"变化之外，"时间先后"意义的"有——无"变化也是致变因素之一。时间意义的变化导致只有一个时间点的认识，这种认知变化引发了对"搁"的"动作性"的重新分析，使得"连动——状中"的结构变化得到确认，也固化了"搁11"的性质和功能。

#### 6.2.2.2.2　原地动词向对象介词发展

原地动词向对象介词发展的过程中，也呈现"时间先后"意义消失的特征。这种变化是由 $V_2$ 的语义类型变化导致的。

A."给"的演变

被动介词"给35"有两个来源："给予"义动词或"致使"义动词。"给予动词——被动介词"的演变有诸多因素，其中之一是时间意义的变化。比较两组例句：

（9）a1. 十八两银子，他没留下一分，都给爷爷使了。（醒世姻缘传·三十回）

　　　a2. 只这一位荀老爹，三十晚里还送了五十斤油与你。白白给你炒菜吃，全不敬佛！（儒林外史·二回）

（9）b1. 只为给人卖了，平空的到了火坑里头。(补红楼梦·十四回)

    b2. 但是，他几十岁的一个老太婆，拿了这一笔钱，难保不给歹人骗去。

（二十年目睹之怪现状·六十五回）

9a 组句中可以推出说话人"不情愿"或"不认可"的意义，已孕育着"给"变为被动介词的可能性，但句义中可推出"有授予物"意义，"给"和 $V_2$ 之间的"时间先后"意义，"给"还是"给予"义动词。9b 组也可以推出说话人"不情愿"或"不认可"的意义，但句义中可以推出"无授予物"意义，"给"和 $V_2$ 之间也没有"时间先后"关系，"给"是被动介词。由 9b 组可知："时间先后"意义的消失与动词的语义类型变化有关。因为"卖"、"骗"是 $N_1$（主语，可能省略或隐含）"非企盼"的行为，$N_1$ 没有实施 $V_2$ 行为的主动性，相反，$N_2$ 是行为的获益者，有实施 $V_2$ 行为的主动性。随着 $N_1$ 实施行为的主动性的"有——无"变化，"给"和 $V_2$ 之间的"时间先后"意义也消失了，介词性质和功能凸显。

### 6.2.2.3　名词的语义类型变化

名词的语义类型变化既是句法因素，也是语义因素。名词的语义类型变化是指处于源动词宾语或主语位置的 NP 的语义类型变化。主要有"具体——抽象"、"有生命——无生命"、"物——人"或"位置移动——位置固定"等变化。这些变化可能引发"动词——介词"的演变，也能引发介词的功能扩展。

#### 6.2.2.3.1　"具体——抽象"的变化

如果充当源动词宾语的 NP 发生"具体——抽象"的意义变化，动词的动作性随之淡化，甚至消失，如处置介词"以、持"和工具介词"以、用"等的产生。

#### 6.2.2.3.2　"有生命——无生命"的变化

充当主语的名词如果发生"人——物"的变化，即"有生命——无生命"的变化，有可能引发"动词——介词"的演变。以方向介词"向、朝"为例，论述方向介词产生过程中充当主语的 NP 的变化对介词产生的作用。

A."向"的演变

方向介词"向$_{11}$"有两个来源，可以产生于多种结构式。本节讨论"原地动词——方向介词"的演变。在"($N_1$+)向 +$N_2$+$V_2$"式中，如果 $N_1$（主语，可能省略或隐含的）是表"人"的名词，"向"可能是"面朝着……方位"义的动词，也可能是方向介词。例如：

（1）a1. 西门豹簪笔磬折，向河立，待良久。（史记·滑稽列传）

a2. 项王、项伯东向坐，亚父南向坐。（史记·项羽本纪）

如果 $N_1$ 是"无生命"的事物，"面朝着"意义消失，"向"可以分析为介词。例如：

（1）b1. 风光逐榜转，山望向桥开。（鲍至：山池应令诗）

b2. 别有追夜游，秋窗向月开。（张正见：刘生）

B. "朝"的演变

在唐代的"朝 + $N_2$ + $V_2$"式中，$N_1$（施事主语，可能省略或隐含）一般是表人的名词，"朝"还是动词。例如：

（2）a1. 平明拂剑朝天去，薄暮垂鞭醉酒归。（李白：赠郭将军）

a2. 梦随行伍朝天去，身寄穷荒报国难。（戎昱：谪官辰州……）

2a 组的"朝"可分析出四个义素：1）人；2）面对着……方位（受尊敬者或受尊敬者之所在）；3）心怀敬意；4）当面拜见、问候或陈述。导致"朝"演变的主要因素是结构式中 $N_1$ 的语义类型变化，若 $N_1$ 是表示"水"的名词，义素 1、义素 2 可能还存在，但义素 1、义素 3 呈现消失的倾向。这一步变化发生在宋时期。例如：

（2）b1. 江水北流朝海去，斗杓东转斡春回。（郭祥正：次韵安中尚书钟阜轩）

b2. 毕竟水须朝海去，到头云定觅山归。（释清远：颂古六十二首）

如果 $N_1$ 是表示"物件"的名词，则"朝"的四个义素都消失了，是确凿的方向介词。例如：

（2）c1. 官券朝北来，淮俗暮安宅。（陈造：钱弊）

c2. 辟书朝东来，海上便拟寻蓬莱。（刘宰：送赵玉甫……）

### 6.2.2.3.3 "无生命——有生命"的变化

有时候，"$V_1$ + $N_2$ + $V_2$"式中的 $N_1$ 发生"物——人"的变换，或是"无生命——有生命"的变换，也可能导致处所介词的产生，以"打"为例。宋代的"打 + $N_2$ + 过"式中，如果 $N_1$ 是表示自然现象的名词，如"风、雨、雪、水流"等，"打"还是动词；但蕴含着变为经由处介词的可能性。例如：

（3）a. 急雨打窗过，飞泉落洞声。（戴栩：宿山寺）

由于 $V_2$ 是"过"，上例的 $N_2$"窗"的语义论元可以理解为受事，即

$N_1$"急雨"拍击的对象；也可以理解为处所，即"急雨"经由之处；由于 $N_1$ 是表示自然现象的名词，"打"通常被分析为动词，但句义中蕴含着 $N_2$ 被理解为"经由处"的可能性。

下面一组还是"打 +$N_2$+ 过"式，"打"与介词对举，看起来似乎是介词；但由于 $N_1$ 是表示自然现象的名词，"打"还不能完全排除"击打"或"拍打"义动词的可能性。

（3）b1. 雪打子猷船上过，春从灵运屐边来。（释仲皎：怀剡川故居）

　　b2. 月于水底见逾好，风打松边过便清。（方岳：山中）

　　b3. 水从东塔来，却打西涧过。（林宪：题国清寺清音亭）

有时，$N_1$ 是表示植物的名词，"打"还是不能排除"击打"义的可能性。例如：

（3）c. 一梢横打竹边过，造化工成水墨图。（方岳：梅花十绝）

如果 $N_1$（施事主语，可能省略或隐含）为表人的名词，$V_2$ 还是"过"，则 $N_1$ 与"打"的"施事——动作"关系消失，$N_1$ 只与 $V_2$"过"有"施事——动作"的语义关系。于是，"打"的"拍击"义消失了，是确凿的经由处介词。例如：

（3）d1. 要打衲僧门下过，避些炎热耐些寒。（释居简：偈颂一百三十三首）

　　d2. 骑驴又打津头过，杨柳飞绵出短墙。（释元肇：春郊有感）

　　d3. 方才打清湖河下过，见崔宁开个碾玉铺，……（崔待诏生死冤家，近汉语资·宋代卷）

#### 6.2.2.3.4 "移动——固定"的变化

"随"的"随行动词——沿途介词"演变路径显示了 $N_2$ 的语义类型变化的作用。上古时期，动词"随"有"随行"义。例如：

（3）a1. 使者入，及众介随入。（仪礼·聘礼）

如果"随"处于"随 +$N_2$+$V_2$"式的 $V_2$ 是表示运行概念的动词。"随"作"跟从"解。例如：

（3）b. 于是少女缇萦伤父之言，乃随父西。（史记·扁鹊仓公列传）

上例的"西"是方位名词活用为运行动词，可以承载"运行"概念的表达，但"随"还是"跟从"义动词。因为跟随某人走路，前人路线改变了，后人也得变，后人的路线是随着前人的路线而变化的。与人相随和与处所相随有相通之处，当"随"带处所名词作宾语，$N_2$ 可以看作 $N_1$ 运行的经由之处或运行的路线。例如：

（4）c1. 随山浚川，任土作贡。（尚书·禹贡）

　　c2. 禹敷土，随山刊木，奠高山大川。（尚书·禹贡）

上两例的 $V_2$ 不是运行动词，但句子有"沿着山运行"的推理意义，这种意义由"随"承载，可以说"随"还含有运行义素。引发"随"向沿途介词发展的第一步是"随 $+N_2+V_2$"式中 $V_2$ 的语义类型变化。若 $V_2$ 为运行动词，则"运行"概念主要由 $V_2$ 承担，"随"呈现向沿途介词发展的趋势。例如：

（4）d1. 若云滓秽所在，送使随流东入海也。（释名·释州国）

　　d2. 麦随水漂去。（东观汉记·卷十八）

　　d3. 荆鳖令死，尸随水上，荆人求之，不得也。（风俗通义·佚文）

　　d4. 鳖灵尸随江水上至郫。（蜀王本纪）

　　d5. 子胥因随流扬波，依潮来往。（吴越春秋·卷三·夫差内传）

4d 组的 $N_2$ 是表示"位置移动"事物的名词，句中可以推出" $N_1$ 和 $N_2$ 一起运行"的意义，虽然运行意义由 $V_2$ 承载，但"随"还不能排除"跟从"义动词的可能性。若 $N_2$ 是表示"位置固定"事物的名词，$V_2$ 是运行动词，则" $N_1$ 和 $N_2$ 一起运行"的推理意义消失了，"随"的运行义素也消失了，可以看作沿途介词。例如：

（1）e1. 遵渚攀蒙密，随山上岖嵚。（范晔：乐游应诏诗）

　　e2. 马向塞云去，人随古道还。（李端：送张淑归觐叔父）

　　e3. 送客随岸行，离人出帆立。（卢纶：送吉中孚校书……）

　　e4. 人随沙路向江村，余亦乘舟归鹿门。（孟浩然：夜归鹿门山歌）

据 4e 组可知：至迟在唐代，沿途介词"随$_1$"已存在。唐宋时期，$N_1$ 可以是表物名词。例如：

（1）f1. 柳陌乍随州势转，花源忽傍竹阴开。（郎士元：春宴王补阙……）

　　f2. 夜水随畦入，晴花度竹寻。（韩雄：敕和元相公……）

　　f3. 寒溪随山廻，修竹隐深寺。（梅尧臣：张仲通追赋……）

　　f4. 路随山脚转，岸近海潮侵。（李正民：杂诗）

　　f5. 青山随路转，老树挟溪回。（李兼：石子涧）

据 4f 组可知：只要 $N_2$ 是表示"位置固定"事物的名词，$V_2$ 是运行动词，"随"就可以分析为沿途介词。南北朝至宋时期，还有一些 $V_2$ 位置上出现形容词的用例：

（4）g1. 沿波被华若，随山茂贞芳。（颜延之：登景阳楼诗）

g2. 野水随路曲，东风得木鸣。（叶适：与英上人游……）

唐宋时期，$V_2$ 扩展范围，原地动词进入 $V_2$ 位置。例如：

（4）h1. 寒云随路合，落照下城馀。（钱起：送沈仲）

h2. 野花随路见，幽鸟隔山闻。（郭印：出郭）

h3. 竹高随路有，山静隔江青。（徐玑：题李氏山亭）

由 4g、4h 组可知：$N_2$ 的语义类型变化，即"位置移动——位置固定"的变化，是"随"变为沿途介词的决定性因素。

### 6.2.2.4  动词语义类型的变化

动词的语义类型变化也包括形容词的语义类型变化（参见 1.4.2）。

### 6.2.2.5  句子推理意义的制约

绝大多数"动词——介词"的演变过程都有词义虚化的轨迹可循，但少数介词的产生几乎没有词义虚化痕迹，例如经由处介词"打$_{11}$"，它产生的主要因素是句子的推理意义变化。

唐代，"打"有"冲击，拍击"义（记为"打$_0$"），"打$_0$"是经由处介词"打$_{11}$"的直接来源。但是，从"冲击、拍击"义到"从、由"义，就词义变化而言，并没有十分明显的联系，也看不到清晰的词义虚化痕迹。"打"的"动词——介词"演变与句子推理意义变化有密切的关系，在类似"潮打空城寂寞回"的句子中，$N_2$"空城"是 $N_1$"潮"冲击的对象，也是冲击的处所；其语义论元可以分析为"受事"，也可以分析为"处所"。与"经由处"功能有密切联系的是一种与运行路线有关的推理，即听话人对潮流运行路线的理解。听话人从 $V_2$"回"的意义，可推出潮流有"前进"和"后退"两段运行过程，或是有"往"与"返"两段运行路程；而"空城"则是前段（"往"段）的终点，后段（"返"段）的起点；若就潮流的"冲击城墙，然后退返"的整个运行过程看，"空城"可以被理解为潮流所经之处。就 $V_2$"回"这一段路程而言，$N_2$ 可以看作"返"段路程的起点。句中的 $N_1$"潮"有运行路程，$N_2$"空城"有"经由处"和"始发处"两种意义，这些推理意义是介词"打$_{11}$"得以产生并扩展其功能的语义基础。与其说"打"的"从、自"

义引申自动词"打。",不如说句子的推理意义决定句中某个词的词义或功能——推理意义的存在或变化可能会导致词义、功能变化。

唐宋时期,"打。"可以充当连动结构的$V_1$。例如:

（1）a1. 山围故国周遭在,潮打空城寂寞回。（刘禹锡:金陵五题）

a2. 涛头寂寞打城还,章贡台前暮霭寒。（苏轼:虔州八境图八首）

a3. 蜿蜒气上黑云合,喧豗浪打苍崖回。（晁公遡:三月二十日……）

a4. 朱甍突兀倚云寒,潮打孤城寂寞还。（汪元量:浙江亭……）

a5. 茶烟凝户晓,风雪打舡回。（释元肇:过郑文昌庵）

1a组的$N_1$（主语）是表示自然现象的名词,$N_1$"潮、涛、浪、风雪"等与$V_1$"打"和$V_2$"回、还"都有"施事——动作"的语义关系,"打$+N_2+$回/还"式可分析为连动结构。与唐代及唐代之后的其他"动词——介词"演变相似,"打$_{11}$"也是在连动结构的$V_1$位置上萌生的,可以说,1a组例句是"打$_{11}$"萌生的结构式。从句法角度看,在这种结构式中,致变的句法因素主要是$V_2$、$N_1$和$N_2$的语义类型变化。三个构成成分的语义类型变化都可以引发句子推理意义的变化,其中$N_1$的语义类型变化对演变起着决定性的作用。"对举格式"可以看作既能导致演变,也能固化演变结果的因素。

1a组中,$N_1$是表示自然现象的名词,$N_1$的语义类型决定了"打"还是"冲击,拍击"义动词;$N_2$的语义论元可分析为"受事",但是,水流或风雪等可以看作有运行路线的事物,$N_2$有可能被理解为运行的"经由处",也可以看作"往"段的"终到处","回"段的"始发处"。

宋代,结构式中的$V_2$有所扩展,"过"进入$V_2$位置,由于主语还是表示水流、雨雪等自然界事物的名词,"打"仍是动词,但$N_2$被看作"经由处"的可能性增大了。例如:

（1）b. 急雨打窗过,飞泉落涧声。（戴栩:宿山寺）

上例显示:$V_2$若为"过",句子的推理意义有可能发生变化,即由往返两段路程变为一段路程。虽然$N_1$仍是表示自然现象的名词,但$N_2$被分析为"经由处"的可能性增大。又如:

（1）c1. 雪打子猷船上过,春从灵运屐边来。（释仲皎:怀剡川故居）

c2. 月于水底见逾好,风打松边过便清。（方岳:山中）

c3. 水从东塔来,却打西涧过。（林宪:题国清寺清音亭）

1c组也是"打$+N_2+$过"式,主语（包括省略的）还是表示自然现象的名词，但由于与介词对举，"打"趋近介词。若 $N_1$ 不是表示自然现象的名词，而是表示车船、人马等意义的名词，$V_2$ 仍为"过"，$N_1$ 就与 $V_2$ 发生密切的语义联系；$N_1$ 是具有意志的运行主体，说话人和听话人都关注 $V_2$"过"这一行为，而且将 $N_1$ 和 $V_2$ 直接联系在一起，$V_2$ 很可能被看作谓语部分的中心动词；同时，又因为 $N_1$ 不是表示水流、雨雪等的名词，相对来说，$N_1$ 与 $V_1$"打"的"施事——动作"关系消失，$N_1$ 只能被理解为 $V_2$ 的施事，这样，"打"的"冲击、拍击"义就消失了。可以说由于 $N_1$ 的语义类型变化导致了语义推理的变化，也导致了句子的结构变化。句子的谓语部分（"打 $+N_2+$ 过"式）呈现"状中结构"的特征。例如：

（1）d1. 叶舟自打窗前过，只有杨花度小桥。（释居简：立夏）

d2. 要打衲僧门下过，避些炎热耐些寒。（释居简：偈颂一百三十三首）

d3. 骑驴又打津头过，杨柳飞绵出短墙。（释元肇：春郊有感）

d4. 朝向廛中游，暮打市里过。（释妙伦：布袋和尚赞）

d5. 方才打清湖河下过，见崔宁开个碾玉铺，……（崔待诏生死冤家，近汉语资·宋代卷）

d6. 郭立前日下书回，打潭州过。（崔待诏生死冤家，近汉语资·宋代卷）

1d 组还是"打 $+N_2+$ 过"式，但"打"已是介词。1d 组显示：相对于 $V_2$ 的语义类型变化来说，$N_1$ 的语义类型变化是演变中起决定作用的因素。$N_1$ 若为表示潮流、波涛或风、雨、雪等自然界事物的名词，$N_1$ 与 $V_1$"打"、$V_2$"过"都有"施事——动作"的语义联系，整个结构式可分析为连动结构；在语义结构中，$N_2$ 虽然有可能被理解为"处所"，但更容易被理解为"受事"。这样，"打"的"冲击，拍击"义很难消失。若 $N_1$（施事主语，可能省略或隐含）是表示车船、人马等意义的名词，$V_2$ 仍为"过"，$N_1$ 与 $V_2$ 发生密切的语义联系；$N_1$ 是具有意志的运行主体，听话人关注 $V_2$"过"这一行为，"过"具有 [+ 自主性]。而"打"没有自主性。由于强自主性动词是"过"，$N_1$ 和"过"直接联系在一起，$V_2$ 被看作谓语部分的中心动词。同时，也因为 $N_1$ 不是表示水流、雨雪等自然界事物的名词，相对来说，$N_1$ 与"打"的没有直接的语义关系，$N_1$ 只能被理解为 $V_2$ 的施事，这样，"打"的"冲击，拍击"义就消失了。可以说由于 $N_1$ 的语义类型变化最终导致了句子推理意义的变化，也导致了结构关系的变化。

### 6.2.2.6　小结

原地动词可以朝方所介词、时间介词、对象介词、方式介词或范围介词发展，致变的因素主要语义关系的变化，时间关系的变化或句义制约，这些变化往往是由结构式中名词或动词的语义类型变化引发的。

## 6.3　介词功能扩展中的语义因素

引发介词功能扩展的因素通常是结构式中动词或名词的语义类型变化，决定性的因素是由此带来的语义关系的变化。

## 6.3.1　方所介词的功能扩展

导致方所介词功能扩展的语义因素是动态意义的变化、距离意义的变化、目的地或观察点的变化等。

### 6.3.1.1　动态意义的变化

动态意义的变化是指句中是否有"施事或受事位移"意义；动词的时体意义是"动态／短暂"的，还是"静态／持续"的等等。

#### 6.3.1.1.1　动态意义的消失

在方所介词内部，走"终到处——所在处"演变路径有"于、到"等。所在处介词"于$_{12}$"有动词和终到处介词两个来源，而所在处介词"到"（记为"到$_{12}$"）只有终到处介词"到$_{11}$"一个来源，"到"的"终到处——所在处"演变可以证明：在介词功能扩展中有过"动态／短暂"意义消失的现象（参见 5.3.1.1.4）。

#### 6.3.1.1.2　动态意义的出现

在"所在处——终到处"、"终到处——方向"的演变中，呈现动态意义出现的现象（参见 5.3.1.1.1）

#### 6.3.1.1.3　"进行中"意义的变化

在认知活动中，"方向"和"终到处"之间存在联系，两者在概念中可能有重叠的部分。反映在语言中就是表示"方向"和"终到处"使用相同的标记形式，如英语的介词"to"，汉语的介词"向、著"。"方向"和"终到处"有可能被看作"在同一运行路线上"，若"V+P+$N_2$"式中，$N_2$ 作"终到处"理解时，有可能蕴含"$N_2$ 是运行的目的地"，"运行至 $N_2$ 处停止"意义；作"方向"理解时，则蕴含"以 $N_2$ 为运行的终点""运行在进行中"的意义。"方向——终到处"演变的关键是"运行在进行中"意义的消失，而"运行终止，已抵达 $N_2$ 处"意义的明显化。"终到处——方向"演变的关键则与之相反。

A."方向——终到处"的演变

"方向——终到处"演变的典型是介词"向$_1$"，演变是在"运行动词 + 向 +$N_2$"式中发生的。在这种结构式中，运行的"目的地"也有可能被理解运行"方向"。从语义角度看，终到处介词"向$_{12}$"与运行动词"向$_{02}$"也有联系，"向$_{02}$"用于句中可作"至"或"抵达"解，而"抵达"义动词是终到处介词的语义来源之一。但是，从历时角度看，"向$_{11}$"产生比较早，"向$_{12}$"相对较迟，在语义和句法方面，"向$_{12}$"都可以看作"向$_{11}$"功能扩展的结果（参见 5.3.1.1.2）。

B."终到处——方向"的演变

由于源动词"著"属于原地动词，介词"著"首先萌生"所在处"功能，走"所在处——终到处——方向"的演变路径。方向介词"著$_{13}$"的直接来源是终到处介词"著$_{12}$"（参见 4.2.2.1.1）。

### 6.3.1.2 距离意义的变化

距离意义的变化有三种类型：第一种是距离意义的消失；第二种是距离意义的出现；第三种是距离远近的变化。

#### 6.3.1.2.1 距离意义的消失

距离意义的消失比较明显地发生在"始发处"和"方向"两种功能朝"所在处"功能扩展的过程中。介词"从"走过"经由处——始发处——所在处"路径，介词"向"走过"方向——所在处"的路径，导致两种演变的直接因素都是"P+$N_2$+V"式中 V 的语义类型变化，由此带来的距离意义的消失。当介词"从"发生"始发处——所在处"演变时，呈现"距离意义消失"的特征（参加 4.3.2.1.1）。所在处介词"向$_{14}$"有多个来源，其中之一是方向介词"向₁₁"。"方向——所在处"的功能扩展也与"距离"意义的消失有关（参见 5.3.1.1.2）。

### 6.3.1.2.2　距离意义的出现

介词"于、就"走过"所在处——始发处"的演变路径，这种演变呈现了"距离意义出现"的特征。"于"是"去往"义动词，首先产生的是"终到处"功能。始发处介词"于₁₃"来自"所在处"功能的扩展，可以说介词"于₁"的演变路径之一是"终到处——所在处——始发处"。演变发生在"V+于+N₂"式和"V+N₂+于+N₃"式中。伴随演变的是施事或受事的"位移"意义和"距离"意义的出现（参见 4.2.2.1.1）。"就"是运行动词，首先产生终到处功能，所在处介词"就₁₂"萌芽于汉代，始发处介词"就₁₃"萌芽于南北朝时期。"所在处——时发处"演变的因素是"就+N₂+V"式中 V 的语义类型变化，由此带来"位移"和"距离"意义的出现。

### 6.3.1.2.3　距离远近的变化

兼有"方向"和"始发处"两种功能的介词中，"向"走过"方向——始发处"的演变路径。方向介词"向₁₁"在南北朝时期已定型，"向₁₁"所在的"向+N₂+V"式中，V 若是运行动词，说话人一般只是陈述施事的运行方向，没有涉及说话人自身的位置。有的句子中，运行的方向可能与说话人有关，也可能无关。如：

（1）a. 鸟向檐上飞，云从窗里出。（吴均：山中杂诗三首）

上例的观察点是说话人所在之处，N₂"檐上"可以看作"飞"的"方向"，也不妨看作"目的地"。运行的方向或距离对于说话人来说可能是"自近而远"，也可能是"自远而近"。引发"方向——始发处"演变的因素是"向+N₂+V"式中 V 的语义类型变化，由此引发"距离"意义的变化。如果运行对于说话人来说，是"自远而近"的，则"向"是介引始发处的介词。例如：

（1）b. 月向天边下，花从日里生。（卢照邻：奉和圣制赐王公……）

无论 N₂ 表示"方向"还是"始发处"，观察点都是说话人的位置，但是距离意义不同，在 V 是"出"的结构式中，如果句中蕴含的距离意义对于说话人来说是"自远而近"的，则 N₂ 的论元变为"始发处"。

（1）c1. 龙向洞中衔雨出，鸟从花里带香飞。（朱长文：望中有怀）

　　c2. 只知沤向水中出，岂知水不从沤生。（祖堂集·卷九·落浦和尚）

### 6.3.1.3 目的地或观察点的变化

在方所介词的功能扩展中,"目的地"和"观察点"的位置变化也起着作用。本节以介词"从"为例讨论"始发处——方向"的演变。

方所介词"从₁"功能扩展的路径之一是"经由处——始发处——方向"。"始发处"和"方向"可能在同一路径的相同方向上,如果"从+N₂+V"式的 V 是"来",N₂ 为方位名词"东、西、南、北",N₂ 有可能被看作始发处,但也有可能被看作方向。例如:

(2)a1. 持羽檄从东方来。(史记·淮南衡山列传)

　　a2. 持羽檄从南方来。(汉书·淮南厉王长传)

2a 组显示:句中 N₂ 的语义论元可能存在模糊性,这显示汉语介词功能扩展的特殊性,即"始发处"论元和"方向"论元可能有语义重叠。如果 N₂ 为方位名词"前、后",V₂ 为"看视"义动词,则"从"为方向介词。例如:

2b1. 从前视之,盎盎乎似有王者;从后视之,高肩弱脊,此惟不及四圣者也。

(韩诗外传·卷九)

后来 V 扩展到手作动词或口作动词。例如:

(2)c1. 寄从后斫得数创。(搜神记·卷十九)

　　c2. 夫从后急呼之。(脉经·卷九)

比较 2a 组和 2c、2d 两组可知:"始发处——方向"演变的关键是 N₂ 的语义类型和 V 的语义类型变化而带来的"距离"意义的消失。

"目的地"和"观察点"的变化与"相反方向"的运行紧密相关。"始发处"和"方向"也可能在运行的相反方向上,如果"始发处"和"方向"都是以说话人位置为观察点或参照点,演变的因素是动词的语义类型变化而带来的"目的地"或"观察点"意义的变化。比较两例:

(2)d. 匹马西从天外归,扬鞭只共鸟争飞。(岑参:送崔子还京)

(2)e. 之子棹从天外去,故人书自日边来。(韦庄:章江作)

上两例的 N₂ 都是"天外",但前例的 V 是"归",N₂ 的语义论元是"始发处"的;后例的 V 是"去",N₂ 的语义论元是"方向"。两例的观察点(参照点)都是说话人的位置,但对运行的目的地可能有不同的理解。V₂ 为"归"时,以 N₂ 为运行的起点,一般以说话人所在之处为"目的地";V₂ 为"去"时,理解的可能性之一是以说话人所在之处为运行的起点,以 N₂ 为

"目的地"。

比较上面两例可知：介词"从₁"的功能可能会发生"始发处——方向"的演变，致变的因素是由 V 的语义类型变化而引发的"目的地"和"观察点"意义的变化。

下面一组例句的 V 为"去"，以说话人位置为观察点，N₂ 是都可以理解为运行的目的地或方向，"从"有可能被分析为方向介词。

（2）e1. 中使押从天上去，外人知自日边来。（韩偓：锡宴日作）

　　　e2. 将从天上去，人自日边来。（李琪：奉试诏用⋯⋯）

　　　e3. 文路子当从那里去，自家也从那里去。（朱子语类·卷六）

### 6.3.1.4　小结

方所介词内部的功能扩展的因素主要是语义关系变化。语义因素可以概括为动态意义的变化，距离意义的变化以及目的地或观察点意义的变化。

## 6.3.2　对象介词的功能扩展

导致对象介词功能扩展的因素大多是充当介词宾语的 NP（有时可能是 VP 或 AP）的语义类型变化以及由此带来的语义关系变化。

### 6.3.2.1　"双方——单方"的演变

对象介词的功能扩展中，有一个重要的语义因素是"单方"和"双方"意义的相互转化。"单方"和"双方"的转化与"动词——介词"的演变有关，也与介词的功能扩展有关。一般来说，交互介词所在"P+N₂+V"式可以推出"V 的施事是 N₁ 和 N₂ 双方"意义，即 N₁ 和 N₂ 都参与 V 行为；而所为介词、所对介词、言谈介词等所在的"P+N₂+V"式的 V 可以推出"V 的施事是 N₁ 单方"的意义。纵观汉语史，既有"双方——单方"的演变，也有"单方——双方"的演变。与单方、双方意义变化相伴随的是介词的萌生和介词的功能变化。从历时角度看，在介词的功能扩展中，"双方——单方"的变化发生得比较早，由"双方——单方"的变化导致"交互——所为 / 所对 / 言谈"路径的演变。这种功能扩展是以交互介词为直接来源的。

#### 6.3.2.1.1 介词"与"的功能扩展

动词"与"向介词发展时，最先产生的是交互功能，由此向"所对""言谈""所为"等功能扩展。图示如下：

$$\text{与}_0 \text{—} \text{与}_{31}（交互）\begin{cases} \text{与}_{32}（所对）\\ \text{与}_{33}（言谈）\\ \text{与}_{34}（所为）\end{cases}$$

A. "与"的"交互——所对"演变

所对介词"与$_{32}$"的直接来源是交互介词"与$_{31}$"。在"与$+N_2+V$"式中，如果可以推出"V行为不是$N_1$和$N_2$双方参与的，而是$N_1$对$N_2$发出的"的意义，则"与"是所对介词。（参见5.3.3.1.4）

B. "与"的"交互——言谈"演变

在早期的V为"言说"义动词的"（$N_1+$）与$+N_2+V$"式中，V通常被理解为"$N_1$和$N_2$双方参与"意义。例如：

（2）a. 彼狡童兮，不与我言兮。（诗经·国风·狡童）

但上例不能排除"言"是$N_1$单方行为的可能性。在省略介词宾语的结构式中，V的施事通常也作"双方实施"理解。例如：

（2）b. 彼美淑姬，可与晤语。（诗经·国风·东门之池）

但上例也不能排除"V的施事是$N_1$（省略或隐含）单方"的可能性。在先秦时期的一些句子中，V有可能作"$N_1$和$N_2$双方实施"或"$N_1$单方实施"两种理解。例如：

（2）c1. 事毕，不与王言。（左传·僖公十二年）

c2. 冬，公孙归父会齐侯于谷，见晏桓子，与之言鲁乐。（左传·文公十四年）

c3. 趋而避之，不得与之言。（论语·微子）

c4. 谓孔子曰："来！予与尔言。"（论语·阳货）

c5. 孟子不与右师言，右师不悦……（孟子·离娄下）

c6. 郑人恶之，使行人子羽与之言，……（左传·昭公元年）

c7. 不释皮冠而与之言，二子怒。（左传·襄公十四年）

在省略介词宾语的结构式中，V的施事也有可作两种理解的例子：

（2）d1. 可与言而不与之言，失人；不可与言而与之言，失言。（论语·卫灵公）

d2. 是何足与言仁义也！（孟子·公孙丑下）

d3. 王怒而不与言。（吕氏春秋·至忠）

d4. 故惟得道之人，其可与言乐乎？（吕氏春秋·大乐）

2c、2d 组显示了"交互——言谈"演变的可能性。在汉代之前，已有少数 V 可作"单方"理解的例证：

（2）e1. 楚子使与王师言曰……（左传·僖公四年）

e2. 齐人无以仁义与君言者。（孟子·公孙丑下）

至汉代，已有较多"V 的施事是 $N_1$ 单方"的用例：

（2）f1. 武安侯时为太尉，乃逆王霸上，与王语曰："方今上无太子，大王亲高皇帝孙……"（史记·淮南衡山列传）

f2. 太子与良夫言曰："苟能入我国，报子以乘轩，免子三死，毋所与。"（史记·卫康叔世家）

f3. 廉颇送至境，与王诀曰："王行，度道里会遇之礼毕，还，不过三十日，三十日不还，则请立太子为王，以绝秦望。"（史记·廉颇蔺相如列传）

f4. 君因先与武侯言曰："夫吴起贤人也，而侯之国小，又与强秦壤界，臣窃恐起之无留心也。"（史记·孙子吴起列传）

f5. 高祖乃书帛射城上，与沛父老曰："天下同苦秦久矣。今父老虽为沛令守，诸侯并起，今屠沛……"（汉书·高祖纪上）

f6. 广与望气王朔语曰："自汉征匈奴，广未尝不在其中，……"（汉书·李广传）

在省略介词宾语的结构式中，也可作"V 的施事是 $N_1$ 单方"理解。例如：

（2）g1. 出入十余年，乃呼扁鹊私坐，闲与语曰："我有禁方，年老，欲传与公，公毋泄。"（史记·扁鹊仓公列传）

g2. 居数年，其子穷困负薪，逢优孟，与言曰："我，孙叔敖之子也，父且死时，属我贫困往见优孟。"（史记·滑稽列传）

g3. 文挚至，不解履登床，履（王）衣，问王之疾，王怒而不与言。（论衡·道虚）

2f、2g 组中 V 行为的实施者是 $N_1$（可能省略），言说行为和言说内容都是 $N_1$ 的；$N_2$ 的对答行为或话语内容未见于下文。句中可以推出"语曰"、"言曰"是"$N_1$ 单方实施"意义，$N_2$ 只能被理解为听话人，"与"可作"对"解。

C."与"的"交互——所为"演变

所为介词"与34"的来源比较复杂，它有动词和交互介词两种来源。本节仅讨论介词来源问题。"交互——所为"演变是有认知因素的，在现实世界中，双方参与的事件可能是使其中一方获利甚多；因此，说话人认为是己方是为了对方而实施行为。现实关系反映在语言中，就是"交互"功能有可能演变为"所为"功能。下面一组例句显示了两种功能之间的联系：

（3）a1. 彼其之子，不与我戍申。（诗经·国风·扬之水）

a2. 彼其之子，不与我戍甫。（诗经·国风·扬之水）

a3. 彼其之子，不与我戍许。（诗经·国风·扬之水）

a4. 谓晋人曰："与我伐夷而取其地。"（左传·昭公十六年）

上面一组的"与我"有可能理解为"和我"，也有可能理解为"为我"。下面一组例句的"与 + N₂"短语也有类似的两种分析结果。

（3）b1. 寡人中此，与君代兴。（左传·昭公十二年）

b2. 与之戮力，以与尔有众请命。（尚书·汤诰）

b3. 秦王饮食不甘，游观不乐，意专在图赵，使臣斯来言，愿得身见，因急与陛下有计也。（韩非子·存韩）

在省略介词宾语的结构式中，"与"的功能也有可能作"交互"或"所为"两种分析。例如：

（3）c1. 三军之事不与谋。（左传·哀公五年）

c2. 竖子不足与谋。（史记·项羽本纪）

c3. 臣非敢诋之，乃与为隐耳。（汉书·东方朔列传）

汉代至南北朝时期，"与"仍有可作两种分析的用例：

（3）d1. 安国君许之，乃与夫人刻玉符，约以为嫡嗣。（史记·吕不韦列传）

d2. 陈涉少时，尝与人佣耕。（史记·陈涉世家）

d3. 今欲相召，当与君正之。（魏书·儒林列传）

d4. 邂逅赏心人，与君倾怀抱。（谢灵运：相逢行）

若 V 可以确定是"单方"意义，则"与"是所为介词。例如：

（3）e1. 淮南近畿，国之形胜，非亲贤不居，卿与我卧理之。（南史·刘怀珍传）

e2. 若子孙不能保家，徒与人作镇石耳。（北史·隋宗室诸王列传）

e3. 汝等虽犯宪法，枷锁亦大苦辛，吾欲与汝等脱去，行至京师总集，能不违期乎？（北史·循吏列传）

"与"是最早在语义结构中发生"双方——单方"演变的介词，"与"的演变特征影响到后来的同类演变。

### 6.3.2.1.2　介词"和$_{31}$"的功能扩展

继"与"之后，交互介词"和$_{31}$"所在的语义结构也发生"双方——单方"的演变。但和"与"的演变路径有所不同，"和$_{31}$"只是朝所为介词、言谈介词发展，所对介词是所为介词功能扩展的结果。图示如下：

$$／和_{33}（所为）—和_{34}（所对）$$
$$和_0—和_{31}（交互）—和_{32}（言谈）$$

唐代的"和 +N$_2$+ 言说动词"式中的"和"大多是动词，或很难排除动词的可能性。交互介词"和$_{31}$"至宋代方定型。宋代的"和 +N$_2$+ 言说动词"式中 V 绝大多数是"双方"意义的，但元代已见言谈介词的用例（参见5.3.3.1.4）。"和"的"交互——所为"演变请参见 5.3.3.1.4。

### 6.3.2.2　"单方——双方"的演变

"单方——双方"的演变开始得比较晚，纵观汉语史，先出现"双方——单方"的演变（如"与"）；后出现反向的演变，如"替"。

### 6.3.2.2.1　介词"替"的功能扩展

A."替"的"言谈——交互"演变

言谈介词"替$_{32}$"与动词、所为介词"替$_{31}$"都有联系。唐代，在 V 为"言说"义动词的结构式中，"替"可能被分析为"替代"义动词、所为介词、言谈介词或交互介词。例如：

（4）a. 停杯替花语，不醉拟如何。（白居易：同诸客携酒……）

宋代的一些"替 +N$_2$+V（言说）"式中，"替"可能有动词、言谈介词或交互介词三种分析结果。例如：

（4）b1. 清明未到春已空，枝上流莺替人语。（陆游：贫甚卖常用酒杯……）

　　b2. 问渠何故终不语，却倩滩声替佛谈。（杨万里：兰溪双塔）

　　b3. 池头五粒初摇动，却替幽人说旧诗。（周文璞：哦松夏夜）

4b 组显示了"替代动词——言谈介词"演变的可能性，也显示了"言谈——交互"演变的可能性。宋代的一些用例中，"替"可能是"替代"义动词，也可能是交互介词。例如：

（4）c1. 只今观物化，未替白鸥盟。（陈造：岁晚言怀）

　　c2. 愿尔早著勋，替我云山卧。（李若水：寄敦夫弟）

c3. 唤醒山谷商量过，差替山攀做兄弟。（赵必璩［滂］：南康县圃……）

由上面三组例句可知：交互介词"替$_{34}$"的来源比较复杂。可能与动词、言谈介词、所为介词都有联系。确凿的交互介词"替$_{36}$"元代有个别用例（参见 6.3.2.2.1）。

B. "替"的"所为——交互"演变

所为介词"替$_{31}$"萌生于唐代。宋代的一些"替+N$_2$+V"式中，"替"可能有三种分析结果："代替"义动词、所为介词或交互介词。例如：

（4）d1. 东山有句不敢书，恐着替渠出山去。（释慧空：送定勋二上人）

d2. 老蛟据窟不可窥，千古流泉替渠舞。（刘清之：洞霄官）

d3. 萧萧檐外竹，抱蔓替予吟。（葛天民：收白匾豆因得二首）

d4. 艳粉同梅落，轻花替柳吹。（施枢：再雪）

元代一些"替+N$_2$+V"式中，"替"可能是所为介词，也可能是交互介词。例如：

（4）e1. 孔目你放心，我如今一壶儿酒，一条儿肉，替你庆喜吃三钟。（杨显之：郑孔目风雪酷寒亭·第一折）

e2. 小姐有书，怎敢轻亵？待我焚上一炉香，小娘子，替我谒拜咱。（正旦云）我不会。（白敏中云）你不肯，我自谒咱。（郑光祖：梅香骗翰林风月·第二折）

e3. 我从来打鱼船上扭的那身子儿别，替你稳坐七香车。（关汉卿：望江亭中秋切脍·第三折）

5e 组显示了"所为——交互"演变的可能性，确凿的交互介词"替"元代只有个别用例（参见 5.3.3.1.1）。

### 6.3.2.2.2　介词"给"的功能扩展

和"与"的演变路径不同，交互介词"给$_{35}$"不是来自动词，而是来自言谈介词"给$_{33}$"和所对介词"给$_{34}$"的功能扩展。

A. "给"的"言谈——交互"演变

言谈介词"给$_{33}$"所在的"P+N$_2$+V"式中，V 一般被理解为"单方"意义，即由 N$_1$（主语，可能省略或隐含）发出；若为"双方"意义，即由 N$_1$ 和 N$_2$ 共同发出，则"给"为交互介词（参见 5.3.3.1.3）。

B. "给"的"所对——交互"演变

典型的所对介词"给$_{34}$"所在"P+N$_2$+V"式中，V 被理解为 N$_1$ 的"单

方"行为。例如:

(6) a1. 你们为何不给夫人磕头?(镜花缘·五十回)

a2. 老父台在上,孝廉李文芳给老爷行礼。(济公全传·四十三回)

但在一些"给+N₂+V"式中,V可作"单方"或"双方"两种理解。例如:

(6) b1. 薛大叔,说正经话,不要给他胡闹了。(补红楼梦·十四回)

b2. 但只是结句"疑有避寒钗"是给宝姐姐玩呢!(补红楼梦·二十六回)

b3. 玉仙要是把印拿出来,大众给他一路鬼混,可别叫他再拿回去了。(续小五义·一百十三回)

b4. 大家睡眼朦胧,他就跑来给吾们混闹。(续济公传·六十九回)

b5. 我若是依世故场上,胡乱给他周旋,岂不是幽冥之中,负我良友?(歧路灯·七十一回)

b6. 二人这才上前见礼,又给王鸿春见了礼。(续济公传·六十二回)

6b组的V部分若理解为N₁(主语,包括省略或隐含)的行为,则是"单方"意义,"给"是所对介词;若理解为N₁和N₂双方的行为,则是"双方"意义,"给"是交互介词。

### 6.3.2.3 小结

对象介词内部,"所为"、"言谈"和"交互"三种功能有相互转换的关系,前两种功能是表示"单方"意义的,"交互"功能是表示"双方"意义的,"单方"和"双方"意义的转换是对象介词的功能扩展的重要因素。"所对"功能可以与"交互""言谈"功能互相转换,但汉语史上未见"所对——所为"的演变路径,只有"所为——所对"的演变路径。

## 6.3.3 方式介词的功能扩展

方式介词的功能扩展大多发生在范畴内部,总的趋势是以"工具"或"凭借"功能为起点,向"原因"或"依据"功能扩展。反向的扩展则未曾见到。虽然"工具""凭借""原因""依据"四种功能的分界有重叠,但区分标准还是有的。工具介词所在的语义结构一般是陈述N₂是工具,表达"执持/使用某物做某事"意义;凭借介词后面的N₂表示施事有所凭恃的条件或态势，V 表示有利于施事的事件；原因介词后面的 $N_2$ 不表示施事有所凭恃的事物，V 起先表示"不好"的事件，后来才有所扩展；依据介词后面的 $N_2$ 一般表示实施 V 事件的标准、旧例或依据等，V 一般表示认识或判定的动词，V 事件也没有"好"和"不好"的区分。

### 6.3.3.1 "工具——凭借"演变的语义因素

兼有"工具"和"凭借"两种功能的介词有"以、用、将、持、把"等，一般是先产生"工具"功能，随后扩展出"凭借"功能，如"将、持、把"等，或者是同时向"工具"和"凭借"两个方向发展，如"以、用"等。在历时发展中，凭借介词所在的语义结构与工具介词所在的语义结构的差别在于：第一，$N_2$ 是否为施事可凭恃的条件或态势；施事是否有因 $N_2$ 而有优势或有优越。第二，V 是否表示有利于施事的事件，换言之，即 $N_1$ 是否语义结构中的"获益者"。如果符合这两个条件，在"$P+N_2+V$"式中，P 就是凭借介词。例如：

（1）a1. 唯持德自美，本以容相知。（柳恽：独关山）

　　　a2. 本持纤腰惑楚宫，暂回舞神惊吴市。（江总：新入姬人应令诗）

（1）b1. 浅注胭脂剪绛绡，独将妖艳冠花曹。（朱淑真：杏花）

　　　b2. 早将忠义立殊勋，鄂渚登临气压云。（王十朋：登压云亭……）

（1）c1. 漫把文章矜后代，可知荣贵是他人。（罗隐：过废江宁县）

　　　c2. 直把孤忠动帝聪，平生房杜不言功。（仲并：代人上师垣生辰）

### 6.3.3.2 "工具——原因"演变的语义因素

兼有"工具"和"原因"两种功能的介词有"以、用、著"等，工具介词"将、把"等也有向原因介词发展的倾向。"工具——原因"演变的语义因素是 $N_2$ 表示"不好"的事件或 V 部分表示"不幸""不如意"的事件，或者语义结构中有"受损者"。如果符合这两个条件，在"$P+N_2+V$"式中，P 是原因介词。例如：

（2）a1. 谋夫孔多，是用不集。（诗经·小雅·小旻）

　　　a2. 国即卒斩，何用不监。（诗经·小雅·节南山）

（2）b1. 限到头来，不论贫富，著甚干忙日夜忧。（吕岩：沁园春）

　　　b2. 师闻曰："这老汉著甚么死急。"（五灯会元·卷5·石霜庆诸禅师）

（2）c1. 休将铸错悔当年，事契天心或不然。（王奕：和叠山隆兴阻风）

　　c2. 莫将未遇添惆怅，自有明公为赏音。（杨公远：闷书）

（2）d1. 莫把存亡悲六客，已将地狱等天宫。（苏轼：次韵答元素）

　　d2. 四时迭运春复冬，莫把穷愁麼两峰。（李吕：和感怀韵）

### 6.3.3.3　"凭借——原因"演变的语义因素

　　兼有"凭借"和"原因"两种功能的介词较多，如"以、用、因、凭、冲"等。通常是先产生凭借功能，再产生原因功能。反向的演变则未曾见到。"凭借——原因"演变的语义因素是 $N_2$ 或 V 的语义类型变化而引发的语义关系变化。凭借介词所在的"P+$N_2$+V"式中，$N_2$ 一般是表示有利于施事的条件或态势，V 一般是表示对施事有利的事件。如果发生"凭借——原因"的演变，则要求 $N_2$ 不是表示对施事有利的条件或态势，V 表示"不好"或"对施事不利"的事件。如果符合上述两个条件，"P+$N_2$+V"式的 P 是原因介词。例如：

（3）a1. 若之何其以病废君之大事也？（左传·成公二年）

　　a2. 且夫人之行也，不以所恶废乡。（左传·哀公八年）

（3）b1. 故谋用是作，而兵由此起。（礼记·礼运）

　　b2. 天用是憎恶之。（墨子·卷九）

（3）b1. 掌柜说："我凭什么给五吊钱？"（济公全传·九十七回）

　　b2. 雷鸣说："我们凭什么给呀？方才我们要的六样菜，都叫老道吃了，……"（济公全传·一百九十六回）

## 6.4　小结

　　在"动词——介词"演变和介词功能扩展过程中，决定性的致变因素是语义方面的。介词性质和功能的确定，都与语义因素有密切的联系。

| 第七章 |

# 介词的"非范畴化"

## 7.1 概述

介词的意义相对动词而言是比较虚的，但与连词、助词等相比，虚化程度不是最高的；所以，介词有继续语法化的可能性。"介词——非介词"的演变，我们称为介词的"非范畴化"。介词继续语法化有五个方向：连词、助词、唯补词、致使动词或构词语素。汉语史上介词与副词之间不存在来源关系，"介词——副词"的演变未出现过，而"副词——介词"的演变也绝少例证。

从历时角度看，部分介词兼有连词功能，如原因介词往往与原因连词相兼（如"以、为、由、因、缘、坐"等），被动介词也有可能与原因连词相兼（如"被、吃"等）。交互介词多数与并列连词相兼（如"与、将、共、和、同、跟、给"等）。在与介词有来源关系的连词的产生过程中，往往可以看到"动词——连词"的演变痕迹，也就是说，在部分兼有介词和连词两种功能的虚词的产生过程中，"动词——连词"的演变路径与"动词——介词——连词"的演变路径并存。

"介词——助词"的演变有四种主要类型：一是"连带介词——强调介词——强调助词"的演变如"连"，二是"被动介词——被动助词"的演变，如"被"；三是"所为介词——强调助词"的演变，如"给"；四是"方所介词（或介词短语）——体助词"的演变，如"著"。

汉语的唯补词大多来自动词，但少数唯补词有两个来源：一是动词，一是介词。汉语史上有些唯补词经由两条演变路径而产生，有"动词——介词——唯补词"、"动词——唯补词"两条演变路径，如"著、到"等。

"介词——致使动词"的演变是指一些介词继续语法化产生致使意义，如"将、把"等。通常意义的致使动词除来自"使令"义动词的语义泛化之外，还来自"给予"义动词的词义引申（如"与、给"），此外，还可能来自介词。这里有两种结构来源，一是产生于处置式，一是产生于被动式。"将／把"发展出致使用法，是"处置——致使"的演变。唐代已有少数"将、把"可作"让、使"理解的句子。例如：

（1）a. 独使虹光天子识，不将清韵世人知。（钱起：片玉篇）

（1）b. 虚教六尺受辛苦，枉把一身忧是非。（李山甫：下第献所知三首）

"被／吃"发展出致使用法，可归纳为"被动——致使"演变。例如：

（1）c. 莫被此心生晚计，镇南人忆杜将军。（杨巨源：赠李傅）

（1）d. 虽然没了功劳，也吃我杀得快活。（水浒·五十回）

"介词——构词成分"的演变，主要是指介词在词汇化过程中变为双音词的语素（不包括两个介词性语素复合成词和一个介词性语素黏附一个词缀这两种形式）。这种演变可以分为三种主要的类型，第一种是因介词与逻辑宾语的关系淡化而产生的，如"因而"等，第二种是发生跨层演变的，介词从下一层级的成分变为上一层级的成分，并与动词性语素组合成词，如"善于、终于"等；另一种是介词短语凝固成词的，如"于是"等。


## 7.2 "介词——连词"的演变

与介词有来源关系的连词主要有三类：并列连词、原因连词和目的连词。汉语的并列连词中，有一部分与交互介词有来源关系，兼有"交互"和"并列"两种功能的虚词被称为"连‐介词"（江蓝生 2012），如"及、与、将、和、共、同、替、代、跟、给、帮"等。"连‐介词"的来源比较复杂，江先生已论及五种来源（其中一种与代词有关联）。本章讨论可以溯及动词源头的并列连词，分三种类型：第一种是只有交互介词一个来源的，第二种是有动词和交互介词两个来源的，第三种是只有动词一个来源的。

追溯与介词有联系的原因连词的来源，情况比较复杂，可以分为两类。一类来自介词的继续语法化，另一类来自介词和代词的凝固成词。本节讨论与介词有来源关系的单音原因介词，这一类内部也可以分为两种类型：一类是与原因词词有关系，另一类是与被动介词有关系。但是"原因介词——原因连词"的演变往往与"动词——原因连词"的演变相伴随。例如，在"因"的"动词——原因介词——原因连词"演变发生的同时，"动词——原因连词"的演变也在进行中。与被动介词有联系的原因连词的来源分两种类型，一种是有被动介词和原因介词两个来源，如"被"；另一种是只有被动介词一个来源，如"吃"。除并列连词、原因连词之外，目的连词"以"（记为"以$_{61}$"）也与介词有来源关系，它的来源是凭借介词"以$_{42}$"。

## 7.2.1  并列连词的来源

纵观汉语史，可溯及动词源头的并列连词分为三种类型。第一种是只有交互介词一个来源（大多走"动词——所为介词——交互介词——并列连词"的路径），此类并列连词大多可溯及"给予"、"替代"等义类（如"与、给、替、代"等）。第二种是与动词有较为密切的联系，与交互介词也有联系（有"动词——并列连词"、"动词——交互介词——并列连词"两条路径），此类并列连词可溯及"随同"义动词（如"将、共、同、和、跟"等）。第三类是只有动词一种来源，此类并列连词可溯及"兼及"义动词，如"及、兼"等。

从历时角度看，只有"交互"功能而无"并列"功能的虚词有"就、向、从"等；这些介词可以追溯到运行动词的源头，且兼有表示方所和时间的功能，主要功能不是表"交互"，因而未能产生"并列"功能。

### 7.2.1.1  只有交互介词一个来源的并列连词

只有交互介词一个来源的并列连词的源动词多为"给予"、"替代"、"帮助"等义。受源动词词义的制约，这些动词绝大多数是先产生"所为"功能，"交互"功能一般是介词功能扩展的结果。由于交互介词的功能与动词没有直接的来源关系，"并列"功能更不可能越过介词而与动词发生直接的联系。这些连词大多走过"动词——所为介词——交互介词——并列连词"的路径。此外，少数可溯及"跟从"义的并列连词也只有交互介词一个来源，如"跟"。

#### 7.2.1.1.1　可溯及"给予"义的并列连词

可溯源至"给予"义的并列连词，都是只有交互介词一个来源，如"与、给"等，这是由源动词的意义决定的。虽然"与"和"给"的语法化的结果大致相同，但演变模式不同。在"交互介词——并列连词"一段上，"与"和"给"走相同的路径，但在交互介词产生之前，"与"走"动词——交互介词"的路径；"给"走"动词——所为介词——所对介词/言谈介词——交互介词"的路径。

A. "与"的"交互——并列"演变

交互介词"与$_{31}$"和动词有直接的联系，走"动词——交互介词——并列连词"的演变路径。由于交互介词"与$_{31}$"和并列连词"与"（记为"与$_6$"）在先秦时期都已存在，我们采取推论的方法。"与$_6$"萌生于三个位置，一是在谓语动词后面，二是在谓语部分（作为判断对象）；三是在谓语中心动词前面。

A1. 谓语动词后的演变

"与$_{31}$"虽然和"给予"义动词有直接的来源关系，但受源动词词义的制约，"给予"义不可能直接向并列连词发展，"交互——并列"演变的机制之一是"源词所在结构的句法功能增多"，"N$_1$+ 与 +N$_2$"短语如果出现在谓语动词后面，充当宾语，"与"只能被分析为连词。例如：

（1）a1. 从孙子仲，平陈与宋。（诗经·国风·击鼓）

　　　 a2. 彼泽之陂，有蒲与荷。（诗经·国风·泽陂）

　　　 a3. 肃肃宵征，抱衾与裯。（诗经·国风·小星）

　　　 a4. 将翱将翔，弋凫与雁。（诗经·国风·鸡鸣）

《诗经》中出现在宾语位置的"N$_1$+ 与 +N$_2$"短语，多于出现在主语位置的。这一现象可以旁证："N$_1$+ 与 +N$_2$"短语首先在宾语位置上变为并列结构。

A2. 谓语动词前的演变

"N$_1$+ 与 +N$_2$"短语充当主语，是有条件的，即后面有停顿（有的前面还有旁强调词"维"）。例如：

（1）b1. 溱与洧，方涣涣兮。（诗经·国风·溱洧）

　　　 b2. 士与女，方秉蕑兮。（诗经·国风·溱洧）

　　　 b3. 维士与女，伊其相谑。（诗经·国风·溱洧）

b4. 维桑与梓，必恭敬止。（诗经·小雅·小弁）

1b 组表明：在谓语动词前面，"$N_1$+ 与 +$N_2$" 短语充当主语需要条件，换言之，在谓语动词前的演变是有条件的。

A3. 独立小句中的演变

连词"与$_6$"产生之后，从宾语位置扩展至主语位置或小句位置。在小句中，"$N_1$+ 与 +$N_2$" 短语前面也需要"维"，这表明：在小句位置的演变也是有条件的。例如：

（1）c1. 嘒彼小星，维参与昴。（诗经·国风·小星）

c2. 终鲜兄弟，维予与女。（诗经·国风·扬之水）

"与"的演变模式对后来产生的并列连词有很大的影响，宋代之前，并列连词一般首先萌生于谓语动词后面，即先在宾语位置产生，"将、共、和"等都是如此。

B. "给"的"交互——并列"演变

交互介词"给$_{35}$"清代已有较多用例。由于"给$_{35}$"由介词"给$_3$"的功能扩展而来，并列连词"给"（记为"给$_6$"）不是与动词发生直接联系的，和"与$_6$"不同，"给$_6$"在谓语动词前面萌生。这是因为"给"朝对象介词发展时，先产生的是"所为"功能，而所为介词"给$_{31}$"一般出现在"给 +$N_2$+V"式，交互介词"给$_{35}$"也在这种结构式中萌生。因为对象介词"给$_3$"大多用于谓语动词前，所以连词"给$_6$"也在谓语动词前萌生。如果"$N_1$+ 给 +$N_2$+V"短语出现在主语位置，V 为动词"是"、"有"，"给"是并列连词，但不能排除交互介词的可能性。例如：

（2）a1. 我给你家宝二兄弟是同年。（补红楼梦·四十三回）

a2. 我给你妈妈是一样的。（红楼补梦·三十九回）

a3. 老娼妇，我给你有什么仇？（红楼补梦·三十八回）

如果"$N_1$+ 给 +$N_2$+V"短语充当宾语，V 前面有"都"义副词或复指成分，"给"是并列连词。例如：

（2）b1. 我听见说林姑娘给这里的四姑娘都成了仙了。（补红楼梦·四十四回）

b2. 吾当初犯案的时节，只有吾给买主两个人得知，……（续济公传·七十四回）

如果"$N_1$+ 给 +$N_2$"短语在谓语动词前面，V 前面有总括副词或复指成分，"给"也是并列连词。例如：

（2）c1. 大人给大人都是一样的朝廷臣子，有什么稀罕？（续济公传·七十六回）

c2. 我同你一样打扮，倒是一对好夫妻，来来来，我给你两个人到寺里去，一块儿过好日子罢！（续济公传·六十三回）

综上，"给$_6$"可以在谓语动词前面或后面产生，但在萌生初期，结构式中需要"都"义副词或复指成分。

#### 7.2.1.1.2　可溯及"替代"义的并列连词

可以溯及"替代"义的并列连词有"替、代"等。由于源动词的意义，一般走"动词——所为介词——交互介词——并列连词"的演变路径。

A. "替"的"交互——并列"演变

受源动词词义制约，介词"替"首先产生的是"所为"功能（"交互"功能与"所对"、"言谈"、"所为"三种功能都有关联），因而"并列"功能不可能越过介词而与动词发生直接的联系。交互介词"替$_{36}$"萌芽于宋代，确凿的用例见于元代。并列连词"替"（记为"替$_6$"）和"给$_6$"一样，也可以萌生于谓语动词前面。萌芽状态的"给$_6$"见于明时期。例如：

（3）a1. 前日你替他在书房中做得好事，教我看得好不气。（型世言·卷八）

a2. 我替你不过偶尔相逢，不结兄弟，又不合婚姻，要我八字怎的？（西游补·十三回）

3a 组的"替"可分析为并列连词，但不能排除交互介词的可能性。如果 V 前面有副词"同"，"替"是并列连词。例如：

（3）b1. 我替你同到官面前，还你的明白。（今古奇观·卷十六）

b2. 既是当了，我替你同到当中抵去兑换，……（型世言·卷九）

"替"的"交互介词——并列连词"演变在谓语动词前发生，这是因为从上古至近代，"交互介词——并列连词"已成为固定路径，"P+N$_2$+V"式也成为常式；所以在谓语动词前面也可以发生演变。

B. "代"的"交互——并列"演变

"代"和"替"一样，也走"动词——所为介词——交互介词——并列连词"的路径，所为介词"代"见于明时期（参见 2.2.3.4.4）。在温州的瑞安话、平阳话中，有交互介词"代$_{32}$"。例如：

（4）a. 我明朝代你跳舞去。（我明天和你去跳舞。）

也有并列连词"代$_6$"。例如：

（4）b. 我代你做队走去领。（我和你一起过去领。）

### 7.2.1.1.3　可溯及"帮助"义的并列连词

"帮"走过"所为介词——交互介词——并列连词"的路径。清代已出现所为介词"帮$_{31}$"（参见 2.2.3.4.2）。许宝华、汤珍珠主编的《上海市区方言志》（1988）中提到上海话中"帮"可作并列连词。例如：

（5）a. 我帮侬老朋友咪。（我和你是老朋友啦）

上例的并列连词"帮"肯定是来自交互介词"帮"。在"帮"之前，由"帮助"义发展出"所为"功能的还有"为"，但介词"为"没有"交互"功能，也就不可能发展出"并列"功能。

### 7.2.1.1.4　可溯及"跟从"义的并列连词

汉语史上至少有两个来自"跟从"义的介词，即"从"和"跟"。"跟"有交互介词和并列连词两种功能，"从"只有交互介词一种功能，且用例不多。本节讨论并列连词"跟"（记为"跟$_6$"）的来源。从元代开始，"$N_1$+跟+$N_2$+$V_2$"式是常见的。例如：

（6）a1. 你跟我往公馆中歇息。（无名氏：冯玉兰夜月泣江舟·第一折）

　　　a2. 和尚，你，你跟我出家去罢。（范康：陈季卿误上竹叶舟·第一折）

6a 组的"跟"还是动词。分析语义结构关系，V 事件的实施者是 $N_1$ 和 $N_2$，V 所表示的动作行为是两者共同进行的；因此动词"跟"如果虚化的话，有可能变为交互介词或并列连词。交互介词"跟$_{31}$"的产生，主要是由 $V_2$ 部分的"双方"意义凸显引起的。元代已见演变的端倪：

（6）b. 奉老爷的命，使我跟他两个到一个小酒务儿里饯别。（关汉卿：钱大尹智

　　　宠谢天香·第二折）

上例的"跟他"后面有"两个"复指"我"和"他"，"饯别"是"双方参与"的行为，"跟"已呈现朝并列连词发展的态势，但还不能排除动词或交互介词的可能性。明代仍有可作动词或交互介词两种分析的用例：

（6）c1. 是小将要跟他一路走。（三宝太监西洋记·八十五回）

　　　c2. 郓哥，你把去与老爹做盘缠，跟我来说话。（水浒·二十六回）

　　　c3. 朱贵道："你且跟我来说话。"（水浒·四十三回）

若 $V_2$ 是"双方互动"意义的动词，"跟"是交互介词，明代已见用例：

（6）d1. 跟我为仇，不肯借扇。（西游记·五十九回）

　　　d2. 你终日跟那起人做一处，必做不出好事来。（明珠缘·七回）

"跟₆"来自交互介词"跟₃₂"。"跟"的"交互——并列"演变发生在主谓句和主谓短语中。受源动词词义制约，"跟从"义动词首先发展出"交互"功能，走"跟从动词——交互介词——并列连词"的路径。

A. 谓语动词前面的演变

在谓语动词前面，"跟₆"只有交互介词"跟₃₁"一个来源。从句法机制看，导致"交互介词——并列连词"演变的因素是结构的复杂化和句式的变化。这里的结构复杂化是指状语或复指成分的出现。如果总括副词或复指成分出现在谓语动词前，这两类成分隔开了 V 与 N₂ 的联系，使两个 N 关系密切，成为性质相同的成分。例如：

（6）e1.昭君娘娘跟那西施娘娘难道都是这种乏样子吗？（老残游记·十三回）

　　　e2.员外爷跟亲家老爷都瞧见了。（济公全传·四十二回）

（6）f1.知府顾国章跟老道彼此行礼。（济公全传·一百九十一回）

　　　f2.金龙跟银龙二人到了后花园。（三侠剑·三回）

B. 谓语动词后面的演变

在谓语动词后面，"N₁+ 跟 +N₂"短语中的"跟"可作动词或并列连词两种分析。比较两例：

（6）g. 当下安老爷便要派人跟公子到庙里先给舅太太请安去。（儿女英雄传·二十二回）

（6）h.依着老道，今天先不叫王胜仙跟小姐入洞房。（济公全传·二百三十九回）

前例的"跟"可以分析为"跟从"义动词，因为 N₂"公子"是 V₂ 行为的主导者，N₁"人"是随从者。后例的"跟"看似可作两种分析：动词或并列连词，但由《济公全传》239 回的上下文可知，"小姐"是不愿意结亲的，因此 N₂ 不是事件的主导者，"跟"分析为并列连词比较合适。

如果句子的宾语由主谓短语充当，"N₁+ 跟 +N₂"短语充当这个主谓短语的主语，"跟"也容易被分析为连词。例如：

（6）i1.俺姐若知道先生跟姐夫在我家过午，也是喜欢的。（歧路灯·三回）

　　　i2.我倒想不到这个妇人跟那孩子这么泼赖，为了这画儿，不怕老远地赶来。（孽海花·十九回）

综上，无论在谓语动词后面还是前面，"跟₆"都只有交互介词一个来源。这是由源动词的词义决定的，作为"跟从"义动词，"跟"和"伴随"义动词"将、共、同、和"等的演变有所不同，在谓语动词前面，不可能发生"跟从动词——并列连词"的演变。

### 7.2.1.2 有动词和交互介词两种来源的并列连词

有动词和交互介词两种来源的并列连词可溯源至"伴随"义动词，伴随动词充当 $V_1$ 的"$N_1+V_1+N_2+V_2$"式中可以推出"$V_2$ 行为由 $N_1$ 和 $N_2$ 双方实施"意义，句中潜藏着伴随动词向交互介词或并列连词发展的可能性。南北朝以来，汉语的并列连词多可溯及"伴随"义。此类并列连词的来源之一是动词，但"伴随"义动词在向连词发展的同时，也向交互介词发展，交互介词方向上的演变助推并列连词方向上的演变，有时可能两个方向上的演变会相互带动。此类并列连词通常先萌生于谓语动词的后面。这是因为在谓语动词前面，动词"将、共、同、和"等先朝交互介词发展，并列连词有动词或交互介词两个来源；在谓语动词后面，并列连词只能来自动词。

#### 7.2.1.2.1 并列连词"将$_6$"的产生

并列连词"将"（记为"将$_6$"）的来源可上溯至"引领"义，但它的直接来源是"伴随"义。当"$N_1+$ 将 $+N_2$"短语在谓语中心动词后面发生"主谓——并列"的结构变化时，"将"发生"动词——连词"的变化。这是"将$_6$"产生的主要途径。在谓语动词前面也有可能发生演变，这个位置的"将$_6$"与伴随动词或交互介词有来源关系。本节分谓语动词前和后两类，观察句中"将"的演变。

A. 谓语动词后的演变

可溯源至"伴随"义的并列连词大多先在谓语动词后面产生，当"$N_1+$ 将 $+N_2$"短语充当句子的宾语时，其结构可能发生"主谓——并列"的变化，与之伴随的是"将"的"动词——连词"变化。就词汇系统而言，在"将"之前，"与"已有"交互"和"并列"两种功能，这种"兼职"现象可以带动连词"将$_6$"的产生。在动词"有"后面，充当宾语的"$N_1+$ 将 $+N_2$"短语中，"将"可分析为"伴随"义动词或并列连词。如：

（1）a. 独有刘将阮，忘情寄羽杯。（张正见：对酒）

上例"有"后面的两个 N 都是表人的名词，"将"可分析为并列连词，但不能排除"伴随"义动词可能性。如果两个 N 不是表人的名词，"将"向并列连词靠拢，但也还是不能完全排除"伴随"义动词的可能性。例如：

（1）b. 阳台可忆处，唯有暮将朝。（阴铿：和等百花亭怀荆楚诗）

上面两例显示了"伴随动词——并列连词"的演变有可能伴随"主

谓——并列"的结构变化而出现，且首先发生于宾语位置。若两个 N 都不是表人的名词，且谓语动词为"匮乏""可惜""分辨"等义，"将"是并列连词。例如：

（1）c1. 愧乏琼将玖，无酬美且偲。（庾信：和李司）

　　c2. 可惜年将泪，俱尽望陵中。（江总：铜雀台）

　　c3. 云霞已一绝，宁辨汉将秦。（徐陵：山斋诗）

观察 1a——1c 组中"将"的功能变化，可知：在南北朝时期，"N$_1$+将 +N$_2$"短语在宾语位置上已可被分析为并列结构，其中的"将"可分析为并列连词。而在宾语位置上被理解为并列结构时，源结构发生"主谓——并列"的变化，也就是说，在谓语动词后面，"将$_6$"的来源肯定是动词，不可能来自交互介词。

B. 谓语动词前的演变

在谓语动词前面，有可能发生"伴随动词——交互介词——并列连词"或"伴随动词——并列连词"演变。无论何种路径，一般都可以认定在谓语动词前面，"（N$_1$+）将 +N$_2$+V$_2$"式发生"跨层演变"：小句的话题（或主语）原本是 N$_1$，"和 +N$_2$+V$_2$"短语原本是谓语，"和 +N$_2$"短语从谓语部分脱离，向前靠拢，从 V$_2$ 的状语变为主语的组成部分，从与 V$_2$ 有结构关系变为与 N$_1$ 有结构关系。这一演变意味着从谓语部分的构成成分（连动结构的 VP$_1$ 或状语）变为主语部分的构成成分。这种演变发生的因素是句法结构的复杂化，动因是话题的"双项化"。

南北朝时期，若句首无 N$_1$，"将 +N$_2$+ 共 +V$_2$"式的"将"可看作"引领"义或"伴随"义动词，也可以看作交互介词。例如：

（1）d. 若将君共赏，何处减城隅。（刘狄：秋朝望野诗）

上例显示了"引领动词——伴随动词——交互介词"演变的可能性。在谓语动词前，确定交互介词的条件是 V$_2$ 部分的意义，若 V$_2$ 为"双方交互"意义的动词，"将"可以看作交互介词。例如：

（1）e1. 朝将云鬓别，夜与蛾眉连。（许瑶云：咏楠榴枕诗）

　　e2. 游子河梁上，应将苏武别。（庾信：咏怀诗）

　　e3. 时将赤雁并，乍逐彩鸾行。（江总：朱鹭）

　　e4. 愿与浊泥会，思将垢石并。（颜之推：古意诗二首）

1e 组可证：与交互介词"及$_{31}$"一样，交互介词"将$_{31}$"产生于没有 N$_1$

出现的结构式中。同一时期，如果"N₁+ 将 +N₂"短语出现在 V₂ 或 A 前面，句中又有副词"共"，"将"呈现向交互介词或并列连词发展的态势。例如：

（1）f1.雁与云俱阵，沙将蓬共惊。（庾肩吾：经陈思王墓诗）

　　f2.风将夜共静，空与月俱明。（朱超：岁晚沈疴诗）

　　f3.人将蓬共转，谁与啼俱咽。（江总：陇头水二首）

　　f4.眉含黛俱敛，啼将粉共流。（阴铿：秋闺怨诗）

　　f5.发与年俱暮，愁将罪共深。（庾肩吾：被执作诗一首）

　　f6.三洲断江口，水从窈窕河旁流，啼将别共来，长相思。（释发云：三洲歌）

　　f7.三洲断江口，水从窈窕河旁流，欢将乐共来，长相思。（释发云：三洲歌）

1f组可证：南北朝时期，在谓语动词（或形容词）前面，"伴随"义动词"将"可能向交互介词发展，也可能向并列连词发展。换言之，在谓语动词前，"将₆"也可能直接来自动词，而不必经由交互介词阶段。但"将"的交互介词方向上的发展肯定能助推并列连词方向上的发展。

如果是"N₁+ 将 +N₂+V₂"式，且 V₂ 部分为"相 +V"形式，"将"可以分析为并列连词。例如：

（1）g.泉将影相得，花与面相宜。（萧纲：和林下妓应令诗）

观察 1d 组——例 1g 可以推知：

1）在谓语动词前面，"伴随动词——交互介词"的演变是确定无疑的，致变的因素"将 +N₂+V₂"式中 V₂ 是"双方互动"意义的动词；

2）在谓语动词前面，"将₆"可能经由交互介词阶段，也可能不经由交互介词阶段而直接由动词演变而来；但这一位置上几乎同时发生的"伴随动词——交互介词"演变助推并列连词的产生。

A3.独立小句中的演变

南北朝时期，一些"N₁+ 将 +N₂"短语有可能被看作独立小句；也有可能被看作句子的主语。无论作何种理解，"将"有"伴随"义动词或并列连词两种分析结果。例如：

（1）h1.寸心将夜鹊，相逐向南飞。（何妥：门有车马客行）

　　h2.鱼山将鹤岭，清梵两边来。（庾信：奉和阐弘二教应诏诗）

　　h3.新坟将旧冢，相次似鱼鳞。（释氏：五盛阴诗）

h4. 寒笳将夜鹊，相乱晚声哀。（阮卓：关山月）

h5. 偃松将古墓，年代理当深。（阴铿：行经古墓诗）

但如果后小句主语是表示其中一项的或后小句谓语表示两项比较的，"将"是并列连词。例如：

（1）i1. 可怜将可念，可念直千金。（周弘正：咏佳丽诗）

i2. 齐纨将楚竹，从来本相远。（周弘正：咏斑竹掩团扇诗）

比较 1h 组和 1i 组，可以推知：在独立小句中，连词"将$_6$"来自动词"伴随"义动词"将$_{02}$"。

A4. 小结

在谓语动词后面，"将$_6$"来自"伴随"义动词"将"。在谓语动词前面，可能存在"伴随动词——交互介词——并列连词"、"伴随动词——并列连词"两条演变路径。

### 7.2.1.2.2　并列连词"共$_6$"的产生

并列连词"共"（记为"共$_6$"）可溯及"共享、共有"义，但它的直接来源是"伴随"义动词"共"和交互介词"共$_{31}$"。与"将$_6$"可以萌生于宾语、主语、独立小句三个位置不同，"共$_6$"萌生于两个位置：谓语动词后面（宾语）或前面（主语）。

A. 谓语动词后的演变

在谓语动词后面，"N$_1$+ 共 +N$_2$"式短语"共"有两种可能性："伴随"义动词或并列连词。例如：

（2）a1. 唯当文共酒，暂与兴向迎。（柳巩言：阳春诗）

a2. 莫辨荆吴地，唯余水共天。（孟浩然：洞庭湖寄阎九）

但是，在另一些动词或动词性短语后面，"共"可以看作并列连词。例如：

（4）b1. 九疑山下频惆怅，曾许微臣水共鱼。（李山甫：代孔明哭先主）

b2. 谪仙欲识雷斧手，划却古今愁共丑。（裴说：游洞庭湖）

b3. 为看人共水，清白定谁多。（包融：和崔会稽咏王兵曹……）

b4. 岂论高低富与贫，且饶帝子共王孙。（吕岩：敲爻歌）

比较 2a 组和 2b 组可知：和"将"一样，在谓语动词后面，"N$_1$+ 共 +N$_2$"短语的结构发生"主谓——并列"的变化，连词"共$_6$"来自动词"共"。

B. 谓语动词前的演变

汉代偶见"$N_1$+ 共 +$N_2$+ 兮 +$V_2$"式：

（2）c. 宝鼎见兮色纷蕴，焕共炳兮被龙文。（班固：宝鼎诗）

上例的"共"可以分析为并列连词，但不能排除伴随动词的可能性。南北朝时期出现的"共 +$N_2$+$V_2$"式，"共"有两种可能性：伴随动词或交互介词。例如：

（2）d1. 江嶂望如此，衔厄共君倾。（何逊：至大雷联句）

d2. 归飞梦所忆，共子汲寒浆。（庾丹：夜梦还家诗）

d3. 追飞且学步，共子奉清尘。（王融：杂体报范通直诗）

我们依据 $V_2$ 的意义区分动词和交互介词。若 $V_2$ 是"双方互动"意义的动词，"共"是交互介词。例如：

（2）e1. 彼常愿欲共我一过交战。（宋书·索虏列传）

e2. 共君临水别，劳此送将归。（萧诠：赋得往往孤山映诗）

如果是"$N_1$+ 共 +$N_2$+$V_2$/A"式，"共"有三种可能性："伴随"义动词、交互介词或并列连词。例如：

（2）f1. 汉乃召诸将厉之曰："吾共诸君逾越险阻，转战千里……"（后汉书·吴汉传）

f2. 人随暮槿落，客共晚莺悲。（江总：在陈旦解酲共哭顾舍人诗）

f3. 衣共秋风冷，心学古灰沈。（元行恭：秋游昆明池）

f4. 华灯共影落，芳杜杂花深。（江总：赋新题得兰生野径诗）

f5. 已敕更遣，想行有至者，汝共诸人量觅，可使人数往……（南齐书·武十七王列传）

由 2f 组可知：在谓语动词前可能发生"伴随动词——并列连词"的演变，也可能发生"伴随动词——交互介词——并列连词"的演变；"将"可能来自动词"共₀"，也可能来自交互介词"共₃₁"。下面我们从总括副词的出现、句式、语义论元等角度阐述在谓语动词前面连词"共₆"产生的句法因素。

B1. 总括副词的出现

对举格式可能起着确认新产生的虚词的词性的作用，但在演变中，完全由对举格式引发的变化是罕见的。伴随结构的复杂化，总括副词"俱"进入状语位置，再加上对举格式，这种用法的"共"容易被分析为并列连词。例如：

（2）g1. 丽句与深采并流，偶意共逸韵俱发。（文心雕龙·丽辞）

　　　 g2. 玉历与日月惟休，金鼎共乾坤俱永。（北齐书·魏收传）

　　　 g3. 刑法与礼仪同运，文德共武功俱远。（隋书·高祖纪上）

　　2g 组的"共"尚不能排除伴随动词或交互介词的可能性，因为话题可能是单项的（如例 2g1 的话题可能是"偶意"），但由于状语"俱"的存在，$N_2$ 与 $V_2$ 之间有间隔，"共"连接的两项呈现"功能趋同"的发展态势，这种用法的"共"容易变为并列连词。副词"俱"的出现，使话题具有"双项化"（由"$N_1$+ 共 +$N_2$"短语充当主语，而不是 $N_1$ 单独充当主语）的可能性；而陈述对象的双项化，是"共"变为连词的动因。又由于"共"和"与"对举，有可能被分析为并列连词。

　　B2. 句式的作用

　　如果是评议句，"共"是并列连词。例如：

　　（2）h1. 唯我共君堪便戒，莫将文誉作生涯。（皮日休：鲁望悯承吉之孤……）

　　　 h2. 晋王立，泰共承乾可无恙也。（旧唐书·太宗诸子列传）

　　B3. 语义关系的变化

　　若"$N_1$+ 共 +$N_2$"短语中两个 N 是受事论元，且为"非人"名词，可以排除"伴随"义动词或交互介词的可能性。例如：

　　（2）i. 金陵城共滕王阁，画向丹青也合差。（花蕊夫人：宫词）

　　2h 组和例 2i 可证：至迟在唐代，并列连词"共$_6$"已存在。

　　总之，在谓语动词前面的"（$N_1$+）共 +$N_2$+$V_2$"式中，如果主语（或话题）是单项的（即 $N_1$，可能省略或隐含），"共"可能是伴随动词，也可能是交互介词；话题是双项的（即"$N_1$+ 共 +$N_2$"短语充当主语），"共"是并列连词，导致人们推出"话题为双项"的因素除总括副词之外，还有句式、语义论元等因素。

### 7.2.1.2.3　并列连词"同$_6$"的产生

　　唐代已见交互介词"同$_{31}$"的萌芽。并列连词"同"（记为"同$_6$"）和"共"一样，也萌生于谓语动词前、后两个位置。

　　A. 谓语动词后的演变

　　在谓语动词后面，"同$_6$"来自动词"同$_0$"。宋代已见位于句子末尾，可看作并列连词，但还不能排除伴随动词可能性的用例：

　　（3）a1. 龙女化身来警世，畜生驴马我同伊。（释印肃：证道歌）

a2. 卧展新图续归梦，晚香有味我同谁。（程公许：题秋芳菊蝶图）

确凿的并列连词"同₆"也已出现

（3）b1. 长安为客者，皆是利名人。只有君同我，惟添病与贫。（王谌：简刘吉父）

b2. 寄语金昆同石友，道逢何日许班荆。（刘宰：和尤伯华……）

比对3a组和3b组可知：在谓语动词后面，"同₆"来自动词"同"。

B. 谓语动词前的演变

在谓语动词前，"同₆"萌生"N₁+ 同 +N₂+V₂"式，南北朝至唐时期已有这种结构式。例如：

（3）c1. 友人陈郡谢俨同丞相义宣反。（南齐书·刘休传）

c2. 范阳卢景裕同从兄礼于本郡起逆。（北齐书·儒林列传）

3c组的"同"有两种可能性：伴随动词或交互介词，但也有被看作并列连词的可能性。由于句中可以推出"N₂是 V₂ 行为的主导者"的意义，"同"分析为伴随动词更为合适。唐宋时期已出现 N₂ 不一定是主导者的用例，但"同"仍可能是"伴随"义动词（也可能是交互介词）。例如：

（3）d. 八威先启行，五老同我游。（吴筠：游仙二十四首）

例3d 的"同"为什么可以排除并列连词的可能性呢？因为句子的主语（或话题）还是"单项"的，即主语为 N₁，"五老"与前小句的"八威"相对。可以说，唐代，交互介词"同₃₁"已萌芽，但并列连词"同₆"还未产生。

萌生于"N₁+ 同 +N₂+V₂"式的"同₆"可能来自动词，也可能来自交互介词。下面一组例句的"同"可分析为伴随动词、交互介词或并列连词。

（3）e1. 四顾晴空里，白云同鹤飞。（寒山：诗三百三首）

e2. 人同黄鹤远，乡共白云连。（卢照邻：送幽州陈参军……）

e3. 身共锡声离岛外，迹同云影过人间。（齐己：宿江寺）

e4. 身同雁南去，心似水东流。（陈舜俞：题秋浦亭）

e5. 人说维摩居士病，我同王子雪舟来。（梅尧臣：历阳过杜挺之……）

e6. 今夕佳风月，身同影守房。（刘克庄：商妇词十首）

有的句子中，"同"可能是交互介词或并列连词。例如：

（3）f. 径与松荒，人同鹤在。（李曾伯：沁园春）

可以说，宋代，在谓语动词前面，"同₆"已萌芽，但还未确定性质。

C. 在谓语位置演变的可能性

"同$_6$"如果萌生于谓语位置，也只能来自"伴随"义动词。在"主语 +N$_1$+ 同 +N$_2$"式中，"同"可能是"伴随"义动词，也可能是并列连词。例如：

（3）h. 明月谁同我，悠悠上帝都。（江为：岳阳楼）

### 7.2.1.2.4　并列连词"和$_6$"的产生

并列连词"和"（记为"和$_6$"）和并列连词"共$_6$、同$_6$"一样，也产生于两个位置：谓语动词前与谓语动词后，也有动词和介词两个来源。

A. 谓语动词后的演变

"和$_6$"首先萌生于谓语动词后面，"N$_1$+ 和 +N$_2$"短语在看视动词后面，"和"有两种分析结果。例如：

（4）a1. 引水忽惊冰满涧，向田空见石和云。（卢纶：早春归周至……）

a2. 西南一望云和水，犹道黔南有四千。（窦群：自京将赴黔南）

a3. 上方嵩若寺，下视雨和烟。（贾岛：赠绍明上人）

4a 组显示了伴随动词"和$_0$"与并列连词"和$_6$"的联系。若"和"分析为伴随动词，则"N$_1$+ 和 +N$_2$"短语为主谓结构；若"和"分析为并列连词，则"N$_1$+ 和 +N$_2$"短语为并列结构。虽然依今人之语感，一般认定"和"是连词，但从历时角度看，尚不能排除"和"为动词的可能性。看视动词属于感知动词，此类动词的受事，大多是动作行为之前已存在的事物，可能是相互伴随的事物，也可能是并列的事物。

与主语位置相比，宾语位置上的 N$_1$、N$_2$ 容易凸现并列关系。试比较两例：

（4）b. 莺和蝶到，苑占宫遮。（张南史：花）

（4）c. 恨芳菲世界，游人未赏，都付与，莺和燕。（陈亮：水龙吟）

前例的"和"有三种可能性：伴随动词、交互介词或并列连词。后例同样是"N$_1$+ 和 +N$_2$"短语，但处于宾语位置，且谓语动词是"给予"义的，"和"只能被分析为连词。观察 4a 组——例 4c 可知：在谓语动词后面，"和$_6$"来自动词。

B. 谓语动词前的演变

"N$_1$+ 和 +N$_2$"式如果出现在谓语动词前面，两个 N 可能是"相伴"、"相随"的事物。例如：

（4）d1. 落花带雪埋芳草，春雨和风湿画屏。（韦庄：奉和观察……）

　　d2. 林鸟隔云飞一晌，草虫和雨叫多时。（尚颜：怀智栖上人）

前例的"画屏"是"雨"打湿的，后例"叫"的是"草虫"，可见这两例的话题是单项。在这样的有主导者与伴随者区分的语义结构中，很难产生并列连词。这里有一个话题是"单项"还是"双项"的问题。有时，实施 $V_2$ 事件的是 $N_1$ 与 $N_2$ 两个，但话题还是"单项"的。例如：

（4）e1. 雨滴梧桐秋夜长，愁心和雨到昭阳。（刘氏媛：长门怨二首）

　　e2. 云映嵩峰当户牖，月和伊水入池台。（白居易：以诗代书……）

4e 组的话题（或主语）都是 $N_1$，"和"也有伴随动词、交互介词两种可能性，当然，句义中也潜藏着"和"变为并列连词的可能性。如果 $V_2$ 部分是形容词，表示两个 N 的特征，话题也还可能是"单项"的。例如：

（4）f1. 戍鼓和潮暗，船灯照岛幽。（司空图：寄永嘉崔道融）

　　f2. 山蔬和草嫩，海树入篱生。（方干：经周处士故居）

唐代，几乎没有见到主语位置上的" $N_1$ ＋和＋ $N_2$ "式是确凿的并列短语的用例，即使跟"与"对举，谓语部分有副词"共""和"也难以确定性质。例如：

（4）g. 烟和魂共远，春与人同老。（韩偓：幽独）

上例的"和"还是可以作三种分析：伴随动词、交互介词或并列连词。在谓语动词前面，"和＋ $N_2$ "短语由原来的谓语部分的状语或连动结构的 $VP_1$ 部分变为主语部分的构成成分；话题则由单项 $N_1$，变为 $N_1$ 和 $N_2$ 两项。这种演变可以看作是"跨层演变"的类型之一。演变的语用因素是"话题的双项化"，属于陈述对象的变化。从句法层面看，结构的复杂化（"俱同"义副词和复指成分出现）导致了演变结果的固化。

B1. 用复指强调话题

4f 组例句已可表达两种事物有相同的属性，但两个 N 在语义结构中有主次之分。如果说话人想表达两种事物是并列关系的可以用复指成分强调，这就导致了两个 N 的句法地位趋同。例如：

（4）h1. 破暗长明世代深，烟和香气两沉沉。（罗隐：长明灯）

　　h2. 贵和富，此事都付浮云。（黄人杰：祝英台）

B2. 用总括副词强调话题

如果句子中 $N_2$ 后有总括副词，则"和"呈现向并列连词演变的可能性。

例如：

（4）i1. 多少恨，今犹昨，愁和闷，都忘却。（张先：满江红）

　　i2. 倦倚楼高，恨随天远，桂风和梦俱清。（陈允平：庆春宫）

从标记论的观点来看，谓语部分有修饰、限定成分相对于无而言，是有标记的。有标记一般在无标记的基础上产生的，就此而言，不存在主次关系的两个 N，成为"和$_6$"所在结构中 $N_1$、$N_2$ 的首选。"皆都"义副词出现在 $V_2$ 或 A 的前面，有可能拉开 $N_2$ 与 $V_2$ 或 A 的距离，从而使 $N_1$ 与 $N_2$ 关系密切，两者变为并列关系。

C. 其他位置上演变的可能性

在谓语位置和紧缩句的 $VP_2$ 位置也可能发生"伴随动词——并列连词"的演变，但这种演变发生在宾语位置的演变之后。

C1. 谓语位置演变的可能性

前面有处所或时间词语，"$N_1$+ 和 +$N_2$"短语在谓语位置上，有两种分析结果：主谓短语或并列短语。例如：

（4）j1. 惟愁春气暖，松下雪和泥。（姚合：过杨处士幽居）

　　j2. 独夜猿声和落叶，晴江月色带回潮。（刘沧：送李休秀才……）

　　j3. 春愁不破还成醉，衣上泪痕和酒痕。（郑谷：寂寞）

4j 组也显示了"伴随动词——并列连词"演变的可能性，但相对宾语位置来说，4j 组的"和"较难排除动词的可能性。由此可反证："和"的演变首先发生在谓语动词后面，然后扩展至谓语动词前或谓语位置。

C2. 紧缩句中演变的可能性

位于紧缩句的 $VP_2$ 部分的 "$N_1$+ 和 +$N_2$"短语也可作两种分析。例如：

（4）k1. 编篱薪带茧，补屋草和花。（司空图：独坐）

　　k2. 京洛先生三尺坟，阴风惨惨土和云。（无名氏：唐衢墓）

　　k3. 嘉陵路恶石和泥，行到长亭日已西。（张玭：题嘉陵驿）

4k 组的"和"同样有两种可能性："伴随"义动词或并列连词。如果说话人将 $N_1$ 与 $N_2$ 视为不分主次的事物，则"和"可能是并列连词。但是，唐代罕见紧缩句中用为连词的"和$_6$"。若 $N_1$、$N_2$ 是反义词，"和"有可能被分析为连词。例如：

（4）l. 光阴有限，成败是和非。（吕岩：江神子）

综上，可溯及"伴随"义的并列连词有两条演变路径。在谓语动词后面，走"伴随动词——并列连词"的路径；在谓语动词前面，一般走"伴随动词——交互介词——并列连词"的路径或"伴随动词——并列连词"的路径。在谓语位置、紧缩句的 $VP_2$ 位置也可能萌生并列连词，但来源只能是伴随动词。

### 7.2.1.3 来自动词的并列连词

少数并列连词只有动词一种来源，这主要是"兼及"义动词。这一义类的交互介词和并列连词各有自己的演变路径，可以说有"动词——交互介词"和"动词——并列连词"两条路径。

从语义角度看，"兼及"义动词、交互介词与并列连词所在的语义结构中 $V_2$ 的施事都是"双方实施"意义的；从句法方面看，三者都可以出现在 $V_2$ 之前——句法位置可能相同；所以交互介词和并列连词都有可能与动词有直接发生联系。

#### 7.2.1.3.1 并列连词"及6"的产生

并列连词"及"（记为"及6"）的直接来源是"延及，兼及"义动词"及"（记为"及02"），"及02"向交互介词和并列连词两个方向发展。演变路径如下：

及02——及31（交互介词）

       \ 及6（并列连词）

在现代汉语中，"及6"通常被用来表示身份或等级有差别，我们将其归入并列连词，是就句法功能而言的，"$N_1$+ 及 +$N_2$"短语充当宾语或主语时，两个 N 的句法功能是相同的。虽然虚词"及"的各项功能都可溯及"追逐"义，但连词"及6"的直接来源是"延及，兼及"义。

A1. 动词"及0"的词义变化

动词"及0"的本义是"追赶上"（记为"及01"），引申为"延及，兼及"义（记为"及03"）。例如：

（1）a1. 申锡无疆，及尔斯所。（诗经・商颂・烈祖）

      a2. 内奰于中国，覃及鬼方。（诗经・大雅・荡）

      a3. 亦云可使，怨及朋友。（诗经・小雅・雨无正）

      a4. 雨我公田，遂及我私。（诗经・大田）

A2. 交互介词"及31"的产生

交互介词"及"（记为"及$_{31}$"）的直接来源是"及$_{03}$"，下面一组例句显示了"兼及"义和交互介词之间的联系：

（1）b1. 昊天曰明，及尔出王。（诗经·大雅·板）

    b2. 昊天曰旦，及尔游衍。（诗经·大雅·板）

    b3. 昔育恐育鞫，及尔颠覆。（诗经·国风·谷风）

如果V$_2$前面有副词"同、偕"等，"及"是交互介词。例如：

（1）c1. 德音莫违，及尔同死。（诗经·国风·谷风）

    c2. 女心伤悲，殆及公子同归。（诗经·国风·七月）

    c3. 我虽异事，及尔同寮。（诗经·大雅·板）

    c4. 及尔偕老，老使我怨。（诗经·国风·氓）

《诗经》中的"及$_{31}$"都是用于类似1b、1c组的结构式，即只有"及+N$_2$+V$_2$"一种结构式，"及$_{31}$"所在小句句首没有N$_1$，由此可知：交互介词"及$_{31}$"不是萌生于"N$_1$+及+N$_2$+V$_2$"式，也就是说"及$_{31}$"和"及$_6$"萌生于不同的结构式；从句法结构角度看，"及$_6$"不可能以"及$_{31}$"为直接来源。但是，交互介词"及$_{31}$"的存在，有可能助推"及$_6$"的产生。

A3. 并列连词"及$_6$"的产生

"及$_6$"首先萌生于谓语动词后面，在《诗经》中，"及$_6$"绝大多数出现于充当宾语的"N$_1$+及+N$_2$"短语，主语位置相对来说较少。根据使用频率，我们认为"及$_6$"不是首先萌生于谓语动词前面。

A31. 谓语动词后的演变

在谓语动词后面，"及$_6$"来自动词"及$_{03}$"。"及+N$_3$"短语作为一个独立的小句可以出现在"V$_1$+N$_2$（受事）"短语构成的小句后面。例如：

（1）d1. 怀柔百神，及河乔岳。（诗经·周颂·时迈）

    d2. 去其螟螣，及其蟊贼。（诗经·小雅·大田）

    d3. 问我诸姑，遂及伯姊。（诗经·国风·泉水）

1d组前小句的动词"怀柔""去""问"等，在句法结构中以N$_2$为宾语，在语义结构中以N$_1$和N$_2$为受事，N$_2$可以看作前小句动词的逻辑宾语。在这种语义结构中孕育着"及$_6$"。由此可知："及$_6$"与动词"及$_{03}$"之间有来源关系。如果两个N中间无停顿，"及"就是连词。例如：

（1）e1. 维岳降神，生甫及申。（诗经·大雅·崧高）

    e2. 侵镐及方，至于泾阳。（诗经·小雅·六月）

e3. 六月食郁及薁。（诗经·国风·七月）

e4. 七月烹葵及菽。（诗经·国风·七月）

e5. 晋中行穆子败无终及群狄于大原。（左传·昭公元年）

"及₆"也可以萌生于独立小句位置，《诗经》的"维 +N₁+ 及 +N₂"短语可以看作一个小句。例如：

（1）f1. 于以盛之，维筐及筥。（诗经·国风·采蘋）

f2. 于以湘之，维锜及釜。（诗经·国风·采蘋）

f3. 何以舟之，维玉及瑶。（诗经·大雅·公刘）

1f 组前两例的语义结构中，"N₂+ 及 +N₃"短语是介词"于"的逻辑宾语，这种句法位置的扩展是受语义结构制约的——N₂ 和 N₃ 在语义结构中都是前小句动词的受事。《诗经》中"N₂+ 及 +N₃"短语出现在小句位置时，只有"维 +N₂+ 及 +N₃"一种结构式，这表明："N₂+ 及 +N₃"并列短语萌生于独立小句是有条件的。

A32. 谓语动词前的演变

谓语动词前的"及₆"也来自动词"及₀₃"，与交互介词"及₃₁"没有来源关系；不过"兼及动词——交互介词"演变路径的存在，可以助推谓语动词前面"及₆"的产生。《诗经》中，当 N₁ 为独立小句时，"及 +N₂"短语也是独立小句。例如：

（1）g. 淮夷蛮貊，及彼南夷，莫不率从。（诗经·鲁颂·閟宫）

上例的 N₁（即"淮夷蛮貊"）和 N₂（即"彼南夷"）在语义结构中都是末尾小句中动词的施事，在句法上有可能变为并列关系。上例的"及"还不能排除动词的可能性，例 1g 显示：在谓语动词前面，"及₆"也与动词"及₀₂"有联系。

先秦时期，"及₆"位于谓语动词前有少数用例：

（1）h1. 兄及弟矣，式相好矣。（诗经·小雅·斯干）

h2. 维申及甫，维周之翰。（诗经·大雅·崧高）

h3. 时日曷丧，予及汝皆亡。（尚书·汤誓）

《诗经》中未见"N₁+ 及 +N₂+V₂"式的"及"用为交互介词的例子。也就是说，《诗经》的交互介词"及₃₁"一般出现于"及 +N₂+V₂"式的（参见 1b、1c 两组例句）。总之，在谓语动词前，萌生并列连词"及₆"与交互介词"及₃₁"的语义结构有相似性，都要求两个 N 与 V₂ 或 A 之间有相同的语义关系。由于这种相似性的存在，又由于谓语动词前面"及$_{31}$"的存在，使"及$_6$"的产生具有一定的语义和句法基础，但交互介词"及$_{31}$"和并列连词"及$_6$"萌生于不同的结构式，各自与源动词发生直接的联系。"及"的演变模式影响到"逮"等，因为并列连词"及$_6$"是直接由动词演变而来的，所以并列连词"逮"（记为"逮$_6$"）可以独立存在。例如：

（1）h1. 王逮臣民，相率受戒。（六度集经·卷一）

h2. 后妃逮妾，靡不嫉焉。（六度集经·卷三）

h3. 王逮群僚臣，靡不钦延。（六度集经·卷六）

汉语史上只有并列连词"逮$_6$"，未见交互介词"逮"，这一事实可以作为旁证——并列连词"及$_6$"是从动词发展而来的。

### 7.2.1.3.2　并列连词"兼$_6$"的产生

汉时期，动词"兼"已可作"兼有"解。例如：

（2）a1. 今汉据全秦之地，兼六国之众，修戎狄之义，……（枚乘：上书重谏吴王）

a2. 故虽兼诸夏之富有，犹未若兹都之无量也。（张衡：蜀都赋）

汉语史上，"兼"虽有向交互介词发展的态势，但最终未能定型。动词"兼"的语法化有三个主要方向：副词、连带介词和并列连词。

A. 谓语动词后的演变

南北朝时期，"$N_1$＋兼＋$N_2$"短语可充当独立小句。例如：

（2）b1. 芳泉代甘醴，山果兼时珍。（支遁：咏怀诗五首）

b2. 秋菊兼糇粮，幽兰间重襟。（左思：招隐诗二首）

2b组的"$N_1$＋兼＋$N_2$"短语是主谓结构，"兼"是动词，可作"兼有"或"兼作"解。由于用在两个名词性单位中间，"兼"有可能向并列连词发展，这意味着"主谓——并列"的结构变化有可能发生。

连词"兼$_6$"的产生具有特殊性，首先表现在"兼$_6$"萌生于多个位置。并列连词通常先萌生于谓语动词后面。但是，如果"兼"连接的两个单位是谓词性的，即使充当宾语，"兼"还不能排除动词的可能性。例如：

（2）c1. 才学羞兼妒，何言宠便移。（元稹：代九九）

c2. 适遇尤兼恨，闻书喜复惊。（元稹：遣行十首）

c3. 只解劈牛兼劈树，不能诛恶与诛凶。（李晔：咏雷句）

c4. 始峨峨兮复洋洋，但见山青兼水绿。（李咸用：水仙操）

c5. 珠丸弹射死不去，意在护巢兼护儿。（元稹：有鸟十二章）

c6. 却笑召邹兼访戴，只持空酒驾空船。（白居易：福先寺雪中）

c7. 可惜风吹兼雨打，明朝后日即应无。（白居易：吴樱桃）

c8. 任有风流兼蕴藉，天生不似郑都知。（刘崇鲁：席上吟）

从今人的角度看，2c 组的"兼"是并列连词，但从历时角度看不能排除"兼及"义动词的可能性，此外，这种结构式的"兼"也有可能向"又"义副词发展。如果"兼"连接两个名词性单位，"$N_1$＋兼＋$N_2$"短语在动词后面（充当宾语），"兼"还是有两种可能性："兼及"义动词或并列连词。例如：

（2）d1. 安知千里外，不有雨兼风。（张乔：对月二首）

d2. 幸有远云兼远水，莫临华表望华亭。（薛能：答贾支使寄鹤）

d3. 寻常倚月复眠花，莫说斜风兼细雨。（吴融：风雨吟）

2d 组显示在谓语动词后面，"兼"有可能发生"动词——连词"的演变，"$N_1$＋兼＋$N_2$"短语的结构有可能发生"主谓——并列"的演变；如果"$N_1$＋兼＋$N_2$"短语与后小句的动词或形容词有语义关系（可以看作后小句动词的施事或受事，或者是后小句形容词的特征所有者），"兼"是并列连词。例如：

（2）e1. 惟有诗兼酒，朝朝两不同。（刘禹锡：令狐相公频示新什，……）

e2. 唯有贫兼病，能令亲爱疏。（包佶：岭下卧疾，寄刘长卿员外）

e3. 唯有家兼国，终身共所忧。（刘长卿：湖南使还，……）

2e 组的"有"是"拥有"义的，"兼"作"兼有"解就不合适了。通常，在动作动词后面，"$N_1$＋兼＋$N_2$"短语可分析为宾语，"兼"大多是并列连词，多作"和"解，下面观察四类动词后面的"兼"。

1）手作动词

（2）f1. 手把命珪兼相印，一时重叠赏元功。（韩愈：桃林夜贺晋公）

f2. 欲采兰兼蕙，清香可赠谁？（虚中：芳草）

2）感知动词

（2）f3. 既睹文兼质，翻疑古在今。（韦庄：和薛先辈见寄……）

f4. 颇容樵与隐，岂闻禅兼律。（皎然：渚山春暮……）

f5. 一片长垂今与古，半山遥听水兼风。（罗邺：题水帘洞）

3）心理动词

（2）f6. 莫忧世事兼身事，须著人间比梦间。（韩愈：游城南十六首）

f7. 不计禅兼律，终须入悟门。（杜荀鹤：赠临上人）

f8. 堪笑予兼尔，俱为未了人。（澹交：写真）

f9. 珍重云兼鹤，从来不定居。（罗隐：题玄同先生草堂三首）

f10. 唯爱图书兼古器，在官犹自未离贫。（朱庆余：寄刘少府）

4）其他动作动词

（2）g1. 亦过春兼夏，回期信有蝉。（尚颜：冬暮送人）

g2. 少年分日作遨游，不用清明兼上巳。（王维：寒食城东即事）

g3. 曾沾几许名兼利，劳动生涯涉苦辛。（元稹：新政县）

g4. 刺史敕左右兼小家奴，慎勿背我沉毒钩。（卢仝：观放鱼歌）

g5. 借问风前兼月下，不知何客对胡床。（刘禹锡：洛中逢白监……）

g6. 为报艳妻兼少女，与吾觅取朗州场。（李令：寄女）

g7. 为谢离鸾兼别鹄，如何禁得向天涯。（吴融：水鸟）

g8. 长笻自担药兼琴，话著名山即拟寻。（张玭：赠段逸人）

g9. 欲试澹妆兼道服，面前宣与唾盂家。（花蕊夫人：宫词）

如果"N₁+兼+N₂"短语在宾语位置上，且"兼"和"与"对举，"兼"的连词性质更为明显。例如：

（2）h1. 土控吴兼越，州连歙与池。（白居易：叙德书情四十韵，……）

h2. 莫问荣兼辱，宁论古与今。（韦庄：三用韵）

h3. 酷爱山兼水，唯应我与师。（郑谷：赠尚颜上人）

h4. 心存黄录兼丹诀，家忆青山与白云。（马戴：失意书怀呈知己）

h5. 谁怜翠色兼寒影，静落茶瓯与酒杯。（崔涯：竹）

h6. 高城自有陵兼谷，流水那知越与秦。（罗隐：干越亭）

h7. 运用须凭龙与虎，抽添全藉坎兼离。（吕岩：七言）

h8. 本志不求名与利，元心只慕水兼霞。（吕岩：七言）

"N₁+兼+N₂"短语出现在宾语位置时，"兼"也可能作"或"解。例如：

（2）i1. 各执一般见，互说非兼是。（寒山：诗三百三首）

i2. 君倘修令德，克有终，即必还为大杜兼小杜。（贯休：杜侯行）

有的可作"和"或"或"两种理解。例如：

（2）j1. 似在陈兼卫，终为宋与姚。（贯休：避地毗陵上王恬使君）

j2. 除却弄珠兼解佩，便随西子与东邻。（孙光宪：浣溪沙）

j3. 应是秦云兼楚雨，留住，向花枝夸说月中枝。（孙光宪：定风波）

2e——2j 组显示："$N_1$+ 兼 +$N_2$"式有可能发生"主谓——并列"的结构变化，"兼"发生"兼及动词——并列连词"的变化。

B. 独立小句中的演变

"$N_1$+ 兼 +$N_2$"短语充当小句，南北朝已见（参见 2b 组例句）。唐代，"兼"可连接的两个词性单位（多为主谓短语、述宾短语），"$V_1$+ 兼 +$V_2$"短语构成独立小句，"兼"可分析为"兼及"义动词或"又"义副词。例如：

（2）k1. 露翻兼雨打，开坼日离披。（杜甫：陪郑广文游……）

k2. 籴贱兼粜贵，凶年翻大喜。（吴融：祝风三十二韵）

k3. 平生所心爱，爱火兼怜雪。（白居易：对火玩雪）

k4. 才薄命如此，自嗟兼自疑。（李昌符：下第后蒙侍郎示意……）

k5. 报恩兼报德，寺与山争鲜。（孟郊：送淡公）

k6. 学文兼学武，学武兼学文。（寒山：诗三百三首）

k7. 借皮兼借肉，怀叹复怀愁。（寒山：诗三百三首）

k8. 捕风兼系影，信矣不须争。（贯休：贻世）

k9. 晨游百花林，朱朱兼白白。（韩愈：感春三首）

如果"$N_1$+ 兼 +$N_2$"短语充当独立小句，"兼"连接的两个单位是名词性的，"兼"是"兼及"义动词或列连词。例如：

（2）l1. 月色遍秋露，竹声兼夜泉。（李巅：林园秋夜作）

l2. 渚花兼素锦，汀草乱青袍。（杜甫：渡江）

l3. 细泉兼轻冰，沮洳栈道湿。（杜甫：龙门镇）

l4. 闲官兼慢使，著处易停轮。（白居易：酬皇甫宾客）

l5. 远程兼水陆，半岁在舟车。（姚合：送右司薛员外赴处州）

l6. 苦节兼青目，公卿话有余。（贯休：题惠琮院）

l7. 丰年兼泰国，天道育黔黎。（可止：雪十二韵）

l8. 金乌兼玉兔，年几奈公何。（徐仲雅：赠江处士）

2l 组显示：在独立小句中，也存在"主谓——并列"的演变的可能性，"兼"也有可能发生"兼及动词——并列连词"的变化。

如果"$N_1$+ 兼 +$N_2$"短语构成的小句是对前小句的解说，"兼"被看作连词的可能性增大。例如：

（2）m1. 吞吐一腹文，八音兼五色。（马异：送皇甫湜赴举）

m2. 山城无别味，药草兼鱼果。（张籍：绣衣石榻）

如果是具体的解说，"兼"靠近并列连词。例如：

（2）n1. 尽室更何有，一琴兼一筇。（姚鹄：题终南山隐者居）

　　n2. 止宿鸳鸯鸟，一雄兼一雌。（寒山：诗三百三首）

　　n3. 唐朝历历多名士，萧子云兼吴道子。（欧阳炯：贯休应梦罗汉画歌）

如果"N₁+兼+N₂"短语与后小句谓语动词（包括形容词）有"施事/受事——动作"关系或"特征所有者——特征"关系，"兼"也是并列连词。例如：

（2）o1. 尘里兼尘外，咸期此夕明。（刘得仁：中秋）

　　o2. 胡沙兼汉苑，相望几迢迢。（赵嘏：昔昔盐二十首）

　　o3. 千崖兼万壑，只向望中看。（罗隐：冬暮城西晚眺）

　　o4. 白獚兼花鹿，多年不见渠。（贯休：桐江闲居作十二首）

　　o5. 病身兼稚子，田舍劣相容。（陆龟蒙：江墅言怀）

　　o6. 羲氏兼和氏，行之又则之。（乐伸：闰月定四时）

　　o7. 一名兼一尉，未足是君伸。（刘得仁：送顾非熊作尉盱眙）

　　o8. 落花兼柳絮，无处不纷纷。（张乔：送友人往宜春）

如果"N₁+兼+N₂"短语与前、后小句谓语动词有"工具/凭借物——动作"关系，"兼"也是并列连词。例如：

（2）p1. 一盂兼一锡，只此度流沙。（处默：送僧游西域）

　　p2. 一瓶兼一衲，南北去如归。（薛莹：羡僧）

　　p3. 藤屦兼闽竹，吟行一水傍。（贯休：秋野晚步）

　　p4. 去去去何往，一盂兼一瓶。（修睦：送玄泰禅师）

如果两个N与后小句句首的N有包容、领属或复指关系，"兼"也是并列连词。例如：

（2）p5. 远音兼晓漏，余响过春城。（陆贽：晓过南宫闻太常清乐）

　　p6. 樵侣兼同志，音书近亦稀。（罗隐：初秋寄友人）

　　p7. 荷花兼柳叶，彼此不胜秋。（杜牧：秋日偶题）

2l——2p组显示：在独立小句中，"兼₆"来自"兼及"义动词。

C. 中心语位置上的演变

如果句首有状语，"兼"连接两个谓词性单位，可看作"兼及"义动词或"又"义副词。例如：

（2）q1. 弟兄书忽到，一夜喜兼愁。（戎昱：秋馆雨后得弟兄书……）

q2. 良久惊兼喜，殷勤卷更开。（李昌符：得远书）

q3. 世上漫忙兼漫走，不知求己更求谁。（施肩吾：修仙词）

q4. 望乡台上望乡时，不独落梅兼落泪。（李群玉：闻笛）

q5. 不曾垂钓兼亲酌，堪愧金台醉饱身。（徐夤：谢主人惠绿酒白鱼）

"兼"连接两个名词性单位时，如果句首有时处 NP，可分析为主语或状语，"N₁+兼+N₂"短语充当谓语，"兼"是"兼及"义动词或并列连词。例如：

（2）r1. 他日文兼武，而今粟且宽。（张九龄：送赵都护赴安西）

r2. 天涯心似梦，江上雨兼秋。（李频：自江上入关）

r3. 昨夜风兼雨，帘帏飒飒秋声。（李煜：锦堂春）

r4. 尽日风兼雨，春渠拥作堆。（李郢：雨中看山榴落花）

r5. 今日岭猿兼越鸟，可怜同听不知愁。（韩愈：湘中酬张十一功曹）

如果整个小句是"定+中"结构，"兼"只能是并列连词。例如：

（2）s. 灼灼桃兼李，无妨国士寻。（鱼玄机：感怀寄人）

A4. 紧缩句中的演变

在紧缩句中，如果"兼"连接的两个单位是谓词性的，"兼"可作三种分析：动词、副词或并列连词。例如：

（2）t1. 乍见悲兼喜，犹惊是与非。（元稹：酬友封话叙怀十二韵）

t2. 一枝晴复暖，百啭是兼非。（罗隐：莺声）

t3. 烂漫红兼紫，飘香入绣扃。（徐夤：蜀葵）

t4. 烂樵作袍名复利，烁金为讲爱兼憎。（罗隐：寄无相禅师）

t5. 为郡至公兼至察，古今能有几多人。（方干：上郑员外）

如果在紧缩句的 VP₂ 部分，"兼"连接名词性单位，可看作并列连词。例如：

（2）u1. 窥井猿兼鹿，啼林鸟杂蝉。（喻坦之：题耽处士林亭）

u2. 晚桁蓑兼褐，晴檐织带春。（陆龟蒙：自和次前韵）

u3. 遥遥去舸新，浸郭苇兼萍。（方干：送江阴霍明府之任）

u4. 雪貌潜凋雪发生，故园魂断弟兼兄。（黄滔：旅怀）

u5. 炉畔自斟还自饮，打窗深夜雪兼风。（崔道融：酒醒）

u6. 三春种树梅兼李，十月看书雪替萤。（温达：句）

在紧缩句中，如果"兼"和连词"与"对举，连词性质更为明显。例如：

（2）v1. 防戍兄兼弟，收田妇与姑。（元稹：酬乐天东南行诗一百韵）

  v2. 将排颇与牧，相得稷兼夔。（贯休：寿春节进）

  v3. 才出山西文与武，欢从塞北弟兼兄。（令狐楚：奉和仆射相公……）

  v4. 尽传棣萼麟兼凤，终作昌期甫与申。（贯休：上卢使君二首）

 D. 谓语位置演变的可能性

  "$N_1$+ 兼 +$N_2$" 短语充当谓语时，"兼"很难向连词演变。若"兼"连接的两个单位是谓词性的，"兼"肯定是动词或副词。例如：

 （2）w1. 六穗垂兼倒，孤茎袅复斜。（无名氏：嘉禾合颖）

  w2. 韦生能诗兼好异，获此灵瓢远相遗。（皎然：答韦山人……）

  w3. 圣主好文兼好武，封侯莫比汉皇年。（钱起：卢龙塞行……）

  w4. 相公经文复经武，常侍好今兼好古。（孙子多：嘲郑傪妓）

  w5. 达者推心兼济物，圣贤传法不离真。（吕岩：与潭州智度寺慧觉诗）

  w6. 角声朝朝兼暮暮，平居闻之尚难度。（朱湾：寒城晚角）

  在谓语位置上，若"兼"连接的两个单位是名词性的，"兼"是动词或连词。例如：

 （2）x1. 穿帘海燕双飞去，满眼游丝兼落絮。（冯延巳：蝶恋花）

  x2. 满堂罗绮兼朱紫，四代儿孙奉老翁。（句）

  x3. 偷期锦浪荷深处，一梦云兼雨。（阎选：虞美人）

  观察 2w 组和 2x 组可知：在谓语位置上，"兼$_6$"也来自"兼及"义动词。如果是判断句。"兼"可以看作并列连词。例如：

 （2）y. 我闻大中咸通真令主，相惟大杜兼小杜。（贯休：杜侯行）

 E. "兼"向交互介词发展的可能性

  "兼"的演变的特殊性还在于："兼"虽然有向交互介词发展的趋势，但最终未能发展出交互介词的功能。在唐宋时期的两种结构式中，"兼"有可能向交互介词演变，但最终都未成型。

 1）"兼 +$N_2$+$V_2$"式中演变的可能性

 （3）a. 夜眠兼客坐，同在火炉旁。（元稹：旅眠）

  上例的"兼"可作"与、和"解，但不能排除动词性质，且用例极少。即使"兼"与交互介词对举，也不能排除动词性。例如：

 （3）b1. 美兼华省出，荣共故乡齐。（李频：送张郎中赴睦州）

  b2. 阔容兼饵坐，深许共裹眠。（皮日休：五泻舟）

2）"$N_1$+ 兼 +$N_2$+$V_2$"式

这种结构式的用例比较多，但"兼"不能排除动词的可能性，而且"兼"呈现向连带介词发展的趋势。例如：

（3）c1.风兼残雪起，河带断冰流。（于良史：冬日野望寄李赟府）

c2.风兼雨气吹人面，石带冰棱碍马蹄。（许棠：过分水岭）

c3.弄玉有夫皆得道，刘纲兼室尽登仙。（上元夫人：再赠）

c4.细韵飔飔入骨凉，影兼巢鹤过高墙。（修睦：松）

c5.身带烟霞游汗漫，药兼鬼神在葫芦。（贯休：遇道者）

c6.檐外暖丝兼絮堕，槛前轻浪带鸥来。（吴融：和座主尚书……）

至宋代，这种结构式中的"兼"可和"与"对举，可分析为交互介词或并列连词。例如：

（3）d.画共药材悬屋壁，琴兼茶具入船扉。（林逋：复赓前韵……）

宋代，这种结构式的 $V_2$ 可以是"争斗"义动词。例如：

（3）e.百草兼花斗，双钩映烛藏。（刘筠：宣曲二十二韵）

上例的"兼"可看作交互介词，但类似用例极少。有的句子中，话题是单项，"兼"和交互介词"共"对举，但"兼"不能排除动词性质，且有向连带介词发展的趋势。例如：

（3）f1.狂目兼槐落，惊毫共月捐。（宋祁：兔）

f2.蟾蜍兼滴破，科斗共书残。（宋祁：扬雄墨池）

f3.倦鹊兼河转，初蟾共月西。（宋祁：早秋夜坐）

综上"兼"虽有向交互介词发展的趋势，但最终未能定型。因此，并列连词"兼$_6$"只有动词一个来源。"兼$_6$"的产生也可以用来反推连词"及$_6$"只有一个动词来源。

### 7.2.1.4 小结

可溯及动词源头的并列连词有三种演变模式：一是只有介词一个来源，走"交互介词——并列连词"的路径；二是有动词和交互介词两个来源，在谓语动词后面走"动词——并列连词"路径，在谓语动词前面，又"动词——并列连词"和"动词——交互介词——并列连词"两条路径；三是只有动词一个来源，走"动词——并列连词"的路径。之所以有三种模式，主要是受源动词的意义制约。如果源动词是"给予"、"替代"、"帮助"义类，一般先产生"所为"功能，由于"交互"功能来自介词功能的扩展，与动词没有直接的联系，"并列"功能不可能与动词有直接的联系。如果源动词是"伴随"义，在谓语动词后面，并列连词来自动词，结构发生"主谓——并列"的变化；在谓语动词前面，并列连词来自动词或交互介词。如果源动词是"兼及"义，"并列"功能只能与动词发生直接的联系。

## 7.2.2 原因连词的来源

与介词有来源关系的原因连词可分为两种类型：一种是只有介词一个来源，另一种是有原因介词和动词两种来源。第一类的演变因素是句法方面的，主要是结构的复杂化，即"P+$N_2$+V"式中$N_2$部分的扩展，使得"介词"和"介词宾语"之间的关系断裂，原先的处在介词宾语位置上的成分变为独立小句。第二类演变既有语义因素，也有结构复杂化的因素。

### 7.2.2.1 来自介词的原因连词

只有介词一个来源的原因连词的来源可分为三种类型：一是来自原因介词（如"为"），二是与原因介词和被动介词都有联系（如"被"），三是来自被动介词（如"吃"）。

#### 7.2.2.1.1 "原因介词——原因连词"的演变

绝大多数与原因介词有来源关系的原因连词都有动词和原因介词两个来源，只有原因介词一个来源的是"为"（记为"为$_6$"），这是由源动词的意义和演变路径决定的。原因介词"为$_4$"的来源有两个：所为介词"为$_{31}$"和"做为"义动词。原因介词"为$_4$"的来源之一是"为$_{31}$"，一般情况下，原因连词"为$_6$"不可能越过"为$_4$"而与动词发生直接的联系。

"原因介词——原因连词"演变的决定性因素是结构的复杂化，即表示原因的部分由短语变为小句。先秦已见较多的"为$_4$"的用例，但"为$_6$"的用例较少。"为$_4$"产生之后，宾语部分不断扩展，若结构比较复杂，便呈现向连词发展的趋势。演变发生在两种结构式中。

A. 后小句中的演变

先秦时期的"为……（之）故"式可用为解说原因的小句，"故"前面可以是谓词性短语。这种用法的"为"可分析为原因介词。例如：

（1）a1. 会于向，为吴谋楚故也。（左传·襄公十四年）

　　a2. 韩宣子为之请之，为其复取之之故。（左传·昭公三年）

若"故"不出现，在三种情况下，"为"还不能排除介词性质。

第一种是"为＋动词性短语"式，由于"为"带谓词性短语，"为"有可能被看作连词，但介词性质也还不能排除。例如：

（1）b. 何用弗受也，为以王命绝之也。（穀梁传·庄公六年）

第二种是"为＋N$_2$＋之＋V"式，由于 N$_2$ 与 V 之间有取消句子独立性的助词"之"，"为＋N$_2$＋之＋V"式虽然可以分析为主谓结构，但可能还不是独立的小句，"为"的介词性质不能排除。例如：

（1）c1. 臣不敢爱死，为两君之在此堂也。（左传·成公三年）

　　c2. 何大焉，为公之追之也。（穀梁传·庄公十八年）

第三种是"为＋其＋V$_2$"式，"其＋V$_2$"短语可能是主谓结构，但也不能排除定中结构的可能性，"为"的介词性质也不能排除。例如：

（1）d1. 曷为褒之？为其与公盟也。（公羊传·隐公元年）

　　d2. 其曰妇姜，为其礼成乎齐也。（穀梁传·文公四年）

如果 1d 组的"其"的位置上换上名词，则"为"后面的"N$_2$＋V"短语可以分析为一个独立的小句，"为"是确凿的原因连词。例如：

（1）e1. 公侵郑，取匡，为晋讨郑之伐胥靡也。（左传·定公六年）

　　e2. 此何以书？为叔孙豹率而与之俱也。（公羊传·襄公五年）

　　e3. 曷为殆诸侯？为卫石恶在是也。（公羊传·襄公二十七年）

1e 组可证：

1）位于后小句之首的原因连词"为$_6$"产生较早，先秦时期已有用例；

2）原因连词"为$_6$"产生的因素是结构的复杂化，即"为$_4$"后面出现主谓短语。

B. 前小句中的演变

"为……（之）故"短语可以用为前小句，起着解说原因的作用。"为"后面是"谓词性短语＋故"短语，由于"为"后面是定中短语，"为"还是原因介词。例如：

（1）f1. 楚为众舒叛故，伐舒蓼。（左传·宣公八年）

　　f2. 冬，楚子为陈夏氏乱故，伐陈。（左传·宣公十一年）

　　f3. 齐侯为楚伐郑之故，请会于诸侯。（左传·庄公三十二年）

同样是在三种情况下，"为"不能排除介词的可能性。第一种是"为 +动词性短语"式，"为"难以确定是原因介词还是原因连词。例如：

（1）g. 公为与其嬖僮汪锜乘，皆死皆殡。（左传·哀公十一年）

如果后小句句首有连词"故"，"为"稍稍趋近原因连词。例如：

（1）h. 为归汶阳之田，故诸侯有贰于晋。（左传·成公九年）

第二种是"为 +N$_2$+ 之 +V$_2$"式。理由同前。例如：

（1）i1. 公孙蛮为少姜之有宠也，以其子更公女而嫁公子。（左传·昭公三年）

　　i2. 宣子为子产之敏也，使从嬖大夫。（左传·昭公五年）

第三种是"为 + 其 +V$_2$"式，"为"的性质也介于原因连词和原因介词之间。但如果后小句句首有连词"故"，"为"趋近原因连词。例如：

（1）j. 以国氏者，为其来交接于我，故君子进之也。（穀梁传·隐公二年）

1g——1j组可证：在动词性短语前，"为$_4$"也有向原因连词发展的趋势。但这种位置的"为$_6$"出现较迟。汉代，出现较多的"为 + 主谓短语"式，"为$_6$"的性质得以确定。例如：

（1）k1. 于是为秦钱重难用，更令民铸钱。（史记·平准书）

　　k2. 孝惠、高后时，为天下初定，复弛商贾之律，然市井之子孙亦不得仕宦为吏。（史记·平准书）

　　k3. 于是天子为山东不赡，赦天下。（史记·平准书）

伴随前小句"为"后面的结构复杂化，后小句句首出现与"为"呼应的连接成分"故"、"乃"，这使得"为"的连词性质更为明显。例如：

（1）l1. 先帝为咸阳朝廷小，故营阿房官。（史记·秦始皇本纪）

　　l2. 武王为殷初定未集，乃使其弟管叔鲜、蔡叔度相禄父治殷。（史记·周本纪）

### 7.2.2.1.2　有两个介词来源的原因连词

宋代已见原因连词"被$_6$"。例如：

（2）a1. 你前时要那玉，自家煞是用心，只被难得似你那尺寸底。我已令人寻讨，如是得似你那尺寸底，我便送去也。（铁围山丛谈·卷一）

　　a2. 只被气质有昏浊，则隔了。（朱子语类·卷四）

"被$_6$"有两个来源：被动介词"被$_3$"和原因介词"被$_4$"。"被$_3$"用于复句的原因分句或解说分句，有可能变为"因"义连词，"被$_4$"所在句子的结构复杂化，可能会发生"原因介词——原因连词"的演变。"被$_3$"的继续语法化路径如下：

被$_3$（被动介词）—被$_4$（原因介词）—被$_6$（原因连词）

\ 被$_6$（原因连词）

总之，"被$_3$"继续语法化，有两条演变路径：一是"被动介词——原因介词——原因连词"，一是"被动介词——原因连词"。

A. "被$_6$"与"被$_3$"的联系

"被$_3$"所在的句子如用在结果分句前，有可能起着解释原因的作用。例如：

（2）b1. 刚被篙工误，迟留一日装。（王十朋：宿庆善寺）

b2. 只被春风摆撼多，颜色凋零早。（朱敦儒：卜算子）

b3. 被君分种鹅峤上，从此人间有两株。（许棐：赵宰琼花图）

b4. 只是被他一时见透，所以恁做将去。（朱子语类·卷四十一）

b5. 久之，被人掘凿损坏，于是不复有灵。（朱子语类·卷三）

b6. 伯恭解说文字太尖巧，渠曾被人说不晓事，故作此等文字出来。（朱子语类·卷一百二十二）

2b 组"被$_3$"所在的小句的语用功能是解释后句事件的原因，"被$_3$"在这种解说原因的分句中，有可能向原因连词发展。但句中的动词在语义上指向受事或隐含的承受者，"被"一般被分析为被动介词。然而这种句法位置和语用功能，为"被动介词——原因连词"的演变奠定了句法和语义的基础。

在动词带受事宾语的小句中，"被$_3$"所在的小句用在结果分句前，"被"也有可能向原因连词发展。例如：

（2）c1. 只被桃花迷杀人，行顾瑶关忽双阖。（徐积：和倪敦复）

c2. 刚被流支打齿缺，至令有理不能宣。（释法泰：颂古四十四首）

c3. 却被飞涛送乡思，悠悠想见浙江潮。（韦骧：过故平）

c4. 刚被闲云生罅隙，禅僧迷失旧盘陀。（蒋之奇：生云石）

2b、2c 组"被"虽分析为被动介词，但由于"被$_3$"所在的小句可以看作解释原因的分句，"被"有可能被理解为表示原因的虚词。"被$_6$"所在分句的 V 多表"非企盼"事件，这是"被$_3$"的语义滞留。

有时，V 在语义上涉及句首的 $N_1$（受事主语，可能省略），但"被"字句位于结果分句之前，整个句子被理解为原因分句，"被"也可作"因"解。例如：

（2）d1. 吾乃上江老龙王，年老力衰，今被下江小龙欺我年老，与吾斗敌，累输
与他，老拙无安身之地。（宋四公大闹禁魂张，近汉语资·宋代卷）

d2. 小生被那虔婆板障，赌气离了他门。（贾仲明：李素兰风月玉壶
春·三折）

B.“被$_6$”与“被$_4$”的联系

导致“被”发生“原因介词——原因连词”演变的因素是句法结构的复
杂化，若“被$_4$”后面表示原因的部分扩展至一个主谓短语，且“被”所在的
小句可看作因果复句的原因分句，“被”变为原因连词。

B1.N$_2$后面是形容词的句子

形容词进入“被 +N$_2$+V”式的 V 位置，可能在语义上不涉及受事，但
句义中有 A 事件的承受者。例如：

（2）e1. 东方垂欲明，忽被林雾浓。（方回：杨村秋晓）

e2. 一日晴明输子往，半年风雨被渠悭。（项安世：次韵张部门……）

“被 +N$_2$+A”式也可以位于结果分句前，句义中还可能推出“承受者”。
例如：

（2）f1. 沈沈江上望极，还被春潮晚急，难寻官渡。（史达祖：绮罗香）

f2. 青青原上荞麦，还被东风无赖，翻成离绪。（张磬：绮罗香）

如果 A 部分结构复杂化，“N$_2$+A”短语在语义结构中不能推出“承受
者”，被看作主谓短语的可能性增大，又由于“被 +N$_2$+A”式位于结果分句
前，起着解释原因的作用，“被”可作“因”解。例如：

（2）g1. 却被新诗太清绝，唤将雪虐更风饕。（杨万里：以糟蟹……）

g2. 被他静极了，看得天下之事理精明。（朱子语类·卷一百）

g3. 被他神闲气定，不动声气，须处置得精明。（朱子语类）

g4. 且如这许多阔，分作四段，被他界限阔，便有差。（朱子语类·卷八十六）

B2.N$_2$后面是动词的句子

N$_2$后面如果是动词，但在语义结构中无受事宾语或受事主语，
“被 +N$_2$+V”式又位于结果分句前面，“被”也有可能作“因”解。例如：

（2）h1. 只被诗魔无处避，待教醉魄战吟魂。（徐积：戏呈魏评事）

h2. 刚被旁人去饶舌，刺桐花下客求诗。（危稹：赠书肆陈解元）

h3. 苦被江头新涨，推起天涯倦客。（魏了翁：水调歌头）

如果 V 部分结构扩展，“被”就可以作“因”解。例如：

（2）i. 人都贪财好色，都重死生。却被他不贪财，不好色，不重死生，这般处
也可以降服得鬼神。（朱子语类·卷四十七）

C. 致变因素分析

C1. 结构的复杂化

这里是指"被"所在的小句前面或后面出现表示结果的分句，在一个更
大的组合单位中，"被"经过重新分析，被看作连词。如在询问原因的分句
后面，"被₄"所在的分句是主谓结构，其功能是解说原因，"被"可以看作
连词。

（2）j1. 问君何故能如此，只被才能养不才。（邵雍：安乐窝中……）

j2. 当时何故得如此，只被声明类日中。（邵雍：观五帝吟）

如果解释原因的句群中，"被"所在句子可看作句群中解说原因的句子，
"被"也是连词。例如：

（2）k1. 何人头不白，我白不因愁。只被人多欲，其如我不忧。（邵雍：白头吟）

k2. 己之欲处人须欲，心可欺时天可欺。只被世人难易地，尧夫非是爱吟
诗。（邵雍：首尾吟）

如果在因果复句的结果分句前面，后小句句首有关联词"所以、故、
遂"等，"被"所在小句是原因分句，"被"可作"因"解。例如：

（2）l1. 被他辞直理顺了，所以难取。（朱子语类·卷一百二十七）

l2. 只是被他忠义正当，故做得恁地。（朱子语类·卷一百三十三）

l3. 只被其中有"作新大邑于周"数句，遂牵引得序来作成王时书。（朱子
语类·卷七十九）

如果 V 部分是个结构相对复杂的单位，而且 V 在语义结构中没有涉及
受事，或句首没有受事，"被"后面的成分可分析为主谓句，整个小句可看
作解释原因的分句。例如：

（2）m1. 只被人间多用诈，遂令天下尽生疑。（邵雍：首尾吟）

m2. 只被世人难易地，尧夫非是爱吟诗。（邵雍：首尾吟）

m3. 刚被平生饱辛苦，自怜嚼蜡不知甜。（袁说友：谢侃老惠蜜）

m4. 被他静极了，看得天下事理精明。（朱子语类·卷一百）

m5. 被他门庭高，人亦一向不来。（朱子语类·卷一百四十）

如果句中没有受事主语或受事宾语，只有语义结构中的承受者，"被"
可作"因"解。例如：

（2）n. 先自腰肢常袅娜，更被新来，酒饮频过人。茶饭不忺犹自可，脸儿瘦得些娘大。（赵师侠：蝶恋花）

如果 V 部分继续复杂化，"被"的"因"义愈加明显。例如：

（2）o1. 只被今人只知计利害，于是非全轻了。（朱子语类·卷一百三十七）

o2. 圣人言语，皆天理自然，本坦易明白在那里。只被人不虚心去看，只管外面捉摸，及看不得，便将自己身上一般意思说出，把做圣人意思。（朱子语类·卷十一）

o3. 近新来病体儿直然较，我自喑约也枉了医疗，被这秋气重金疮越发作，好教我痛苦难消。（尚仲贤：尉迟恭三夺槊·第二折）

o4. 则被这汤哥孩儿逐日饮酒非为，不依公道，兀的不害杀我也。（无名氏：罗李郎大闹相国寺·第一折）

### 7.2.2.1.3 来自被动介词的原因连词

原因连词"吃$_6$"只有一个来源，即被动介词"吃$_3$"。因为原因连词"被$_6$"的产生有两条路径，其中之一是"被动介词——原因连词"的路径，"吃$_6$"只走这种路径，不一定走"被动介词——原因介词——原因连词"的演变路径。被动介词"吃$_3$"宋代已有用例。"吃$_3$"也具有向原因介词发展的可能性，下例的"吃"有可能被分析为原因介词。

（3）a. 张鬻好客月千壶，余吃清贫逐斗沽。（戴元表：玄庙二道士俱以酒死）

上例的"吃"有可能作"因"解，但汉语史上罕见类似用例。若"吃"后随主谓短语，则可能被分析为原因连词。例如：

（3）b1. 只吃那嗓子粗，不中听。（无名氏：朱砂担滴水浮沤记·第一折）

b2. 自从嫁得你哥哥，吃他忒善了，被人欺负，清河县里住不得，搬来这里。（水浒·二十四回）

b3. 和你去不打紧，只吃你性子不好，必要惹出事来。（水浒·一百十回）

b4. 吃我不肯，他便将手把我胸前抓得粉碎。（喻世明言·卷三十八）

对比例 3a1 和 3b 组，可以看出：汉语史上若存在原因介词"吃$_4$"，则"吃$_6$"和"吃$_4$"应该有来源关系；然而，类似"吃$_4$"的用例是罕见的，我们认为"吃$_6$"的来源是被动介词"吃$_3$"。从语义上看，"吃$_3$"所在的句子的 V 部分所表示的事件对承受者来说是不利的或消极的；但是，由于谓语描述的是 N$_2$ 的某种行为或性状，并且"吃"所在小句往往起着解释原因的作用，"吃$_3$"有可能转化为原因连词。下面一组例句显示了"吃$_3$"和"吃$_6$"的联系。

（3）c1. 那一日吃你妈妈赶逼我不过，只得忍了一口气，走出你家门。（关汉卿：

杜瑞娘智赏金线池·第二折）

c2. 吃你也缠杀我也，我回庵中去罢。（无名氏：瘸李岳诗酒玩江亭·第

三折）

c3. 只吃这攮刀的碍手碍脚，怎生设一计儿了了它。（今古奇观·卷十九）

c4. 只吃杨雄阻滞碍眼，因此不能勾上手。（水浒·四十五回）

就单个句子而言，3c 组的"吃"可分析为被动介词，但由于后面还有结
果分句，"吃"也有可能被分析为原因连词。比对 3b 组和 3c 组，可以得知：
"吃$_3$"是"吃$_6$"的来源。

纵观"吃$_6$"的产生过程，未见明显的"吃$_4$"阶段，可以说是直接从
"吃$_3$"变为"吃$_6$"，这种演变是因同义的被动介词的带动而产生的。上文已
论及"被$_6$"的两个来源，因为"被"有过"被动介词——原因连词"和"被
动介词——原因介词——原因连词"两条演变路径，"吃"只需以沿袭前一
路径就可以产生连词功能。

### 7.2.2.2　有动词和介词两个来源的原因连词

大多数与原因介词有来源关系的原因连词都还有另外一个来源，即表示
原因的动词，如"以、因、由、坐、缘"等。

#### 7.2.2.2.1　原因连词"以$_{61}$"的产生

原因连词"以"（记为"以$_{61}$"）有两个来源，一是原因介词"以$_{43}$"，一
是表示认识活动的"以为"义动词"以$_{05}$"。原因介词"以$_{43}$"的产生早于原
因连词"以$_{61}$"，而且两者之间有语义句法联系，因此我们认为"以$_{43}$"是
"以$_{61}$"的主要来源。表示认识活动的"认为"义动词"以$_{05}$"也有可能向原因
连词复发展，只是这种"动词——连词"的演变发生相对要迟一些，可以看
作演变的支线。

A. 与原因介词的联系

"以"的"原因介词——原因连词"的演变发生在两个位置：后小句和
前小句。两个位置的致变因素大致相同，都是结构的复杂化。

A1. 后小句中的演变

"以 +V"短语如用于后小句，可以看作单句的一个成分，也可以看作复

句的一个分句。区别是对“以”字短语的定性。“以”字短语往往被用来解释前一事件的缘由，如果是“以……故”形式，可分析为名词性短语，在句法层面可分析为状语。例如：

（1）a. 冬，遇于鲁济，谋山戎也，以其病燕故也。（左传·庄公三十年）

如果“以”后面是述宾短语，“以”字短语也还有可能被分析为解释原因的句子成分（状语）或分句。例如：

（1）b1. 不言剽之立者，以恶卫侯也。（公羊传·襄公二十六年）

b2. 不书葬，以罪下也。（穀梁传·隐公十一年）

1b组“以”字后面的部分是谓词性的，有可能被看作独立的小句。“以”已具有被分析为连词的可能性。随着“以”后面部分的结构复杂化，有可能被看作主谓短语。分两种结构式。

1）“以 +$N_2$+ 之 +V”式

如果前面是一个独立的小句，“以 +$N_2$+ 之 +V”短语有两种可能性：句子成分（状语）或小句。例如：

（1）c. 鄫季姬来宁，公怒止之，以鄫子之不朝也。（左传·僖公十四年）

如果是用为疑问句的回答，句中虽有取消句子独立性的“之”，但“以 +$N_2$+ 之 +V”式是独立小句，“以”可以看作连词。例如：

（1）d1. 夏，公追戎于济西。其不言戎之伐我，何也？以公之追之，不使戎迩于我也。（穀梁传·桓公十八年）

d2. 不言及夫人，何也？以夫人之伉，弗称数也。（穀梁传·桓公十八年）

d3. 此其志，何也？以伯姬之不得其所，故尽其事也。（穀梁传·成公九年）

d4. 吴称其子，何也？以蔡侯之以之，举其贵者也。（穀梁传·定公九年）

2）“以 + 其 +V”式

$V_2$ 部分动是动词性短语，这种结构式也有句子成分或小句两种分析结果。例如：

（1）e1. 庄叔会诸侯之师伐沈，以其服于楚也。（左传·文公三年）

e2. 范献子去其柏椁，以其未复命而田也。（左传·定公元年）

e3. 栾书怨郤克，以其不从己而败楚师也。（左传·成公十七年）

e4. 侵宋，以其辞会也。（左传·成公六年）

e5. 何用弗受，以其受命，可以言弗受也。（穀梁传·哀公六年）

1e组的“其 +V”短语若分析为定中结构，“以 + 其 +V”式还不能排除状语的可能性,"以"还不是连词。但"其+V"短语也有可能被分析为主谓结构,这样,就有可能被分析为独立小句,"以"可以看作连词。"以+其+V"式的使用频率提高可以助推"以"的"原因介词——原因连词"演变。如果"以"后面的部分比较长,是紧缩句或复句形式,"以"被分析为连词的可能性增大。例如:

(1) f1.春,晋人侵郑,以其无礼于晋,且贰于楚也。(左传·僖公三十年)

f2.是以尧崩而天下如一,同心戴舜,以为天子。以其举十六相,去四凶也。(左传·文公十八年)

在疑问句后面,虽然还是"以+其+V"式,但可以被看作独立小句,"以"是连词。例如:

(1) g1.葵丑,葬我小君文姜。小君非君也,其曰"君"何也?以其为公配,可以言小君也。(榖梁传·庄公二十二年)

g2.其不言曹伯,何也?以其不言齐侯,不可言曹伯也。其不言齐侯,何也?以其不足乎扬,不言齐侯也。(榖梁传·僖公元年)

g3.其曰师,何也?以其先晋,不可以不言师也。(榖梁传·僖公二年)

g4.楚无大夫,其曰屈完,何也?以其来会桓,成之为大夫也。(榖梁传·僖公四年)

g5.此其言葬,何也?以其葬共姬,不可不葬共公也。(榖梁传·成公十五年)

如"以"后面不是代词"其",而是人称代词或名词,句中也没有助词"之",整个短语可看作主谓短语,"以"可以看作原因连词。例如:

(1) h1.其曰师,何也?以吾败也。(榖梁传·桓公十年)

h2.其曰莒挐,何也?以吾获之,目之也。(榖梁传·僖公元年)

h3.此其地会地盟,何也?以公得其所,申其事也。(榖梁传·定公二年)

h4.其曰公子,何也?以吾之四大夫在焉,举其贵者也。(榖梁传·定公二年)

A2. 前小句中的演变

1)"以+N₂+之+V"式

"以₄₃"产生之后,所带的宾语处于扩展中,可以是主谓短语,但主语后面大多有结构助词"之"。例如:

(1) i1.以国之多难,未女恤也。(左传·哀公二十六年)

i2. 以晋国之多虞，不能由吾子。（左传·襄公三十年）

i3. 以齐侯之见公，可以言至自齐也。（穀梁传·昭公二十六年）

i4. 昭公曰："以吾宗庙之在鲁也，有先君之服，未之能以服。（公羊传·昭公二十五年）

这种结构式的后小句有时有"是以"，"是"复指前小句所述的原因。例如：

（1）j1. 以齐人之朝夕释憾于鄙邑之地，是以大请。（左传·襄公十六年）

j2. 以鲁国之密迩仇雠，臣是以不获从君。（左传·哀公二十五年）

1i、1j 组由于有取消独立性的"之"，还不能确定"以"是连词，但已显现趋近连词的态势。

2）"以 + 其 +V"式

"以 + 其 +V"短语可以用于解说原因，"以"可以看作原因介词或原因连词。例如：

（1）k1. 以其受命，可以言弗受也。（穀梁传·哀公六年）

k2. 以其先晋，不可以不言师也。（穀梁传·僖公二年）

k3. 以其目君，知其为弟也。（穀梁传·隐公元年）

k4. 以其来会诸侯，重之也。（穀梁传·僖公四年）

如果后小句句首有"故"，"以"向连词发展的趋势更为明显。例如：

（1）l1. 以其去诸侯，故逃之也。（穀梁传·襄公六年）

l2. 以其在民上，故崩之。（穀梁传·隐公三年）

l3. 以其画我，故简言之也。（穀梁传·桓公六年）

若"以"后面是复句形式，作为分句的主谓短语中没有"之"，"以"的连词性质可以确定，即使后小句句首有介词短语"是以"。例如：

（1）m. 以敝邑褊小，介于大国，诛求无时，是以不敢宁居。（左传·襄公三十一年）

只要"以"后面是主谓短语或复句形式，即使后小句句首无"是以"，"以"也是连词。例如：

（1）n1. 天子使孔曰："以伯舅耋老，加劳赐一级，无下拜。"（左传·僖公九年）

n2. 以敝邑褊小，不足以容从者，请墠听命。（左传·昭公元年）

n3. 以敝邑介在东表，密迩仇雠，寡君将君是望，敢不稽首？（左传·襄公二年）

B. 与动词"以05"的联系

人有某种认识，可能因这种认识而发出相应的行为。以客观世界的关系为基础，语义结构中的"认识"可能与"原因"发生联系。下面一组例句中，"以"可释义为"认为"，但"以"字小句是解说原因的，句义中蕴含着"以"作"因为"解的可能性。

（1）o1. 郑忽以其有功也，怒。（左传·桓公六年）

　　o2. 宋以其善于晋侯也，叛楚即晋。（左传·僖公二十六年）

　　o3. 先君以寡人为贤，使主社稷。（左传·隐公三年）

　　o4. 晋人以公为贰于楚，故止公。（左传·成公十一年）

　　o5. 先君之所为不与臣国，而纳国乎君者，以君可以为社稷宗庙主也。（公羊传·隐公三年）

至汉代，"以"也还可以作"认为"义动词或原因连词两种分析。例如：

（1）p1. 上以故丞相韦贤子玄成阳狂让侯兄，经明行高，称于朝廷，乃召拜玄成淮阳中尉，欲感谕宪王。（汉书·淮阳宪王刘钦传）

　　p2. 至成帝即位，以淮阳王属为叔父，敬宠之，异于它国。（汉书·淮阳宪王刘钦传）

　　p3. 上以太子奉大宗后，不得顾私亲，乃立楚思王子景为定陶王，奉共王后。（汉书·定陶共王刘康传）

　　p4. 然以少依许氏，俱从微起，故终不背焉。（汉书·元帝纪）

1o、1p 组显示：动词"以$_{05}$"有可能原因连词"以$_{61}$"的来源之一。

### 7.2.2.2.2　原因连词"因$_6$"的产生

动词"因"有"利用"义，由此向三个方向发展：原因介词、原因连词或凭借介词。原因连词"因$_6$"有介词和动词两种来源。"因$_6$"的来源及其发展路径如下：

$$
因（动）—因_{41}（凭借介词）—因_{42}（原因介词）—因_6
$$
　　　　　　　　　　　　　∖因$_{42}$　　　　　　∖因$_6$
　　　　　∕因$_6$（原因连词）

上表显示：原因介词"因$_{42}$"有动词和凭借介词两个来源，原因连词"因$_6$"有动词、原因介词或凭借介词三个来源。

A. 与原因介词的联系

原因介词"因$_{42}$"的萌芽见于先秦时期。例如：

（2）a1. 虽然，因子而死，吾无悔矣。（左传·襄公三十三年）

a2. 曷为独褒乎此？因其可褒而褒之。（公羊传·隐公元年）

若"因"后面是主谓短语，"因"可以分析为原因连词。例如：

（2）b. 何以不诔，将尔不免遏恶也；既而不可及，因狱有所归，不探其情而诔焉。亲亲之道也。（公羊传·闵公元年）

解说原因的部分也可以用于后小句。例如：

（2）c. 秦王饮食不甘，游观不乐，意专在图赵，使臣斯来言，愿得身见，因急与陛下有计也。（韩非子·存韩）

B. 与动词"因$_{02}$"或凭借介词的联系

"利用"义动词"因$_{02}$"可用于"……，因 +N$_2$"式，这种结构式的前后两部分之间可以是解说关系，后部分表示有利于施事的条件兼表原因。例如：

（2）d1. 宋人围滕，因其丧也。（左传·宣公九年）

d2. 晋伐鲜虞，因肥之役也。（左传·昭公十二年）

2d 组的"因"可看作"利用"义动词，但也有可能被看作凭借介词，若后面是谓词性短语，"因"可能朝凭借介词或原因介词发展，但也不排除向原因连词发展的可能性。例如：

（2）e1. 郑灭许，因楚败也。（左传·定公六年）

e2. 叔弓帅师疆郓田，因莒乱也。（左传·昭公元年）

2e 组的"因……"部分有可能被看作独立小句，若"因"后面的部分比较长，但若主谓之间有取消句子独立性的助词"之"，"因"还不能排除"利用"义动词或凭借介词的可能性。例如：

（2）f1. 因郑莒杞鄫之怒，以讨鲁罪。（左传·昭公十三年）

f2. 二子因民之欲叛也，请朝众而盟。（左传·昭公十四年）

f3. 故因民之不堪命，先宣言曰："司马则然。"（左传·桓公二年）

2f 组的后小句（结果部分）有"施事获益"或"施事企图获益"的蕴含义。"因"可能有三种分析结果："利用"义动词、凭借介词或原因连词。由2f 组可以推知：在结果部分前面，动词"因$_{02}$"有可能直接向连词发展；也有可能先经历凭借介词阶段，再向连词发展。也就是说，"因$_6$"可能来自动词"因$_{02}$"，也有可能来自凭借介词"因$_{41}$"。如果没有"之"，"因"可以看作连词，但也还不能排除动词"因$_{02}$"或凭借介词"因$_{41}$"的可能性。例如：

（2）i. 有穷后羿，因民弗忍，距于河。（尚书·五子之歌）

至汉代，连词"因$_6$"用例增多。例如：

（2）j1. 而亦因秦灭六国，兵戎极烦，又升至尊之日浅，未暇遑也。（史记·历书）

j2. 及梁内史韩安国，亦因长公主解说，梁王卒得不治。（前汉纪·孝景皇帝纪）

C. 小结

"因$_6$"的来源比较复杂，主要来源是原因介词"因$_{42}$"，但与"利用"义动词"因$_{02}$"和凭借介词"因$_{41}$"也有联系。"利用动词——原因连词"的演变大多发生在结果部分在前的结构式中。若演变发生在结果部分在后的结构式中，"因$_6$"的来源是凭借介词"因$_{41}$"或原因介词"因$_{42}$"，不过，也不能排除"因$_6$"来自动词"因$_{02}$"的可能性，"因$_6$"产生的路径可归纳为："原因介词——原因连词"、"利用动词——凭借介词——原因连词"、"利用动词——原因连词"。

### 7.2.2.2.3 原因连词"由$_6$"的产生

原因连词"由$_6$"的来源是原因介词"由$_4$"和"缘起"义动词"由$_{02}$"。演变路径如下：

由$_{02}$——由$_4$（原因介词）——由$_6$

　　　＼由$_6$（原因连词）

演变发生在两种结构式中，在动词后面，"由$_6$"来自"由$_{02}$"，在动词前面，"由$_6$"来自"由$_4$"。

A. 后小句中的演变

起初，用于解释原因的小句中，"由$_{02}$"前面是一个 $N_1$，可以分析为主语，"由……"短语可分析为谓语。例如：

（3）a1. 姬泣曰："贼由太子，……"（左传·僖公四年）

a2. 国家之败，由官邪也。（左传·桓公二年）

演变发生在后小句中，但与前小句的结构复杂化有关。如果"由"前面的部分被分析为小句，"由……"短语不再被分析为谓语，有可能被分析状语或独立小句，则"由"有可能被分析为原因介词或原因连词。例如：

（3）b1. 乱虐并生，由争善也。（左传·襄公十三年）

b2. 灭而不自知，由别之而不别也。（穀梁传·襄公六年）

b3. 天所崇之子孙，或在畎亩，由欲乱民也；畎亩之人，或在社稷，由欲靖民也。（国语·周语下）

如果前面是个小句，"由"后面是主谓短语或复句，"由"可看作原因连词。例如：

（3）c1. 禹思天下有溺者，由己溺之也；稷思天下有饥者，由己饥之也。（孟子·离娄下）

c2. 此其所以然者，由主之不上断于法，而信下为之也。（韩非子·有度）

c3. 陈涉虽已死，其所置遣侯王将相竟亡秦，由涉首事也。（史记·陈涉世家）

c4. 往古国家所以乱也，由主少母壮也。（史记·外戚世家）

c5. 荆王王也，由汉初定，天下未集，故刘贾虽疏族，然以策为王，填江淮之间。（史记·荆燕世家）

c6. 此其故何也？由民困而主不恤，下怨而上不知，俗已乱而政不修。（史记·平津侯主父列传）

如果前面的部分是一个小句，解说原因部分是两个并列的主谓短语，"由"也是连词。例如：

（3）d1. 此其所以然者，由贤人不至而忠臣不用也。（管子·法法）

d2. 此其所以然者，由主德不立而国无常法也。（管子·君臣上）

比较 3c、3d 组和 3b 组可知："由$_{02}$"在后小句（解说原因）中有可能直接向原因连词发展。

B. 前小句中的演变

汉代之前，原因介词"由$_4$"已萌生，可以位于动词前。例如：

（3）e1. 存亡之道，恒由此兴。（左传·昭公十三年）

e2. 骄淫矜侉，将由恶终。（尚书·毕命）

e3. 上下之相雒也，由是起矣。（吕氏春秋·适威）

在动词前面，"由$_4$"所在的结构复杂化，产生连词"由$_6$"。但这种演变发生得比较晚，汉代才见到"由$_6$"。例如：

（3）f. 由所杀蛇白帝子，杀者赤帝子，故上赤。（史记·高祖本纪）

总之，原因连词"由$_6$"萌生于两个位置，有动词和原因介词两个来源，"原因介词——原因连词"的演变发生较晚，是在"由$_4$"介词性质确定之后，因所在的结构复杂化而产生的。

#### 7.2.2.2.4　原因连词"坐$_6$"的产生

与"以、因、由"等相比，"坐"的语法化开始得迟一些，演变过程相对清晰。从汉代开始，原因介词"坐$_4$"和原因连词"坐$_6$"都处于萌生过程中，"坐$_4$"初见于南北朝时期，至唐代已定型；"坐$_6$"也初见于南北朝时期，它有两个来源：原因介词"坐$_4$"和动词"坐$_0$"。从介词到连词，致变因素是结构的复杂化，主要是"坐"的宾语部分的扩展。从动词到连词，致变因素是语义方面的，"坐"后面部分从表示某人（通常是接受惩罚者）的罪错兼表原因，变为单表原因。

A. "坐$_6$"和"坐$_0$"的联系

动词"坐$_0$"可释义为"因犯某种罪、错（而受惩罚）"，它的宾语可以是结构比较复杂的谓词性短语，构成表示原因的小句，后随结果分句。例如：

（4）a1. 坐与父御婢奸罪，自杀，国除。（史记·樊郦滕灌列传）

　　a2. 左将军征至，坐争功相嫉，乖计，弃市。（史记·朝鲜列传）

4a 组"坐 +V"短语可分析为因果复句中的原因分句，"坐"虽然还是动词，但由于"坐"所在的小句的语用目的是解释原因，句义中潜藏着"坐$_0$"向表原因的虚词发展的可能性。"坐"后面还可以是复句形式。例如：

（4）b1. 谭坐不谏正室，与相应，有怨望语，免为庶人。（汉书·杨敞传）

　　b2. 坐不忠孝，父子贼伤近臣，免。（汉书·外戚恩泽侯表）

　　b3. 谭坐不谏止悍，与相应答，有怨望语，免为庶人。（前汉纪·孝宣皇帝纪）

4a、4b 组的"坐"还是动词。若"坐"后面是主谓短语或复句形式，且不表示受惩罚者的罪错，而是亲属的罪错，某人因牵连而受惩罚，"坐"的动词性质呈现减弱的迹象，具有向原因连词发展的可能性。例如：

（4）c1. 坐子敬声与阳石公主奸，为巫蛊，族灭无后。（史记·卫将军骠骑列传）

　　c2. 坐妻为巫蛊，族。（史记·卫将军骠骑列传）

若原因部分表述所受的惩罚是由他人引发的，"坐"呈现向原因连词发展的趋势。例如：

（4）d1. 闭门自守，又坐邻伍铸钱挟铜，奸吏因以愁民。（汉书·王莽列传下）

　　d2. 四年坐庙郎夜饮失火，免。（汉书·百官公卿表下）

原因部分也可能表述官员所辖范围内的恶性事件。例如：

（4）e1. 是时孟舒坐虏大入塞盗劫，云中尤甚，免。（史记·田叔列传）

　　e2. 孟舒坐虏大入云中，免。（汉书·田叔传）

　　e3. 坐平都公主杀子，贬为辽东太守。（汉书·百官公卿表下）

　　e4. 坐相贯高等谋反，废王为侯。（汉书·高惠高后文功臣表）

还可能是所辖范围内的自然灾害。例如：

（4）f1. 坐孝文庙风发瓦，免。（汉书·百官公卿表下）

f2. 出为清河太守，坐郡中被灾害什四以上，免。（汉书·何武传）

观察 4b——4f 组中"坐"的后随部分，可以推知：汉代，"$坐_0$"已具备变为原因连词的句法基础。从"$坐_0$"到"$坐_6$"，致变的主要因素是原因分句的语义扩展，若原因分句不是表示受惩罚者自身的罪错，也不是管辖范围内的事件，只是单纯表示事件的原因，"坐"变为原因连词。例如：

（4）g. 官指布曰："但坐此人不从官言，以至于此。……"（三国志·魏书·吕布传，裴引鱼氏《典略》）

其次是后一小句出现连词"所以"，"坐"的连词性质更为明显。例如：

（4）h. 今西寇已次并州，达官多悉委顺，正坐此辈专政弄权，所以内外离心，衣冠解体。（北齐书·清河王岳传）

h2. 官顾指布曰："坐不用诸掾语，故至于此。"（汉书·张汤列传，注解部分）

h3. 吾之计较，不减杨素，但坐言不见从，遂至于此。（隋书·文学列传）

B. "$坐_6$"和"$坐_4$"的联系

南北朝时期，"$坐_4$"已萌芽，它的宾语可以是谓词性短语，结果分句的主语和"坐"所在句子的主语不是同一关系。例如：

（4）i. 其妻曰："君前在东，坐欲擅斩徐州刺史，众人为君难为作下；今复羞为吕屈，是复难为作上也。"（三国志·魏书·诸夏侯曹传，裴注引《魏略》）

上例的"坐"分析为动词的可能性较小，可以分析为原因连词，但不能排除原因介词的可能性。由上例可知：连词"$坐_6$"可能与介词"$坐_4$"有来源关系。若"坐"后面出现结构比较复杂的动词性短语，尤其是主谓短语，且结果部分和原因部分之间有停顿，"坐"可以看作萌芽状态的连词。例如：

（4）j1. 昔秦所以亡天下者，但坐赏轻而罚重，政刑错乱，民力尽于奢侈，目眩于美色，志浊于财宝，邪臣在位，贤哲隐藏，百姓业业，天下苦之。

（三国志·吴书·陆凯传）

j2. 妃后之家，所以少有存全者，但坐权宠太过，天道恶盈也。（后汉纪·孝顺皇帝纪）

C. 位于后小句的原因分句

晋南北朝至唐时期，用于解说原因，位于后小句的"$坐_4$"，如带谓词性短语，有原因介词或原因连词两种可能性。例如：

（4）k1. 原其本起，非为大仇，惟坐克己不能尽如礼，而责人专以正义。（三国志·吴书·诸葛恪传）

　　k2. 沉吟堕九泉，但坐惜形骸。（杨曦：十月十五日……）

　　k3. 来归相怨怒，但坐观罗敷。（宋书·乐志）

唐代，"坐"后面带主谓短语，可以确定是连词。例如：

（4）l. 应劭曰："……所以然者，坐二国有奸臣如新垣平者，劝王共反。"（汉书·邹阳传，注解部分）

至宋代，用于后小句的解说原因的"坐$_6$"已有较多用例：

（4）m1. 要知僧长饥，正坐山无肉。（苏轼：次韵高要令……）

　　m2 山怪我数能来，政坐刀斤赦不才。（汪藻：次韵董禹川）

　　m3. 莼丝老尽归不得，但坐长饥须俸钱。（陆游：思归引）

　　m4. 悬知今定雨，正坐夜来喧。（杨万里：明发石山）

### 7.2.2.2.5　原因连词"缘$_6$"的产生

"缘$_6$"也有动词和原因介词两个来源。动词"缘"有"缘起"义，以此为起点，可以朝原因介词和原因连词两个方向发展。

A. 与动词"缘$_{04}$"的联系

"缘"用于后小句，起着解释原因的作用，汉代之前已见用例：

（5）a1. 其曰妇，缘姑言之之辞也。（穀梁传·宣公元年）

　　a2. 其曰妇，何也？缘姑言之之辞也。（穀梁传·僖公二十五年）

　　a3. 故荣富非自至也，缘功伐也。（吕氏春秋·务本）

　　a4. 不善则不有，有必缘其心爱之谓也。（吕氏春秋·适威）

5a组的"缘"呈现朝原因介词或原因连词发展的态势。但有的句子中，"缘"后面可出现介词"于"。例如：

（5）b. 欲当则缘于不得已，不得已之类，圣人之道。（庄子·庚桑楚）

上例表明："缘"用于解释原因的小句，有可能还是"缘起"义动词。若"缘"后面出现主谓短语，且有停顿，"缘"呈现明显的向原因连词发展的态势，或者说已是原因连词。例如：

（5）c1. 赵穿缘民众不说，起弑灵公，然后迎赵盾而入。（公羊传·宣公六年）

　　c2. 则曷为于其封内三年称子，缘民臣之心，不可一日无君；缘终始之义，一年不二君，不可旷年无君；缘孝子之心，则三年不忍当也。（公羊

传·文公九年）

c3. 不善则不有，有必缘其心爱之谓也。（吕氏春秋·适威）

c4. 所谓处其实不处其华者，必缘理之径绝也。（韩非子·解老）

若后小句句首有连词"故"，"缘"的原因连词性质愈加明显。例如：

（5）d. 缘人情不忍其亲，故为制礼。（汉书·杨王孙传）

在向原因连词发展的同时，"缘"也在向原因介词发展。"缘"可用于"$V_1+N_2+$ 而 $+V_2$"式，这种用法的"缘"呈现朝原因介词发展的态势。例如：

（5）e. 缘季子之心而为之讳。（公羊传·庄公三十二年）

如果前面部分是独立小句，"缘"后面是谓词性成分，"缘"呈现朝原因连词发展的态势。例如：

（5）f. 若夫舜、汤，则包裹覆容，缘不得已而动，……（吕氏春秋·离俗）

这种用法的"缘"后面的若出现主谓短语，则"缘"为连词。但是，汉代之前，原因介词"缘$_{41}$"未发育成熟，例 5e、5f 只是显示了"缘$_{04}$"有向介词发展的倾向。因此，我们说，原因连词"缘$_6$"的主要来源是动词，同时，它的产生也受到"缘起动词——原因介词"演变路径的影响。

## 7.2.3　连词"以$_6$"的来源

连词"以"（记为"以$_6$"，本节不包括原因连词"以$_{61}$"）的功能比较多样，可分为两类：一是用于短语中，一是用于复句中。第一种类型又可细分为用于连动结构、状中结构或并列结构中的；第二种类型又可分为用于目的分句中的或用于结果分句中的。

### 7.2.3.1　短语中的连词"以$_6$"的产生

短语中的连词"以$_6$"的来源是凭借介词"以$_{42}$"，不过，不是所有的连接功能都与"以$_{42}$"有直接的联系。图示如下：

$$/ 以_{623}（连动·结果）/ 以_{63}（状中）$$

$$以_{42}—以_{621}（连动·目的）—以_{622}（连动·方式）—以_{64}（并列）$$

$$\backslash 以_{651}（复句·目的）—以_{652}（复句·因果）$$

上表显示：凭借介词"以$_{42}$"的两个主要方向分别是：用于短语的表示目的的连词"以$_{621}$"和用于复句中表示目的的连词"以$_{651}$"。此外还显示："以$_6$"用于短语中，有五种功能，可用于连接连动（包括目的、方式、结果等）、状中、并列等结构；"以$_6$"用于复句中，有两种功能：目的连词和因果连词。

### 7.2.3.1.1 连动结构的连词"以$_{62}$"的产生

连接两个VP（包括AP）的连词"以"（记为"以$_{62}$"）可依据所在连动结构中的连接关系分为表目的、表方式和表结果三个小类。分别记为"以$_{621}$"、"以$_{622}$"和"以$_{623}$"。

A. 表目的的"以$_{621}$"的产生

"以$_{621}$"的直接来源是凭借介词"以$_{42}$"。在连动结构中，"以$_{42}$"所连接的两个VP往往有"事件——目的"关系，前一事件可能是后一事件借以实现的手段，但"以$_{42}$"前面的VP$_1$中的充当宾语的NP可能是"以"的逻辑宾语。例如：

（1）a1. 缩版以载，作庙翼翼。（诗经·大雅·绵）

a2. 取萧祭脂，取羝以軷。（诗经·大雅·生民）

a3. 故昭令德以示子孙。（左传·桓公二年）

a4. 奉觞加璧以进。（左传·成公二年）

有的句子中，"以"前面的VP$_1$中充当宾语的NP，可能被分析为"以"的逻辑宾语；但也可能不被看作逻辑宾语，则"以"呈现向目的连词发展的态势。例如：

（1）b1. 楚子师于为舟师以伐濮。（左传·昭公十九年）

b2. 外仆髡屯禽之以献。（左传·僖公三十三年）

1b组的"以"还带有凭借介词的痕迹。如果"以"前面的VP不可以分析为"以"的逻辑宾语，也没有可以分析为"以"的逻辑宾语的NP，"以"和前面的VP或NP的"凭借"关系消失，"以"是表示目的的连词。例如：

（1）c1. 阳虎劫公与武叔以伐孟氏。（左传·定公八年）

c2. 郑杀申侯以说于齐。（左传·僖公七年）

c3. 公次于郎以待之。（左传·闵公元年）

c4. 楚子师于狼渊以伐郑。（左传·文公九年）

在相同的语义结构中，主语（施事）也可能不出现，但可以意会。

例如：

（1）d1. 奔齐，请师以伐鲁。（左传·定公九年）

　　d2. 于是执涉佗以求成于卫。（左传·定公十年）

　　d3. 使北宫结如齐，而私于齐侯曰："执结以侵我。（左传·定公七年）

　　d4. 赦之以劝事君者。（左传·成公二年）

综上，"凭借介词——目的连词"演变的因素是凭借介词"以$_{42}$"与其逻辑宾语的关系的消失。

B. 表方式的"以$_{622}$"的产生

"以$_{622}$"的直接来源是"以$_{621}$"。"以$_{621}$"所在的连动结构中，时间意义可能发生变化，"以$_{622}$"因时间意义变化而产生。通常情况下，"以$_{621}$"所在结构的两个VP之间有"时间先后"，"VP$_2$以VP$_1$的实现为前提"等推理意义。在一些句子中，"时间先后"关系不是十分清晰，VP$_1$部分就有可能被理解为VP$_2$的行为方式，但也不能排除目的连词的可能性。例如：

（2）a1. 颍考叔挟辀以走，子都拔棘以逐之。（左传·隐公十一年）

　　a2. 若晋取虞，而明德以荐馨香，神其吐之乎？（左传·僖公五年）

　　a3. 其后余从狄君以田渭滨。（左传·僖公二十四年）

　　a4. 穆嬴日抱大子以啼于朝。（左传·文公七年）

　　a5. 公执其手以登台。（左传·定公十四年）

　　a6. 我若群臣辑睦以事君。（左传·成公十六年）

　　a7. 奉酒醴以告曰……（左传·昭公十九年）

若"以"前后两个VP是确凿的同一时间的行为，前一VP可能被看作行为的方式。例如：

（2）b1. 瞻望弗及，伫立以泣。（诗经·小雅·燕燕）

　　b2. 师有功，国人喜以逆之。（左传·成公二年）

　　b3. 群臣之子敢不皆负羁以从。（左传·定公八年）

　　b4. 请鼓噪以出，鼓噪以进。（左传·成公五年）

　　b5. 若潜师以来，国可得也。（左传·僖公三十二年）

　　b6. 郑伯肉袒牵羊以逆。（左传·宣公十二年）

　　b7. 小臣有晨梦负公以登天。（左传·成公十年）

比对2a组和2b组可知："事件——目的"关系有可能变为"事件——方式"关系，致变因素是"时间先后"意义的消失。

C. 表结果的"以$_{623}$"的产生

"以$_{623}$"也是来自"以$_{621}$"的功能扩展，两者之间有直接的联系。若 VP$_2$ 表示"不如意"的事件，但施事者是愿意这种事件发生的；"以"还是连动结构中表示目的的连词。例如：

（3）a1. 而民皆尽忠以死王命。（左传·宣公十二年）

a2. 天将多阳虎之罪以毙之。（左传·定公六年）

a3. 天将假手于楚以毙之。（左传·昭公十一年）

a4. 是以鬼神不飨其国以祸之。（左传·昭公二十年）

a5. 王闻之，使赐之属镂以死。（左传·哀公十一年）

a6. 今吴不行礼于卫，而藩其君舍以难之，子盍见大宰。（左传·哀公十二年）

a7. 余必使尔罢于奔命以死。（左传·成公七年）

a8. 伏清白以死直兮，固前圣之所厚。（楚辞·离骚）

3a 组中的 VP$_2$ 蕴含着"目的——结果"演变的可能性。如果 VP$_2$ 表示施事者或承受者不愿意接受的或"不好"的事件，VP$_1$ 变为表示原因的短语，且两个 VP 都表示说话时间之前已发生的事件，"以"是表示结果的连词。例如：

（3）b1. 夫子获罪于君以在此。（左传·襄公二十九年）

b2. 孤实贪以祸夫子，夫子何罪？（左传·文公元年）

b3. 故曰："忠谏不听，蹲循勿争。"故夫子胥争之以残其形。（庄子·外篇·至乐）

b4. 鲧婞直以亡身兮，终然夭乎羽之野。（楚辞·离骚）

综上，VP$_2$ 的"目的——结果"演变的因素有二：第一，VP$_2$ 表示施事者或承受者不愿意接受的或"不好"的事件；第二，两个 VP 都表示说话时间之前已发生的事件。

### 7.2.3.1.2　状中结构的连词"以$_{63}$"的产生

连接状语和中心语的"以"（记为"以$_{63}$"）也可以看作连接句内成分的连词，它的直接来源是表示"方式——行为"的连词"以$_{622}$"。演变的因素是结构式中语义关系的变化，如果"方式——行为"关系淡化，则"以"变为连接状语和中心语的连词。例如：

（4）a1. 二人因之以作乱。（左传·庄公八年）

a2. 巴人因之以伐楚。（左传·庄公十八年）

a3. 众因之以杀子阳、高国。（吕氏春秋·首时）

### 7.2.3.1.3　并列结构的连词"以$_{64}$"的产生

"以$_{622}$"连接的两个 VP 有"方式——行为"的关系，但两个 VP 之间还有主次之分，若主次关系消失，则产生表示并列关系的连词"以$_{64}$"。例如：

（5）a1. 癸酉，大雨霖以震。（左传·隐公九年）

　　　a2. 君子由之佼以好。（荀子·成相）

## 7.2.3.2　复句中的连词"以$_{65}$"的产生

用于复句的连词"以$_{65}$"可以分为两种类型：连接目的复句或连接因果复句。目的复句的连词"以"（记为"以$_{651}$"）来自凭借介词"以$_{42}$"。因果复句的连词"以"（记为"以$_{652}$"）有三个来源，首先是目的连词"以$_{651}$"，但与原因介词"以$_{43}$"、连动结构中的结果连词"以$_{623}$"也有来源关系。图示如下：

　　　　　/ 以$_{621}$—以$_{623}$（连动·结果）—以$_{652}$

1）以$_{42}$（凭借）—以$_{651}$（目的连词）—以$_{652}$（因果连词）

2）以$_{43}$（原因介词）—以$_{652}$

### 7.2.3.2.1　目的复句的连词"以$_{651}$"的产生

用于复句的后一分句句首，表示前后分句之间由"行为——目的"关系的"以$_{651}$"的直接来源是凭借介词"以$_{42}$"。在《诗经》的"小句，N$_2$+以 +V"式中，前小句如果是个名词性短语，可分析为话题或主谓谓语句的主语，但在语义结构中，可以看作 V$_2$ 行为所凭借的事物，即可以看作"以"的逻辑宾语，"以"可分析为凭借介词，但句中潜藏着"以"朝目的连词发展的可能性。例如：

（6）a1. 济济多士，文王以宁。（诗经·大雅·文王）

如果前小句是动词性短语，V 行为的"凭借物"出现在前小句的宾语位置。例如：

（6）b1. 我有旨酒，以燕乐嘉宾之心。（诗经·小雅·鹿鸣）

　　　b2. 既有肥牡，以速诸舅。（诗经·小雅·伐木）

　　　b3. 家父作诵，以究王凶。（诗经·小雅·节南山）

6b 组前小句的宾语也可以看作实施 V 行为所凭借的事物，"以"有凭借介词或目的连词两种分析结果。有时，前小句由表示表优良品德的形容词性短语充当，"以"也可以看作凭借介词或目的连词。例如：

（6）c1. 既明且哲，以保其身。（诗经·大雅·烝民）

　　　c2. 敬慎威仪，以近有德。（诗经·大雅·民劳）

　　如果前小句是谓词性短语，在语义上又可以看作"以"的逻辑宾语。这种用法的"以"不能排除凭借介词的可能性，但已呈现向目的连词发展的明显趋势。例如：

（6）d1. 驾言出游，以写我忧。（诗经·国风·竹竿）

　　　d2. 乘彼垝垣，以望复关。（诗经·国风·氓）

　　　d3. 升彼虚矣，以望楚矣。（诗经·国风·定之方中）

　　　d4. 縶之维之，以永今朝。（诗经·小雅·白驹）

　　　d5. 合二姓之好，以继万世之后。（穀梁传·桓公三年）

　　若前小句由主谓短语构成，"以"向目的连词发展的趋势愈加明显。例如：

（6）e1. 王于出征，以佐天子。（诗经·小雅·六月）

　　　e2. 厥德不回，以受方国。（诗经·大雅·大明）

　　　e3. 我姑酌彼金罍，维以不永怀。（诗经·国风·卷耳）

　　　e4. 宣伯聘于齐，以修前好。（左传·成公十一年）

　　　e5. 君人者，将昭德塞违，以临照百官。（左传·桓公二年）

　　　e6. 天子亲耕，以共粢盛；王后亲蚕，以共祭服。（穀梁传·桓公十四年）

　　由 6a——6e 组可知：凭借介词"以$_{42}$"和目的连词"以$_{651}$"有直接的联系。"以$_{42}$"继续语法化，产生复句中的连词"以$_{651}$"。致变因素除结构的复杂化之外，关键是"以……"前面的部分不表示主语可以凭借的优势或有利条件。例如：

（6）f1. 自毁其家，以纾楚国之难。（左传·庄公三十年）

　　　f2. 晋人使阳处父盟公，以耻之。（左传·文公二年）

　　　f3. 郑人侵卫牧，以报东门之役。（左传·隐公五年）

　　　f4. 齐侯伐宋，以讨其不与盟于齐也。（左传·僖公二十三年）

　　　f5. 春，王正月，师次于郎，以俟陈人、蔡人。（公羊传·庄公八年）

　　其次是前小句结构复杂化，是复句形式。例如：

（6）g1. 刑于寡妻，至于兄弟，以御于家邦。（诗经·大雅·思齐）

　　　g2. 于是乎迁郢于都，而改纪其政，以定楚国。（左传·定公六年）

　　　g3. 辛卯，单子伐蒲城，刘子伐盂，以定王室。（左传·定公八年）

g4. 故务其三时，修其五教，亲其九族，以致其禋祀。（左传·桓公六年）

g5. 郑伯使卒出豭，行出犬、鸡，以诅射颍考叔者。（左传·隐公十一年）

### 7.2.3.2.2 因果复句的连词"以$_{652}$"的产生

连词"以$_{652}$"一般用于结果分句之首，相当于"以致/以致于"之义。它有三个来源：一是目的连词"以$_{651}$"，二是原因介词"以$_{43}$"，三是连动短语中表示结果的连词"以$_{623}$"。

A. 与目的连词"以$_{651}$"的联系

作为目的连词，"以$_{651}$"所在句子的 VP 与前小句的 VP 相比，蕴含"时间在后"或"未实现"意义。若"以"所在小句的 VP 被理解为"过去时间"或"已实现"意义，"以"有可能变为结果连词。下面一组的连词"以……"小句的语义功能可作"目的"或"结果"两种分析。

（7）b1. 三月，公会齐侯、郑伯于稷，以成宋乱。（左传·桓公二年）

b2. 忧犹未弭，而又讨我寡君，以亡曹国社稷之镇公子，是大泯曹也。（左传·成公十六年）

b3. 公子庆父、公子牙通乎夫人，以胁公。季子起而治之。（公羊传·庄公二十七年）

目的连词所在小句的 VP 一般表示"好"的或"符合施事利益"的事件，若 VP 表示"不好"的或"不符合施事利益"的事件，则"以"是结果连词。例如：

（7）b1. 臣之罪重，敢有不从，以怒君心。（左传·襄公三年）

b2. 不谷不德而贪，以遇大敌，不谷之罪也。（左传·宣公十二年）

b3. 不谷不德，少主社稷，生十年而丧先。未及习师保之教训而应受多福，是以不德。而亡师于鄀，以辱社稷，为大夫忧，其弘多矣。（左传·宣公十二年）

b4. 余敢贪天子之命，无下拜？恐陨越于下，以遗天子羞。（左传·僖公九年）

b5. 今臣作乱，而君不禁，以启寇雠，若之何？（左传·文公七年）

b6. 颛顼有不才子，不可教训，不知话言。告之则顽，舍之则嚚。傲很明德，以乱天常。（左传·文公十八年）

6b 组显示：结果连词"以$_{652}$"后面的 VP 一般表示"不利于施事"的或"不好"的事件，而且大多是说话时间之前已发生的事件。

B. 与原因介词"以₄₃"的联系

先秦时期，一些句子的 VP 同样可以理解为"过去时间"或"既成事实"意义，但"以"可以理解为省略了代词宾语的"因"义介词；又可以分析为引导结果分句的连词。例如：

（7）c1. 吴师在陈，楚大夫皆惧曰："阖庐惟能用其民，以败我于柏举。今闻其嗣又甚焉。将若之何？"（左传·哀公元年）

c2. 天祸卫国，君臣不协，以及此忧也。（左传·僖公二十八年）

c3. 城濮之役，晋无楚备，以败于邲。邲之役，楚无晋备，以败于鄢。（左传·昭公五年）

c4. 虞受赂，假灭国者道，以取亡焉。（公羊传·僖公二年）

7c 组显示：结果连词"以₆₅₂"可能与省略介词宾语的原因介词"以₄₃"也有来源关系。下面一组的"以"是结果连词，但还有原因介词的痕迹。例如：

（7）d1. 孤违蹇叔，以辱二三子，孤之罪也。（左传·僖公三十三年）

d2. 绝民之主，去身之偏，艾王之体，以祸其国。（左传·襄公三十年）

d3. 吾不从子之言，以至乎此。（公羊传·僖公二十一年）

d4. 吾不用公言，以困平城。（史记·刘敬叔孙通列传）

C. 与连动短语中的连词"以₆₂₃"的联系

连动短语中表示结果的"以₆₂₃"后面一般跟表示"不好"、"不如意"事件的 VP₂。例如：

（7）f1. 余惧其生龙蛇以祸女。（左传·襄公二十一年）

f2. 今君至于淫以生疾。（左传·昭公元年）

如果"以"前面的 VP₁ 结构复杂化，成为独立的小句，"以"呈现朝因果复句中的结果连词发展的态势。例如：

（7）g1. 贼虐万民，以乱圣人之绪。（墨子·非攻）

g2. 惟官室台榭陂池侈服，以残害于尔万姓。（尚书·泰誓）

如果"以"前面的部分比较长，可以看作两个或多个分句，"以"是确凿的连接原因分句和结果分句的连词。例如：

（7）h1. 今楚多淫刑，其大夫逃死于四方，而为之谋主，以害楚国，不可救疗。（左传·襄公二十六年）

h2. 今楚多淫刑，其大夫逃死于四方，而为之谋主，以害楚国，不可救疗。

（左传・襄公二十六年）

h2. 朝不言使，言使非正也，以病缯子也。（穀梁传・僖公十四年）

h3. 阴阳不和，寒暑不时，以伤庶物；诸侯暴乱，擅相攘伐，以残民人。

（庄子・渔父）

综上，复句中表示结果的连词"以$_{652}$"的来源比较复杂，是在"以"发展出多个虚词功能之后产生的。

# 7.3 "介词——助词"的演变

"介词——助词"的演变有两种主要类型，一是"方所介词——体助词"的演变，即方所介词或表示方所的介词短语变为体助词，如北方方言的持续体助词"著"（记为"著$_{81}$"）、上海话的现实体助词"著"（记为"著$_{82}$"）、杭州话的持续体助词"来峒"、温州话的持续体助词"是刺"等；二是"介词——助词"的演变，如走"强调介词——强调助词"演变路径的"连"，走"所为介词——所为助词"演变路径的如"给"，走"被动介词——被动助词"演变路径的"被"等。

## 7.3.1 与方所概念有联系的体助词

在北方方言中，与方所介词有来源关系的是持续体助词"著$_{81}$"（着）。在绝大多数动词后面，"著$_{81}$"来自唯补词"著"（记为"著$_7$"），但在身姿动词以及其他一些义类的动词后面，所在处介词"著$_{11}$"有可能直接演变为持续体助词。我们观察两种类型的演变：一种是只有"介词——体助词"演变路径的，另一种是既有"介词——体助词"演变路径，又有"唯补词——体助词"演变路径的。

### 7.3.1.1 只有介词一个来源的体助词"著"

若不考虑动词的情况，我们将发生"方所介词——体助词"演变的条件先分为两种类型：一是因名词的语义类型变化而引发的，一是因名词不出现而引发的。下面一组例句显示介词"著$_1$"和体助词"著$_{81}$"之间有来源关系。

（1）a1. 长文尚小，载著车中。（世说新语·德行）

　　a2. 北风知人意，引著清汉滨。（张孝祥：王弱翁与余）

　　a3. 随著四婆裙子后，杖头挑去赛蚕官。（杨朴：村居感兴）

（1）b1. 赖是倦游归去日，扁舟载著自由身。（赵蕃：八月八日）

　　b2. 手栽园树皆成实，引著儿孙旋摘尝。（李昉：更述荒芜……，）

　　b3. 随着俺解元，再不索哭啼啼扶上贩茶船！（关汉卿：杜蕊娘智赏金线
池·第四折）

　　1a 组和 1b 组的 V 是相同的，但 1a 组的"著"通常被理解方所介词
（"在"义或"到"义），1b 组的"著"通常被看作"著$_{81}$"。通过两组的比较
可以看出：在一部分动词后面，"方所介词——持续体助词"的演变是有可
能发生的。演变首先与动词的语义类型有关，在身姿动词和与"位置"意义
有密切联系的动词（如"置放"义、"埋藏"义动词）后面，"著"容易发生
"介词——体助词"的演变。这是因为在认知方面，这两个义类都与方所有
密切联系，而行为结束之后受事（或施事）可能以静止状态存在于某处，在
这种语义结构中容易产生持续体助词。

　　导致演变的因素有四：一是动词的语义类型，如在身姿动词后面，"著"
有可能发生演变；二是结构式中 $N_2$ 的语义类型变化，$N_2$ 发生"方所——受
事／施事"的变化，"著"有可能实现"介词——体助词"的演变；三是 $N_2$
的移位，若 $N_2$ 移至 V 前变为 $N_1$，在"$N_1$（处所）+V+ 著"式中，"著"变
为体助词；四是 $N_2$ 的不出现，在"V+ 著"式中，"著"是体助词。

#### 7.3.1.1.1　身姿动词后面的演变

　　在身姿动词后面，所在处介词"著$_{11}$"有可能向持续体助词发展。演变
发生在"V+ 著 +$N_2$"式或"V+ 著"式中。在前式中，致变因素是 $N_2$ 的语
义类型变化；在后式中，因 $N_2$ 不出现，"著"变为体助词。

　　1）"V+ 著 +$N_2$"式中的演变

　　"身姿动词 + 著 +$N_2$"式比"手作／运行动词 + 著 +$N_2$"式出现稍晚些，
南北朝至唐宋时期有例：

（1）c1. 虎初取，便负著背上。（搜神记·卷五）

　　c2. 故拥兵马欲坐著孙凤珍宅上。（北齐书·武成十二王传）

　　c3. 其身坐著殿上。（六度集经）

　　c4. 里正追役来，坐著南厅里。（王梵志：富饶田舍儿）

c5. 牵牛避洗耳，卧著桂枝阴。（黄庭坚：荆州即事）

c6. 僧房睡息驹驹起，倒著绳床我亦眠。（程少逸：月珠寺……）

从历时角度看，"身姿动词＋著＋$N_2$"式的$N_2$起初是表处所的名词或名词性短语，"著"一般被分析为所在处介词。这种结构式大多蕴含"动作已结束"意义、"施事处于静止状态"意义和"施事位于某位置"意义，如"坐"这个动作所造成的结果以静止状态存在于某处，施事者已坐于某处，可能继续坐下去；由于推理意义的存在，这种语义结构的"著$_{11}$"与静态持续体标记"著$_{81}$"有密切联系。身姿动词后面，"著"表示静态持续时，事件一般有 [＋持续] 意义。$N_2$可以是受事。例如：

（1）d1. 仙人夜半来吹笛，骑著吴江小赤龙。（刘安上：天柱峰）

d2. 来时不用五云车，跨著清风下蓬岛。（苏舜卿：诗一首）

$N_2$也可以是施事。例如：

（1）e1. 立著巫娥多少时，安排云雨待清词。（苏轼：法惠小饮）

e2. 榻上坐著一老子，右手秉笔袒左臂。（杨万里：题毕少董）

e3. 岂容金九傍，卧著函牛鼎。（周紫芝：送元寿归华亭）

观察 1d、1e 组中的 $N_2$ 可知：在身姿动词后面，若 $N_2$ 的论元是受事或施事，则"著"是持续体助词。比对 1c 组和 1d、1e 组的 $N_2$，发现 $N_2$ 的语义论元有"方所——受事／施事"的变化，由此可知：在身姿动词后面，$N_2$ 的语义类型变化导致语义关系的变化，"著"的功能随之发生"介词——体助词"的变化。

我们注意到身姿动词中"倚靠"义动词的不同状况，在"V（倚靠）＋著＋$N_2$"式中，"著"的三种分析结果：介词、唯补词或体助词。例如：

（1）f1. 雨来风静绿芜薰，凭著朱阑思浩然。（郑准：题宛陵北楼）

f2. 靠著篷窗垂两目，船头船尾烂弓刀。（汪元亮：湖州歌……）

f3. 年来已有林泉兴，倚著阑干兴转浓。（吕陶：登揽秀亭）

f4. 倚著梅花读瘦吟，冰章雪句照人心。（姚勉：题梅庄……）

1f 组的"著"可能被分析为"在"义介词，也可能是"着"义体助词，也有可能被理解为"住"义唯补词。1f 组显示：在个别身姿动词后面，可能发生"介词——唯补词——体助词"的演变，也可能发生"介词——体助词"的演变。

2）"V＋著"式中的演变

这种结构式中，$N_2$ 不出现，"著"被看作体助词。比较两例：

（1）g. 立著刹上。（佛顶尊胜陀罗尼别法）

（1）h. 其一端者从臂上向外立著。（陀罗尼集经·卷一）

上两例的 V 都是"立"，前例的"著"是所在处介词，后例的"著"是体助词。从结构角度看，若 $N_2$ 移到 $V_1$ 前面，"著"即为体助词。例如：

（1）i1. 负著背上 —— 背上负著

i2. 坐著殿上 —— 殿上坐著

1i 组显示了结构变化作用，也可以显示话题的语义类型变化的作用。但是，在"$N_1$（处所）+$V_1$（身姿）+ 著"式出现之前，体助词"著$_{81}$"已经存在。因此，"移位说"或"话题变换说"在理论上似乎合理，但缺少历时例证。从历时角度看，一旦出现"身姿动词 + 著"式，"著"即是体助词。例如：

（1）j1. 圣人先帝见臣，大怜臣，死命养活，胜于往前，遣臣作大可汗坐著也。
（隋书·突厥传）

j2. 皇帝忽然赐疋马，交臣骑著满京夸。（敦煌变文集新书·卷二）

j3. 陵无回心，老母坟前，殷勤为时日拜著。（敦煌变文集新书·卷五）

j4. 松下披衣坐著，飞瀑岩前洗脚。（陈著：题画扇）

1j 组显示：身姿动词后面，如无 $N_2$ 出现，"著"就是体助词，而不必有语序或话题的变化。通过观察身姿动词后面 $N_2$ 的语义类型与"著"的功能的关系，认识到蒋绍愚（2005）的说法的合理性——"$V_1$+ 著 +$N_2$"式中"著"后面名词论元角色的变化，导致了"著"的功能变化。通过观察身姿动词后面有无 $N_2$ 与"著"的功能的关系，可以得知：$N_2$ 的不出现不一定是"处所 NP 前移"或"话题变化"的结果。

### 7.3.1.1.2　与方所有联系的动词后面的演变

动词中有一部分与方所概念有密切的联系，如"置放"义、"蕴藏"义动词，都是表示物体被存放在某一方所，可以称之为与方所有密切联系的动词。在此类动词后面，多带表方所的宾语或补语。这类动词后面的"著"大多走"介词——体助词"的演变路径。也分两种结构式观察"著"的演变。

1）"V+ 著 +$N_2$"式

V 为"置放"、"蕴藏"、"安插"义动词，$N_2$ 为方所的名词的"V+ 著 +$N_2$"式出现相对较早，南北朝至宋时期一直有用例：

（1）k1. 初，爽梦二虎衔雷公，雷公若二升碗，放著庭中。（三国志·魏书·诸
夏候曹传，裴注引《世语》）

k2. 以三斗瓦瓮埋著科中央，令瓮口上与地平。（齐民要术·卷二）

k3. 栗初熟出壳，即于屋里埋著湿土中。（齐民要术·卷四）

k4. 专诸持一利钢刀藏著渔腹中。（金楼子·卷六）

k5. 即触雨折取春生少枝，长一尺以上者，插著垄中。（齐民要术·卷五）

1j组的"著"通常被分析为所在处介词"著$_{11}$"。若 N$_2$ 为受事，则"著"
被分析为体助词。例如：

（1）l1. 元来尘世，放著希奇事。（朱敦儒：蓦山溪）

l2. 藏著君来忧性命，送君又道灭一门。（敦煌变文集新书·卷六）

l3. 必不只说半截，藏着半截。（朱子语类·卷十九）

l4. 他怎么知道我门限儿底下埋着这银子？（刘君锡：庞居士误放来生
债·第一折）

l5. 石中韫著无瑕玉，矿里淘成紫磨金。（周必大：彦岑真赞）

l6. 头上插着一个草标儿。（无名氏：施仁义刘弘嫁婢·第二折）

比较上面两组例句可知：在"置放"义、"蕴藏"、"安插"义动词后面，
N$_2$ 的语义类型变化和论元角色变化对"介词——体助词"演变起着决定性的
作用。这两种动词所在结构式的 N$_2$ 原先是表示方所的 NP，在这种两种动
词所在的结构式中，不一定是因"方所 NP 位置移动"或"话题的变化"而
导致演变，主要是 N$_2$ 的语义类型变化而导致演变。

2）"V+著"式中的演变

这种结构式一旦出现，"著"可以看作体助词。例如：

（1）m1. 平地放著高如昆仑山。（卢仝：与马异……）

m2. 翕然放著秋窗晚，篱落凄清屋角晴。（释德洪：余将经行……）

m3. 乃知平放著，的的目前事。（刘子翚：刘道祖……）

m4. 岐山取得娇凤雏，管中藏著轻轻语。（秦韬玉：吹笙歌）

m5. 那一边害处都藏著不敢说。（朱子语类·卷八十六）

观察两种结构式中"著"的功能可知："置放"义、"蕴藏"、"安插"义动
词后面，因 N$_2$ 的语义类型变化或不出现导致了"介词——体助词"的演变。
也就是说，在这些义类的动词后面，若有 N$_2$，因 N$_2$ 的语义类型变化引发
"介词——体助词"的演变；若无 N$_2$，"著"即为体助词。至于"方所移位"

或"话题变化"的说法，虽有一些例证，但例证不多，且时间靠后；可以说"N_2出现在句首或V前面"只是演变中出现的现象，可看作一种助推因素，不是决定性因素。

### 7.3.1.2　有介词或唯补词两个来源的体助词

"留存"、"关闭"、"悬挂"、"系缚"等义类的动词也与方所有密切联系，大多可以带处所宾语或处所补语，但也可以带受事宾语。这些义类的动词的后面，"著$_{81}$"也可能来自所在处介词。但是，此类动词往往涉及动作结果，因此，其来源也可能是唯补词。

#### 7.3.1.2.1　"留存"义动词

此类动词后面的"著$_{81}$"有两个来源：介词"著$_{11}$"或唯补词"著$_7$"。分两种结构式观察"著"的演变。

1）"V+ 著 +N$_2$"式

在"留 + 著 +N$_2$"式中，N$_2$的语义类型不同，导致论元角色不同，"著"的功能也有所不同。比较两例：

（2）a. 应怜脂粉气，留著舞衣中。（杜审言：代张侍御……）

（2）b. 不须面上浑妆却，留著双眉待画人。（徐安期：催妆）

前例的 N$_2$是方位短语，"著"是介词，但句中潜藏着"著"被分析为"住"义唯补词或"着"义体助词的可能性，该例显示了"留"后面发生"介词——唯补词——体助词"或"介词——体助词"演变的可能性。后例的 N$_2$是受事，"著"可能被分析为"住"义唯补词或"着"义体助词，该例显示"唯补词——体助词"演变的可能性。上面两例的"著"若看作体助词，则侧重留存的状态和 [+ 持续] 意义，而不是处所或结果意义。由此可见：事件结束，其结果为静止状态存在的语义结构与静态持续体的语义结构有来源关系。

2）"V+ 著"式中的演变

若结构式中无 N$_2$，"留"后面的"著"有两种分析结果："住"义唯补词或"着"义体助词。例如：

（2）c1. 莫教明月去，留著醉嫦娥。（李白：宫中行乐……）

c2. 莫埋丞相印，留著付玄成。（岑参：故仆射裴公……）

c3. 春旦两壶宣赐酒，一壶留著待君开。（李昉：宿雨初晴）

由 2c 组可知：动词"留"后面若无宾语，可能发生"唯补词——体助词"的演变。

"存＋著＋$N_2$（处所）"式，宋代之前不曾出现，"存＋著"式曾出现过。例如：

（2）d. 诚可法象而补备之，经纪可因缘而存著也。（汉书·礼乐志）

上例的"存著"可以理解为并列的两个动词，也可以理解为述补结构。至宋时期，"存＋著"短语的"著"可以看作唯补词或持续体助词。例如：

（2）e. 然而存著亦非真，能于吾母用吾情。（束邦佐：著存亭）

若为"存＋著＋$N_2$（受事）"式，"著"是可分析为"住"义唯补词或"着"义体助词。例如：

（2）f. 四海鳌头俱按下，岂容存著一纤毫。（释慧开：净发）

由例 2d——例 2f 中"著"的不同功能可以推知："存"后面的体助词"著$_{81}$"可能因类推而产生。

### 7.3.1.2.2 "关闭"义动词

"关闭"义动词也往往带处所宾语或处所补语，但也可能带受事宾语；此外，"关闭"行为的结果涉及是否"牢固"的问题，其后也可能出现"住"义补语。若动词后面有 $N_2$，则发生"介词——体助词"的演变；若无 $N_2$，则发生"唯补词——体助词"的演变。

1）"V＋著＋$N_2$"式

在动词"闭"后面，因 $N_2$ 的论元因"处所——受事"的变化而实现"介词——体助词"的演变。比较两组：

（2）g1. 所请群官，悉闭著益州诸曹屋中。（三国志·魏书·钟会传）

g2. 闭著土窖中。（三国志·魏书·贾逵传，裴注引《魏略》）

（2）h1. 闭著门儿，不管人闲事。（朱敦儒：苏幕遮）

h2. 闭著庵门终日睡，任人来唤不曾应。（陆游：龟堂杂题四首）

2g 组的"著"是介词，2h 组的"著"是"住"义唯补词或"着"义体助词。比对 2g 组和 2h 组可知："在＋闭＋著＋$N_2$"式中，由可能因 $N_2$ 的语义论元发生"方所——受事"的变化，而导致"著"发生"介词——体助词"的变化；但也可能发生"介词——唯补词——体助词"的变化。

"关"后面演变是类推的结果，若有受事 $N_2$，"著"可能是唯补词或体助词。例如：

（2）i1. 不知它们关著门不见人底，是如何过日？（朱子语类·卷一百零七）

2）"V+著"式

V为"关闭"义动词的"V+著"式宋代方出现，"著"可能是"住"义唯补词或"着"义体助词。例如：

（2）j1. 纱窗闭著犹慵起，极困新晴乍雨天。（李涛：春昼……）

j2. 松菊把门牢闭著，谁人弹压此骚坛。（赵必：春行南山……）

j3. 柴门不用常关著，怕有文殊问疾来。（辛弃疾：黄沙书院）

2j组显示了唯补词与体助词之间的联系，结果意义与持续体意义的联系；以及区分两者对判别演变结果的作用。

### 7.3.1.2.3 "悬挂"义动词

"悬挂"行为表示物件被固定在某一位置，"悬挂"义动词也是与位置有密切联系的动词，多带处所宾语或处所补语，但也可以带受事宾语；"悬挂"行为也涉及是否"牢固"问题，所以也可带"住"义补语。由于语义关系的限制，在"悬挂"义动词后面，"著"也有"介词——体助词"或"唯补词——体助词"两条演变路径。

1）"V+著+N$_2$"式

在这种结构式中发生"介词——体助词"的演变。若N$_2$为处所词语，"著"多被理解为所在处介词。例如：

（2）k1. 皆断头悬著树枝枳棘。（搜神记·卷六）

k2. 因急缚囊口，悬著树。（搜神记·卷三）

k3. 三魂系地狱，七魄悬著天。（太上皇老君哀歌七首）

k4. 魏武帝悬著帐中。（晋书·卫瓘传）

若为"V+N$_2$+著+N$_3$"式，"著"也是介词。例如：

（2）l. 怅然忽不乐，挂印著公门。（白居易：效陶潜体诗……）

有时，N$_2$不能确定是方所还是受事，"著"可分析为"在"义介词、"住"义唯补词或"着"义体助词。例如：

（2）m1. 青城山高风露寒，佩环挂著山花树。（汪元量：麻姑仙坛诗）

m2. 梅花发寒梢，挂著瑶台月。（朱熹：雪梅二阕奉怀敬夫）

若可以确定N$_2$为受事，则"著"也有两种分析结果："住"义唯补词或"着"义体助词。例如：

（2）n. 兴罢归来还对酌，茅檐挂著紫荷巾。（韩翃：又题……）

但若为"N$_1$（方所）+V+著+N$_2$"式，"著"一般被分析为体助词。

例如：

（2）o1. 牵断绿丝攀不得，半空悬著玉搔头。（薛能：柳枝词五首）

o2. 踏定大冲脉，壁上挂著口。（黄庭坚：以皮鞋底……）

o3. 眉间挂著宝剑。（大兴心宗佛德广通国师虎穴录）

观察 2k 组——2o 组中"著"的不同功能，可以得知：在"悬挂"义动词后面，同样是 $N_2$ 的语义类型或论元角色的变化起着重要作用。虽然 2o 组是"$N_1$（处所）+ V + 著 + $N_2$（受事）"式，但凭这一组例句也不能证明"处所位移"或"话题变化"是致变的主要因素。

2）"V + 著"式中的演变

"挂 / 悬 + 著"式的"著"可能是"住"义唯补词或"着"义体助词。例如：

（2）p1. 烟霞鹿弁聊悬著，邻里渔矶暂解还。（陆龟蒙：秋赋有期……）

p2. 衣向木头挂著，无一人得。（历代法宝记）

在"挂 / 悬 + 著"式中可能发生"唯补词——体助词"的演变，这是由言说者或听话者对结果意义或时间意义的理解不同引发的，如果 V 是 [+ 持续] 意义，"著"是体助词。例如：

（2）q1. 我父亲说这口剑曾除了楼上两个妖精，以此挂著镇宅。（谷子敬：吕洞宾三度城南柳·第二折）

q2. 各自领回本国，悬著示众。（无名氏：庞涓夜走马陵道·第四折）

#### 7.3.1.2.4 "系缚"义动词

"系缚"行为也与物件被固定在某一位置有关联，"系缚"义动词也是与位置有密切联系的动词，多带处所宾语或处所补语，但也可以带受事宾语；"悬挂"行为也涉及是否"牢固"问题，所以也可带"住"义补语。由于语义关系的限制，在"系缚"义动词后面，"著"也有"介词——体助词"或"唯补词——体助词"两条演变路径。

1）"V + 著 + $N_2$"式

在这种结构式中，"著"原本是介词。如：

（2）q1. 使从者斫问事杖三十枚，系著马边。（三国志·魏书·贾逵传，裴注引《魏略》）

q2. 令俳取冢间骷髅系著忠马鞍。（三国志·魏书·武帝纪，裴注引《魏略》）

q3. 以绵缠女身，缚著马上，……（三国志·魏书·吕布传，裴注引《英

雄记》）

直至宋代，仍有较多的介词用例：

（2）r1. 凭谁为画毕吏部，缚著邻家春瓮边。（陆游：对酒戏咏二首）

r2. 何处得船满载酒，醉时系著古梅林。（陆游：看梅……，）

r3. 无端系著山村岸，高枕芦芽对雨眠。（周弼：风恶偶成二首）

有的句子中，$N_2$ 的论元不能确定是"方所"还是"受事"，"著"的功能有"在"义介词、"住"义唯补词或"着"义体助词三种可能性。例如：

（2）s1. 蹇驴系著门前柳，闲觅题名拂败墙。（陆游：秋兴十二首）

s2. 袅雨拖风莫无赖，为我系著使君船。（藏海诗话）

s3. 吾以琴系著吾心。（藏海诗话）

s4. 以皮绳系著车盖。（武经总要·前集·卷十）

如果可以确定 $N_2$ 是受事，"著"是体助词。例如：

（2）t1. 腿系著粗布行缠，身穿著鸦青衲袄。（大宋宣和遗事·亨集）

t2. 那官人系著条玉兔鹘连珠儿石碾。（关汉卿：刘夫人庆赏五侯宴·第三折）

t3. 一个个拴缚著纸毽子。（马致远：半夜雷轰荐福碑·第一折）

观察 2q——2t 组的"著"的不同功能，可以推知：在"系缚动词+著+$N_2$"式中，可能发生"介词——体助词"的变化，也可能发生"介词——唯补词——体助词"的变化。

2）"V+著"式

在这种结构式中，"著"可能是唯补词，也可能是体助词。例如：

（2）u1. 漫写羊裙，等新雁来时系著。（姜夔：凄凉犯）

u2. 若以杖子系著，直得圣凡路绝。（五灯会元·卷十五·双泉师宽禅师）

u3. 某只须一条绳，粗细如指，五十尺，不用系著，抛向空中。（原化记·嘉兴绳技，太平广记）

如果理解为 [+持续] 意义，则"著"是体助词。例如：

（2）w1. 那小床帐钩上吊着一个紫檀的小木鱼，连槌系著。（初刻拍案惊奇·卷二十六）

w2. 只见北军绑缚著解珍、解宝，欲进承去。（水浒·九十八回）

### 7.3.1.2.5 小结

我们将与介词有来源关系的体助词"着$_{81}$"的来源分为三种情况：

1）只有方所介词一个来源，走"介词——体助词"演变路径的，如在身姿动词和"放置"义、"蕴藏"、"安插"义动词后面；

2）有介词和唯补词两个来源，走"介词——体助词"、"唯补词——体助词"演变路径的。如在"留存"、"关闭"、"悬挂"、"系缚"等义的动词后面；

3）"V+着"式一出现，"着"就是助词的，这主要是"类推"的作用，但与结构式中方所成分的位置前移也有关系。

### 7.3.1.2.6  现实体助词"着$_{82}$"的产生

"V+着（+N$_2$）"式中，"着"也可能演变为现实体助词。现实体和持续体的语义重合点在于：两者都蕴含"事件已经发生或存在"意义或"事件保持静止状态"意义，因为语义有重叠，两种体标记在萌生初期，有共用同一形式的可能性。

A. 语义联系

在时间线上，现实体表示"事件在某个参照时间之前已经发生"意义，持续体表示"事件在某个参照时间已经开始，还在持续中"意义。两种体意义之间是有联系的，因此"着$_{81}$"有可能向现实体助词"着$_{82}$"发展。

B. 致变因素

在"V+着（+N$_2$）"式中，"着"向何种体意义发展，决定因素是"V+着（+N$_2$）"式中V的语义类型，在"到"、"跌"等表示［+短暂］意义的动词后面，"着"可作"了"解。例如：

（3）a1. 望断乡关知何处，羡寒鸦，到着黄昏后。一点点，归杨柳。（蒋捷：贺新郎）

a2. 跌着起来还一笑，何须半夜上孤峰。（释德洪：了翁谪廉……）

3a组显示：动词在句中若不能推出［+持续］意义，其后的"着"可能向现实体助词发展。除了动词的语义类型之外，结构复杂化也是"着"向现实体助词发展的原因。在述补结构"留住""遮断"等动补结构后面，"着"可作"了"义解。例如：

（3）b1. 刚被东风留住着，却酩醉脸未归来。（张明中：诸公咏探春花二首）

b2. 却元来是茫茫的云雾繁，遮断着红尘无限。（无名氏：朱砂担滴水浮沤记·第三折）

C. "著<sub>81</sub>"和"著<sub>82</sub>"的联系

在一些动词后面,"著"可作"着"或"了"解,这些动词在语境中可能有[＋持续]意义,也可能有[－持续]意义。如"打开""耕种"等义类的动词。

C1. "打开"义动词

"开"可以表示[＋持续]意义,也可以表示[－持续]意义,如果 $N_2$ 为受事或施事,则"著"有"着"或"了"两解。例如:

(5)c1. 未明开著九重关,金画黄龙五色幡。(王建:宫词一百首)

　　c2. 深深晴日涨湖烟,开著篷窗饱看莲。(姚勉:再题小西湖)

　　c3. 寄语逋仙诗侣至,才先开著数枝梅。(王柏:舟中和陈子东)

如不带宾语,"著"也同样有两种可能性。例如:

(3)d1. 忽知眉盖眼,开著替人惭。(释德洪:又次韵五首)

　　d2. 旧房惟有佛,开著任人看。(翁卷:送奭公抄化)

3d、3e 组表明:持续体助词与现实体助词之间可能有联系,而动词的[短暂]意义可能因句子的推理意义而不同。

C2. "耕种"义动词

在"耕种"义动词后面,"著"也有"着"或"了"两种可能性。例如:

(3)e1. 传是昔朝僧种著,下头应有茯苓神。(曹松:题僧松禅)

　　e2. 乞取池西三两竿,房前栽著病时看。(王建:乞竹)

　　e3. 荒田无人耕,耕著有人争。(释宗杲:偈颂十四首)

3e 组的"著"都可作"着"或"了"两解。例 3e1 的"著"还可以理解为"的"义,表实现兼表语气。

由"打开"、"耕种"义动词后面"著"的两个方向的演变可知:同一动词在语境中可能有不同的体意义,而与之组合的助词"著"也可能由持续体意义向现实体意义转化。

D. "著<sub>7</sub>"和"著<sub>82</sub>"的联系

在唯补词"著<sub>7</sub>"有可能向两种体意义发展,在某些动词后面,"著"既可看作唯补词,也可看作现实体助词。

D1. "死亡"义动词

在动词"死"后面,"著"可理解为"掉"义唯补词,也可理解为"了"义体助词。例如:

(3)f1. 忽然死著,思量来这是甚则剧……(朱子语类·卷一百二十一)

f2. 今读之无所感发者，正是被诸儒解杀了，死著诗义，兴起人善意不得。

（朱子语类·卷八十）

D2. "失忘"义动词

表示"减少""损失""遗忘"义的动词后面，"著"可分析为"掉"义唯补词或"了"义体助词。例如：

（3）g1. 增之宁解溢，减著且无伤。（张伯端：性地颂）

g2. 莫为此女人损著符（府）君性命，累及天曹！（敦煌变文集新书·卷六）

g3. 何似都忘著，沈潜自养神。（释文琬：静中）

g4. 记著不如浑忘著。（陈师道：清平乐）

D3. "吞食"义动词

在动词"吃"、"吞"后面，"著"，可理解为"着"（zhao$_{35}$）义或"下"义唯补词，也可理解为"了"义体助词。

（3）h1. 若人知得落著，许他吃著大虫胆。（释祖先：偈颂四十二首）

h2. 南泉庄上油滋供，吃著依然疗肚饥。（释雪岫：雪窦石门和尚……）

h3. 杨歧栗棘蓬，吞著碍喉咙。（释惟一：偈颂一百三十六首）

D4. "接收"义动词

在动词"接"后面，"著"可能是"住"、"到"或"着"（zhao$_{35}$）义唯补词，也可能是"了"义的体助词。例如：

（3）i1. 忽地金舆向月陂，内人接著便相随。（王建：宫词一百首）

i2. 接著一个半个，觅得三文两文。（释慧远：颂古十五首）

i3. 我这门户人家，巴不得接著子弟。（关汉卿：杜瑞娘智赏金线池·一折）

D5. "惊动"义动词

在动词"惊"后面，"著"是"着"（zhao$_{35}$）义或"到"义的唯补词，也可能是"了"义体助词。例如：

（3）j1. 白浪打天风动地，何曾惊著一微尘。（杨万里：从丁家洲……）

j2. 慎莫惊著汝，试问今何夕。（许及之：与同社游山园……）

j3. 摩挲青莓苔，莫嗔惊著汝。（释达观：颂古五首）

D6. "看见"义动词

在动词"见"后面，"著"可能是"到"义或"着"（zhao$_{35}$）义唯补词，也可能是"了"义体助词。例如：

（3）k1. 他时此恨凭谁说，见著鱼轩心转悲。（黄干：代曾鲁仲……）

k2. 人间岂少渊明口，见著黄花便合羞。（宋伯仁：对菊）

k3. 卷帘见著，堪作衲僧榜样。（释可湘：偈颂一百零九首）

由上面六类动词后面可作两种分析的情形可知：

1）动词可能本身带有结果意义或体意义，与"著"结合时，"著"可以使之显著。

2）表示结果意义的唯补词"著₇"可能向表示现实体意义的"著₈₂"发展。

综上，现实体助词"著₈₂"有两个来源：一是持续体助词"著₈₁"的功能扩展，二是唯补词"著₇"的继续语法化。

## 7.3.2 与介词有来源关系的强调助词

表示强调的助词有不同的功能，也有不同的来源。我们区分三种功能和来源：一是来自强调介词的，如"连"；二是与所为介词有关系的，如"给"；三是来自被动介词，如"被"。

### 7.3.2.1 来自强调介词的助词

强调助词"连"（记为"连₈"）的来源是强调介词"连"（记为"连₅₂"）。"连₅₂"萌生于宋代，原本是强调句中的名词性成分（语义论元为施事、与事、受事或特征所有者），这个 NP 可分析为充当谓语的主谓短语的小主语，也有可能自身就是主语。例如：

（3）a1. 他连那地下亦是天。（朱子语类·卷十八）

a2. 管仲连那心都不好。（朱子语类·卷四十四）

a3. 如何是有体无用？这个连体都不是。（朱子语类·卷五十五）

a4. 若不咳嗽，连桌子都吃了下去。（杀狗记·三出，全元南戏）

a5. 连柳龙卿也不要通知他知道。（杀狗记·十二出，全元南戏）

a6. 连他公子申也被掳了。（高文秀：须贾大夫谇范叔·第一折）

如果动词出现在"连"后面，这个动词与谓语中心动词有"受事——动作"关系，也可以看作谓语中心动词的逻辑宾语，在句法上，仍可看作小主语（主谓短语的主语）；但已趋近强调助词。如：

（3）b. 今人连写也自厌烦了。（朱子语类·卷十）

上例的"连"还不能排除强调介词的可能性。明清时期，"连"的强调助词功能已经确定，其功能是强调句中的动词性成分，多为"连+V+都/也+否定词+V"式。例如：

（6）c1. 莫说未曾去过，连听都未曾听见。（狄公案·十六回）

c2. 这么热闹，别说瞧见过，连听都没有听过。（红楼幻梦·十四回）

c3. 慢说没有瞧见过，连听也没有听见过。（十尾龟·二十六回）

"连$_8$"一般用于句首，起着强调话题的作用。例如：

（3）d1. 连讲谋讲勇都是隔靴搔痒哩。（野叟曝言·卷三）

d2. 不要说没有儿子，连想个女儿看看也不能够。（姑妄言·卷十七）

d3. 不但没看见，连听见也没有。（七侠五义·六十九回）

"连+V+都/也+否定词+V"形式可以充当主语。例如：

（3）e1. 简直连想都不去想它就是了。（八仙得道·六十三回）

从历时角度看"连"强调名词性成分，我们称之为强调介词。若强调谓词性成分，且语义论元不是施事、与事或受事，可以分析为强调助词。"连$_8$"后面的成分一般可以分析为话题或主语。

### 7.3.2.2　来自所为介词的强调助词

本节的强调助词"给$_8$"涉及三种功能：一是强调所为的（记为"给$_{81}$"），二是强调处置的（记为"给$_{82}$"），三是强调被动的（记为"给$_{83}$"）。

#### 7.3.2.2.1　所为助词"给$_{81}$"的产生

受源动词词义制约，朝介词发展时，"给"先产生"所为"功能，明代已见少数所为介词"给$_{31}$"的用例，在"给+N$_2$+V"式中，N$_2$起初是出现的。至清代，N$_2$可以不出现，"给"可分析为省略宾语的所为介词或强调所为的助词。比较两组例句：

（4）a1. 你好好歇一歇，我且去给你弄点饭食来。（浪蝶偷香·二十一回）

a2. 要爷爷起倾国之兵，给他复仇。（三宝太监西洋记·六十七回）

（4）b1. 你只当面儿给弄齐全了，我就放心了。（儿女英雄传·三十九回）

b2. 难道侄儿之仇，老伯父也不给报吗？（三侠剑·七回）

对比上面两组可知：所为助词"给$_{81}$"来自所为介词"给$_{31}$"，因介词宾语不出现而产生。

#### 7.3.2.2.2　处置助词"给$_{82}$"的产生

"给$_{82}$"有两个来源：所为助词"给$_{81}$"和所为介词"给$_{31}$"。图示"给"的演变路径如下：

$$/ \text{给}_{82}（处置助词）$$

给$_{31}$（所为介词）—给$_{81}$（所为助词）—给$_{82}$

上表显示了所为介词"给$_{31}$"继续语法化的两条路径：也显示了处置助词"给$_{82}$"的两个来源。我们认为"给$_{81}$"与"给$_{82}$"有最直接、最密切的联系，但也不能排除处置介词"给$_{31}$"与"给$_{82}$"的联系。本节分"给 +V"式和"将 / 把……给 +V$_2$"式两种类型来观察"给$_{82}$"的来源。

A."给 +V"式中"给$_{82}$"的来源

"给 +V"式的"给$_{82}$"有两种来源，直接来源是所为助词"给$_{81}$"，但与所为介词"给$_{31}$"也有联系。

A1. 与所为助词"给$_{81}$"的联系

"给$_{81}$"所在结构式的 V 部分通常表示"使……获益"的事件，句法结构中没出现（语义结构中存在）的"所为者"大多可以借助对话语的理解而补出。但如果 V 表示"使……受损"的事件，"给$_8$"就有两种可能性：所为助词"给$_{81}$"或处置助词"给$_{82}$"。我们认为导致助词"给$_8$"的功能发生"所为——处置"变化的因素是句中语义关系的变化。

A11. 语义结构中的受事

"给$_{81}$"所在的"给 +V"式中一般存在"与事"论元（即 V 行为的所为者），但也有可能存在 V 行为的"受事"。我们分语义结构中存在受事和句法结构中存在受事两种类型来分析"给$_{81}$"的功能扩展。

有些"给 +V"式表示"使……获益"意义，但句义中可推出与 V 有联系的"所为者"和"受事"两种论元，"给"可能不止所为助词一种理解。分受事在前小句出现和受事没有出现两小类。

1）V 的受事是前面句子的宾语

（5）a1. 完了事我还回宝刀，如众位不嫌麻烦，完了事众位给带回去。（三侠剑·三回）

　　a2. 焦二伯父，叫店里伙计给买一张红单贴来，写上咱们大家的花名，您给带了去，大家给他道喜。（大八义·三十七回）

　　a3. 二爷昨晚上摘下玉来，我给压在枕头底下。（红楼真梦·四十回）

　　a4. 只有二姑娘的这对手带、这枝枪，大妹妹给带了进去。（红楼复

梦·七十一回)

例 5a1 中"给"若理解为所为助词，后面可补出"我"（所为者）；若理解为处置助词，"给"后面可补出"宝刀"（受事）。同理，5a 组余三例的"给"后面也可以补出"所为者"或"受事"两种语义论元。5a 组显示了助词"给$_8$"有"所为——处置"演变的可能性，但 5a 组句义中"为某人提供服务"意义比较明显，且"给 +V"式的 V 表示对某人有利的事件，"给"被看作所为助词的可能性比较大。

在受事是前小句动词的宾语或介词的宾语的情况下，如果 V 表示"使某人受损"事件，句义中还有所为者，"给"靠近处置助词，但不能排除所为助词的可能性。例如：

（5）b. 上差，你先回衙门去，我派我镖行之人捉拿采花淫贼，如若拿住，给送到班房里面。（三侠剑·五回）

上例"给"后面如有 N$_2$，可作两种理解，一是"你（上差）"，"给"是所为助词；一是"他（淫贼）"，"给"是处置助词。上例显示：在 V 的受事不出现，但蕴含"使某人受损"意义的句子中，助词"给$_8$"的功能很可能发生"所为——处置"的变化。如果句义中没有明显的"获益者"，V 又表示"使某人受损"意义，"给"靠近处置介词。例如：

（5）c1. 大弟，千万留他活命，别给治死。（大八义·二十回）

c2. 他二人搭着死尸，也给扔在大道上。（彭公案·一百三十二回）

c3. 你可曾捉着一个打闷棍的，给送了青州府。（大八义·十九回）

c4. 正赶上有二十一家猎户打围，赶下许多的獐猫野鹿，陆通瞧见，他过去拿棍全给打死。（济公全传·七十四回）

c5. 丁贤弟，你要是素日跟我没仇，我收这个小孩，你不能在这里直给破坏。（济公全传·二十七回）

c6. 石禄连忙扔下狼牙棒，上前将他按住，当时就给捆啦。（大八义·三十八回）

5c 组的"给"可分析为处置助词，至少是趋近处置助词。在判断句中，前小句中的判定对象充当"是"的宾语，如果这个宾语在语义结构中是 V 的受事，V 表示"使某人受损"意义，"给"趋近处置介词。例如：

（5）d1. 他是我师父，谁给害的？（济公全传·二百零三回）

d2. 我家大人乃是当朝秦相的兄弟，花花太岁王胜仙，你敢给踢在江里！

（济公全传·二百三十七回）

　　**d3.** 这是明火执仗的要犯，你敢给杀了。（济公全传·一百回）

　　**d4.** 这二位是玉山县三十六友的人，你要给杀了，你想想玉山县的人答应不答应。（济公全传·一百八十四回）

　　**d5.** 我主人是宋府的女婿，陈松给杀了。（八贤传·十回）

　　5d 组可证：如果"给 +V"式 V 部分表示"使某人受损"事件，"给"相对靠近处置助词。

　　比较 5a——5d 组例句可知：

　　1）"给 +V"式中 V 的受事可能是前小句的宾语。

　　2）人们在理解"给$_8$"所在句子的语义关系时，在推理活动中可能推出 V 行为的"所为者"，也可能推出"受事"，由于对"空范畴"有两种理解，有可能导致对"给$_8$"的功能的"重新分析"。

　　3）如果"给 +V"式的 V 表示"使某人受损"的事件，句义中又不能推出"所为者"，"给"变为处置助词，换言之，确定助词发生"所为——处置"演变的因素是"给 +V"式中 V 的"受损"意义，以及 V 和前面句子中某个 N 的"动作——受事"关系。

　　2）受事是前面句子的主语

　　"给$_8$"所在句子的前一小句句首可能有作为话题或主语的 $N_1$，$N_1$ 与"给 +V"式的 V 如有"受事——动作"关系，"给"也有可能有两种分析结果。

　　（5）**e1.** 马跑到这，劳驾给拉出来，我们谢谢。（彭公案·二百零七回）

　　**e2.** 钱是一位白胡子老头给的，刘大叔给接过来的。（三侠剑·二回）

　　**e3.** 我那帕子兜在树上了，好姐儿给弄下来还我。（泪珠缘·五十三回）

　　5e 组的语义结构中也可以推出"所为者"和"受事"，"给"也有可能被理解为所为助词（"替、为"义）或处置助词（"把、将"义），如例 5e1 中有所为者"我们"和受事"马"，但 V 表示"使某人获益"的事件，"给"被看作所为助词比较合适。如果"所为者"和"受事"是"同一"关系，而 V 表示"使某人获益"意义，"给"还是容易被理解为所为助词，但不能排除处置助词的可能性。例如：

　　（5）**f1.** 老员外已然都上床咽了气，多亏有一位老道给救了。（济公全传·一百四十七回）

**f2.** 她跳了水缸了，是我们家老爷亲手给救上来的。（春阿氏谋夫案·三回）

**f3.** 我娘亲多年二目失明，济公都给治好了，何况你这点小症！（济公全传·一百六十三回）

**f4.** 我们公子爷是哑巴，你要能给治好了，我们庄主准得重谢你。（济公全传·二百十七回）

5e、5f 组表明：如果 V 表示"使某人获益"意义，"给"一般被理解为所为助词，但也不能排除理解为处置助词的可能性。

如果 V 是中性意义的，"给"也有两种可能性。例如：

（5）**g1.** 六儿回到门房，心想："方才金眼雕来找，我刚给打发走了，……"（彭公案·一百二十一回）

**g2.** 王雄、李豹刚一上楼，和尚用定神法给定住了。（济公全传·一百二十八回）

5e——5g 组例句可证：

1）前小句的 $N_1$ 有可能被理解为后小句动词的"受事"，通常情况下被理解为所为助词的"给$_{81}$"，在一定的语义结构中，有可能被理解为"给$_{82}$"，也就是说，"给$_{81}$"和"给$_{82}$"之间存在语义和句法联系。

2）如果作处置助词理解，原因不是"给"的宾语的"移位"，也不一定是"给"的宾语的省略，或句首成分的"添加"；而是 V 与前小句的主语（或话题）有"动作——受事"的语义关系。

3）受事没在前面的句子中出现

有的"给 +V"式的 V 的"受事"没有在前小句出现，但可凭借推理而得知。例如：

（5）**h1.** 这个你可不能生气，那是人家未过门媳妇给救的。（三侠剑·五回）

**h2.** 幸亏请了一位高先生给救过来了。（彭公案·二百零六回）

**h3.** 那人说："大小子，你给扔过来。"（小五义·六十一回）

**h4.** 姜氏道："怎么丢的呢？谁给带出去的？"（大八义·十五回）

**h5.** 写完了之后，便给压在砚台旁边。（大八义·二回）

5h 组"给 +V"式有凭借推理而得知的"所为者"和"受事"，如果补出语义结构中的"给"后面的成分，则有两种可能性：V 行为的"所为者"或"受事"。但 5h 组的 V 表示"使某人受益"的事件，理解为所为助词比较合适。如果 V 表示"使某人受损"的事件，句义中又没有"所为者"，"给"一般被理解为处置助词。例如：

（5）i1. 我看一定是中了，有报喜的来，这老婆子听不清，给弄拧了。（红楼真
梦·二十五回）

i2. 我们员外出来，拿马棍打了一顿，还给送衙门去。（济公全传·一百五十七回）

i3. 小子，你要给弄洒了，我可打你。（大八义·二十五回）

i4. 这还是我们偷着请的，可别给漏了馅。（红楼真梦·四十六回）

i5. 那宝蟾又好摆弄，别给摆弄坏了。（红楼真梦·四十三回）

i6. 一作错事，他就给杀了。（大八义·一回）

下例显示 V 部分"获益"或"受损"的意义不同，对助词"给$_8$"的理解
的影响。

（5）j. 柴头说："你也不用念无量佛，你给治死，我能给治活了。"尹世雄说：
"柴头你怎么给治活呢？"（济公全传·八十四回）

上例"给治死"的"给"容易被看作处置助词，"给治活"的"给"有所
为助词或处置助词两种可能性。

5h——5j 组的可证：助词"给$_8$"的功能存在"所为"和"处置"两种理
解的句子中，那个引起不同理解的 NP 没有"移位"，也没有"省略"或"添
加"；对助词"给$_8$"的功能的不同理解是因为对语义关系的不同理解而引发
的。与其解释为"给$_{82}$"因介词"给$_{31}$"的宾语"移位"或"省略"而产生，
不如解释为因助词"给$_{81}$"的功能扩展而产生，而引发功能扩展的因素是对
相同结构式的语义关系的不同理解。

A12. 句法结构中的受事

在 V 表示"使某人受益"意义的句子中，除了语义结构中可推理而得的
受事之外，在句法层也可能出现受事。在句法层面出现受事的句子中，"给$_8$"
也可能有两种分析结果。

"给$_{81}$"所在句子的施事的前面，还可能出现一个话题 N$_1$（主语 N$_1$ 与 V
有"受事——动作"的语义联系；虽然句义中也存在"所为者"，但对"给"
的认识可能发生变化，除了被分析为所为助词之外，还有一种可能性，即被
理解为处置助词。例如：

（5）k1. 外面的马，伙计早给喂好了。（三侠剑·二回）

k2. 女贼也跑啦，那被难的人咱们也给救啦。（三侠剑·二回）

k3. 内囊儿舅母都给张罗齐了，外妆公婆都给办妥了。（儿女英雄
传·二十六回）

k4. 凡是应有的，公婆都给办得齐齐整整。（儿女英雄传·二十八回）

k5. 昨晚那少妇，师父可给送回家去了？（小五义·二百回）

k6. 我家口，你给送至四川峨嵋山。（康熙侠义传·一百零六回）

5k 组可分析为主谓谓语句，句首的 $N_1$ 可分析为话题，也是主谓谓语句的大主语。这种句子中，由于 V 表示"对某人有利"的事件，"给"一般被理解为所为介词，"给"后面可补出"所为者"（如例 5k1 可补出"他们"或"五位英雄"等），补出的 NP 是不确定的，但句义中肯定有"所为者"。若理解为"给$_{82}$"，则补出的 NP 是"外面的马"。我们看到的情形是："给$_{81}$"所在的句子有可能出现话题 $N_1$（或主语），$N_1$ 在语义结构中有可能被理解为 V 的受事。在这样的语义结构中，"给"有可能被"重新分析"。然而，这个位于句首的 $N_1$ 不见得就是"位移"的结果。由 5k 组可以推知：在"给$_{81}$"的后面可以借助推理而得知"所为者"，但若 $N_1$ 与 V 有"受事——动作"的语义关系，"给"也有可能被分析为处置助词。

句首有受事 $N_1$ 的句子，如果不是表示"使某人获益"意义，"给"的两种分析结果比较明显。例如：

（5）m. 两个贼人一想："真怪，我们心里的事，和尚给说出来，这个和尚许有点来历。"（济公全传·一百十二回）

上例的"给"若理解为"给$_{81}$"，则"给"后可补出"我们"；若理解为"给$_{82}$"，则可补出"我们心里的事"。如果 $N_1$ 是 V 的受事，而 V 表示"使某人受损"意义，"给"一般被理解为处置助词。例如：

（5）n1. 我与小冤家仇深似海，煮熟的鸭子他给弄飞啦。（三侠剑·三回）

n2. 我们撵下围赶下来的野兽，黑汉你别给拿了走。（济公全传·七十四回）

n3. 人家死了人没棺材，叩头化来的银子，他给偷了去。（济公全传·六十八回）

若谓语部分为"是 +$N_2$+ 给 +$V_2$"式，只要句首的 $N_1$ 是 $V_2$ 的受事，"给"也容易被分析为处置助词。例如：

（5）o1. 你儿子春英，是谁给害的？（春阿氏谋夫案·七回）

o2. 究竟我们姑爷是谁给杀的，我是一概不知。（春阿氏谋夫案·三回）

o3. 我母亲、妻子不是你给害的，我兄弟可是你拿的。（康熙侠义传·九十四回）

5k——5o 组的 $N_1$ 是否因"移位"或"添加"而出现在句首呢？我们认为不是的，应该是说话人先想到一个话题，然后加以陈述。据此，我们认为助词"给$_{82}$"不是因话题的"移位"或"添加"而产生，而是因语义关系变化而发生。

观察、分析 5a——5o 组例句，结合清代小说中的出现频率，可得出如下结论：

1）助词"给$_{81}$"所在的"给 +V"式的语义结构中若可推出"V 有受事"的意义，"给"可能发生"所为——处置"的变化；前小句或本小句出现与 V 有"受事——动作"关系的 NP，"给"更有可能发生"所为——处置"的变化。

2）"给$_{82}$"可能因"给$_{81}$"所在句子的语义关系变化而产生（也有结构变化的因素），两者有直接的语义句法联系。

3）"给$_{81}$——给$_{82}$"的演变，主要是语义因素导致的，话题 $N_1$ 或前小句的某个 NP 的出现可以看作致变因素，但这个 $N_1$ 或 NP 必须与"给 +V"式的 V 有"受事——动作"的语义联系，这也可看作语义因素之一；语义因素中另一个重要的条件是"给 +V"式的 V 表示"使某人受损"意义。

A2. 与所为介词"给$_{31}$"的联系

刘永耕（2005）认为助词"给"的来源是与事介词"给"。邵洪亮、齐沪扬（2009）也认为介词"给"是助词"给"的来源之一。所为介词"给$_{31}$"后面若不出现宾语，"给"通常是"给$_{81}$"，但也可能被看作"给$_{82}$"；如果"给$_{31}$"与"给$_{82}$"有联系的话，只存在于"非典型"的"为动句"中，即 V 表示"使……受损"意义的"给 $+N_2+$V"式（大约占清代小说中"为动句"的 10%）。

A21. "为动句"的动词的意义

"给$_{31}$"产生之初，"给 $+N_2+$V"式中的 V 都是表示"使 $N_2$ 获益"意义的，这是"给予"义动词"给"的语义滞留。但 V 在使用中可能扩大范围，表示"使 $N_2$ 受损"意义。例如：

（5）p1. 若要惹恼了你老爷的性儿，连这店俱给你拆了！（七侠五义·七回）

p2. 又吩咐禁子，当堂给九黄钉了脚镣。（施公案·十四回）

p3. 你二人拿我这简帖，附耳如此这般，别给我耽误事。（济公全传·一百五十五回）

p4. 往下带的时节，给他头顶击了一掌。（小五义·四十五回）

p5. 要讲文明到官面，二指长的条给你封门。（三侠剑·二回）

p6. 贾明的意思，拿杆一横，碰在竹子棍上，一定给人家崩劈了。（三侠剑·一回）

p7. 穷小子们把前边那个穷网拿开，要不然一会儿我就给你们劈碎了。（三侠剑·七回）

5p 组的"给"是所为介词，但句子表示"使 $N_2$ 受损"意义。若 5p 组中"给"的宾语不出现，"给"不一定就是所为助词，有可能被分析为处置助词。刘永耕（2005）已论及"给$_{31}$"变为"给$_{82}$"的可能性，邵洪海、齐沪扬（2009）认为刘先生的看法具有一定的合理性。我们也认同这种可能性。"给$_{82}$"所在句子一般表示"使 $N_2$ 受损"意义，通常承袭表"受损"意义的"给$_{31}$"所在句子的意义。表示"受损"意义的"给 +V"短语的"给"往往被理解为处置助词，但若补出宾语，"给"可能是所为介词"给$_{31}$"，也可能是处置介词"给$_{35}$"。例如：

（5）q1. 几次要想同王能逃下山来，但这老儿会起卦，他就预先就给点破了。（七剑十三侠·四十二回）

q2. 我们两口子年过七十，膝下无儿，只生这一个女儿，你还给打死了……（续小五义·三十八回）

q3. 这是我师父济颠和尚，谁给害死了？（济公全传·二百零三回）

q4. 我跟着老虎好几天啦，砸他好几叉没砸动他，你为什么给打死了。（三侠剑·一回）

q5. 我这副腿带儿怎么两根两样儿呀？你昨儿晚上困的糊里糊涂的，是怎么给拉岔了？（儿女英雄传·三十八回）

q6. 义父哇，这座庙不能给他们留着，将来是个祸，因此我给点啦。（大八义·二十回）

5q 组的句义中存在"受损者"，这是"非典型"的"给$_{31}$"所在句子的语义遗留。如果在"给"后面补出宾语，受事宾语的可能性比较大，但也不能排除介词宾语是所为者的可能性；据此，5q 组的"给"有可能来自所为介词，也有可能来自所为助词。由 5q 组"给"所在的语义结构中存在两种宾语的可能性，可以推知：表示"受损"意义的句子中，"所为介词——处置助词"的演变是可能存在的。

在 V 部分表示"受损"意义的句子中，因 V 的受事在上文出现，"给"后面出现 $N_2$ 的空位，这种直接用于 V 前的"给"有可能被分析为强调处置的助词。例如：

（5）r1. 若能将贱婢捉住，不给碎尸万段，誓不为人！（七剑十三侠·一百五十二回）

r2. 小二说："黑爷爷，你可莫给摔了。"（小五义·八回）

r3. 您到后面把他后殿给点上，我在外边给点。（大八义·二十八回）

r4. 吴元帅得罪于家父子，可不敢将人留下，又无口供，不知何事他们给打死了，如何的办法？（小八义·七十九回）

由 5p——5r 组可知："给$_{82}$"也可能因所为介词"给$_{31}$"所在结构式的 N$_2$ 不出现而产生，演变的句法机制是受事的空位，语义条件是"给 +V"式的 V 表示"使某人受损"意义。

A3. 小结

处置助词"给$_{82}$"有两个来源，一是来自所为助词"给$_{81}$"，一是来自所为介词"给$_{31}$"。但就清代的使用频率来看，助词"给$_{82}$"的用例比表示"受损"意义的句子中的介词"给$_{31}$"的用例要多得多，很难设想：同一时期内，一个用例很少的成分会成为一个用例很多的成分的来源；据此，我们认为"给$_{82}$"来自"给$_{81}$"的功能扩展的可能性最大，"给$_{82}$"与"给$_{81}$"之间存在最直接、最密切的联系。

B. "将 / 把……给 +V"式中"给$_{82}$"的来源

邵洪海、齐沪扬（2005）认为助词"给"的第三个来源是"把"字句、"被"字句的存在。我们认为"把 / 将……给 +V"式的出现，确实与处置式的存在有关系，但与"移位"、"添加"或"省略"无关，而是处置式结构扩展的结果。这种句式的 V 部分可以是"受益"、"受损"或"中性"的，这一点从语义上显示了"给$_{82}$"与"给$_{81}$"的联系。

"给$_{81}$"所在的句子绝大多数表"使某人获益"意义，但也有一部分表示"使某人受损"意义。"给 +N$_2$+V"式、"给 +V"式如表示"所为"意义，在语义结构中可能存在 V 的受事（如表"处置"意义，语义结构中有十分明显的 V 的受事）；而"把 / 将 +N$_2$+V"式的 N$_2$ 通常是 V 的受事；由于两种结构的 V 都有语义结构中的受事，就语义搭配的适宜性而言，"把 / 将 +N$_2$+V"短语与"给 +V"短语糅合在一起（省去一个 V）是非常合适的。故此，我们认为"把 / 将……给 +V"式是因"两种结构糅合"或"句子结构复杂化"而出现的。

"把 / 将……给 +V"式的语义结构中也存在"所为者"，只是比较模糊。

因为 V 在语义结构中以介词"把/将"的宾语为受事,"给"通常不被看作所为助词,而被看作处置助词。可以说,"把/将……给+V"式的出现,对"给"的处置助词性质的固化起着作用。

"把/将……给+V"式的出现有三种可能性:一是"给"后面宾语的不出现,二是处置式结构的复杂化,三是两种结构式的糅合。相比较而言,我们认为最后一种可能性比较大。"给+V"式是一个动词性短语,其所在的语义结构中往往有受事,而"把/将+$N_2$+V"式中,$N_2$ 通常是 V 的受事,从语义相宜性看,"把/将+$N_2$+V"短语与"给+V"短语糅合在一起(省去一个 V,共载一个"$N_2$")是十分自然的。据此,我们认为"把/将……给+V"式不一定是"省略宾语"的结果,很可能是两种结构式糅合的结果,也可能是处置式结构复杂化的结果。

从出现频率看,清代小说中,"把/将……给+V"式用例要比"把/将……给+$N_2$+V"式多得多;由此可见:即使有"省略"的因素,也不能排除"糅合"或"扩展"的可能性。而如果持"结构式糅合"或"结构式扩展"的观点,则可以较好地解释出现频率的问题。

### 7.3.2.2.3 被动助词"给83"的产生

就出现频率而言,清代的被动助词"给83"比被动介词"给36"要高得多,但比所为助词"给81"和处置助词"给82"要少。我们认为被动介词"给36"不是被动助词"给83"的来源,"给83"也来自助词的功能扩展,与所为助词"给81"、处置助词"给82"都有来源关系。

A. 与所为助词"给81"的联系

"给81"所在的"给+V"式一般表示"使某人获益"意义,若表示"使某人受损"意义,在一些句子中,"给"有三种可能性:所为助词、被动助词或处置助词。例如:

(6) a1. 我昨儿早起才换上的,这是什么工夫给弄上的?(儿女英雄传·三十八回)

a2. 大概衙门里,许是用刑问出来的。(春阿氏谋夫案·六回)

a3. 那二十余名喽卒……齐声喊道:"我们寨主刀砍斧剁不惧,三掌就给打倒在地。"(三侠剑·一回)

a4. 来一位打一位,那明天全给打走啦。(大八义·二十九回)

a5. 她本是安详老实、性情温厚的人,若聘于一个荡子,就算给耽误了。

(春阿氏谋夫案·十二回)

有话题 $N_1$（受事主语）句子中，V 表示"使某人受损"意义时，则有所为助词或被动助词两种可能性。例如：

（6）b1. 人家新新儿的靴子，给踹了个泥脚印子，这是怎么说呢！（儿女英雄传·三十八回）

b2. 要是平常之人，这一下子可就给灌死啦。（三侠剑·二回）

b3. 若是平常人，这一看就许给吓坏了。（三侠剑·一回）

b4. 三大爷人缘真不好，和尚、老道都给得罪啦。（三侠剑·三回）

6a、6b 组显示了"给$_{81}$"向"给$_{83}$"演变的可能性。若前小句有受事主语，后小句的主语承前省略，"给"容易被分析为被动助词，但也不能排除所为助词的可能性。例如：

（6）c1. 众位姨奶奶是怎么一段事，全都给吓死过去？（济公全传·二百三十九回）

c2. 此绳乃我之命，若给割断，我命休矣。（济公全传·三回）

c3. 要是胆小之人听了郭明这些话，就给吓傻了。（康熙侠义传·六十二回）

c4. 东方朔纵有天大的法力，也无从施展出来，白白地给割去了脑袋。（八仙得道·六十八回）

若前小句有受事宾语，"给"也容易被看作被动助词。例如：

（6）d1 ……，常常派人来下书信，请他入伙，俱被萧可龙给骂回去了。也有给割了耳朵的，也有打四十棍的。（康熙侠义传·七十回）

d2. 瞧我这袖子，也给弄上了那么一块。（儿女英雄传·三十八回）

若本小句有受事主语，"给"肯定是被动助词。例如：

（6）e1. 大家异口同音说："愿意当差，我们梦稳神安，比喽兵胜强百倍，祖坟不至于给刨了。"（小五义·九十九回）

e2. 恶人给拴在马上，只急得破口大骂。（施公案·八十五回）

e3. 好端端的一个学生，给弄傻啦，就都不敢再求药啦。（三侠剑·二回）

e4. 二道山口报事的也给打死啦。（三侠剑·三回）

e5. 因此，双手带就给崩飞了。（三侠剑·一回）

e6. 双皮条都给割断啦。（三侠剑·二回）

e7. 我这膀子不就给卸下去啦。（三侠剑·一回）

e8. 傻小子纪逢春一瞧就急了，说："好呀！我们的人全给拿了去。"（三侠剑·二回）

综上，在表示"使某人受损"意义的句子中，"给$_{81}$"有可能变为

"给$_{83}$",致变因素是语义结构中存在 V 的受事。如果受事位于本小句主语的位置,"给"的被动助词的性质就可以确定。

B. 与处置助词"给$_{82}$"的联系

"给$_{82}$"所在的"给 +V"式的 V 一般表示"使某人受损"的事件,句义与被动句句义有一定程度的相似性,由于在"受损"意义上有相通之处,"给$_{82}$"也有可能变为"给$_{83}$"。在施事主语不出现的小句中,"给"可能是处置助词,也可能是被动助词。下面一组例句显示了两种助词之间的联系:

(6) f1. 这个刚爬到栏杆,周堃赶过去一棍,正打在天灵盖,给打下来了。(济公全传·一百七十二回)

f2. 这个时节,就听得树林内有人说话:"哎呀,好快呀,给杀了,阿弥陀佛。"(济公全传·九十六回)

f3. 师父们如此本领,哪里来的什么鬼仙,就能一网打尽的,全给弄死了。(八仙得道·四十六回)

f4. 简直的惹不起,跟咱铺子借钱,没借给骂了两天。(三侠剑·二回)

f5. 是他把我女儿卖了,倒是有之;不然,就是给要了命了。(小五义·九十回)

f6. 我这鼻子是遇见一个削鼻子的祖宗给削了去了。(小五义·一百八十八回)

6f 组的"给"可理解为"把"义(补充逻辑宾语),也可理解为"被"义。如果受事充当主语,V 表示"使某人受损"的事件,"给"是被动助词。例如:

(6) g1. 崭崭新的衣服全给油了。(小五义·六十五回)

g2. 好小辈!我两个朋友又给治住了,我来合你分过上下。(续济公传·三十二回)

g3. 那大腿的肉,就给打掉了一块。(大八义·二十七回)

g4. 用力打兽,兽便给打死了。(八仙得道·三十八回)

g5. 霎时,那妇人也给定住了。(续济公传·三十二回)

综上,"给$_{81}$"和"给$_{82}$"所在的"给 +V"式的语义结构中都可能存在受事,V 都有可能表示"使某人受损"的事件,句义中潜藏着"给"向被动助词演变的可能性,如果受事出现在小句句首,V 又表示"受损"事件,"被"是变为被动助词。

C."被 / 叫……给 +V"式的来源

这种句式也是因被动式的结构糅合或扩展而产生。"给"为什么可以出现在"被/叫$+N_2+V$"式的 V 前面呢？因为这种结构式的语义结构中存在 V 行为的"承受者"，"给$_{81}$"、"给$_{82}$"和"给$_{83}$"所在的语义结构中都可能存在受事论元，因此，"被/叫$+N_2+V$"式和"给$+V$"式糅合在一起是很自然的。

综上，助词"给$_{81}$"来自所为介词"给$_{31}$"，助词"给$_{82}$"主要来自"给$_{81}$"的功能扩展，与介词"给$_{31}$"也可能有联系。助词"给$_{83}$"和"给$_{81}$"和"给$_{82}$"有来源关系。

### 7.3.2.3 来自被动介词的强调助词

"被、叫"等被动介词，走过"承受动词——被动介词——被动助词"的演变路径，此类被动助词只有被动介词一个来源。

#### 7.3.2.3.1 被动助词"被$_8$"的产生

初期的"被$+V$"式是述宾结构，"被"是动词，V 是宾语。例如：

（7）a1. 国一日被攻，……（战国策·齐策）

至宋时期，"被"字句结构复杂化，"被$+N_2+V$"式的"被"变为被动介词（参见 2.2.3.1.1）。继而，$N_2$ 不出现，"被"变为助词。早期的"被$_{动}+V$"式的 V 后面一般不带句法成分，但"被$_{助}+V$"式的 V 后面可带宾语、补语或助词"了"。例如：

（7）b1. 话说赵公明被打了一乾坤尺。（封神演义·四十七回）

　　b2. 小孩子被打得痛了。（二刻拍案惊奇·卷二十一）

　　b3. 都被打得落花流水。（水浒·十八回）

　　b4. 狐被抓破面。（夏商合传·二十八回）

　　b5. 杨氏已被杀死在井中。（包龙图判百家公案·卷三）

#### 7.3.2.3.2 被动助词"吃$_8$"的产生

"吃"也经历了"承受动词——被动介词——被动助词"的演变，比较三例：

（8）a. 火急离我门前，少时终须吃捆。（敦煌变文集新书·卷七）

（8）b. 你若有些疏失，吃他把大名府军官都看得轻了。（水浒·十三回）

（8）c. 宋江吃打得两腿走不动。（水浒·三十九回）

例 8a 的"吃捆"为述宾结构，"吃"是动词；"吃$+V$"短语刚出现时，V后面不可以出现宾语或补语。但随着结构的复杂化，"吃"变为介词，如例

8b；然后 N$_2$ 不出现，"吃"变为助词，如例 8c。作为强调被动意义的助词，"吃 +V"短语的 V 后面可以出现实句法成分。与早期的"吃$_动$+V"式（参见例 8a）的结构简单不同，"吃$_助$+V"式的 V 后面可以出现宾语、补语或助词"了"。例如：

　　（8）d1. 二哥哥吃打坏了。（水浒・五回）

　　　　d2. 吃打杀了些军汉，其余的都逃了回来。（荡寇志・八十七回）

　　　　d3. 又听得几个烧香的老妇人说都吃打倒在一边，那些道士庙祝在那里扶持

　　　　　　收拾。（荡寇志・七十二回）

　　　　d4. 那些健役，避个不迭，也吃打死了几个。（荡寇志・一百二十六回）

　　　　d5. 官军、乡勇吃打坏了许多。（荡寇志・一百二十一回）

　　　　d6. 董敬泉吃打这一拳，直打得两耳内……（后水浒传・十四回）

## 7.3.3　小结

　　体助词和强调助词都可以因介词的继续语法化而产生，但来源不同，致变因素也不同。此外，"介词——助词"的演变发生之后，助词还有可能发生功能扩展。如助词"著$_8$"的功能发生"持续体——现实体"的变化，助词"给$_8$"的功能发生"所为——处置"、"所为——被动"、"处置——被动"的变化。

## 7.4　"介词——唯补词"的演变

　　绝大多数唯补词来自动词或形容词，但少数唯补词有两种来源：动词或介词。汉语史上有过"终到处介词——唯补词"的演变路径，但为数不多，本节以"著、到"为例，讨论这一路径的演变。

### 7.4.1　唯补词"著$_7$"的产生

　　唯补词"著$_7$"有动词和介词两种来源。"著"是"介词——唯补词"演变的首发者，致变因素有三：一是"V+ 著 +N$_2$"式中 V 的语义类型变化，

二是 $N_2$ 的语义类型变化，三是 $N_2$ 不出现。

### 7.4.1.1　动词的语义类型变化

唯补词"著$_7$"与终到处介词"著$_{12}$"的联系，可借助观察下面两组例句而得知。

（1）a1. 即敕救将徐晃以权书射著围里及羽屯中。（三国志·魏书·董昭传）

　　　a2. 然后令送著门外。（世说新语·简傲）

（1）b1. 不用庭中赋绿草，但愿思著弄明珠。（江总：新入姬人应令诗）

　　　b2. 想著妻子，而自系缚。（生经·卷一）

同为"到"义，1a 组的"著"是终到处介词，1b 组的"著"是唯补词。那么，1b 组的"著$_7$"是否有可能来自动词"著"呢？我们认为不可能，动词"著"有"附着"、"触碰"、"悬挂"、"存在"、"置放"等义项，但没有"抵达"义。也就是说，唯补词"著$_7$"与终到处介词"著$_{12}$"有直接的来源关系。"著$_0$"是原地动词，一般先产生所在处功能，然后扩展出其他方所功能，在"到"义介词"著$_{12}$"产生之后才能产生"到"义唯补词"著$_7$"。"著$_{12}$"变为唯补词的因素主要是结构式中 V 的语义类型变化，这种变化引发语义结构中的距离意义变化。在"运行／手作动词＋著＋$N_2$"式中，可以推出"受事位移，抵达某处"意义；在"心理动词＋著＋$N_2$"式中，不能推出这样的意义，只有思维涉及的对象。在 V 为心理动词的结构式中，$N_2$（可能由动词性单位充当）直接与 V 发生语义联系，为"思想"行为涉及的内容或对象，是受事论元。观察"V＋著＋$N_2$"式中 V 和 $N_2$ 的不同语义类型，我们看到：心理动词出现在 V 位置要迟于手作动词和运行动词，但是，一旦心理动词进入 $V_1$ 位置，就可能引发结构层次和关系的改变。

"V＋著＋$N_2$"式中，之所以允许 V 的义类有"运行／手作——心理"的变化，是因为汉人认为运行的终点和思考的终端有相似性。汉语有"思路"一词，便是明证。此外，部分手作动词后面可跟表示受事的抵达之处的名词性单位或介词短语，如"投、掷、扔、丢、抛、掼、射"等，在这些动词所处的语义结构中，都可以推出"受事位移，抵达某处"的意义，这些动词后面往往带表示终到处的宾语或补语。也就是说，它们所处的语义、句法结构与运行动词有相似之处，即都有"位移"和"距离"意义，因此，可以有动词的"运行——手作"语义类型变化存在，而手作动词所在的"V＋著＋$N_2$"

式也有因有"距离"和"位移"意义，也可以与运行动词所在结构式有相似的变化。

唐五代时期，"著$_7$"已有较多用例：

（1）c1. 一言感著热铁心，为人剑下偷青娥。（施肩吾：句）

　　　c2. 有时问著经中事，却道山僧总不知。（杜荀鹤：题觉禅和）

　　　c3. 长筇自担药兼琴，话著名山即拟寻。（张蠙：赠段逸人）

引发"介词——唯补词"演变的因素首先是 V 的语义类型变化，除心理动词、言说动词之外，还有"逢遇"义动词。例如：

（1）d1. 自说孤舟寒水畔，不曾逢著独醒人。（杜牧：赠渔父）

　　　d2. 无端遇著伤心事，赢得凄凉索漠归。（吴融：上巳日）

"逢遇"义动词是"非持续性"动词，其后的"著"不可能理解为体助词"著$_{81}$"；也就是说，"逢遇"义动词后面的"著"一般只能分析为唯补词。

### 7.4.1.2　名词的语义类型变化

"介词——唯补词"演变的第二个因素是由 N$_2$ 的语义类型变化而带来的论元角色变化。若动词相同，N$_2$ 的论元角色有"处所"与"受事"的不同，"著"也有介词与唯补词的不同。比较三例：

（1）e. 即敕救将徐晃以权书射著围里及羽屯中。（三国志·魏书·董昭传）

（1）f. 射之，若中木声，……，闻啾啾曰："射著我阿连头。"（酉阳杂俎续集·卷二）

（1）g. 射著一雁，堕於苑中。（佛祖统纪·卷二）

第一例的"著"一般分析为终到处介词；第二例的"著"可以分析为唯补词，但不能排除终到处介词的可能性；第三例的"著"是唯补词。区别在于对 N$_2$ 的认识，若看作处所论元，则"著"是终到处介词；若看作受事论元，则"著"是唯补词。

### 7.4.1.3　N$_2$ 的不出现

一部分唯补词"著"因为结构式中 N$_2$ 的不出现而产生。比较两例：

（1）i. 烦君画著渔船上，刺入庐江烟雨中。（王庭珪：赠写真刘琮）

（1）j. 衲子无处摸索，画师笔笔画著。（释德洪：灵源清阐师……）

前例的"著"是介词，后例的"著"是唯补词。比较上面两例可知：在一部分动词后面，若宾语不出现，"著"可能发生"介词——唯补词"的演变。

### 7.4.1.4　小结

"著"的演变路径之一是"动词——所在处介词——终到处介词——唯补词"，导致终到处介词变为唯补词的三个因素中，第一个因素（即 V 的语义类型变化）是最早出现的，也是最重要的。

## 7.4.2　唯补词"到$_7$"的产生

在"著"之后，走"介词——唯补词"路径的是"到"。和"著$_7$"一样，唯补词"到"（记为"到$_7$"）也萌生于"V+ 到 +N$_2$"式。不同的是，"到$_7$"与介词的两种功能有来源关系，即终到处介词"到$_{11}$"和终止点介词"到$_2$"。导致"到$_7$"产生的因素主要是 N$_2$ 的语义类型或论元角色变化。

### 7.4.2.1　与终到处介词"到$_{11}$"的联系

"V+ 到 +N$_2$"式中，如 N$_2$ 为表示方所或时间的名词或名词性短语，则"到"为终到处介词或终止点介词；如果 N$_2$ 为受事，则"到"为唯补词。N$_2$ 的语义类型或论元角色的变化在"到"的"介词——唯补词"演变中起着重要作用。但 V 的语义类型变化、介词宾语的不出现也是致变因素。

#### 7.4.2.1.1　N$_2$ 的语义类型变化

在一部分"V+ 到 +N$_2$"式中，"到"发生"介词——唯补词"演变的因素是 N$_2$ 的语义类型或论元角色变化。比较两组：

（2）a1. 道吾担衣钵送到桥亭后却转来，不审和尚。（祖堂集·卷四·道吾和尚）

　　　a2. 西京赵御史书，附到洛州殖业坊王戎墓北第一铺。（御史台记·赵仁奖，太平广记）

　　　a3. 寻到古人留意处，绝胜把酒听歌时。（李之仪：试陈瞻墨十绝）

（2）b1. 是夜，月近太微星，浙西送到绝粒女道士施子微。（旧唐书·敬宗本纪）

　　　b2. 后月余，有人附到窦家书。（王氏见闻录·窦少卿，太平广记）

　　　b3. 寻到刘庆甫浑家唤做李幼奴。（无名氏：鲁智深喜赏黄花峪·第二折）

2a 组的"到"是终到处介词，2b 组的"到"是唯补词。比较两组可知：

1）在"V+到+N$_2$"式中，终到处介词"到$_{11}$"与"到$_7$"之间有来源关系；

2）"到$_{11}$"变为"到$_7$"的因素是 N$_2$ 的语义类型或论元角色发生"处所——受事"的变化。

### 7.4.2.1.2　V 的语义类型变化

另一方面，"到$_7$"的产生也是 V 的语义类型变化的结果。在"见、买"等只能带受事宾语的动词后面，"到"都是唯补词。例如：

（2）c1. 世无徐庶不如卧，见到渊明便合归。（文天祥：宣州罢任再赠）

c2. 本司以羡余钱买到数千斤。（梦溪笔谈·卷二十二）

如果受事在句首出现，V 后面没有宾语，"到"也是唯补词。例如：

（2）d. 梅花买到满楼香，但笑吾家节是常。（方回：至节前二日）

2c 组和例 2d 出现相对较迟，我们将 V 的语义类型变化看作次要的致变因素。

### 7.4.2.1.3　由 N$_2$ 不出现而引发的演变

在运行动词后面，"到$_7$"来自终到处介词"到$_{11}$"。比较两组：

（2）e1. 其子超走到苦城。（魏书·薛安都传）

e2. 绍宗行到马突城。（北齐书·慕容绍宗传）

e3. 安国追到城下。（后汉书·南匈奴列传）

（2）f1. 须臾奴走到，告之如梦。（朝野佥载·卷二）

f2. 石野猪独先行到，公有所赐。（北梦琐言·卷十）

f3. 阍吏通曰："兴国军黄遵今追到。"（括异志·卷八）

2e 组的"到"是终到处介词，2f 组的到是结果补语或唯补词。在初期的"运行动词 + 到"式中，"到"可以被分析为省略了宾语的介词，也可以被分析为唯补词。但随着 V 的语义类型扩展，原地动词进入 V 位置，"到"只能分析为唯补词。例如：

（2）g1. 齐齐擒到，俱各无词。（初刻拍案惊奇·卷十九）

g2. 那知县立刻差人把应赤口捉到，当堂拷问。（八段锦·七段）

g3. 衙役答应一声，把二人拿到。（八美图·二十回）

### 7.4.2.1.4　小结

导致"终到处介词——唯补词"演变的主要因素是语义关系的变化，即 N$_2$ 的论元角色发生"处所——受事"的变化，引发这种变化的主要原因是

$N_2$ 的语义类型变化，V 的语义类型变化，$N_2$ 的不出现也是致变因素。

### 7.4.2.2  与终止点介词"到$_2$"的联系

在原地动词"说、吃、看、听"等原地动词后面，一般发生"终止点介词——唯补词"的演变，致变因素是 $N_2$ 的语义类型变化和 $N_2$ 的不出现。

#### 7.4.2.2.1  $N_2$ 的语义类型变化

在"说"等动词充当 V 的结构式中，因为 $N_2$ 的语义类型变化引发对 $N_2$ 的论元角色的"时间——受事"的认识变化，导致"终止点介词——唯补词"的演变。下面分析四个动词后面的演变。

A. 在动词"说"后面

位于"说"后面，"到"可能是表示时间的终止点的介词。例如：

（2）h1. 半生客里无穷很，告诉梅花说到明。（释法具：绝句二首）

  h2. 旧年佛法，说到腊月极尽头。（释师范：偈颂七十六首）

2h 组中，可以推出"V 行为从某个时点开始，延续至 $N_2$ 时间"的意义或"至 $N_2$ 时，V 行为方才结束"的意义。"到"是终止点介词。在有的句子中，"到"可能有两种分析结果：终止点介词或唯补词。例如：

（2）i1. 道贵行无我，禅难说到头。（刘得仁：题景玄禅师院）

上例的"说到头"有两种分析：a）说／到头，b）说到／头。但若 $N_2$ 是受事，"到"是唯补词。例如：

（2）j1. 说到荣华事，生平不计渠。（陈藻：值事有感……）

  j2. 此是大概规模，未说到节目也。（朱子语类·卷二十九）

$N_2$ 位置上可以出现谓词，只要语义论元是受事，"到"就是唯补词。例如：

（2）k. 眼看富贵真如梦，说到穷通定笑人。（徐积：寄朱至机）

观察 2h 组——例 2k 中的变化，可以推知：$N_2$ 的论元角色变化导致"到$_2$"的功能变化。

B. 在动词"吃"后面

在动词"吃"后面，"到$_7$"也来自介词"到$_2$"。比较两组例句：

（2）l1. 不须庾韭元修菜，吃到憎时始忆渠。（杨万里：都下食笋……）

  l2. 直吃到二更时候，……（无名氏：海门张仲村乐堂·第一折）

（2）m1. 弄花扑蝶悔当年，吃到残糜味却鲜。（吴惟信：咏猫）

m2. 他啃了孤拐，嚼了腿亭，吃到腰截骨。（西游记・三十二回）

上面两组例子同样显示：由于 $N_2$ 的论元角色发生"时间——受事"变化，导致"到"发生"终止点介词——唯补词"的变化。

C. 在动词"看"后面

V 若为"看"，$N_2$ 是时间词，"到"是终止点介词。例如：

（2）n1. 明朝渐校无多去，看到黄昏不欲回。（徐凝：玩花五首）

n2. 只愁一夜梅花老，看到天明付与春。（陈与义：除夜二首）

至宋时期，有的结构式中"到"可能有两种分析。例如：

（2）o1. 看到水如云，送尽鸦成点。（朱敦儒：卜算子）

o2. 未可便教金粟尽，直须看到玉蟾低。（周紫芝：再赋木犀）

2o 组的"到"一般分析为终止点介词（表示"看"的时间，[+ 持续]意义），但句中也潜藏着"到"被分析为唯补词的可能性（表示"看"的结果，[– 持续] 意义）。如果 $N_2$ 是论元角色可以确定是受事，则"到"为唯补词。例如：

（2）p1. 与君试去探春信，看到梅梢第几花。（郑獬：春）

p2. 寔然诗句慰空虚，拭目科名看到渠。（许月卿：次韵用学礼）

p3. 以是察人，是节节看到心术隐微处，最是难事。（朱子语类・卷二十四）

D. 在动词"听"后面

V 若为"听"，$N_2$ 是时间词，"到"是终止点介词。例如：

（2）q1. 一曲起于古，几人听到今。（潘纬：琴）

q2. 只嫌老眼清无睡，不道松声听到明。（杨万里：醉眠夜闻……）

宋代的结构式中，"到"可能有终止点介词和唯补词两种分析结果。例如：

（2）r1. 山河不暇为渠惜，听到虞姬直是愁。（刘克庄：田舍即事十首）

r2. 听到希声处，凉生不语中。（顾逢：听赵碧澜操琴）

2r 组的"到"和 2o 组的"到"一样，也可能有两种分析结果：终止点介词或唯补词。如果 $N_2$ 是语义论元可以确定是受事，则"到"为唯补词。例如：

（2）s1. 送过雕梁旧燕，听到妆楼新雁。（张仲宇：如梦令）

s2. 徐用听到这句话，一脚把门踢开。（警世通言・卷十一）

由前面"说、吃、看、听"等动词后面的两种分析结果，可以推知：

"到₇"也有可能来自终止点介词"到₂"，N₂的论元角色变化是演变的决定因素。从语义方面看，句义中"延续"意义的淡化，"短暂"意义出现，导致对"到"的重新分析。

### 7.4.2.2.2　N₂的不出现

"说／吃／看／听＋到"式的出现，迟于"说／吃／看／听＋到＋N₂（受事）"式。据此，我们认为N₂不出现不是最初的致变因素，而是类推的结果；因为在运行动词后面，"到₇"早已产生。

### 7.4.2.3　唯补词"到₇"所在结构的发展

"到₇"的性质确定之后，"V＋到＋N₂"式中，一方面V的语义类型还在扩展；另一方面，结构式有所扩展，即体助词"了"可以出现在"到"后面。分两种结构式，一种是不带宾语。例如：

（2）t1. 只是见到了自住不得耳。（朱子语类·卷六十三）

另一种是带受事宾语。例如：

（2）t2. 便伸手进里一摸，果然摸到了一只脚。（续济公传·二百零一回）

在"V＋到＋N₂（处所／时间）"式中，"到"原本是介词，但"了"的插入使得"到"向唯补词发展。例如：

（2）u1. 只得软软地跟他走到了下处。（初刻拍案惊奇·卷十二）

u2. 到夜静更深，竟摸到了丫鬟被窝里去。（今古奇观·卷六十九）

u3. 刘氏子和死尸睡到了四鼓。（二刻拍案惊奇·卷九）

u4. 等到了黄昏时候，带不见送佛。（石点头·五回）

最初"到"的"介词——唯补词"演变主要是由N₂的论元角色变化以及对时间意义的"延续——短暂"理解导致的。但后来体助词"了"产生插入"到"和宾语之间，不仅使带受事宾语的"V＋到＋N₂"式的"到₇"的唯补词性质凸显，也引发带方所、时间宾语的介词"到₁₂"和"到₂"向唯补词发展。

### 7.4.2.4　小结

唯补词"著₇、到₇"都在"V＋著／到＋N₂"式或"V＋著／到"式中产生。"著₇"有动词和介词两种来源，"到₇"只有介词一种来源，但与两种介词功能有来源关系。致变因素也有所不同，但基本的语义条件是相同的，N₂

的论元角色发生"处所／时间——受事"的变化以及时间意义的"延续——短暂"变化。

## 7.5 "介词——致使动词"的演变

"介词——致使动词"的演变是指一些介词继续语法化产生"致使"义，分四种类型：第一种是"经手介词——零致使动词"的演变，如"由"，第二种是"处置介词——致使动词"的演变，如"把"，第三种是"被动介词——致使动词"的演变，如"被"，第四种是"交互介词——致使动词"的演变。"介词——致使动词"的演变，不仅涉及词性、功能的演变，兼及"状中结构——兼语结构"的变化以及语义关系的变化。

### 7.5.1 "经手介词——零致使动词"的演变

"由"与"随、凭、听、从"等"零致使"义动词一样，都表示说话人对旁人行为持听之任之，无可奈何的态度。例如：

（1）a1. 去也由你，住也由你。（释妙伦：偈颂八十五首）

还可以表示说话人自己随心所欲地行事的态度。例如：

（1）a2. 万事去心闲偃仰，四支由我任舒伸。（邵雍：林下五吟）

1a 组的"由"可以定性为"听任"义动词（记为"由04"），它的来源之一是引进经手者的介词"由"（记为"由3"）。下面两组例句显示两种词义之间关系。

（1）b1. 天子与你官，俸禄由他授。（王梵志）

b2. 宗社祸难，由汝安定。（旧唐书·玄宗本纪上）

（1）c1. 命要传，性要悟，入圣超凡由汝做。（吕岩：敲爻歌）

c2. 生死枞然无背面，名字由汝舌头转。（释德洪：正月六日南安岩主生辰）

两种功能的"由"出现于相同的结构式，例 b 组的"由"是介引经手者的介词；例 c 组的"由"是"听任"义动词。"由3"所在的句子，$N_1$ 是 V 的受事，$N_2$ 是 V 的施事，句子蕴含"V 行为经由 $N_2$ 之手，由 $N_2$ 决定是否授予俸禄以及俸禄多少"意义。"由04"则强调 $N_2$ 有实施 V 行为的任意性，句子蕴含"$N_2$ 可以随心所欲地做事"的意义。两种句子的意义之间有密切的联系，句子都有"V 行为由 N₂ 决定"意义。

唐代，介引经手者的"由₃"已存在。例如：

（1）d1. 纵道笔端由我得，九泉何面见袁公。（吴融：陈琳墓）

　　　d2. 文章得其微，物象由我裁。（孟郊：赠郑夫子鲂）

1d 组句子可以推出"N₂ 有实施 V 行为的决定权"之义，由此发展出"N₂ 可以随心所欲地实施 V 行为"之义，而说话人则表达听任 N₂ 行事或无可奈何的态度。例如：

（1）e1. 醉后，因尤智及曰："我初不知，由汝为计，……"（隋书·宇文化及传）

　　　e2. 今朝死活由神断，鸟入网中难走脱。（敦煌变文集新书·卷五）

　　　e3. 经营克可生机牯，分定不由人计料。（敦煌变文集新书·卷二）

　　　e4. 万事不由人作计，我欲除愁唯一醉。（周紫芝：次韵庭藻雨中不出湖上）

零致使动词"由₀₄"所在的"由 +N₂+V"式可分析为兼语结构，经手介词"由₃"所在的"由 +N₂+V"式是状中结构。两种结构式在语义关系方面有相通之处，即 N₂ 都是 V 行为的施事，N₂ 有实施 V 行为的决定权。由于"由₀₄"和"由₃"处于相同的结构式，又有联系密切的语义关系，使得演变具有句法结构和语义结构的基础。两种功能的语义联系在于：N₂ 负责处理 V 事件，有权决定 V 事件发展的方向或结果；而"听任"义动词表示说话人或施事对 V 所表示的事件无法干涉，无可奈何或听之任之的态度，V 部分多表示某种结果，这种结果，在某种意义上，也是由 N₂ 导致的。

零致使动词通常向纵予连词和无条件连词发展，"由₀₄"继续语法化，发展出纵予连词、无条件连词的功能，下面是处于"零致使动词——纵予连词"演变的中介点的例证：

（1）f1. 由你千般计较，枉自惹人谈笑。（戴善甫：陶学士醉写风光好·第二折）

　　　f2. 由你将我身躯七事子开，由你将我心肝一件件摘。我道来，我道来，除死呵无大灾。（秦简夫：宜秋山赵礼让肥·第三折）

下面是"由"为纵予连词（"即使"义）的用例：

（1）g1. 由你好似鬼，吃了老娘洗脚水。（初刻拍案惊奇·卷六）

　　　g2. 由你人心似铁，怎当官法如炉？（欢喜冤家·第二回）

下面是"由"为无条件连词（"无论"义）的用例：

（1）h1. 由你什么妖物，见了此球不能收回。（五虎平西·八十九回）

　　　h2. 由你摆什么阵图，只须我一人一骑就来破了你。（五虎平西·十六回）

综上，"由"走过"经手介词——零致使动词——纵予连词——无条件连词"的路径。四种词性的语义联系是"V 行为由 $N_2$ 决定"但"主观化"意义不同。"由$_3$"所在的句子，说话人是客观的陈述；"由$_{04}$"所在的句子，说话人有"无可奈何"或"任其发展"的态度；在连词阶段，说话人有"$N_1$（句子主语）可以任意行事，但不能决定事件结果或结果不符合 $N_1$ 意图"意思。

## 7.5.2 "处置介词——致使动词"的演变

致使动词除来自使令动词的词义泛化之外，还可能来自介词。这里有两种主要的源结构，一是产生于处置结构，一是产生于被动结构。汉语史上走过"处置介词——致使动词"演变路径的有"将、把"等，但致使动词"将、把"与"执持"义也有联系。

### 7.5.2.1 致使动词"将$_{07}$"的产生

致使动词"将"（记为"将$_{07}$"）的直接来源主要是处置介词"将$_{31}$"，但与"执持"义、"携带"义也有一定的联系。唐代的一些"将 +$N_2$+V"式中，"将"可作"处置"或"致使"两种理解。例如：

（2）a1. 不将真性染埃尘，为有烟霞伴此身。（高骈：寄题罗浮别业）

a2. 如将月窟泻，似把天河扑。（皮日休：吴中苦雨……）

a3. 好景几将官吏醉，名山时领管弦游。（刘兼：春晚寓怀）

a4. 须信孤云似孤宦，莫将乡思附归艎。（王周：下瞿塘寄时同年）

2a 组的"将"之所以有可能被理解为"使、让"义，是因为 $N_2$ 与 V 的"受事——动作"关系不明显，相反，$N_2$ 倒有可能被看作 V 的施事。"致使"义产生的因素有三：一是 $N_3$ 出现，语义结构中，V 有自己的受事，V 不能以 $N_2$ 为受事，则处置语义结构中的语义关系消散；二是 V 的语义类型变化，由此带来的语义关系变化（如果语义结构中 V 不是及物动词，不能以 $N_2$ 为受事，"将"可能变为"致使"义）；三是 $N_2$ 的论元角色变化，如果 $N_2$ 可以看作 V 的施事，则整个结构式有可能被分析为兼语结构。

A. $N_3$ 的论元角色变化

早期的"将 +$N_2$+$V_2$+$N_3$"式的 $N_3$ 与 $N_2$ 可以是复指关系。例如：

（2）b1. 太祖始有丁夫人，又刘夫人生子修及清河长公主。刘早终，丁养子修。

子修亡于穰，丁常言："将我儿杀之，都不复念！"遂哭泣无节。（三国志·魏书·后妃传，裴注引《魏略》）

b2. 后被发徒跣过，执帝手曰："不能复相活邪？"帝曰："我亦不知命在何时也。"帝谓虑曰："郗公，天下宁有是邪！"遂将后杀之，完及宗族死者百人。（三国志·武帝纪，裴注引《曹瞒传》）

2b 组的 $N_2$ 和 $N_3$ 都是 $V_2$"杀"的受事，两者之间是"所指同一"关系。南北朝至唐代，出现 $N_3$ 的论元是"接受者"的用例：

（2）c1. 悉将降人分配诸将。（后汉书·光武帝纪）

c2. 应是无机承雨露，却将春色寄苔痕。（长孙辅佐：拟古咏河边枯树）

c3. 独占芳菲当夏景，莫将颜色托春风。（白居易：紫薇花）

2c 组中，虽然有 $N_3$（接受者）现，但 $N_2$ 是"授予他人的事物（包括人）"，$N_2$ 和 V 还是"受事——动作"关系，但在一些句子中，如果只截取"$N_2$+V+$N_3$"一段，$N_2$ 有可能被理解为 V 的施事。例如：

（2）d1. 且向人间作酒仙，不肯将身生羽翼。（皎然：寒栖子歌）

d2. 玉儿还有怀恩处，不肯将身嫁小臣。（孙元晏：齐·潘妃）

d3. 南望烟霞空再拜，欲将飞魂问灵威。（陆龟蒙：和袭美寄题……）

虽然 2d 组的 $N_2$ 有可能被认作 V 的施事，但"身"、"飞魂"也还可以看作"将"的处置对象。2d 组的"将"有两种分析结果：致使动词或处置介词。观察 2b——2d 组中 $N_2$ 论元角色变化的可能性，可以得知：致使动词"将$_{07}$"与处置介词"将$_{31}$"有来源关系。

B.V 的语义类型变化

V 的语义类型变化是导致结构式中语义关系变化的一个重要因素，如果 V 是运行动词、心理动词，在语义结构中不能以 $N_2$ 为受事，则 $N_2$ 只能被理解为 V 的施事，"将 +$N_2$+V"式便符合兼语结构的语义条件。

B1. 运行动词

运行动词通常在语义结构中只能涉及施事和方所两种论元，不能涉及受事论元，因此，"将 +$N_2$+ 运行动词"式中，$N_2$ 与 V 之间的"受事——动作"关系有可能淡化或消失。但唐代的一些"将 +$N_2$+ 运行动词"式中，"将"也可能是"执持"或"携带"义动词。例如：

（2）e1. 秦地年少多酿酒，已将春色入关来。（杜牧：及第后寄长安故人）

e2. 莫笑关西将家子，只将诗思入凉州。（李益：边思）

e3. 正式中兴磐石重，莫将憔悴入都门。（韦庄：江南送李明府入关）

e4. 又向江南别才子，却将风景过扬州。（施肩吾：送裴秀才归淮南）

2e 组的 V 带方所宾语，句义中可以推出"使 N$_2$ 改变位置"意义，由 2e 组可知："将"的"致使"义也可能与"执持"义以及"携带"义有联系。2e 组的"将 +N$_2$+V"式有三种分析结果：状中结构、连动结构或兼语结构。但在 V 为运行动词，N$_3$ 不出现，N$_2$ 为"身、心"时，句中蕴含"对 N$_2$ 有致使作用"意义，"将"有可能作"使、让"解，"将 +N$_2$+V"式被分析兼语结构的可能性增大。例如：

（2）f1. 人生各各有所欲，讵得将心入君腹。（张籍：妾薄命）

f2. 三月春风正向西，我将心逐春风飞。（徐积：送辛朝奉）

f3. 已分将身著地飞，那羞践踏损光晖。（韩愈：游城南十六首）

2f 组的"将"不能排除处置介词的可能性，但很有可能被分析为致使动词。比较 2e 组和 2f 组，可以得知：如果运行动词用于 V 位置，句中蕴含"N$_2$ 和 N$_1$ 同时移位"意义，这种意义的存在，也助推"致使"义的产生。

B2. 心理动词

心理动词进入 V 位置，后面可带宾语 N$_3$，由于 V 与 N$_3$ 之间有明显的"动作——受事"关系，原本在处置式中存在的 V 与 N$_2$ 之间的"动作——受事"语义关系淡化，甚至消失。例如：

（2）g1. 算缗草诏终须解，不敢将心远羡君。（元稹：贬江陵途中……）

g2. 莫将心事厌长沙，云到何方不是家。（元稹：放言五首）

g3. 江上春来早可观，巧将春物妒馀寒。（张说：同赵侍御……）

g4. 无慕无尝人自乐，莫将西子愧无盐。（苏辙：次韵子瞻山村五绝）

2g 组的 V"羡"、"厌"、"妒"、"愧"是心理动词，其后有 V 的受事 N$_3$（如"君"、"长沙"等），N$_2$ 被理解为 V 受事的可能性降低（N$_2$ 也有可能被理解为工具）；原本处置式中的 V 以 N$_2$ 为受事的关系很可能消失。

B3. "辜负"义的动词

"辜负"义动词也可以带对象宾语，"将 +N$_2$+V+N$_3$"式中，V 与 N$_2$ 之间的"行为——受事"关系也呈现淡化的迹象。例如：

（2）h1. 能以功成疏宠位，不将心赏负云霞。（钱起：登刘宾客高斋）

h2. 唯有单于李评事，不将华发负春风。（杨巨源：答振武……）

h3. 曾失玄珠求象罔，不将双耳负伶伦。（赵嘏：成名年献座主……）

h4. 渐老旧交情更重，莫将美酒负良辰。（杨发：东斋夜宴……）

h5. 且续醉翁丰乐记，莫将风月负君山。（孙应时：寄江阴使君叔木叔）

2h 组同样显示：处置式中 V 的语义类型变化，可能导致 V 与 $N_2$ 的"动作——受事"关系淡化或消失，"将"可能变为"使、让"义动词。

B4. 生存状态动词和形容词

生存状态动词和形容词一般不带受事宾语，在语义结构中不能以 $N_2$ 为受事，生存状态动词和形容词进入 $V_2$ 位置，"将"可理解为"使、让"义。例如：

（2）i1. 收取新凉归酒盏，莫将双眼为秋醒。（周紫芝：晓雨用都倅韵）

i2. 已将滋味千时好，宁免苞苴徇世求。（冯山：黄甘寄李献甫）

i3. 且将耳目静，安用亲旧啼。（郭祥正：拟挽歌五首）

i4. 岁月巧将吾辈老，江山唤起故人愁。（萧立之：次曾楚山）

**7.5.2.1.2　$N_2$ 的语义类型变化**

与 V 的语义类型变化相伴随的是 $N_2$ 的语义类型变化，若 $N_2$ 为"心"或与"心"有关的名词，V 是形容词或运行动词，在语义结构中，V 不能以 $N_2$ 为受事，"将"介于"把"义和"使、让"义之间。例如：

（2）j1. 以此多携解，将心但自宽。（姚合：闲居遣怀十首）

j2. 不将心絮随风起，一任闲花有无似。（赵逢：和华安仁……）

在 $N_2$ 是"身"，V 是运行动词、身姿动词或言说动词的结构式中，$N_2$ 与 V 的语义关系也淡化了。例如：

（2）k1. 已将身出浮云外，犹寄形于逆旅中。（白居易：老病幽独）

k2. 分明知是湘妃泣，何忍将身卧泪痕。（杜牧：斑竹筒簟）

k3. 闲事与时俱不了，且将身暂醉乡游。（薛逢：悼古）

k4. 暂驻延，既无计，不免将身归逝水。（张伯端：赠白龙洞刘道人歌）

k5. 肯将身向急流退，要问客从何处来。（周紫芝：追和向苏州……）

**7.5.2.1.3　对举格式的影响**

当"将"与致使动词对举时，有可能受到影响，趋于同化。例如：

（2）l1. 能让繁声任真籁，解将孤影对芳兰。（杨巨源：和令狐舍人……）

l2. 独使虹光天子识，不将清韵世人知。（钱起：片玉）

l3. 好将宫征陪歌扇，莫遣新声郑卫侵。（罗邺：题笙）

l4. 不遣毛嫱嫔漠北，只将魏尚守云中。（谢举康：西捷口号）

致使语义结构和处置语义结构不仅语序相同，而且语义关系也有相同之处。承载致使语义结构的"将 $+N_2+V$"式中，$N_2$ 是"将"的逻辑宾语；而处置语义结构中，$N_2$ 一般也是"将"的逻辑宾语。其次，两种语义结构都可以推出"使 $N_2$ 发生变化"意义。两者的区别在于 $N_2$ 是 V 的受事还是施事。由于语义关系和推理意义有相同之处，"将"有可能从处置介词变为致使动词。这种变化主要是由 V 的语义类型变化引发的，$N_2$ 的语义类型变化也起着一定的作用。演变的认知基础是，"将 $+N_2+V$"式中，V 都有"对 $N_2$ 实施某行为"意义，V 所表示的事件可能是"将"引发的。

### 7.5.2.2 致使动词"把"的产生

处置介词"把$_3$"萌生于初唐时期，中晚唐时期，有些句子中的"把"可作处置介词或致使动词两种理解。例如：

（3）a1. 好把雄姿浑世尘，一场闲事莫因循。（李山甫：游侠儿）

有的句子中的"把"可以理解为致使动词。例如：

（3）b1. 莫把少年愁过日，一尊须对夕阳空。（李咸用：春日喜逢乡人刘松）

b2. 虚教六尺受辛苦，枉把一身忧是非。（李山甫：下第献所知三首）

3b 组可证：唐代已出现萌芽状态的致使动词"把"（记为"把$_{02}$"），它的直接来源是处置介词"把$_3$"。

#### 7.5.2.2.1 致变因素分析

导致"把"发生"处置介词——致使动词"演变的因素与"将"基本相同，即 $N_2$ 的论元角色发生"受事——施事"的变化。这种变化主要是由"把 $+N_2+V$"式中 V 的语义类型变化引发的，其次是 $N_2$ 的语义类型变化。

A.V 的语义类型变化

与"将"的演变一样，"把"演变的主要因素也是 V 的语义类型变化。如果在语义结构中 V 不能以 $N_2$ 为受事，则有可能以 $N_2$ 为施事，"把 $+N_2+V$"式可以分析为兼语结构，则"把"为"使、让"义。

A1. 运行动词

唐代的"把 $+N_2+$ 运行动词"式中，V 和 $N_2$ 没有"动作——受事"的关系，但"把"可能是"执持"义动词。例如：

（3）c1. 妆成罢游恣游后，独把花枝入洞房。（鲍君徽：惜花吟）

c2. 声名官职应前定，且把旌麾入醉乡。（赵嘏：广陵答崔琛）

c3. 霜台伏首思归切，莫把渔竿逐逸人。（郑谷：所知从事近藩偶有怀寄）

c4. 木兰船上游春子，笑把荆钗下远滩。（王喦：贫女）

c5. 忽枕素琴睡，时把仙书行。（皮日休：初夏即事寄鲁望）

3c 组中可以推出"$N_2$ 随着 $N_1$ 发生位置变化"的意义以及"$N_1$ 使 $N_2$ 位置发生变化"的意义。3c 组显示：致使动词"把$_{02}$"可能与"执持"义有一定的联系。3c 组的 $N_1$ 与"把"和 V 的之间有"施事——动作"关系，"把 +$N_2$+V"式是连动结构。宋代，一部分运行动词充当 V 的结构式中，可以推出"$N_1$ 使 $N_2$ 移位"义，而且 $N_1$ 与 V 之间的"施事——行为"趋于淡化，乃至消失，相反，$N_2$ 与 V 之间有"施事——行为"关系趋于明显。"把"靠近致使动词。例如：

（3）d1. 虚空世界都如幻，莫把闲心逐境思。（释智圆：闲咏）

d2. 点头此语知古人，何虑不把身飞升。（陈楠：紫庭经）

d3. 自怜五十鬓如丝，更把闲身与物驰。（袁说友：怀借舟主人）

d4. 自尔支拄琼崖中，要把英爽飞摩空。（员兴宗：紫云洞）

d5. 久瞻黄屋见尧心，尽把薰风入舜琴。（许及之：太上阁端午帖子）

d6. 欲把身心入太虚，要须勤著净工夫。（辛弃疾：再用韵）

d7. 野云飞过玉溪云，枉把清氛入世氛。（韩淲：送野云孔炼师……）

3d 组中，因为 V 是运行动词（有的带方所宾语），$N_2$ 与 V 之间的"受事——动作"关系淡化了，"把"有可能作"使 / 让"解。

B2. 心理动词

如果在 V 位置上出现的心理动词，则 V 不能以 $N_2$ 为受事，但"把 +$N_2$+ 心理动词"式的"把"可能是"执持"义动词。例如：

（3）e. 去年今日湘南寺，独把寒梅愁断肠。（李群玉：人日梅花病中作）

上例的 $N_1$（主语，可以省略或隐含）和 V"愁"之间有"施事——行为"的关系，"把 +$N_2$+V"式可分析为连动结构。但唐代也存在 $N_2$ 与 V 之间有"施事——动作"关系的用例，"把 +$N_2$+V"式有可能被看作兼语结构，"把"可能被分析为致使动词（参见 3b 组）。宋代也有此类语义结构。例如：

（3）f1. 人生聚散本无常，休把闲愁恼肚肠。（释怀深：资福改神霄……）

f2. 诸公报国当如何，莫把刚肠慕粱肉。（王十朋：前诗送三乡文行……）

f3. 黄金挥尽见空囊，肯把愁眉恼曲肠。（王镃：春日即事）

B3. "变成"、"等同"义动词

这一义类的动词在语义结构中以 $N_3$ 为受事或与事，$N_1$ 和 V 之间的"施事——动作"关系淡化，$N_2$ 与 V 之间的"受事——动作"关系也淡化；$N_2$ 与 V 之间似乎有"施事/与事——动作"关系。"把"有可能作"使、让"解。例如：

（3）g1. 莫把壮怀成索寞，举杯聊与吸清风。（刘宰：送友人）

g2. 却把闲身成倦客，关心书几昼长时。（王谌：远出乍归）

g3. 空把归心同客燕，遂将缄口伴寒蝉。（宋祁：齐云亭凭高有感）

g4. 且把心胸同伏虎，谁知头角是真龙。（王令：余杭倦游）

B4."伴随"义动词

"伴随"义动词充当 V，带自己的受事宾语 $N_3$，$N_1$ 和 V 之间的"施事——动作"关系淡化，甚至可能消失，$N_2$ 和 V 之间可能出现"施事——动作"关系。"把"也有可能作"使、让"解。例如：

（3）h1. 莫把闲愁伴残照，尧夫非是爱吟诗。（邵雍：首尾吟）

h2. 独把幽姿伴冰雪，舒花结蕊不关春。（葛立方：次韵洪庆善……）

h3. 相看不为和羹事，要把贞心伴岁寒。（何梦佳：赠梅友胡丈）

h4. 莫把肝肠随世变，常分儋石作人情。（陈藻：次韵吴推官……）

B5."朝向"义动词

"朝向"义动词用于 V 位置，$N_2$ 和 V 之间的"受事——动作"关系淡化。例如：

（3）i1. 含英吐秀西风里，空把芳心向路人。（高迈：道傍菊）

i2. 惜把山川对幽独，暂须谈笑作风流。（孙应时：答任检法）

B6."生长"义动词

"生长"动词可以带受事宾语，这使得 $N_2$ 与 V 之间的"受事——动作"关系淡化，有可能被理解为"施事——动作"关系。例如：

（3）j1. 莫把毛生刺，低回谒李膺。（齐己：勉诗僧）

j2. 莫把江行生旅思，他年忆此胜还家。（汪莘：甲寅西归……）

B7. 不及物动词和形容词

不及物动词不能带受事宾语，充当 V 时，$N_2$ 与 $V_2$ 的"受事——动作"关系淡化，可能被理解为"施事——动作"关系，"把 +$N_2$+$V_2$"式也有可能被看作兼语结构，"把"有可能被理解为"使、让"义。例如：

（3）k1. 西风易把江涛涌，整眼规摹肯放闲。（王同祖：夏日金陵……）

k2. 莫把诗名沉塞北，归来故国看梅枝。（吴惟信：寄合淝兄）

k3. 芙蓉枝上无多雨，自把孤怀滴到明。（吕人龙：宿建兴寺）

k4. 千年黄壤谁作主，犹把归心泣风雨。（王灼：铜马歌）

形容词出现在 V 位置，带有"使动／意动"意义，"把"有可能被理解为致使动词。例如：

（3）l1. 翻把壮心轻尺组，却烦商皓正皇储。（崔涂：读留侯传）

l2. 东风合与春料理，忍把轻寒瘦杏花。（武衍：湖边）

l3. 流行坎止吾儒事，但把胸中易自宽。（刘黻：贵溪道中）

### 7.5.2.2.2　$N_2$ 的语义类型变化

1）被赋予"生命"的 $N_2$

如果 $N_2$ 被看作 [＋生命度] 的事物，便有可能发出 V 行为，"把"有处置介词或致使动词两种理解的可能性。例如：

（3）m1. 谁把客星入图画，晓风残月伴吹箫。（汪莘：回至松江）

m2. 成团作阵愁春去，故把东君归路迷。（朱淑真：柳絮）

m3. 好把东皇为上客，便堪宋玉作西邻。（徐积：海棠花）

如果可以确定 $N_2$ 与 V 是"施事——动作"的关系，"把"可作"使、让"解。例如：

（3）n1. 便把嫦娥骑彩凤，却呼羽客烹银蟾。（华岳：月岩）

n2. 却把客星侵帝星，岂因忘世未忘名。（艾性夫：钓台）

n3. 莫把羁魂吊湘魄，九疑愁绝锁烟岚。（张泌：秋晚过洞庭）

2）表心意的 $N_2$

表示心意、心情的名词充当 $N_2$ 时，$N_1$（主语，可能省略或隐含）和 V 的"施事——动作"关系淡化，$N_2$ 和 V 的"受事——动作"关系也淡化，反而可能有"施事——动作"的关系，"把 ＋$N_2$＋$V_2$"式有可能被分析为兼语结构，"把"有可能作"使"解。例如：

（3）o1. 独把一心经万事，逍遥须养谷中神。（陈襄：偶书）

o2. 寿阳信美无仙骨，空把心情学澹妆。（范成大：次韵汉卿舅腊梅二首）

o3. 冷将双眼窥春破，肯把孤心受雪降。（彭蠡：梅开一花）

o4. 懒把幽怀经俗事，每因前境悟他生。（苏泂：悟前生）

o5. 莫谈生灭与无生，谩把心神与物争。（释智圆：挽歌词三首）

3）表情感的 $N_2$

表示情感的心理动词充当 $N_2$，这种心理活动是施事自身的，而处置语义结构中，V 的处置对象一般是"身外之物"，因此，$N_2$ 被看作处置动词就不合适了，"把"有可能被看作致使动词。例如：

（3）p1. 莫把闲愁伴残照，尧夫非是爱吟诗。（邵雍：首尾吟）

　　 p2. 不把忧愁累物华，光阴过眼疾如车。（邵雍：依韵和王不疑……）

　　 p3. 肯把闲愁消日月，从教身世老江湖。（韩淲：别灵耀寺同舍）

　　 p4. 世间万事只如许，莫把闲愁枉白头。（方一夔：秋晚杂兴）

#### 7.5.2.2.3　对举格式

如果与致使动词对举，"把"也有可能被分析为致使动词。例如：

（3）q1. 好把芳杨临晚岸，莫教飞片逐浮萍。（杜衍：莲）

　　 q2. 空把交情对山色，要令音问续潮声。（王十朋：酬富阳张叔清县尉）

### 7.5.2.3　致使动词"拿"的产生

清代已出现致使动词"拿"。例如：

（4）a1. 菊猛一听，大笑道："你这叔叔惯会拿自家人吃苦。你早这样说法，我便老早的放他，省得他受痛了。"（续济公传·一百七十三回）

　　 a2. 张蕙贞末吃个生鸦片，原是倪几个朋友去劝好仔，拿个阿侄末赶出，算完结该桩事体。（海上花列传·五十七回）

1a 组的"拿"可作"让、使"解。这种用法的"拿"来自处置介词"拿$_3$"。下面一组例句的"拿"可作"把"或"让"两种理解。

（4）b1. 暗底下拿个王老爷挤，故末凶哉。（海上花列传·五十六回）

　　 b2. 二少爷末是我家主公，耐拿二少爷来迷得好！耐阿认得我是啥人？（海上花列传·二十三回）

　　 b3. 耐倒硬仔心肠，拿自家称心个人冤枉杀仔。（海上花列传·三十四回）

　　 b4. 今天几乎拿我跌死！（官场现形记·三十九回）

"拿$_3$"变为致使动词的因素也是"拿 $+N_2+V$"式的语义关系变化，$N_2$ 从 V 的受事变为 V 的施事，这种变化也与 V 的语义类型变化有关。

### 7.5.2.3　小结

致使动词"将、把、拿"的来源是处置介词"将$_{31}$、把$_3$、拿$_3$"，导致"处置介词——致使动词"演变的因素主要是语义关系的变化，即 $N_2$ 的论元角色发生"受事——施事"的变化，这种变化主要是由 V 的语义类型和 $N_2$ 的语义类型变化引发的。

## 7.5.3 "被动介词——致使动词"的演变

"致使动词——被动介词"的演变发端于唐代，在这一演变路径出现之后，也可能出现反向的"被动介词——致使动词"的演变。先出现被动用法，后出现致使用法的虚词有"被、吃"等。"被动——致使"的演变和"处置——致使"的演变，提供了汉语语法化过程中"单向性"规律的反证。

### 7.5.3.1 致使动词"被$_{04}$"的产生

致使动词"被"（记为"被$_{04}$"）的来源是被动介词"被$_3$"。"被$_{04}$"的萌生与"被 +$N_2$+V"式中 V 的语义类型变化有关，如果 V 是不及物动词，虽然还是表示"非企盼"事件，但因为在语义结构中 V 与 $N_1$（话题或主语）的"动作——受事"关系淡化乃至消失，"被"可作"让、使"解。

#### 7.5.3.1.1 V 的语义类型变化

在 V 为运行动词、心理动词的"被 +$N_2$+V"式中，V 和 $N_1$（主语或话题，可能省略或隐含）之间的"行为——受事"关系淡化，"被"变为致使动词。

A. 运行动词

"被 +$N_2$+ 运行动词"式是宋代出现的，这种结构式的语义结构中一般没有受事，但句义中蕴含"非企盼"事件的承受者。由于 V 表示对于承受者来说是"不如意"的事件，与被动句的语义特征相匹配，"被"还有可能被看作被动介词，但因为 $N_2$ 和 V 之间有"施事——行为"的关系，"被"也有可能作"使、让"解。例如：

（4）a1. 被他走下严滩去，一水穷追竟不还。（杨万里：下横山滩头……）

a2. 尺书未达年应老，先被新春入故园。（方干：岁晚言事……）

a3. 者僧有眼恰如盲，却被岩头行一步。（释正觉：颂古二十一首）

元时期，出现较多的 V 是运行动词的用例。例如：

（4）b1. 两个后生拿一个先生，被他溜了。（马致远：吕洞宾三醉岳阳楼·第三折）

b2. 万一被他走了，可不输了我梁山泊上的气概。（康进之：梁山泊李逵负荆·第四折）

b3. 烧着一只鹅，却揭开锅盖，可被他飞的去了。（马致远：半夜雷轰荐福碑·第一折）

b4. 把我右臂厢砍了一大片，被我慌忙下的马，荷包里取出针和线，……（无名氏：摩利支飞刀对剑·第二折）

B. 心理动词

心理动词大多表示施事自身的情感，而不涉及受事。此类动词充当 V 时，不能以句中的某个 N（一般是 $N_1$ 或 $N_3$）为受事，"被"有可能作"使、让"解。例如：

（4）c1. 春衣试出当轩立，定被邻家暗断肠。（权德舆：杂言和常州李员外……）

c2. 能被绿杨深懊恼，谩偎黄菊送殷勤。（李山甫：秋）

c3. 昔曾布当建中靖国初，专欲涵养许多小人，渐渐被他得志，一时诸君子皆为其所陷。（朱子语类·卷一百三十）

C. 其他意义的动词

"生长"、"度过"义动词后面有可能带宾语，但语义结构中不能以 $N_1$（主语）或 $N_3$ 为受事；$N_2$ 和 V 之间有"施事——行为"的关系。"被"也有可能作"使、让"解。例如：

（4）d1. 莫被此心生晚计，镇南人忆杜将军。（杨巨源：赠李傅）

d2. 莫被清光虚度了，此生更有几中秋。（王柏：和易岩木犀韵）

虽然 4a——4d 组的"被"都可以理解为"使、让"义，但是，句中 V 还有"非企盼"义。这一"语义滞留"现象表明："被$_{04}$"与被动介词"被$_3$"有来源关系。

至清代，V 扩展至更多义类，"被"的"使、让"义更为明显，但句中还保留了"非企盼"意义。如 V 部分有"得"的句子：

（4）e1. 你有话要说紧些，不要被他得了口气去。（绘芳录·五十二回）

e2. 不要被他得了头功。（说岳全传·三十九回）

e3. 一旦被他得法做了官。（二十年目睹之怪现状·二十二回）

e4. 略一疏忽，才被我得闲脱逃。（八仙得道·十一回）

e5. 倖幸碰着王母西游，园神昏聩，才被他得手而回。（八仙得道·六十六回）

V 部分是其他意义的动词，也大多含有"非企盼"意义。例如：

（4）f1. 最要紧不可被他吃醉了。（二十年目睹之怪现状·八十一回）

f2. 我们快些走罢，不要被轮船开走了。（痴人说梦记·八回）

1d、1f组也显示了致使动词"被04"与被动介词"被3"的联系。V部分表示"如意"事件的句子，"被"也可以理解为致使动词。宋代已见少数用例：

f3. 和靖在程门直是十分钝底，被他只就一个"敬"字作工夫，终被他做得成。（朱子语类·卷一百零一）

f4. 又如学者应举觅官，从早起来，念念在此，终被他做得。（朱子语类·卷一百十八）

f5. 如鸡抱卵，看来抱得有甚暖气，只被他常常恁地抱得成。（朱子语类·卷八）

清时期仍有用例：

（4）g1. 求他治病的人更多了，居然被他积下了几百吊钱。（二十年目睹之怪现状·七十三回）

g2. 所以路径很生，问了几处地方，才被他走到山脚下。（八仙得道·七十五回）

#### 7.5.3.1.2 小结

因为被动句的 $N_2$ 大多带有 [+ 生命度] 的语义特征，绝大多数是表人的名词、代词或名词性短语，而 $N_2$ 和 V 之间本来就存在"施事——动作"关系（和兼语结构的语义关系相同）；所以，"被"的"被动——致使"与 $N_2$ 的语义类型变化没有关系，演变的主要因素是 V 的语义类型变化，由此引发 $N_1$ 和 V 的"受事——动作"关系消失。

### 7.5.3.2 "吃"的"被动——致使"演变倾向

被动介词"吃3"有过向致使动词发展的趋势，这种演变趋势也与结构式中 V 的语义类型变化有关。"被"的"被动——致使"演变与 V 的语义类型变化有密切关联，一般是 V 部分出现运行动词或心理动词；但"吃"的演变首先是 $N_1$ 和 V 的"受事——动作"关系消失，这一变化也与 V 的语义类型有关，如果 V 位置出现运行动词，"吃"可作"让"解。例如：

（5）a1. 且休要打草惊蛇，吃他走了。（今古奇观·卷六十四）

a2. 你看我命苦么！等了三日，方能等得一个人来，又吃他走了。（水

浒·十一回）

a3. 若没有鲁提辖帮助，多管吃他逃去。（水浒·三十七回）

a4. 俺正要抓那厮来打，吃他在人丛中溜走。（水浒·十回）

a5. 却被那班狗男女阻挡，下手不得，吃他向别处逃走了。（水浒·四十三回）

a6. 我们只去守住了村口等他，须不吃他飞了去。（水浒·四十二回）

a7. 方知阮小七本已入网，吃他腾身跳出网外，……（荡寇志·一百二十八回）

5a 组句义中有"非企盼"事件的承受者，"吃"还可以分析为被动介词，但因为 V 是不能带受事宾语的动词，句中没有受事论元，"吃"也有可能作"让、使"解。如果是原地动词，大多表示说话人"非企盼"的事件，"吃"还是可以作两种分析：被动介词或致使动词。例如：

（5）b1. 轻举妄动，反致打草惊蛇，吃他们做了准备。（水浒·十回）

b2. 拔出腰刀，向这厮劈脸剁去，吃他躲过了。（水浒·二十二回）

b3. 今日倒吃他做了有功大臣，受朝廷这等钦恩赏赐。（水浒·一百二十回）

b4. 我等若从本寨发兵前去，不惟吃他预先防备，……（荡寇志·八十一回）

有的句子有多个动词，表示承受者的"非企盼"的事件，"吃"还是可以作两种分析：被动介词或致使动词。例如：

（5）c1. 吃我先把篮儿撇出街上，一头顶住老狗在壁上。（水浒·二十六回）

c2. 吃我先在屋上，学一和老鼠，脱下来屋尘，便是我的作怪药，撒在你眼里鼻里。（今古奇观·卷六十三）

有的句子的 V 表示符合说话人心意的事件，但句义中也有 V 行为的承受者，"吃"靠近致使动词。例如：

（5）d1. 虽然没了功劳，也吃我杀得快活！（水浒·五十回）

d2. 只伤了些伏兵，不曾吃他得便宜。（荡寇志·九十四回）

### 7.5.3.3　小结

"被动——致使"演变的主要因素是"（$N_1$+）被 / 吃 +$N_2$+V"式中 V 的语义类型变化，由此导致 $N_1$ 和 V 之间的"受事——动作"关系的淡化乃至消失，继而带来"非企盼"意义的淡化乃至消失。最终确定演变结果也还是 V 的语义类型，如果 V 符合说话人心意的事件，致使动词的性质可以确定。

## 7.5.4 "交互介词——致使动词"的演变

致使动词"与"（记为"与$_{02}$"）有两个来源，一是"给予"义动词"与$_{01}$"，一是交互介词"与$_{31}$"。先秦时期"与$_{31}$"的用例远多于致使动词"与$_{02}$"，我们认为"与$_{31}$"有可能是"与$_{02}$"的另一个来源。演变的基础是：双方一起做的事情，可能一方不做而让另一方做，现实世界的事件反映在语言中，使得"交互——致使"的演变有可能发生。

### 7.5.4.1 和"给予"义的联系

"给予——致使"是汉语常见的演变路径。"给予他人物质"和"使他人得益"之间存在认知的联系。下例的"与"是致使动词，但还看得出来自给予动词的痕迹。

（6）a. 汉兴之初，反秦之敝，与民休息。（汉书·循吏列传）

下面一组的"与"可作"给予"或"致使"两种理解：

（6）b1. 则曷为先言晋侯，不与夷狄之主中国也。（左传·哀公十三年）

b2. 其不言伐钟离者何？不与吴封也。（穀梁传·昭公四年）

b3. 其不言卫之迁焉，何也？不与齐侯专封也。（穀梁传·僖公二年）

b4. 曷为系之宋？不与诸侯专封也。（公羊传·襄公元年）

b5. 曷为大之？不与夷狄之执中国也。（公羊传·隐公七年）

6b 组可证："给予"义和"致使"义有关联。

### 7.5.4.2 和交互介词"与$_{31}$"的联系

下面一句例句显示了"交互"和"致使"的联系：

（6）c1. 季孙曰："子家子亟言于我，未尝不中吾志也。吾欲与之从政，子必止之……"（左传·定公元年）

c2. 曷为不言公？不与公复雠也。（公羊传·庄公九年）

c3. 故忠臣也者，能纳善于君，不能与君陷于难。（晏子·卷三）

c4. 故忠臣者能纳善于君而不能与君陷难者也。（说苑·卷二）

6c 组若理解为"N$_1$ 和 N$_2$ 共同参与 V 事件"之义，则"与"是交互介词；但也有可能理解为"N$_2$ 单方参与 V 事件"的意义，则"与"作"使、让"解。由 6c 组可知：在相同的结构式中，V 的施事可能发生"双方——单方"的变化，这一步变化可能导致"交互——致使"的变化。"交互"和"致使"的演变有现实关系为基础，在"甲、乙双方一起做某事"的语义结构中，已有"甲允许乙参与事件"的蕴含义；由此，可能衍生"甲不做而让乙做"的意义。下面一组例句也显示"交互"和"致使"的关联：

（6）d1. 岂亡台榭芳，独与鸥鸟知。（温庭筠：和沈参军⋯⋯）

　　　d2. 卧听晓耕者，与师知苦劳。（李洞：秋宿⋯⋯）

　　　d3. 三元有真人，与我生道骨。（吴筠：游仙诗二十四首）

6d 组"与 +N$_2$+V"式的 V 的施事可以理解为 N$_1$ 和 N$_2$ 双方，也可以理解为 N$_2$ 单方。如果可以确定只有 N$_2$ 才是 V 的施事，则"与"是致使动词。例如：

（6）e. 珪乃拆所钉，拔除出船背，至觊房上，呼曰："杨觊，汝如我何？"觊初惊起，问："何得至此？"珪曰："当葬江鱼腹中，岂与汝辈成功耶？"（卓异记·成珪，太平广记）


## 7.5.5　小结

综上，与介词有来源关系的致使动词共计有四种类型和四条演变路径。一是"经手介词——零致使动词"，二是"处置介词——致使动词"，三是"被动介词——致使动词"，四是"交互介词——致使动词"。演变的关键都是两个 N 和 V 的语义关系发生变化。


## 7.6　"介词——构词成分"的演变

本章不包括"按照、因为"等由两个介词性语素复合而成的双音介词，也不包括"为了、对着"等以介词为词根的双音介词。本章主要讨论三种类型的"介词——构词成分"演变。第一种是因介词和逻辑宾语之间的关系消失而形成的，如"可以、因而"等；第二种是因补语中的介词进入上一层级，与谓语动词组合而产生的，如"善于、波及"等，第三种是由介词短语凝固成词的，如"于是、所以"等。

## 7.6.1 因介词与逻辑宾语的关系消失而凝固成词

因介词与逻辑宾语的关系消失而形成的双音词有"以为、可以、足以、继以、因而"等，此类双音词的形成虽然也带着"跨层演变"的特征，但与纯因跨层演变而产生的"终于、波及"等有所不同。前者主要是因为介词"以、因"与逻辑宾语的关系发生"明显——淡化——消失"的变化而形成的，后者是因介词"于、及"等向前靠拢，与前一成分黏合而形成的。虽然两种类型的演变都有结构、层次的变化，都带有"跨层"的特征，但演变模式还是有所不同（不同在于有无介词和逻辑宾语的联系）。

### 7.6.1.1 动词"以为"的产生

动词"以为"有两种主要的词义：一是表示纯认知概念，作"认为"解（记为"以为$_1$"）；一是表示行为，作"当作"或"成为"解（记为"以为$_2$"）。第一种意义中的构词成分"以"与处置介词"以$_3$"和动词"以"（"认为"义，记为"以$_{05}$"）有来源关系，第二种意义中的构词成分"以"只与处置介词"以$_3$"有来源关系。

#### 7.6.1.1.1 动词"以为$_1$"的产生

表示认识活动的"以为$_1$"的产生有两种可能性：一个是因处置介词"以$_3$"与逻辑宾语关系消失而形成，另一个是因省略动词"以"的宾语的"以＋为"短语凝固而成。在"以为"凝固成词的过程中，表示认识的动词"以$_{05}$"已存在，这个条件也助推"以为$_1$"的产生。

A. 与处置介词"以$_3$"的联系

"以$_3$"可用于"将某……看作某类人／物／事件"的语义结构，其句法形式之一是"……，以为……"式。例如：

（1）a1. 人之无良，我以为兄。（诗经·国风·鹑之奔奔）

　　 a2. 我言维服，勿以为笑。（诗经·大雅·板）

　　 a3. 于是晋侯不见郑伯，以为贰于楚也。（左传·文公十七年）

1a 组的"……，以为……"式可以看作介词"以$_3$"的宾语承前省略的"处置结构"，"以$_3$"的逻辑宾语出现在前小句，充当主语或宾语，"以"可看作处置介词，但也有可能被看作"以为$_1$"的构词成分。1a 组显示：在表示认识活动的处置结构中，介词"以$_3$"可能与动词"为"凝固成词。在类似 1a 组的语义结构中，"以$_3$"的逻辑宾语可以依据上下文推出，且在句法结构中距离"以$_3$"比较近。若"以$_3$"的逻辑宾语距离较远，且隐藏在句义中，"以为"很有可能被看作一个词。例如：

（1）b1. 曰："荀君与吾父免矣，可若何？"乃奔。齐侯以为有礼。（左传·成公二年）

b2. 齐桓公妻之，有马二十乘。公子安之，从者以为不可。（左传·僖公二十三年）

b3. 天未绝晋，必将有主。主晋祀者，非君而谁？天实置之，而二三子以为己力，不亦诬乎？（左传·僖公二十四年）

b4. 窃人之财，犹谓之盗；况贪天之功，以为己力乎？（左传·僖公二十四年）

b5. 三谏不从，遂去之；故君子以为得君臣之义也。（公羊传·庄公二十四年）

1b 组中，"以"的逻辑宾语还是可以推知的，句中通常可以补出介词宾语"之"（指代前文的某人或某事）；"以为"还不能确定是一个词。有时，"以"的逻辑宾语距离"以为"很远，语境中难以推出逻辑宾语，"以为"非常接近一个词。例如：

（1）c1. 孟孙曰："二三子以为何如？"（左传·哀公七年）

c2. 不书葬，以为无臣子也。（公羊传·隐公十一年）

c3. 何以不称使，以为臧孙辰之私行也。（公羊传·庄公二十八年）

c4. 故君子大其不鼓不成列，有君而无臣。以为虽文王之战，亦不过此也。（公羊传·僖公二十二年）

如果在语境中不能推出"以"的逻辑宾语，且"以为"后面的部分又比较长，"以为$_1$"的性质十分明显。例如：

（1）d1. 寡君以为苟有盟焉，弗可改也矣。（左传·哀公七年）

d2. 卫宁武子来聘，公与之宴，为赋《湛露》及《彤弓》，不辞，又不答赋。使行人私焉。对曰："臣以为肄业及之也。……"（左传·文公四年）

d3. 我诸戎除翦其荆棘，驱其狐狸豺狼，以为先君不侵不叛之臣，至于今不贰。（左传·襄公十四年）

d4. 非将杀之，逐之也。以为虽遇纪侯之殡，亦将葬之也。（公羊传·庄公四年）

d5. 国非无良农工女，以为人之所尽，事其祖祢，不若己所自亲也。（穀梁

传·桓公十四年）

d6. 诸侯以为可与则与之，不可与则释之。（穀梁传·襄公三年）

d7. 子以为有王者作，将比今之诸侯而诛之乎？……（孟子·万章下）

B. 动词"以$_{05}$"的助推作用

表示认识的动词"以$_{05}$"进入"认为 N$_2$ 是某种性状"的语义结构。例如：

（1）e1. 君子以督为有无君之心。（左传·桓公三年）

e2. 宋襄公即位，以公子目夷为仁，使为左师以听政。（左传·僖公九年）

e3. 君子以二公子之立黔牟为不度矣。（左传·庄公六年）

1e 组的"（N$_1$+）以 +N$_2$+ 为……"式中，如省略"以"的宾语，则"以为"是一个动词。

（1）f1. 孟孙知其邾，以为必适晋。（左传·定公六年）

f2. 曹伯归自京师，不言所归。归之善者也，出入不名，以为不失其国也。

（穀梁传·成公十六年）

### 7.6.1.1.2 动词"以为$_2$"的产生

"以为$_2$"由处置介词"以$_3$"和动词"为"凝固而成，产生时期迟于"以为$_1$"。"以$_3$"可以进入"让某人担任某职"的语义结构，其句法形式可以是"……，以为 +N$_2$"式。例如：

（1）g1. 孟献子从，王以为介。（左传·成公十三年）

g2. 阳虎若不能居鲁，而息肩于晋所，不以为中军司马者，有如先君。（左传·成公十三年）

还可以进入"将某物作某种处置"的语义结构。例如：

（1）h1. 遂入郑，取其钟，以为公盘。（左传·襄公十二年）

h2. 城成周，以为东都。（左传·昭公三十二年）

1g、1h 组的前小句中有一个 N（可能充当主语或宾语）可以理解为"以"的逻辑宾语，句中的"以"通常被看作省略宾语的处置介词，但也有可能被看作构词成分。"以为$_2$"萌生的语义结构与 1g、1h 相似，但句法结构形式相对复杂。

如果是"V+N$_2$+ 以为 +N$_3$"式，N$_2$ 是 V 的宾语，又是"以"的逻辑宾语，由于 N$_2$ 在同一个句子的句法层已承担固定的功能，虽然在语义结构中仍可能被看作"以"的受事或逻辑宾语，但"以"后面补出"之"的可能性变小，"以为"趋近凝固成词。例如：

（1）i1. 晋立太子州蒲以为君。（左传·成公十年）

i2. 封鲁公以为周公主。（公羊传·文公十三年）

i3. 若舍郑以为东道主，……（左传·僖公三十年）

i4. 及惠王即位，取芮国之圃以为囿。（左传·庄公十九年）

i5. 大叔又收贰以为己邑。（左传·隐公元年）

如果前面的句子结构比较复杂，前文句中某个 N 虽可看作"以"的逻辑宾语，但由于句子结构的复杂化，"以"和逻辑宾语的关系淡化。例如：

（1）j1. 二国治戎，臣不才，不胜其任，以为俘馘。（左传·成公三年）

j2. 小臣有梦负公以登天，及日中，负晋侯以出诸厕，遂以为殉。（左传·成公十年）

j3. 颜夫人者，……，国色也。其言曰："有能为我杀杀颜者，吾为其妻。"叔术为之杀杀颜者，而以为妻。（公羊传·昭公三十一年）

如果前面的句子表示一个事件，句中没有一个可以被看作"以"的逻辑宾语的 N，"以为"呈现凝固的趋势。例如：

（1）k1. 天降祸于周，俾我兄弟，并有乱心，以为伯父忧。（左传·昭公三十二年）

k2. 桓公惧，出见客曰："天威不违颜咫尺，小白余敢承天子之命曰'尔无下拜'，恐陨越于下，以为天子羞。"遂下拜。（国语·齐语）

### 7.6.1.1.3 小结

动词"以为$_1$"和"以为$_2$"的产生过程中都呈现处置介词"以$_3$"和逻辑宾语的关系消失的特征，而介词和逻辑宾语的关系消失的主要原因是句子结构的复杂化。

### 7.6.1.2 助动词"可以"的产生

双音词"可以"中的"可"原本是助动词，"以"原本可以分析为介词或动词。与动词"以为"凝固成词的相同点是："可以"也因为"以"与逻辑宾语的关系消失而凝固成词；不同点是："可以"的"以"从后一层次的成分进入前一层次，带有"跨层"的特征，但是，"以"没有句法上的宾语，只有逻辑宾语，据此，我们把"可以"归入第一类。

### 7.6.1.2.1　语义联系

先秦时期，"可＋以＋V"式前面的小句中往往可以分析出"以"的逻辑宾语；"以"可被分析为动词、工具介词、凭借介词或处置介词。如果语境中不能推理出可使用、凭借或处置的事物，则"可以"凝固成词。

A. 与动词或工具介词"以$_{41}$"的联系

如果"以"是动词或工具介词，它的逻辑宾语往往是被看作独立成句的 $N_1$（位于"可以"前面，表示可执持于手的具体事物），这个 $N_1$ 可看成独立的小句，也可以看成句子的话题或主语。例如：

（2）a1. 它山之石，可以攻玉。（诗经·小雅·鹤鸣）

　　　a2. 纠纠葛屦，可以履霜。（诗经·国风·葛屦）

"以"的逻辑宾语也可能在前小句中充当宾语。例如：

（2）b1. 维南有箕，不可以簸扬。（诗经·小雅·大东）

　　　b2. 维北有斗，不可以挹酒浆。（诗经·小雅·大东）

这个 $N_1$ 也可能凭借前小句而意会。例如：

（2）c1. 挹彼注兹，可以濯罍。（诗经·大雅·泂酌）

　　　c2. 挹彼注兹，可以濯溉。（诗经·大雅·泂酌）

2a——2c 组显示：动词"以"朝工具发展的同时，有可能变为双音词"可以"的构成成分。

B. 与动词或凭借介词"以$_{42}$"的联系

如"以"为动词或凭借介词，则它的逻辑宾语往往是表示不可持拿的事物的 NP 或者是表示事件的 VP。例如：

（2）d1. 亦有兄弟，不可以据。（诗经·国风·柏舟）

　　　d2. 泌之洋洋，可以乐饥。（诗经·国风·衡门）

　　　d3. 以敬事神，可以得祥。（左传·哀公十六年）

或者是表示方所的 NP。例如：

（2）e1. 东门之池，可以沤麻。（诗经·国风·东门之池）

　　　e2. 衡门之下，可以栖迟。（诗经·国风·衡门）

2d、2e 组显示：动词"以"在向凭借介词发展的同时，也有可能变为双音词"可以"的构成成分。

C. 与动词或处置介词"以$_3$"的联系

如"以"是动词或处置介词，在"可 + 以 +V"式中，V 和前面的 $N_1$ 可能是"行为——受事"的关系，而这个 $N_1$ 也可以看作动词或处置介词"以$_3$"的逻辑宾语。例如：

（2）f1. 它山之石，可以为错。（诗经·小雅·鹤鸣）

f2. 唯器与名，不可以假人。（左传·成公二年）

有时，前小句的主语也可以看作 V 的受事，这个主语可以看作处置介词"以$_3$"的逻辑宾语。例如：

（2）g. 我心匪鉴，不可以茹。（诗经·国风·柏舟）

上面三种功能的介词"以"及其源动词都有可能变为双音词"可以"的构成成分，演变的主要因素是"以"与逻辑宾语的关系的消失。

### 7.6.1.2.2 致变因素分析

导致"以"与逻辑宾语关系消失而凝固成词的因素主要是两个方面：一是语义关系的变化，二是情态意义的变化。

A. 语义关系的变化

语义关系的变化是演变的重要因素，这里主要是指"以"与逻辑宾语之间的关系淡化乃至消失，以及施事主语的出现。

A1. "以"的逻辑宾语的消失

上面已谈到上古时期"可 + 以 +V"中的"以"有可能是动词、工具介词、凭借介词或处置介词，"可 + 以 +V"式中，V 可能与前文的某个 N 有"动作——执持物 / 工具 / 凭借物 / 处置物"的关系，而这个 N 有可能被看作"以"的逻辑宾语。如果前文没有可以成为"以"的逻辑宾语的 NP，则"可以"凝固成词。

A11. 语义关系的淡化

有些句子中，"以"与前小句或更前面的一个小句的某个 N 有关系，但这种关系呈现淡化的迹象。例如：

（2）h1. 荣季曰："死而利国，犹或为之。况琼玉乎？是粪土也，而可以济师，将何爱焉？"（左传·僖公二十八年）

h2. 此车，一人殿之，可以集事。（左传·成公二年）

h3. 日卫不睦，故取其地。今已睦矣，可以归之。（左传·文公七年）

虽然 2h 组的"可以"前面的句子中有一个 N 与 V 之间有语义关系（这个 N 可以看作工具、凭借物或受事），但由于距离"可以"相对较远，"以"

与这个 N 的关系呈现淡化的迹象。有时，前小句表示一个可以作为前提的事件，这时，"以"与小句的联系更为淡化，似有若无。例如：

（2）i1. 若皆以官爵行赂劝贰，而可以济事。君其若之何？（左传·庄公十四年）

i2. 而重耳夷吾主蒲与屈，则可以威民而惧戎。（左传·庄公二十八年）

i3. 公子从吾言而饮此，则必可以无为天下戮笑。（左传·庄公三十二年）

i4. 收师而退，可以无害。（左传·襄公十八年）

i5. 识其枚数，其可以与于此乎？（左传·襄公二十一年）

i6. 吾抚女以从楚，辅之以晋，可以少安。（左传·僖公五年）

i7. 尊德义，明乎民伦，可以为君。（郭店楚简）

2i 组"可以"前面的部分虽然是谓词性单位，且自成小句，但还有可能被看作"以"的逻辑宾语，"以"不能排除工具介词或凭借介词的可能性。由 2g 组可知：虽然"可以"的"以"有多种来源的可能性，但主要来源是凭借介词"以₄₂"。

A12. 逻辑宾语不出现，意念中可能存在

前句可能没有出现与 V 有语义关系的 N，凭借介词"以₄₂"在句义中没有逻辑宾语，但意念中可能存在某个可以凭借的条件。例如：

（2）j1. 大夫受命，不受辞。出竟，有可以安社稷、利国家者，则专之可也。（公羊传·庄公十九年）

j2. 曼姑受命乎灵公而立辄，以曼姑之义，为固可以距之也。（公羊传·哀公三年）

j3. 事君犹事父也，此其为可以复雠奈何？（公羊传·定公四年）

j4. 我对曰："可以利公室，力有所能，无不为，忠也。……"（国语·晋语二）

2j 组在句法层没有出现"以"的逻辑宾语，"可以"似乎已凝固成词；但由于意念中可能存在"以"的逻辑宾语，"以"还不能排除凭借介词的可能性。

A13. 逻辑宾语不出现，意念中也不存在

如果前句中没有与 V 有工具、凭借物等关系的 NP，"以"在语义结构中也就没有逻辑宾语；那么，"以"就可能与"可"先组合，尤其是在否定句中。例如：

（2）k1. 必易晋而不抚其民矣，不可以五稔。（左传·僖公二年）

k2. 且华而不实，怨之所聚也。犯而聚怨，不可以定身。（左传·文公五年）

k3. 不备不虞，不可以师。（左传·隐公五年）

k4. 仲尼曰："以臣召君，不可以训。……"（左传·僖公二十八年）

k5. 蒲与二屈，君之疆也，不可以无主。（左传·庄公二十八年）

k6. 国大臣睦，而迩于我。诸侯听焉，未可以贰。（左传·成公四年）

A2. 施事主语的出现

"可 + 以 +V"式前面可能出现句子的话题 N，这个 N 可以分析为"以"的逻辑宾语，但这个 N 不是 V 的施事，而是"以"的凭借物，"以"还不能排除凭借介词的可能性。例如：

（2）l1. 对曰："忠之属也，可以一战。"（左传·庄公十年）

l2. 此一役也，秦可以霸。（左传·僖公十五年）

但有的句子中，前小句是一个名词性的单位，这个 N 可分析为句子的主语，而且与 V 有"施事——动作"的关系。例如：

（2）l. 故君之嗣嫡，不可以帅师。（左传·闵公二年）

有时，"可 + 以 +V"式的主语承前省略，这种省略的主语与 V 也有"施事——行为"的关系。例如：

（2）m. 子玉刚而无礼，不可以治民。（左传·僖公二十七年）

上面两例或许还不能排除 N 既是施事，又是"以"的逻辑宾语的可能性。如果前小句句首的 N$_1$ 是 V 的施事或特征所有者，而且 N$_1$ 不可能被看作"以"的逻辑宾语，则"可以"凝固成词。例如：

（2）n1. 人可以食，鲜可以饱。（诗经·小雅·苕之华）

n2. 君若早自图也，可以无辱。（左传·昭公十三年）

n3. 吾小人，不可以厚诬君子。（左传·成公三年）

如果本小句句首有施事主语，"可以"的双音词性质十分明显。例如：

（2）o1. 国君十五而生子，冠而生子，君可以冠矣。（左传·襄公九年）

o2. 公谓公冶曰："吾可以入乎？"（左传·襄公二十九年）

o3. 内大夫可以会外诸侯。（穀梁传·文公二年）

如果是"可以"出现在主谓短语中，这个主谓短语充当宾语，"可以"也是双音词。例如：

（2）p1. 臣闻无眼者可以戮人。（左传·昭公四年）

p2. 以君可以为社稷宗庙主也。（公羊传·隐公三年）

如果是在双重否定句或否定句中，句首又有施事主语，"可以"的双音词性质更为明显。例如：

（2）q1. 吾子其不可以不戒。（左传·昭公元年）

　　q2. 诸侯不可以不示威。（左传·昭公十三年）

　　q3. 薛，庶姓也，我不可以后之。（左传·隐公十一年）

　　q4. 国君不可以轻，轻则失亲。（左传·僖公五年）

　　q5. 季子曰："公子不可以入，入则杀矣。"（公羊传·僖公元年）

综上，"可以"前句的 NP 经历了"工具 / 凭借物——施事"的变化，由于施事主语出现在"可以"前面，"以"又与逻辑宾语的关系消失，"可以"凝固成词。

B. 情态意义的变化

"可 + 以 +V"式原本表示动力情态。例如：

（2）r1. 掺掺女手，可以缝裳。（诗经·国风·葛屦）

　　r2. 东门之池，可以沤纻。（诗经·国风·东门之池）

如表示道义情态，"可"和"以"有可能先组合。一般用于否定句或疑问句。例如：

（2）s1. 新城之盟，蔡人不与，晋郤缺以上军下军伐蔡。曰："君弱，不可以怠。"（左传·文公十五年）

　　s2. 古者诸侯必有会聚之事，相朝聘之道。号辞必称先君以相接。然则齐纪无说焉，不可以并列乎天下。（左传·庄公三年）

　　s3. 晋虽无道，未可叛也。国大臣睦，而迩于我，诸侯听焉，未可以贰。（左传·成公四年）

　　s4. 远祖者，几世乎？九世矣。九世犹可以复雠乎？虽百世可也。（公羊传·庄公三年）

若前小句的主语与 V 有"施事——行为"的关系，"可以"又是表示道义情态，且在否定句中，"可以"明显是一个双音词。例如：

（2）t1. 吾与先君言矣，不可以贰。（左传·僖公九年）

　　t2. 吾受命于先人，不可以贰。（左传·襄公二十六年）

　　t3. 昔者吾以力事君，不可以弗终。（左传·哀公十六年）

　　t4. 小人怀璧，不可以越乡。（左传·襄公十五年）

如果本小句句首有施事主语，"可以"又是表示道义情态，肯定是一个双音词。例如：

(2) u1. 死亡有命，吾不可以再亡之。（左传·昭公二十一年）

u2. 鲁虽不归，周不可以求之。（穀梁传·隐公三年）

u3. 且社稷之主，不可以轻。（穀梁传·襄公十八年）

u4. 故上不可以衰刑而轻爵。（郭店楚简）

在"不₁+可以+不₂/莫+V"式中，道义情态更为明显，则"不₁"和"可以"先组合，"不₂"和V组合。例如：

(2) v1. 穆叔曰："齐犹未也，不可以不惧。"（左传·襄公十九年）

v2. 晏子曰："祸将作矣。齐将伐晋，不可以不惧。"（左传·襄公二十二年）

v3. 叔向曰："诸侯有间矣，不可以不示众。"（左传·昭公十三年）

v4. 闻免父之命，不可以莫之奔也。亲戚为戮，不可以莫之报也。（左传·昭公二十年）

v5. 以其先晋，不可以不言师也。（左传·僖公二年）

#### 7.6.1.2.3  小结

助动词"可以"在先秦时期已出现，导致"可以"凝固成词的主要因素是介词"以"与逻辑宾语的关系消失，其次是施事主语出现在"可以"前面；第三是情态意义发生"动力——道义"的变化。

### 7.6.1.3  动词"足以"的产生

"足以"的成词与"可以"有相似之处，都是因介词"以"和逻辑宾语的关系消失而凝固成词，但"足以"的"以"只和凭借介词有来源关系。"足以"的"以"和"可以"的"以"一样，也带有"跨层演变"的特征，但不属于纯粹的"跨层演变"。

#### 7.6.1.3.1  语义联系

"足+以+V"式的"以"往往与前文的某个N（包括VP或AP）或某个小句有语义关系，这个N或小句可以看作凭借介词"以₄₂"的逻辑宾语。在句法层有四种可能性。

第一种是N（包括V或A）可看作本小句的主语。例如：

(3) a1. 凡物不足以讲大事，其材不足以备器用，则君不举焉。（左传·隐公五年）

a2. 赏誉不足以劝善，而刑罚不足以沮暴。（墨子·卷三）

a3. 且跖之为人也，心如涌泉，意如飘风。强足以距敌，辩足以饰非。（庄

子・盗跖）

第二种是 N（包括 V 或 A）可以分析为前小句的宾语。例如：

（3）b1. 殷以少牢，足以共祀。（左传・襄公二十二年）

　　b2. 故计上之赏誉，不足以劝善；计其毁罚，不足以沮暴。（墨子・卷三）

第三种是在 N（包括 V 或 A）在紧缩句中充当前一 VP 或 AP。例如：

（3）c1. 恭则不侮，宽则得众，信则人任焉，敏则有功，惠则足以使人。（论语・阳货）

　　c2. 夫坚中则足以为表。（韩非子・十过）

第四种是"足以"前的小句可以看作复句的一个分句。例如：

（3）d1. 府库实满，足以待不然；兵革不顿，士民不劳，足以征不服。（墨子・卷一）

　　d2. 仅有年，亦足以当喜乎？（公羊传・桓公三年）

　　d3. 三物毕具，然后足以生。（墨子・卷十一）

上面四组中的 N 或小句都可以看作"以"的逻辑宾语，如果"以"和逻辑宾语的关系消失，"足以"凝固成词。

#### 7.6.1.3.2　致变因素分析

A. "以"与逻辑宾语的关系的变化

如果"以"前面是一个谓词性短语，表示可以凭借的行为、品性、能力等，这个 VP 或 AP 还可以看作凭借介词"以$_{42}$"的逻辑宾语。例如：

（3）e1. 体仁足以长人，嘉德足以合礼，利物足以和义，贞固足以干事。（左传・襄公九年）

　　e2. 母义子爱，足以威民；立之，不亦可乎？（左传・文公六年）

　　e3. 恤大舍小，足以为盟主。（左传・昭公元年）

3e 组"足以"前面的部分，在语义结构中被看作实施 V 行为的有利条件。虽然句法功能不同（例 3e1"足以"前面的成分可以分析为句子的主语；后两例"足以"前面的成分可以分析为一个小句），但在语义结构中都可以看作"以"的逻辑宾语。

A1. 肯定句中的关系变化

在 3e 组的基础上继续扩展结构，但如果前面的句子结构比较复杂，与"以"与逻辑宾语的关系相对淡化。例如：

（3）f1. 仲尼谓子产于是行也，足以为国基矣。（左传・昭公十三年）

　　f2. 夫人士吊，大夫送葬，足以昭礼命。（左传・昭公三年）

f3. 疏束树木，令足以为柴抟。（墨子·卷十四）

最终，逻辑关系只能意会，而不能用"之"指代前文的内容。尤其是在前一小句作为分句的情况下。例如：

（3）g1. 若以为善矣，不足活身；以为不善矣，足以活人。（庄子·至乐）

g2. 其倍之非外取地也，因其国家，去其无用之费，足以倍之。（墨子·卷六）

g3. 城下楼卒，率一步一人，二十步二十人。城小大以此率之，乃足以守围。（墨子·卷十四）

g4. 其直如矢，其平如砥，不足以覆万物。（墨子·卷一）

g5. 则是虽使得上之赏，未足以劝乎！（墨子·卷三）

3g组的"足以"已接近一个双音词，但由于前面的句子还不能排除被分析为"以"的逻辑宾语的可能性，"以"也不能排除凭借介词的可能性。如"以"前面没有可以分析逻辑宾语的 NP 或小句，则"足以"是确凿的双音词。例如：

（3）h1. 是故，古者圣王制为节用之法。曰："凡天下百工，……使各从事其所能。"曰："凡足以奉给民用，则止。"（墨子·卷六）

h2. 古者圣王制为饮食之法，曰："足以充虚继气，强股肱，耳目聪明，则止。"（墨子·卷六）

如果施事主语承前句而省略，"足以"是一个词。例如：

（3）i1. 有虞氏死生不入于心，故足以动人。（庄子·田子方）

i2. 不识若昔者三代圣王，尧舜禹汤文武者，足以为法乎？（墨子·卷八）

A2. 否定句中的关系变化

在否定句中，如可以分析出"以"的逻辑宾语（即可以凭借的事物），则"以"还不能排除介词的可能性。例如：

（3）j1. 子鱼曰："祸犹未也，未足以怨君。……"（左传·僖公二十一年）

j2. 世之爵禄不足以为劝，戮耻不足以为辱。（庄子·秋水）

但是，在一些句子中，前一小句不能看作"以"的逻辑宾语，"足"和"以"有凝固成词的可能性。例如：

（3）k1. 求崔杼之尸，将戮之，不得。叔孙穆子曰："必得之，武王有乱臣十人，崔杼其有乎？不十人，不足以葬。"既而，崔氏之臣曰："与我其拱璧，吾献其枢。"于是得之。（左传·襄公二十八年）

k2. 处势不便，未足以逞其能也。（庄子·山木）

如果句子的 $N_1$（主语，可能省略）是 V 的施事，则"足以"是一个双音词。例如：

（3）l1. 君之先臣容焉，臣不足以嗣之。（左传·昭公三年）

l2. 晏子对曰："婴不肖，不足以知爱人。……"（墨子·卷九）

A3. 疑问句中的关系变化

在"疑问代词 + 足以 +V"式中，"何"可能被分析为状语，但也有可能被分析为"以"的逻辑宾语；因此，"以"还不能排除凭借介词的可能性。例如：

（3）m1. 无择何足以称之？（庄子·田子方）

m2. 窃窃乎又何足以济世哉！（庄子·庚桑楚）

m3. 须臾之说也，奚足以为尧、桀之是非！（庄子·知北游）

但如果可以确定"何"是状语，而"以"和"何"之间没有介词和逻辑宾语的关系，则"足以"是一个词。例如：

（3）n1. 君若惠及之，唯官是徵，其敢逆命，何足以辱师！（国语·周语中）

n2. 乙贱工也，何足以问所宜。（礼记·乐记）

n3. 且夫二子者，又何足以称扬哉！（庄子·庚桑楚）

如果句首有施事主语，"足以"明显是一个词。例如：

（3）o1. 予与汝何足以识之哉？（庄子·天地）

o2. 汝何足以识之？（庄子·徐无鬼）

o3. 之二人何足以识之！（庄子·则阳）

o4. 孔子曰："吾何足以称哉？……"（吕氏春秋·尊师）

B.V 的施事的变化

在先秦时期的"足 + 以 +V"式中，句子的 $N_1$（主语）多为可以凭借的优势或有利条件；V 的施事蕴含于句义中。例如：

（3）p1. 是以其财不足以待凶饥。（墨子·卷一）

p2. 薪食足以支三月以上。（墨子·卷十四）

p3. 是心足以为王矣。（孟子·梁惠王上）

p4. 故举天下以赏其善者不足，举天下以罚其恶者不给；故天下之大，不足以赏罚。（庄子·在宥）

p5. 室高足以辟润湿，边足以圉风寒，上足以待风霜雨露，宫墙之高足以别男女之礼。（墨子·卷一）

p6. 回有郭外之田五十亩，足以给饘粥；郭内之田十亩，足以为丝麻；鼓琴足以自娱；所学夫子之道者，足以自乐也。回不愿仕。（庄子·让王）

3q组的"以"还不能排除凭借介词的可能性。在演变过程中，"凭借物——动作"的关系逐渐模糊。分三种情况。

第一种是句首的$N_1$可以看作"以"的逻辑宾语，也可以看作V的施事。例如：

（3）q1. 其地足以容其民，其民足以满其城以自守也。（穀梁传·襄公二十九年）

q2. 之数物者，不足以厚民。（左传·昭公二十八年）

q3. 春耕种，形足以劳动；秋收敛，身足以休食。（庄子·让王）

q4. 畜种菽粟不足以食之，大臣不足以事之。（墨子·卷一）

q5. 为人臣者不足以任之。（庄子·人间世）

第二种是句首的形容词性短语有上述两种可能性。例如：

（3）r1. 形全犹足以为尔，而况全德之人乎？（庄子·德充符）

r2. 夫千里之远，不足以举其大；千仞之高，不足以极其深。（庄子·秋水）

第三种是前小句的宾语有上述两种可能性。例如：

（3）s1. 夫有尤物，足以移人。苟非德义，则必有祸。（左传·昭公二十八年）

s2. 晋公子，姬出也。而至于今，一也。离外之患，而天下不靖，晋国殆将启之，二也。有三士足以上人，而从之，三也。……"（左传·僖公二十三年）

s3. 僖负羁之妻曰："吾观晋公子之从者，皆足以相国。……"（左传·僖公二十三年）

3q——3s组的"足以"前面的部分可以看作实施V行为所凭借的有利条件，也可以看作V的施事，"足以"也有两种可能性。有时前文有NP，也有VP或AP，与"以"的语义关系不是十分明显，"足以"可能是一个词，也可能是两个词。例如：

（3）t1. 士而怀居，不足以为士矣。（论语·宪问）

t2. 以鄙邑褊小，不足以容从者。（左传·昭公元年）

t3. 今吾才小，小足以化子；子胡不南见老子！（庄子·庚桑楚）

t4. 凡人有此一德者，足以南面称孤矣。（庄子·盗跖）

如果句子的$N_1$能确定是V的施事，被看作所凭借的事物的可能性降低，被看作施事或主语的可能性升高，"足以"是一个双音词。例如：

（3）u1. 子产曰："虽可，吾不足以定迁矣。"（左传·昭公十八年）

u2. 子反……，曰："君若辱在寡君，寡君与其二三臣共听两君之所欲，成
其可知也。不然，则不足以知二国之成。"（左传·成公四年）

u3. 对曰："郢不足以辱社稷，君其改图。……"（左传·哀公二年）

u4. 君曰："客，大人也。圣人不足以当之。"（庄子·则阳）

有时，小句的施事主语承前或蒙后而省略，"足以"也可以看作一个词。
例如：

（3）v1. 子恶曰："我贱人也，不足以辱令尹。……"（左传·昭公二十七年）

v2. 烈士为天下见善矣，未足以活身。（庄子·至乐）

v3. 退而省其私，亦足以发。回也，不愚。（论语·为政）

C.V 的语义类型变化

起初，"足以"后面的 V 多表示"好的"事件或中性的事件，而前句中
充当主语或宾语的 NP 容易被看作实施事件所凭借的有利条件。

（3）w1. 今臣之知不足以存国，而勇不足以死寇。（庄子·让王）

w2. 计子之德，不足以自反邪？（庄子·德充符）

w3. 黑白之朴，不足以为辩；名誉之观，不足以为广。（庄子·天运）

w4. 心与心识知而不足以定天下，然后附之以文，益之以博。（庄
子·缮性）

但如果 V 表示"不如意"的事件，前句的内容虽然也有可能被看作凭借
的事物，但可能性相对较小。例如：

（3）x1. 主人辞曰："亡人之忧，不可以及。吾子草莽之中，不足以辱从者。敢
辞？"（左传·昭公二十年）

x2. 吴虽无道，犹足以患卫。（左传·哀公十二年）

x3. 潞子之为善也，躬足以亡尔。（公羊传·宣公十五年）

x4. 凡君曰："凡之亡也，不足以丧吾存。夫凡之亡不足以丧吾存，则楚之
存不足以存存。……"（庄子·田子方）

x5. 有一于此，足以亡其国。（战国策·魏策二）

如果 V 表示"不如意"事件，"以"在语义结构中又没有逻辑宾语，前
面的 NP 不能被分析为所凭借的事物或态势，"足以"是一个双音词。例如：

（3）y1. 善不积不足以成名，恶不积不足以灭身。（周易·系辞下）

y2. 或谓季孙曰："不足以害吴，而多杀国士，不如已也。"乃止之。（左
传·哀公八年）

y3. 儒之道足以丧天下者，四政焉。儒以天为不明，以鬼为不神，天鬼不
说，此足以丧天下。又厚葬久丧，重为棺椁，多为衣衾，送死若徙，三
年哭泣，扶后起，杖后行，耳无闻，目无见，此足以丧天下。又弦歌鼓
舞，习为声乐，此足以丧天下。又以命为有，贫富寿夭，治乱安危有极
矣，不可损益也，为上者行之，必不听治矣；为下者行之，必不从事
矣，此足以丧天下。（墨子·卷十二）

综上，双音词"足以"的形成的主要因素是介词"以"与逻辑宾语的关
系消失，导致介词和宾语关系消失的因素是"足以"前面的 N 或小句的变化
以及 V 的语义类型变化，如施事主语出现在"足以"前面，还有"足以"后
面的 VP 表示"不如意"的事件等。

### 7.6.1.4　连词"因而"的产生

双音词"因而"中的"而"原本是连词，"因而"凝固成为一个词时，
"而"成为附加成分。连词"因而"中的"因"原本是原因介词，在"因 +
而 +V"式中因介词和逻辑宾语关系消失而凝固成词。

#### 7.6.1.4.1　语义联系

从先秦开始以迄南北朝时期，"因 + 而 +V"式中的"因而"处于向双
音词发展的过程中。其中的"因"具有多种功能，可能是动词（三个义项），
也可能是介词（两种功能）。连词"因而"中的"因"来自原因介词"因$_{43}$"，
但"因"为凭借介词的"因 + 而 +V"式存在也助推连词"因而"的产生。

A. 与动词"因"的联系

连词"因而"中的"因"的直接来源不是动词"因"，但"因"为动词的
"因 + 而 +V"式的存在及其出现频率，从结构方面助推双音词"因而"的
产生。

A1."因"为"承袭"义

"因"为"承袭"义时，"而"是连词，连接两个动词性成分。例如：

（4）a1. 先王之教，因而弗改。所以领天下国家也。（礼记·祭义）

　　　a2. 秦王足己不问，遂过而不变。二世受之，因而不改，暴虐以重祸。（史
记·秦始皇本纪）

A2."因"为"利用"义

"因"为"利用"义的"因 + 而 +V"式中的"而"也是连词。例如：

（4）b1. 晋侯问卫故于中行献子，对曰："不如因而定之。卫有君矣，伐之，未可以得志，而勤诸侯。……"（左传·襄公十四年）

b2. 子产使都鄙有章，上下有服，田有封洫，庐井有伍。大人之忠俭者，从而与之，泰侈者因而毙之。（左传·襄公三十年）

A3. "因"为"借助"义

"借助"义动词"因"的逻辑宾语是表人的名词，"而"也是连词。例如：

（4）c1. 食其故得幸太后，常用事。公卿皆因而决事。（史记·吕太后本纪）

c2. 孔子有四友，欲因而起。（论衡·问孔）

上面三组例句可证：在连词"因而"产生之前，"因"为动词的"因 + 而 +V"式已存在。这种结构式的大量使用可以助推连词"因而"的产生。

B. 与介词"因$_4$"的联系

连词"因而"萌生之前，"因 + 而 +V"式的"因"还有凭借介词和原因介词两种可能性，连词"因而"中的"因"与原因介词"因$_{42}$"有直接的联系，但凭借介词"因$_{41}$"所在的"因 + 而 +V"式的存在及其结构复杂化，也助推连词"因而"的产生。

B1. "因"为凭借介词的"因 + 而 +V"式

凭借介词"因$_{41}$"所在的"因 + 而 +V"式中，还可以分析出介词的逻辑宾语，但关系不是十分密切。例如：

（4）d1. 勾践患吴之整也，使死士再禽焉，不动。使罪人三行，属剑于颈，而辞曰："二君有治，臣奸旗鼓，不敏于君之行前，不敢逃刑，敢归死。"遂自刭也。师属之目，越子因而伐之。（左传·定公十四年）

d2. 三月，宋人迁宿，迁之者何？不通也，以地还之也。子沉子曰："不通者，盖因而臣之也。"（左传·庄公十年）

d3. 甘茂曰："王毋患也。其健者来使者，则王勿听其事；其需弱者来使，则王必听之。然则需弱者用，而健者不用矣！王因而制之。"（战国策·秦策）

d4. 今苏秦善于楚王，而君不蚤亲，则是身与楚为雠也。故君不如因而亲之，贵而重之，是君有楚也。（战国策·齐策）

d5. 君相楚二十余年矣，虽名为相国，实楚王也。五子皆相诸侯。今王疾甚，旦暮且崩，太子衰弱，疾而不起，而君相少主，因而代立当国，如伊尹、周公。王长而反政，不即遂南面称孤，因而有楚国。此所谓无妄

之福也。（战国策·齐策）

4d 组可证：虽然句义中可以推出施事有可以凭借的有利条件，"因"还不能排除凭借介词的可能性，但"因$_{41}$"所在的"因 + 而 +V"式已蕴含解说原因意义，这种句子的结构复杂化及其语义关系变化，可以助推连词"因而"的产生。

B2."因"为原因介词的"因 + 而 +V"式

早期的原因介词"因$_{42}$"所在的"因 + 而 +V"式中，"而"还是连词，秦汉至南北朝时期，"因而"前面还可以有连词"故"。例如：

（4）e1.郑强之走张仪于秦，曰仪之使者，必之楚矣。故谓大宰曰："公留仪之使者，强请西图仪于秦"故因而请秦王曰……（战国策·韩策一）

　　　e2.草千岁者唯韭，故因而命之。（马王堆汉墓帛书·十问）

　　　e3.汉文以来，世浅薄，不能复行国君之丧，故因而除之。数百年一旦复古，恐难行也。（宋书·礼志二）

"因而"句的主语往往承前而省略。例如：

（4）f1.崔杼归无归，因而自绞也。（吕氏春秋·慎行）

　　　f2.女水竭，德闻而恶之，因而寝疾。（魏书·匈奴列传）

迄至南北朝时期，表示原因的部分多为分句形式，前后之间的因果联系十分明显，表原因的部分虽有可能被分析为一个分句，但"因"与逻辑宾语的关系也不能排除。总之，4e、4f 组句中已孕育着"因而"凝固成词的可能性，但"因"的原因介词性质也不能排除。

### 7.6.1.4.2　致变因素分析

导致原因介词"因$_{42}$"与其逻辑宾语关系消失的因素是语义关系的变化以及句法结构的变化。语义关系的变化主要是指"因而"句的主语与前句的主语是"非同一"关系等，句法结构的变化是指"因而"出现在主语前。

A. 语义关系的变化

先秦时期，已出现前后句主语不一致的用例，但"因而"小句的句首有连词"故"，"因而"还不能确定是连词。例如：

（4）g.故礼烦则不庄，业烦则无功，令苦则不听，禁多则不行。桀、纣之禁，不可胜数，故民因而身为戮，极也。（吕氏春秋·适威）

A1. 主语与前句不一致

如果"因而"句的主语与前面表原因的句子的主语是一致的，"因 +

而 +V"式的主语承前省略，"因"还不能排除原因介词的可能性。例如：

(4) h. 吴王闻越王尽心自守，食不重味，衣不重彩，虽有五台之游，未尝一日
　　　　登玩，欲因而赐之以书，增之以封，……（吴越春秋·勾践归国外传）

如果"因而"句的主语与前句不同，"因而"可以看作一个连词。首先是"暗中更换主语"。例如：

(4) i1. 至江，江中有渔父乘船方从下方泝水而上。子胥呼之，谓曰："渔父渡
　　　　我！"如是者再。渔父欲渡之，适会旁有人窥之，因而歌曰："日月昭昭
　　　　乎侵已驰，与子期乎芦之漪。"（吴越春秋·王僚使公子光传）

　　 i2. 京将进食，王却，谓诸人曰："昨夜梦此奴斫我，宜杀却。"京闻之，置
　　　　刀于盘，冒言进食。王怒曰："我未素食，尔何遽来！"京挥刃曰："来
　　　　将杀汝！"王自投伤足，入于床下，贼党去床，因而见杀。（北齐书·文
　　　　襄帝纪）

　　 i3. 开皇时，有刘龙者，河间人也。性强明，有巧思。齐后主知之，令修三
　　　　爵台，甚称旨，因而历职痛显。（隋书·何稠传）

4i 组的"因而"句中被省略的主语分别是"渔父"、"王"、"刘龙"，与前小句的主语不同，"因而"句的主语不是与紧邻的前小句的主语一致，而是与更前面的句子的主语一致。与例 4h 相比，4i 组的"因而"趋近连词。

如果前后句主语没有"同一"关系，"因而"可以看作连词。汉代偶见：

(1) j1. 纣作炮烙之刑，王子比干曰："主暴不谏，非忠臣也；畏死不言，非勇士
　　　　也。见过则谏，不用则死，忠之至也。"遂进谏，三日不去朝，纣因而
　　　　杀之。（新序·节士）

汉代之后已有一些用例：

(1) j2. 曹公遣刺客见刘备，方得交接，开论伐魏形势，甚合备计。稍欲亲
　　　　近，刺者尚未得便会，既而亮入，魏客神色失措，亮因而察之。（三国
　　　　志·蜀书·诸葛亮传，裴注引《蜀记》）

　　 j3. 勣于是出奇兵击之，斩数千级，降二千人。梁睿军且至，贼因而解去。
　　　　（隋书·豆卢勣传）

　　 j4. 时工部尚书宇文恺造辽水桥，不成，师不得济，右屯卫大将军麦铁杖因
　　　　而遇害。（隋书·何稠传）

4j 组前后小句的主语不一致，"因"的介词性质消失。如果"因而"句的主语与前小句一致，但与更前面的句子的主语或话题不一致，而"因而"

句又在语义上涉及这个话题，"因而"也是连词。例如：

（4）k1. 诞少有才藻，晋孝武帝崩，从叔尚书令珣为哀策文，久而未就，谓诞曰："犹少序节物一句。"因出本示诞。诞揽笔便益之，接其"秋冬代变"后云："霜繁广除，风回高殿"。珣嗟叹清拔，因而用之。（宋书·王诞传）

k2. 永安之后，盗贼蜂起。长寿乃召集叛亡，徒侣日盛。魏帝藉其力用，因而抚之。（周书·李延孙传）

有时，"因而"句前面的句子有两个主语，"因而"前面有一个句子的主语承前面一个主语而省略，"因而"句的主语承前面另一个主语而省略。"因而"也是连词。例如：

（4）l1. 其灵丘罗思祖宗门豪溢，家处隘险，多止亡命，与之为劫。显祖怒之，孥戮其家，而思祖家党，相率寇盗。赦提应募捕逐，乃以赦提为游徼将军，前后禽获，杀之略尽。因而滥有屠害，尤为忍酷。（魏书·酷吏列传）

A2. 主语不能确定

有的"因而"句句首不能补出确定的主语，但有大致范围，"因"还不能排除原因介词的可能性。例如：

（4）m1. 子弟大材艺者大官，小材艺者小官，因而施禄焉。（郭店楚简）

m2. 是故，古者天子以射选诸侯、卿、大夫、士，因而饰之以礼乐也。（礼记·射义）

m3. 阴识字次伯，南阳新野人也，光烈皇后之前母兄也。起先出自管仲，管仲七世孙修，自齐适楚，为阴大夫，因而氏焉。（后汉书·阴识传）

但有的"因而"句的句首不仅没有主语，而且主语（或施事）不能确定，也没必要出现。这种句子中的"因而"可以看作一个连词。例如：

（4）n1. 阴阳之气，其新相得而未和合，因而泻之，则阴阳俱脱，表里相离。（黄帝内经·血络论）

n2. 所居之处，会有狗舐地，因而穿之，得甘泉言，至今名"狗舔泉"。（魏书·尔朱荣列传）

n3. 今宿卫之官，有一人夜不直者，罪至削除；因而逃亡者，遂便籍没。（周书·颜之仪传）

有的"因而"句前面的两个句子各自有主语，"因而"句的主语与之有关，但不必出现，"因而"可以看作一个连词。例如：

（4）o. 于时景军甚众，前后诸将往者莫不为其所轻。及闻绍宗与岳将至，深有惧色，谓其属曰："岳部兵精，绍宗旧将，宜共慎之。"于是与景接战，诸将持疑，无肯先者，绍宗麾兵径进，诸将从之，因而大捷。（北齐书·慕容绍宗传）

A3. 主语的论元是受事

"因而"句的主语若承前省略，语义论元是施事的比较多。"因"与逻辑宾语的关系不能排除，"因"的原因介词性质也不能排除。例如：

（4）p. 费无忌望而妒之，因谓平王曰："王爱幸宛，一国所知。何不为酒一至宛家，以示群臣于宛之厚？"平王曰："善。"乃具酒于邻宛之舍。无忌教宛曰："平王甚毅猛而好兵，子必前陈兵堂下、门庭。"宛信其言，因而为之。（吴越春秋·阖闾内传）

若主语（包括省略或隐含的）是受事，则"因而"是连词。例如：

（4）q1. 元康弟谌，官至大鸿胪。次季璩，钜鹿太守，转美州别驾，平秦王归彦反，季璩守节不从，因而遇害。（吴越春秋·陈元康传）

q2. 瞻词韵温雅，南人大相钦服。乃言："常侍前朝通好之日，何意不来？"其见重如此。还除太常少卿、冠军将军转尚书吏部郎中。因患取急十余日。旧式，百日不上解官，吏部尚书尉瑾性褊急，以瞻举指舒缓，曹务繁剧，遂附驿奏闻，因而被代。（北齐书·崔瞻传）

在长句中，话题（或主语）一般具有"一以贯之"的特征，一般情况下后随各小句的动词都与话题（或主语）有"行为——施事"的语义关系，前小句表示的事件有可能被看作"因"的逻辑宾语，如果小句的主语是受事，前后句主语不一致，"因"与前小句的 VP 之间没有"介词——逻辑宾语"的关系，"因而"凝固成词。

A4. 行为结果是外部原因引发的

如果事件的结果是由主语（或施事）自身的行为引发的，不能排除"因"有逻辑宾语的可能性，"因"还不能排除原因介词的可能性。例如：

（4）r1. 越之前君无余者，夏禹之末封也。禹父鲧者，帝颛顼之后，鲧娶于有莘氏，名曰女嬉。年壮未孳，嬉于砥山得薏苡而吞之，意若为人所感，因而妊孕。（吴越春秋·越王无余外传）

r2. 神武苦战六旬，伤及病死者十四五，智力俱困，因而发疾，其夜遁去。

（北齐书·权会传）

如果引发事件的原因不是"因而"句的主语（或施事）自身的行为，而是外部的事件，而且表示原因的部分又比较长，是复句形式；"因"与逻辑宾语的关系消失了。"因而"可以看作一个连词。例如：

（4）s1. 长安扰乱，言太子反，上闻怒，诏丞相发三辅近县兵捕反者。太子惧，遣使者矫制赦长安中都官囚徒，发武库兵。召监北军使者任安发北军兵。安受节，已而闭城门，不肯应太子。太子因而驱四市人，合数万人。逢丞相，合战五六日，死者数万人，流血入沟中。（前汉纪·孝武皇帝纪）

s2. 和帝四年，训病卒，蜀郡太守聂尚代为校尉。尚见前人累征不克，欲以文德服之。乃遣使招呼迷唐，使还居大、小榆谷。迷唐既还，遣祖母卑缺诣尚，尚自送至塞下，为设祖道，令译田泛等五人护送至庐落。迷唐因而反叛，遂与诸种共生生屠裂泛等，以血盟诅，复寇金城塞。（后汉书·西羌列传）

s3. 恽友人董子张者，父先为乡人所害。及子张病，将终，恽往候之。子张垂殁，视恽，唏嘘不能言。恽曰："吾知子不悲天命，而痛仇不复也。子在，吾忧而不手；子亡，吾手而不忧也。"子张但目击而已。恽即起，将客遮仇人，取其头以示子张，子张见而气绝。恽因而诣县，以状自首。（后汉书·郅恽传）

s4. 谅退保并州，杨素进兵围之。谅穷蹙，降于素。百僚奏谅罪当死，帝曰："朕终鲜兄弟，情不忍言，欲屈法恕谅一死。"于是除名为民，绝其属籍，竟以幽死。子颢，因而禁锢，宇文化及弑逆之际，遇害。（隋书·文四子列传）

B. 结构的变化

结构的变化主要是指"因而"出现于主语前，其次是"因而"句与原因部分距离较远和"因而"句前面表原因的部分结构比较复杂。

B1. "因而"用于主语前

"因而"如用于主语前，"而"的连词功能消失，向前面的"因"靠拢，"因而"变为双音词。例如：

（4）t1. 会持节使韦霁、杜整等至，两县诣使讼之，乃断从贵乡。贵乡吏人歌呼满道，互相称庆。馆陶众庶合境悲哭，因而居住者数百家。（隋书·循

吏列传）

t2. 帝欲班师，小怜意不已，更请合围，帝从之。由是迟留，而晋州遂陷。后与周师遇于晋州之下，坐小怜而失机者数矣，因而国灭。（隋书·五行志下）

t3. 时皇太子不才，帝每以为虑，直臣王轨、宇文孝伯等，骤请废立，帝不能用。后二岁，帝崩，太子立，虐杀齐王及孝伯等，因而国亡。（隋书·五行志下）

B2. "因而" 与表示原因的话语距离较远

如果 "因 + 而 +V" 短语紧随话语，且句子的主语承前面的说话人而省略，"因" 与话语之间不能排除 "介词——逻辑宾语" 的关系，"因" 可能还是原因介词。例如：

（4）u1. 苞四岁而父终，及年六七岁，见诸父常泣，时世叔父悛、绘等并显贵，苞母谓其畏惮，怒止。苞对曰："早孤不及有识，闻诸父多相似，故心中欲悲，无有他意。"因而唏嘘，母亦恸甚。（梁书·文学列传上）

u2. 有百姓乙普明兄弟争田，积年不断，各向援引，乃至百人。琼召普明兄弟，对众人谕之曰："天下难得者兄弟，易求者田地，假令得地失兄弟，心如何？"因而下泪，众人莫不洒泣。普明弟史叩头乞外更思，分异十年，遂还同住。（北齐书·循吏列传）

如果 "因而" 句离开表示原因的话语有一段距离，且说话人与 "因 + 而 +V" 式的主语不是同一关系，"因" 与逻辑宾语的关系淡化，"因而" 可以看作一个连词。例如：

（4）v1. 帝大怒，将戮之。内史元吉给帝曰："乐运知书奏必死，所以不顾身命者，欲取后世之名。陛下若杀之，乃成其名也。"帝然之，因而获免。（周书·颜之仪传）

v2. 梁元帝尝有心腹疾，乃召诸医议治疗之方。咸谓至尊至贵，不可轻脱，宜用平药，可渐宣通。僧垣曰："脉洪而实，此有宿食，非用大黄，必无差理。"梁元帝从之，进汤讫，果下宿食，因而疾愈。（周书·艺术列传·姚僧垣）

v3. 陈武帝在南徐州，鼎望气知其当王。因谓陈武帝曰："明年有大臣诛死，后四岁，梁其代终。天之历数，当归舜后。昔周灭殷氏族，封妫泑于宛丘，其裔子孙，因为陈氏。仆观明公继绝统者，无乃是乎？"武帝阴有

图僧辩意，闻其言大喜，因而定策。（周书·韦睿传）

B3."因而"前面表示原因的部分结构比较复杂

如果"因而"句前面有较为复杂的表示原因的部分，"因"不能与前面的部分构成"介词——逻辑宾语"的关系，"因而"凝固成词。例如：

（4）w1. 义臣晡后复与钟葵军战，兵初合，命驱牛驴者疾进。一时鸣鼓，尘埃张天，钟葵军不知，以为伏兵发，因而大溃。（隋书·杨义臣传）

w2. 素令护儿率数百轻舰径登江岸，直掩其营，破之。时贼前与素战不胜，归无所据，因而溃散。（隋书·杨义臣传）

w3. 勇颇好学，解属词赋。性宽仁和厚，率意任情，无矫饰之行。引名克让、姚察、陆开明等为之宾友。勇尝文饰蜀铠，上见而不悦，恐致奢侈之渐。因而诫之曰："我闻天道无亲，唯德是与，历观前代帝王，未有奢华而得长久者。……"（周书·李延孙传）

w4. 员半千，本名庆余，与何彦光师事王义方。义方甚重之，尝谓曰："五百年一贤，足下当之矣。"改名半千。义方卒，半千、彦光皆制师服。上元初，应六科举，授武陟尉。时属旱歉，劝县令开仓赈恤贫馁，县令不从。俄，县令上府，半千悉发仓粟，以给百姓。刺史郑齐宗大怒，因而按之，将以上闻。（大唐新语·卷四）

w5. 靖前锋乘雾而行，去其牙帐七里，颉利始觉，列兵未及成阵，单马轻走，虏众因而溃散。（贞观政要·任贤）

C. 小结

导致"因而"凝固成词的因素主要是"因"与逻辑宾语的关系消失，演变的关键是前后句话题或主语的不一致，其次是结构的变化，如"因而"位于主语前，结构的复杂化等。

## 7.6.2 因跨层演变而形成的双音词

由"动/形+介+宾"中的介词向前靠拢而形成的双音词可能是动词、副词或介词。介词原来是先与介词宾语结合，组成介词短语充当述补短语的补语，重新分析发生之时，介词先与动词或形容词结合，成为一个双音词，这种演变也可以归入"跨层演变"。

### 7.6.2.1 "X+于"式双音词的产生

从历时角度看，"X+于+宾"式中的"于+宾"短语的结构发生分裂，"于"从下一层的结构中的成分变为高一层的结构中的成分，由此而形成的双音词可能是动词（如"善于"）、副词（如"终于"）或介词（如"关于"），还可能是话题标记（如"至于"）。功能不同的双音词有不同的产生方式。

#### 7.6.2.1.1 动词"善于"的产生

现代汉语中有一大批"X+于"式双音动词，如"善于、乐于、急于"等。这种形式的双音词出现的因素有二：一是"于"后面成分的结构复杂化，一是"于"后面的宾语的语义类型的变化。

A. 语义联系

"善+于+$N_2$"短语见于先秦时期，其时，"于"有三种功能，一是介引双方关系中的另一方，即"所对者"，"善"是"友善"的意思。例如：

（1）a1. 宋以其善于晋侯也，叛楚即晋。（左传·僖公二十六年）

  a2. 宋华元善于令尹子重，又善于栾武子。（左传·成公十一年）

第二种功能是介引比较对象。例如：

（1）b1. 治地莫善于助。（孟子·滕文公上）

  b2. 养心莫善于寡欲。（孟子·尽心下）

第三种功能是表示在某一方面做得好。例如：

（1）c1. 鲁侯不亦善于礼乎？（左传·昭公五年）

  c2. 言善于礼，不亦远乎？（左传·昭公五年）

1a组和1c组的语义联系在于：1a组表示"和某人关系好"，1c组表示在某方面做得好。由1c组的"在某一方面做得好"意义引申出在"某方面擅长"的意思。例如：

（1）d1. 杜诗，字君公，为南阳太守，性节俭而治清平，以诛暴立威信，善于计略，省爱民役。（东观汉记·卷十四）

  d2. 仲宣独自善于辞赋。（三国志·魏书·王粲传）

  d3. 衡精微有文思，善于天文阴阳之数，由是迁太史令。（后汉纪·孝顺皇帝纪下）

  d4. 超又善于草书，妙绝时人，世共传之。（后汉书·文苑列传下）

1d组的"于"还是介词，但已不是对象介词，是介引关涉事件的介词，表示"（某人）在某方面擅长"的意思。1d组的"善＋于＋宾"式是双音词"善于"形成的语义和句法基础，如果"于"的宾语扩展到动词或动词性短语，也表示"在某方面做得好"的意思。例如：

（1）e1. 善射者发不失的，善于射矣，而不善于所射。善钓者无所失，善于钓，
而不善所钓。（淮南子·说山训）

e2. 涣闻明君善于救世。（三国志·魏书·袁涣传）

"善＋于＋宾"式表示"在某方面擅长"的意思，后面跟表示学问、知识、技艺的词语。例如：

（1）f1. 子曰："回也，善于识音矣。"（孔子家语·卷五）

f2. 清虚沈静，善于著述。（三国志·魏书·荀彧传，裴注引张璠《汉纪》）

或者是表示能力的词语。例如：

（1）g1. 有容貌计略，善于应对。（三国志·吴书·程普传）

g2. 性阔达听受，善于用人。（三国志·吴书·孙策传）

g3. 盖姿貌严毅，善于养众。（三国志·吴书·黄盖传）

g4. 轻财能施，善于交结。（三国志·吴书·宗室传）

1e——1g组的"于"还是关涉介词。

B. "善于"凝固成词的因素

B1. "于"后面成分的结构复杂化

动词"善于"是在1d——1g组结构式的基础上形成的，换言之，在表示"某人在某方面擅长"的语义结构中萌芽。"于"的宾语可以是双音的并列短语或述宾短语。例如：

（1）h1. 为人恭顺，善于承颜纳规。（三国志·吴书·全综传）

h2. 有质干，善于用短楯。（宋书·宗室列传）

h3. 能读《五经》，善于教授乡里。（宋史·孝义列传）

"于"后面的名词性短语也变得结构复杂化，这种变化也能助推"善于"的凝固。例如：

（1）i1. 善于补导之术。（神仙传·彭祖，太平广记）

i2. 善用矛，未尝不率先陷阵，善于治军行师之道。（旧五代史·梁书·李唐宾传）

"于"后成分的复杂化，导致"于"向前靠拢，和"善"关系紧密。但是，直至明代，"善"和"于"还是两个词。然而，从明代开始，"于"后面

跟结构比较复杂的动词性短语的用例增多了，这使得"于"和"善"趋于结合在一起。例如：

（1）j1.善于做媒说合。（今古奇观·卷五）

j2.大人识见深远，可谓善于保全孩儿。（今古奇观·卷十二）

j3.通晓诗书音律，善于谈笑刺绣。（今古奇观·卷七十六）

j4.今闻得有浙戏在此，善于歌唱搬演。（包龙图判百家公案·卷十）

j5.胥老人终是个作媒的，善于说开说合。（石点头·六回）

j6.土行孙知婵玉善于发石伤人。（封神演义·五十六回）

如果"于"后面的成分的结构进一步复杂化，"善于"趋于凝固。例如：

（1）k.故善于形容真正才人者，定要在爱才与高傲处着笔。（平山冷燕·九回）

类似例1k的句子，明代还是少见的。清代，"于"后面出现复句形式。例如：

（1）l1.这桂娘……，也极善于事奉婆婆，接待小姑，合家之人无不欢喜。（三侠剑·三回）

l2.贫道曾遇异人传授，善于呼风唤雨，算阴阳，先知吉凶，见大王乃真正帝星，……（说唐·四十二回）

l1组"于"后面是复句形式，由于宾语部分结构的复杂化，使得"于"向前靠拢，与"善"紧密结合。当然，这种变化也与词汇双音化的趋势有关。由l1组可知：清代已出现双音词"善于"。

B2."于"后面成分的语义类型变化

受"善"的词义影响，起初，"于"后面的成分表示"好"的事件（参见1e——1g组例句），后来可以表示"坏的"事件。例如：

（1）m1.而恶度者以逢吉为善于阴计，足能构度。（旧唐书·裴度列传）

m2.及少帝嗣位，以植性纤巧，善于希旨，……（旧五代史·晋书·房暠传）

至明清时期，"善于"后面跟表示"不好"的事件的用例增多。例如：

（1）n1.此人善于撮空，到底自露其丑。（今古奇观·卷七十八）

n2.有楚人费无极，素事平王，善于贡谀，平王宠之。（东周列国志·七十回）

n3.善于诒佞，武宗宠任了他。（七剑十三侠·三十回）

n4.也可见苏州人之善于扯谎。（二十年目睹之怪现状·三十七回）

n5.因善于钻营，得贾琏提拔重用。（红楼真梦·十三回）

n6.这和尚善于要挟。（续济公传·六十六回）

我们将表示"不好"事件的动词或短语进入"于"后面的位置看作语义的"泛化",这种泛化使得"善"表示"好事"的语义功能淡化,有助于"善于"凝固成词。总之,"善于"成词的主要因素是"于"后面成分的结构复杂化,"于"后面成分的语义类型变化(表示"不好"的事件),助推"善于"的凝固。

### 7.6.2.1.2 动词"乐于"的产生

在"乐于"凝固成词之前,"善于"已开始词汇化,"善于"的演变模式对"乐于"有影响,导致"乐于"凝固成词的一个重要因素也是"于"后面结构的复杂化以及"于"的宾语的语义类型变化。

A. 语义联系

早期的"乐+于+宾"式的宾语是名词性单位,"于"是介词,有可能表示差比。例如:

(2)a1. 观人以言,美于黼黻文章,听人以言,乐于钟鼓琴瑟。(荀子·非相)

也有可能表示"在某方面感到快乐"。例如:

(2)b1. 古者之言乐于钟磬之间者不如此。(管子·霸形)

b2. 自乐于内,无急于外。(淮南子·诠言训)

类似 2b 组的表示"某人在某方面感到快乐"的语义结构是动词"乐于"形成的基础。从汉代开始,"于"后面出现谓词或谓词性短语,"乐+于+宾"式表示"喜欢某种事情"意义。例如:

(2)c1. 鱼乐于纵而忧于烹。(天禄阁外史·卷一)

c2. 彼岂乐于遗世耶?(天禄阁外史·卷三)

c3. 简狄性好人事之治,上知天文,乐于施惠。(列女传·卷一)

南北朝至唐五代时期亦有用例:

(2)d1. 若柏成欣于野耕,子仲乐于灌园。(三国志·魏书·任城陈萧王传,裴注引《魏略》)

d2. 东平乐于小善,河间悦于诗书。(南齐书·豫章文献王列传)

d3. 鸿渐晚年乐于退静。(旧唐书·杜鸿渐传)

d4. 心惟乐于漱流。(旧唐书·文苑列传下)

B. "乐于"凝固成词的因素

导致"乐于"凝固成词的因素和"善于"基本相同,第一是"于"后面结构的复杂化,第二是"于"的宾语的语义类型变化。

B1. "于"后面成分的结构复杂化

"于"后面成分的结构复杂化促使"于"向前面的成分靠拢,"乐于"有可能被看作一个词。例如:

（2）f1. 人多乐于新相知,又多悲于生别离。（晁迥:与道相知最乐篇）

f2. 不是他乐于为希名慕利之学,是他不知圣之可学,别无可做。（朱子语类·卷九十五）

f3. 大抵乐闻人过,人不乐于闻己之过。（元史·许衡传）

如果"于"后面是结构比较复杂的形式,"乐于"凝固成词。例如:

（2）g1. 君亦多情人,当乐于伸纸抽毫,为情人写照也。（玉梨魂·二十九章）

g2. 众灯匠因得了赏赐,人人喜欢,亦乐于在这里过了元宵再回家乡。（绘芳录·七十八回）

B2. "于"后面成分的语义类型变化

"乐于"后面也有表示"不好"或"不如意"事件的词语。这种语义"泛化"可以助推"乐于"的成词。例如:

（2）e1. 咸以官闲积愤,乐于祸乱。（旧唐书·朱泚传）

e2. 小人乐于侥幸,撰造言语,妄唱事端。（建炎以来系年要录·卷九）

e3. 积弊宜更则乐于循故,冗滥当裁则恶于损己。（建炎以来系年要录·卷五十六）

e4. 乐于贫贱。（费唐臣:苏子瞻风雪贬黄州·第二折）

e5. 老夫岂乐于淹滞?（生花梦·五回）

### 7.6.2.1.3　小结

"善于""乐于"成词的因素主要是"于"后面成分的结构复杂化,"于"后面成分表示"不好""不如意"事件也可以助推跨层演变的实现。

### 7.6.2.1.3　副词"终于"的产生

早期的"终+于+宾"式往往带动词性宾语,"于"还是介词,表示"事件结束于某个方面"。例如:

（3）a1. 且夫孝始于事亲,中于事君,终于立身。（史记·自序）

a2. 是故达于道者,反于清净;究于物者,终于无为。（淮南子·原道训）

这种意义的句子中,"于"介引事件发展的终结状态或结果。句子没有"生命（或事件）终结"的蕴含义,但"人生（或事件）最终时间"的蕴含义还未消尽。由于蕴含相对于前一事件的"时间在后"之义;有可能作"最终"解。但是,"终"与动词对举,在一个更大的结构中被框定为动词性成分,"终"的"终结"义虽有消退,还是不能改变动词性质。

由于"终"常用于"死亡"或"生命终结"意义(如"终于家"等),"终+于+宾"式的宾语如果是动词性单位,多表"不幸"或"不如意"的结果。例如:

(3)b1. 夫饿馑流隶,饥寒道路,思有短褐之亵,儋石之畜,所愿不过一金,然终于转死沟壑。何则?贫穷亦有命也。(汉书·叙传)

b2. 遂莫肯改窬,法则古人,而各行其私意,终于君臣乖离,上下交怨。(汉书·五行志)

b3. 昔晋厉公,……夫战胜攻取,地广而名尊,此天下之所愿也,然而终于身死国亡。此所谓益之而损者也。(淮南子·人间训)

3b组的"终于"有可能是一个副词,但还不能确定。这是因为:"终+于+宾"式中的"生命或事业终结"、"生命或事业的最后时间"的蕴含义得以承袭。"于"原本多用来介引死亡的处所(包括死亡时的身份等),当动词性短语出现在"于"后面时,可以将"于"理解为介引"最终结果"的成分;这样,"终"和"于"仍可被理解为两个词。但是"终于"后面是一个动词性短语,且可能结构比较复杂,如果表意重点落在V部分上,且V部分表示"好"的结果,"终"所在句子蕴含的"生命或事业终结"意义淡化甚至消失,"终"有可能不被看作谓语部分中心动词,"终于"就有可能被看作一个双音词,作"最终"解。例如:

(3)c1. 初虽轻果妄杀,终于克己,有国士之量,……(三国志·吴书·吕蒙传)

c2. 民虽失器,终于获直。(宋书·范泰传)

c3. 孟明三退,终于致果。(晋书·孙惠传)

如果"终于"用于主语前面,V表示好的事件,"终于"的双音词性质更为明显。例如:

(3)d1. 初虽如碎密,终于百姓便之,有馥遗风。(三国志·魏书·刘馥传)

d2. 庶事精练,物理其本,循名责实,虚伪不齿,终于邦域之内,咸畏而爱之。(三国志·蜀书·诸葛亮传)

如果V部分表示"不好"的事件,演变要求语义结构中的施事没有"生命终结"意义,V所表示的事件在施事的人生的某个时间段内发生,而不是生命最终阶段发生。例如:

（3）e1. 文帝竟不易，后达终于叛败。（三国志·魏书·刘晔传）

　　e2. 至王莽专伪，终于篡国；志义之流，耻见缨绂，遂乃荣华丘壑，甘足枯槁。（后汉书·刘淑传）

　　e3. 友以迷唐难用德怀，终于叛乱，乃遣驿使构离诸种，诱以财货，由是解散。（后汉书·西羌列传）

通过考察"终＋于＋V"式的语义、语用方面的变化，提出在历时演变中确认副词"终于"产生的三条标准：

1）"终于"用于句子主语前；且"终＋于＋V"式中，V表示"好"的事件。

2）V部分是表意焦点，"事件结果"的时间参照点是V发生的时间，而不是生命或事业终结的时间。

3）V部分表示人生或事业某一段时间内的状态或结果，而不是生命或事业终结时的状态或结果。

### 7.6.2.1.4　介词"关于"的产生

介词"关于"也属于因跨层演变而产生的双音词。起初的"关＋于＋宾"式是述补短语，后来"于"向前靠拢，整个短语变为介词短语。"关于"凝固成词的因素是"关＋于＋宾"式的句法位置的增多，在谓语、宾语、定语位置上，"关＋于＋宾"式都是述补结构或不能排除述补结构的可能性；在句首状语位置上，整个短语变为介词短语，"关于"可看作一个词。

A. 充当谓语、宾语和定语

初期的"关＋于＋N₂"式是充当谓语的，"关"是谓语部分中心语，"于＋宾"式是介词短语，充当补语。例如：

（4）a1. 冠虽敝，必加于首；履虽新，必关于足。（史记·儒林列传）

　　a2. 此皆紧于胃关于肺，使人多涕唾而面浮肿气逆也。（黄帝内经·素问）

　　a3. 祸乱所极，言关于圣聪。（汉书·谷永传）

　　a4. 夫中材之人，事关于宦竖，莫不伤气。（汉书·司马迁传）

唐代之后，"于"后面可以出现动词性短语，但"关＋于＋宾"式还是充当谓语。例如：

（4）b. 斯盖关于委任失所，岂可谓秦地非良者哉！（旧唐书·郭子仪列传）

"关＋于＋宾"短语充当宾语初见于唐代：

（4）c. 一之已叹关于命，三者何堪并在身？（白居易：诗酒琴人，……）

唐代之后，"关 + 于 +N$_2$"短语可以充当限定成分，大多用于"者"前面。例如：

（4）d1. 凡所感所遇，关于美刺比兴者，……（旧唐书·白居易传，与元稹书）

　　d2. 然则，关于政化者，不虚美，不隐恶。谓之良史也。（唐会要·卷六十四）

　　d3. 凡关于礼乐者，皆掌之。（宋史·职官志三）

宋代之后，可以用于"之事"前面。例如：

（1）e. 采其关于田蚕园圃之事，集为一卷，镂版颁行。（宋史·窦仪传）

从历时角度看，"关 + 于 + 宾"式充当定语时，不能排除述补结构的可能性。

B. 充当状语

从清代开始，"关 + 于 +N$_2$+ 者"短语可位于句首，可分析为定中短语，充当主语。例如：

（4）f. 故关于书画古器者为多，中亦颇有考证。（四库全书总目录提要·卷一百二十二·子部三十二·杂家类六）

自清代以来，部分句子中的"于"后面的成分可能有两种分析结果。例如：

（4）g. 关于河东君早岁事迹，或欲有所讳饰。（柳如是别传·三章）

上例有两种分析结果：一是将"河东君"看作介词宾语，则"关 + 于 +N$_2$+N$_3$"短语还是定中短语（"于 + 河东君"短语是介宾结构），充当句子主语；二是将"河东君早岁事迹"看作介词宾语，则"关于"是双音介词，"关 + 于……"短语充当句子状语。

"关 + 于 + 宾"短语充当句首状语，亦见于清时期的小说中：

（4）h. 关于这些，党员郑良士十分出力。（孽海花·三十四回）

例 4h 的"关 + 于 + 宾"式充当状语，已不可能被分析为述补结构，只能看作介词短语。比对例 4g 和 4h 组可知：如果位于句首的"关 + 于 +N$_2$+N$_3$"短语排除定中短语的可能性，或者是"关 + 于 +N$_2$"只能分析为状语，"关于"作为一个介词与后面的成分发生句法关系。

综上，"关 + 于 + 宾"短语由于所充当的句子成分的增多，经历"谓语——宾语——定语——状语"的句法位置变化，最后在状语位置上凝固成词。

### 7.6.2.1.5　话题标记"至于"的产生

话题标记"至于"是一个介词性成分，从表示范围的"至＋于＋宾"短语发展成为引入新话题的成分，继而凝固成为一个介引话题的成分。

A. 表示事物发展极限的范围介词"于"的产生

"至＋于＋宾"式的宾语可以是谓词性成分，表示事件所达到的极限或很高的程度。例如：

（5）a1. 激水之疾，至于漂石者，势也。（孙子·兵势）

a2. 不能教训，至于用钺，臣之罪重，……（左传·襄公三年）

第一例的话题是"激水之疾"，后面是陈述部分，强调"激流汹涌"的程度。但如仅看后部，"至于漂石者"也可以看作"势也"的话题。第二例的"用钺"，可以看作罪错达到的程度，也可以看作引出下面内容的话题。我们认为介引话题的"至于"在长句中间的小句的位置上萌生，表示某个极限或很高程度的语义结构可以看作萌生引进话题的"至于"的源结构。上两例的"至＋于＋宾"式的"于"可以分析为范围介词，这个结构式可以理解为表示极限或程度高意义的述补短语。但是，由于其后还有评议性质或表态性质的小句，"至＋于＋宾"式的宾语有可能被看作话题，句中已潜藏"至于"介引话题的可能性。

"至＋于＋宾"短语在表示某个范围的极限或高程度时，位置向句子的左侧移动，有可能出现于句首。而句首的位置则与话题的位置一致。在语义上，一定范围内的对象可以作为下文叙述的话题，两者难以完全分辨清楚。下面分两种情况阐述"至＋于＋N$_2$"短语的变化

B. 在框式结构中的变化

B1. 在"自……至于……"式中变化

在该式中，中间部分的"至＋于＋宾"短语可以看作承载"范围语义结构"的句法框架的后一部分，也可以看作后面的结论部分的话题。例如：

（5）b1. 自命夫命妇，至于老疾，无不受冰。（左传·昭公四年）

b2. 自上观之，至于子胥、比干，皆不足贵也。（庄子·盗跖）

b3. 自公以下，至于庶人，其谁敢不齐肃恭敬致力于神！（国语·楚语下）

这种"至于……"短语有可能消蚀前一功能，仅留后一功能。但是，在"自……至于……"框式结构中，"至于……"部分还不能独立成为话题。若"自……"部分不出现，"至＋于＋宾"的宾语部分有可能被看作话题。例如：

（5）c1. 今之孝者，是谓能养。至于犬马，皆能有养；不敬，何以别乎？（论语·为政）

B2. 在并列复句中变化

说话人列举数事时，"至＋于＋宾"式的宾语可以看作分话题。例如：

（5）d. 至于味，天下期于易牙，是天下之口相似也；惟耳亦然，至于声，天下期于师旷，是天下之耳相似也；惟目亦然；至于子都，天下莫不知其姣也。（孟子·告子上）

有时，说话人心目中有一个总的范围，但分为几个部分。在数人或数事并举时，"至＋于＋宾"式的宾语可以分析为最后提及的人或事物，也可以分析为新的话题。例如：

（5）e1. 故曰：口之于味也，有同耆焉；耳之于声也，有同听焉；目之于色也，有同美焉。至于心，独无所同然乎？（孟子·梁惠王下）

　　e2. 范氏、中行氏，我寒而不我衣，我饥而不我食，而时使我与千人共其养，是众人蓄我也。夫众人蓄我者，我亦众人事之。至于智氏则不然，出则乘我以车，入则足我以养，众人广朝，而必加礼吾所，是国士蓄我也。（吕氏春秋·不侵）

　　e3. 夫道者，弘大而无形；德者，核理而普至。至于群生，斟酌用之，万物皆盛，而不与其宁。（韩非子·扬权）

5e 组的"至"的意义已虚化，"至＋于＋宾"式表示范围，但也可以看作分话题。"至于"已经呈现明显的介引话题的功能。在陈述同一话题之下的并列的事件时，"于"后面的宾语可以分析为最后提及的事件，也可以分析为一个分话题，这个分话题是说话人表意的重点。例如：

（5）f1. 陛下爱幸臣，则富贵之，至于朝廷之礼，不可以不肃。（史记·张丞相世家）

　　f2. 后赵广汉为京兆尹，言"我禁奸止邪，行于吏民，至于朝廷事，不及不疑远甚。"（汉书·隽不疑传）

宾语位置上也可以是谓词性短语。例如：

（5）g1. 项王为人恭敬爱人，士之廉节好礼者多归之；至于行功爵邑，重之，士亦以此不附。（史记·陈丞相世家）

　　g2. 吾有天下十二年，于今与天下贤士大夫共安辑之；至于褒赏功臣，可谓无负矣。（前汉纪·高祖皇帝纪）

5f、5g 组的"至于"位于句首，可以分析为引进话题的介词，虽然整个短语还带有表示范围的痕迹。从"至＋于＋宾"式的演变可以得出如下结论：

1）引发"至＋于＋宾"短语的结构和层次变化的句法因素是陈述内容的多项化以及分话题的出现。

2）"至＋于＋宾"短语中"于"后面的成分的结构复杂化是"至于"凝固成词的因素之一。

C. 句法结构的进一步发展

导致"至于"凝固成词的另一因素是"至于"所在的句子的结构复杂化，当"至于"进入转折复句，与"虽"呼应时，处于转折复句的后小句之首，由于处在表意重点部分的句首，引进话题的作用十分明显。例如：

（5）h1. 今有璞玉于此，虽万镒，必使玉人雕琢之；至于治国家，则曰："姑舍汝所学而从我。"则何以异于教玉人雕琢？（孟子·梁惠王下）

h2. 今宋阿母，虽有大功勤谨之德，但加赏赐，足以酬其劳苦；至于裂土开国，实乖旧典。（后汉书·李固传）

h3. 虽昏僭恶极，罪不容诛，至于国体，宜且讳之。（后汉书·孔融传）

"虽……，至于……"式的出现，确认了"至于"的双音词性质。

D. 话题标记"至于"的产生

上面所引例句表明："至＋于＋宾"式在表示范围的基础上进一步发展，有可能发展出介引话题的功能。"至于"在话题结构中的大量运用，明确了它的介词性质。从汉代开始，"至于"出现于话题句的句首。例如：

（5）i1. 豫让曰："臣事范、中行氏，范、中行氏皆众人遇我，我故众人报之；至于智伯，国士遇我，我故国士报之。"（史记·刺客列传）

i2. 孔子……曰："鸟，吾知其能飞，鱼，吾知其能游，兽，吾知其能走。走者可以为罔，游者可以为纶，飞者可以为矰。至于龙，吾不能知，其乘风云而上天。吾今日见老子，其犹龙邪？"（史记·老子韩非列传）

i3. 嗟乎，此真将军矣！曩者霸上、棘门军，若儿戏耳，其将固可袭而虏也。至于亚夫，可得而犯邪！（史记·绛侯周勃世家）

i4. 综核名实，政事文学法理之士咸精其能，至于技巧工匠器械，自元、成间鲜能及之……（汉书·宣帝纪）

i5. 赞曰：汉承百王之弊，高祖拨乱反正，文景务在养民，至于稽古礼文之

事，犹多阙焉。（汉书·武帝纪）

5i 组显示："至于"所在的部分实际上是轻度转折意义的复句的表意重点。

### 7.6.2.1.6　小结

不同词性的"X+于"式双音词有不同的形成因素，但都属于"跨层演变"。如凝固之后是动词（如"善于"），成词的因素是"于"后面成分的结构复杂化以及"于"后面成分的语义类型变化。如凝固之后是副词（如"终于"），成词因素是"于"后面成分的语义类型变化和对时间意义理解的变化。如凝固之后是介词（如"关于"），成词因素是整个结构式可以充当的句法成分的增多，最终出现在句首状语的位置上。如凝固之后是话题标记（如"至于"），成词因素是位于有轻度转折意义的复句之首，谓语表意重点所在的部分之首。

### 7.6.2.2　"X+以"式双音词的产生

"X+以+宾"式原本也是述补结构，此类结构凝固成词的因素是语义结构中"接受者"论元的消失和句法结构的复杂化。

#### 7.6.2.2.1　*动词"加以"的产生*

"加+以+宾"式的"以"原本是作用是介引增加的内容。与"难以"的凝固成词不同，"加以"的"以"是纯粹的介词，"加以"凝固成词是纯粹的跨层演变。在"加+以+宾"式出现之前，已存在"加+之+以+宾"式，宾语可以是名词或谓词。例如：

（1）a1.君若绥之以德，加之以训辞，……（左传·僖公七年）

　　　a2.臣竭其股肱之力，加之以忠贞。（左传·僖公九年）

　　　a3.礼成而加之以敏。（左传·僖公三十三年）

随后出现"加+以+宾"式，"之"虽不出现，但"接受者"在前文出现。例如：

（1）b.故国有德义未明于朝者，则不可加以尊位。（管子·立政）

接受者也可以意会。例如：

（1）c.乃使荀息以屈产之乘为庭实，而加以垂棘之璧，以假道于虞而罚虢。（吕氏春秋·听言）

汉代开始，"接受者"可以意会的用例增加。例如：

（1）d1. 夏，遂还太山，修五年之礼如前，而加以禅祠石闾。（史记·封禅书）

d2. 内关之病，人不知其痛，心急，然无苦。若加以一病，死中春。（史记·扁鹊仓公列传）

d3. 故秦、夏、梁、鲁好农而重民。三河、宛、陈亦然，加以商贾。（史记·货殖列传）

d4. 诏令有司求其子孙，咸出庸保之中，并受复除，或加以金帛。（汉书·高惠高后文功臣列传）

如果句义中没有"接受者"，在已有事件或性状的基础上，增加事件或性状。"加以……"部分表示添加的原因，"加以"有可能被看作一个双音词。例如：

（1）e1. 荤粥氏虐老兽心，侵犯寇盗，加以奸巧边萌；於戏！朕命将率徂征厥罪。（史记·封禅书）

e2. 肺消瘅也，加以寒热。（史记·扁鹊仓公列传）

e3. 圣王在上二民不冻饥者，非能耕而食之，织而衣之也，为其开资财之道也。故尧、禹有九年之水，汤有七年之旱，而国无捐瘠者，以畜积多二备先具也。今海内为一，土地人民之众不避汤、禹，加以亡天灾数年之水旱，而畜积未及者，何也？（汉书·食货志上）

与 1e 组相同的语义结构，若"以"后面的成分结构复杂化。"加以"可以看作一个词。例如：

（1）f1. 百姓仍遭凶厄，无以相振，加以烦扰乎苛吏，拘牵乎微文，不得永终性命。（汉书·元帝纪）

f2. 朕承至尊之重，不能烛理百姓，娄遭凶咎，加以边竟不安，师旅在外，赋敛转输，元元骚动，穷困无聊，犯法抵罪。夫上失其道而绳下以深刑，朕甚痛之。（汉书·元帝纪）

f3. 秦连相坐之法，弃灰于道者黥，网密而刑虐，加以武伐横出，残贼邻国，至于变乱五行，气色谬乱。（汉书·五行志中之下）

综上，"加以"凝固成词的因素是"以"后面成分的结构复杂化和语义结构中"接受者"的消失。演变的动因是语用目的的变化——"加以……"部分从客观地陈述事件变为解说原因。

### 7.6.2.2.2　动词"继以"的产生

"继以"的"以"原本是工具介词，表示"用……续之"或"用……增添”的意思。例如：

（2）a1. 酒以成礼，不继以淫。（左传·庄公二十二年）

a2. 终日不足，继以烛。（孔子家语·卷十）

a3. 始自东郡之师，继以西海之役。（东观汉记·卷十四）

2a组属于客观陈述事件，如用于解说原因的复句中，“继以”有凝固成词的趋势。例如：

（2）b1. 有齐之末，主暗时昏，周平东夏，继以威虐，人不堪命，致有逃亡。（北史·隋宗室诸王列传）

b2. 播植既周，继以旱虐，黔庶呼嗟，相视褫气。（南齐书·武十七王列传）

b3. 流离寒暑，继以疫疠，转死沟渠，曾莫救恤。（梁书·武帝纪上）

b4. 上自永元以后，魏每来伐，继以内难，扬、南徐两州人丁，三人取两，以此为率。（南史·齐本纪下）

2b组的“以”还不能排除介词的可能性。如果用于解说原因的复句，“继以”后面的部分结构又比较复杂，“继以”可以看作一个双音词。例如：

（2）c1. 及明皇幼冲，女主南面。始则于忠专恣，继以元叉权重，握赏罚之柄，擅生杀之威，荣悴在亲疏，贵贱由离合，附会者结之以子女，进趋者要之以金帛。且佞谀用事，功勤不赏，居官肆其聚敛，乘势极其陵暴。于是四海嚣然，已有群飞之渐矣。（魏书·尔朱荣列传）

c2. 未几，改牧秦蕃，违离阙下，继以谴疾相缠，宁丁八岁。常恐所采之诗，永沦丘壑，……（全后魏文·卷三十七，张彝：上采诗表）

c3. 魏时三方鼎峙，日事干戈，晋氏平吴之后，少获宁息，徙置戊巳之官，诸国亦未宾从也。继以中原丧乱，胡人迭起，西域与江东隔碍，重译不交。（梁书·诸夷列传）

c4. 是时府库滥赏已竭，继以鄂王临朝，纪纲大坏，纵有无限之财赋，不能满骄军溪壑之心，……（旧五代史·晋书·李专美传）

至明清时期，“继以”作为双音词多用于解释原因的复句。例如：

（2）d1. 因海口案内未清，继以海寇聚奸，所以音信不通。（红楼梦·一百十四回）

d2. 臣窃见山东青州府知府何鳌，性如豺狼，行同鬼蜮，初以幼女媚奸，为人把衾抱裯，使国之所养廉耻，忽然扫地；继以己身附势，甘心为鹰为犬，至天地所存之正气，一旦销亡。（梦中缘·十四回）

综上“继以”凝固成词的因素与“加以”大致相同，都是在解说原因的复句中，由于"以"后面部分的结构复杂化而使"以"向前靠拢，与前面的动词凝固成为一个双音词。

### 7.6.2.3 "X+及"式双音词的产生

"X+及+宾"式中的"及"走过"动词——对象介词——构词成分"的路径。"及"从述补结构的补语中的构成成分变为动词的构词成分，实现了跨层演变，致变因素是结构的复杂化，主要是"及"后面出现"于、到"等介词。

#### 7.6.2.3.1 动词"波及"的产生

A. 介词"及"的产生

"波+及+宾"式原本有两种分析结果：主谓结构或述补结构。例如：

（1）a1. 其波及晋国者，君之余也。（左传·僖公二十三年）

　　　a2. 明年，赫连屈孑寇蒲子、三城，诸将击走之。其余灾波及晋、魏，仍其兵革之祸。（魏书·天象志）

　　　a3. 登文章之录，波及后代，越不过数十人耳。（柳宗元：与友人论为文书）

如果前面有状语，"波+及+宾"式可以确定是述补结构，"及"可以看作对象介词。例如：

（1）b1. 损南容之身尚可，岂可波及侍中也？（朝野佥载·卷四）

　　　b2. 张宗元之罢，皆波及浚。（宋史·奸臣列传）

如果"波及"后面出现介词"于"或"到"，"波及"是双音词。例如：

（1）c1. 惹出事来，定然波及于我。（隋史遗文·十八回）

　　　c2. 恐怕作事孟浪，波及于叔宝。（隋史遗文·十三回）

　　　c3. 又寄……，激恼主人，以致波及于我。（续欢喜冤家·十七回）

　　　c4. 雨露之恩不能常波及到他。（姑妄言·卷七）

　　　c5. 沈家诉词亦未波及到他身上。（绘芳录·十七回）

　　　c6. 只怕还要波及到贤契。（玉支玑·十七回）

综上"及"由介词变为构词成分的主要因素是介词"于、到"出现在"及"后面，承担了介引对象的功能，"及"向"波"靠拢，两者凝固成词。

#### 7.6.2.3.2 动词"涉及"的产生

"涉+及+宾"式的"及"原本也是介引关涉对象的介词。例如：

（2）a1. 来做款待甚厚，相语中绝不涉及女色。（郭青螺六省听讼新民公案·卷二）

a2. 原来虢国夫人怕……，未免涉及自己。（第一美女传·三回）

如果"涉及"后面有介词"于"或"到"，"涉及"是一个双动词。例如：

（2）b1. 若私相订约，苟且联欢，则是论涉及于私，便非婚礼之正。（生花梦·八回）

b2. 是因为吕留良诽谤的议论涉及到皇祖了，而曾静只涉及到了父皇。（大义觉迷录·乾隆上谕，译文）

b3. 但这份谕旨所涉及到人员，还只限于和吕留良有关的一小部分人。（大义觉迷录·雍正上谕，译文）

b4. 看来，再进一步追问，一定会涉及到家境富裕的老实良民。（蓝公案·十二则，译文）

### 7.6.2.3.3　小结

"X+及"式动词产生的主要因素是"及"后面出现一个与"及"功能相似的介词（如"于、到"），由于语义赘余，"及"向前靠拢，变为双音词的构词成分。

## 7.6.3　由介词短语凝固而成的连词

介词和介词宾语凝固而成为连词，这种演变可看作处于同一层次的两个成分组合成词。连词"所以、于是、因此"等都是如此。在演变中，句子主语的变化，结构的复杂化、语义关系的变化等因素起着作用。

### 7.6.3.1　连词"所以"的产生

连词"所以"（记为"所以₃"）由"以"为原因介词的"所+以"（记为"所以₂"）短语凝固而成，致变因素是语义关系的变化，即前后句主语的不一致。

#### 7.6.3.1.1　语义联系

在连词"所以₃"产生之前，"所+以"式的"所"可以指代事物，也可以指代行为；"以"是凭借介词或原因介词。"所以₃"萌生于"以"为原因介词的"所+以+V"短语，但"以"为凭借介词的"所+以+V"短语的存在及其结构复杂化，也助推"所以₃"的产生。

A. 与"以"为凭借介词的"所以₁"短语的联系

"所"原本是名词，在"所以"中用为代词，指代前文出现的事物；起初，"所以"（记为"所以₁"）中的"以"多为凭借介词。例如：

（1）a1. 礼，所以守其国，行其政令，无失其民者也。（左传·昭公五年）

　　a2. 盟，所以周信也。（左传·哀公十二年）

　　a3. 大官大邑，所以庇身也。（左传·襄公三十一年）

"所"指代的可能是某个事件，"所以₁"前面的部分有可能被看作话题或主语，但也有可能被看作一个小句。在语义结构中，句首动词性短语可以是"所"指代的内容。例如：

（1）b1. 齐盟，所以质信也。（左传·成公十一年）

　　b2. 考礼修德，所以尊天子也。（公羊传·隐公十一年）

　　b3. 不敢侮鳏寡，所以明德也。（左传·成公八年）

　　b4. 退三舍辟之，所以报也。（左传·僖公二十八年）

　　b5. 正其违而治其烦，所以为盟主也。（左传·襄公二十六年）

　　b6. 王命伐之，则有献捷。王亲受而劳之，所以惩不敬，劝有功也。兄弟甥舅，侵败王略。（左传·成公二年）

后小句的句首可以有施事主语。例如：

（1）c1.《三夏》，天子所以享诸侯也。（左传·襄公四年）

　　c2.《四牡》，君所以劳使臣也。（左传·襄公四年）

　　c3. 明德慎罚，文王所以造周也。（左传·成公二年）

"所"指代的施事所凭借的有利条件或态势（包括行为或品性），也可能作为解说的内容在后面出现，这种用法的"以"也是凭借介词。例如：

（1）d1. 小所以事大，信也；大所以保小，仁也。（左传·哀公七年）

　　d2. 人所以立，信智勇也。（左传·成公十七年）

　　d3. 晋所以霸，师武臣力也。（左传·宣公十二年）

以上四组的"以"都是凭借介词，"所＋以＋V"式都可以分析为状中结构，这种表示凭借的语义结构的发展，助推连词"所以₃"的产生。

　　B. 与"以"为原因介词的"所以₂"短语的联系

凭借介词"以₄₂"的产生早于原因介词"以₄₃"，在"所以"短语中，"以"有过"凭借——原因"的变化。若前文是谓词性短语，有可能被看作一个小句。下面一组的"以"介于凭借介词和原因介词之间。

（1）e1. 天有十日，人有十等，下所以事上，上所以共神也。（左传·昭公七年）

e2. 夫人姜氏飨齐侯于祝丘，飨甚矣。飨齐侯，所以病齐侯也。(穀梁传·庄
　　　　公四年)

　　若 V 部分表示"不如意"的事件，"所"指代事件的缘由，这种用法的
"所以"有两种可能性：一是将"所"和"以"看作两个词（代词和原因介
词），一是将"所以"看作一个词（原因连词）。例如：

（1）f1. 去顺效逆，所以速祸也。(左传·隐公三年)

　　　f2. 乱政亟行，所以败也。(左传·隐公五年)

　　比较 V 表示"好事"和"坏事"时，"以"的不同功能：

（1）g. 慈和而后能安靖其国家，以事大国，所以存也；无威则骄，骄则生乱，
　　　　乱生必灭，所以亡也。(左传·襄公二十七年)

　　上例的第一个"所以"的"以"可以分析为凭借介词或原因介词，第二
个"所以"的"以"只能是原因介词。

　　下面再比较两组例句：

（1）h1. 慈和而后能安靖其国家，以事大国，所以存也。(左传·襄公二十七年)

　　　h2. 亲亲与大，赏共罚否，所以为盟主也。(左传·昭公十三年)

　　　h3. 我落其实，而取其材，所以克也。(左传·僖公十五年)

　　　h4. 彼骄我怒，而后可克，先君蚡冒所以服陉隰也。(左传·文公十六年)

　　　h5. 举不失职，官不易方，爵不逾德，师不陵正，旅不偪师，民无谤言，所
　　　　以复霸也。(左传·成公十八年)

（1）i1. 无威则骄，骄则生乱，乱生必灭，所以亡也。(左传·襄公二十七年)

　　　i2. 盈而以竭，夭且不整；所以凶也。(左传·宣公十二年)

　　　i3. 小国有阙，所以得罪也。(左传·昭公十三年)

　　　i4. 既不能强，又不能弱，所以毙也。(左传·僖公七年)

　　　i5. 贡之无艺，小国有阙；所以得罪也。(左传·昭公十三年)

　　虽然上面两组的"所以"都有凝固成词的态势，但 1h 组"以"是凭借
介词或不能排除凭借介词的可能性；1i 组的"以"是原因介词或不能排除原
因介词的可能性。相比较而言，1i 组的"所+以"短语更像连词，或者说，
更接近连词。换言之，原因介词"以$_{43}$"所在的"所以$_2$"短语是连词"所
以$_3$"的直接来源。

### 7.6.3.1.2　"所以$_2$"短语的凝固

　　导致短语"所以$_2$"凝固成词的因素是语义关系的变化，这是指前后句

的主语的"非同一"关系，也就是说，如果前后句主语（施事）不同，"所以"只能是连词。

如果前句是复句形式，"所"的指代功能虽未褪尽，但已呈现向连词发展的趋势（参见 1i 组）。然而，1i 组"所以₂"前的部分和"所以₂"句的主语（或施事）是相同的，"所以"还不能排除介词短语的可能性。

导致介词短语凝固成为连词的因素是前后小句的主语不同、主语的隐藏。若前后句主语（或施事）不同，"所以"是连词。例如：

（1）j1. 季梁请下之，弗许而后战；所以怒我而怠寇也。（左传·桓公八年）

　　　j2. 吾先大夫子常易之，所以败我也。（左传·哀公元年）

与 1i 组相比，1j 组"所 + 以 +V"式可以看作一个小句，前面的部分也可以看作一个小句，两个小句之间有因果关系，"所"在语义结构中还有指代前文的作用，但由于"所以"句的主语（V 的施事，可能省略或隐含）与前句的主语不同，两个句子的主语或施事没有"一以贯之"的特征，"所以"在句法层面可以看作一个连词。

若句法层面没有主语，V 的施事在语义结构中属于"泛指"意义的，"所以"也是连词。例如：

（1）k1. 致赏则匮，致罚则虐，财匮而令虐，所以失其民也。（管子·君臣下）

　　　k2. 夫行私、欺上、伤民、失士，此四者用，所以害君义失正也。（管子·宙合）

先秦时期，表原因的介词短语"所以₂"或连词"所以₃"后面的动词几乎都是表示"不如意"事件。汉代，V 可以表示"好的"事件。例如：

（1）l1. 汉与匈奴约为昆弟，毋使害边境，所以输遗匈奴甚厚。（史记·孝文本纪）

　　　l2. 三王之忧劳天下久，于今而后成。武王早终，成王少，将以成周，我所以为之若此。（史记·鲁周公世家）

如果前面是解释原因的分句，"所以"又用在主语前面，则肯定是连词；不过先秦至汉时期，用例很少。

（1）m1. 世之听者，多有所尤，多有所尤则听必悖矣，所以尤者多故。（吕氏春秋·去尤）

至南北朝至唐时期渐多。例如：

（1）n1. 欲长驱轻骛，则辔急辕逼；欲尽规竭忠，则祸发如机。所以车倾于险

途，国覆而不振也。（抱朴子·官理）

n2. 弘每有兴废，手书守相，丁宁款密，所以人皆感悦，争赴之。（晋书·刘弘传）

### 7.6.3.1.3 "所以$_1$"短语的助推作用

如果"所以$_1$"前面表示"凭借"的部分比较长，"所"的指代作用弱化。例如：

（1）o1. 其竭力致死，无有二心，以尽臣礼；所以报也。（左传·成公三年）

o2. 晋君宣其明德于诸侯，恤其患而补其阙，正其违而治其烦，所以为盟主也。（左传·襄公二十六年）

o3. 举不失职，官不易方，爵不逾德，师不陵正，旅不偪师，民无谤言；所以复霸也。（左传·成公十八年）

o4. 故天将降大任于是人也，必先苦其心志，劳其筋骨，饿其体肤，空乏其身，行拂乱其所为，所以动心忍性，曾益其所不能。（孟子·告子下）

o5. 三让而后传命，三让而后入庙门，三揖而后至阶，三让而后升。所以致尊让也。（礼记·聘义）

表凭借的"所以$_1$"短语中，"所"的指代作用弱化，可以助推表原因的"所以$_2$"短语中"所"的指代作用弱化，从而助推连词"所以$_3$"的产生。

### 7.6.3.1.4 名词性短语的助推作用

"$N_1$+ 之 + 所以 +V"式是名词性短语，可以充当谓语。例如：

（1）p1. 此公侯之所以捍其民也。（左传·昭公元年）

p2. 此小国之所以事大国也。（穀梁传·僖公二年）

p3. 此贤不肖之所以分也。（吕氏春秋·博志）

p4. 礼，上下之纪，天地之经纬也，民之所以生也。（左传·昭公二十五年）

p5. 道也者，上之所以导民也。（管子·君臣上）

有时前面是谓词性短语，"$N_1$+ 所以 +V"式也还是名词性短语。例如：

（1）q1. 子木有祸人之心，武有仁人之心；是楚所以驾于晋也。（左传·昭公元年）

q2. 彼骄我怒，而后可克；先君蚡冒所以服陉隰也。（左传·文公十六年）

"$N_1$+ 之 + 所以 +V+ 者"式还可以独立成句。例如：

（1）r1. 贵之所以能成其贵者，以其贵而事贱也；贤之所以能成其贤者，以其贤而事不肖也。（管子·枢言）

r2. 桓公之所以身死十一日，虫出户而不收者，以不终用贤也。（管子·小称）

名词性的"N₁+ 之 + 所以 +V"短语是解说原因的，与因果复句有关，它的存在可以助推原因连词"所以₃"的产生。

### 7.6.3.1.5　小结

"所以"走过"介词短语（凭借）——介词短语（原因）——原因连词"的演变路径，致变的因素主要是句中语义关系的变化，即前后句主语（或 V 的施事）不一致，再加上代词"所"与指代对象的关系淡化。但表凭借的"所以₁"短语的存在及其结构复杂化也助推"所以₃"的产生；此外，"之所以"短语的存在及其发展也助推"所以₃"的产生。

### 7.6.3.2　连词"于是"的产生

"于是"走过"介词短语（时间）——介词短语（原因）——原因连词"的演变路径，致变的主要因素与"所以"大致相同，也是前后句主语的不一致以及代词"是"和指代对象的关系淡化。

#### 7.6.3.2.1　语义联系

"于是"也可以写作"于时"，起初，代词"是/时"多表时间。例如：

（2）a1. 畏天之威，于时保之。（诗经·周颂·我将）

a2. 于时处处，于时庐旅，于时言言，于时语语。（诗经·大雅·公刘）

a3. 于是景公繁于刑，有鬻踊者。故对曰："踊贵屦贱。"（左传·昭公三年）

a4. 宋景公无子，取公孙周之子得与启，畜诸公宫。于是皇缓为右师，皇非我为大司马，皇怀为司徒，……（左传·哀公二十六年）

在一些句子中，"是"指代时间，但蕴含原因意义。例如：

（2）b1. 冬，十月，邾人、莒人伐鄫。臧纥救鄫，侵邾，败于狐骀。国人逆丧者皆髽，鲁于是乎始髽。（左传·襄公四年）

b2. 公曰："子之教，敢不承命。抑微子，寡人无以待戎，不能济河。夫赏，国之典也。藏在盟府，不可废也。"魏绛于是乎始有金石之乐。（左传·襄公十一年）

b3. 春，晋搜于夷，舍二军。使狐姑射将中军，赵盾佐之。阳处父至自温，改搜于董。易中军，阳子成季之属也，故党于赵氏，且谓赵盾能。曰："使能，国之利也。"是以上之。宣子于是乎始为国政。（左传·文公

六年）

b4. 仲由为季氏宰，将堕三都。于是叔孙氏堕郈，季氏将堕费。公孙不狃、叔孙辄帅费人以袭鲁。（左传·定公十二年）

b5. 夏，其国夏、高张伐我西鄙，晋士鞅、赵鞅、荀寅救我。公会晋师于瓦。范献子执羔，赵简子、中行文子皆执雁。鲁于是始尚羔。（左传·定公八年）

b6. 初骊姬之乱，诅无畜群公子。自是晋无公族。及成公即位，乃宦卿之嫡子，而为之田，以为公族。又宦其余子，亦为余子，其庶子为公行，晋于是有公族。（左传·宣公二年）

还有少数句子中，"是"指代事件兼指代原因。例如：

（2）c1. 遂弗毁，日中而葬。君子谓子产于是乎知礼。（左传·昭公十二年）

c2. 庚辰，郑师入防，辛巳，归于我。君子谓郑庄公于是乎可谓正矣。（左传·隐公十年）

c3. 公至自晋，晋范宣子来聘，且拜朝也。君子谓晋于是乎有礼。（左传·成公十八年）

c4. 楚公子午为令尹，公子罢戎为右尹，……养由基为宫厩尹，以靖国人。君子谓楚于是乎能官人。（左传·成公十八年）

从句法角度看，这种用法的"于是（乎）"短语可释义"在这件事上"，它不是连词"于是"（记为"于是₃"）的直接来源，但句子蕴含解说原因意义，可以助推原因连词"于是"的产生。

### 7.6.3.2.2 致变因素分析

#### A. "是"的指代对象的变化

在历时发展中"是"的所指内容首先发生"时间——原因"的变化。在一些句子中，"是"指代原因，但原因和结果两个事件的时间上衔接十分紧密。例如：

（1）d1. 晋人讨卫之叛故，曰："由涉佗、成何。"于是执涉佗以求成于卫，卫人不许。晋人遂杀涉佗，成何奔燕。（左传·定公十年）

d2. 季子和药而饮之，曰："公子从吾言而饮此，则必可以无为天下戮笑，必有后乎鲁国。不从吾言而不饮此，则必为天下戮笑，必无后乎鲁国。"于是从其言而饮之。（公羊传·庄公三十二年）

d3. 涛涂谓桓公曰："君既服南夷矣，何不还师滨海而东，服东夷且归？"

桓公曰："诺。"于是还师滨海而东，大陷于沛泽之中。（公羊传·僖公四年）

d4. 晋杀其大夫里克，里克弑二君，则曷为不以讨贼之辞言之？惠公之大夫也。然则孰立惠公？里克也。里克弑奚齐、卓子。逆惠公而入。里克立惠公，则惠公曷为杀之？惠公曰："尔既杀夫二孺子矣，又将图寡人。为尔君者，不亦病乎？"于是杀之。（公羊传·僖公四年）

d5. 宋公谓公子目夷曰："子归守国矣。国，子之国也。吾不从子之言，以至于此。"公子目夷复曰："君虽不言国，国固臣之国也。"于是归设守械而守国。（公羊传·僖公二十一年）

d6. 君将使射姑将，阳处父谏曰："射姑民众不说，不可使将。"于是废将。（公羊传·文公六年）

由2d组可知：连词"于是"可以溯及表原因兼表时间的介词短语"于是"（记为"于是₁"）；如果原因和结果两个事件在时间上衔接紧密，"是"还不能排除指代原因兼指代时间的可能性，"于是"还不能看作一个双音词。在2d组的基础上继续发展，两个事件的时间差相对扩大。例如：

（2）e1. 夏，四月，甲辰，朔，日有食之。晋侯问于士文伯曰："谁将当日食？"对曰："鲁卫恶之，卫大鲁小。"公曰："何故？"对曰："去卫地，之鲁地，于是有灾，鲁实受之。其大咎其卫君乎？鲁将上卿。"（左传·昭公七年）

e2. 灵公心怍焉，欲杀之。于是使勇士某者往杀之。（公羊传·宣公六年）

e3. 灵公闻之怒，滋欲杀之甚。众莫可使往者，于是伏甲于宫中，召赵盾而食之。（公羊传·宣公六年）

e4. 奚齐、卓子者，骊姬之子也，荀息傅焉。骊姬者，国色也。献公爱之甚，欲立其子。于是杀世子申生。（公羊传·僖公十年）

e5. 庄王围宋，军有七日之粮尔。尽此不胜，将去而归尔。于是使司马子反乘堙而窥宋城。（公羊传·宣公十五年）

e6. 鲁人徐伤归父之无后，于是使婴齐后之也。（公羊传·成公十五年）

e7. 楚人知虽杀宋公，犹不得宋国。于是释宋公。（公羊传·僖公二十一年）

2e组"于是"前后句是原因和结果关系，两个事件在时间上衔接不是十分紧密，"于是"被看作一个双音词的可能性增大；但"于是"不一定已凝固成词。有两种情况可以证明这一点，一是"于是"句句首有连词"故"。

例如：

（2）f1. 督将弑殇公，孔父生而存，则殇公不可得而弑也。故于是先攻孔父之家。（公羊传·桓公二年）

f2. 文公逐卫侯而立叔武，叔武辞立而他人立。则恐卫侯之不得反也，故于是已立。（公羊传·僖公二十八岁年）

f3. 公子庆父、公子牙、公子友，皆庄公之母弟也。公子庆父、公子牙通乎夫人，以胁公。季子起而治之，则不得与于国政。坐而视之，则亲亲，因不忍见也。故于是复请至于陈，而葬原仲也。（公羊传·庄公二十七年）

f4. 叔术者，贤大夫也。绝之则为叔术；不欲绝不绝，则世大夫也。大夫之义不得世，故于是推而通之也。（公羊传·昭公三十一年）

2f组中连词"故"的出现表明："于是"可能还是介词短语。

二是"于是""于是乎"短语绝大多数出现在主语后面。例如：

（2）g1. 明察之官，忠信之长，慈惠之师，民于是乎可任使也。（左传·昭公六年）

g2. 夫德，俭而有度，登降有数，文物以纪之，声明以发之。以临照百官，百官于是乎戒惧。（左传·昭公六年）

g3. 诸侯敌王所忾，而献其功，王于是乎赐之。（左传·文公四年）

2g组表明："于是"还没有完全凝固，还是介词短语。

B. 句子主语（施事）的变化

如果"于是"前后两个句子的主语（施事）是一致的，"于是"虽然表示原因，但还不能排除介词短语的可能性。例如：

（2）h1. 兄弟之不睦，于是乎不吊。（左传·昭公七年）

h2. 夫州吁弑其君，而虐用其民，于是乎不务令德，而欲以乱成，必不免矣。（左传·隐公四年）

如果"于是"前后两句的主语（V 的施事，可能省略或隐含）不一致，"于是"可以看作连词。例如：

（2）i1. 萧同侄子者，齐君之母也。踊于棓而窥客。则客或跛或眇。于是使跛者迓跛者，使眇者迓眇者。（左传·成公二年）

i2. 夏，齐侯围成，贰于晋故也。于是乎城成郛。（左传·襄公十五年）

i3. 冬十一月，晋侯、卫侯、郑伯、许男、曹伯盟于扈，且谋伐齐也。齐人赂晋侯，故不克而还。于是有齐难。（左传·文公十五年）

有的"于是"句句首无主语，但也不是承前省略。例如：

（2）j1.古者明王，伐不敬，取其鲸鲵而封之，以为大戮。于是乎有京观。（左传·宣公十二年）

j2.世之治也，诸侯间于天子之事，则相朝也。于是乎有享宴之礼。（左传·成公十二年）

j3.昔文公与秦伐郑，秦人窃与郑盟，而舍戍焉。于是乎有殽之师。（左传·襄公十四年）

j4.伯阳父曰："周将亡矣！夫天地之气，不失其序；若失其序，民乱之也。阳伏而不能出，阴迫而不能烝，于是有地震。……"（国语·周语上）

2j组"于是"句的主语属于没有必要出现的类型，不是承前小句的主语而省略，前句的主语不能贯串至"于是"句，"于是"的连接功能凸显，从介词短语变为连词。

C. "于是"出现在主语（施事）前面

与"所以"出现在主语前即是连词不同，"于是"出现在主语前面不一定就是连词。这是因为"于是"的"于"最初是时间介词，而表示时间的介词短语可以位于主语前。例如：

（2）k1.邾庶其以漆闾丘来奔，季武子以公姑姊妻之，皆有赐于其从者。于是鲁多盗，季孙谓臧武仲曰："子盍诘盗？"（左传·襄公二十一年）

"于是₁"指代原因兼时间时，也可以位于主语前，论其性质，还是介词短语。例如：

（2）l1.公问于梓慎曰："是何物也？祸福何为？"对曰："二至二分，日有食之，不为灾。日月之行也，分同道也，至相过也。其他月则为灾，阳不克也，故常为水。"于是叔辄哭日食。（左传·昭公二十一年）

l2.秋，诸侯会宋公于盂，子鱼曰"祸其在此乎？君欲已甚，其何以堪之？"于是楚执宋公以伐宋。（左传·僖公二十一年）

如果"是"单纯指代原因，且指代的部分比较长，"于是"又用于主语前，可以看作连词。例如：

（2）m1.晋侯搜于黄父，遂复合诸侯于扈，平宋也。公不与会，齐难故也。书曰"诸侯"，无功也。于是晋侯不见郑伯，以为贰于楚也。（左传·文公十七年）

m2.诸侯故务其三时，修其五教，以致其禋祀；于是乎民和而神降之福。

（左传·桓公六年）

m3. 且吾闻之，古者禽兽多而人少，于是民皆巢居以避之。（庄子·杂篇·让王）

m4. 于是君请相之，段干木不肯受。则君乃致禄百万，而时往馆之。于是
国人皆喜，相与诵之曰……（吕氏春秋·期贤）

m5. 古者未有君臣上下之别，未有夫妇妃匹之合，兽处群居，以力相征，
于是智者轴愚，强者凌弱，老幼孤独，不得其所。（管子·君臣下）

D. 小结

连词"于是"的凝固成词和"所以"有相同之处，都是前后句主语（包
括省略或隐含的）不一致。不同在于，"所以"一旦用于主语前，就是连词；
"于是"用于主语前，不一定是连词。这是因为"于是"的"于"原本是时间
介词，表示时间的介词短语可以用于主语前。

### 7.6.3.3　连词"因此"的产生

连词"因此"由表原因的介词短语"因此"（记为"因此₂"）凝固而成。
介词短语"因此"的"此"可以指代凭借的事物、依据的事物、有利的时机
或事件的原因，而"因"也可以分析为凭借介词、依据介词、时机介词或原
因介词。相对来说，表原因的"因此₂"与原因介词"因此"（记为"因此₃"）
的关系比较密切。

#### 7.6.3.3.1　语义联系

方式介词"因₄"的功能可分为"凭借"、"依据"、"原因"三类。"因此"
中"因"与原因介词"因₄₂"有来源关系，但最初的"因此"短语中，"因"
有两种可能性：凭借介词或原因介词。例如：

（3）a1. 今若杀之，此鲍叔之友也，鲍叔因此以作难，君必不能待也，不如与
之。（管子·匡君大匡）

　　a2. 越王谓大夫种曰："孤闻吴王淫而好色，惑乱沉湎，不领政事。因此而
谋，可乎？"（吴越春秋·勾践阴谋外传）

"因"也有可能是依据介词或原因介词。例如：

（3）b1. 己卯，晦震夷伯之庙。晦，冥也。震，雷也。夷伯，鲁大夫也。因此以
见天子至于士，皆有庙。（穀梁传·僖公十五年）

　　b2. 臣闻尧遭鸿水，使禹治之。未闻禹之有水也。若汤之旱，则桀之余烈
也。桀纣行恶，受天之罚；禹汤积德，以王天子。因此观之，天德无私

亲，顺之和起，逆之害生。（汉书·公孙弘传）

b3. 是故明王圣主之治，若夫江海无不受，故长为百川之主；明王圣君无
不容，故安乐而长久。因此观之，则安主利人者，非独一士也。（说
苑·卷一）

"凭借"、"依据"、"时机"三种功能的介词"因"所在的句子中，都有可
能蕴含解说原因意义，但凭借介词"因$_{41}$"所在的"因此"短语（记为"因
此$_1$"）首先演变为表示原因的介词短语（记为"因此$_2$"），"因此$_2$"是连词
"因此$_3$"的主要来源。

"凭借——原因"的演变在汉语史上是反复出现的。在表示凭借的句子
中已蕴含解释原因意义。例如：

（3）d1. 昔者，楚人与越人舟战于江，楚人顺流而进，迎流而退，见利而进，见
不利则其退难。越人迎流而进，顺流而退，见利而进，见不利则其退
速。越人因此若势，亟败楚人。（墨子·鲁问）

d2. 错为内史，门东出，不便。更穿一门南出。南出者，太上皇庙壖垣。嘉
闻之，欲因此以法错擅穿宗庙垣为门，奏请诛错。（史记·张丞相列传）

d3. 会暑湿，士卒大疫，兵不能逾岭。岁余，高后崩，即罢兵。佗因此以兵
威边，财物赂遗闽越、西瓯、骆，役属焉。（史记·南越列传）

d4. 会暑湿，士卒大疫，兵不能逾岭。岁余，高后崩，即罢兵。佗因此以兵
威财物赂遗闽粤、西瓯骆，役属焉。（汉书·南粤王传）

d5. 窦氏虽诛，帝犹以为太后有援立之功。建宁四年十月朔，率群臣朝于南
宫，亲馈上寿。黄门令董萌因此数为太后诉怨。帝深纳之，供养资奉有
加于前。（后汉书·桓思窦皇后传）

3d 组"因 + 此 +V"式的"此"所指代的事件是有利于主语（施事）或
主语一方的，V 部分表示符合施事心愿的事件，也是主语（施事）自以为有
利可图的事件，"因"还未脱尽凭借介词的痕迹。

#### 7.6.3.3.2 致变因素分析

"因此"凝固成词的第一步是"因此$_2$"短语（"因"单纯表示原因）的出
现，但连词"因此"产生的关键是语义关系的变化，即前后小句的主语（或
施事）不一致，其次是"因此"位于主语前。

A. 表原因的介词短语"因此$_2$"的出现

"因"单纯表示原因的"因此$_2$"短语，初见于汉代：

（3）e1. 李良已得秦书，固欲反赵，未决，因此怒，遣人追杀王姊道中。（史记·张耳陈余列传）

e2. 良以得秦书，欲反赵，未决，因此怒，遣人追杀王姊。（汉书·张耳陈余列传）

至南北朝时期有较多用例：

（3）f1. 桓帝将纳梁冀妹，冀欲令以厚礼迎之，乔据执旧典，不听。又冀属乔举汜官为尚书，乔以官臧罪明著，遂不肯用，因此日忤于冀。（后汉书·杜乔传）

f2. 转奂太常，与尚书刘猛、刁韪、卫良同荐王畅、李膺可参三公之选，而曹节等弥疾其言，遂下诏切责之。奂等皆自囚廷尉，数日乃得出，并以三月奉赎赎罪。司隶校尉王寓，出于宦官，欲借宠公卿，以求荐举，百僚畏惮，莫不许诺，唯奂独拒之。寓怒，因此遂陷以党罪，禁锢归田里。（后汉书·张奂传）

f3. 邓骘兄弟以讽异其议，因此不平，欲以吏法中伤诹。（后汉书·王昌传）

判定"因此"中"因"是原因介词的条件是：

1）"此"所指代的不是 $N_1$（主语或施事，可能省略）的优势或有利条件；

2）V 所表示的事件不是"使施事得利"的事件。

东汉至南北朝时期，表原因的"因此$_2$"短语已有较多用例，但大多用于主语（施事）后面。例如：

（3）g1. 是月，后妾当有失节之邮，故天因此两见其变。（汉书·五行志下）

g2. 今边郡困乏，父子共犬羊之裘，食草莱之实，常恐不能自存，难于动兵。"军旅之后，必有凶年"，言民以愁苦之气，伤阴阳之和也。出兵虽胜，犹有后忧，恐灾害之变因此以生。（汉书·魏相传）

g3. 帝遣屯骑校尉杨暨慰喻，礼赐益隆，休因此痈发背，薨。（三国志·魏书·诸夏侯曹传）

g4. 三年夏，郭马反。马本合浦太守修允部曲督，允转桂林太守，疾病，住广州。先遣马将五百兵，至郡安抚诸夷。允死，兵当分给。马等累世旧军，不乐离别。皓时又科实广州户口，马与部曲将何典、王族、吴述、殷兴等因此恐动兵民，合聚人众，攻杀广州都督虞授。（三国志·吴书·三嗣主传）

g5. 四月，权薨，诸葛恪秉政，恪即和妃张之舅也。妃使黄门陈迁之建业，上疏中宫，并致问于恪。临去，恪谓迁曰："为我达妃，期当使胜他人。"此言颇泄。又恪有迁都意，使治武昌官，民间或言欲迎和。及恪被诛，孙峻因此夺和玺绶，徙新都；又遣使者赐死。（三国志·吴书·顾雍传）

这一时期，"因此"还不能确定是一个双音词，因为"因 + 此 +V"式所在小句的句首还可以出现连词"故"。例如：

（3）h1. 六年夏，四月泉陵言黄龙见，五月交趾郡吏吕兴等反，杀太守孙谞。谞先是科郡上手工千人，送建业。而察战至，恐复见取，故兴等因此扇动兵民，招诱诸夷也。（三国志·吴书·三嗣主传）

h2. 巫人常为越所鞭，故因此以报之。（三国志·魏书·董卓传，裴注引《献帝纪》）

h3. 轶自通书之后，不复与异争锋，故异因此得北攻天井关，拔上党两城。（后汉书·王昌传）

"故"的出现表明："所以"可能还是介词短语。

B. 致变因素分析

导致"因此"凝固成词的因素首先是语义关系的变化，即前后小句的主语不一致，其次是"因此"位于主语前面。

B1. 前后句主语的不一致

连词"因此₃"萌芽于晋南北朝时期，在"此"指代明确的情况下，区分标准是话题或主语的隐藏或变换。第一种是主语"暗中更换"，可以据前文而推知"因此"句的主语或施事。例如：

（3）i1. 馥等又请虞领尚书事，承制封拜。复不听，遂收斩使人。于是选掾右北平田畴、从事鲜于银蒙险间行，奉使长安。献帝既思东归，见畴等大悦。时虞子和为侍中，因此遣和潜从武关出，告虞将兵来迎。（后汉书·刘虞传）

i2. 家贫，无以市马，常刀盾步出，单身挺战。每一捷，郡将辄赏钱五千，因此得市马。（后汉书·宗越传）

i3. 初出身为领军府白衣吏。少知书，领军将军演之使起居注，所写既毕，暗诵略皆上口。演之尝作让表，未奏，失本，喜经一见，即便写赴，无所漏脱，演之甚知之。因此涉猎《史》《汉》，颇见古今。（后汉

书·吴喜传）

i4. 又谮杀彭城王勰，由是朝野侧目，咸畏恶之。因此专权，与夺任己。
（魏书·高肇传）

i5. 勒爱子斌暴病死，将殡，勒叹曰："朕闻虢太子死，扁鹊能生之，今可得
效乎？"乃令告澄。澄取杨树沾水，洒而咒之，就执斌手曰"可起矣！"
因此遂苏，有顷，平复。（晋书·佛图澄传）

第二种是主语未出现，也不能承前文而定，但可以依据前文揣摩而知。
例如：

（3）j1. 故太尉杨彪收付县狱，尚书荀彧、少府孔融等并属宠："但当受辞，勿
加考掠。"宠一无所报，考讯如法。数日，求见太祖，言之曰："杨彪考
讯无他辞语，当杀者宜先彰其罪；此人有名海内，若罪不明，必大失
民望，窃为明公惜之。"太祖即日赦出彪。初，彧、融闻考掠彪，皆怒，
及因此得了，更善宠。（三国志·魏书·满宠传）

j2. 丞相雍奏从大辟。其后，吴令孟宗丧母弃赴，已而自拘于武昌，以听
刑。陆逊陈其素行，因为之请，权乃减宗一等，后不得以为比。因此遂
绝。（三国志·吴书·吴主传）

j3. 初，和帝末，下令麦秋得案验薄刑，而州郡好以苛察为政，因此遂盛夏
断狱。（后汉书·鲁恭传）

j4. 至如买者，知是良人，决便真卖，不语前人得之由绪。前人谓真奴婢，
更或转卖，因此流洞，罔知所在。家人追赎，求访无处。（魏书·刑
罚志）

j5. 后性严明，假有充侍，亦无所纵。左右纤介之愆，动加捶楚，多至数
百，少亦数十。然性不宿憾，寻亦待之如初，或因此更加富贵。（魏
书·皇后列传）

第三种是主语不能确定。例如：

（3）k1. 充县有松梁山，山有石，石开处数十丈，其高以弩仰射不至，其上名
"天门"，因此名郡。（宋书·州郡志三）

k2. 汉末丧乱，魏武始基，军中仓卒，权立九品，盖以论人才优劣，非为世
族高卑。因此相沿，遂为成法。（宋书·恩幸传）

第四种是主语没必要确定。例如：

（3）l1. 顷之，邵料检太祖巾箱及江湛家书疏，得僧绰所启缮士并废诸王事，乃

收害焉，时年三十一。因此陷北第诸王。（宋书·王僧绰传）

12. 帝未欲便加大戮，且止免官。峻频启谢罪，并乞性命。上愈怒，诏答曰："宪司所奏，非宿昔所以相期。卿受荣遇，故当极此。讪讦怨愤，已孤本望，乃复过烦思虑，惧不自全，岂为下事上诚节之至邪！"及竟陵王诞为逆，因此陷之，召御史中丞……（宋书·颜峻传）

13. 若但谪此三人，殆无整肃。开其一端，则互相恐动，里伍县司，竞为奸利，财赂既逞，狱讼必繁，惧亏圣明烹鲜之美。臣愚谓况等三家，且可勿问，因此附定制旨。若民人葬不如法，同伍当即纠言，三年除服之后，不得追相告列，与事为宜。（宋书·何承天传）

以上四种情况，"因此"都可以看作连词。

B2. "因此"用于主语前

"因此"若用于主语前，可以看作连词。例如：

（3）m1. 初，桓帝为蠡吾侯，受学于甘陵周福，及帝即位，擢福为尚书。时同郡河南尹房植有名当朝，乡人为之谣曰："天下规矩房伯武，因师获印周仲进。"二家宾客，互相讥揣，遂各树朋徒，渐成尤隙。由是甘陵有南北部，党人之议，自此始矣。后汝南太守宗资任功曹范滂，南阳太守亦委功曹岑晊，二郡又为之谣曰："汝南太守范孟博，南阳宗资主画诺。南阳太守岑公孝，弘农成瑨但坐啸。"因此流言转入太学，诸生三万余人，……（后汉书·刘淑传）

m2. 初，法汰北来未知名，王领军供养之。每与周旋，行来往名胜许，辄与俱。不得汰，便停车不行。因此名遂重。（世说新语·赏誉）

m3. 田子初以功应封，因此事侵。（宋书·自序）

m4. 高祖微服观战所，有箭欲犯帝，志以身障之，高祖便得免。矢中志目，因此一目丧明。（魏书·神元平文诸帝子孙列传）

m5. 白早生之反也，萧衍遣众来援，因此缘淮镇戍相继降没。（魏书·辛绍先传）

m6. 有门生始来事协，知其廉洁，不敢厚饷，止送钱二千。协发怒，杖二十，因此事者绝于馈遗。（梁书·顾协传）

m7. 此人逊请，犹冀受纳，察厉色驱出，因此伏事者莫敢馈遗。（陈书·姚察传）

"因此"的凝固成词的因素与"所以"大致相同，都是因为前后句主语不一致，或者是"因此"出现于主语前。

## 7.6.4 "介词——助词——构词成分"的演变

本节讨论名词"被告"和"被 +V（不及物）"式结构的来源。涉及"介词——助词——构词成分"的演变。名词"被告"（记为"被告₂"）由述宾短语凝固而成，动词性固定格式"被 +V"由"助词 + 动词"凝固而成。

### 7.6.4.1 名词"被告"的产生

现代汉语中，名词"被告₂"一般被看作"词缀 + 词根"构成的附加式复合词。其中的"被"的直接来源究竟是动词还是助词？名词"被告₂"是来自述宾短语的凝固还是来自词缀黏附于词根呢？笔者以为"被告₂"由述宾短语凝固而成，致变因素是句法位置的增多，"被告"出现在主语或宾语位置，则变为名词。五代、宋时期，"被 + 告"式还是述宾短语（记为"被告₁"），"被告₁"可单独充当谓语。例如：

（1）a1. 一人被告，百人满狱。（旧唐书·刑法志）

　　　a2. 王承宗府厮卒张晏被告。（新唐书·张嘉贞传）

"被告₁"充当谓语部分中心动词，其后的动词性短语可以看作它的宾语。例如：

（1）b1. 永明二年，为寻阳相、南新蔡太守，被告作大形棺材盛仗，……（南史·垣护之传）

　　　b2. 时宋王宪府掾纪希虬兄任剑南县令，被告有赃私。（旧唐书·酷吏列传下）

"被告₁"还可以充当紧缩句形式的前一 VP，整个紧缩句形式充当"者"的限定成分。例如：

（1）c. 被告身死破家者，皆枉酷自诬而死。（大唐新语·卷三）

还可以充当定中结构的定语或者是与"者"一起构成名词"被告者"。例如：

（1）d1. 被告之人，问皆称枉。（朝野佥载·卷二）

　　　d2. 岂被告者尽是英雄，以求帝王耶？（旧唐书·酷吏列传上）

　　　d3. 自垂拱后，被告者类自诬。（新唐书·姚崇传）

d4. 上曰："不尔，无以安被告者。"（续资治通鉴成公编·卷六十三）

1d 组中间两例的"被告者"用于主语位置，若后面省略"者"，"被告"充当主语，且与"原告"对举，可以被分析为名词。例如：

（1）e1. 被告诈他十贯五贯，原告吃他三瓶五瓶。（柯丹邱：荆钗记·三十七出，全元南戏）

e2. 原告跪在这壁，被告跪在那壁去。（李行甫：包待制智赚灰栏记·第二折）

1e 组显示：元代，名词"被告₂"已萌芽。比照 1d 组可知：名词"被告者"充当主语时，"被告"已处于主谓结构的主语部分的框架中，若省略后面的"者"，直接用为主语，且与"原告"对举，则"被告"变为一个名词。

元代，在宾语位置上，"被告"与"原告"对举时，也可以看作一个名词。例如：

（1）f1. 那告状的有原告，有被告。（官天挺：死生交范鸡黍·第一折）

f2. 那个是原告，那个是被告。（关汉卿：感天动地窦娥冤·第二折）

f3. 我是原告，他是被告。（贾仲明：李素兰风月玉壶春·第四折）

就位置而言，宋代的"被告₁"已出现于宾语位置，但还是动词性短语。例如：

（1）g. 初，兴未知被告，方对俊臣食，……（新唐书·酷吏列传）

比照 1f 组和例 1g 可知：在宾语位置上，"被告₁"也有可能变为名词，致变因素是充当述语的动词的语义类型变化，感知动词（如"知"等）后面，"被告"还是短语；在动词"是"、"有"后面（参见 1f 组），"被告"变为名词。总之，名词"被告₂"来自述宾短语的凝固，之所以被看作附加式复合词，是因为现代汉语的"被 +V（及物动词）"式的"被"大多被分析为助词，但从历时角度看，名词"被告₂"由述宾短语凝固而成。

### 7.6.4.2 "被 + 不及物动词"结构的产生

"被 + 不及物动词"式是助词"被"和动词黏合的短语。在"被自杀"、"被就业"一类结构出现之前，助词"被"一般与及物动词组合。但"被 +N₂+ 不及物动词"式也存在，如在某些运行动词、心理动词前面，"被"有理解为"使、让"义致使动词。在"被动——致使"演变的过程中，"被"后面出现不及物动词，这为当今的"被 + 不及物动词"结构的产生提供了句法基础。在当代汉语中，为了表达"外力强加"或"施事不愿意或不接受"的意思，"被"可以用于不及物动词前面。

"被 + 不及物动词"结构式中的"被"与助词"被"有来源关系，仍可定性为助词（可称为"强调助词"）。该结构产生的主要因素是 V 的语义类型发生"及物——不及物"的变化，演变的动因是语用目的的变化，为表达 V 事件是"外力强加"和"施事非企盼"的意思。

总之，名词"被告"是由述宾短语凝固而成的，"被"是动词性语素。"被 + 不及物动词"结构是由助词和动词凝固而成的，"被"是助词性语素。

## 7.7 结语

在"动词——介词"、"介词——介词"和"介词——构词语素"三类演变中，都可能存在首发模式和后随模式，以及多源模式和单源模式。演变的动因一般是语用目的的变化，致变因素多为结构式中各种成分的语义类型的变化以及结构式的变化，由此引发语义关系的变化。

# 参考文献

## 1. 论文

贝罗贝 1989 早期"把"字句的几个问题，中国语文，第 1 期

蔡维天 2013 从生成语法看汉语蒙受结构的源起，语法化与语法研究（六），商务印书馆

曹广顺 遇笑容 2000 中古译经中的处置式，中国语文，第 6 期

曹广顺 龙国富 2005 再谈中古汉语处置式，中国语文，第 4 期

曹小云 1990《朝野佥载》"被"字句研究，安徽师范大学学报，第 4 期

曹小云 1993《〈祖堂集〉被字句研究》商补，中国语文，第 5 期

巢宗祺 1999 吴语里与普通话"给"相对应的词，华东师大学报（哲社版），第 5 期

晁　瑞 2005 介词"向"对"问"的替换——兼谈方言介词"问"的历史演变，北方论丛，第 6 期

陈安平 2002"问"的语法化过程，海南大学学报，第 1 期

陈初生 1983 早期处置式略论，中国语文，第 3 期

陈永正 2002 西周春秋铜器铭文中的联结词，古文字与汉语史通论集，中山大学出版社

陈　莉 2004 关于《训世评话》的授予动词"给"兼及版本问题，中国语文，第 2 期

陈祥明 2007 介词"问"的来源与发展，江南大学学报，第 1 期

陈泽平 2000 福州方言的介词，李如龙、张双庆主编《介词》，暨南大学出版社

储泽祥 谢晓明 2002 汉语语法化研究中应重视的若干问题，世界汉语教学，
　第 2 期

崔永忠 何洪峰 2014 "从"的介词化及其发展，殷都学刊，第 1 期

大西克也 1998 并列连词 "及" "与" 在冲突文献中的分布及上古汉语方言语
　法，郭锡良主编《古汉语语法论集》，语文出版社

戴浩一 1988 时间顺序与汉语的语序，国外语言学，第 1 期

戴浩一 1990 以认知为基础的汉语功能语法刍议，国外语言学，第 4 期

邓静怡 2008 汉语 "比" 的语法化研究，四川师范大学硕士学位论文

邓思颖 2004 从南雄珠玑方言看被动句，方言，第 2 期

刁晏斌 1993 近代汉语的 "把" 字句与 "将" 字句的区别，辽宁师范大学学
　报，第 1 期

刁晏斌 1995《朱子语类》中几种特殊的 "被" 字句，古汉语研究，第 3 期

刁晏斌 1999 论近代汉语受事主语句，辽宁师范大学学报，第 5 期

刁晏斌 2012 两岸四地的 "遭" 字句及其与 "被" 字句的差异，语言教学与研
　究，第 5 期

丁崇明 1992 大理方言中与动词 "给" 相关的句式，中国语文，第 1 期

董莲池 1998 甲骨文中的 "于" 字被动式探索，古籍整理研究学刊，第 4、
　5 期

董秀芳 1997 跨层结构的形成与语言系统的调整，河北师范大学学报，第
　2 期

董秀芳 1998 古汉语中介宾位置上的零形回指及其演变，当代语言学，第 4 期

董秀芳 2000 动词性并列式双音词的历时发展特点与词化程度，河北师范大
　学学报，第 1 期

董秀芳 2002 论句法结构的词汇化，语言研究，第 3 期

董秀芳 2009 现实化：动词重新分析为介词后句法特征的渐变，语法化与语
　法研究（四），商务印书馆

董秀芳 2009 汉语的句法演变和词汇化，中国语文，第 5 期

董秀芳 2011 词汇化与话语标记的形成，吴福祥主编《汉语主观性与主观化
　研究》，商务印书馆

董志翘 1989 中世汉语 "被" 字句的发展和衍变，河南师范大学学报，第 1 期

杜　敏 1996 早期处置式的表现形式及其底蕴，陕西师范大学学报，第 4 期

杜　敏 1998 唐宋"把"字句再论，宁波大学学报，第 3 期

范中华 1991 论遭受类动词及遭受句，社会科学战线，第 2 期

方　梅 2003 从空间范畴到时间范畴，语法化与语法研究（一），商务印书馆

冯春田 1992 论汉语被动句在历史发展中的变化规律，东岳论丛，第 1 辑

冯胜利 1997 "管约"理论与汉语的被动句，中国语言学论丛，第 1 辑

符　浩 1990 词义演变过程中的离析与综合现象，广西师范大学学报，第
　　3 期

傅惠均 2001《金瓶梅词话》中的授予动词"给"，中国语文，第 3 期

高育花 1998 近代汉语"和"类虚词研究述评，古汉语研究，第 3 期

高月丽 2007 "被""把"同现句的分类及与"把"字句的关系，西北大学学
　　报，第 5 期

戈　弋 1958 "把"字句的起源，中国语文，第 2 期

龚　波 2010 汉语方言中表被动的"等"及其来源，汉语史研究集刊，第
　　13 辑

龚节之 2006《董解元西厢记》的处置式探讨，现代语文（语研版），第 9 期

龚千炎 1983 由"V 给"引起的兼语句及其变化，中国语文，第 4 期

古川裕 2000 "跟"字的语义指向及其认知解释，语言教学与研究，第 3 期

郭锡良 1997 介词"于"的起源和发展，中国语文，第 2 期

郭锡良 1998 介词"以"的起源和发展，古汉语研究，第 1 期

郭锡良 2008 也谈语法化，陕西师范大学学报，第 4 期

何洪峰 2004 试论汉语被动标记产生的语法动因，语言研究，第 4 期

何洪峰 2009 动词"去"向处所介词语法化的终止和回归，语言研究，第 2 期

何洪峰 2012 汉语限域性介词，语言研究，第 4 期

何洪峰 2012 近代汉语依凭介词的发展，华中国学，华中科技大学出版社

何洪峰 2013 近代汉语"流星"介词，语言研究，第 4 期

何洪峰 2014 动词介词化的句法语义机制，语文研究，第 1 期

何洪峰 苏俊波 2005 "拿"字语法化的考察，语言研究，第 4 期

何洪峰 崔永忠 2012 汉语次生介词，语言研究，第 4 期

何亚南 2001 汉语处置式探源，南京师大学报，第 5 期

黑维强 2013 绥德方言的"赶"字差比句及"赶"的语法化，语法化与语法研
　　究（六），商务印书馆

洪　波 1998 论汉语实词虚化的机制，古汉语语法论集，语文出版社

洪　波 2000 论平行虚化，汉语史研究集刊，第 2 辑，巴蜀书社

洪　波 2004 "给"字的语法化，南开语言学刊——纪念邢公畹先生九十华诞专号，南开大学出版社

洪　波 2007 命令标记"与我"、"给我"的语法化及词汇化问题探析，语法化与语法研究（三），商务印书馆

洪　波 赵　著 2005 汉语给予动词的使役化及使役动词的被动介词化，语法化与语法研究（二），商务印书馆

洪　诚 1958 论古汉语的被动句，南京大学学报，第 1 期

胡敕瑞 2015 从隐含到呈现（上），吴福祥、王云路主编《汉语语义演变研究》，商务印书馆

胡小萍 史金生 2007 "连"类介词的语法化，语法化与语法研究（三），商务印书馆

胡裕树 范晓 1985 试论语法研究的三个平面，新疆师范大学学报，第 2 期

胡竹安 1960 动词后"给"的词性和双宾语问题，中国语文，第 5 期

胡壮麟 2003 语法化研究的若干问题，现代外语，第 1 期

黄锦君 2002 二程语录中的被动句和被字句，西南民族学院学报，第 5 期

黄敬轩 2007 汉语介词"就"的语法化历程，双语学习，第 5 期

黄伟嘉 1987 甲骨文中"在、于、自、从"四字介词用法的发展变化及其相互关系，陕西师范大学学报，第 1 期

黄晓惠 1992 现代汉语差比格式的来源及演变，中国语文，第 3 期

黄晓雪 李崇兴 2004 方言中"把"的给予义的来源，语言研究，第 4 期

黄晓雪 2006 安徽宿松方言引进与事的"在"表给予义的来源，湖北师范学院学报，第 3 期

黄晓雪 2006 方言中"把"表处置和表被动的历史层次，孝感学院学报，第 4 期

黄晓雪 2007 汉语方言与事介词的三个来源，汉语学报，第 5 期

黄晓雪 2007 "被"表原因的来源，汉字文化，第 5 期

黄晓雪 2008 安徽宿松方言的原因连词"把在"，语言研究，第 3 期

黄晓雪 2010 "持拿"义动词的演变模式及认知解释，语文研究，第 3 期

吉仕梅 1992 《荡寇志》的"吃"字结构，四川师范学院学报，第 2 期

吉仕梅 1995 "把"字句究竟出现于何时，乐山师专学报（社科版），第 2 期

江蓝生 1989 被动关系词"吃"的来源初探，中国语文，第 5 期

江蓝生 2008 概念叠加与构式整合，中国语文，第 6 期

江蓝生 2012 汉语连－介词的来源及其语法化的路径和类型，中国语文，第 4 期

江蓝生 2015 相关语词的类同引申，吴福祥、王云路主编《汉语语义演变研究》，
商务印书馆

蒋冀骋 2003 明代吴方言的介词"捉"，古汉语研究，第 1 期

蒋绍愚 1989 汉语的词汇系统及其发展变化，中国语文，第 1 期

蒋绍愚 1989 论词的"相因生义"，蒋绍愚主编《汉语语汇语法史论文集》，
商务印书馆

蒋绍愚 1995 内部构拟法在近代汉语语法研究中的运用，中国语文，第 3 期

蒋绍愚 1997 "把"字句略论，中国语文，第 4 期

蒋绍愚 1999 元曲选中的"把"字句，语言研究，第 1 期

蒋绍愚 2002 "给"字句、"教"字句表被动的来源，语言学论丛，第 26 辑，
商务印书馆

蒋绍愚 2004 汉语语法演变若干问题的思考，第五届国际古汉语语法研讨会
论文，台北

蒋绍愚 2005 关于汉语史研究的几个问题，汉语史学报，第 5 辑，上海教育
出版社

蒋绍愚 2015 汉语词义和词汇系统的历史演变初探——以"投"为例，吴福
祥、王云路主编《汉语语义演变研究》，商务印书馆

金昌吉 1996 谈动词向介词的虚化，汉语学习，第 2 期

鞠彩萍 2007 "遭"字句——兼论被动标记词的界定与优胜劣汰，贵州大学学
报，第 1 期

康国章 2001 被动句中介词"为"的起源和发展，殷都学刊，第 2 期

蓝　鹰 1990 上古单音连词考源，语言研究论丛，第 6 辑，南开大学出版社

李崇兴 1994 《元曲选》宾白中的介词"和"与"替"，中国语文，第 2 期

李崇兴 2004 汉语"使役"、"被动"规律性演变的方言佐证，武汉理工大学学
报，第 2 期

李崇兴 石毓智 2006 被动标记"叫"语法化的语义基础和句法环境，古汉语
研究，第 3 期

李福唐 2006 《祖堂集》介词研究，滁州学院学报，第 6 期

李海霞 1994 四川方言的被动式和"着"，西南师范大学学报（哲社版），第 1 期

李 蓝 2006 "着"字被动句的共时分布与类型差异，中国方言学报，第 1 期

李临定 1980 "被"字句，中国语文，第 6 期

李思明 1990《水浒》中的积极被动句——"蒙"字句，安庆师院学报，第 1 期

李思明 1994《朱子语类》的处置式，安庆师院学报（社科版），第 1 期

李思明 1996 宋元以来的"和 / 连……"句，语言研究，第 1 期

李 炜 2002 清中叶以来表使役"给"的历时考察与分析，中山大学学报，第 3 期

李 炜 2004 清中叶以来北京话的被动"给"及其相关问题，中山大学学报，第 3 期

李宇明 陈前瑞 2005 北京话"给"字被动句的地位及历史发展，方言，第 4 期

李宗江 2002 关于语法化的并存原则，语言研究，4 期

李宗江 2003 句法成分的功能悬空与语法化，语法化与语法研究（一），商务印书馆

李宗江 2004 汉语被动句的语义特征及其认知解释，解放军外国语学院学报，第 6 期

李宗江 2008 言说和求索对象标记的来源，语言学论丛，第 38 辑

李宗江 2009 关于语法化机制研究的几点看法，语法化与语法研究（四），商务印书馆

李宗江 2013 也说频率与语法化的关系，语法化与语法研究（六），商务印书馆

梁银峰 2002 隋唐以前的"受事主语 + 及物动词 + 不及物动词"句型，汉语史研究集刊，第 6 辑，四川大学出版社

林素娥 2007 北京话"给"表处置的来源之我见，汉语学报，第 4 期

刘丹青 1994 "唯补词"初探，汉语学习，第 3 期

刘丹青 2002 汉语中的框式介词，当代语言学，第 4 期

刘丹青 2003 语法化中的共性与个性、单向性与双向性——以北部吴语的同义多功能虚词"搭"和"帮"为例，语法化与语法研究（一），商务印书馆

刘 坚 1989 试论"和"字的发展，附论"共"字和"连"字，中国语文，第 6 期

刘　坚 2008 论汉语的语法化问题，刘坚文存，上海教育出版社

刘　坚 曹广顺 吴福祥 1995 论诱发汉语词汇语法化的若干因素，中国语文，第 3 期

刘　谨 2006 从语法化角度看语言共性，贵州师范大学学报，第 2 期

刘丽川 1983 论王梵志白话诗中的"将"字句、"被"字句与"是"字句，九江师范专科学校学报，第 4 期

刘丽川 1991 介词"向"和"嚮"在近代汉语中的发展，深圳大学学报（人社版），第 1 期

刘培玉 2001 "把"字句研究评述，河南师范大学学报（哲社版），第 4 期

刘世儒 1956 被动式的起源，语文学习，第 8 期

刘祥有 2007 "向"的介词化过程，沈阳师范大学学报，第 5 期

刘永耕 2005 动词"给"语法化过程的义素传承及相关问题，语法化与语法研究（二），商务印书馆

刘子瑜 1995 唐五代时期的处置式，语言研究，第 2 期

刘子瑜 1997 敦煌变文中的被动句式，湖北大学学报，第 1 期

刘子瑜 2002 再谈唐宋处置式的来源，语言学论丛，第 25 辑

刘子瑜 2018 被动式带补语的历时考察——以"被"字句为例，中国语言学报

柳士镇 1985 《百喻经》中的被动句式，南京大学学报，第 2 期

卢德平 1989 "将"字句和"把"字句的历史研究，语言论集，第 3 辑

卢烈红 2004 《全元散曲》中的"被"字句，长江学术，第 6 辑

路　广 2003 《醒世姻缘传》介词"从"、"打"、"齐"，泰山学院学报，第 5 期

路　广 2005 从《醒世姻缘传》看"给"字的来源，中文自学指导，第 5 期

路　广 2006 《醒世姻缘传》的"给"与"己"，语言研究，第 1 期

罗　端 2007 语法化与上古汉语介词的来源，语法化与语法研究（三），商务印书馆

罗　端 2009 从甲骨、金文看"以"字语法化的过程，中国语文，第 1 期

吕景先 1980 唐明之间汉语的被动式，河南师范大学学报，第 2 期

吕叔湘 1965 "被"字句、"把"字句动词带宾语，中国语文，第 4 期

马贝加 1992 介词"沿"的产生，语文研究，第 3 期

马贝加 1993 介词"同"的产生，中国语文，第 2 期

马贝加 2000 介词"将"的产生，语言研究，第 2 期

马贝加 2003 在历时分析中如何区分动词和介词，中国语文，第 1 期

马贝加 2004 名词的次类变换在语法化过程中的作用，语言研究，第 4 期

马贝加 2006 系词"是"的语法化，古汉语研究，第 3 期

马贝加 2009 原因介词"坐"的产生，语言研究，第 2 期

马贝加 2009 "关于"的成词及其语法化，中国语言学报，第 14 辑

马贝加 2016 "X+A+ 过 +Y"式中"过"的来源及其词性，语法研究与探索
（十八），商务印书馆

马贝加 陈伊娜 2006 瓯语介词"代"的功能及其来源，汉语学报，第 3 期

马贝加 王倩 2013 试论汉语介词从"所为"到"处置"的演变，中国语文，
第 3 期

马贝加 朱福妹 2018 试论汉语"施事——原因"演变的因素，语言教学与研
究，第 1 期

马梅玉 2010 也谈"往"的语法化，汉语史研究集刊，第 13 辑，四川大学出
版社

梅祖麟 1988 汉语方言里虚词"著"字三种用法的来源，中国语言学报，第
3 期

梅祖麟 1990 唐宋处置式的来源，中国语文，第 3 期

梅祖麟 2007 语法化理论和汉藏比较，语法化与语法研究（三），商务印书馆

牟成刚 2009 广南方言"挨"字被动句探析，文山师范高等专科学校学报，
第 3 期

木村英树 2005 北京话"给"字句扩展为被动句的语义动因，汉语学报，第
2 期

齐春红 邱渊 2009 方言词"挨"表被动探源，云南民族大学学报，第 5 期．

桥本万太郎 1987 汉语被动式的历史·区域发展，中国语文，第 1 期

齐沪扬 1995 有关介词"给"的支配成分省略的问题，上海师范大学学报，
第 4 期

邵　谊 2004 近代汉语介词"望"的形成及与"往"之比较，暨南学报，第
5 期

邵　谊 2005 介词"往"的语法化过程考察，华南师范大学学报，第 6 期

沈家煊 1994 "语法化"研究综观，外语教学与研究，第 4 期

沈家煊 1998 实词虚化的机制——《演化而来的语法》评介，当代语言学，

第 3 期

沈家煊 1998 语用法的语法化，福建外语，第 2 期

沈家煊 1999 "在"字句和"给"字句，中国语文，第 2 期

沈家煊 2001 语言的"主观性"和"主观化"，外语教学与研究，第 4 期

沈家煊 2002 如何处置"处置式"，中国语文，第 5 期

沈家煊 2006 关于词法类型和句法类型，民族语文，第 6 期

沈家煊 2006 "糅合"和"截搭"，世界汉语教学，第 4 期

沈家煊 2015 语用原则、语用推理和语义演变，吴福祥、王云路主编《汉语
  语义演变研究》，商务印书馆

沈　明 2002 太原话的"给"字句，方言，第 2 期

沈锡伦 1988 晚唐宋元被字句考察，上海师范大学学报，第 3 期

沈　阳 1994 句法结构中隐含 NP 的语义所指关系，语言研究，第 2 期

施关淦 1981 "给"的词性及与此有相关的某些语法现象，语文研究，第 2 期

石定栩 胡建华 2005 "被"的句法地位，当代语言学，第 3 期

石毓智 1995 时间的一维性对介词衍生的影响，中国语文，第 1 期

石毓智 2004 兼表被动和处置的"给"的语法化，世界汉语教学，第 3 期

石毓智 2005 被动式标记语法化的认知基础，民族语文，第 3 期

石毓智 2008 论处置结构的新发展——"拿"的语法化及其功能，语言文字
  学，第 5 期

史佩信 1993 比字句溯源，中国语文，第 6 期

史文磊 2011 汉语运动事件词化类型的历时转移，中国语文，第 6 期

宋文辉 2007 "被"的语法化散论，语法化与语法研究（三），商务印书馆

宋亚云 2006 从《左传》杜预注、孔颖达疏看汉语被动式的发展，周口师范
  学院学报，第 1 期

孙朝奋 1994《虚化论》评价，国外语言学，第 4 期

孙朝奋 1998 实词虚化的机制——《演化而来的语法》评介，当代语言学，
  第 3 期

孙雍长 1985 古汉语的词义渗透，中国语文，第 3 期

孙锡信 2002 语法化机制探赜，纪念王力先生百年诞辰学术论文集，山东教
  育出版社

孙玉文 2000 论"著"的音义，人文论丛，武汉大学出版社

唐珏明 1985 论上古汉语被动式的起源，学术研究，第 5 期

唐珏明 1987 汉魏六朝被动式略论，中国语文，第 3 期

唐珏明 1988 唐至清的"被"字句，中国语文，第 6 期

唐珏明 周锡馥 1985 论先秦汉语被动式的发展，中国语文，第 4 期

田春来 2007 也谈处所介词"著"的来源，浙江师范大学学报，第 4 期

田春来 2009 近代汉语"著"字被动句，语言科学，第 5 期

田春来 2010 表被动的"遭"的历时考察，古汉语研究，第 1 期

田春来 2011 汉语处置介词的来源和替换，浙江师范大学学报，第 1 期

田春来 2011 近代汉语处置式分类评述，燕山大学学报，第 1 期

王灿龙 2005 词汇化二例——兼谈词汇化和语法化的关系，当代语言学，第
  3 期

王　健 2004 "给"字句表处置的来源，语文研究，第 4 期

王景丹 2001 《祖堂集》中"将"字句研究，殷都学刊，第 4 期

王　力 1957 汉语被动式的发展，语言学论丛，第 1 辑，商务印书馆

王文晖 2001 近代汉语中一种特殊"把"字句，中国语文，第 4 期

王彦杰 2001 "把……给 V"句式中助词"给"的使用条件和表达功能，语言
  教学和研究，第 2 期

王寅 严辰松 2005 语法化的特征、动因和机制——认知语言学视野中的语法
  化研究，解放军外国语学院学报，第 4 期

王　锳 1992 古代诗文中"就"的介词用法，中国语文，第 3 期

王运来 蔡仕仲 1982 浅谈动词、介词、连词的关系，殷都学刊，第 4 期

王振来 2006 从语法化和方言的角度考察被动标记，汉语学习，第 4 期

魏金光 2016 介词"于"语法化再谈，河北科技师范学院学报，第 1 期

魏金光 何洪峰 2013 介词"向"的语法化源义辨，汉语学习，第 3 期

魏培泉 1994 古汉语被动式的发展和演变机制，中国境内语言暨语言学 (1)，
  "中研院"史语所

魏培泉 1997 论古代汉语中几种处置式在发展中的分与合，中国境内语言暨
  语言学 (4)，"中研院"史语所

吴福祥 2003 再论处置式的来源，语言研究，第 3 期

吴福祥 2003 汉语伴随介词语法化的类型学研究——兼论 SVO 型语言中伴随
  介词的两种演化模式，中国语文，第 3 期

吴福祥 2003 关于语法化的单向性问题，当代语言学，第 4 期

吴福祥 2004 近年来语法化研究的进展，外语教学与研究，第 1 期

吴福祥 2005 从汉语的句法语义演变看语法化的共相与殊相，语法化与语法研究（二），商务印书馆

吴福祥 2005 汉语语法化研究的当前课题，语言科学，第 2 期

吴福祥 2005 汉语语法化演变的几个类型学特征，中国语文，第 6 期

吴福祥 2006 汉语历史语法研究的检讨与反思，语法化和汉语历史语法研究，安徽教育出版社

吴福祥 2010 粤语差比式 "X+A+ 过 +Y" 的类型学地位，中国语文，第 3 期

吴福祥 2013 语法复制和结构演变，语法化与语法研究（六），商务印书馆

吴金花 2005 处所介词 "到" 的产生，福建师范大学学报，第 4 期

吴金花 2005 汉语动词介词化动因考察，福建师范大学学报，第 5 期

吴庚堂 1999 "被" 字的特征与转换，当代语言学，第 4 期

武振玉 2005 金文 "于" 字用法初探，吉林省教育学院学报，第 3 期

武振玉 2008 两周金文中的 "偕同" 类介词，吉林师范大学学报，第 2 期

席　佳 2006 与 "组合同化" 相关的几个连词演化的考察，语言研究，第 3 期

向　若 1960 关于 "给" 的词性，中国语文，第 2 期

萧德统 1990 甲骨文介词述略，怀化师范专科学校学报，第 6 期

解惠全 1987 论实词的虚化，语言研究论丛，第 4 辑，南开大学出版社

解惠全 1997 关于虚词复音化的一些问题，语言研究论丛（7），南开大学出版社

谢仁友 2005 "比" 字的语法化和 "比" 字句的语言类型学考察，语法化与语法研究（二），商务印书馆

谢晓明 2012 "给" 字句被动义实现的制约因素，语文研究，第 2 期

邢福义 2004 承赐型 "被" 字句，语言研究，第 1 期

邢志群 2003 汉语动词语法化的机制，语言学论丛第 28 辑，商务印书馆

邢志群 2005 从 "就" 的语法化看汉语语义演变中的 "主观化"，语法化与语法研究（二），商务印书馆

熊仲儒 2003 汉语被动句句法结构分析，当代语言学，第 3 期

徐　丹 1990 关于给予式的历史发展，中国语文，第 3 期

徐　丹 1992 北京话中的语法标记词"给",方言,第 1 期

徐　丹 1992 汉语里的"在"与"着(著)",中国语文,第 6 期

徐正考 杨一博 2014 出土文献对汉语史研究的价值——以介词"于"、"於"的产生和早期用法为例,汉语史研究集刊,巴蜀书社

许嘉璐 1987 论同步引申,中国语文,第 1 期

徐萧斧 1981 古代汉语中的"与"和"及",中国语文,第 5 期

姚振武 1997 "以为"的形成与相关问题,古汉语研究,第 3 期

姚振武 1998 "为"字的性质与"为"字式,郭锡良主编《古汉语语法论集》,语文出版社

姚振武 1999 先秦汉语受事主语句系统,中国语文,第 1 期

杨五铭 1980 西周金文被动句式简论,古文字研究(7),中华书局

杨欣安 1960 说"给",中国语文,第 2 期

杨月蓉 2007 从"教(叫)"看汉语被动句和使动句的互转,重庆工商大学学报,第 5 期

叶向阳 2004 "把"字句的致使性解释,世界汉语教学,第 2 期

叶友文 1988 隋唐处置式内在渊源分析,中国语言学报,第 1 期

于红岩 2001 浅析"拿"字处置式,语文研究,第 3 期

于　江 1996 近代汉语"和"类虚词的历史考察,中国语文,第 6 期

俞光中 1989 零主语被字句,语言研究,第 2 期

喻遂生 2002 甲骨文"在"字介词依据,古汉语研究,第 4 期

袁　宾 1987 近代汉语特殊被字句探索,华东师范大学学报(哲社版),第 6 期

袁　宾 1989 《祖堂集》被字句研究,中国语文,第 1 期

袁　宾 1989 "教(交)"字句,语文月刊,第 2 期

袁　宾 1990 处置介词"捉",语文月刊,第 5 期

袁　宾 2005 "蒙"字句,语言科学,第 6 期

袁明军 1997 与"给"字句相关的句法语义问题,语言研究论丛,第 7 期

袁义林 1989 被动式发展琐议,山东师范大学学报,第 1 期

岳立静 1999 元明之间的被字句,古汉语研究,第 4 期

张爱民 王媛媛 2004 "着"字虚化问题研究,徐州师范大学学报,第 1 期

张　博 2015 组合同化:词义衍生的一种途径,吴福祥、王云路主编《汉语

　　语义演变研究》，商务印书馆

张伯江 2000 论"把"字句的句式语义，语言研究，第 1 期

张伯江 2000 无定式"把"字句在近、现代汉语中的地位问题及其理论意义，
　　中国语文，第 5 期

张　赪 2005 晚唐五代的受事前置句，语言科学，第 2 期

张　赪 2006 唐宋时期指人受事主语句的演变，汉语学报，第 1 期

张国宪 1993 谈隐含，中国语文，第 2 期

张国宪 1998 略论句法位置对同现关系的制约，汉语学习，第 1 期

张国宪 2001 制约夺事成分句位实现的语义因素，中国语文，第 6 期

张华文 1985《早期处置式略论》质疑——与陈初生同志商榷，云南师范大学
　　学报，第 1 期

张惠英 1989 说"给"和"乞"，中国语文，第 5 期

张联荣 1992 词义引申中的遗传义素，北京大学学报，第 4 期

张美兰 2002《训世评话》中的授与动词"给"，中国语文，第 3 期

张美兰 2006 近代汉语使役动词及相关的句法、语义结构，清华大学学报，
　　第 2 期

张生汉 刘永华 2007 清中叶北方方言的予词句演变研究，宁夏大学学报，第
　　2 期

张旺熹 1991"把"字结构的语义及其语用分析，语言教学与研究，第 3 期

张旺熹 2004 汉语介词衍生的语义机制，汉语学习，第 1 期

张新武 1987 敦煌变文中的被动句式，新疆大学学报，第 4 期

张谊生 2003 助词"被"的使用条件和表义功能，语法化与语法研究（一），
　　商务印书馆

张谊生 2012 试论叠加、强化的方式、类型和后果，中国语文，第 2 期

张谊生 2013 介词叠加的方式与类别、作用与后果，语文研究，第 1 期

张谊生 2016"借以"的同形异构及其双向演化与发展，语法研究与探索
　　（十八），商务印书馆

张玉金 2006 关于殷墟甲骨文中有无被动句式的问题，殷都学刊，第 3 期

张玉金 2012 出土战国文献中虚词"与"和"及"的区别，语文研究，第 1 期

赵大明 2001 左传介词研究，北京大学博士论文

赵金铭 2002 汉语差比句的南北差异及其历史嬗变，语言研究，第 3 期

赵金枝 2007《近代汉语"和"类虚词的历史考察》质疑，语文学刊，第 1 期

郑　宏 2006 近代汉语"着（著）"字被动句及其在现代汉语方言中的分布，语文研究，第 2 期

植田均 1989 近代汉语中介词"和、同、替"的特殊用法，安庆师范学院学报，第 3 期

志村良治 1995 "与""馈""给"，中国中世语法史研究，中华书局

周国光 1993 动词"给"的配价功能及相关句式发展状况的考察，南京师范大学学报，第 1 期

周国光 1995 动词"给"的词汇意义和语法意义的发展，安徽师范大学学报，第 1 期

周　芍 邵敬敏 2006 试探介词"对"的语法化过程，语文研究，第 1 期

朱德熙 1979 与动词"给"相关的句法问题，方言，第 2 期

朱德熙 1983 包含动词"给"的复杂句式，中国语文，第 3 期

朱冠明 2002 中古译经中的"持"字处置式，汉语史学报，第 2 辑，上海教育出版社

祝敏彻 1975 论初期处置式，语言学论丛，第 1 辑，商务印书馆

钟兆华 2002 汉语牵涉介词试论，中国语文，第 2 期


## 2. 专著

曹广顺 1995 近代汉语助词，语文出版社

陈前瑞 2017 语法化和汉语时体研究，学林出版社

储泽祥 2000 名词及其相关结构研究，湖南人民出版社

刁晏斌 2007《三朝北盟会编》语法研究，河南大学出版社

丁声树 1961 现代汉语语法讲话，商务印书馆

董秀芳 2002 词汇化：汉语双音词的衍生和发展，四川民族出版社

董秀芳 2017 汉语词汇化和语法化的现象和规律，学林出版社

董志翘 蔡镜浩 1994 中古虚词语法例释，吉林教育出版社

冯春田 2000 近代汉语语法研究，山东教育出版社

冯胜利 1997 汉语的韵律、词法和句法，北京大学出版社

高名凯 1986 汉语语法论，商务印书馆

高小方 蒋来娣 2005 汉语史语料学，高等教育出版社

高育花 2007 元刊《全相平话五种》语法研究，河南大学出版社

龚千炎 1987 中国语法学史，语文出版社

龚千炎 1995 汉语的时相时制时态，商务印书馆

管燮初 1981 西周金文语法研究，商务印书馆

管燮初 1995《左传》句法研究，安徽教育出版社

郭锡良 1997 汉语史论集，商务印书馆

何乐士 1985《史记》语法特点研究，山东教育出版社

何乐士 1989《左传》虚词研究，商务印书馆

何乐士 2000 汉语语法研究论文集，商务印书馆

何乐士 2007 汉语语法史断代专书比较研究，河南大学出版社

何乐士 2012《左传》语法研究，河南大学出版社

何九盈 1985 中国古代语言学史，河南人民出版社

何自然 1988 语用学概论，湖南教育出版社

胡壮麟 2004 认知隐喻学，北京大学出版社

黄锦君 2005 二程语录语法研究，四川大学出版社

江蓝生 1988 魏晋南北朝小说词语汇释，语文出版社

江蓝生 2001 近代汉语探源，商务印书馆

江蓝生 2017 汉语语法化的路径和机制，学林出版社

蒋冀骋 1991 近代汉语词汇研究，湖南教育出版社

蒋冀骋 吴福祥 1997 近代汉语纲要，湖南教育出版社

蒋绍愚 1994 蒋绍愚自选集，河南教育出版社

蒋绍愚 2000 汉语词汇语法史论文集，商务印书馆

蒋绍愚 2005 古汉语词汇纲要，商务印书馆

蒋绍愚 2005 近代汉语研究概要，北京大学出版社

蒋绍愚 曹广顺 2005 近代汉语语法史研究综述，北京大学出版社

蒋绍愚 江蓝生 1999 近代汉语研究，北京大学出版社

金理新 2005 上古汉语形态研究，黄山书社

李崇兴 祖生利 丁勇 2009 元代汉语语法研究，上海教育出版社

李宗江 1999 汉语常用词演变研究，汉语大词典出版社

李宗江 2010 现代汉语语法演变研究，东北师范大学出版社

李宗江 2017 语法化和汉语实词虚化，学林出版社

李佐丰 1994 文言实词，语文出版社

刘丹青 2002 语序类型学与介词理论，商务印书馆

刘坚等 1992 近代汉语虚词研究，语文出版社

刘晓南 2008 汉语历史方言研究，上海人民出版社

刘正光 2006 语言的非范畴化，上海外语教育出版社

柳士镇 1992 魏晋南北朝历史语法，南京大学出版社

吕叔湘 1979 汉语语法分析问题，商务印书馆

吕叔湘 1982 中国文法要略，商务印书馆

吕叔湘 1999 汉语语法论文集（增订本），商务印书馆

马　真 2004 现代汉语虚词研究方法论，商务印书馆

梅祖麟 2005 梅祖麟语言学论文集，商务印书馆

孟蓬生 2001 上古汉语同源词语音关系研究，北京师范大学出版社

孟易醇 1989 先秦语法，湖南教育出版社

潘允中 1982 汉语语法史概要 中州书画社

蒲立本 2006 古汉语语法纲要（孙景涛译），语文出版社

钱宗武 2004 今文《尚书》语法研究，商务印书馆

桥本万太郎 1985 语言地理类型学（余志鸿译），北京大学出版社

屈承熹 1993 历史语法学理论与汉语历史语法，北京语言学院出版社

屈承熹 2004 汉语认知功能语法，黑龙江人民出版社

屈哨兵 2008 现代汉语被动标记研究，华中师范大学出版社

沈家煊 2016 名词和动词，商务印书馆

沈　阳 1994 现代汉语空语类研究，山东教育出版社

石毓智 2007 语法化的动因和机制，北京大学出版社

史存直 2008 汉语史纲要，中华书局

史金生 2017 语法化的语用机制与汉语虚词研究，学林出版社

史文磊 2021 汉语历史语法，中西书局

孙锡信 1992 汉语历史语法要略，复旦大学出版社

孙良明 2005 中国古代语法学探究，商务印书馆

太田辰夫 1987 中国语历史文法（蒋绍愚、徐昌华译），北京大学出版社

王　力 1980 汉语史稿，中华书局

王 力 1982 同源字典，商务印书馆

王 力 2000 汉语语法史，商务印书馆

王士元 2002 王士元语言学论文集，商务印书馆

王引之 1984 经传释词，岳麓书社

王 锳 2004 近代汉语词汇语法散论，商务印书馆

魏得胜 2000 睡虎地秦墓竹简语法研究，首都师范大学出版社

吴 波 2002 中古汉语介词研究，南京大学博士论文

吴福祥 1996 敦煌变文语法研究，岳麓书社

吴福祥 2003《朱子语类辑略》语法研究，河南大学出版社

吴福祥 2005 汉语语法化研究，商务印书馆

吴福祥 2006 语法化与汉语历史语法研究，安徽教育出版社

吴福祥 2017 语法化与语义图，学林出版社

武振玉 2014 汉语史论，现代出版社

席 佳 2010 近代汉语连词，中国社会科学出版社

向 熹 1998 简明汉语史，高等教育出版社

邢福义 1995 语法问题思索集，北京语言学院出版社

邢福义 1998 汉语语法学，东北师范大学出版社

邢向东 1997 内蒙古西部方言语法研究，内蒙古人民出版社

邢向东 2006 陕北晋语语法比较研究，商务印书馆

徐 杰 2001 普遍语法原则与汉语语法现象，北京大学出版社

徐通锵 1996 历史语言学，商务印书馆

杨伯峻 何乐士 1992 古汉语语法及其发展，语文出版社

杨合鸣 1993 诗经句法研究，武汉大学出版社

杨树达 1954 词诠，中华书局

杨永龙 2017 实词虚化和结构式的语法化，学林出版社

姚振武 2015 上古汉语语法史，上海古籍出版社

叶蜚声 徐通锵 1997 语言学纲要，北京大学出版社

殷国光 2002 上古汉语语法研究，中国大百科全书出版社

俞光中 ［日］植田均 1999 近代汉语语法研究，学林出版社

袁 宾 1992 近代汉语概论，上海教育出版社

张伯江 方梅 2001 汉语功能语法研究，江西教育出版社

张斌 胡裕树 1989 汉语语法研究，商务印书馆

张　赪 2002 汉语介词词组词序的历史演变，北京语言文化大学出版社

张美兰 2003《祖堂集》语法研究，商务印书馆

张旺熹 2006 汉语句法的认知结构研究，北京大学出版社

张延俊 2010 汉语被动式历时研究，中国社会科学出版社

张玉金 2001 甲骨文语法学，学林出版社

张玉金 2004 西周汉语语法研究，商务印书馆

赵克诚 1987 近代汉语语法，陕西师范大学出版社

赵艳芳 2000 认知语言学概论，上海外语教育出版社

赵元任 1979 汉语口语语法，商务印书馆

志村良治 1995 中国中世语法史研究（江蓝生 白维国译），中华书局

周　刚 2002 连词与相关问题，安徽教育出版社

朱德熙 1982 语法讲义，商务印书馆

祝敏彻 1991《朱子语类》句法研究，长江文艺出版社

祝敏彻 1996 近代汉语语法史稿，中州古籍出版社

温州大学中文学科建设丛书